"十二五"职业教育国家规划教材
经全国职业教育教材审定委员会审定

冲压模具及设备

第2版

主　编　徐政坤
副主编　刘长伟　宋新华　张永江
参　编　宋　斌　文　琍
　　　　张磊明　宁同海
主　审　张　华

本书是"十二五"职业教育国家规划教材，是根据《教育部关于"十二五"职业教育教材建设的若干意见》及教育部新颁布的《高等职业学校专业教学标准（试行）》，同时参考《模具设计师职业资格标准》，与相关企业人员深入讨论，在第1版的基础上进行修订的。

本书共分九章，主要介绍了冲压成形理论基础，冲裁、弯曲、拉深及其他冲压成形等冲压工序的工艺及模具设计方法，常用冲压设备的原理、结构、使用与维护，冲模材料、使用寿命、安全措施及冲压工艺过程的制订等。本书以培养技术应用能力为主线，将冲压成形原理、冲压工艺与模具设计、冲压成形设备等三门关联课程的内容进行了有机的融合，并选编了较多的应用实例和习题，突出了应用性、实用性、综合性和先进性。

本书主要作为高职院校模具设计与制造专业及机械、机电类各相关专业的教材，也可供从事模具设计与制造的工程技术人员参考。

图书在版编目（CIP）数据

冲压模具及设备/徐政坤主编. —2版. —北京：机械工业出版社，2014.10（2023.8重印）

"十二五"职业教育国家规划教材

ISBN 978-7-111-41502-2

Ⅰ.①冲… Ⅱ.①徐… Ⅲ.①冲模-高等职业教育-教材 Ⅳ.①TG385.2

中国版本图书馆 CIP 数据核字（2013）第 031196 号

机械工业出版社（北京市百万庄大街22号 邮政编码100037）
策划编辑：汪光灿 责任编辑：张云鹏
版式设计：霍永明 责任校对：张晓蓉
封面设计：张 静 责任印制：刘 媛
涿州市般润文化传播有限公司印刷
2023年8月第2版第3次印刷
184mm×260mm·22.5印张·548千字
标准书号：ISBN 978-7-111-41502-2
定价：65.00元

电话服务 网络服务
客服电话：010-88361066 机 工 官 网：www.cmpbook.com
　　　　　010-88379833 机 工 官 博：weibo.com/cmp1952
　　　　　010-68326294 金 书 网：www.golden-book.com
封底无防伪标均为盗版 机工教育服务网：www.cmpedu.com

第2版前言

本书是按照教育部《关于开展"十二五"职业教育国家规划教材选题立项工作的通知》，经过出版社初评、申报，由教育部专家组评审确定的"十二五"职业教育国家规划教材，是根据《教育部关于"十二五"职业教育教材建设的若干意见》及教育部新颁布的《高等职业学校专业教学标准（试行）》，同时参考《模具设计师职业资格标准》，在第1版基础上进行修订的。

本书主要介绍了冲压成形理论基础，冲裁、弯曲、拉深及其他冲压成形等冲压工序的工艺及模具设计方法，常用冲压设备的原理、结构、使用与维护，冲模材料、使用寿命、安全措施及冲压工艺过程的制订等。本书紧密联系生产实际，注重基本理论、基本知识的传授和基本技能的培养，融入了生产实际中的新技术、新工艺、新方法和模具专业教学改革的成功经验，力求体现应用性、实用性、综合性和先进性，突出了高职教育特色。通过本书的教学，可使学生掌握一般冲压模具设计与冲压设备的选用、使用维护方面的知识和具备解决相关实际问题的能力，逐步获得工作岗位所需的职业技能，为学生从事冲压生产与技术方面的工作打下良好的基础。

本书先后经过多次重印，受到了教师和学生的广泛好评。本次修订的主要内容如下：

1) 更新课程内容。对照相应岗位的职业标准增补或删减教材内容，并将新知识、新技术、新标准融入本书，尽可能实现课程内容与职业标准对接。

2) 对教材中的错漏进行改正，尽量采用以图（表）代文，降低难度，提高学生的学习兴趣。

3) 实例、习题主要选自生产实际，难度适中，使学生能在规定时间内理解或完成。

本书建议理论教学（含实验）时数70~80学时，综合实训2周，具体学时安排如下：

序号	教学内容	学时分配		合计
		理论课时	实验课时	
1	冲压概述	2		2
2	冲压成形的理论基础	6	2	8
3	通用冲压设备	4~6	2	6~8
4	冲裁	18~22	2	20~24
5	弯曲	8	2	10

(续)

序号	教学内容	学时分配		合计
		理论课时	实验课时	
6	拉深	10	2	12
7	其他冲压成形	6~8		6~8
8	冲压模具的使用寿命、材料及安全措施	2~4		2~4
9	冲压工艺过程的制订	4		4
	合　计	60~70	10	70~80
	综合实训	2周		

　　本书由张家界航空工业职业技术学院徐政坤主编，张家界航空工业职业技术学院宋新华及宋斌、西安理工大学高等技术学院刘长伟、辽宁机电职业技术学院张永江、深圳信息职业技术学院张磊明、重庆理工大学汽车学院文琍、河北机电职业技术学院宁同海参与了修订，由福建信息职业技术学院张华主审。为便于教学，本书配套有助教课件，选择本书作为教材的教师可登录www.cmpedu.com网站，注册、免费下载。

　　编写过程中，编者参阅了国内出版的有关教材和资料，得到了中航工业南方航空工业（集团）有限公司周红梅的有益指导，在此一并表示衷心感谢！

　　本书经全国职业教育教材审定委员会曹根基、司徒渝审定。教育部专家在评审过程中对本书提出了很多宝贵的建议，在此对他们表示衷心的感谢！

　　由于编者水平有限，书中不妥之处在所难免，恳请读者批评指正。

编　者

第1版前言

本书是根据教育部"关于加强高职高专教材建设的若干意见"、机械工业教育发展中心"关于组织编写五年制高职教育专业教材编写的通知"及全国机械职业教育模具设计与制造专业教学指导委员会制定的"冲压模具及设备"课程基本要求和教材编写大纲,遵循"理论联系实际,体现应用性、实用性、综合性和先进性,激发创新"的原则,在总结近几年各院校模具专业教改经验的基础上编写的。本书的主要特点是:

1. 根据从事冲压成形工艺及模具设计的工程技术应用性人才的实际要求,理论以"必需、够用"为度,着眼于解决现场实际问题,同时融合相关知识为一体,突出综合素质的培养,并注意加强专业知识的广度,积极吸纳新技术,体现了应用性、实用性、综合性和先进性。

2. 将冲压成形原理、冲压工艺与模具设计、冲压成形设备三门关联课程的内容进行了有机的融合;采用通俗易懂的文字和丰富的图表,在简要介绍冲压成形基本理论的基础上,较为详细地介绍了各类冲压成形工艺及模具的设计与计算基本方法;讲述了常用冲压设备的类型、结构、选择、使用与维护等方面的基本知识;客观分析了冲压工艺、冲压模具、冲压设备、冲压材料及冲压件质量与经济性的关系,体系新颖。

3. 各章均选编了较多的应用实例和习题,重点章节精选了综合应用实例和大型连续作业,实用性和可操作性强,便于教学和自学。

本书可作为高职高专各类院校模具设计与制造专业及机械、机电类各相关专业的教材,也可供从事模具设计与制造的工程技术人员参考。

本书由张家界航空工业职业技术学院徐政坤任主编,西安理工大学高等技术学院刘长伟及辽宁机电职业技术学院张永江任副主编,福建信息职业技术学院张华主审。全书共十章,第一章、第四章(不包括第九、十节)、第十章由徐政坤编写;第二章由张家界航空工业职业技术学院宋斌编写;第三章、第四章(第九、十节)由刘长伟编写;第五章由深圳信息职业技术学院张磊明编写;第六章由重庆工业职业技术学院文琍编写;第七章由河北机电职业技术学院宁同海编写;第八章、第九章由张永江编写。

由于编者水平有限,书中错误和缺点在所难免,恳请广大读者批评指正。

编 者
2004年6月

目 录

第 2 版前言
第 1 版前言

第一章　冲压概述 ······································· 1
　思考练习题 ··· 8

第二章　冲压成形的理论基础 ························· 9
　第一节　金属塑性变形概述 ························· 9
　第二节　塑性变形时的应力与应变 ··············· 13
　第三节　加工硬化与硬化曲线 ····················· 18
　第四节　冲压成形中的变形趋向性及其控制 ··· 20
　第五节　冲压材料及其冲压成形性能 ············ 22
　思考练习题 ·· 30

第三章　通用冲压设备 ································ 31
　第一节　冲压设备的分类及型号 ·················· 31
　第二节　曲柄压力机 ································ 33
　第三节　液压机 ······································ 65
　思考练习题 ·· 74

第四章　冲裁 ·· 75
　第一节　冲裁变形过程分析 ························ 75
　第二节　冲裁件的工艺性 ··························· 80
　第三节　冲裁间隙 ··································· 82
　第四节　凸、凹模刃口尺寸的确定 ··············· 86
　第五节　排样 ··· 91
　第六节　冲压力与压力中心的计算 ··············· 99
　第七节　冲裁模的典型结构 ······················· 105
　第八节　冲裁模主要零部件的设计与选用 ···· 120
　第九节　精密冲裁与精冲压力机 ················ 150
　第十节　冲裁模设计步骤及实例 ················ 168
　思考练习题 ··· 178

第五章　弯曲 ··· 180
　第一节　弯曲变形过程分析 ······················ 180

第二节　弯曲件的质量问题及控制 …………………………………… 183
　　第三节　弯曲件的工艺性 …………………………………………… 192
　　第四节　弯曲件的展开尺寸计算 …………………………………… 195
　　第五节　弯曲力的计算 ……………………………………………… 197
　　第六节　弯曲件的工序安排 ………………………………………… 199
　　第七节　弯曲模设计 ………………………………………………… 200
　　第八节　弯曲模设计实例 …………………………………………… 211
　　思考练习题 …………………………………………………………… 215

第六章　拉深 …………………………………………………………… 217
　　第一节　拉深变形过程分析 ………………………………………… 218
　　第二节　拉深件的工艺性 …………………………………………… 223
　　第三节　旋转体拉深件毛坯尺寸的确定 …………………………… 225
　　第四节　圆筒形件的拉深工艺计算 ………………………………… 229
　　第五节　拉深力、压料力与拉深压力机 …………………………… 235
　　第六节　其他形状零件的拉深 ……………………………………… 245
　　第七节　拉深工艺的辅助工序 ……………………………………… 264
　　第八节　拉深模设计 ………………………………………………… 266
　　第九节　拉深模设计实例 …………………………………………… 273
　　思考练习题 …………………………………………………………… 276

第七章　其他冲压成形 ………………………………………………… 278
　　第一节　胀形 ………………………………………………………… 278
　　第二节　翻孔与翻边 ………………………………………………… 287
　　第三节　缩口 ………………………………………………………… 295
　　第四节　校平与整形 ………………………………………………… 301
　　第五节　冷挤压 ……………………………………………………… 304
　　思考练习题 …………………………………………………………… 315

第八章　冲压模具的使用寿命、材料及安全措施 …………………… 317
　　第一节　冲压模具的使用寿命 ……………………………………… 317
　　第二节　冲压模具材料 ……………………………………………… 321
　　第三节　冲模的安全措施 …………………………………………… 326
　　思考练习题 …………………………………………………………… 329

第九章　冲压工艺过程的制订 ………………………………………… 330
　　第一节　冲压工艺过程制订的步骤及方法 ………………………… 330
　　第二节　冲压工艺过程制订实例 …………………………………… 339
　　思考练习题 …………………………………………………………… 350

参考文献 ………………………………………………………………… 351

第一章 冲压概述

> **学习目的**
>
> 掌握冲压的概念、特点及应用，熟悉冲压的基本工序及模具基本结构，了解冲压技术的现状、发展方向及冲压设计一般程序，注意本课程的特点与学习方法。
>
> **学习重点**
>
> 冲压的概念、特点及应用，冲压的基本工序及模具基本结构。

一、冲压的概念、特点及应用

冲压是利用安装在冲压设备（主要是压力机）上的模具对被冲材料（金属或非金属）施加压力，使其产生分离或塑性变形，从而获得所需零件（俗称冲压件或冲件）的一种压力加工方法。冲压通常是在常温下进行，且主要采用板料来加工成所需零件，所以也称为冷冲压或板料冲压。冲压是材料压力加工或塑性加工的主要方法之一，是建立在金属塑性变形理论基础上的材料成形技术。

冲压所使用的模具称为冲压模具，简称冲模。冲模是将材料批量加工成所需冲件的专用工具。冲模在冲压中至关重要，没有符合要求的冲模，批量冲压生产就难以进行；没有先进的冲模，先进的冲压工艺就无法实现。

冲压工艺与模具、冲压设备及冲压材料构成冲压加工的三要素，它们之间的相互关系如图 1-1 所示。

与机械加工及塑性加工的其他方法相比，冲压加工无论在技术方面还是经济方面都具有许多独特的优点。主要表现在以下几个方面。

1）冲压加工的生产效率高，且操作方便，易于实现机械化与自动化。这是因为冲压是依靠冲模和冲压设备来完成加工，普通压力机的行程次数为每分钟几十次，高速压力机每分钟可达数百次甚至千次以上，而且每次冲压行程就可能得到一个或多个冲压件。

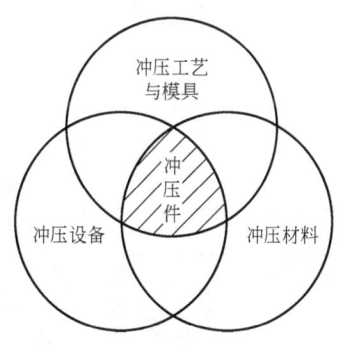

图 1-1　冲压加工的要素

2）冲压时由模具保证冲压件的尺寸与形状精度，而模具的寿命一般较长，所以冲压件的尺寸稳定，互换性好，具有"一模一样"的特征。

3）冲压可加工出尺寸范围较大、形状较复杂的零件，如小到钟表的秒针，大到汽车纵梁、覆盖件等，加上冲压时材料的冷变形硬化效应，冲压件的强度和刚度均较高。

4) 冲压一般没有切屑碎料生成，材料的消耗较少，且不需其他加热设备，因而是一种省料、节能的加工方法，冲压件的成本较低。

但是，冲压加工所使用的模具一般具有专用性，有时一个复杂零件需要数套模具才能加工成形，且模具制造精度高，技术要求高，周期长，成本高，所以，只有在冲压件生产批量较大的情况下，冲压加工的优点才能充分体现，从而获得较好的经济效益。

冲压在现代工业生产中，尤其是大批量生产中应用十分广泛。许多工业部门越来越多地采用冲压方法加工产品零部件，如汽车、农机、仪器、仪表、电子、航空、航天、家电及轻工等行业中，冲压件所占的比例都很大，少则60%以上，多则90%以上。不少过去用锻造、铸造和切削加工方法制造的零件，现在大多数也被质量小、刚度好的冲压件所代替。因此可以说，如果生产中不广泛采用冲压工艺，许多工业部门要提高生产效率、降低生产成本、加速产品更新换代等都是难以实现的。

二、冲压的基本工序及模具

由于冲压加工的零件种类繁多，各类零件的形状、尺寸和精度要求又各不相同，因而生产中采用的冲压工序也是多种多样的。概括起来，可将冲压工序分为分离工序和成形工序两大类。分离工序是指使坯料沿一定的轮廓线分离而获得一定形状、尺寸和断面质量的冲压件（俗称冲裁件）的工序；成形工序是指使坯料在不破裂的条件下产生塑性变形而获得一定形状和尺寸的冲压件的工序。

上述两类工序，按基本变形方式不同又可分为冲裁、弯曲、拉深和成形等基本工序，每种基本工序还包含有多种单一工序。冲压工序的具体分类及特点见表1-1和表1-2。

表1-1 分离工序

工序名称		简图	特点	工序名称		简图	特点
冲裁	切断		用剪刀或冲模切断板料，切断线不封闭	冲裁	切口		在坯料上沿不封闭线冲出缺口，切口部分发生弯曲
	落料		用冲模沿封闭线冲切板料，冲下来的部分为冲件		切边		将工件的边缘部分切除
	冲孔		用冲模沿封闭线冲切板料，冲下来的部分为废料		剖切		把工件切开成两个或多个零件

表1-2 成形工序

工序名称		简图	特点	工序名称		简图	特点
弯曲	弯曲		将板料沿直线弯成一定的角度和曲率	弯曲	扭弯		把工件的一部分相对另一部分扭转成一定角度
	拉弯		在拉力和弯矩共同作用下实现弯曲变形		滚弯		通过一系列轧辊把平板卷料轧弯成复杂形状

(续)

工序名称		简图	特点	工序名称		简图	特点
成形	拉深		把平板坯料制成开口空心件，壁厚基本不变	成形	起伏		依靠材料的伸长变形使工件形成局部凹陷或凸起
	变薄拉深		把空心件进一步拉深成侧壁比底部薄的零件		卷缘		把空心件的口部卷成接近封闭的圆形
	翻孔		沿工件上孔的边缘翻出竖立边缘		胀形		将空心件或管状件沿径向往外扩张，形成局部直径较大的零件
	翻边		沿工件的外缘翻起弧形的竖立边缘		整形		依靠材料的局部变形，少量改变工件形状和尺寸，以提高其精度
	扩口		把空心件的口部扩大		校平		将有拱弯或翘曲的平板形件压平，以提高其平面度
	缩口		把空心件的口部缩小		冷挤压		将放在模腔内的坯料从凹模孔或凸、凹模间隙中挤出，以获得实心或空心件

在实际生产中，当冲压件的生产批量较大、尺寸较小而公差要求较小时，若用分散的单一工序来冲压是不经济的，甚至也难以达到要求，这时在工艺上多采用工序集中的方案，即把两种或两种以上的单一工序集中在一副模具内完成，称为组合工序。根据工序组合的方法不同，又可将其分为复合、级进和复合－级进三种组合方式。

复合冲压：在压力机的一次工作行程中，在模具的同一工位上同时完成两种或两种以上不同工序的一种组合方式。

级进冲压：在压力机的一次工作行程中，按照一定的顺序在同一模具的不同工位上完成两种或两种以上工序的一种组合方式。

复合-级进冲压：在一副冲模上包含复合和级进两种方式的组合工序。

冲模的结构类型也很多，按工序性质通常可分为冲裁模、弯曲模、拉深模、成形模和挤压模等；按工序的组合方式可分为单工序模、复合模和级进模等。但不论何种类型的冲模，都是由上模和下模两部分组成，上模被紧固在压力机滑块上，可随滑块作上、下往复运动，是冲模的活动部分；下模被固定在压力机工作台或垫板上，是冲模的固定部分。工作时，坯料在下模面上通过定位零件定位，压力机滑块带动上模下压，在模具工作零件（即凸模、凹模）的作用下，坯料便产生分离或塑性变形，从而获得所需形状与尺寸的冲件。上模回升时，模具的卸料与出件装置将冲件或废料从凸、凹模上卸下或推（顶）出来，以便进行下一次冲压循环。图1-2所示为几种常见冲模的结构简图，其中，凸模1和凹模5是工作零件，定位板3和挡料销4是定位零件，卸料板2、推件杆6、压料板（顶件板）7等构成模具卸料与出件装置，其余是模具的支承与固定零件。

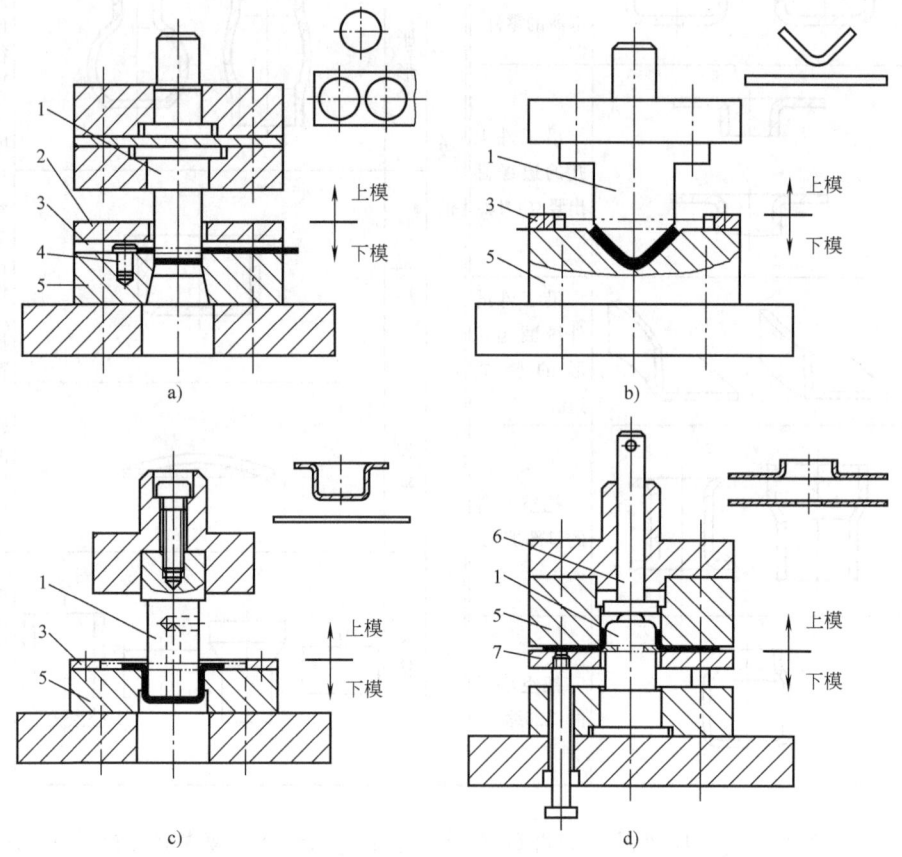

图1-2 几种常见冲模的结构简图
a) 冲裁模（落料模） b) 弯曲模 c) 拉深模 d) 成形模（翻孔模）
1—凸模 2—卸料板 3—定位板 4—挡料销 5—凹模 6—推件杆 7—压料板

三、冲压技术的现状及发展方向

随着科学技术的不断进步和工业生产的迅速发展，许多新技术、新工艺、新设备、新材料不断涌现，从而促进了冲压技术的不断革新和发展。其主要表现和发展方向如下。

1. 冲压成形理论及冲压工艺方面

冲压成形理论的研究是提高冲压技术的基础。目前，国内外对冲压成形理论的研究非常重视，在材料冲压性能研究、冲压成形过程应力应变分析、板料变形规律研究及坯料与模具之间的相互作用研究等方面均取得了较大的进展。特别是随着计算机技术的飞跃发展和塑性变形理论的进一步完善，近年来国内外已经应用塑性成形过程的计算机模拟技术，即利用有限元（FEM）等数值分析方法模拟金属的塑性成形过程。根据分析结果，设计人员可预测某一工艺方案成形的可行性及可能出现的质量问题，并通过在计算机上选择修改相关参数，来实现工艺及模具的优化设计。这样既节省了昂贵的试模费用，也缩短了制模周期。

研究推广能提高劳动生产率及产品质量，降低成本和扩大冲压工艺应用范围的各种冲压新工艺，也是冲压技术的发展方向之一。目前，国内外相继涌现了精密冲压工艺、软模成形工艺、高能高速成形工艺、超塑性成形工艺及无模多点成形工艺等精密、高效、经济的冲压新工艺。其中，精密冲裁是提高冲裁件质量的有效方法，它扩大了冲压的加工范围。目前，精密冲裁加工零件的厚度可达25mm，精度可达IT6~IT7。用液体、橡胶、聚氨酯等作柔性凸模或凹模来代替刚性凸模或凹模的软模成形工艺，能加工出用普通加工方法难以加工的材料和复杂形状的零件，在特定生产条件下具有明显的经济效益。采用爆炸等高能高效成形方法对于加工各种尺寸大、形状复杂、批量小、强度高和精度要求较高的板料零件，具有很重要的实用意义。利用金属材料的超塑性进行超塑性成形，可以用一次成形代替多道普通的冲压成形工序，这对于加工形状复杂和大型板料零件具有突出的优越性。无模多点成形工艺是用高度可调的凸模群体代替传统模具进行板料曲面成形的一种先进工艺技术，它以CAD/CAM/CAT技术为主要手段，能快速经济地实现三维曲面的自动化成形。

2. 冲模设计与制造方面

冲模是实现冲压生产的基本条件。目前，冲模的设计和制造正朝着以下两方面发展。一方面，为了适应高速、自动、精密、安全等大批量现代生产的需要，冲模正向高效率、高精度、高寿命及多工位、多功能方向发展，与此相适应的新型模具材料及其热表处理技术，各种高效、精密、数控、自动化的模具加工机床和检测设备以及模具CAD/CAM技术也正在迅速发展。另一方面，为了适应产品更新换代和试制或小批量生产的需要，锌基合金冲模、聚氨酯橡胶冲模、薄板冲模、钢带冲模、组合冲模等各种简易冲模及其制造技术也得到了迅速发展。

精密、高效的多工位及多功能级进模和大型复杂的汽车覆盖件冲模代表了现代冲模的技术水平。目前，50个工位以上的级进模进距精度可达2μm，多功能级进模不仅可以完成冲压全过程，还可完成焊接、装配等工序。我国已能自行设计制造出达到国际水平的精密多工位级进冲模，如某机电一体化的铁芯精密自动化多功能级进模，其主要零件的制造精度达2~5μm，进距精度2~3μm，总使用寿命达1亿次。我国主要汽车模具企业，已能生产成套轿车覆盖件模具，在设计制造方法、手段方面已基本达到了国际水平，模具结构、功能方面也接近国际水平，但在制造质量、精度、制造周期和成本方面与国外相比还存在一定差距。

模具材料及热处理与表面处理工艺对模具加工质量和使用寿命的影响很大，世界各主要工业国在此方面的研究取得了较大进展，开发了许多的新钢种，其硬度可达58~70HRC，而变形只为普通工具钢的1/2~1/5。例如，火焰淬火钢可局部硬化，且无脱碳。又如，我国研制的 65Nb、LD_1 和 CG2 等新钢种，具有热加工性能好、热处理变形小、抗冲击性能佳等特点。与此同时，还发展了一些新的热处理和表面处理工艺，主要有气体软氮化、离子氮化、渗硼、表面涂镀、化学气相沉积（CVD）、物理气相沉积（PVD）、激光表面处理等。这些方法能提高模具工作表面的耐磨性、硬度和耐蚀性，使模具使用寿命大大延长。

模具制造技术现代化是模具工业发展的基础。计算机技术、信息技术、自动化技术等先进技术正在不断向传统制造技术渗透、交叉、融合，形成了现代模具制造技术。其中，高速铣削加工、电火花成形加工、慢走丝线切割加工、精密磨削及抛光技术、数控测量等代表了现代冲模制造的技术水平。此外，激光快速成形技术（RPM）与树脂浇注技术在快速经济制模技术中得到了成功的应用。

模具 CAD/CAE/CAM 技术是改造传统模具生产方式的关键技术，它以计算机软件的形式为用户提供一种有效的辅助工具，使工程技术人员能借助计算机对产品、模具结构、成形工艺、数控加工及成本等进行设计和优化，从而显著缩短模具设计与制造周期，降低生产成本，提高产品质量。随着功能强大的专业软件和高效集成制造设备的出现，以三维造型为基础、基于并行工程（CE）的模具 CAD/CAE/CAM 技术正成为发展方向，它能实现制造和装配的设计、成形过程的模拟和数控加工过程的仿真，还可对模具可制造性进行评价，使模具设计与制造一体化、智能化。

3. 冲压设备与冲压生产自动化方面

性能良好的冲压设备是提高冲压生产技术水平的基本条件，高精度、高使用寿命、高效率的冲模需要高精度、高自动化的冲压设备相匹配。为了满足大批量高速生产的需要，目前冲压设备也由单工位、单功能、低速压力机朝着多工位、多功能、高速和数控方向发展，加之机械手乃至机器人的大量使用，使冲压生产效率得到大幅度提高，各式各样的冲压自动线和高速自动压力机纷纷投入使用。例如，在数控四边折弯机中送入板料毛坯后，在计算机程序控制下便可依次完成四边弯曲，从而大幅度提高精度和生产率。又如，在高速自动压力机上冲压电动机定、转子冲片时，1min 可冲几百片，并能自动叠成定、转子铁芯，生产效率比普通压力机提高几十倍，材料利用率高达 97%。在多功能压力机方面，日本会田公司生产的 2000kN 冲压中心采用 CNC 控制，只需 5min 时间就可完成自动换模、换料和调整工艺参数等工作；美国惠特尼（Whitney）公司生产的 CNC 金属板材加工中心，生产能力为普通压力机的 4~10 倍，并能进行冲孔、分段冲裁、弯曲和拉深等多种作业。

近年来，为了适应市场的激烈竞争，对产品质量的要求越来越高，且其更新换代的周期大为缩短。冲压生产为适应这一新的要求，开发了多种适合不同批量生产的工艺、设备和模具。其中，无需设计专用模具、性能先进的转塔数控多工位压力机、激光切割和成形机、CNC 万能折弯机等新设备已投入使用。特别是近几年来在国外已经发展起来、国内亦开始使用的冲压柔性制造单元（FMC）和冲压柔性制造系统（FMS）代表了冲压生产新的发展趋势。FMS 系统以数控冲压设备为主体，包括板料、模具、冲压件分类存放系统、自动上料与下料系统，生产过程完全由计算机控制，车间实现二十四小时无人控制生产。同时，根据不同使用要求，可以完成各种冲压工序，甚至焊接、装配等工序，更换新产品方便迅速，冲压件精度也高。

4. 冲模标准化及专业化生产方面

模具的标准化及专业化生产，已得到模具行业的广泛重视。因为冲模属单件小批量生

产,冲模零件既具有一定的复杂性和精密性,又具有一定的结构典型性。因此,只有实现了冲模的标准化,才能使冲模和冲模零件的生产实现专业化、商品化,从而降低模具成本,提高模具质量和缩短制造周期。目前,国外先进工业国家模具标准化生产程度已达70%~80%,模具厂只需设计制造工作零件,大部分模具零件均从标准件厂购买,使生产效率大幅度提高。模具制造厂专业化程度越来越高,分工越来越细,如目前有模架厂、顶杆厂、热处理厂等,甚至某些模具厂仅专业化制造某类产品的冲裁模或弯曲模,这样更有利于制造水平的提高和制造周期的缩短。我国冲模标准化与专业生产近年来也有较大进展,除反映在标准件专业化生产厂家有较多增加外,标准件品种也有扩展,精度亦有提高。但总体情况还满足不了模具工业发展的要求,主要体现在标准化程度还不高(一般在40%以下),标准件的品种和规格较少,大多数标准件厂家未形成规模化生产,标准件质量也还存在一些问题。另外,标准件生产的销售、供货、服务等都还有待于进一步提高。

四、冲压设计的一般程序

冲压设计包括冲压工艺设计、冲压设备选用及冲压模具设计等。冲压设计时需考虑的问题较多,主要包括以下几方面。

1) 产品零件的质量要求。
2) 产品零件对冲压加工的适应性。
3) 产品零件的生产批量。
4) 冲压设备条件。
5) 模具制造条件及技术水平。
6) 冲压原材料性能、规格及供应状况。
7) 操作方便与安全生产。
8) 企业管理水平。

因此,进行冲压工艺设计时,应该综合考虑各方面的因素,通过认真的分析比较,最终确定出最佳设计方案。

冲压设计一般按以下工作程序进行。

1) 收集冲压设计必需的原始资料。冲压设计的原始资料主要包括产品零件图样(或样件)及技术要求、产品零件的生产批量、车间冲压设备及模具制造条件、有关冲模标准化资料等。
2) 分析产品零件的冲压工艺性。如了解零件的功用及使用要求、分析零件对冲压方法的适用性及经济性等。
3) 确定冲压工艺方案。如确定冲压加工的方法、加工工序的顺序及组合方式等。
4) 确定模具结构方案。如确定冲模的类型、操作定位方式、卸料出件方式、模架类型等。
5) 进行有关工艺计算。如计算坯料尺寸、排样、材料利用率、工序尺寸、模具工作部分尺寸、冲压力及压力中心等。
6) 选择冲压设备。如选择冲压设备的类型及规格。
7) 编制冲压工艺规程卡片。如编制冲压工艺过程卡或冲压工序卡。
8) 进行模具的总体设计。如设计模具总装结构草图。

9）进行模具的主要零部件设计。如设计或选用模具零部件。
10）校核冲压设备。如校核冲压设备的装模尺寸及操作的安全性。
11）绘制模具总装图和零件图。如绘制完整的模具总装图及非标准模具零件图。
12）校核模具图样。如全面审核模具图样。
13）编写设计说明书。

应当说明的是，上述冲压设计的工作程序并非一成不变，在某些情况下需要交叉进行，因此设计过程要视具体情况灵活掌握。

五、本课程的学习要求与学习方法

本课程融合了冲压成形原理、冲压工艺与冲模设计、冲压成形设备等主要内容，是模具设计与制造专业的一门主干专业课。通过本课程的学习，应初步掌握冲压工艺过程设计及模具设计的基本方法，合理选择、使用和维护冲压设备，具有设计中等复杂程度冲压件的冲压工艺及模具的能力，并能应用相关知识分析解决冲压生产中常见的产品质量及模具方面的技术问题，了解冲压新工艺、新模具、新设备及冲压技术的发展动向。

本课程是一门实践性和实用性很强的课程，它以金属学与热处理、金属塑性成形原理以及机械制图、工程力学、机械设计等技术基础课程为基础，与模具制造技术紧密相关，因此学习时不但要注意系统学好本课程的基础理论知识，而且要密切联系生产实际，认真参加实验、实训、课程设计等实践性教学环节，同时还要注意沟通与基础课程和相关课程知识间的联系，培养综合运用所学知识分析解决实际问题的能力。

思考练习题

1-1　什么是冲压？它与其他加工方法相比有什么特点？
1-2　为何冲压加工的优越性只有在批量生产的情况下才能得到充分体现？
1-3　冲压工序可分为哪两大类？它们的主要区别和特点是什么？
1-4　简述冲压技术的发展方向。

第二章 冲压成形的理论基础

> **学习目的**
>
> 熟悉金属塑性与塑性变形的概念、影响因素、变形规律及冲压变形趋向性的控制，初步掌握冲压材料的成形性能、性能试验方法、冲压对材料的基本要求及材料的选用原则。

> **学习重点**
>
> 影响金属塑性的因素，塑性变形时应力与应变关系，硬化与卸载规律，变形趋向性及控制，材料的冲压性能及选用。

冲压成形是金属塑性加工的主要方法之一，冲压成形的理论是建立在金属塑性变形理论的基础之上。因此，要掌握冲压成形技术，就必须对金属的塑性变形性质、规律及材料的冲压成形性能等有充分的认识。

第一节 金属塑性变形概述

一、塑性变形的物理概念

在金属物体中，原子之间作用着相当大的力，足以抵抗重力的作用，所以在没有其他外力作用的条件下，物体将保持自有的形状和尺寸。当物体受到外力作用之后，物体的形状和尺寸将发生变化，这种现象称为变形。变形的实质就是物体内部原子间的距离产生变化。

若作用于物体的外力除去以后，由外力引起的变形随之消失，物体能完全恢复成原有的形状和尺寸，这样的变形称为弹性变形。

若作用于物体的外力除去以后，物体并不能完全恢复到原有的形状和尺寸，这样的变形称为塑性变形。

塑性变形和弹性变形一样，它们都是在变形体不破坏的条件下进行的，或是在变形体局部区域不破坏的条件下进行的（即连续性不破坏）。

金属材料在外力作用下，既能产生弹性变形，又能从弹性变形发展到塑性变形，是一种具有弹塑性的工程材料。

二、塑性与变形抗力

所谓塑性，是指物体在外力的作用下产生永久变形而不破坏其完整性的能力。物体材料的塑性不是固定不变的，而是与材料的种类、变形方式和变形条件有关。例如，在通常情况下，铅具有很好的塑性，但在三向等拉应力的作用下，却会像脆性材料一样破裂，不产生任何塑性变形。又如，极脆的大理石，若给予三向压力作用，则可能产生一定的塑性变形。

金属塑性的高低通常用塑性指标来衡量。塑性指标是以材料开始破坏时的变形量表示，它可借助于各种试验方法测定。目前应用广泛的是拉伸试验，对应于拉伸试验的塑性指标通常是断后伸长率 A 和断面收缩率 Z。除此以外，还有爱力克辛试验、弯曲试验（测定板料胀形和弯曲时的塑性变形能力）和镦粗试验（测定材料锻造时的塑性变形能力）。需要指出的是，各种试验方法都是相对于特定的受力状况和变形条件的，由此测定的塑性指标仅具有相对的比较意义。一种金属的塑性比另一种金属的塑性高还是低，或者对某种金属来说，在什么样的变形条件下塑性好，而在什么样的变形条件下塑性差，这都是相对某种特定的受力状况和变形条件下而言的。

所谓变形抗力，是指在一定的变形条件（加载状况、变形温度及速度）下，引起物体塑性变形的单位变形力。变形抗力反映了物体在外力作用下抵抗塑性变形的能力。

塑性和变形抗力是两个不同的概念。通常说某种材料的塑性好坏是指受力后临近破坏时的变形程度的大小，而变形抗力是从力的角度反映塑性变形的难易程度。例如，奥氏体不锈钢允许的塑性变形程度大，说明它的塑性好；但其变形抗力也大，说明它需要较大的外力才能产生塑性变形。

三、塑性变形对金属组织和性能的影响

金属受外力作用产生塑性变形后，不仅形状和尺寸发生变化，而且其内部组织和性能也将发生变化，这些变化可以归纳为以下四个方面。

（1）形成了纤维组织　经塑性变形后，金属内部各晶粒会沿变形方向伸长。当变形程度很大时，晶粒便显著地沿变形方向被拉长，于是便形成了金属的纤维组织。形成的纤维组织会使变形抗力增加，且会产生明显的各向异性（即板平面内不同方向的性能有所差异，一般顺纤维方向的力学性能高于垂直纤维方向的力学性能）。

（2）形成了亚组织　在金属塑性变形过程中，当变形很小时，晶粒内部位错分布相对比较均匀。随着变形程度的增加，由于位错的运动和相互作用，使位错呈不均匀分布，一些位错互相纠缠在一起，形成位错缠结。继续变形时，在纠缠处的位错越来越多，越来越密。密集的位错纠结在晶粒内围成细小的粒状组织称为胞状组织或亚组织。亚组织的内部是低位错密度区域，其边界则是高位错密度区域。亚组织的形成使得位错运动更加困难，导致变形抗力的增加。

（3）产生了内应力　由于变形过程中每个晶粒都有不同程度的变形，为了保持金属晶体的完整性，必然会在不同变形程度的晶粒之间和每个晶粒内部造成一些自相平衡的内应力，即所谓附加应力。变形终止后，附加应力遗留在金属中变成残余应力。内应力的存在，将导致金属的开裂和变形抗力的增加。

（4）产生了加工硬化　随着变形程度的增加，金属的强度、硬度和变形抗力逐渐提高，而塑性和韧性逐渐降低，这种现象称为加工硬化或应变刚现象。造成加工硬化的根本原因是变形时位错运动受阻和位错密度不断增大。

金属的加工硬化在生产中具有很大的实际意义。例如，它可作为强化金属的重要手段，

特别是热处理无法强化的金属材料（如纯金属、多数铜合金和镍铬不锈钢等），只能用加工硬化的方法来强化；冶金厂生产的成品材料中有"硬"、"半硬"等状态，就是经过冷轧或冷拉等方法加工硬化的。但加工硬化也有不利的一面，例如，由于塑性降低，可能给金属材料进一步成形带来困难。又如，某些物理、化学性能变差，也会影响一些零件的使用。要解决这些问题，可采用一定的热处理工序。

四、影响金属塑性的因素

前述已知，金属的塑性不是固定不变的，影响因素很多，除了金属本身的内在因素（晶格类型、化学成分和金相组织等）以外，其外部因素——变形方式（应力与应变状态）、变形条件（变形温度与变形速度）的影响也很大。从冲压工艺的角度出发，加工材料给定之后，往往着重于外部条件的研究，以便创造条件，充分发挥材料的变形潜力，尽可能地减少冲压工序次数，提高经济效益。

（1）金属的成分和组织结构　组成金属的晶格类型，杂质的性质、数量及分布情况，晶粒大小、形状及晶界强度等不同，金属的塑性就不同。一般来说，组成金属的元素越少（如纯金属和固熔体）、晶粒越细小、组织分布越均匀，则金属的塑性越好。

（2）变形时的应力状态　因为金属的塑性变形主要依靠晶面的滑移作用，而金属变形时的破坏则是由于晶内滑移面上裂纹的扩展以及晶间变位时结合面的破坏造成的。压应力有利于封闭裂纹，阻止其继续扩展，有利于增加晶间结合力，抑制晶间变位，减小晶间破坏的倾向。所以，金属变形时，压应力的成分越多，金属越不易破坏，其可塑性也就越好。与此相反，拉应力则易于扩展材料的裂纹与缺陷，所以拉应力的成分越大，越不利于金属可塑性的发挥。

（3）变形温度　变形温度对金属的塑性有重大影响。就大多数金属而言，其总的趋势是：随着温度的升高，塑性增加，变形抗力降低（金属的软化）。但值得指出的是，加热软化趋势并不是绝对的。有些金属在温升过程中的某些区间，由于过剩相的析出或相变等原因，可能会使金属的塑性降低和变形抗力增加。例如，碳钢加热到200～400℃之间时，因为时效作用（夹杂物以沉淀的形式在晶界滑移面上析出）使塑性降低，变形抗力增加，脆性增大，这个温度范围称为蓝脆区。而在800～950℃范围内，又会出现热脆，使塑性降低，原因是铁与硫形成的化合物FeS几乎不溶于固体铁中，形成低熔点的共晶体（Fe + FeS + FeO），如果处在晶粒边界的共晶体熔化，就会破坏晶粒间的结合。因此，选择变形温度时，碳钢应避开蓝脆区和热脆区。

在冲压工艺中，有时也采用加热冲裁或加热成形的方法来提高材料塑性和降低变形抗力，以增加变形程度和减小冲压力。有些工序（如差温拉深）中还采用局部冷却的方法，以增强变形区的变形抗力，提高坯料危险断面的强度，从而达到延缓破坏、增大变形程度的目的。

（4）变形速度　变形速度是指单位时间内应变的变化量，但在冲压生产中不便控制和计量，故以压力机滑块的移动速度来近似反映金属的变形速度。变形速度对金属塑性的影响比较复杂。一方面，增加变形速度，由于要驱使数目更多的位错同时运动，且要求位错运动的速度增大，而断裂抗力基本没有变化，从而导致金属的塑性降低；另一方面，增加变形速度，由于塑性变形功转变为热能的热效应显著，引起金属温度的升高，从而降低变形抗力，提高塑性。

目前，常规冲压使用的压力机工作速度较低，对金属塑性变形的影响不大。而考虑速度因素，主要基于冲压件的尺寸和形状。对于小型件的冲压，一般可以不考虑速度因素，只需考虑设备的类型、标称压力和功率等；对于大型复杂件，由于冲压成形时坯料各部位的变形极不均匀，易造成局部拉裂或起皱，为了便于控制金属的流动情况，宜采用低速成形（如采用液压机或低速压力机冲压）。另外，对于加热成形工序，为了使坯料中的危险断面能及时冷却强化，宜用低速；对于变形速度比较敏感的材料（如不锈钢、耐热合金、钛合金等），也宜低速成形，其加载速度一般控制在 0.25m/s 以下。

(5) 尺寸因素　同一种材料，在其他条件相同的情况下，尺寸越大，塑性越差。这是因为材料尺寸越大，组织和化学成分越不一致，杂质分布越不均匀，应力分布也不均匀。例如厚板冲裁时，产生剪裂纹时凸模挤入板料的深度与板料厚度的比值（称为相对挤入深度）比薄板冲裁时小。

五、超塑性概念

前面讨论的各种因素对金属塑性变形的影响，是单个因素的影响，没有研究几个因素的综合影响。试验研究表明，当金属的组织结构、变形温度和变形速度三者配合恰当时，可使金属的变形抗力大大降低（有时可至普通塑性变形的几十分之一），拉伸时无缩颈的均匀伸长率显著增加（可比普通塑性变形提高几倍到几十倍），这种现象称为超塑性。无论是纯金属还是以纯金属为基体的合金，都能呈现超塑性，目前已发现能够呈现超塑性效应的金属材料有 150 多种。

试验结果表明，在超塑性状态下进行拉伸时，尽管可达到异常大的断后伸长率（可超过1000%，有的甚至达到2000%），但是晶粒并未拉长，晶粒内部很少变形，晶界也无破坏痕迹。这说明超塑性的变形机理与普通塑性变形的机理有明显的差别。实际上，超塑性变形十分复杂，变形中往往有几个过程同时进行，其中包括晶界的滑动、晶粒的转动、位错运动和扩散过程等，特殊情况下还有再结晶现象。目前，人们对超塑性变形机理的研究还处于初级阶段，有待于进一步探索。

金属材料的超塑性一般有两种类型。一种是微细晶超塑性（又称恒温超塑性），它是先对金属作晶粒细化处理，使其尺寸达 $1\sim2\mu m$ 数量级（一般变形金属中的晶粒大小为 $10\sim100\mu m$ 数量级），然后施以一定的恒温和变形速度条件，即可得到超塑性。通常这种超塑性的变形温度在 $0.5T_{熔}$（热力学温度）左右，应变速率为 $10^{-1}\sim10^{-4}min^{-1}$。另一种是相变超塑性，它不在于作细晶处理，而在于金属必须具有相变或同素异构转变的性质。在低载荷作用下，使金属在相变点附近反复加热冷却，经过一定次数的循环后，获得很大的断后伸长率。目前，研究最多、应用最广的是微细晶超塑性，而相变超塑性用于实际生产还较困难，现仅用于试验室研究。

超塑性的研究和发展产生了新的冲压工艺——超塑成形。目前，应用超塑性可以进行吹塑成形、拉深、挤压等冲压工作。但由于超塑成形需要恒温条件、有耐氧化措施（对高温成形）、成形速度低、模具需耐高温等技术上和经济上的原因，超塑成形工艺目前还只局限于常规冲压工艺难于加工的零件和材料。但超塑成形在模具制造上的应用却已崭露头角，如超塑挤压模具型腔可大大简化模具的加工。

第二节　塑性变形时的应力与应变

在冲压过程中，材料的塑性变形都是模具对材料施加的外力所引起的内力或内力直接作用的结果。一定的力的作用方式和大小都对应着一定的变形，所以为了研究和分析金属材料的变形性质和变形规律，控制变形的发展，就必须了解材料内各点的应力与应变状态以及它们之间的相互关系。

一、应力与应变状态

1. 点的应力状态

在外力的作用下，材料内各质点间就会产生相互作用的力，称为内力。单位面积上内力的大小称为应力。材料内某一点的应力大小与分布称为该点的应力状态。

为了分析点的应力状态，通常是通过该点周围截取一个微小的六面体（称为单元体），一般情况下，该单元体上存在大小和方向都不同的应力，设为 S_x、S_y、S_z（见图2-1a），其中每一个应力又可分解为平行于坐标轴的三个分量，即一个正应力和两个切应力（见图2-1b）。由此可见，无论变形体的受力状态如何，为了确定物体内任意点的应力状态，只需知道九个应力分量（三个正应力，六个切应力）即可。又由于所取单元体处于平衡状态，绕单元体各轴的力矩必定相等，因此其中三对切应力应互等，即

$$\tau_{xy} = \tau_{yx}, \quad \tau_{yz} = \tau_{zy}, \quad \tau_{zx} = \tau_{xz}$$

于是，要充分确定变形体内任意点的应力状态，实际上只需知道六个应力分量，即三个正应力和三个切应力就够了。

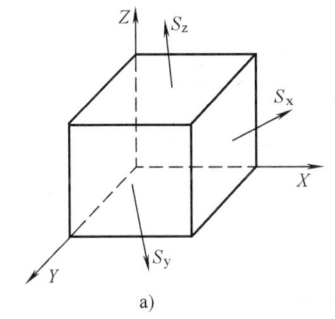
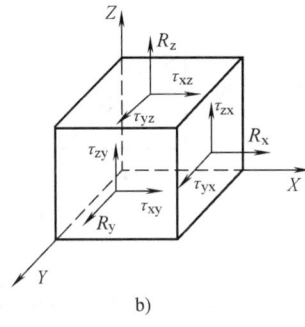
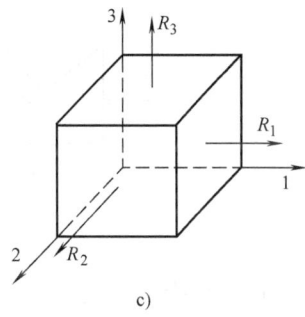

图2-1　点的应力状态
a)、b) 任意坐标系　c) 主轴坐标系

必须指出，如果坐标系选取的方向不同，虽然该点的应力状态没有改变，但用来表示该点应力状态的各个应力分量就会与原来的数值不同。不过，这些属于不同坐标系的应力分量之间是可以换算的。

可以证明，对任何一种应力状态来说，总存在这样一组坐标系，使得单元体各表面上只有正应力，而没有切应力，如图2-1c所示。这时的三个坐标轴称为主轴，三个坐标轴的方向称为主方向，三个正应力称为主应力，三个主应力的作用面称为主平面。主应力一般按其代数值大小依次用 R_1、R_2、R_3 表示，即 $R_1 \geq R_2 \geq R_3$。带正号时为拉应力，带负号时为压应力。一个应力状态只有一组主应力，而主方向可通过对变形过程的分析近似确定或通过试验

确定。用主应力来表示点的应力状态,可以大大简化分析、运算工作。

以主应力表示点的应力状态称为主应力状态,表示主应力个数及其符号的简图称为主应力图。可能出现的主应力图共有九种,即四种三向主应力图(又称立体主应力图),三种双向主应力图(又称平面主应力图),两种单向主应力图(又称线性主应力图),如图2-2所示。

在一般情况下,点的应力状态为三向应力状态。但在大多数平板材料成形中,其厚度方向的应力往往较其他两个方向的应力小得多,因此可把厚度方向的应力忽略不计,近似看作平面应力状态。平面应力问题的分析计算比三向应力问题简单,这就为分析解决冲压成形问题提供了方便。

除了主平面上不存在切应力以外,单元体其他方向的截面上都有切应力,而且在与主平面成45°的截面上切应力达到最大值,称为主切应力。主切应力作用面称为主切应力面。主切应力及其作用面共有三组,如图2-3所示。主切应力面上的应力状态如图2-4所示。

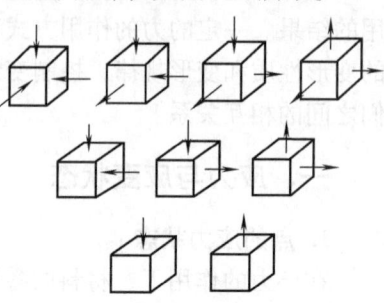

图2-2 九种主应力图

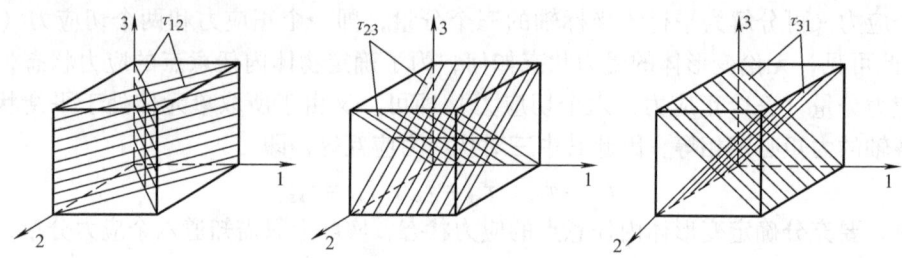

图2-3 主切应力及主切应力面

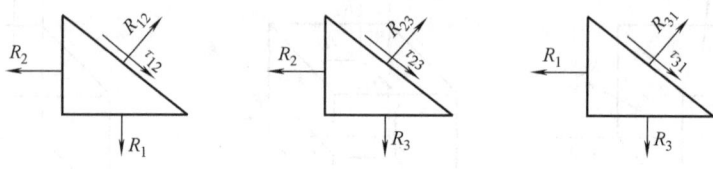

图2-4 主切应力面上的应力状态

经过分析推导,主切应力面上的主切应力及正应力值分别为

$$\tau_{12} = \pm \frac{R_1 - R_2}{2}, \quad \tau_{23} = \pm \frac{R_1 - R_3}{2}, \quad \tau_{31} = \pm \frac{R_3 - R_1}{2} \tag{2-1}$$

$$R_{12} = \frac{R_1 + R_2}{2}, \quad R_{23} = \frac{R_2 + R_3}{2}, \quad R_{31} = \frac{R_3 + R_1}{2} \tag{2-2}$$

其中,绝对值最大的主切应力称为该点的最大切应力,用 τ_{max} 表示,若 $R_1 \geq R_2 \geq R_3$,则

$$\tau_{max} = \pm \frac{R_1 - R_3}{2} \tag{2-3}$$

最大切应力与金属的塑性变形有着十分密切的关系。

2. 点的应变状态

变形体内存在应力必伴随有应变,点的应变状态也是通过单元体的变形来表示的。与点的应力状态一样,当采用主轴坐标系时,单元体就只有三个主应变分量 ε_1、ε_2 和 ε_3,而没有切应变分量,如图 2-5 所示。一种应变状态只有一组主应变。

应变的大小可以通过物体变形前后尺寸的变化量来表示。如图 2-6 所示,设变形前的尺寸为 l_0、b_0 和 t_0,变形后的尺寸为 l、b 和 t,则三个方向的主应变可分别用相对应变(亦称条件应变)和实际应变(亦称对数应变)表示如下。

相对应变:

$$\left.\begin{array}{l}\delta_1 = \dfrac{l-l_0}{l_0} = \dfrac{\Delta l}{l_0} \\ \delta_2 = \dfrac{b-b_0}{b_0} = \dfrac{\Delta b}{b_0} \\ \delta_3 = \dfrac{t-t_0}{t_0} = \dfrac{\Delta t}{t_0}\end{array}\right\} \quad (2\text{-}4)$$

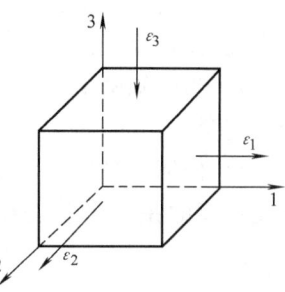

图 2-5 点的应变状态

实际应变:

$$\left.\begin{array}{l}\varepsilon_1 = \int_{l_0}^{l} \dfrac{\mathrm{d}l}{l} = \ln \dfrac{l}{l_0} \\ \varepsilon_2 = \int_{b_0}^{b} \dfrac{\mathrm{d}b}{b} = \ln \dfrac{b}{b_0} \\ \varepsilon_3 = \int_{t_0}^{t} \dfrac{\mathrm{d}t}{t} = \ln \dfrac{t}{t_0}\end{array}\right\} \quad (2\text{-}5)$$

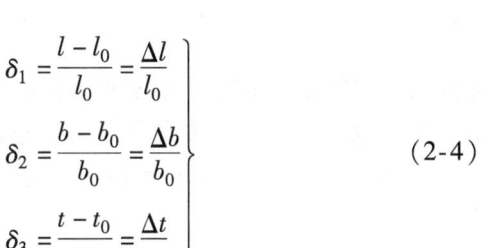

其中,相对应变只考虑了物体变形前后尺寸的变化量,而实际应变考虑了物体的变形是一个逐渐积累的过程,它反映了物体变形的实际情况。δ 或 ε 为正时表示伸长变形,为负时表示压缩变形。

图 2-6 变形前后尺寸的变化

实际应变与相对应变之间的关系为

$$\varepsilon = \ln(1+\delta) \quad (2\text{-}6)$$

可见,只有当变形程度很小时,δ 才近似等于 ε;变形程度越大,δ 或 ε 的差值也越大。一般把变形程度在 10% 以下的变形情况称为小变形问题,10% 以上为大变形问题。板料冲压成形一般属于大变形问题。

金属材料在塑形变形时,体积变化很小,可以忽略不计,则有 $l_0 b_0 t_0 = lbt$,即

$$\frac{lbt}{l_0 b_0 t_0} = 1$$

等式两边取对数,可得

$$\ln \frac{l}{l_0} + \ln \frac{b}{b_0} + \ln \frac{t}{t_0} = 0$$

即

$$\varepsilon_1 + \varepsilon_2 + \varepsilon_3 = 0 \quad (2\text{-}7)$$

这就是塑性变形时的体积不变定律,它反映了三个主应变之间的数值关系。

根据体积不变定律,可以得出如下结论:

1)塑性变形时,物体只有形状和尺寸发生变化,而体积保持不变。

2）不论应变状态如何，其中必有一个主应变的符号与其他两个主应变的符号相反，这个主应变的绝对值最大，称为最大主应变。

3）当已知两个主应变数值时，便可算出第三个主应变。

4）任何一种物体的塑性变形方式只有三种，与此相应的主应变状态图也只有三种，如图 2-7 所示。

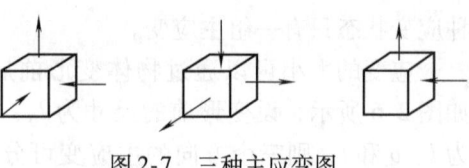

图 2-7　三种主应变图

二、塑性条件（屈服条件）

决定受力物体内质点由弹性状态向塑性状态过渡的条件，称为塑性条件或屈服条件。金属由弹性变形过渡到塑性变形，主要取决于在一定变形条件（变形温度与变形速度）下金属的物理力学性质和所处的应力状态。一般来说，在材料性质和变形条件一定的情况下，塑性条件主要取决于物体的应力状态。

当物体内某点处于单向应力状态时，只要该向应力 R_1 达到材料的屈服强度 R_e，就开始屈服，由弹性状态进入塑性状态，即此时的塑性条件是 $R_1 \geq R_e$。但是对于复杂应力状态，就不能仅仅根据一个应力分量来判断该点是否已经屈服，而要同时考虑其他应力分量的作用。只有当各个应力分量之间符合一定关系时，该点才开始屈服。

法国工程师屈雷斯加（H·Tresca）通过对金属挤压的研究，于 1864 年提出，在一定的变形条件下，当材料中的最大切应力达到某一定值时，材料就开始屈服。并通过单向拉压等简单的试验，该定值就是材料屈服点应力值 R_e 的一半，即 $R_e/2$。设 $R_1 \geq R_2 \geq R_3$，则屈雷斯加屈服条件可表达为

$$\tau_{max} = \frac{R_1 - R_3}{2} = \frac{R_e}{2}$$

或
$$R_1 - R_3 = R_e \tag{2-8}$$

屈雷斯加屈服条件又称最大切应力理论。该条件公式简单，在事先知道主应力大小的情况下使用很方便。但该条件显然忽略了中间主应力 R_2 的影响，实际上在一般三向应力状态下，R_2 对于材料的屈服也是有影响的。

德国力学家密席斯（VonMises）于 1913 年在对屈雷斯加条件加以修正的基础上提出，在一定的变形条件下，无论变形物体所处的应力状态如何，只要其三个主应力的组合满足一定条件，材料便开始屈服。该条件为

$$(R_1 - R_2)^2 + (R_2 - R_3)^2 + (R_3 - R_1)^2 = 2R_e^2 \tag{2-9}$$

密席斯屈服条件又称常量形变能量理论。因密席斯条件考虑了中间主应力 R_2 的影响，实践证明，对于大多数金属材料（特别是韧性材料）来说，应用密席斯屈服条件更符合实际情况。

密席斯屈服条件虽然在数学表达方法上比较完善，但在方程中同时包含了全部应力分量，实际运算比较繁琐。为了使用上的方便，可将密席斯屈服条件改写成如下简单形式

$$R_1 - R_3 = \beta R_e \tag{2-10}$$

式中，β 为反映中间主应力 R_2 影响的系数，其范围为 1～1.155，具体取值见表 2-1。

表 2-1 β 值

中间应力	β	应力状态	应用举例
$R_2 = R_1$ 或 $R_2 = R_3$	1.0	单向应力叠加三向等应力	软凸模胀形、外缘翻边
$R_2 = \dfrac{R_1 + R_3}{2}$	1.155	平面应变状态	宽板弯曲
R_1 不属于上面两种情况	≈1.1	其他应力状态（如平面应力状态等）	缩口、拉深

由表 2-1 可知，在单向应力叠加三向等应力状态下，$\beta = 1$，密席斯屈服条件与屈雷斯加屈服条件是一致的；在平面应变状态下，两个屈服条件相差最大，为 15.5%。

三、塑性变形时应力与应变的关系

物体弹性变形时，其变形可以恢复，变形过程是可逆的，与物体的加载过程无关，应力和应变之间的关系可以通过广义胡克定律来表示。但物体进入塑性变形以后，其应力与应变的关系就不同了。在单向受拉或受压时，应力与应变关系可用硬化曲线来表示，然而在受到双向或三向应力作用时，变形区的应力与应变关系相当复杂。经研究，当采用简单加载（加载过程中只加载不卸载，且应力分量之间按一定比例递增）时，塑性变形的每一瞬间，主应力与主应变之间存在下列关系

$$\frac{R_1 - R_2}{\varepsilon_1 - \varepsilon_2} = \frac{R_2 - R_3}{\varepsilon_2 - \varepsilon_3} = \frac{R_3 - R_1}{\varepsilon_3 - \varepsilon_1} = C \tag{2-11}$$

式中　C——非负数的比例常数。

在一定的条件下，C 只与材料性质及变形程度有关，而与物体所处的应力状态无关，故 C 值可用单向拉伸试验求出。

式（2-11）也可表示为

$$\frac{R_1 - R_{均}}{\varepsilon_1} = \frac{R_2 - R_{均}}{\varepsilon_2} = \frac{R_3 - R_{均}}{\varepsilon_3} = C \tag{2-12}$$

式中，$R_{均}$ 为平均应力，$R_{均} = \dfrac{R_1 + R_2 + R_3}{3}$。

上述物理方程又称为塑性变形时的全量理论，它是在简单加载条件下获得的，通常用于研究小变形问题。但对于冲压成形中非简单加载的大变形问题，只要变形过程中是加载，主轴方向变化不大，主轴次序基本不变，实践表明，应用全量理论也不会引起太大的误差。

全量理论是冲压成形中各种工艺参数计算的基础，而且利用全量理论还可以对有些变形过程中毛坯的变形和应力的性质作出定性的分析和判断，例如，

1）由式（2-12）可知，判断某方向的主应变是伸长还是缩短，并不是看该方向是受拉应力还是受压应力，而是要看该方向应力值与平均应力 $R_{均}$ 的差值。差值为正时是拉应变，为负时是压应变。

2）若 $R_1 = R_2 = R_3 = R_{均}$，由式（2-12）可知，$\varepsilon_1 = \varepsilon_2 = \varepsilon_3 = 0$，这说明在三向等拉或等压的球应力状态下，坯料不产生任何塑性变形（但有微小的体积弹性变化）。

3）由式（2-11）可知，三个主应力分量和三个主应变分量代数值的大小、次序互相对应，即若 $R_1 \geq R_2 \geq R_3$，则有 $\varepsilon_1 \geq \varepsilon_2 \geq \varepsilon_3$。

4) 当坯料单向受拉时,即 $R_1 > 0$、$R_2 = R_3 = 0$ 时,因为 $R_1 - R_{均} = R_1 - R_1/3 > 0$,由式(2-12)可知 $\varepsilon_1 > 0$, $\varepsilon_2 = \varepsilon_3 = -\varepsilon_1/2$。这说明在单向受拉时,拉应力作用方向为伸长变形,另外两个方向则为等量的压缩变形,且伸长变形为每一个压缩变形的 2 倍。如翻孔时,毛坯孔边缘的变形就属于这种情况。同样,当毛坯单向受压时,压应力作用方向上为压缩变形,另外两方向为等量的伸长变形,且压缩变形为每一个伸长变形的 2 倍。如缩口、拉深时,毛坯边缘的变形即属于此种情况。

5) 坯料受双向等拉的平面应力作用,即 $R_1 = R_2 > 0$、$R_3 = 0$ 时,由式(2-12)可知,$\varepsilon_1 = \varepsilon_2 = -\varepsilon_3/2$。这说明当坯料受双向等拉的平面应力作用时,在两个拉应力作用的方向为等量的伸长变形,而在另一个没有主应力作用的方向为压缩变形,其值为每个伸长变形的 2 倍。平板坯料胀形时的中心部位就属于这种情况。

6) 由式(2-12)可知,当 $R_2 - R_{均} = 0$ 时,必有 $\varepsilon_2 = 0$,根据体积不变定律,则有 $\varepsilon_1 = -\varepsilon_3$。这说明在主应力等于平均应力的方向上不产生塑性变形,而另外两个方向上的塑性变形数值相等、方向相反。这种变形称为平面变形,且平面变形时必有 $R_2 = R_{均} = \dfrac{R_1 + R_2 + R_3}{3}$,即 $R_2 = \dfrac{R_1 + R_3}{2}$。如宽板弯曲时,板料宽度方向变形为 0,该方向上的主应力即为其余两个方向主应力之和的一半。

7) 当坯料三向受拉,且 $R_1 > R_2 > R_3 > 0$ 时,在最大拉应力 R_1 方向上的变形一定是伸长变形,在最小拉应力 R_3 方向上的变形一定是压缩变形。同样,当毛坯三向受压,且 $R_3 < R_2 < R_1 < 0$ 时,在最小压应力 R_3(绝对值最大)方向上的变形一定是压缩变形,而在最大压应力 R_1(绝对值最小)方向上的变形一定是伸长变形。

第三节 加工硬化与硬化曲线

一、硬化现象与硬化曲线

前已述及,对于一般常用的金属材料,随着塑性变形程度的增加,其强度、硬度和变形抗力逐渐增加,而塑性和韧性逐渐降低,这种现象称为加工硬化。材料不同,变形条件不同,其加工硬化的程度也不同。材料的硬化规律可以用硬化曲线来表示。硬化曲线实际上就是材料变形时的应力随应变变化的曲线,可以通过拉伸、压缩或胀形试验等多种方法求得。图 2-8 所示为拉伸试验时获得的两条应力–应变曲线,其中曲线 1 的应力是以各加载瞬间的载荷 F 与该瞬间试件的截面面积 A 之比 F/A 来表示的,它考虑了变形过程中材料截面积的变化,真实反映了硬化规律,故称之为实际应力曲线(又称硬化曲线或变形抗力曲线)。曲线 2 的应力是按各加载瞬间的载荷 F 与变形前试样的原始截面积 A_0 之比 F/A_0 来表示的,它没有考虑变形过程中材料截面积的变化,因此应力 F/A_0 并不能反应材料在各变形瞬

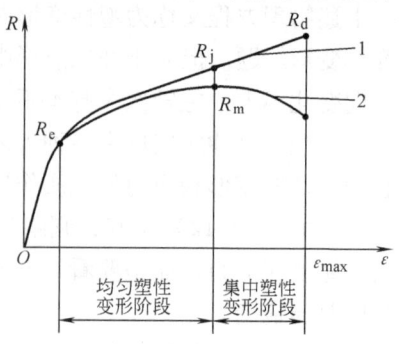

图 2-8 金属的应力–应变曲线
1—实际应力曲线 2—假象应力曲线
R_e—屈服强度 R_j(R_m)—缩颈点应力
R_d—断裂点应力

间的真实应力,所以称之为假象应力曲线(或称条件应力曲线),这种曲线多用于材料力学或结构力学中,以描述变形程度极小时的应力应变关系。

一般来说,硬化曲线所表达的应力-应变关系不是简单的函数关系,这给求解塑性力学问题带来了困难。为了实用上的需要,常用指数曲线来近似代替实际硬化曲线,其方程式为

$$R = A\varepsilon^n \tag{2-13}$$

式中 A——系数;

n——硬化指数。

A 和 n 与材料的种类和性能有关,可通过拉伸试验求得,其值列于表 2-2。

表 2-2 几种金属材料的 A 与 n 值

材 料	A/MPa	n	材 料	A/MPa	n
软铜	710~750	0.19~0.22	银	470	0.31
黄铜($w_{Zn}=40\%$)	990	0.46	铜	420~460	0.27~0.34
黄铜($w_{Zn}=35\%$)	760~820	0.39~0.44	硬铝	320~380	0.12~0.13
磷青铜	1100	0.22	铝	160~210	0.25~0.27
磷青铜(低温退火)	890	0.52			

硬化指数 n(又称 n 值)是表明材料塑性变形时硬化性能的重要参数。n 值大时,表示变形过程中材料的变形抗力随变形程度的增加而迅速增大,因而对板料的冲压成形性能及冲压件的质量都有较大的影响。

二、卸载规律与反载软化现象

硬化曲线(实际应力-应变曲线)反映了单向拉伸加载时材料的应力与应变(或变形抗力与变形程度)之间的变化规律。如果加载一定程度时卸载,这时应力与应变之间如何变化呢?如图 2-9 所示,拉伸变形在弹性范围内的应力与应变是线性关系,若在该范围内卸载,则应力、应变仍按同一直线回到原点 O,没有残留变形。如果将试件拉伸使其应力超过屈服点 A,如达到 B 点(R_B、ε_B),再逐渐卸下载荷,这时应力与应变则沿 BC 直线逐渐降低,而不再沿加载经过的路线 BAO 返回。卸载直线 BC 正好与加载时弹性变形的直线段平行,于是加载时的总应变 ε_B 就会在卸载后一部分(ε_t)因弹性回复而消失,另一部分(ε_s)仍然保留下来成为永久变形,即 $\varepsilon_B = \varepsilon_t + \varepsilon_s$。弹性回复的应变量为

$$\varepsilon_t = R_B/E \tag{2-14}$$

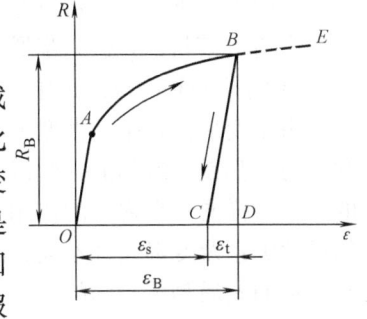

图 2-9 拉伸-卸载曲线

式中 E——材料的弹性模量。

上述卸载规律反映了弹塑性变形共存规律,即在塑性变形过程中不可避免地会有弹性变形存在。在实际冲压时,分离或成形后的冲压件的形状和尺寸与模具工作部分形状和尺寸不尽相同,就是因卸载规律引起的弹性回复(简称回弹)造成的,因此式(2-14)对我们考虑冲压成形时的回弹很有实际意义。

如果卸载后再重新加载,则随着载荷的加大,应力应变的关系将沿直线 CB 逐渐上升,到达 B 点应力 R_B 时,材料又开始屈

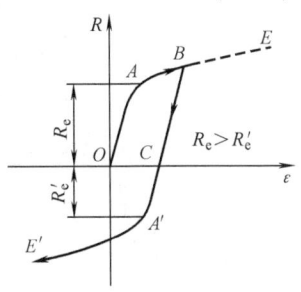

图 2-10 反载软化曲线

服，按照应力应变关系继续沿着加载曲线 BE 变化，如图 2-9 中虚线所示，所以 R_B 又可理解为材料在变形程度为 ε_B 时的屈服点。推而广之，在塑性变形阶段，硬化曲线上每一点的应力值都可理解为材料在相应变形程度下的屈服点。

如果卸载后反向加载，即将试件先拉伸然后改为压缩，其应力应变关系将沿曲线 OAB-CA'E' 规律变化，如图 2-10 所示。试验表明，反向加载时应力应变之间基本按拉伸时的曲线规律变化，但材料的屈服点 R'_e 较拉伸时的屈服点 R_e 有所降低，这就是所谓的反载软化现象。反载软化现象对分析某些冲压工艺（如拉弯）很有实际意义。

第四节 冲压成形中的变形趋向性及其控制

一、冲压成形中的变形趋向性

在冲压成形过程中，毛坯的各个部分在同一模具的作用下，却有可能发生不同形式的变形，即具有不同的变形趋向性。在这种情况下，判断毛坯各部分是否变形和以什么方式变形，以及能否通过正确设计冲压工艺和模具等措施来保证在进行和完成预期变形的同时，排除其他一切不必要的和有害的变形等，则是获得合格的高质量冲压件的根本保证。因此，分析研究冲压成形中的变形趋向及控制方法，对制订冲压工艺过程、确定工艺参数、设计冲压模具以及分析冲压过程中出现的某些产品质量问题等，都有非常重要的实际意义。

一般情况下，总是可以把冲压过程中的毛坯划分成为变形区和传力区。冲压设备施加的变形力通过模具，并进一步通过毛坯传力区作用于变形区，使其发生塑性变形。在如图 2-11 所示的拉深和缩口成形中，坯料的 A 区是变形区，B 区是传力区，C 区则是已变形区。

由于变形区发生塑性变形所需的力是由模具通过传力区获得的，而同一毛坯上的变形区和传力区都是相毗邻的，所以在变形区和传力区分界面上作用的内力性质和大小是完全相同的。在这样同一个内力的作用下，变形区和传力区都有可能产生塑性变形，但由于它们之间的尺寸关系及变形条件不同，其应力应变状态也不相同，因而它们可能产生的塑性变形方式及变形的先后是不相同的。通常，总有一个区需要的变形力比较小，并首先满足塑性条件进

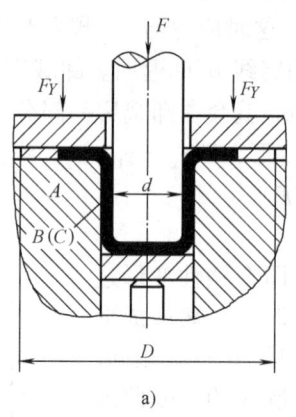
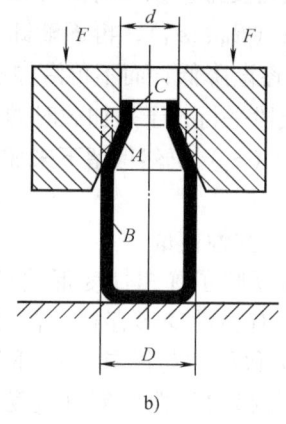

图 2-11 冲压成形时毛坯的变形区与传力区
a) 拉深 b) 缩口
A—变形区 B—传力区 C—已变形区

入塑性状态，产生塑性变形，我们把这个区称之为相对的弱区。如图 2-11a 所示的拉深变形，虽然变形区 A 和传力区 B 都受到径向拉应力 R_r 作用，但 A 区比 B 区还多一个切向压应力 R_θ 的作用，根据屈雷斯加塑性条件 $R_1 - R_3 \geq R_s$，A 区中 $R_1 - R_3 = R_\theta + R_r$，B 区中 $R_1 - R_3 = R_r$，因 $R_\theta + R_r > R_r$，所以在外力 F 的作用下，变形区 A 最先满足塑性条件产生塑性变形，成为相对弱区。

为了保证冲压过程的顺利进行，必须保证冲压工序中应该变形的部分（变形区）成为弱区，以便在把塑性变形局限于变形区的同时，排除传力区产生任何不必要的塑性变形的可能。由此可以得出一个十分重要的结论，即在冲压成形过程中，需要最小变形力的区是个相对的弱区，而且弱区必先变形，因此变形区应为弱区。

"弱区必先变形，变形区应为弱区"的结论，在冲压生产中具有很重要的实用意义。很多冲压工艺的极限变形参数的确定、复杂形状件的冲压工艺过程设计等，都是以这个道理作为分析和计算依据的。如图 2-11a 所示的拉深变形，一般情况下 A 区是弱区而成为变形区，B 区是传力区。但当毛坯外径 D 太大、凸模直径 d 太小而使得 A 区凸缘宽度太大时，由于要使 A 区产生切向压缩变形所需的径向拉力很大，这时可能出现 B 区会因拉应力过大率先发生塑性变形甚至拉裂而成弱区。因此，为了保证 A 区成为弱区，应合理确定凸模直径与毛坯外径的比值 d/D（即拉深系数），使得 B 区拉应力还未达到塑性条件以前，A 区的应力先达到塑性条件而发生拉压塑性变形。

当变形区或传力区有两种以上的变形方式时，则首先实现的变形方式所需的变形力最小。因此，在工艺和模具设计时，除要保证变形区为弱区外，同时还要保证变形区必须实现的变形方式具有最小的变形力。例如，在如图 2-11b 所示的缩口成形过程中，变形区 A 可能产生的塑性变形是切向收缩的缩口变形和在切向压应力作用下的失稳起皱，传力区 B 可能产生的塑性变形是筒壁部分镦粗和失稳弯曲。在这四种变形趋向中，只有满足缩口变形所需的变形力最小这个条件（如通过选用合适的缩口系数 d/D 和在模具结构上采取增加传力区的支承刚性等措施），才能使缩口变形正常进行。又如，在冲裁时，在凸模压力的作用下，坯料具有产生剪切和弯曲两种变形趋向，如果采用较小的冲裁间隙，建立对弯曲变形不利（这时所需的弯曲力增大了）而对剪切有利的条件，便可在只发生很小的弯曲变形的情况下实现剪切，提高了冲件的尺寸精度。

二、控制变形趋向性的措施

在实际生产当中，控制毛坯变形趋向性的措施主要有以下几方面。

（1）改变毛坯各部分的相对尺寸　实践证明，变形毛坯各部分的相对尺寸关系，是决定变形趋向性的最重要因素，因而改变毛坯的尺寸关系，是控制毛坯变形趋向性的有效方法。如图 2-12 所示，模具对环形毛坯进行冲压时，当毛坯的外径 D、内径 d_0 及凸模直径 d_p 具有不同的相对关系时，就可能具有三种不同的变形趋向（即拉深、翻孔和胀形），从而形成三种形状完全不同的冲件。当 D、d_0 都较小，并满足条件 $D/d_p < 1.5 \sim 2$、$d_0/d_p < 0.15$ 时，宽度为 $(D - d_p)$ 的环形部分产生塑性变形所需的力最小而成为弱区，因而产生外径收缩的拉深变形，得到拉深件（见图 2-12b）；当 D、d_0 都较大，并满足条件 $D/d_p > 2.5$、$d_p < 0.2 \sim 0.3$ 时，宽度为 $(d_p - d_0)$ 的内环形部分产生塑性变形所需的力最小而成为弱区，因而产生内孔扩大的翻孔变形，得到翻孔件（见图 2-12c）；当 D 较大、d_0 较小甚至为 0，并满足条件 $D/d_p > 2.5$、$d_0/d_p < 0.15$ 时，这时毛坯外环的拉深变形和内环的翻孔变形阻力

都很大，结果使凸、凹模圆角及附近的金属成为弱区而产生厚度变薄的胀形变形，得到胀形件（见图2-12d）。胀形时，毛坯的外径和内孔尺寸都不发生变化或变化很小，成形仅靠坯料的局部变薄来实现。

（2）改变模具工作部分的几何形状和尺寸　这种方法主要是通过改变模具的凸模和凹模圆角半径来控制毛坯的变形趋向。如在图2-12a中，如果增大凸模圆角半径 r_p、减小凹模圆角半径 r_d，可使翻孔变形的阻力减小，拉深变形阻力增大，所以有利于翻孔变形的实现。反之，如果增大凹模圆角半径而减小凸模圆角半径，则有利于拉深变形的实现。

（3）改变毛坯与模具接触面之间的摩擦力　如在图2-12中，若加大毛坯与压料圈及毛坯与凹模端面之间的摩擦力（如加大压力 F_Y 或减少润滑），则由于毛坯从凹模面上流动的阻力增大，结果不利于实现拉深变形而利于实现翻孔或胀形变形。如果增大毛坯与凸模表面间的摩擦力，并通过润滑等方法减小毛坯与凹模和压料圈之间的摩擦力，则有利于实现拉深变形。所以正确选择润滑及润滑部位，也是控制毛坯变形趋向的重要方法。

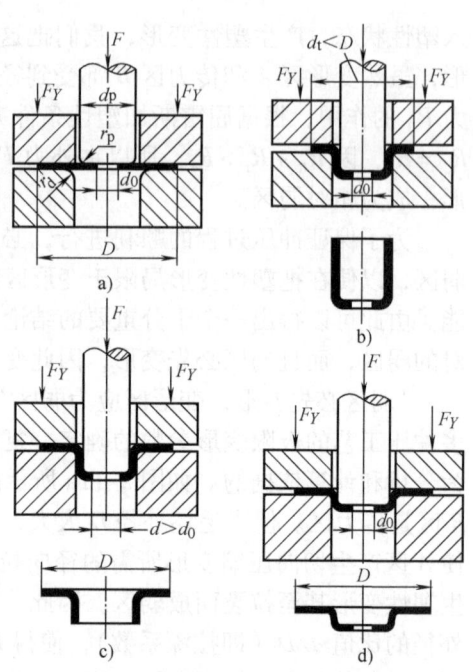

图 2-12　环形毛坯的变形趋向
a）变形前的坯料与模具　b）拉深
c）翻孔　d）胀形

（4）改变毛坯局部区域的温度　这种方法主要是通过局部加热或局部冷却来降低变形区的变形抗力或提高传力区强度，从而实现对毛坯变形趋向的控制。例如，在拉深和缩口时，可采用局部加热毛坯变形区的方法，使变形区软化，从而利于拉深或缩口变形。又如，在不锈钢零件拉深时，可采用局部深冷传力区的方法来增大其承载能力，从而达到增大变形程度的目的。

第五节　冲压材料及其冲压成形性能

冲压所用的材料是冲压生产的三要素之一。事实上，先进的冲压工艺与模具技术，只有采用冲压性能良好的材料，才能成形出高质量的冲压件。因此，在冲压工艺及模具设计中，懂得合理选用材料，并进一步了解材料的冲压成形性能，是非常必要的。

一、材料的冲压成形性能

材料对各种冲压成形方法的适应能力称为材料的冲压成形性能。材料的冲压成形性能好，就是指其便于冲压成形，单个冲压工序的极限变形程度和总的极限变形程度大，生产率高，容易得到高质量的冲压件，且模具损耗低，不易出废品等。冲压成形性能是一个综合性的概念，它涉及的因素很多，但就其主要内容来看，有两个方面：一是成形极限，二是成形质量。

1. 成形极限

成形极限是指材料在冲压成形过程中能达到的最大变形程度。对于不同的冲压工序，成形极限是采用不同的极限变形系数来表示的，如弯曲时为最小相对弯曲半径，拉深时为极限拉深系数，翻孔时为极限翻孔系数等。由于冲压用材料主要是板料，冲压成形大多都是在板厚方向上的应力值近似为零的平面应力状态下进行的，因此不难分析：在变形毛坯的内部，凡是受到过大拉应力作用的区域，就会使坯料局部严重变薄甚至拉裂；凡是受到过大压应力作用的区域，若压应力超过了临界应力就会使坯料丧失稳定而起皱。因此，为了提高成形极限，从材料方面看，必须提高材料的抗拉和抗压的能力；从冲压工艺参数的角度来看，必须严格限制毛坯的极限变形系数。

2. 成形质量

成形质量是指材料经冲压成形以后所得到的冲压件能够达到的质量指标，包括尺寸精度、厚度变化、表面质量及物理力学性能等。影响冲压件质量的因素很多，不同冲压工序的情况又各不相同，这里只对一些共性问题作简要说明。

材料在塑性变形的同时总伴随着弹性变形，当冲压结束载荷卸除以后，由于材料的弹性回复，造成冲件的形状与尺寸偏离模具工作部分的形状与尺寸，从而影响了冲件的尺寸和形状精度。因此，为了提高冲件的尺寸精度，必须掌握回弹规律，控制回弹量。

材料经过冲压成形以后，一般厚度都会发生变化，有的变厚，有的减薄。厚度变薄后直接影响冲件的强度和使用，因此对强度有要求时，往往要限制其最大变薄量。

材料经过塑性变形以后，除产生加工硬化现象外，还由于变形不均匀，材料内部将产生残余应力，从而引起冲件尺寸和形状的变化，严重时还会引起冲件的自行开裂。消除硬化及残余应力的方法是冲压后及时安排热处理退火工序。

原材料的表面状态、晶粒大小、冲压时材料的粘模情况及模具对材料表面的擦伤等，都将影响冲件表面质量。当原材料表面存在凹坑、裂纹、分层及锈斑或氧化皮等附着物时，将直接在冲件表面上形成相应缺陷，晶粒粗大的钢板拉深时会在拉深件表面产生所谓的"桔子皮"，易于粘模的材料会擦伤冲件并降低模具的使用寿命。此外，模具间隙不均匀、模具表面粗糙等也会擦伤冲件表面。

二、板料的冲压成形性能试验

板料的冲压成形性能是通过试验来确定的。板料冲压成形性能的试验方法很多，但概括起来可分为直接试验和间接试验两类。在直接试验中，板料的应力状态和变形情况与实际冲压时基本相同，试验所得结果比较准确。而在间接试验中，板料的受力情况和变形特点都与实际冲压时有一定的差别，所得结果只能在分析的基础上间接地反映板料的冲压成形性能。

1. 间接试验

间接试验有拉伸试验、剪切试验、硬度试验和金相试验等。其中拉伸试验简单易行，不需专用板料试验设备，而且所得的结果能从不同角度反映板料的冲压性能，所以它是一种很重要的试验方法。板料拉伸试验的方法是在待试验的板料的不同部位和方向上截取试料，制成如图2-13所示的标准拉伸试样，然后在万能材料试验机上进行拉伸。拉伸过程中，应注

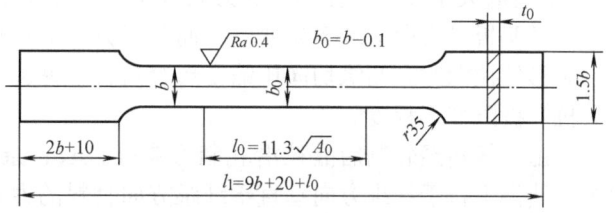

图2-13 拉伸试验用标准试样

意加载速度不能过快，开始拉伸时可按5mm/min以下速度加载，开始屈服时应进行间断加载，并随时记录载荷大小和试样截面尺寸。当开始出现缩颈后宜改用手动加载，并争取记录

载荷及试样截面尺寸 1~2 次。根据试验结果或利用自动记录装置可绘得板料拉伸时的实际应力-应变曲线（如图 2-14 的实线所示）及假象应力-应变曲线（如图 2-14 的虚线所示）。

通过拉伸试验，可以测得板料的强度、刚度、塑性、各向异性等力学性能指标。根据这些性能指标，即可定性估计板料的冲压成形性能。

(1) 强度指标（屈服强度 R_e、抗拉强度 R_m 或缩颈点应力 R_j） 强度指标对冲压成形性能的影响通常用屈服强度与抗拉强度的比值 R_e/R_m（称为屈强比）来表示。一般屈强比越小，则 R_e 与 R_m 之间的差值越

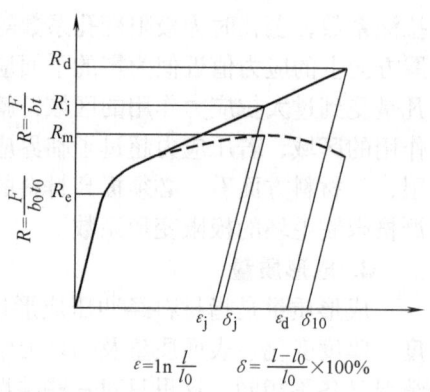

图 2-14 实际应力-应变曲线与假象应力-应变曲线

大，表示材料允许的塑性变形区间越大，成形过程的稳定性越好，破裂的危险性就越小，因而有利于提高极限变形程度，减小工序次数。因此，R_e/R_m 越小，材料的冲压成形性能越好。

(2) 刚度指标（弹性模量 E、硬化指数 n） 弹性模量 E 越大或屈服点与弹性模量的比值 R_e/E（称为屈弹比）越小，在成形过程中抗压失稳的能力越强，卸载后的回弹量小，有利于提高冲件的质量。硬化指数 n 可根据拉伸试验结果由公式 (2-13) 求得。n 值大的材料，硬化效应就大，这对于变形区以拉应力为主的伸长类变形来说是有利的。因为 n 值越大，在变形过程中材料局部变形程度的增加会使该处变形力增大，这样就可以补偿该处因截面积减小而引起的承载能力的减弱，制止了局部集中变形的进一步发展，具有扩展变形区、使变形均匀化和增大极限变形程度的作用。

(3) 塑性指标（均匀伸长率 A_j 或细颈点应变 ε_j、断后伸长率 A 或断面收缩率 Z） 均匀伸长率 A_j 是在拉伸试验中开始产生局部集中变形（刚出现缩颈时）的伸长率（即相对应变），它表示板料产生均匀变形或稳定变形的能力。一般情况下，冲压成形都在板料的均匀变形范围内进行，故 A_j 对冲压性能有较为直接的意义。断后伸长率 A 是在拉伸试验中试样拉断时的伸长率。通常 A_j 和 A 越大，材料允许的塑性变形程度也越大。

(4) 各向异性指标（板厚方向性系数 r、板平面方向性系数 Δr） 板厚方向系数 r 是指板料试样拉伸时，宽度方向与厚度方向的应变之比，即

$$r = \frac{\varepsilon_b}{\varepsilon_t} = \frac{\ln(b/b_0)}{\ln(t/t_0)} \tag{2-15}$$

式中，b_0、b、t_0、t 分别为变形前后试件的宽度与厚度，一般取伸长率为 20% 时试样测量的结果。

r 值的大小反映了在相同受力条件下板料平面方向与厚度方向的变形性能差异，r 值越大，说明板平方向上越容易变形，而厚度方向上越难变形，这对拉深成形是有利的。如在进行筒形件拉深时，凸缘切向压缩变形容易且不易起皱，筒壁变薄量小且不易拉裂，因而可增大拉深极限变形程度。

由于板料经轧制后晶粒沿轧制方向被拉长，杂质和偏析物也会定向分布，形成纤维组织，使得平行于纤维方向垂直于纤维方向材料的力学性能不同，因此在板平面上存在各向异性，其程度一般用板厚方向性系数在几个特殊方向上的平均差值 Δr（称为板平面方向性系数）来表示，即

$$\Delta r = \frac{(r_0 + r_{90} - 2r_{45})}{2} \tag{2-16}$$

式中，r_0、r_{90}、r_{45} 分别为板料的纵向（轧制方向）、横向及 45°方向上的板厚方向性系数。

Δr 值越大，则方向性越明显，对冲压成形性能的影响也越大。例如弯曲，当弯曲件的折弯线与板料纤维方向垂直时，允许的极限变形程度就大；而当折弯线平行于纤维方向时，允许的极限变形程度就小，且方向性越明显，减小量就越大。又如筒形件拉深时，由于板平面方向性使拉深件出现口部不齐的"突耳"现象，方向性越明显，突耳的高度越大。由此可见，生产中应尽量设法降低板料的 Δr 值。

2. 直接试验

直接试验（又称模拟试验）是直接模拟某一种冲压方式进行的，故试验所得的结果能较为可靠地鉴定板料的冲压成形性能。直接试验的方法很多，下面简要介绍几种较为重要的试验方法。

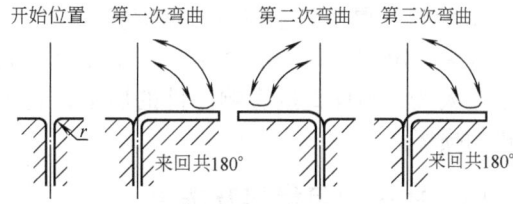

图 2-15 往复弯曲试验

（1）弯曲试验　弯曲试验的目的是鉴定板料的弯曲性能。常用的弯曲试验是往复弯曲试验，如图 2-15 所示，将试样夹持在专用试验设备的钳口内，反复折弯直至出现裂纹。弯曲半径 r 越小，往复弯曲的次数越多，材料的成形性能就越好。这种试验主要用于鉴定厚度在 2mm 以下的板料。

（2）胀形试验　鉴定板料胀形成形性能的常用试验方法是杯突试验，试验原理如图 2-16 所示。试验时将符合试验尺寸的板料试样 2 放在压料圈 4 与凹模 1 之间压紧，使凹模孔口外受压部分的板料无法流动。然后用试验规定的球形凸模 3 将试样压入凹模，直至试样出现裂纹为止，测量此时试样上的凸包深度 IE 作为胀形性能指标。IE 值越大，表示板料的胀形性能越好。

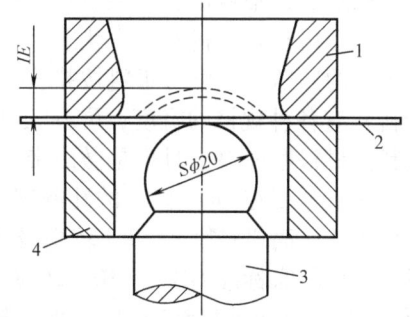

图 2-16 胀形试验（杯突试验）
1—凹模　2—试样
3—球形凸模　4—压料圈

（3）拉深试验　鉴定板料拉深成形性能的试验方法主要有筒形件拉深试验和球底锥形件拉深试验两种。图 2-17 所示为筒形件拉深试验（又称冲杯试验）的原理，依次用不同直径的圆形试样（直径级差为 1mm）放在带压边装置的试验用拉深模中进行拉深，在试样不破裂的条件下，取可能拉深成功的最大试样直径 D_{max} 与凸模直径 d_p 的比值 K_{max} 作为拉深性能指标，即

$$K_{max} = D_{max}/d_p \tag{2-17}$$

K_{max} 称为最大拉深程度。K_{max} 越大，则板料的拉深成形性能越好。

三、对冲压材料的基本要求

冲压所用的材料，不仅要满足冲压件的使用要求，还应满足冲压工艺的要求和后续加工（如切削加工、电镀、焊接等）的要求。冲压工艺对材料的基本要求主要如下。

1. 具有良好的冲压成形性能

对于成形工序，为了有利于冲压变形和冲压件质量的提高，材料应具有良好的冲压成形性能，即应具有良好的塑性（均匀伸长率 δ_j 高），屈强比 R_e/R_m 和屈弹比 R_e/E 小，板厚方向性系数 r 大，板平面方向性系数 Δr 小。

对于分离工序，只要求材料有一定的塑性，而对材料的其他成形性能指标没有严格的要求。

2. 具有较高的表面质量

材料的表面应光洁平整，无氧化皮、裂纹、锈斑、划伤、分层等缺陷。因为表面质量好的材料，成形时不易破裂，也不易擦伤模具，冲件的表面质量也好。

3. 材料的厚度公差应符合国家标准

因为一定的模具间隙适用于一定厚度的材料，若材料的厚度公差太大，不仅直接影响冲件的质量，还可能导致模具或压力机的损坏。

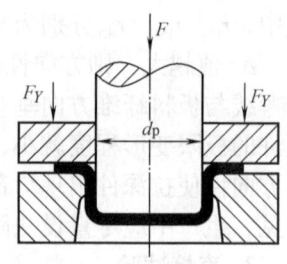

图 2-17　筒形件拉深试验（冲杯试验）

四、冲压常用材料及选用

1. 冲压常用材料

冲压生产中最常用的材料是金属材料（包括钢铁材料和非铁材料），但有时也用非金属材料。其中钢铁材料主要有普通碳素结构钢、优质碳素结构钢、合金结构钢、碳素工具钢、不锈钢、电工硅钢等；非铁材料主要有纯铜、黄铜、青铜、铝等；非金属材料有纸板、层压板、橡胶板、塑料板、纤维板和云母等。

冲压用金属材料的供应状态一般是各种规格的板料和带料。板料的尺寸较大，可用于大型零件的冲压，也可将板料按排样尺寸剪裁成条料后用于中小型零件的冲压；带料（又称卷料）有各种规格的宽度，屏开长度可达几十米，成卷状供应，适应于大批量生产的自动送料。材料厚度很小时也是做成带料供应。

对于厚度在 4mm 以下的轧制钢板，根据国家标准 GB/T 708—2006 规定，钢板厚度的精度分为 A（高级精度）、B（较高级精度）、C（普通精度）三级。对优质碳素结构冷轧薄钢板，根据国家标准 GB/T 710—2008 规定，钢板的表面质量可分为 Ⅰ（特别高级的精整表面）、Ⅱ（高级的精整表面）、Ⅲ（较高级精整表面）、Ⅳ（普通的精整表面）四组，每组按拉深级别又分为 Z（最深拉深）、S（深拉深）、P（普通拉深）三级。

在冲压工艺资料和图样上，对材料的表示方法有特殊的规定。如材料为 08 钢、厚度为 1.0mm、平面尺寸为 1000mm×1500mm、较高级精度、较高级的精整表面，深拉深级的优质碳素结构钢冷轧钢板表示为

$$钢板 \frac{B-1.0 \times 1000 \times 1500 - GB/T\ 708—2006}{08—Ⅱ—S—GB/T\ 710—2008}$$

关于材料的牌号、规格和性能，可查阅有关设计资料和标准，表 2-3 ~ 表 2-5 分别列出了部分冲压常用金属材料的力学性能、轧制薄钢板的厚度公差及尺寸规格。

表 2-3　冲压常用金属材料的力学性能

材料名称	牌号	材料的状态	力学性能				
			抗剪强度 τ/MPa	抗拉强度 R_m/MPa	屈服点 R_e/MPa	伸长率 A（%）	弹性模量 E/(10^3 MPa)
普通碳素钢	Q195	未经退火的	225~314	314~392		28~33	
	Q215		265~333	333~412	216	26~31	
	Q235		304~373	432~461	253	21~25	
	Q255		333~412	481~511	255	19~23	

（续）

材料名称	牌号	材料的状态	力学性能				
			抗剪强度 τ/MPa	抗拉强度 R_m/MPa	屈服点 R_e/MPa	伸长率 A(%)	弹性模量 $E/(10^3\text{MPa})$
碳素结构钢	08F	已退火的	216~304	375~383	177	32	
	08		255~353	324~441	196	32	186
	10F		216~333	275~412	186	30	
	10		255~333	294~432	206	29	194
	15		265~373	333~471	225	26	198
	20		275~392	353~500	245	25	206
	35		392~511	490~637	314	20	197
	45		432~549	539~686	353	16	200
	50		432~569	539~716	373	14	216
不锈钢	1Cr13	已退火的	314~373	392~416	412	21	206
	2Cr13	已退火的	314~392	392~490	441	20	206
	1Cr18Ni9Ti	经热处理的	451~511	569~628	196	35	196
铝锰合金	3A21	已退火的	69~98	108~142	49	19	70
		半冷作硬化的	98~137	152~196	127	13	
硬铝（杜拉铝）	2A12	已退火的	103~147	147~211		12	
		淬硬并经自然时效	275~304	392~432	361	15	71
		淬硬后冷作硬化	275~314	392~451	333	10	
纯铜	T1，T2，T3	软的	157	196	69	30	106
		硬的	235	294		3	127
黄铜	H62	软的	255	294		35	98
		半硬的	294	373	196	20	
		硬的	412	412		10	
	H68	软的	235	294	98	40	108
		半硬的	275	343		25	
		硬的	392	392	245	15	113
铅黄铜	HPb59-1	软的	294	343	142	25	91
		硬的	392	441	412	5	103
锡磷青铜 锡锌青铜	QSn6.5-0.1 QSn4-3	软的	255	294	137	38	98
		硬的	471	539		3~5	
		特硬的	490	637	535	1~2	122
钛合金	TA2	退火的	353~471	441~588		25~30	
	TA3		432~588	539~736		20~25	
	TA5		628~667	785~834		15	102

表 2-4 轧制薄钢板的厚度公差（GB/T 708—2006） （单位：mm）

钢板厚度	A	B	C	
	高级精度	较高精度	普通精度	
	冷轧优质钢板	普通和优质钢板		
		冷轧和热轧	热轧	
	全部宽度		宽度＜1000	宽度≥1000
0.2~0.4	±0.03	±0.04	±0.06	±0.06
0.45~0.5	±0.04	±0.05	±0.07	±0.07
0.55~0.60	±0.05	±0.06	±0.08	±0.08
0.70~0.75	±0.06	±0.07	±0.09	±0.09
1.0~1.1	±0.07	±0.09	±0.12	±0.12
1.2~1.25	±0.09	±0.11	±0.13	±0.13
1.4	±0.10	±0.12	±0.15	±0.15
1.5	±0.11	±0.12	±0.15	±0.15
1.6~1.8	±0.12	±0.14	±0.16	±0.16
2.0	±0.13	±0.15	+0.15 / -0.18	±0.18
2.2	±0.14	±0.16	+0.15 / -0.19	±0.19
2.5	±0.15	±0.17	+0.16 / -0.20	±0.20
2.8~3.0	±0.16	±0.18	+0.17 / -0.22	±0.22
3.2~3.5	±0.18	±0.20	+0.18 / -0.25	±0.25
3.8~4.0	±0.20	±0.22	+0.20 / -0.30	±0.30

表 2-5 轧制薄钢板的尺寸规格（GB/T 708—2006） （单位：mm）

钢板厚度	钢板宽度											
	500	600	710	750	800	850	900	950	1000	1100	1250	1400	1500
	冷轧钢板长度											
0.2, 0.25 0.3, 0.4	1200 1000 1500	1420 1800 2000	1500 1800 2000	1500 1800 2000	1500 1800 2000	1800 2000	1500 2000	1500 1800				
0.5, 0.55 0.6	1000 1500	1200 1800 2000	1420 1800 2000	1500 1800 2000	1500 1800 2000	1500 1800 2000	1800 2000	1500 2000	1500 1800				

（续）

钢板厚度	钢板宽度											
	500	600	710	750	800	850	900	950	1000	1100	1250	1400	1500
	冷轧钢板长度											
0.7、0.75	1000 1500	1200 1800 2000	1420 1800 2000	1500 1800 2000	1500 1800 2000	1500 1800 2000	1500 1500 1800	1500 2000				
0.8、0.9	1000 1500	1200 1800 2000	1420 1800 2000	1500 1800 2000	1500 1800 2000	1500 1800 2000	1500 1800 2000	1500 2000	2000 2500	2000		
1.0、1.1 1.2、1.4 1.5、1.6 1.8、2.0	1000 1500 2000	1200 1800 2000	1420 1800 2000	1500 1800 2000	1500 1800 2000	1500 1800 2000	1800 2000	2000 2200	2000 2500	2800 3000 3500	2800 3000 3500	
2.2、2.5 2.8、3.0 3.2、3.5 3.8、4.0	500 1000 1500 2000	600 1200 1800 2000	1420 1800 2000	1500 1800 2000	1500 1800 2000	1500 1800 2000	1800 2000					
	热轧钢板长度											
0.35、0.4 0.45、0.5 0.55、0.6 0.7、0.75	1000 1500 2000	1200 1500 1800 2000	1000 1420 2000	1000 1500 1800 2000	1500 1600 2000	1700 2000	1500 1800 2000	1500 1900 2000	1500 2000			
0.8、0.9	1000 1500	1200 1420	1420 2000	1500 1800 2000	1500 1600 2000	1500 1700 2000	1500 1800 2000	1500 1900 2000	1500 2000			
1.0、1.1 1.2、1.25 1.4、1.5 1.6、1.8	1000 1500 2000	1200 1420 2000	1000 1420 2000	1000 1500 1800 2000	1500 1600 2000	1500 1700 2000	1000 1500 1800 2000	1500 1900 2000	1500 2000			
2.0、2.2 2.5、2.8	500 1000 1500	600 1200 1500	1000 1420 2000	1500 1800 2000	1000 1500 1600 2000	1500 1700 2000	1500 1800 2000	1500 1900 2000	1500 2000 3000	2200 3000 4000	2500 3000 4000	2800 3000 4000	3000 4000
3.0、3.2 3.5、3.8 4.0	500 1000	600 1200	1420 1200	1000 1500 1800 2000	1500 1600 2000	1500 1700 2000	1000 1500 1800 2000	1500 1900 2000	2000 3000 4000	2200 3000 4000	2500 3000 4000	2800 3000 3500 4000	3000 3500 4000

第二章 冲压成形的理论基础

2. 冲压材料的合理选用

冲压材料的选用要考虑冲压件的使用要求、冲压工艺要求及经济性等。

（1）按冲压件的使用要求合理选材　所选材料应能使冲压件在机器或部件中正常工作，并具有一定的使用寿命。为此，应根据冲压件的使用条件，使所选材料满足相应强度、刚度、韧性及耐蚀性和耐热性等方面的要求。

（2）按冲压工艺要求合理选材　对于任何一种冲压件，所选的材料应能按照其冲压工艺的要求，稳定地成形出不致于开裂或起皱的合格产品，这是最基本也是最重要的选材要求。为此可用以下方法合理选材。

1）试冲。根据以往的生产经验及可能条件，选几种基本能满足冲压件使用要求的板料进行试冲，最后选择没有开裂或皱折的、其废品率低的一种。这种方法结果比较直观，但带有较大的盲目性。

2）分析与对比。在分析冲压变形性质的基础上，把冲压成形时的最大变形程度与板料冲压成形性能所允许采用的极限变形程度进行对比，并以此作为依据，选取适合于该种零件冲压工艺要求的板材。

另外，同一种牌号或同一厚度的板材，还有冷轧和热轧之分。我国国产板材中，厚板（$t>4mm$）为热轧板，薄板（$t<4mm$）为冷轧板（也有热轧板）。与热轧相比，冷轧板尺寸精确，偏差小，表面缺陷少，光亮，内部组织致密，冲压性能更优。冷轧和热轧根据轧制方法不同又分为连轧与往复轧，一般来说，连轧钢板的纵向和横向性能差别较大，纤维的方向性比较明显，各向异性大；单张往复轧制时，钢板的各向均有相近程度的变形，故钢板的纵向和横向性能差别较小，冲压性能更好。此外，板料出厂或供货的性能状态也有不同，一般分为软（M）、半硬（Y2）、硬（Y）和特硬（T）四种状态，性能状态不同，其力学性能是有差别的。

（3）按经济性要求合理选材　所选材料应在满足使用性能及冲压工艺要求的前提下，尽量使材料的价格低廉，来源方便，经济性好，以降低冲压件的成本。

思考练习题

2-1　影响金属塑性的因素有哪些？

2-2　什么是加工硬化和硬化指数？加工硬化对冲压成形有何有利和不利的影响？

2-3　什么是材料的板平面方向性系数？其大小对材料的冲压成形有哪些方面的影响？

2-4　什么是材料的冲压成形性能？冲压成形性能主要包括哪两方面的内容？材料冲压成形性能良好的标志是什么？

2-5　金属塑性变形过程中的卸载规律与反载软化现象在冲压生产中有何实际意义？

2-6　用"弱区必先变形，变形区应为弱区"的规律说明圆形坯料拉深成形的条件。

2-7　冲压对材料有哪些基本要求？如何合理选用冲压材料？

2-8　试分析比较08钢、2Cr13、HPb59-1（软）三种材料的冲压成形性能。

第三章　通用冲压设备

掌握曲柄压力机与液压机的工作原理、结构形式和特点，熟悉曲柄压力机与液压机的基本技术参数和主要零部件的结构，能正确使用与维护冲压设备。

曲柄压力机与液压机的基本技术参数、主要零部件的作用与结构，压力机的选择、使用与维护。

第一节　冲压设备的分类及型号

一、冲压设备的分类

在冲压生产中，为了适应不同的冲压工作情况，采用不同类型的冲压设备。这些冲压设备都具有其特有的结构形式及作用特点。根据冲压设备驱动方式和工艺用途的不同，可对冲压设备作如下分类。

1. 按冲压设备的驱动方式分类

（1）机械压力机　机械压力机是利用各种机械传动来传递运动和压力的冲压设备，包括曲柄压力机、摩擦压力机等。机械压力机在生产中最为常用，极大部分冲压设备都是机械压力机。机械压力机中又以曲柄压力机应用最多。

（2）液压机　液压机是利用液压（油压或水压）传动来产生运动和压力的压力机械。液压机容易获得较大的压力和工作行程，且压力和速度可在较大范围内进行无级调节，但能量损失较大，生产效率较低。液压机主要用来进行深拉深、厚板弯曲、压印、校形等工艺。

2. 按冲压设备的工艺用途分类

（1）板料冲压压力机
1）通用曲柄压力机。它用来进行冲裁、弯曲、成形和浅拉深等工艺。
2）拉深压力机。它用来进行拉深工艺。
3）板冲高速自动机。它适用于连续级进送料的自动冲压工艺。
4）板冲多工位自动机。它适用于连续传送工件的自动冲压工艺。
5）精密冲裁压力机。它用于精密冲裁等工艺。
6）数控压力机。它适用于自动冲压、换模、换料等冲压工作。
7）摩擦压力机。它适应于弯曲、成形和拉深等工艺。

8）旋压机。它用于旋压工艺。

9）板料成形液压机。它用来进行深拉深、厚板弯曲、压印、校形等工艺。

（2）体积模压压力机

1）冷挤压机。它用来进行冷挤压工艺。

2）精压机。它用来进行平面精压、体积精压和表面压印等工艺。

（3）剪切机（剪床）

1）板料剪切机。它用于裁剪板料。

2）棒料剪切机。它用于裁剪棒料。

二、冲压设备的型号表示方法

1. 机械压力机

机械压力机属于锻压机械类。锻压机械的基本型号是由一个汉语拼音字母和几个阿拉伯数字组成。字母代表锻压机械的大类，称为类别，见表3-1。同一类锻压机械中分为若干列，由第一位数字（自左向右）代表；同一列中又分为若干组，由第二位数字代表，见表3-2。在第二位数字之后的数字代表锻压机械的主要规格，一般为公称压力，单位为tf，转化为法定单位制的"kN"时，应把此数字乘以10。第二位数字与规格部分的数字之间以一短横线"-"隔开。

在类、列、组和主要规格完全相同，只是次要参数与基本型号不同的压力机，按变型处理，即在类别代号的字母后（第一位数字前）加字母A、B、C、……，依次表示第一、第二、第三、……种变型。

对型号已确定的锻压机械，如在结构和性能上有所改进时，按改进处理，即在原型号的末端加字母A、B、C、……，依次表示第一、第二、第三、……次改进。

例如，JC23—63A型号的含义是

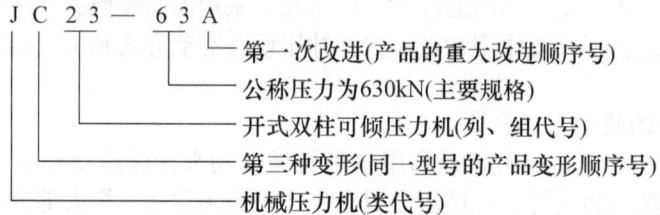

有些锻压设备紧接列组代号后面还有一个字母，代表设备的通用特性，例如，J21G—20中的"G"代表"高速"；J92K—250中的"K"代表"数控"。

表3-1 锻压机械类别代号

类别	机械压力机	液压机	自动锻压机	锤	锻机	剪切机	弯曲校正机	其他
字母代号	J	Y	Z	C	D	Q	W	T

表3-2 机械压力机的列、组划分

列		0 其他	1 单柱偏心压力机		2 开式双柱曲轴压力机		3 闭式曲轴压力机		4 拉深压力机
组	0		0		0		0		0
	1		1 单柱固定台压力机	1	开式双柱固定台压力机	1	闭式单点压力机	1	闭式单动拉深压力机
	2		2 单柱活动台压力机	2	开式双柱活动台压力机	2		2	
	3		3 单柱柱形台压力机	3	开式双柱可倾压力机	3	闭式侧滑块压力机	3	开式双动拉深压力机
	4		4 单柱台式压力机	4	开式双柱转台压力机	4		4	底传动双动拉深压力机
	5		5		5	开式双柱双点压力机	5	闭式双点压力机	5	闭式双动拉深压力机
	6		6		6		6		6	闭式双点双动拉深压力机

(续)

列	0	1	2	3	4
	其他	单柱偏心压力机	开式双柱曲轴压力机	闭式曲轴压力机	拉深压力机
组 7		7	7	7	7 闭式四点双动拉深压力机
组 8		8	8	8	8 闭式三动拉深压力机
组 9		9	9	9 闭式四点压力机	9

列	5	6	7	8	9
	摩擦压力机	粉末制品压力机		模锻精压、挤压压力机	专用压力机
组 0		0 单面冲压粉末制品压力机	0	0	0
组 1	无盘摩擦压力机	1 双面冲压粉末制品压力机	1	1	1 分度台压力机
组 2	单盘摩擦压力机	2 轮转式粉末制品压力机	2	2	2 冲模回转头压力机
组 3	双盘摩擦压力机	3	3	3	3
组 4	三盘摩擦压力机	4	4	4 精压机	4
组 5	上移式摩擦压力机	5	5	5	5
组 6	6	6	6	6 热模锻压力机	6
组 7	7	7	7	7 曲轴式金属挤压机	7
组 8	8	8	8	8 肘杆式金属挤压机	8
组 9	9	9	9	9	9

2. 液压机

液压机在锻压机械标准中属于第二类,代号为"Y"。液压机型号表示方法如下:

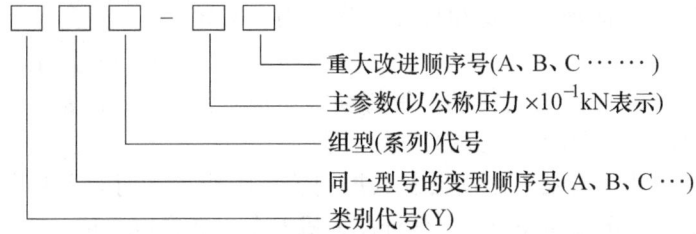

部分液压机的组型代号见表 3-3。例如,YA32—315 表示公称压力为 3150kN,经过一次变形的四柱立式万能液压机。

表 3-3 部分液压机的组型代号

组型	名称	组型	名称	组型	名称
Y11	单臂式锻压液压机	Y26	精密冲裁液压机	Y32	四柱液压机
Y12	下拉式锻压液压机	Y27	单动薄板冲压液压机	Y33	四柱上移式液压机
Y13	正装式锻压液压机	Y28	双动薄板冲压液压机	Y41	单柱校正压装液压机
Y14	模锻液压机	Y29	橡胶囊冲压液压机	Y63	轻合金管材挤压液压机
Y23	单动厚板冲压液压机	Y30	单柱液压机	Y71	塑料制品液压机
Y24	双动厚板冲压液压机	Y31	双柱液压机	Y98	模具研配液压机

第二节 曲柄压力机

曲柄压力机是冲压及锻压生产中广泛使用的一种压力加工设备。在冲压生产中,它能与冲模配合进行各种冲压工艺,直接生产出成品冲压件或半成品件。

一、曲柄压力机的工作原理与结构组成

曲柄压力机是通过传动系统把电动机的运动和能量传递给曲轴,使曲轴作旋转运动,并

通过连杆使滑块产生往复运动，从而实现压力加工的运动及动力要求。

图 3-1 所示为曲柄压力机的工作原理图。电动机 9 通过小齿轮 10、大齿轮 11（飞轮）和离合器 12 带动曲轴 1 旋转，再通过连杆 2 使滑块 3 在机身 8 的导轨 14 中作往复运动。将模具的上模 4 固定在滑块上，下模 5 固定在机身工作台 6 上，压力机便能对置于上、下模之间的材料加压，依靠模具将其制成工件，实现压力加工。离合器 12 由脚踏板 7 通过操纵机构操纵，在电动机不停机的情况下可使曲柄滑块机构运动或停止。制动器 13 与离合器密切配合，可在离合器脱开后将曲柄滑块机构停止在一定的位置上（一般是在滑块处于上止点的位置）。大齿轮 11 还起飞轮作用，使电动机的负荷均匀和有效地利用能量。

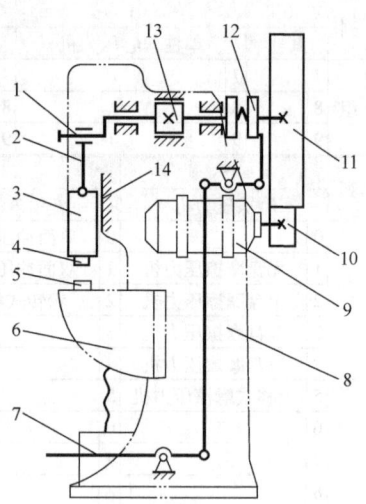

图 3-1 曲柄压力机结构原理简图
1—曲轴 2—连杆 3—滑块
4—上模 5—下模 6—工作台
7—脚踏板 8—机身 9—电动机
10—小齿轮 11—大齿轮（兼作飞轮）
12—离合器 13—制动器 14—导轨

从上述工作原理可以看出，曲柄压力机一般由下列几部分组成。

（1）工作机构 指由曲轴、连杆、滑块和机身上的导轨构成的曲柄滑块机构。其作用是将传动系统的旋转运动变换为滑块的直线往复运动，承受和传递工作压力，安装模具的上模。

（2）传动系统 一般由齿轮传动、带传动等组成。其作用是传递电动机的运动和能量，并起减速作用。

（3）操纵系统 由离合器、制动器及其控制装置组成。它们的主要作用是在电动机开动的条件下控制滑块的运动和停止，以保证压力机安全、准确地运转。

（4）能源系统 由电动机和飞轮等组成。电动机将电能转换成机械能。飞轮能将电动机空程运转时的能量存储起来，在冲压时再释放出来。

（5）支承部件 主要为压力机的机身，它将压力机的所有零部件联结起来，并承受全部工作变形力和各部件的重力，保证总机所要求的精度、强度和刚度。机身上有固定或活动的工作台，用于安装模具的下模。

（6）附属装置和辅助系统 这部分包括两类：一类是保证压力机正常运转的，如润滑系统、过载保护装置、滑块平衡系统、电路等；另一类是工艺应用范围的，如推料装置、气垫等。

二、曲柄压力机的结构类型

压力机的结构类型较多，可以按下列几种方式分类。

1. 按机身结构形式分

按机身结构形式不同，可分为开式压力机和闭式压力机两种。

开式压力机如图 3-2～图 3-4 所示，机身的前面、左面和右面三个方向是敞开的，操作空间大，但因机身呈 C 字形，刚度较差，压力机在工作负荷下易产生角变形，影响精度。所以这类压力机的吨位（公称压力）都比较小，一般在 2000kN 以下。开式压力机又可分为单柱和双柱压力机两种，图 3-3 所示为单柱压力机，其机身后壁无开口。图 3-2 所示为双柱压力机，其机身后壁有开口，形成两个立柱。双柱压力机可实现前后和左右两个方向的送料操作。此外，开式压力机按照工作台的结构不同还可分为可倾台式压力机（图3-2）、固定台式压力机（图3-3）和升降台式压力机（图3-4）。

闭式压力机机身左右两侧是封闭的（图3-5），只能从前后方向接近模具，操作空间较小，且装模距离较远，操作不太方便。但因机身形状对称，刚度好，压力机精度高。所以，压力超过2500kN的大中型压力机几乎都采用此种结构形式，某些精度要求较高的小型压力机也采用闭式压力机。

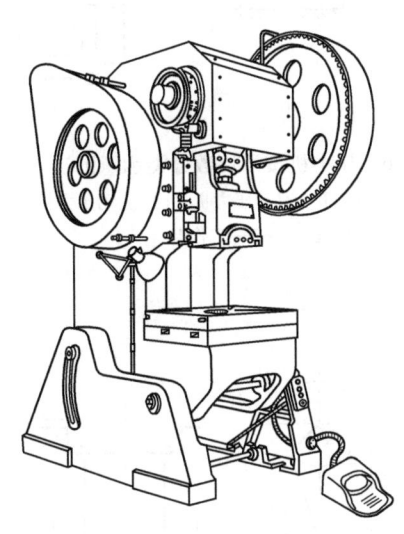

图3-2 开式双柱可倾式压力机

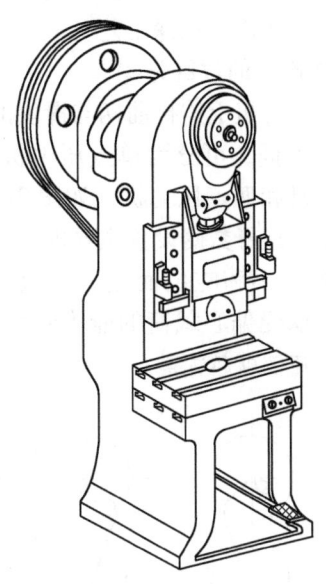

图3-3 开式单柱固定台压力机

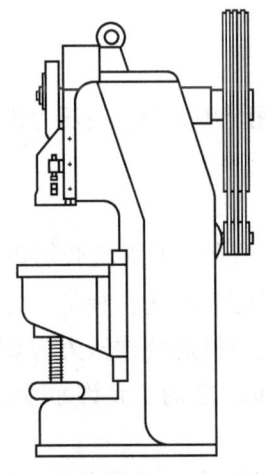

图3-4 开式升降台压力机

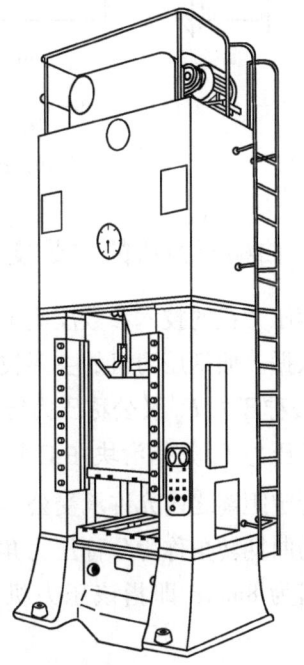

图3-5 闭式压力机

2. 按滑块的数目分

根据压力机上滑块的数目不同，可分为单动压力机、双动压力机和三动压力机，如图 3-6 所示。通用曲柄压力机一般是指单动压力机，它是目前使用最多的一种压力机。双动和三动压力机主要用于拉深工艺。

3. 按连杆的数目分

按照压力机上连接曲柄与滑块的连杆数目不同，可分为单点压力机、双点压力机和四点压力机，如图 3-7 所示。曲柄连杆数的设置主要根据滑块面积的大小和吨位而定。点数越多，滑块承受偏心载荷的能力越大，压力机的吨位就越大。

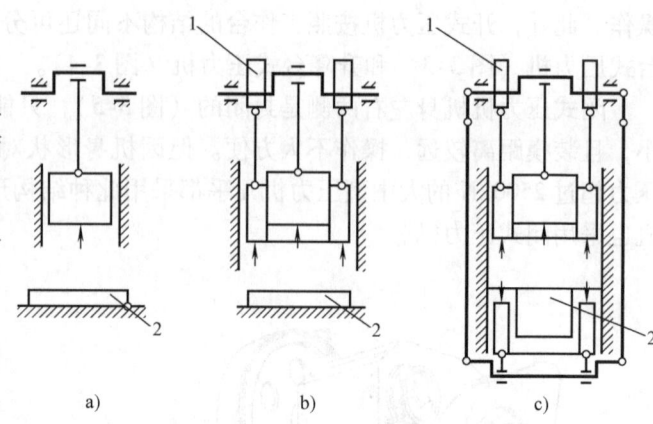

图 3-6　压力机按滑块数分类示意图
a) 单动压力机　b) 双动压力机　c) 三动压力机
1—凸轮　2—工作台

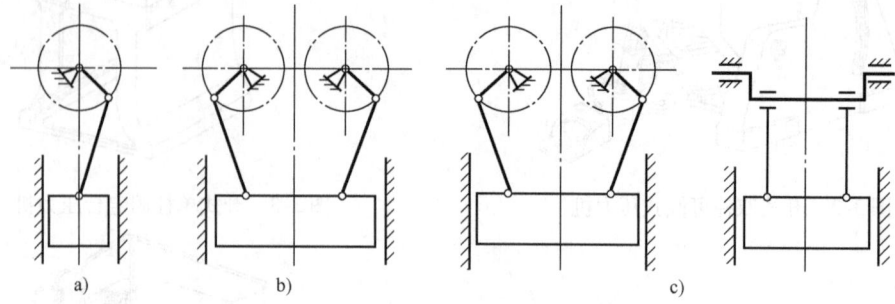

图 3-7　压力机按连杆数分类示意图
a) 单点压力机　b) 双点压力机　c) 四点压力机

三、曲柄压力机的主要技术参数

曲柄压力机的技术参数反应了压力机的工艺性能和应用范围，是选用压力机和设计模具的主要依据。曲柄压力机的主要技术参数如下。

1. 公称压力 F_g 及公称压力行程 s_g

公称压力 F_g 是指滑块在工作行程内所允许承受的最大负荷，而滑块必须在到达下止点前某一特定距离之内允许承受公称压力，这一特定距离称为公称压力行程 s_g。公称压力行程所对应的曲柄转角称为公称压力角 α_g。例如，JC23—63 压力机的公称压力为 630kN，公称压力行程为 8mm，即指该压力机的滑块在离下止点前 8mm 之内，允许承受的最大压力为 630kN。

公称压力是压力机的主要技术参数。国产压力机的公称压力已经系列化，如 160、200、250、315、400、500、630、800、1000、1600、2500、3150、4000、5000、6300kN 等。

2. 滑块行程 s

滑块行程 s 是指滑块从上止点运动到下止点所经过的距离，其值为曲柄半径的两倍。滑块行程的大小反映出压力机的工作范围。行程大，可压制高度较大的零件，但压力机造价增大，且工作时模具的导柱、导套可能分离，影响冲件精度和模具寿命。因此，滑块行程并非越大越好，应根据设备规格大小兼顾冲压生产时的送料、取件及模具寿命等因素考虑。为了满足生产实际需要，有些压力机的滑块行程是可调的。

3. 滑块行程次数 n

滑块行程次数是指滑块每分钟往复运动的次数。如果是连续作业，它就是每分钟生产冲件的个数。所以，行程次数越大，生产效率就越高。但行程次数超过一定数值后，必须配备自动送料装置。

4. 封闭高度 H 与装模高度 H_1

压力机的封闭高度是指滑块处于下止点位置时，滑块底面至工作台上表面之间的距离。当封闭高度调节装置将滑块调整到最高位置时（即当连杆调至最短时），封闭高度达到最大值，称为最大封闭高度（见图 3-8 中的 H_{max}）。与此相应，当滑块调整到最低位置时（即当连杆调至最长时），封闭高度达到最小值，称为最小封闭高度（H_{min}）。封闭高度调节装置所能调节的距离，称为封闭高度调节量（ΔH）。压力机的装模高度是指滑块处于下止点时，滑块底面至工作台垫板上表面间的距离。显然，封闭高度与装模高度之差即等于工作台垫板的厚度 T。装模高度和封闭高度均表示压力机所能使用的模具高度。模具的闭合高度 H_m（模具闭合时，上模座的上平面至下模座下平面之间的距离）应小于压力机的最大装模高度或最大封闭高度。

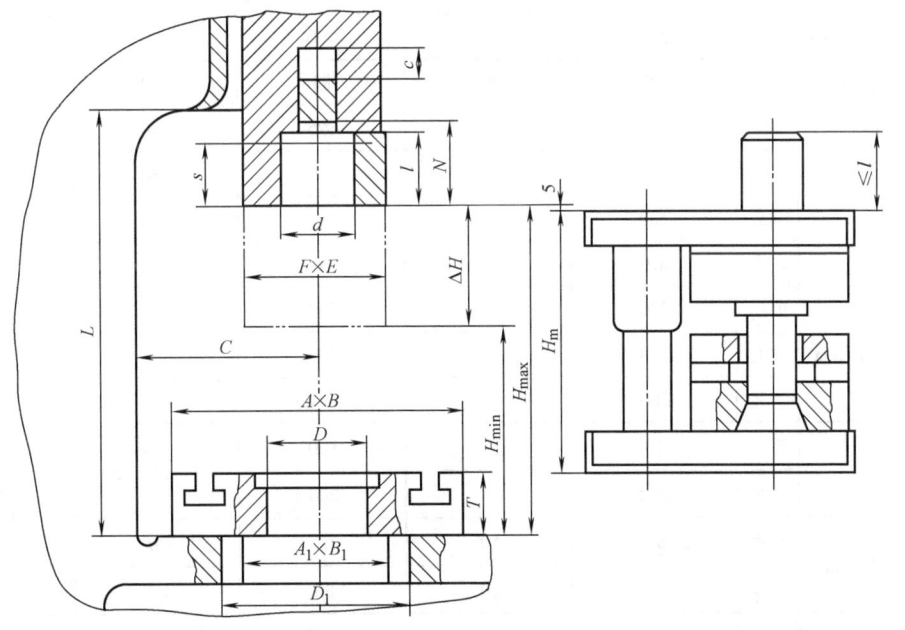

图 3-8　压力机的基本参数

5. 工作台面与滑块底面尺寸

工作台（或垫板）上表面与滑块底面尺寸均以"左右×前后"的尺寸表示，见图 3-8 中的 $A \times B$ 和 $F \times E$。这些尺寸决定了模具平面轮廓尺寸的大小。

6. 工作台孔尺寸 $A_1 \times B_1$ 或 D_1

压力机的工作台孔呈方形或圆形，或同时兼顾两种形状，其尺寸用 $A_1 \times B_1$（左右×前后）或 D_1（直径）表示。该尺寸空间是用作向下出料或安装模具顶件装置的。

7. 模柄孔尺寸 $d \times l$

模柄孔是用来安装固定模具上模的，其尺寸用 $d \times l$（直径×孔深）表示。中小型模具的上模一般都是通过模柄固定在压力机滑块上的，此时模柄尺寸应与模柄孔尺寸相适应。大型压力机没有模柄孔，而是开设 T 型槽，用 T 型槽螺钉紧固上模。

8. 立柱间距 A 与喉深 C

立柱间距是指双柱式压力机两立柱内侧之间的距离。对于开式压力机，其值主要关系到向后侧送料或出件机构的安装。对于闭式压力机，其值直接限制了模具和加工板料的最宽尺寸。喉深是开式压力机特有的参数，它是指滑块中心线到机身的前后方向距离，如图 3-8 中的 C。喉深直接限制了加工件的尺寸，也与压力机机身刚度有关。

表 3-4 ~ 表 3-6 列出了几种常用国产压力机的主要技术参数，供设计选用时参考。

表 3-4 开式固定台压力机（部分）主要技术规格

型号		JA21—35	JH21—80	JD21—100	JA21—160	J21—400A
公称压力/kN		350	800	1000	1600	4000
滑块行程/mm		130	160	可调 10 ~ 120	160	200
滑块行程次数/(次/min)		50	40 ~ 75	75	40	25
最大封闭高度/mm		280	320	400	450	550
封闭高度调节量/mm		60	80	85	130	150
喉深/mm		205	310	325	380	480
立柱间距/mm		428		480	530	896
工作台尺寸/mm	前后	380	600	600	710	900
	左右	610	950	1000	1120	1400
工作台孔尺寸/mm	前后	200		300		480
	左右	290		420		750
	直径	260			460	600
垫板尺寸/mm	厚度	60		100	130	170
	直径	22.5		200		300
模柄孔尺寸/mm	直径	50	50	60	70	100
	深度	70	60	80	80	120
滑块底面尺寸/mm	前后	210		380	460	
	左右	270		500	650	

表 3-5 开式双柱可倾式压力机（部分）主要技术规格

型号		J23—6.3	J23—10	J23—16	J23—25	JC23—35	JG23—40	JB23—63	J23—80	J23—100	J23—125
公称压力/kN		63	100	160	250	350	400	630	800	1000	1250
滑块行程/mm		35	45	55	65	80	100	100	130	130	145
滑块行程次数/（次/min）		170	145	120	55	50	80	40	45	38	38
最大封闭高度/mm		150	180	220	270	280	300	400	380	480	480
封闭高度调节量/mm		35	35	45	55	60	80	80	90	100	110
喉深/mm		110	130	160	200	205	220	310	290	380	380
立柱距离/mm		150	180	220	270	300	300	420	380	530	530
工作台尺寸/mm	前后	200	240	300	370	380	420	570	540	710	710
	左右	310	370	450	560	610	630	860	800	1080	1080
工作台孔尺寸/mm	前后	110	130	160	200	200	150	310	230	380	340
	左右	160	200	240	290	290	300	450	360	560	500
	直径	140	170	210	260	260	200	400	280	500	450
垫板尺寸/mm	厚度	30	35	40	50	60	80	80	100	100	100
	直径					150			200		250
模柄孔尺寸/mm	直径	30	30	40	40	50	50	50	60	60	60
	深度	55	55	60	60	70	70	70	80	75	80
滑块底面尺寸/mm	前后				190	230	360	350	360		
	左右				210	300	400	370	430		

表 3-6 闭式单点压力机（部分）主要技术规格

型号		J31—100	J31—160A	J31—250	J31—315	J31—400A	J31—630
公称压力/kN		100	1600	2500	3150	4000	6300
滑块行程/mm		165	160	315	315	400	400
滑块行程次数/（次/min）		35	32	20	25	20	12
最大封闭高度/mm		280	480	630	630	710	850
最大装模高度/mm		155	375	490	490	550	650
封闭高度调节量/mm		100	120	200	200	250	200
立柱间距/mm		660	750	1020	1130	1270	1230
工作台尺寸/mm	前后	635	790	950	1100	1200	1500
	左右	635	710	1000	1100	1250	1200
垫板尺寸/mm	厚度	125	105	140	140	160	200
	孔径	250	430	—	—	—	—
气垫工作压力/kN		—	—	400	250	630	1000
气垫行程/mm		—	—	150	160	200	200
主电动机功率/kW		7.5	10	30	30	40	55

四、曲柄滑块机构

曲柄滑块机构是曲柄压力机的工作机构，其结构及承载能力很大程度上决定了压力机所具备的工作特性。

1. 曲柄滑块机构的驱动形式

（1）曲轴驱动式　图3-9所示为曲轴驱动式曲柄滑块机构的结构图，它主要由曲轴9、连杆（包括连杆体7和调节螺杆6）和滑块2组成。曲轴旋转时，连杆作摆动和上、下运动，从而使滑块沿导轨作上下往复直线运动。

曲轴式可以设计成较大的曲柄半径，但曲柄半径一般是固定的，故行程不可调。另外，因曲轴在工作中既受弯矩，又受力矩作用，且所受的力是不断变化的，故对曲轴的加工要求较高。由于大型曲轴的锻造困难，因此曲轴式的曲柄滑块机构在大型压力机上的应用受到限制。

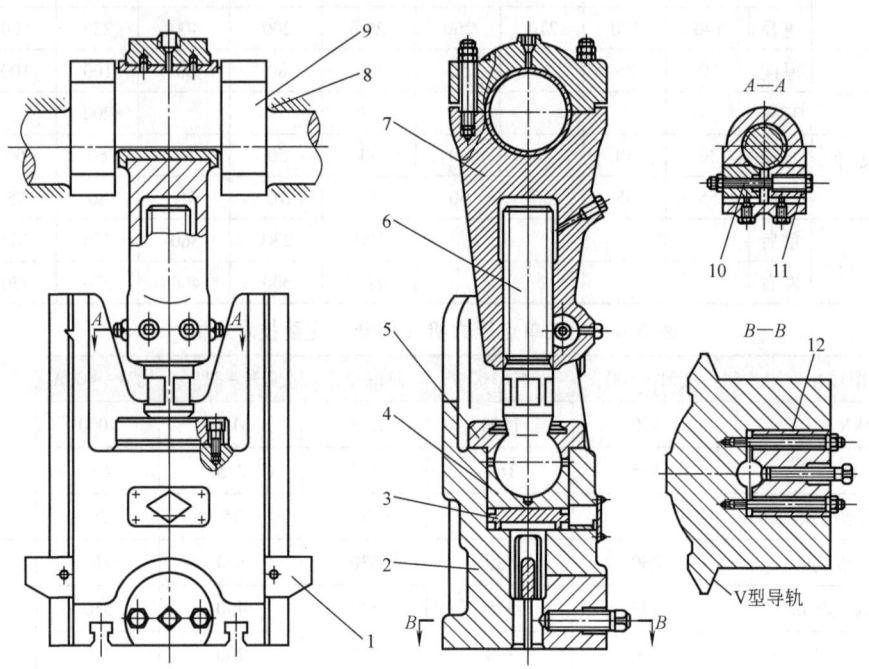

图3-9　曲轴驱动式曲柄滑块机构结构图
1—打料横杆　2—滑块　3—压塌块　4—支承座　5—盖板　6—调节螺杆
7—连杆体　8—轴瓦　9—曲轴　10—锁紧螺钉　11—锁紧块　12—模具夹持块

（2）曲拐轴驱动式　图3-10为曲拐轴驱动式曲柄滑块机构的结构图，它主要由曲拐轴5、偏心套6、调节螺杆2、连杆体3和滑块1组成。偏心套装在曲拐轴颈上，而连杆套装在偏心套的外圆上。当曲拐轴转动时，偏心套的外圆中心便以曲拐轴的中心为圆心做圆周运动，从而带动连杆、滑块运动。偏心套的外圆中心与曲拐轴中心的距离相当于曲柄半径。转动偏心套，便可改变其在曲拐轴颈上的相对位置，从而改变曲柄半径的大小，达到调节行程的目的。图中的偏心套与曲拐轴用平键连接，调节位置较少。有些压力机则用端面牙嵌连接，调节位置较多，使用较方便。

曲拐轴式曲柄滑块机构便于调节行程，且结构简单，但由于曲柄悬伸，受力情况较差，因此主要在中、小型压力机上应用。

（3）偏心齿轮驱动式　图3-11所示为偏心齿轮驱动式曲柄滑块机构的结构图，它主要由偏心齿轮7、芯轴8、连杆体1、调节螺杆2和滑块3组成。偏心齿轮的偏心颈相对于芯轴有一偏心距，相当于曲柄半径。芯轴两端紧固在机身上，连杆套在偏心颈上。偏心齿轮在芯轴上旋转时，其偏心颈就相当于曲柄在旋转，从而带动连杆使滑块上、下运动。

偏心齿轮在工作时只传递转矩，弯矩由芯轴承受，因此偏心齿轮和芯轴的受力情况均比曲轴好，且芯轴刚度较大，偏心齿轮的铸造比曲轴锻造容易解决。所以，偏心齿轮驱动的曲柄滑块机构常用于大、中型压力机。

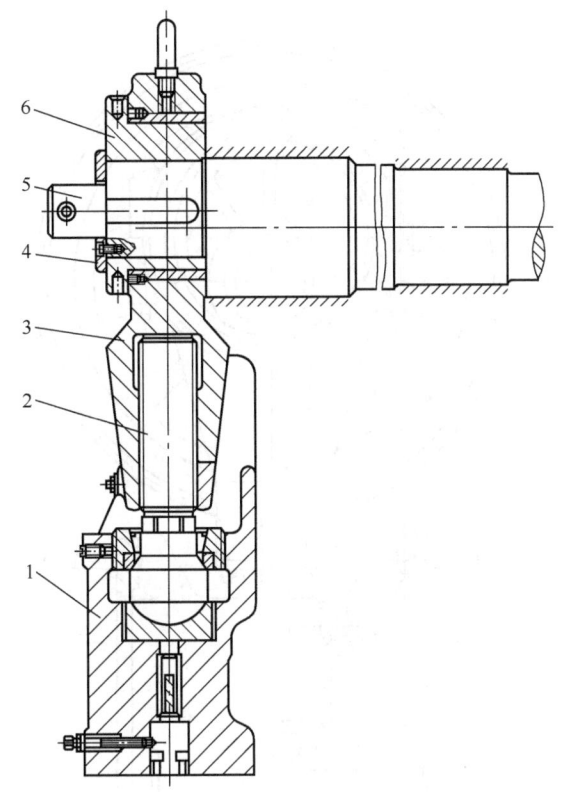

图3-10　曲拐轴驱动式曲柄滑块机构结构图
1—滑块　2—调节螺杆　3—连杆体
4—压板　5—曲拐轴　6—偏心套

2. 连杆结构及装模高度调节机构

连杆是曲柄滑块机构中的重要构件。压力机在工作时，连杆要传递工作载荷，因此要求其具有足够的强度。在运动过程中，连杆作平面复合运动，故连杆两端应分别与曲柄和滑块铰接。同时，为了调节压力机的装模高度（或封闭高度），连杆的长度还要求可调。

（1）球头式连杆　图3-9所示即为球头式连杆，连杆不是一个整体，而是由连杆体7和调节螺杆6组成。调节螺杆下部的球头与滑块2连接，连杆体上部的轴瓦与曲轴9连接。用扳手转动调节螺杆，即可调节连杆的长度。为了防止装模高度在冲压过程中因松动而改变，设有锁紧装置，它由锁紧块11及锁紧螺钉10组成（也有的在螺杆上加防松螺母）。调节时先转动锁紧螺钉，使锁紧块松开，再将连杆调至需要的长度，然后拧紧锁紧螺钉，使锁紧块压紧调节螺杆，以防松动。

图3-10和图3-11所示也是球头连杆，其中图3-10与图3-9基本相同，都是通过手动调节连杆长度来调节装模高度。图3-11与前者不同的是，它的装模高度是采用机动调节的，在调节螺杆的球头侧面有两个销，拨块4上的两个叉口插在销上。当电动机9驱动蜗杆10、蜗轮5旋转时，蜗轮便带动拨块旋转，拨块则通过两个销带动调节螺杆转动，即可调节装模高度。

球头式连杆结构较紧凑，压力机高度可以降低，但连杆的调节螺杆容易弯曲，且球头加工也较困难。

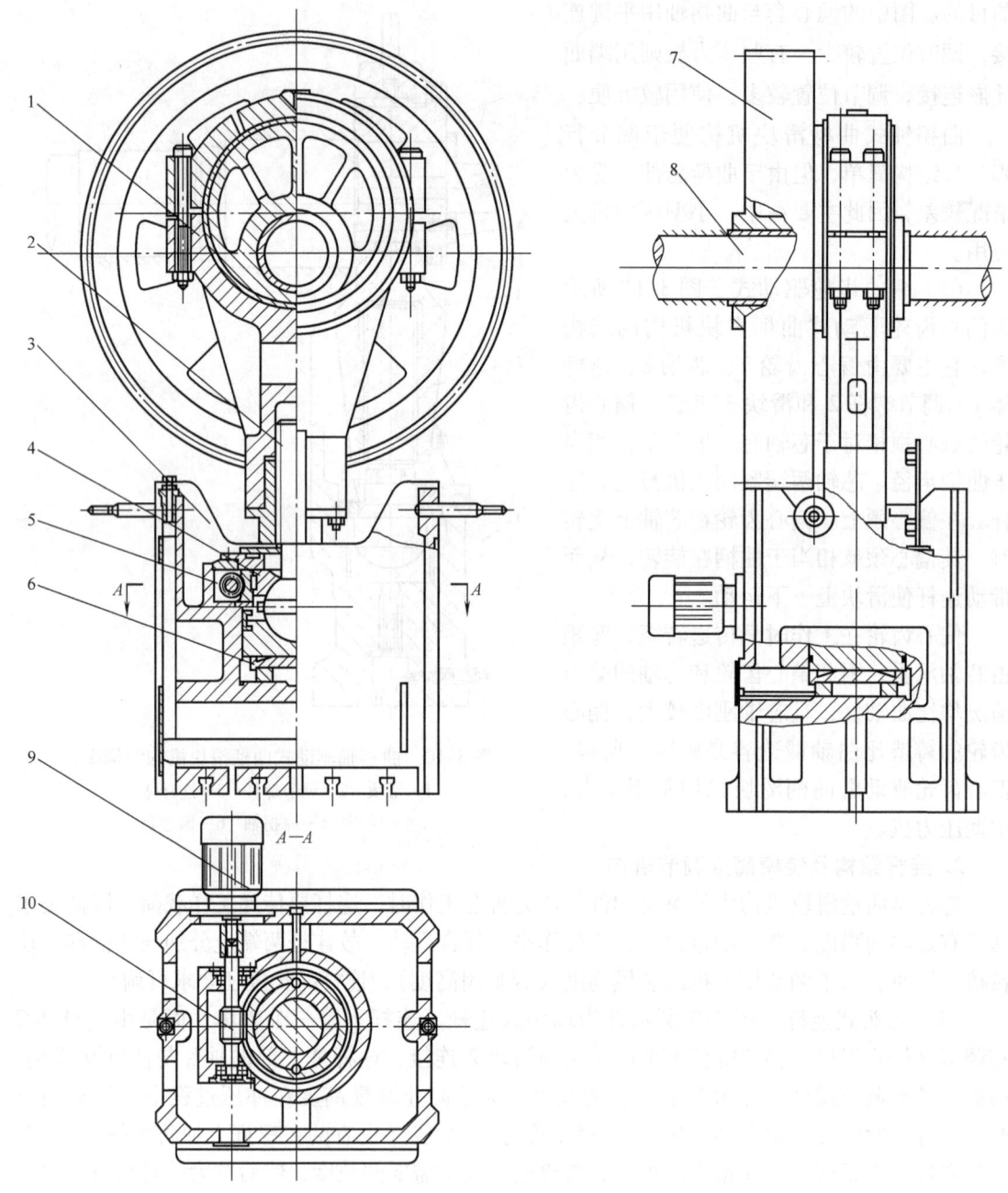

图 3-11 偏心齿轮驱动式曲柄滑块机构结构图
1—连杆体 2—调节螺杆 3—滑块 4—拨块 5—蜗轮
6—压塌块 7—偏心齿轮 8—芯轴 9—电动机 10—蜗杆

（2）柱销式连杆 图 3-12 所示为柱销式连杆及装模高度调节装置，连杆 3 是个整体，长度不可调节。它通过连杆销 8、调节螺杆 2 与滑块 6 连接，调节螺杆由蜗杆 5、蜗轮 4 驱动。当驱动蜗杆蜗轮转动时，滑块即可相对调节螺杆上、下移动，起到调节装模高度的作用。

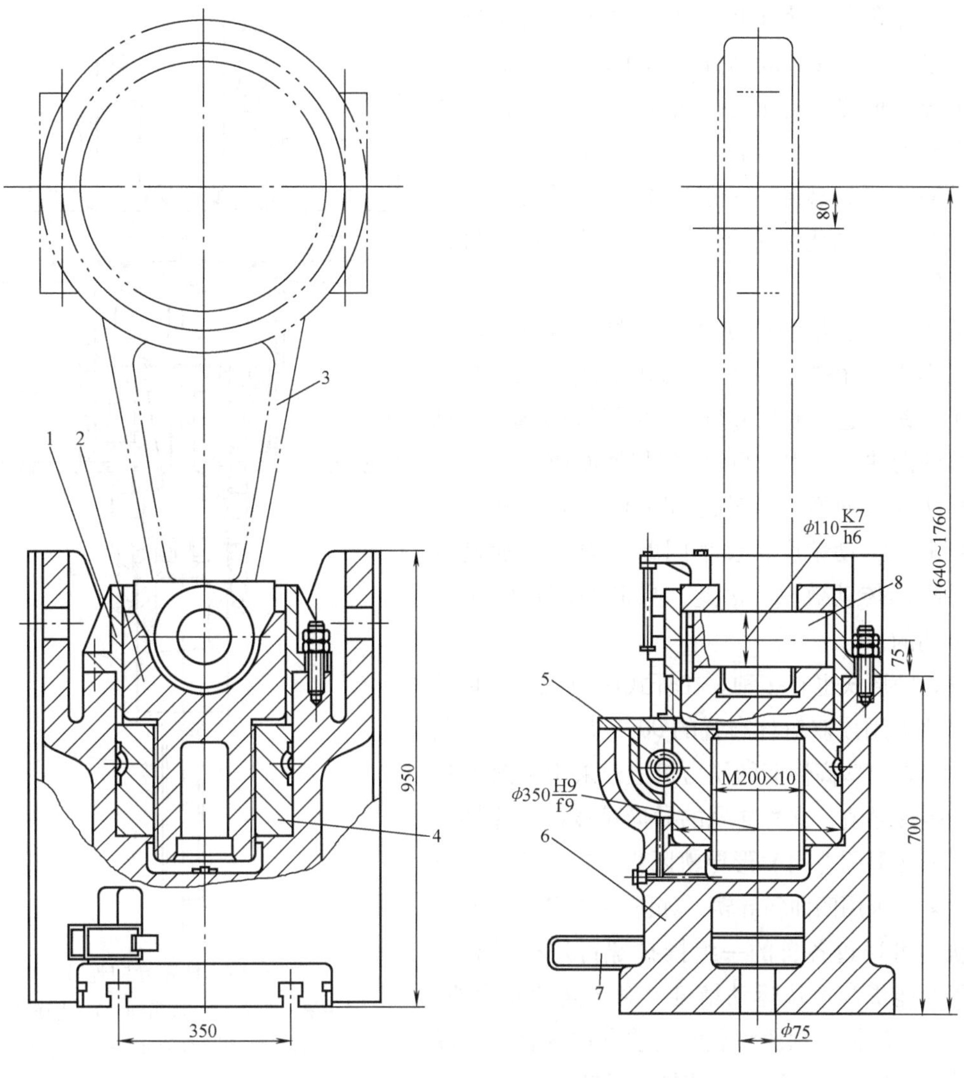

图 3-12 柱销式连杆及装模高度调节装置

1—导套 2—调节螺杆 3—连杆 4—蜗轮 5—蜗杆 6—滑块 7—打料杆 8—连杆销

柱销式连杆结构没有球头式连杆紧凑，但加工较容易。因柱销在工作中承受很大的弯矩和剪力，因此不宜在大型压力机上应用。

（3）柱塞导向连杆 如图 3-13 所示，连杆不直接与滑块连接，而是通过一个导向柱塞 5 及调节螺杆 6 与滑块连接，这样，偏心齿轮可以被密封在机身的上梁中，浸在油中润滑，从而可减少齿轮的磨损，降低传动噪声。此外，导向柱塞在导向套筒 4 内滑动，相当于加长了滑块的导向长度，提高了压力机的运动精度，因此，在大、中型压力机中得到了广泛应用。但其加工和安装比较复杂，同时压力机高度有所增加。

3. 滑块与导轨结构

压力机的滑块是一个箱形结构，其上部与连杆连接，下面开有 T 形槽或模柄孔，用以安装模具的上模。滑块在曲柄连杆的驱动下，沿机身导轨作上、下往复运动，并直接承受上模传来的工作负荷。为了保证滑块底平面与工作台上平面平行，并使其运动方向与工作台平面垂直，滑块的导向面必须与底平面垂直。为了保证滑块的运动精度，滑块的导向面要有足够的长度，即滑块的高度要足够高，一般闭式单点压力机滑块的高度与宽度之比为 1.08～1.32，开式压力机达 1.7 左右。

滑块还应有足够的强度。小型压力机的滑块一般用 HT200 铸造；中型压力机滑块常用 HT200 或稀土球铁铸造，或用 Q235 钢板焊接而成；大型压力机的滑块一般用 Q235 钢板焊接而成。

滑块的导向面与导轨之间的间隙要合适，过大影响滑块运动精度，过小因摩擦力大而加剧磨损，并降低传动效率。因此，导向间隙通常是设计成可调的。

导轨的形式也有多种。在开式压力机上，目前绝大多数采用成双对称布置的 90°V 形导轨（见图 3-9）。但在有些高性能的压力机上，采用了图 3-14 所示的矩形导轨，这种导轨的导向精度高，摩擦损失小，但间隙调整比 V 形导轨困难。在闭式压力机上，大多数采用四面斜导轨，如图 3-15 所示。其四个导轨均可通过各自的一组推拉螺钉进行单独调整，因而能提高滑块运动精度。对于高速压力机，有的采用了滚针加预压负载的滑块导向结构，消除了间隙，以保证滑块进行高速精密运转。

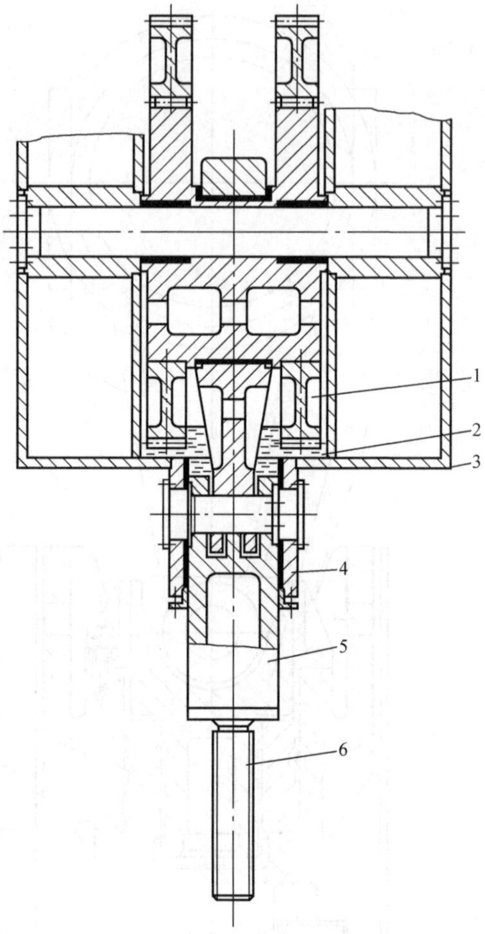

图 3-13　柱塞导向连杆
1—偏心齿轮　2—润滑油　3—上横梁
4—导向套筒　5—导向柱　6—调节螺杆

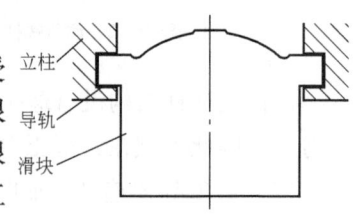

图 3-14　矩形导轨示意图

4. 曲柄压力机滑块许用负荷曲线

曲柄滑块机构是压力机传递动力的关键部件，在冲压时受到冲击载荷。从强度的观点看，受曲柄滑块机构工作能力的限制，作用在滑块上的工作压力是不能超过某一数值范围的。根据对曲柄滑块机构的运动和动力分析，作用在滑块上的允许工作压力 $[F]$ 是随着曲柄转角 α 的变化而改变的，其变化规律如图 3-16 所示（规定滑块处于下止点时的 $\alpha = 0$）。

为了不使压力机超载，通常规定了曲柄压力机滑块许用负荷曲线。它表明压力机在满足强度要求的前提下，滑块允许承受的负荷与曲柄转角 α（或滑块行程 s）之间的关系。曲柄压力机的许用负荷曲线是综合考虑曲轴支承颈强度和曲轴曲柄颈强度等因素而制订出来的。不同的压力机，由于其曲轴的形状、尺寸、支承形式及所用材料不同，所以它们的允许负荷曲线也不相同。图 3-17 所示是 J23—63 压力机的许用负荷曲线，纵坐标表示压力机滑块许用

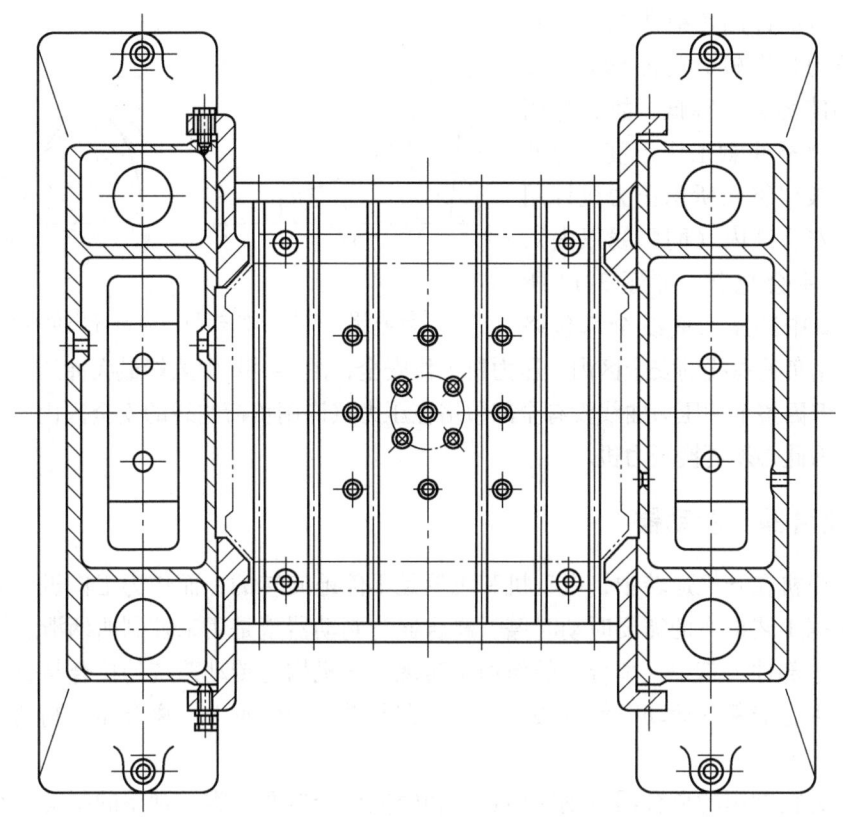

图 3-15 四面斜导轨结构示意图

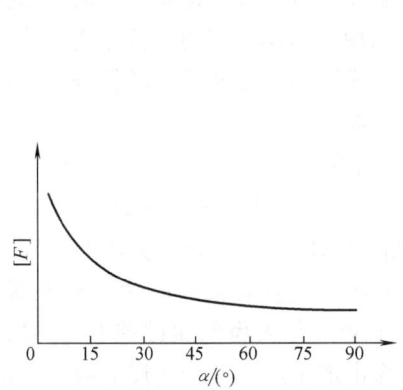

图 3-16 受曲轴强度限制的滑块允许工作压力

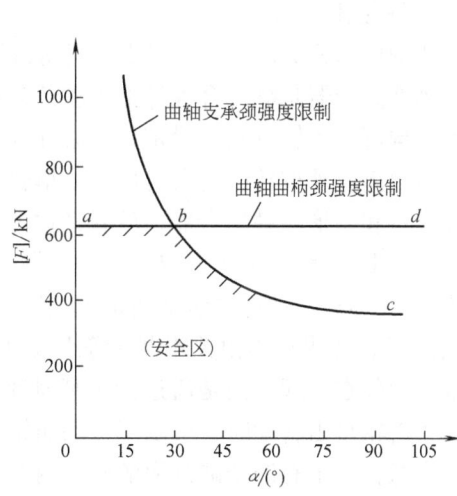

图 3-17 J23—63 压力机的许用负荷曲线

负荷 $[F]$，横坐标表示曲柄转角 α，直线 ad 是根据曲轴曲柄颈强度限制作出的许用负荷线，曲线 bc 是根据曲轴支承颈强度限制作出的许用负荷线。其中，ab 线所对应的 $[F]$ 为公称压力 F_g，b 点所对应的曲柄转角为公称压力角 α_g，它表示该压力机的公称压力为 630kN，公称压力角为 30°。

从压力机的许用负荷曲线可以看出，曲柄压力机在较大的曲柄转角 α 下工作时的能力大大降低。故在选用压力机时需严格注意工作角度，应使冲压力曲线被包络在所用压力机许用负荷曲线的安全区内（阴影线以内），否则压力机将会超载。如图 3-18 所示，图 3-18a 中冲压力曲线全部包络

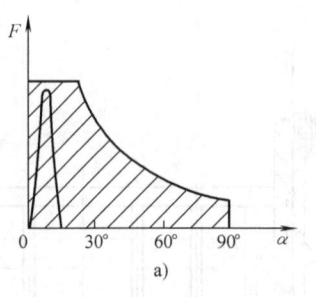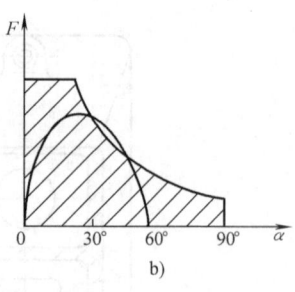

图 3-18　冲压力曲线与压力机许用负荷曲线

在压力机许用负荷曲线的安全区内，压力机工作安全；图 3-18b 中虽然最大冲压力小于压力机公称压力，但因整个冲压力曲线没有全部包络在压力机许用负荷曲线的安全区内，工作时压力机会超载，因此必须更换压力机。

五、离合器与制动器

曲柄压力机在开机运转中，电动机和飞轮是不停地旋转的，而作为工作机构的曲柄滑块机构必须根据工艺操作的需要时动时停。离合器与制动器就是用来控制曲柄滑块机构的运动和停止的两个部件。其中，离合器的作用是实现工作机构与传动系统的接合与分离；制动器的作用是在离合器断开运动时使滑块迅速停止在所需要的位置上。离合器与制动器必须密切配合和协调工作。

曲柄压力机常用的离合器有刚性离合器和摩擦离合器两大类，常用的制动器有圆盘式制动器和带式制动器。

1. 刚性离合器

曲柄压力机的离合器一般是由主动部分、从动部分、接合零件及操纵机构等四部分组成。刚性离合器是靠接合零件把主动部分和从动部分刚性连接起来。这类离合器根据接合零件的结构可分为转键式、滑销式、滚柱式和牙嵌式等几种，用得最多的是转键离合器。

转键离合器按转键的数目可分为单转键式和双转键式两种。按转键的形状分为半圆形转键离合器和矩形转键离合器，后者又称为切向转键离合器。

图 3-19 所示是半圆形双转键离合器。它的主动部分包括大齿轮 8、中套 4 和两个滑动轴承 1、5 等；从动部分包括曲轴 3、内套 2 和外套 6 等；接合件是两个转键，即工作键 16 与副键 15；操纵机构由关闭器 9 等组成（详细结构见图 3-20）。大齿轮 8 并不与从动部分的曲轴 3 固装在一起，而是通过两个滑动轴承 1、5 支承在与曲轴固接的内套 2 和外套 6 上，因而大齿轮自由转动时，可以不带动曲轴一起旋转。中套 4 与大齿轮通过键 14 连接，在中套的内缘，加工有四个缺月形的槽，内套和外套的内缘也加工出了两个同样的缺月形槽。曲轴右端与内、中、外三套相对应的外缘部分加工出两个半月形的槽，正好与三套内缘缺月形的槽构成两个完整的圆槽，工作键与副键就放置在这两个槽中，并可在圆槽中转动。转键的中部也加工出了半月形缺口，其截面形状与曲轴上所开槽的截面形状一样，所以当转键转到图中 D—D 剖视左图所示的位置时，中套随大齿轮自由转动并不带动曲轴，即离合器分离。但当转键偏离该位置并转到 D—D 剖视右图所示的位置时，转键的缺口截面与曲轴截面不能组成一个圆形截面，因此从动部分在工作键的作用下便随主动部分一起运动，即离合器接合。

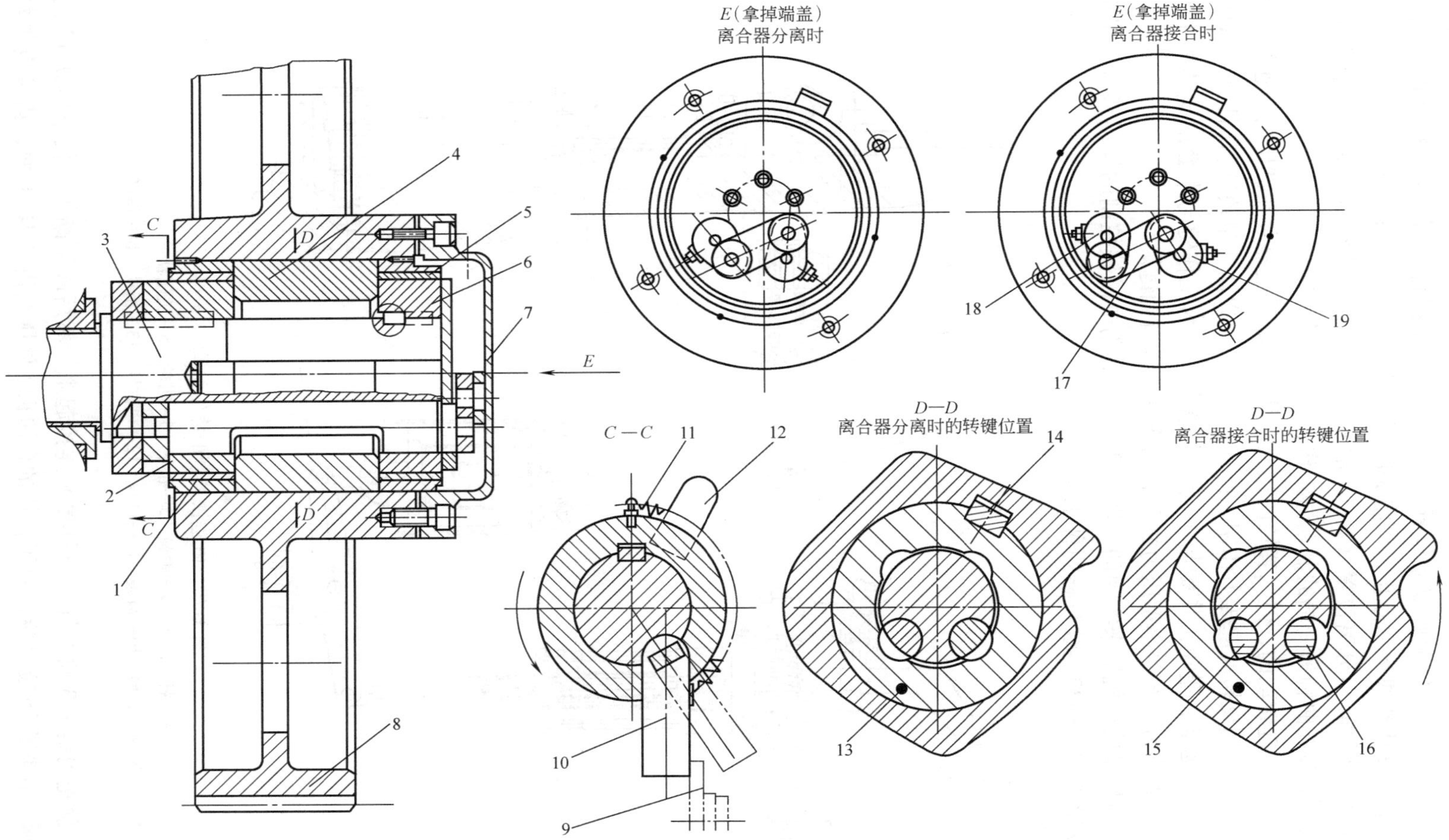

图 3-19 半圆形双转键离合器

1、5—滑动轴承 2—内套 3—曲轴 4—中套 6—外套 7—端盖 8—大齿轮 9—关闭器 10—尾板 11—弹簧 12—凸块 13—润滑棉芯 14—平键 15—副键 16—工作键 17—拉板 18—副键柄 19—工作键柄

工作键的转动是靠尾板 10 的摆动和关闭器 9 的转动来实现的。当关闭器让开尾板时，弹簧 11 将尾板拉至图示 $C—C$ 剖面虚线位置，则工作键转至接合位置（$D—D$ 剖面右图），曲柄滑块机构起动。欲使滑块运动停止，可将关闭器 9 转动一定角度使尾板转至图 $C—C$ 剖面实线位置，这时工作键转至分离位置（$D—D$ 剖面左图），大齿轮空转，此时由于惯性曲轴还会继续转动，而装在曲轴另一端的制动器工作，会把曲轴制动。

副键总是跟着工作键转动的，但二者转向相反，其运动联系是靠装在键尾的四连杆机构来完成的。副键是在曲轴反转时起传力作用。此外，副键还可以防止滑块下行时因自重等原因而产生的"超前"运动，避免工作键与中套发生撞击，因为工作键与中套的缺圆槽不能全面接触，只能单向传力。有些小型压力机只有工作键，没有副键。

关闭器的转动是靠操纵机构来实现的。图 3-20 所示是用电磁铁控制的操纵机构，可使压力机的滑块获得单次行程和连续行程两种工作方式。

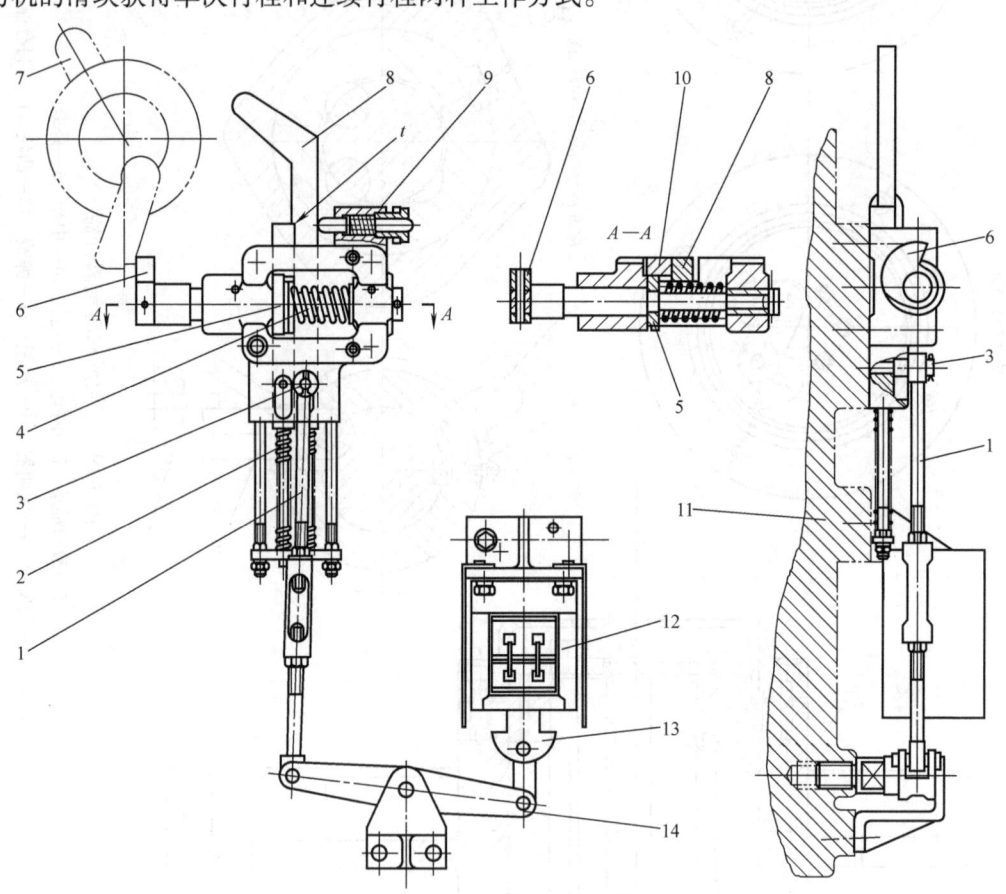

图 3-20　电磁铁控制的操纵机构
1—拉杆　2、4、9—弹簧　3—销子　5—齿轮　6—关闭器
7—凸块　8—打棒　10—齿条　11—机身　12—电磁铁　13—衔铁　14—摆杆

单次行程：预先用销子 3 将拉杆 1 与打棒 8 连接起来，然后踩下踏板，使电磁铁 12 通电，衔铁 13 上吸，拉杆向下拉打棒，由于打棒的台阶面 t 处压在齿条 10 上面，齿条也跟着向下运动。齿条带动齿轮 5 和关闭器 6 转过一定角度，尾板与转键便在拉簧（见图 3-19

的作用下逆时针方向转动，离合器接合，曲轴旋转，滑块向下运动。在曲轴旋转一周之前，操作者即使没有松开操纵踏板，电磁铁仍然处于通电状态，但随曲轴一起旋转的凸块 7（见图 3-19 中的件 12）将打棒向右撞开，齿条脱离打棒台阶面的限制，在下端弹簧的作用下向上运动，经齿轮带动关闭器回到工作位置挡住尾板，迫使离合器脱开，曲轴在制动器作用下停止转动，滑块完成单次行程。若要再次工作，必须先松开踏板，使电磁铁断电，让打棒在弹簧的作用下复位，并重新压住齿条，再踩踏板，才能实现。

连续行程：预先用销子将拉杆与左边的齿条连接起来，这样，凸块和打棒将不起作用。如不松开踏板，电磁铁不断电，则滑块便以连续行程进行工作。

采用上述操纵机构，由单次行程转换成连续行程时，需要拆装拉杆上的销子，改变拉杆的位置，使用不够方便。因此，在某些压力机的转键离合器操纵机构中，拉杆直接与齿条连接，由电器控制线路与操纵机构密切配合，只要改变转换开关的位置，即可实现单次行程与连续行程的变换，使用比较方便，但电器线路较复杂，容易产生故障。

图 3-21 为矩形转键离合器，它与上述半圆形转键离合器的主要区别在于转键的中部呈近似的矩形截面，强度较好，但转动惯量较大，冲击较大。

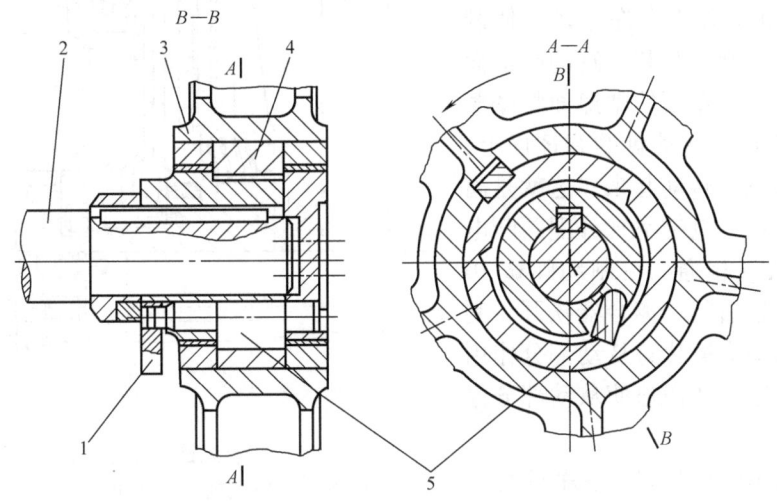

图 3-21 矩形转键离合器
1—尾板 2—曲轴 3—大齿轮 4—中套 5—矩形转键

刚性离合器具有结构简单，容易制造的优点。但由于转键、滑销等接合零件接合时冲击较大，容易损坏，噪声较高，且只能在上止点附近脱开，不能实现寸动操作及紧急停车，使用的方便性和安全性较差。因此这类离合器一般用在标称压力 1000kN 以下的中小型压力机上。

为使刚性离合器能实现紧急停车，给压力机的安全操作提供条件，近年来国内开发了多种安全刚性离合器，即具有急停机构的刚性离合器。这种离合器一般可用自动监控装置检测出异常现象，迅速自动地使滑块停止运动。

2. 摩擦离合器—制动器

摩擦离合器是依靠摩擦力使主动部分与从动部分接合起来的，而摩擦制动器是靠摩擦传递转矩并吸收动能的。摩擦离合器—制动器是通过适当的连锁方式将二者结合在一起，并由同一操纵机构来控制压力机工作的装置。

曲柄压力机的摩擦离合器—制动器的结构形式很多，按其工作情况分为干式和湿式两种；按其摩擦面的形状又可分为圆盘式、浮动镶块式和圆锥式等；按其结构还可分为分离式和组合式。目前常用的是圆盘式和浮动镶块式摩擦离合器—制动器。

(1) 圆盘式摩擦离合器—制动器 图3-22所示是一种组合式圆盘摩擦离合器—制动器。离合器的主动部分包括飞轮3、离合器保持环4和离合器摩擦片8；从动部分包括离合器从动盘9和从动轴14；接合件是摩擦片8；操纵系统由气缸7、活塞（制动盘）6及压缩空气等控制部分组成。其动作过程是：电磁空气分配阀通电开启后，压缩空气经导气旋转接头12进入气缸，气缸克服制动弹簧10的弹力向左移动，使制动器摩擦片5与制动盘和气缸的摩擦面脱开，紧接着气缸左面的摩擦面将摩擦片8压紧在离合器从动盘的摩擦面上，从动轴便随着飞轮转动起来，这就是离合器接合的过程。电磁空气分配阀断电后，气缸与大气相通，在制动弹簧10的作用下，气缸右行，离合器松开，制动器接合，制动摩擦片对从动部分作用足够的制动力矩，从而迫使从动部分停止转动。

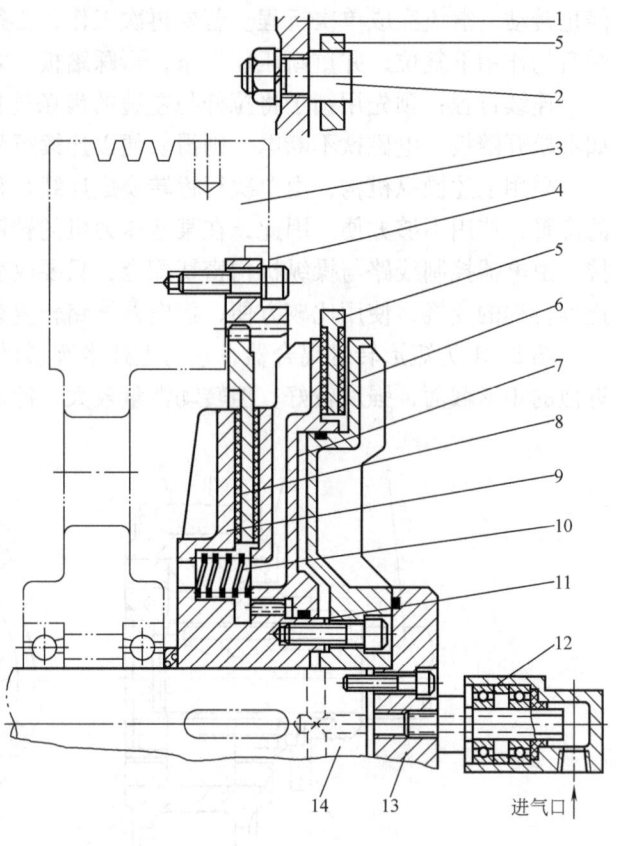

图3-22 组合式圆盘摩擦离合器—制动器
1—床身 2—销轴 3—飞轮 4—离合器保持环
5—制动器摩擦片 6—制动盘 7—气缸
8—离合器摩擦片 9—离合器从动盘 10—制动弹簧
11—调节垫片 12—导气旋转接头 13—轴端挡板 14—从动轴

该离合器中的圆盘摩擦片只有一片。根据离合器容量的需要，也有多片式的，但最多不超过三片。摩擦片的材料多为铜基粉末冶金，具有耐磨、耐热、较大摩擦因数和一定的抗胶合能力。摩擦片过度磨损以后，还可通过调整调节垫片11的厚度来调整摩擦面之间的间隙。

组合式离合器—制动器具有机械联锁作用，工作可靠，动作次序能简单而又严格地得到保证。但这种结构从动部分的转动惯量大，且因控制机械的气缸、活塞都装在从动部分，所以离合器、制动器接合时发热较大，温度较高，停止性能较差。因而，这种结构只适用于中小型压力机。

(2) 浮动镶块式摩擦离合器—制动器 图3-23所示是浮动镶块式摩擦离合器—制动器结构。离合器安装在两支承中间，制动器悬在支承左端，是分离式的，它们之间通过气动实现联锁。从动盘12在圆周方向加工出若干孔洞，浮动镶块（摩擦块）13镶在孔洞中，可以作轴向移动。当离合器气缸进气时，活塞9右行，与主动摩擦盘11一起将浮动镶块夹紧，

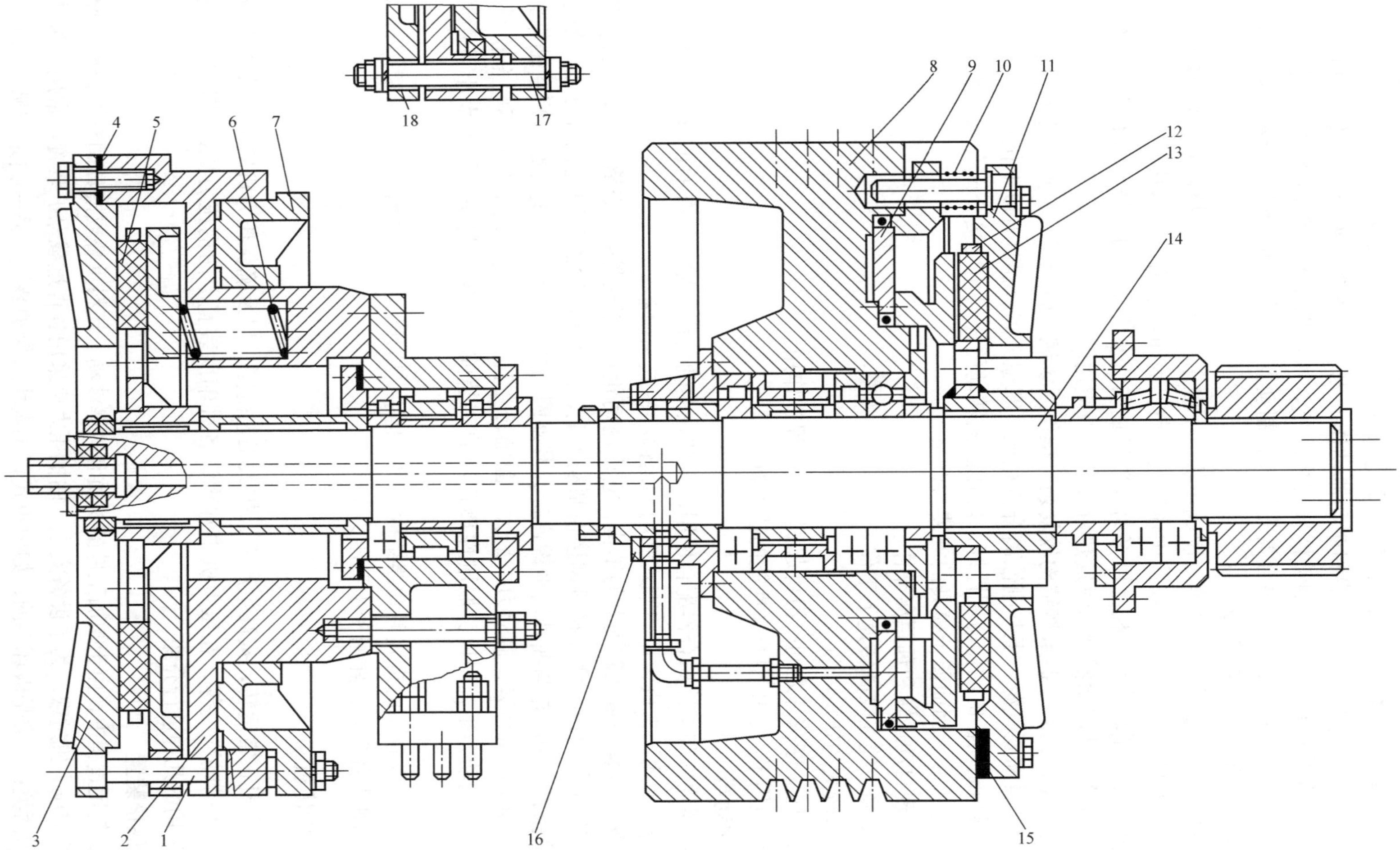

图 3-23 浮动镶块式摩擦离合器—制动器

1—导向销 2—制动器气缸 3、18—制动盘 4、15—垫片 5、13—浮动镶块 6—制动弹簧
7、9—活塞 8—大带轮 10—脱开弹簧 11—主动摩擦盘 12—从动盘 14—从动轴 16—旋转密封 17—螺栓

第三章 通用冲压设备

因而带动镶块及从动盘一起转动，工作机构与传动系统接通，压力机便进行工作。制动器的制动是靠制动弹簧6实现的。当制动器气缸2进气时，活塞7右行，通过螺栓17把制动盘18拉向右边，制动器便松开。离合器和制动器动作的先后次序是靠两个气缸进排气的先后次序来实现的，即压力机开动时，制动器气缸先进气，制动器松开，然后离合器气缸进气，离合器接合。压力机停止工作时，离合器先排气，制动器后排气，离合器先分离，制动器后制动。这种联锁方式称为气动联锁。

这种摩擦离合器—制动器的摩擦片制成块状，一般用石棉塑料作摩擦材料，镶装在从动盘沿圆周方向分布的孔洞中，并可在孔中作轴向移动，因而称之为浮动镶块。

分离式离合器—制动器在结构上可将离合器气缸和活塞装在主动部分，因而从动部分惯量较小，离合器接合及制动器制动时发热量较少，故应用较广。

综上所述，摩擦式离合器虽然结构较复杂，操作系统调整较麻烦，外形尺寸大，制造较困难，成本高，且需要气源，但与刚性离合器相比，摩擦式离合器具有以下优点。

1) 离合器与制动器的动作协调性好，能在曲柄转动的任何角度接合或分离，容易实现寸动行程和紧急停止，因而便于模具的安装与调整。

2) 容易实现自动运转和远距离操作。

3) 接合平稳，能在较高转速下工作。

4) 能传递较大的转矩。

5) 超负荷时，摩擦片之间打滑可起到一定的保护作用。

因此，普遍用于大、中型及高性能的压力机。

3. 带式制动器

带式制动器通常和刚性离合器配合使用，安装在曲轴的另一端。但有的也可以与摩擦离合器配合使用。通用压力机常用的带式制动器是偏心带式制动器。

图3-24所示为偏心带式制动器的结构，它由制动轮6、制动带4、摩擦材料5、制动弹簧2和调节螺钉1等组成。摩擦材料铆接在制动带上，制动带的紧边7固定在机身上，松边3用制动弹簧张紧，制动轮与曲轴用平键连接，其外圆对曲轴轴颈有一偏心距，当曲轴靠紧上止点时，制动带绷得最紧，制动力矩最大。曲轴转在其他角度时，制动带也不完全松开，仍然保持一定的制动力矩，用以克服刚性离合器的"超前"现象。制动力矩的大小可用调节螺钉进行调节。

这种有经常制动作用的带式制动器结构简单，但会增加机器的能量消耗，加速摩擦材料的磨损，常与刚性离合器相配用于小型压力机上。

六、辅助装置

为了使压力机正常运转，提高生产率，扩大工艺范围，以及确保压力机安全，改善作业环境，降低工人劳动强度等，在压力机中常附设各种辅助装置。曲柄压力机的辅助装置较多，下面对常用的几种进行介绍。

1. 过载保护装置

在压力机使用过程中，由于被加工件的材质和料厚波动、坯料重叠或模具调整不正确等原因，可能会造成压力机过载。为了设备安全，曲柄压力机采用各种过载保护装置。常用的过载保护装置分为两类：一类是破坏性的，如剪板式、压塌块式保护装置；另一类是非破坏性的，如液压过载保护装置和机械式、电动式仪表。这里主要介绍压塌块式和液压过载保护装置。

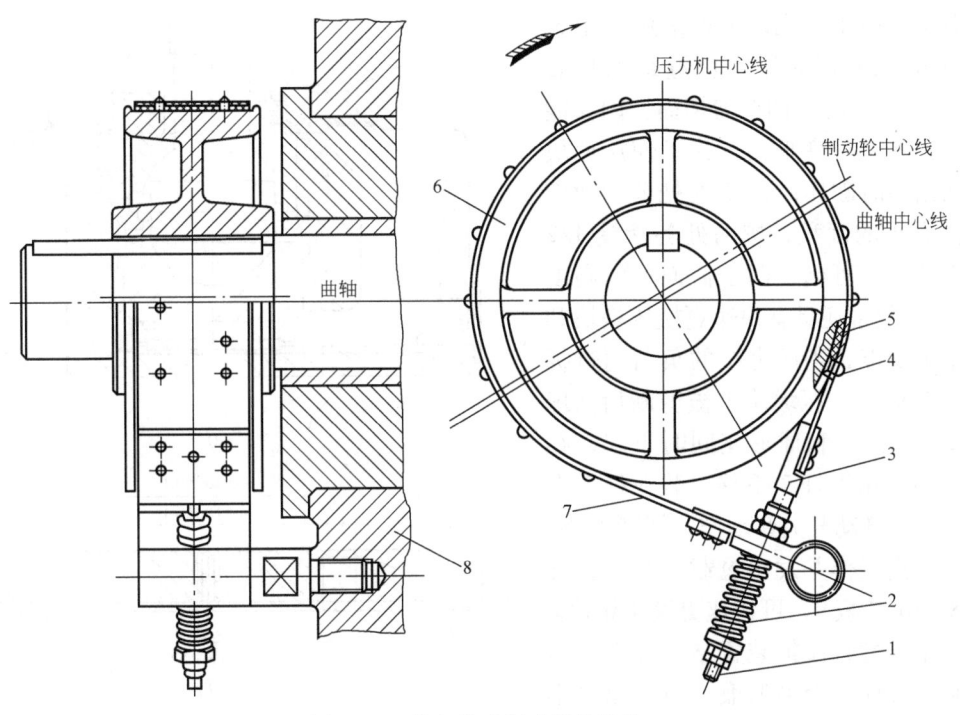

图 3-24 偏心带式制动器的结构

1—调节螺钉 2—制动弹簧 3—松边 4—制动带 5—摩擦材料 6—制动轮 7—紧边 8—机身

(1) 压塌块式过载保护装置　压塌块式过载保护装置通常安装在滑块部件中。压力机工作时，作用在滑块上的压力全部通过压塌块传递给连杆。当压力机超载时，压塌块被剪断，在滑块停止的情况下连杆可以不受任何载荷继续向下移动一个距离，从而保证了压力机重要零件不过载。同时能拨动开关，使控制线路切断电源，压力机停止运转，以确保设备的安全。压塌块有单剪切面和多剪切面两种，分别用于不同规格的压力机。

对小型压力机，一般采用如图 3-25 所示的单剪切面压塌块过载保护装置，压塌块 1 安装在支承座 2 和滑块 4 之间，当压力机过载时，压塌块在 $\phi 99\mathrm{mm}$ 与 $\phi 100\mathrm{mm}$ 之间的圆柱形剪切面上发生剪切破坏，连杆 3 与支承座相对滑块移动一段距离，以保护压力机的受力零件不致过载损坏。

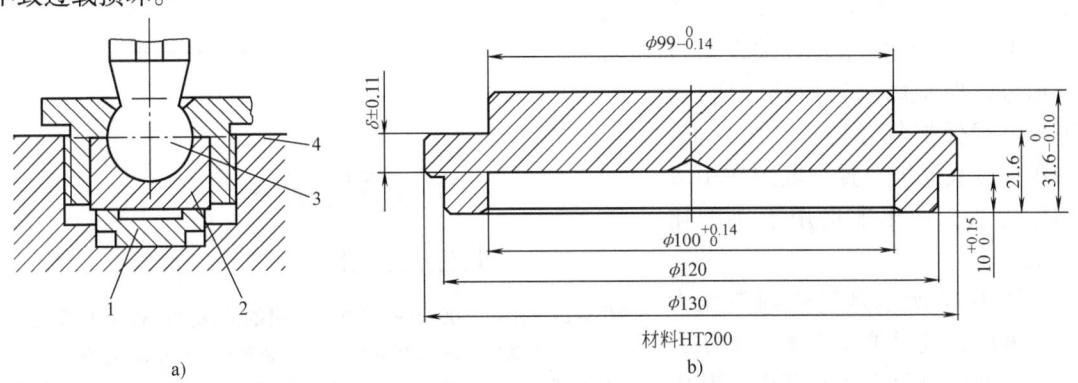

图 3-25 单剪切面压塌块过载保护装置

1—压塌块 2—支承座 3—连杆 4—滑块

对于中型压力机，则多采用如图3-26所示的双剪切面压塌块过载保护装置。压塌块有 a、b 两个剪切面，因而能承受较大的工件变形力。为了使压塌块两剪切面同时破坏，a、b 两处剪切面应有同样大小的面积，按两处各承受 1/2 的工作载荷，可确定两个截面处的高度 a 和 b。该装置还具有快速更换压塌块和过载指示功能，当压力机的负荷超过标称压力25%时，压塌块1被剪断后，球头盖2、连杆3和球形座同时下移，在弹簧6的作用下杆7下移，装在杆7上的撞块4使微动开关5动作，切断电路，压力机停止工作并发出过载信号。打开盖板8抽出垫板9，可快速更换压塌块。

压塌式过载保护装置结构简单、紧凑，制造方便，价格低廉。但压塌块不能准确地限制过载力，因为压塌块超载破坏不仅与作用在滑块上的工作压力有关，还与材料的疲劳程度的关。

（2）液压式过载保护装置　它是用液压垫代替压塌块作为过载保护装置。液压垫由液压系统充压，通过调节压力可以获得准确的保护载荷。当压力机出现过载时，液压压力升高自动打开卸荷阀，液压垫内的液体被迅速排回液压系统，在滑块停止运动的状态下，连杆可继续向下运动。同时限位开关发出过载信号，控制离合器脱离。所以，液压过载保护装置是非破坏性的。液压式过载保护装置一般用在中大型压力机，近年来也用于小型压力机。

图3-27所示是闭式四点压力机的液压过载保护原理图，该压力机每个液压垫都设有卸荷阀，其中有一个液压垫还设有限位开关。其工作原理如下：

高压液压泵2抽出的高压油，流经单向阀、卸荷阀5进入液压垫6的液压缸内，使液压

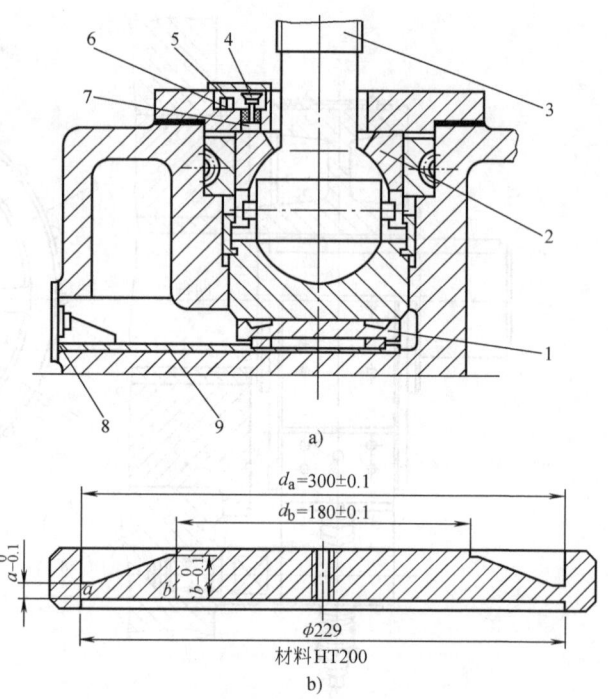

图3-26　双剪切面压塌块过载保护装置
1—压塌块　2—球头盖　3—连杆　4—撞块
5—微动开关　6—弹簧　7—杆　8—盖板　9—垫板

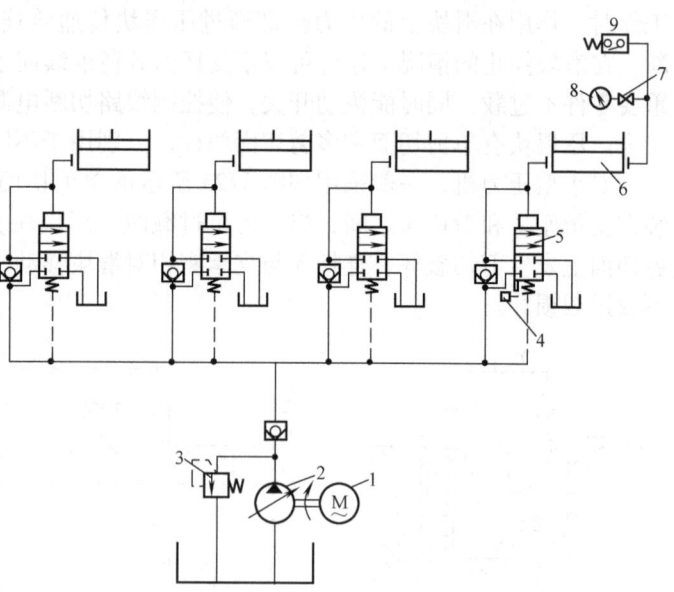

图3-27　J39—800闭式四点压力机的液压过载保护原理图
1—电动机　2—高压液压泵　3—溢流阀　4—限位开关
5—卸荷阀　6—液压垫　7—压力表开关　8—压力表　9—压力继电器

垫内连杆支承座抬起。当压力机在标称压力下工作时,液压垫中油的压力使卸荷阀中的单向阀关闭,但进油端内油的压力及弹簧力之和大于输出端油的压力,因此压力机可以正常工作。当压力机超载时,液压垫中的油压升高,当其压力大于进油端的压力时,迫使卸荷阀阀芯动作,使液压垫中的油排回油箱,压力机迅速卸载。同时,当卸荷阀阀芯移动时,将会触动限位开关 4,使液压泵电动机的电源和离合器的控制线路被切断,液压泵停止供油,压力机也紧急停车。待消除过载后,卸荷阀复位,液压泵再次向液压垫中供油,压力机随即又可重新工作。

如果溢流阀 3 调整不当或失灵,将引起液压泵压力过高或过低,均会影响压力机正常工作,为此设有压力继电器 9,以控制过高或过低的油源压力。同时,为了测量压力机工作时所受到的实际工艺力,该压力机在滑块液压垫管路中接有压力表 8,如需了解工艺力,只需将压力表开关 7 打开,即可从表中得到读数值。在一般情况下压力表开关是关闭的。

2. 拉深垫

拉深垫是在大、中型压力机上采用的一种压料装置,它在拉深时压住坯料的边缘防止起皱,如图 3-28a 所示。配用拉深垫,可使压力机的工艺范围进一步扩大,单动压力机配装拉深垫,具有双动压力机的效果;而双动压力机配装拉深垫,就可作三动压力机使用,如图 3-28b 所示。另外,拉深垫还可用作顶料或对工件底部进行局部成形。拉深垫有气垫和液压气垫两种,均安装在压力机的底部。

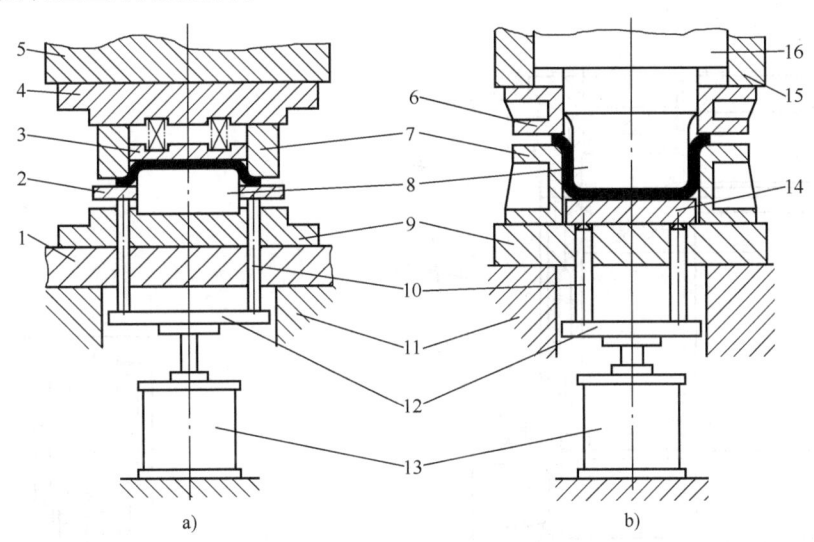

图 3-28 拉深垫应用简图

a) 单动压力机上使用拉深垫工作情况 b) 双动压力机上使用拉深垫工作情况
1—垫板 2、6—压料圈 3—推件块 4—上模座 5—滑块 7—凹模 8—凸模
9—下模座 10—顶杆 11—工作台 12—托板 13—拉深垫 14—顶件块 15—外滑块 16—内滑块

(1) 气垫 气垫按同一活塞杆上套装的活塞数可分为单层活塞式和多层活塞式。它们的工作原理是相同的,但层数多的能产生更大的压力。

图 3-29 所示为单层活塞式气垫,由托板 1、活塞 4,限位块 3、气缸 5 和气缸盖 8 等组成,气缸 5 固定在工作台 2 的底面上。当压缩空气进入气缸时,活塞和托板向上移动到上极限位置,气垫处于工作状态。冲压时,上模接触到坯料后,活塞和托板通过顶杆及压边圈,

以一定的压紧力将坯料压紧。随着滑块的下行，气垫的活塞也跟着向下移动，直至滑块到下止点，完成冲压工作为止。当滑块回程时，压缩空气又推动活塞随滑块上升，直到上极限位置，完成顶件工作。

这种气垫结构简单，活塞较长，导向性能较好，能承受一定的偏心载荷，工作可靠，同时空气容积大，不需另配储气罐，价格便宜。但是受压力机工作台下方安装空间的限制，工作压力有限。

（2）液压气垫　对于大型单点压力机或多工位压力机等，由于工作台台孔尺寸的限制，即使采用多层活塞的气垫也不易满足要求，则可采用液压气垫。

图 3-30 所示为液压气垫工作原理图，工作缸 3 和储液罐 4 的下部充有油液，二者经控制活塞 5 和管道相互连通。储液罐的上部充有压缩空气，控制缸 6 下腔的进气和排气受电磁阀 7 控制。

滑块在非工作位置时，电磁阀 7 使控制缸 6 接通大气，控制活塞 5 处于下面位置，储液罐 4 与工作缸 3 相通，储液缸内的油液在其上部压缩空气作用下，通向工作缸，使工作活塞 2 与托板 1 处于最上位置。当压力机开始工作时，滑块下移到一定位置，通过行程开关使电磁阀 7 通电，压缩空气进入控制缸 6，推动控制活塞 5 上行，堵住油口。当滑块继续向下移动并通过顶杆压到托板 1 时，工作缸 3 内的油压升高，当压力升高到一定程度后，控制活塞 5 打开油口，部分油液流回储液罐，使托板随滑块下移并保持一定的压紧力，直至滑块移到下止点，完成工件的拉深。

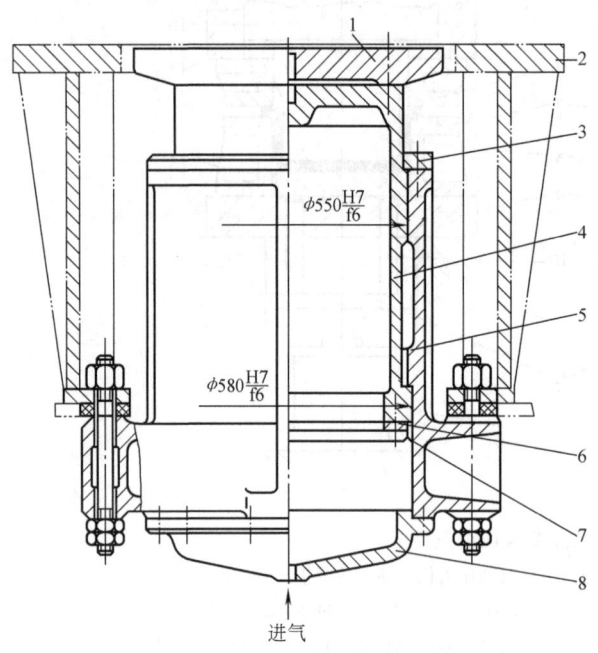

图 3-29　单层活塞式气垫结构简图
1—托板　2—工作台　3—限位块
4—活塞　5—气缸　6—密封圈　7—压环　8—气缸盖

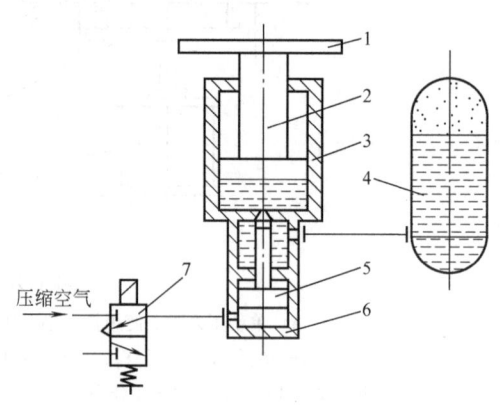

图 3-30　液压气垫工作原理图
1—托板　2—工作活塞　3—工作缸
4—储液罐　5—控制活塞　6—控制缸　7—电磁阀

当滑块开始回程时，托板上的压力消失，工作缸内的油压降低，控制活塞在压缩空气作用下上升，使油口关闭，工作活塞和托板停止不动。当滑块回程到一定位置时，通过行程开关使电磁阀断电，控制缸与大气相通，控制活塞下降，油口打开，储油罐中的压力油再次进入工作缸，推动工作活塞与托板向上移动顶出工件，直到上极限位置。

在某些冲压工艺中只需顶料动作时，可使电磁阀 7 一直处于断电状态，使控制缸 6 始终打开，于是工作活塞也就经常在储液罐内的压缩空气作用下，随着滑块上下移动，完成顶出工件的动作。

液压气垫的压料力和顶出力的大小，可通过调整进入控制缸和储液缸中压缩空气的压力来改变。

3. 滑块平衡装置

曲柄压力机传动系统各连接点处一般都存在间隙，这些间隙由于滑块重力的作用都偏向一侧。当滑块受到工作负荷时，由于工作负荷的方向与滑块重力方向相反，间隙就被推向相反的一侧，造成撞击和噪声。滑块冲压完毕上行时，重力又使间隙反向转移。这样，不断重复的撞击和噪声不仅影响工作环境，还会加快设备的损坏。为了消除这种现象，压力机上一般都装有滑块平衡装置，特别是大中型压力机和高速压力机上，平衡装置尤为重要。

图 3-31a 所示是常见的一种气缸式滑块平衡装置，它由气缸 1 和活塞 2 组成。活塞杆的伸出端与滑块连接，气缸装在机身上。气缸的上腔与大气相通，下腔通入压缩空气（压缩空气一般从储气罐输入），根据滑块重量和所装上模重量大小，调整气压，便可使平衡气缸产生的压力与滑块及上模重力保持相应平衡。图 3-31b 所示为平衡装置与滑块之间的连接关系示意图，在滑块的两侧各安装了一个平衡气缸。平衡气缸的数量，视压力机滑块尺寸及重量而定。小型压力机一般采用一个平衡气缸，中型压力机一般采用两个平衡气缸，四点压力机可采用四个平衡气缸。平衡气缸可根据结构形式装在机身上横梁或立柱内。

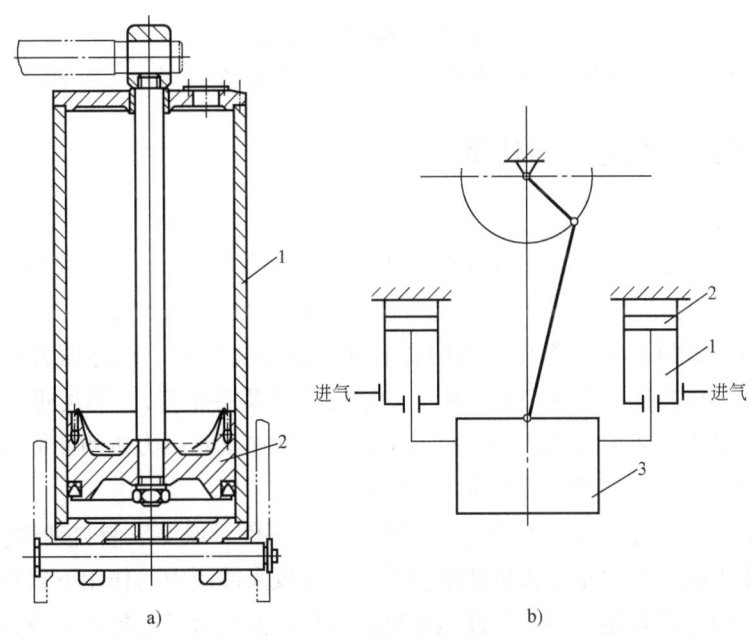

图 3-31 气缸式滑块平衡装置
a) 平衡气缸结构图 b) 平衡气缸与滑块的连接
1—气缸 2—活塞 3—滑块

4. 推料装置

冲压后，工件或废料常常可能留在上模内，为了使它们及时脱离模具，保证下一次冲压的顺利进行，必须在滑块中设置推料装置。

图 3-32 所示为刚性推料装置，它由一根（双点压力机有数根）穿过滑块的打料横杆 4 及固定于机身上的挡头螺钉 3 等组成。当滑块向下冲压时，由于工件或废料的作用，通过上模中的推杆使打料横杆在滑块中升起。当滑块回程向上接近上止点时，打料横杆两端被机身上的挡头螺钉挡住，这样，滑块继续上升时打料横杆便相对滑块下移，再通过上模中的推件装置即可把工件或废料从上模中推出。

打料横杆的最大工作行程为 $H-h$，如果过早与挡头螺钉相碰，会发生设备事故。所以，在更换模具、调节压力机装模高度时，必须相应地调节挡头螺钉的位置。

刚性推料装置结构简单，动作可靠，应用广泛。缺点是推料力及推料位置不能任意调节。

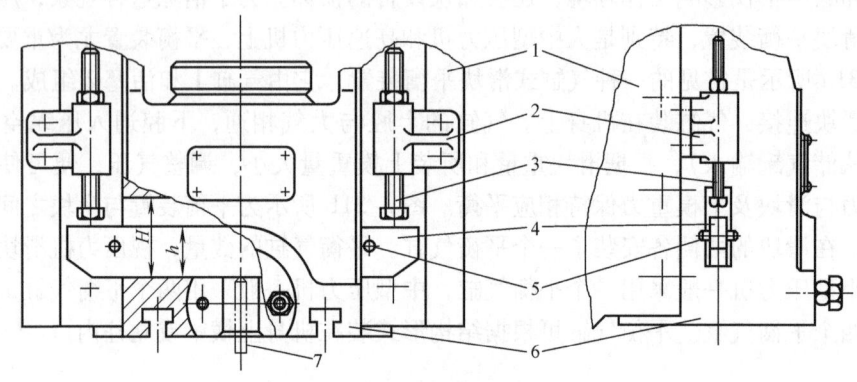

图 3-32 刚性推料装置

1—机身 2—挡头座 3—挡头螺钉 4—打料横杆 5—挡销 6—滑块 7—模具推杆

七、曲柄压力机的选择与使用

1. 压力机的选择

压力机的选择包括压力机类型及规格的选择。选择压力机时，首先要清楚地了解被冲压零件的加工特点（包括所采用的冲压工艺性质、生产批量、零件几何形状及尺寸、精度要求、操作与出件方式等）和各类压力机的特点（包括结构特点、标称压力及功率大小、行程与行程次数、装模空间与操作空间、配备的辅助装置及功能等），然后进行最适合两者特点的组合。也就是说，要使所选用压力机的性能与冲压加工对压力机的性能要求相适应，尽量不造成欠缺和浪费，最后确定出设备的类型及规格。

（1）类型选择 对于中小型冲裁件、弯曲件或拉深件，或要安装自动送料装置的冲压，主要选用开式压力机。开式压力机虽然刚度不高，在较大冲压力的作用下床身的变形会改变冲模间隙分布，降低模具使用寿命和冲压件表面质量，但是由于它提供了极为方便的操作条件和易于安装机械化附属装置，所以目前仍是中小型冲压件及要求不太高的半自动冲压生产的主要设备。另外，在中小型冲压件生产中，若采用导板模或工作时要求导柱导套不脱离的模具，应选用行程较小或行程可调的压力机。

对于大中型和精度要求较高的冲压件，多选用闭式压力机。这类压力机的主要特点是刚度好，精度高，但操作不如开式压力机方便。一般对于薄板冲裁或精密件冲裁，宜选用精度和刚度较高的精密压力机；对于大型复杂拉深件和成形件，应尽量选用双动或三动拉深压力机，否则要在闭式单动压力机上安装拉深垫，这样可使所用模具结构简单，调整方便；其他大型冲裁件、弯曲件和所需压料力不大成形件，采用一般单动闭式压力机。

对于校平、校正弯曲、整形等冲压工艺，因冲压力一般都较大，应选用具有较高强度和刚度的闭式压力机。

(2) 规格选择

1) 公称压力。压力机的公称压力决定了压力机所能施加压力的能力。由前述可知，压力机公称压力是压力机滑块在工作行程内允许承受的最大负荷。实际上，压力机许用负荷是随滑块行程位置而变化的，而冲压力的大小也是随凸模（或压力机滑块）行程变化而变化的。因此，选择压力机标称压力时，应保证在全行程范围内，压力机的许用负荷在任何时刻均大于相应时刻所需变形力的总和。

实际生产中，为了简便起见，压力机的公称压力可按如下经验公式确定：

对于施力行程（滑块实际施压行程）较小的冲压工序（如冲裁、浅弯曲、浅拉深等）：

$$F_g \geq (1.1 \sim 1.3) F_\Sigma \tag{3-1}$$

对于施力行程较大的冲压工序（如深弯曲、深拉深等）：

$$F_g \geq (1.6 \sim 2.0) F_\Sigma \tag{3-2}$$

式中　F_g——压力机的公称压力（kN）；

F_Σ——冲压工艺总力（kN）。

2) 滑块行程。滑块行程应保证坯料能顺利地放入模具和冲压件能顺利地从模具中取出，同时还要考虑模具结构要求。例如，对于拉深工序，压力机滑块行程应大于拉深件高度的2倍，即 $s \geq 2h$（h 为拉深件高度）；采用导板模或其他冲压时不允许模具导柱、导套完全脱离的模具，滑块行程应小于相应最大开模距离。

3) 行程次数。行程次数主要根据生产率要求、材料允许的变形速度和操作的可能性等来确定。

4) 工作台面尺寸。压力机工作台面（或垫板平面）的长、宽尺寸一般应大于模具下模座尺寸，且每边留出 60~100mm，以便于安装固定模具。当冲压件或废料从下模漏料时，工作台孔尺寸必须大于漏料件尺寸。对于有弹顶装置的模具或采用拉深垫时，工作台孔还应大于弹顶器或相应拉深垫的外形尺寸。

5) 模柄孔尺寸或滑块下底面尺寸。对于中小型压力机，模具的上模部分都是通过模柄固定在压力机滑块上，因此其模柄孔的直径应与模具模柄直径一致，模柄孔的深度应大于模柄夹持部分长度；对于大型压力机或部分中型压力机，上模是通过T形螺栓固定在滑块下底面上，这时滑块下底面尺寸应大于上模座尺寸，并保证有一定空间来固定上模座。

6) 封闭高度或装模高度。选择压力机时，必须使模具的闭合高度介于压力机的最大装模高度与最小装模高度之间（见图3-8）。模具的闭合高度是指模具在工作行程终了时（即模具处于闭合状态下），上模座的上平面至下模座的下平面之间的距离。一般应满足：

$$(H_{\max} - T) - 5 \geqslant H_{\mathrm{m}} \geqslant (H_{\min} - T) + 10 \tag{3-3}$$

式中 $H_{\max}$——压力机最大封闭高度（mm）；

$H_{\min}$——压力机最小封闭高度（mm）；

T——压力机工作垫板厚度（mm）；

$(H_{\max} - T)$——压力机最大装模高度（mm）；

$(H_{\min} - T)$——压力机最小装模高度（mm）；

H_{m}——模具的闭合高度（mm）。

2. 压力机的正确使用与维护

正确使用和维护压力机，能延长压力机的使用寿命，充分发挥压力机的效能，更重要的是能确保工作过程中的人身和设备安全。使用和维护压力机应注意以下几点。

1）选用压力机时，应使所选压力机的加工能力（公称压力、许用负荷曲线、电动机额定功率等）留有余地。这对延长压力机及模具使用寿命、避免压力机出现超负荷而受到破坏都是至关重要的。

2）开机前，应检查压力机的润滑系统是否正常，并将润滑油压送至各润滑点。检查轴瓦间隙和制动器松紧程度是否合适以及运转部位是否没有杂物等。

3）在起动电动机后应观察飞轮的旋转方向是否与规定的方向（剪头标注）一致。确认方向一致后方可接通离合器，否则飞轮反转会使离合器零件和操纵机构损坏。

4）空车检查制动器、离合器、操纵机构各部分的动作是否准确、灵活、可靠。检查的方法是先将转换开关置单次行程，然后踩动脚踏板或按动按钮，如果滑块有不正常的连冲现象，则应及时排除故障后再着手下一步的工作。

5）模具的安装应准确、牢靠，保证模具间隙均匀，闭合状态良好，冲压过程中不移位。模具安装好以后，先用手动试转压力机，以检验模具的安装位置是否正确，再起动电动机。

6）冲压过程中，严禁坯料重叠冲压，要及时清理工作台上的冲件及废料。清理时要用钩子或刷子等专用工具，切不可徒手直接进入冲压危险区清理。

7）随时注意压力机工作情况，当发生不正常现象（如滑块自由下落、出现不正常的冲击声及噪声、冲件质量不合格、冲件或废料卡在冲模上等）时，应立即停止工作，切断电源，进行检查和处理。

8）工作完毕后，应先使离合器脱开，再切断电源，清除工作台上的杂物，用抹布将压力机和冲模揩拭一遍，并在模具刃口及压力机未涂油漆部分涂上一层防锈油。

9）对压力机进行定期检修保养，包括离合器与制动器的保养、拉紧螺栓及其他各类螺栓的检修、给油装置的检修、供气系统的检修、传动与电气系统检修、各种辅助装置的检修及定期精度检查等。

3. 压力机常见故障及排除方法

压力机在使用过程中由于正常的磨损、使用不当或维护不良，常会出现一些故障，影响正常的工作。表3-7是曲柄压力机工作中常见的故障及其消除方法。

表 3-7 曲柄压力机工作中的常见故障及其消除方法

序号	故障部位	故障现象	产生原因	消除方法
1	曲轴	曲轴的轴承发热	1. 轴与轴瓦咬住 2. 润滑油耗尽	1. 重磨轴颈或刮研轴瓦 2. 检查润滑油流动情况，清理油路及油槽
		流出的润滑油有铜末	油槽或油路堵塞	清洗油路及油槽
2	滑块	调节封闭高度时滑块不动	1. 调节螺杆压弯 2. 调节螺杆球头间隙过小，球头与球头座咬住 3. 导轨间隙太小 4. 平衡气缸气压过高或过低	1. 更换或校直调节螺杆 2. 放大球头间隙，清洗球头座，去伤痕 3. 调整间隙 4. 调整气压
		调节封闭高度时滑块无止境地上升或下降	限位开关失灵	修理限位开关，注意上限位与下限位行程开关的位置
		挡头螺钉或挡头座被顶弯或顶断	调节封闭高度时没有相应调挡头螺钉	1. 更换损坏零件 2. 调节封闭高度时先将挡头螺钉调节调到最高位置，待封闭高度调好以后再降低挡头螺钉到需要的位置
		润滑点流出的油发黑或有铜末	润滑不足	检查润滑油流动情况，清理油路、油槽及刮研轴瓦
3	连杆	连杆和螺杆自动松开	锁紧机构松动	用扳手拧紧锁紧机构
		连杆球头部有响声	1. 球形盖板有松动 2. 压力机超载，压塌块损坏	1. 旋紧球形盖板的螺钉，并用手扳动连杆调节螺钉以测松紧程度 2. 更换新的压塌块
4	离合器	转键式离合器	单次行程离合器接合不上	1. 转键的拉簧断裂或太松 2. 转键尾部断裂 3. 打棒棱角磨损后打滑 4. 操纵机构拉杆长度没调好	1. 更换或上紧拉簧 2. 更换转键 3. 补焊或更换新的打棒 4. 调整拉杆至适当长度
			离合器分离时，有连续急剧撞击声	1. 制动带太紧 2. 转键拉簧松动	1. 调节制动弹簧到正常 2. 调节转键拉簧到正常
			飞轮空转时，离合器有节奏的响声	1. 转键没有完全卧入凹槽中 2. 转键曲面高于曲轴面	拆下修理
		摩擦式离合器	离合器接合不紧，滑块不动或动作很慢	1. 间隙过大 2. 摩擦面有油 3. 密封件漏气 4. 气阀失灵 5. 导向销或导向键磨损	1. 调整间隙或更换摩擦片 2. 清洗摩擦面 3. 更换密封件 4. 检修气阀 5. 拆下修理或更换
			滑块下滑制动不住	1. 制动器摩擦间隙过大 2. 制动弹簧断裂 3. 平衡气缸气压低 4. 气阀失灵 5. 导向销或导向键磨损	1. 调整或更换摩擦片 2. 更换制动弹簧 3. 送气或消除漏气 4. 检修气阀 5. 拆下修理或更换
			摩擦块磨损过快或温度异常升高	1. 气动联锁不正常，离合器和制动器互相干扰 2. 摩擦块厚度不一致 3. 摩擦面之间有异物 4. 摩擦盘偏斜	1. 调整两个气阀的时差 2. 重新更换摩擦块 3. 清除异物 4. 重新安装调整摩擦盘

(续)

序号	故障部位	故 障 现 象	产 生 原 因	消 除 方 法
5	传动装置	按下起动按钮时飞轮不转动	V带太松	调节V带的松紧程度
6	拉深垫	气垫柱塞不上升或上升不到顶点	1. 密封圈太紧 2. 压紧密封圈的力量不均 3. 托板卡住,原因如下 1) 导轨太紧 2) 废料或顶杆卡在托板与工作台板之间 3) 托板偏转被压力机座卡住 4) 气压不足	1. 放松压紧螺钉或更换密封圈 2. 调整密封圈使压紧力均匀 3. 措施如下 1) 放大导轨间隙 2) 消除废料,用堵头堵上工作台上不用的孔 3) 转正托板,上紧螺钉 4) 调整气压,消除漏气
		气垫柱塞不下降	1. 密封圈压紧力不均或太紧 2. 气垫气缸内的气体排不出 3. 托板导轨太紧 4. 活动面有磨损现象	1. 调整压紧力 2. 排气 3. 调整间隙 4. 修理活动面
		气垫柱塞上升不平稳,甚至有冲击上升	1. 缸壁与活塞润滑不良 2. 密封圈压紧力不均匀	1. 清洗除锈,加强润滑 2. 调整压紧力
		液压气垫得不到所需要压料力	1. 液压油不够 2. 控制缸活塞卡住不动或气缸不进气	1. 增加液压油 2. 清洗气缸,检查气路管及气阀

4. 冲模在压力机上的安装与拆卸

(1) 安装冲模前的准备工作 安装冲模前,应做好如下准备工作。

1) 看清冲压工艺过程卡及工序图,明确加工任务及工艺要求。

2) 熟悉所用模具的种类、结构、使用特点,并检查模具是否合格。

3) 确认压力机,掌握所使用压力机的结构特点及性能,并进行各项日常的保养检查工作,清理工作台面,准备好模具安装工具。

(2) 冲模的安装与调整 冲模的安装方法主要有两种:一种是上、下模同时装到工作台面上,用于带有导向装置的模具;另一种是先安装上模,后安装下模。

冲模安装与调整的一般步骤如下。

1) 切断总电源开关。

2) 卸下打料横杆。如不卸下来,应将挡头螺钉拧到最上位置,见图3-33a。

3) 将滑块下降到下止点,见图3-33b。对刚性离合器的压力机,用手工扳动飞轮转动,将滑块降到下止点。确认下止点时,应尽量看着刻度定位。对摩擦离合器的压力机,将运转选择开关置"点动"挡,接通总电源开关,按下主电动机起动按钮,点动运转,看着曲柄角度指针,将滑块降到下止点,切断电源。

4) 调节压力机的装模高度,使其略大于模具的闭合高度,见图3-33c。如模具使用垫板、安全销等,应将相应的高度值计入模具高度中。

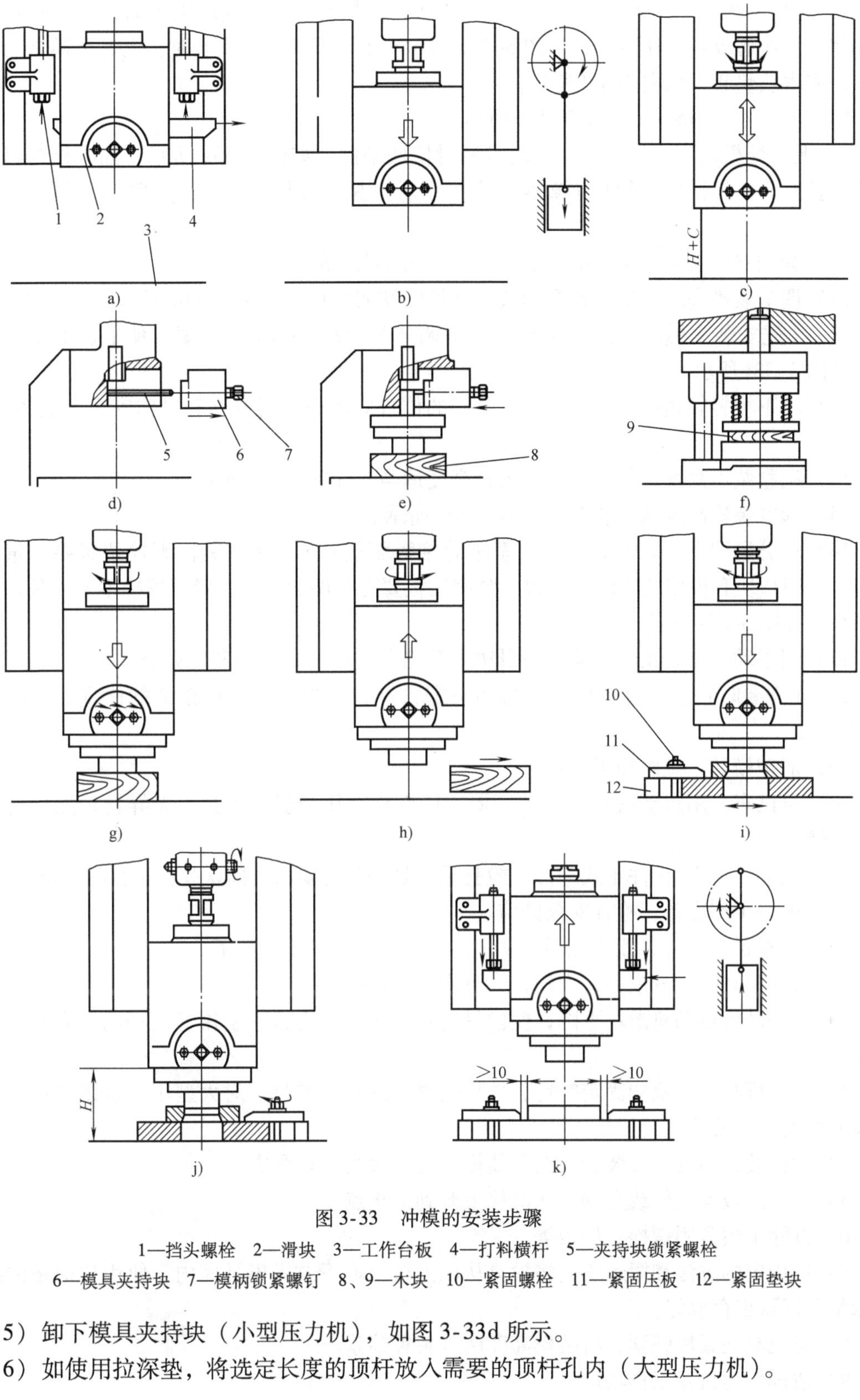

图 3-33 冲模的安装步骤

1—挡头螺栓 2—滑块 3—工作台板 4—打料横杆 5—夹持块锁紧螺栓
6—模具夹持块 7—模柄锁紧螺钉 8、9—木块 10—紧固螺栓 11—紧固压板 12—紧固垫块

5) 卸下模具夹持块（小型压力机），如图 3-33d 所示。
6) 如使用拉深垫，将选定长度的顶杆放入需要的顶杆孔内（大型压力机）。

7）将模具放到工作台上，使模柄进入滑块的模柄孔内。先安装上模时，可用垫铁或木块先将上模垫起放到工作台上，如图3-33e所示。上、下模同时安装时，上、下模之间也要用垫铁或木块垫起，如图3-33f所示。

8）插入模具夹持块，如图3-33e所示。

9）调节装模高度，使上模上平面紧贴滑块底平面，如图3-33g所示。如有推杆时，要注意其长度，从打料横杆的孔中窥视，太短了看不见，太长了也不行，要取下模具更换推杆。

10）紧固夹持块的螺母，把模柄夹紧，如图3-33g所示。

11）调节装模高度，适当抬升滑块，拿掉垫铁或木块，如图3-33h所示。

12）（先安装上模时）放好下模，仔细调节装模高度和下模位置，使上、下模对中闭合，如图3-33i所示。

13）将下模轻轻紧固在工作台上，紧固的位置应考虑送料方便和操作安全，如图3-33i所示。

14）调整装模高度，使上、下模闭合高度适当，如图3-33j所示。

15）锁紧装模高度调节装置，如图3-33j所示。

16）充分紧固下模。紧固压板与模座的接触面积要足够大，紧固螺栓位置要尽量靠近模具，紧固垫块和模座的高度要一致，紧固压板要有足够的厚度，紧固螺栓不要太长以免影响操作，如图3-33j所示。

17）用手动或点动正转飞轮，使滑块上升到上止点，如图3-33k所示。

18）（需要时）安装打料横杆，将挡头螺钉旋转下移并固定在正确的位置上，如图3-33k所示。

19）清理模具，做好冲压准备。

20）空试车。用点动或手动旋转一周，认真检查压力机、模具有无异常，然后进行数次空运转。

21）试冲。冲2~3件正式冲件，检验质量是否符合要求，确认废料是否准确落下。

22）做好生产准备，检查安全措施。

(3) 冲模的拆卸　冲模用完后要从压力机上卸下，其步骤如下。

1）清理模具，检查模具，上油，为下次生产做准备。

2）用手动或点动将滑块下降，使模具闭合。大型压力机中使用安全销的，要先装好安全销。

3）放松模具夹紧块的固定螺钉，放松夹紧块的紧固螺母。对大型压力机则要拆下固定上模的螺栓、压板等。

4）放松装模高度调节装置，调节装模高度，适当抬高滑块。

5）用手工扳动飞轮或点动，使滑块上升到上止点。

6）拆除下模紧固螺栓、压板等。

7）用指定的方法和搬运工具将模具从压力机上取下放入模具库内。使用拉深垫的要将拉深垫顶杆取出存放好。

8）将模具夹紧块锁紧，将装模高度调节装置锁紧。

9）清理压力机及工作场地。

第三节 液　压　机

液压机是根据静压传递原理（即帕斯卡原理）制成的。它是利用液体的压力能，靠静压作用使工件产生变形的压力机械。因为它传递能量的介质为液体，故称为液压机。

一、液压机的特点与结构类型

1. 液压机的特点与应用

与机械压力机相比，液压机有如下特点：

1）容易获得很大压力。由于液压机采用液压传动静压工作，动力设备可以分别布置，可以多缸联合工作，因而可以制造很大吨位的液压机，如可制造出公称压力达 700000kN 的模锻水压机。而机械式压力机因受到零部件的强度限制，不宜制造出很大的吨位。

2）容易获得很大的工作行程，并能在行程的任意位置发挥全压。液压机的名义压力与行程无关，而且可以在行程中的任何位置上停止和返回。这样，对要求工作行程大的工艺（如深拉深）及模具安装或发生故障进行排除等都十分方便。

3）容易获得大的工作空间。因为液压机无庞大的机械传动机构，而且工作缸可以任意布置，所以工作空间较大。

4）压力与速度可以在较大范围内方便地进行无级调节，而且可按工艺要求在某一行程作长时间的保压。另外，由于能可靠地控制液压，还能可靠地防止过载。

5）液压元件已通用化、标准化、系列化，给液压机设计、制造和维修带来方便，并且液压操作方便，便于实现遥控与自动化。

但液压机也存在一些不足之处，主要问题如下。

1）由于采用高压液体作为工作介质，因而对液压元件精度要求较高，结构较复杂，机器的调整维修比较困难，而且高压液体的泄漏还难免发生，不但污染工作环境，浪费压力油，对于热加工场所还有火灾的危险。

2）液体流动时存在压力损失，因而效率较低，且运动速度慢，降低了生产率，所以对于快速小型的液压机，不如曲柄压力机简单灵活。

由于液压机具有许多优点，所以它在工业生产中得到广泛应用。尤其在冲压、锻造生产中具有悠久的历史，对于大型件热锻、大件深拉深更显其优越性。随着塑料工业的迅速发展，液压机在塑料成型加工中也占有很重要的地位。此外，液压机在冶金生产和打包、压装等方面都得到了广泛的应用。

2. 液压机的结构类型

随着液压机应用范围的扩大，其类型也不断增多，但为了操作方便，多为立式结构。

（1）按动作方式分

1）上压式液压机。该类液压机的工作缸安装在机身上部，活塞从上向下移动对工件加压，如图 3-36 所示。送料和取件操作是在固定工作台上进行，操作方便，而且容易实现快速下行，应用最广。

2）下压式液压机。该类液压机的工作缸装在机身下部，上横梁 1 固定在立柱 2 上不动，当活塞杆 4 上升时带动活动横梁 3 上升，从而对工件施压，如图 3-34 所示。卸压时，活塞杆靠自重复位。下压式液压机的重心位置较低，稳定性好。此外，由于工作缸装在下面，在操作中工件可避免漏油污染。

3）双动液压机。通常这种液压机的上活动横梁分为内、外滑块，分别由不同的液压缸驱动，可分别移动也可组合在一起移动，压力则为内外滑块压力的总和。这种液压机有很灵活的工作方式，通常在机身的下部还配有顶出缸，可实现三动操作。因此特别适合于板料的拉深成形，在汽车制造业应用广泛。

4）特种液压机，如角式液压机、卧式液压机等。

（2）按机身结构分

1）柱式液压机。液压机的上横梁与下横梁（工作台）的连接采用立柱，由锁紧螺母锁紧。压力较大的液压机多为四立柱结构，机器稳定性好，采光也较好。图 3-34 所示即为柱式液压机的一种。

2）整体框架式液压机。这种液压机的机身由铸造或型钢焊接而成，一般为空心箱形结构，抗弯性能较好，立柱部分做成矩形截面，便于安装平面可调导向装置。立柱也有做成"冂"形的，以便在内侧空间安装电气控制元件和液压元件。整体框架式机身在粉末冶金、薄板冲压液压机中获得广泛应用。图 3-35 所示为焊接式框架式机身。机身的左右内侧装有两对可调节的导轨，活动横梁的运动精度由导轨保证，运动精度较高。

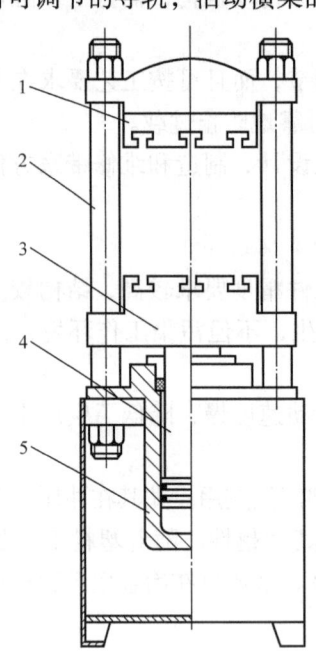

图 3-34 下压式液压机
1—上横梁 2—立柱 3—活动横梁
4—活塞杆 5—工作缸

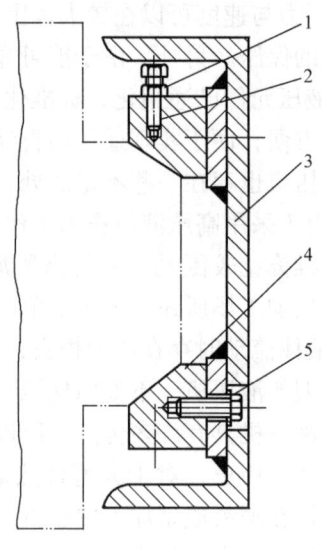

图 3-35 框架式液压机的机身结构
1—紧固螺钉 2—调节螺钉 3—框架
4—导轨 5—固定螺栓

（3）按传动形式分

1）泵直接传动液压机。这种液压机是每台液压机单独配备高压泵，中小型液压机多为这种传动形式。

2）泵蓄能器传动液压机。这种液压机的高压液体是采用集中供应的办法，这样可节省资金，提高液压设备的利用率,但需要高压蓄能器和一套中央供压系统,以平衡低负荷和负荷高峰时对高压液体的需要。这种形式在使用多台液压机(尤其是多台大中型液压机)的情况下,无论在技术或经济上都是合理可行的。

(4) 按操纵方式分 按操纵方式可分为手动液压机、半自动液压机和全自动液压机。目前使用较多的是上压式泵直接传动半自动和手动的柱式或框架式液压机。

二、液压机的主要技术参数

液压机的技术参数是根据它的工艺用途和结构特点确定的,它反映了液压机的工作能力及特点,是设计和选用液压机的重要依据。因液压机的类型不同,其技术参数的项目也不尽相同。这里主要介绍其共同的主要参数。

1. 公称压力

公称压力是液压机名义上能产生的最大压力,在数值上等于工作液体压力与工作活塞有效工作面积的乘积(取整数)。公称压力是液压机的主要参数,它反映了液压机的主要工作能力,一般用它来表示液压机规格。

为了充分利用设备,节约高压液体并满足工艺要求,一般大中型液压机将公称压力分为两级或三级。但泵直接传动的液压机不需要从结构上进行压力分级。

2. 工作液压力

液压机工作液压力是与液压机公称压力和压制能力有关的一个技术参数。工作液压力不宜过低,否则不能满足液压机公称压力的需要。反之,工作液压力过高,液压机密封难以保证,甚至损坏液压密封元件。每台液压机都标注有工作液的最大工作压力。目前,国内液压机所使用的工作液压力有 16MPa、25MPa、30MPa、32MPa、50MPa 等,但多数用 32MPa 左右的工作液压力。使用液压机时,根据冲压所需的实际压力,可适当调整油压,但不能超过其最大值。

3. 最大回程力

上压式液压机压制完成以后,其活动横梁必须回程,回程时要克服各种阻力和运动部件的重力。活动横梁回程所需的力称为回程力。液压机最大回程力为公称压力的 20%~50%。

4. 最大顶出力

有些液压机在下横梁底部装有顶出缸(见图 3-36),以顶出工件或拉深时使用。最大顶出力与液压机顶出缸活塞有效工作面积及工作液压力有关,顶出力大小及行程应满足冲压的工艺要求。

5. 其他技术参数

(1) 活动横梁距工作台的最大与最小距离 最大距离反映了液压机在高度方向上工作空间的大小,最小距离限制了模具最小闭合高度。

(2) 最大行程 指活动横梁位于上限位置时活动横梁的立柱导套下平面到立柱限程套上平面的距离,也即活动横梁能移动的最大距离。

(3) 活动横梁运动速度 活动横梁运动速度分为工作行程速度及空行程(充液及回程)速度两种。工作行程速度的变化范围较大,应根据不同的工艺要求来确定。空行程速度一般较高,以提高生产率,但速度太快时会在停止或转换时引起冲击及振动。

(4) 立柱中心距 在四柱式液压机中,立柱宽边中心距和窄边中心距分别用 L 和 B 表示。立柱中心距反映了液压机平面尺寸上工作空间的大小。立柱宽边中心距应根据工件及模具的宽度来选用，立柱窄边中心距的选用则应考虑更换及放入各种工具、涂抹润滑剂、观察工艺过程等操作上的要求。此外，立柱中心距对三个横梁的平面尺寸及质量均有影响，对液压机的使用性能及本体结构尺寸有着密切关系。

表 3-8 列出了几种国产通用液压机的主要技术参数，供设计选用时参考。

表 3-8 几种国产通用液压机的主要技术参数

序号	项目		型号	
			Y32—300	YB32—300
1	公称压力/kN		3000	3000
2	工作液最大压力/10^5Pa		200	200
3	工作活塞最大回程压力/kN		400	400
4	顶出活塞最大顶出力/kN		300	300
5	顶出活塞最大回程压力/kN		82	150
6	活动横梁距工作台面最大距离/mm		1240	1240
7	工作活塞最大行程/mm		800	800
8	顶出活塞最大行程/mm		250	250
9	工作活塞行程速度	压制/(mm/s)	4.3	6.6
		回程/(mm/s)	33	52
10	顶出活塞行程速度	顶出/(mm/s)	48	65
		回程/(mm/s)	100	138
11	立柱中心距离（前后×左右）/mm		900×1400	900×1400
12	工作台有效尺寸（前后×左右）/mm		1210×1140	900×1400
13	工作台距地面高度/mm		700	700
14	高压泵	工作压力/10^5Pa	200	200
		流量/(L/min)	40	63
15	电动机	型号	JQ$_2$—64—4	JQ$_2$—72—6
		功率/kN	17	22
16	外形尺寸（前后×左右×高）/mm		1235×7580×5600	2000×3400×5600
17	主机重量/kN		~150	
18	总重量/kN		~156	~160

三、液压机的结构

液压机类型尽管较多，但其结构组成基本相同，一般均由本体部分、操纵部分和动力部分组成。现以 Y32—300 型万能液压机为例加以介绍。

图 3-36 所示为 Y32—300 型液压机外形结构图，其机身为四立柱式结构。

1. 本体部分

液压机的本体部分包括机身、工作缸与工作活塞、充液油箱、活动横梁、下横梁及顶出装置等。

（1）机身 Y32—300 型液压机机身属于四立柱机身，如图 3-37 所示。四立柱机身由上横梁、下横梁和四根立柱组成，每根立柱都有三个螺母分别与上、下横梁紧固连接在一起，组成一个坚固的受力框架。目前，四立柱机身在液压机上应用最广，我国自行设计与制造的

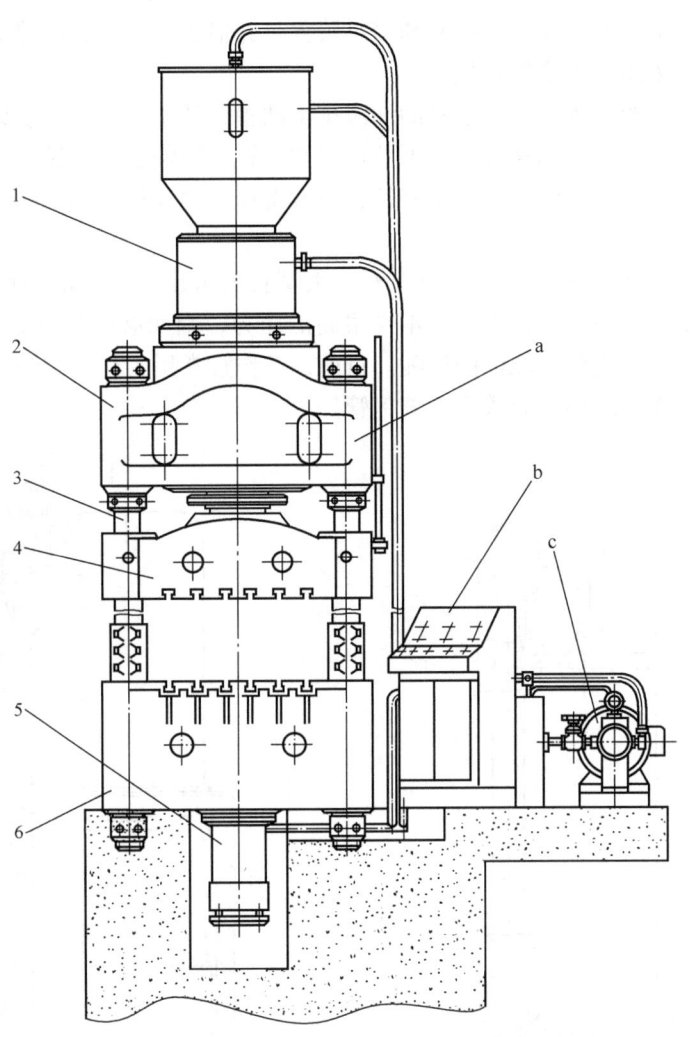

图 3-36　Y32—300 液压机外形结构图
1—工作缸　2—上横梁　3—立柱　4—活动横梁　5—顶出缸　6—下横梁
a—本体部分　b—操纵控制系统　c—动力部分

120000kN 大型水压机也是采用四立柱结构的机身。

　　液压机的各个部件都安装在机身上，其中上横梁的中间孔安装工作缸，下横梁的中间孔安装顶出缸。活动横梁靠四个角上的孔套装在四立柱上，上方与工作缸的活塞相连接，由其带动上下运动。为防止活动横梁过度降落，导致工作活塞撞击工作缸的密封装置（见图 3-38），在四根立柱上各装一个限位套，限制活动横梁下行的最低位置。上、下横梁结构相似，采用铸造方法，铸成箱体结构。下横梁（工作台）的台面上开有 T 形槽，供安装模具用。

　　机身在液压机工作过程中承受全部工作载荷，立柱是重要的受力构件，又兼作活动横梁的运动导轨作用，所以要求机身应具有足够的刚度、强度和制造精度。

　　（2）工作缸　工作缸采用活塞式双作用缸，靠缸口凸肩与螺母紧固在上横梁内，如图 3-38 所示。在工作缸上部装有充液阀和充液油箱。活塞上设有双向密封装置，将工作缸分成上、下腔,在下部缸端盖装有导向套和密封装置,并借法兰压紧,以保证下腔的密封。活塞杆下端与活动横梁用螺栓刚性联接。

当压力油从缸上腔进入时,缸下腔的油液排至油箱,活塞带动活动横梁向下运动,其速度较慢,压力较大。当压力油从液压缸下腔进入时,缸上腔的油液便排入油箱,活塞向上运动,其运动速度较快,压力较小,这正好符合一般慢速压制和快速回程的工艺要求,并提高生产率。

Y32—300 型液压机只有一个工作缸,对于大型且要求压力分级的液压机可采用多个工作缸。液压机的工作缸在液压机工作时承受很高的压力,因而必须具有足够的强度和韧性,同时还要求组织致密,避免高压油的渗漏。目前,工作缸常用的材料有铸钢、球墨铸铁或合金钢,直径较小的液压缸还可以采用无缝钢管。

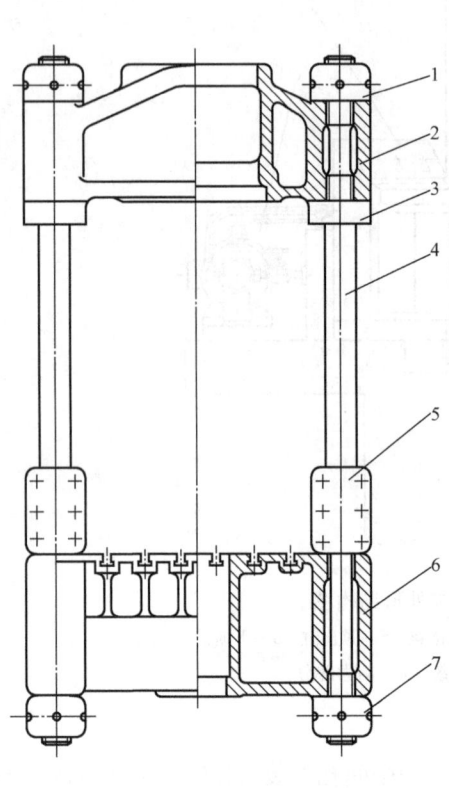
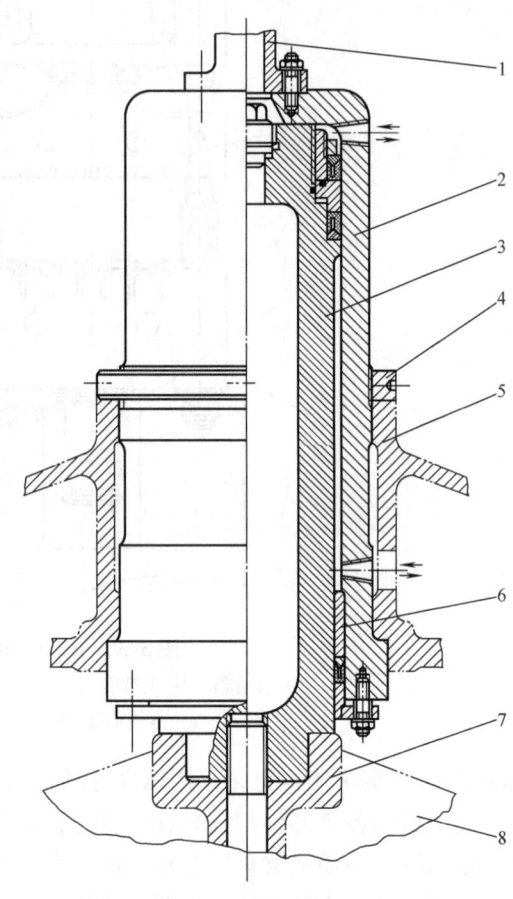

图 3-37　Y32—300 型液压机机身
1、3、7—螺母　2—上横梁
4—立柱　5—限位套　6—下横梁

图 3-38　Y32—300 型液压机工作缸
1—充液阀接口　2—工作缸缸筒　3—活塞杆　4—螺母
5—上横梁　6—导向套　7—凸肩　8—活动横梁

(3) 活动横梁　活动横梁是立柱式液压机的运动部件,它位于液压机本体的中间。活动横梁的结构如图 3-39 所示。为减轻重量又能满足强度要求,采用 HT200 铸成箱形结构,其中间的圆柱孔用来与上面的工作活塞杆连接,四角的圆柱孔内装有导向套,在工作活塞的带动下,靠立柱导向作上、下运动。在活动横梁的底面同样开有 T 形槽,用来安装模具。

(4) 顶出缸　在机身下部设有顶出缸,通过顶杆可以将成形后的工件顶出。Y32—300

型液压机的顶出缸结构如图 3-40 所示，其结构与工作缸相似，也是活塞式液压缸，安装在工作台底部的中间位置，同样采用缸的凸肩及螺母与工作台紧固连接。

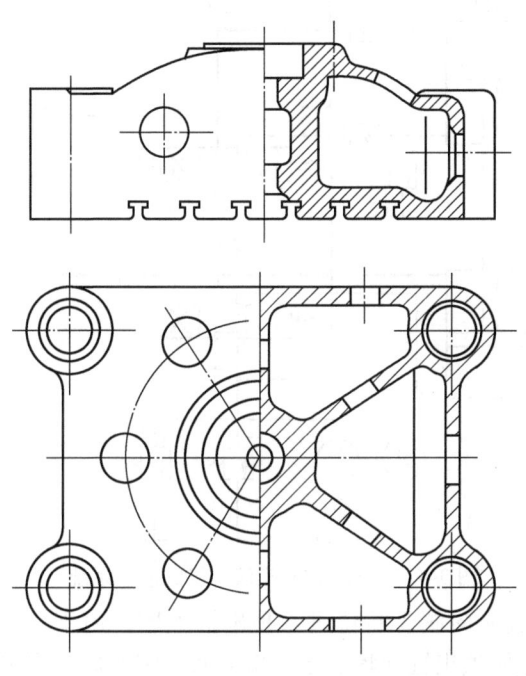

图 3-39　Y32—300 型液压机活动横梁

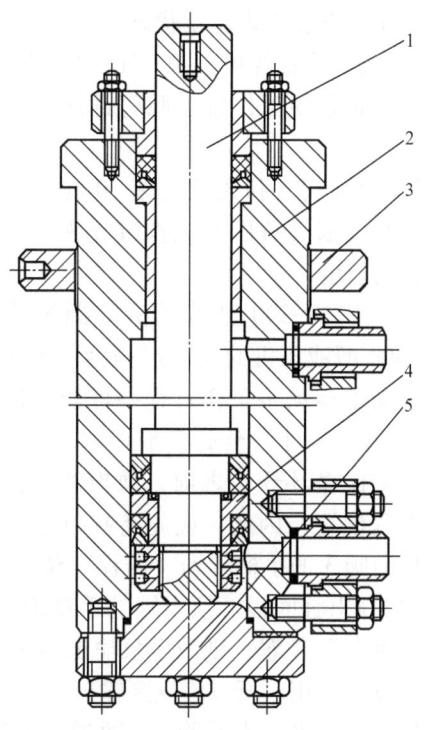

图 3-40　Y32—300 型液压机顶出缸
1—活塞杆　2—顶出缸筒　3—螺母
4—活塞　5—缸盖

2. 动力部分——液压泵

液压机的动力部分为高压泵，它将机械能变为液压能，向液压机的工作缸与顶出缸提供高压液体。Y32—300 型液压机使用的是卧式柱塞泵。

3. 操纵及液压系统

（1）Y32—300 型液压机的液压系统　如图 3-41 所示为 Y32—300 型液压机的液压系统图，其主要液压元件的作用如下。

1）泵 11 为 BFW 型偏心柱塞泵，公称压力为 20MPa，标称流量为 40L/min。

2）阀 1 为溢流阀，调定压力是系统的工作压力 20MPa。当压力超过限压 20MPa 时，油液通过阀 1 稳压溢流，它是液压系统的安全保护阀。

3）阀 2 为溢流安全阀，调定压力为 22MPa，起限制液压系统最高压力的作用。

4）阀 3 和阀 5 分别为顶出缸和工作缸的手动换向阀，两阀作串联连接。这样，当阀 3 处于停止位置时，无论阀 5 放在任何位置，压力油都有通过阀 3 和中位流回油箱卸荷。这种连接使两个缸起互锁作用，保证工作缸工作与顶出缸顶出不同时动作。

5）阀 4 为单向阀，调定压力为 1.0～1.2MPa。它的作用不仅保证压力油只能单向流动，而且当油液单向通过时，油压必须等于或大于调定压力，所以该阀又称背压阀。

6）阀 7 为液控单向阀，它在系统中起平衡作用，防止活动横梁产生超前速度，以及使活动横梁稳定地停止在所需要的位置上。

7) 阀 6 为溢流阀，它在系统控制回程时防止工作缸下腔出现超压状态。

8) 阀 8 为液控单向阀，工作时起保压作用，回程时起使工作缸上腔先卸压后回程的作用。

9) 充液阀 9 和充液油箱 10 在活塞靠自重下行时，依靠负压对工作缸充液，以提高空行程的速度。

（2）Y32—300 型液压机的操纵控制
Y32—300 型液压机的动作过程为：工作活塞空行程向下运动→工作行程→保压→回程→顶出缸顶出工件，至此完成一次工作循环。在每一工作循环开始之前，顶出液压缸必须处在回程位置，因此，应先将控制顶出缸的手动换向阀 3 的手柄转到"回程"位置。

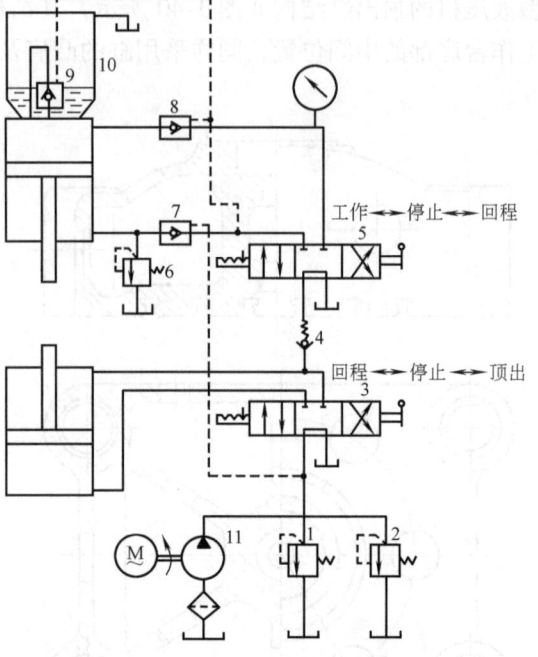

图 3-41 Y32—300 型液压机的液压系统

1) 顶出缸回程。顶出缸的手动换向阀 3 转到"回程"位置，则液压泵输出的压力油通过换向阀 3 右位进入顶出缸上腔。由于单向阀 4 有背压作用，所以液压泵输出的压力油首先使顶出缸回程。当顶出缸回程完毕后，泵输出的压力油便推开止回阀 4，通过工作缸换向阀 5 中位排入油箱。这时泵出口保持 1.0 ~ 1.2MPa 的压力。

2) 空行程向下。在顶出缸回程后，将换向阀 5 的手柄转到"工作"位置，压力油经阀 3 右位、阀 4、阀 5 右位、阀 8 进入工作缸上腔，这时工作缸下腔的压力油由于阀 7 关闭，不能回油，使进油路压力升高，推开阀 7，这样，工作缸下腔油液便经阀 7、阀 5 右位流回油箱。工作缸上腔通入压力油后，使活动横梁向下运动。在此空行程阶段，由于活动横梁等的自重作用，其运动速度较快，工作缸上腔形成负压，打开充液阀 9，充液箱 10 中的油液自动给予补充。

充液阀的结构如图 3-42 所示。充液阀实际上是液控止回阀。当充液阀的控制油口通以压力油或充液阀的下腔形成真空时，阀门被打开，充液箱中的油液与充液阀下腔连通，否则处于关闭状态。

3) 工作行程。从工作活塞运行的方向看，工作行程与空行程向下是一样的，只是工作行程时施加于活塞向下的压力要大，速度要慢。为此，换向阀 5 的手柄仍处于"工作"位置。当空行程向下运动，使活动横梁上的模具接触工件后，工作缸上腔负压消失，充液阀自动关闭。工作缸活塞在压力油作用下继续向下运动，对工件加压，此时油液压力可以达到原先调定的压力（此压力由溢流阀 1 决定），下压速度由泵流量控制。

4) 保压。当工作行程终止后，如果需要对工件继续施压一段时间，把换向阀 5 的手柄转到"停止"位置，工作缸上腔的压力油被液控止回阀 8 封闭，产生保压作用，而泵输出的油液通过换向阀 5 排入油箱而卸荷。

5) 回程。将换向阀 5 的手柄放在"回程"位置，则泵输出的压力油通入工作缸下腔，同时经控制油路打开液控单向阀 8，使工作缸上腔卸压，此时工作活塞开始以较慢速度上升，当打开充液阀 9 的大阀门以后，使活塞上腔的油液大量排入充液油箱，以实现快速回程。

6）停止。如果要使活动横梁停止在某一位置，可将换向阀 3 及 5 的手柄任一转到"停止"位置，液压泵通过换向阀 3 或阀 5 卸荷，工作活塞下腔的油液被液控止回阀 7 封闭，则工作活塞（活动横梁）很稳定地停止在某一位置上。

7）顶出缸顶出工件。当将换向阀 3 的手柄转到"顶出"位置时，泵输出的压力油通过换向阀 3 进入顶出缸的下腔，上腔回油，驱动顶出活塞上行，完成顶出工件的动作。

四、液压机的安全措施

液压机是一种压力加工机械，因此在设计和使用过程中，都必须考虑操作人员和设备的安全问题。液压机的主要安全措施如下。

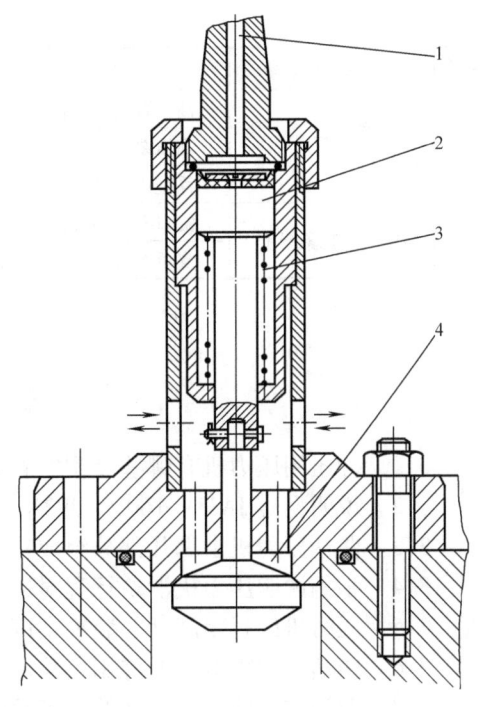

图 3-42　Y32—300 型液压机充液阀
1—控制油口　2—活塞　3—弹簧　4—阀门

1）设置防止活动横梁超行程的限位装置（即在活动横梁回程的终止位置设置限位开关，用来停止液压泵电动机），以防止活动横梁因行程过大而撞击缸底，或因意外事故而突然下落，特别是防止工作人员的手或其他部位进入液压机内工作时（如安装模具、维修设备等）活动横梁可能下降。

2）设置安全门和光电保护措施，安全门不闭合，活动横梁不能移动（电路保护），或光电控制保护以防止误合模动作。

3）设置模具的安全保护措施，如可设置液压试合模装置，防止异物损坏模具。

表 3-9 列出了液压机工作中常见故障及消除方法，供参考。

表 3-9　液压机工作中常见故障及消除方法

序号	故障现象	产生原因	消除方法
1	动作失灵	电气接线头接错或松脱	检查电气
		控制油压不足	适当提高控制油压至 1.2MPa
		油箱注油不足	加油至油标位置
		滤油器堵塞	清洗滤油板
2	横梁爬行	系统内积存空气或泵吸油口进气	检查吸油管道是否紧密，多次上下运行并加压
		精度调整不当或立柱缺润滑油	立柱加注润滑油，重新调整精度
3	保压时压力降太快	参与保压的各阀口不严或管路等处漏油	逐一检查各阀口并研合，拧紧漏油接头或更换密封圈
		缸内密封圈损坏	更换密封圈
		液控单向阀卡住	检查液控单向阀恢复功能

(续)

序号	故 障 现 象	产 生 原 因	消 除 方 法
4	高压速度慢或上压慢	高压泵流量调得过小	按泵的说明要求检查
		高压泵配油盘磨损或烧伤	拆下检查
		系统内漏现象	检查滑阀配合间隙是否过大
5	横梁下滑现象严重	缸口密封圈渗漏	检查缸口，发现漏油应排除或更换密封圈
		支承阀阀口不严或卡住	检查并研磨

思考练习题

3-1 冲压用压力机有哪些类型？各有何特点？

3-2 说明型号 JA31—160B、J92K—250、YB32—100B 的含义。

3-3 曲柄压力机由哪几部分组成？

3-4 举例说明压力机滑块行程对冲压生产的影响。

3-5 压力机的封闭高度、装模高度及调节量各表示什么？

3-6 曲柄压力机滑块的许用负荷曲线说明什么问题？其图形一般是什么形状？

3-7 曲轴式、曲拐轴式和偏心齿轮式曲柄压力机各有何区别？各有何特点？

3-8 如何调节滑块与导轨之间的间隙？间隙太大或太小会出什么问题？

3-9 曲柄压力机为什么要设置离合器？常用的离合器有哪几种？各有什么特点？

3-10 转键离合器是怎样工作的？双转键各起什么作用？

3-11 为什么偏心带式制动器在工作中要经常调节？

3-12 压塌块起什么作用？一般设置在压力机的什么部位？对它有何要求？

3-13 拉深垫的作用是什么？气垫和液压气垫各有何优缺点？

3-14 为何压力机上要设置滑块平衡装置？

3-15 打料横杆如何起推料作用的？如何调节其打料行程？

3-16 选择压力机时要考虑哪些问题？

3-17 在图 3-43 所示带凸缘筒形件（材料为 10 钢）的底部冲一底孔 φ35mm，若已知模具闭合高度为 210mm，下模座边界尺寸为 320mm×280mm，所需冲压工艺总力为 150kN。试选择压力机型号。

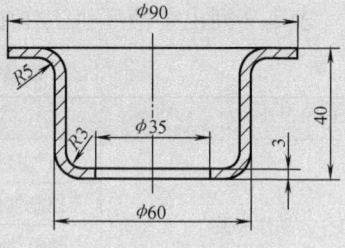

图 3-43 习题 3-17 图

3-18 压力机超负荷会造成哪些后果？

3-19 如何正确使用和维护压力机？

3-20 在压力机上安装冲模的一般步骤是什么？

3-21 液压机与机械压力机相比有哪些特点？

3-22 液压机有哪些主要技术参数？

3-23 液压机主要由哪些部分组成？各起何作用？

3-24 简述 Y32—300 型液压机的液压系统工作原理。

3-25 液压机的安全措施有哪些？如何实现安全保护？

第四章 冲 裁

> **学习目的**
>
> 了解冲裁变形过程，理解普通冲裁件的质量特征及影响因素，能分析冲裁件的工艺性，掌握冲裁工艺设计及模具设计方法，熟悉精密冲裁的原理、工艺、模具结构及精冲压力机。
>
> **学习重点**
>
> 冲裁件的工艺性分析，冲裁工艺设计及有关工艺计算，冲裁模典型结构及主要零部件的设计与选用，精冲工艺及模具，精冲压力机及选用。

冲裁是利用模具使板料产生相互分离的冲压工序。冲裁工序的种类很多，常用的有切断、落料、冲孔、切边、切口、剖切等。但一般来说，冲裁主要是指落料和冲孔。从板料上沿封闭轮廓冲下所需形状的冲件或工序件称为落料；从工序件上冲出所需形状的孔（冲去部分为废料）称为冲孔，例如，冲制一平面垫圈，冲其外形的工序是落料，冲其内孔的工序是冲孔。

冲裁是冲压工艺中最基本的工序之一，它既可直接冲出成品零件，又可为弯曲、拉深和成形等其他工序制备坯料，因此在冲压加工中应用非常广泛。

根据变形机理不同，冲裁可以分为普通冲裁和精密冲裁两大类。

第一节 冲裁变形过程分析

一、冲裁变形过程

图 4-1 所示为冲裁工作示意图，凸模 1 与凹模 2 具有与冲件轮廓相同的锋利刃口，且相互之间保持均匀合适的间隙。冲裁时，板料 3 置于凹模上方，当凸模随压力机滑块向下运动时，便迅速冲穿板料进入凹模，使冲件与板料分离而完成冲裁工作。

从凸模接触板料到板料相互分离的过程是在瞬间完成的。当凸、凹模间隙正常时，冲裁变形过程大致可分为以下三个阶段。

1. 弹性变形阶段

如图 4-2a 所示，当凸模接触板料并下压时，在凸、凹模压力作用下，板料开始产生弹性压缩、弯曲、拉伸（$AB' > AB$）等复杂变形。这时，凸模略为挤入板料，板料下部也略为

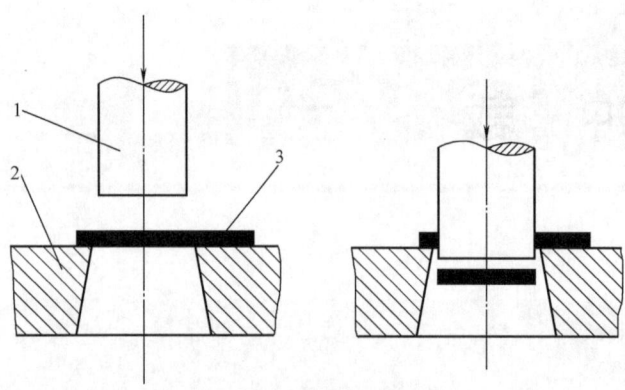

图 4-1 冲裁工作示意图
1—凸模 2—凹模 3—板料

挤入凹模洞口，并在与凸、凹模刃口接触处形成很小的圆角。同时，板料稍有穹弯，材料越硬，凸、凹模间隙越大，穹弯越严重。随着凸模的下压，刃口附近板料所受的应力逐渐增大，直至达到弹性极限，弹性变形阶段结束。

2. 塑性变形阶段

当凸模继续下压，使板料变形区的应力达到塑性条件时，便进入塑性变形阶段，如图 4-2b 所示。这时，凸模挤入板料和板料挤入凹模的深度逐渐加大，产生塑性剪切变形，形成光亮的剪切断面。随着凸模的下降，塑性变形程度增加，变形区材料硬化加剧，变形抗力不断上升，冲裁力也相应增大，直到刃口附近的应力达到抗拉强度时，塑性变形阶段便告终。由于凸、凹模之间间隙的存在，此阶段中冲裁变形区还伴随有弯曲和拉伸变形，且间隙越大，弯曲和拉伸变形也大。

3. 断裂分离阶段

当板料内的应力达到抗拉强度后，凸模再向下压入时，则在板料上与凸、凹模刃口接触的部位先后产生微裂纹，如图 4-2c 所示。裂纹的起点一般在距刃口很近的侧面，且一般首先在凹模刃口附近的侧面产生，继而才在凸模刃口附近的侧面产生。随着凸模的继续下压，已产生的上、下微裂纹将沿最大切应力方向不断地向板料内部扩展，当上、下裂纹重合时，板料便被剪断分离，如图 4-2d 所示。随后，凸模将分离的材料推入凹模洞口，冲裁变形过程便告结束。

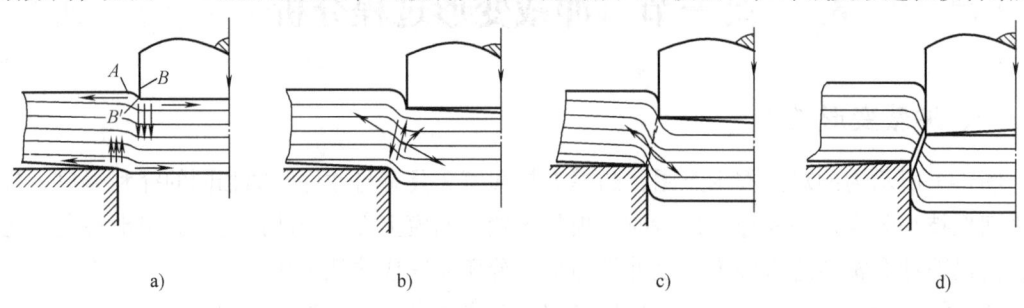

图 4-2 冲裁变形过程
a) 弹性变形阶段 b) 塑性变形阶段 c)、d) 断裂分离阶段

二、冲裁件的质量及其影响因素

冲裁件的质量是指冲裁件的断面状况、尺寸精度和形状误差。冲裁件的断面应尽可能垂

直、光滑、毛刺小，尺寸精度应保证在图样规定的公差范围以内，冲裁件外形应符合图样要求，表面尽可能平直。

影响冲裁件质量的因素很多，主要有材料性能、间隙大小及均匀性、刃口锋利程度、模具结构及排样（冲裁件在板料或条料上的布置方法）、模具精度等。

1. 冲裁件的断面质量及其影响因素

由于冲裁变形的特点，冲裁件的断面明显地呈现出四个特征区，即塌角、光面、毛面和毛刺，如图4-3所示。

塌角 a：它是由于冲裁过程中刃口附近的材料被牵连拉入变形（弯曲和拉伸）的结果。

光面 b：它是紧挨塌角并与板平面垂直的光亮部分，是在塑性变形阶段凸模（或凹模）挤压切入材料后，材料受刃口

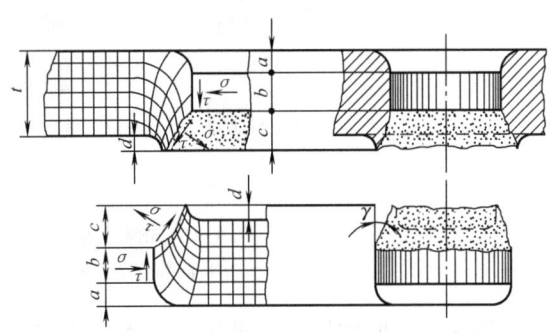

图4-3 冲裁件的断面质量

侧面的剪切和挤压作用而形成的。光面越宽，说明断面质量越好。正常情况下，普通冲裁的光面宽度占全断面的1/3～1/2。

毛面 c：它是表面粗糙且带有锥度的部分，是由于刃口附近的微裂纹在拉应力作用下不断扩展断裂而形成的。因毛面都是向材料体内倾斜，所以对一般应用的冲裁件并不影响其使用性能。

毛刺 d：毛刺是由于裂纹的起点不在刃口，而是在刃口附近的侧面而自然形成的。普通冲裁的毛刺是不可避免的，但间隙合适时，毛刺的高度很小，易于除去。毛刺影响冲裁件的外观、手感和使用性能，因此冲裁件总是希望毛刺越小越好。

冲裁件的四个特征区域在整个断面上各占的比例不是一成不变的，其影响因素主要有以下几个方面。

（1）材料力学性能的影响　塑性好的材料，冲裁时裂纹出现得较迟，材料被剪切挤压的深度较大，因而光面所占的比例大，毛面较小，但塌角、毛刺也较大。而塑性差的材料，断裂倾向严重，裂纹出现得较早，使得光面所占的比例小，毛面较大，但塌角和毛刺都较小。

（2）冲裁间隙的影响　冲裁间隙是影响冲裁件断面质量的主要因素。间隙合适时，上、下刃口处产生的剪切裂纹基本重合，这时光面占板厚的1/2～1/3，塌角、毛刺和毛面斜角均较小，断面质量较好，如图4-4a所示。

当间隙过小时，凸模刃口处的裂纹相对凹模刃口处的裂纹向外错开，上、下裂纹不重合，材料在上、下裂纹相距最近的地方将发生第二次剪裂，上裂纹表面压入凹模时受到凹模壁的压挤产生第二光面或断续的小光亮块，同时部分材料被挤出，在表面形成薄而高的毛刺，如图4-4b所示。这种断面两端呈光面，中部有带夹层（潜伏裂纹）的毛面，塌角小，冲裁件的翘曲小，毛刺虽比合理间隙时高一些，但易除去，如果中间夹层裂纹不是很深，仍可使用。

当间隙过大时，材料的弯曲与拉伸增大，拉应力增大，易产生剪裂纹，塑性变形阶段较早结束，致使断面光面减小，毛面增大，且塌角、毛刺也较大，冲裁件穹弯增大。同时，上、下裂纹也不重合，凸模刃口处的裂纹相对凹模刃口处的裂纹向内错开了一段距离，致使

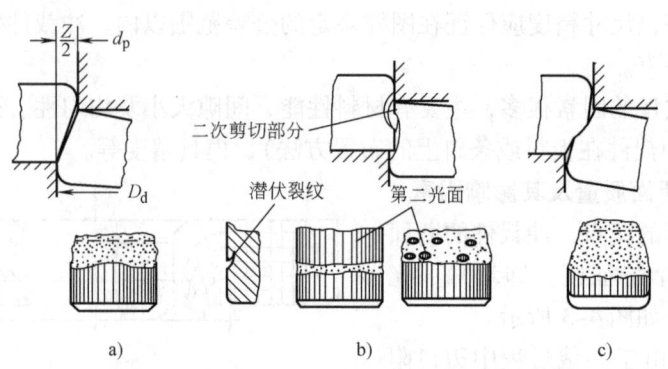

图 4-4 间隙大小对冲裁件断面质量的影响
a) 间隙合适　b) 间隙过小　c) 间隙过大

毛面斜角增大,断面质量不理想,如图 4-4c 所示。

另外,当模具因安装调整等原因使得间隙不均匀时,可能在凸、凹模之间存在着间隙合适、间隙过小和间隙过大几种情况,因而将在冲裁件断面上分布着上述各种情况的断面。

(3) 模具刃口状态的影响　模具刃口状态对冲裁件的断面质量也有较大的影响。当凸、凹模刃口磨钝后,因挤压作用增大,所以冲裁件的圆角和光面增大。同时,因产生的裂纹偏离刃口较远,故即使间隙合理也将在冲裁件上产生明显的毛刺,如图 4-5 所示。实践表明,当凸模刃口磨钝时,会在落件料上端产生明显毛刺(图 4-5b);当凹模刃口磨钝时,会在冲孔件的孔口下端产生明显毛刺(图 4-5a);当凸、凹模刃口均磨钝时,则会在落料件上端和孔口下端都会产生毛刺(图 4-5c)。因此,凸、凹模磨钝后,应及时修磨凸、凹模工作端面,使刃口保持锋利状态。

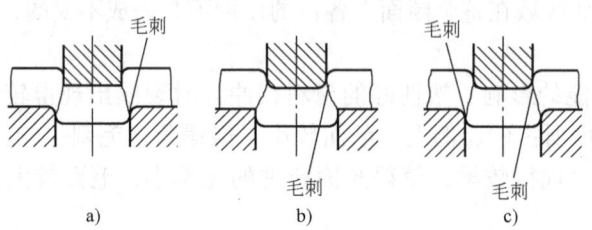

图 4-5　凸、凹模刃口磨钝后毛刺的形成
a) 凹模磨钝　b) 凸模磨钝　c) 凸、凹模均磨钝

2. 冲裁件尺寸精度及其影响因素

冲裁件的尺寸精度是指冲裁件实际尺寸与基本尺寸的差值,差值越小,则精度越高。冲裁件尺寸的测量和使用,都是以光面的尺寸为基准。从整个冲裁过程来看,影响冲裁件尺寸精度的因素有两大方面:一方面是冲模的结构与制造精度;另一方面是冲裁结束后冲裁件相对于凸模或凹模尺寸的偏差。

(1) 冲模的结构与制造精度　冲模的制造精度(主要是凸、凹模制造精度)对冲裁件尺寸精度有直接的影响,冲模的制造精度越高,冲裁件的精度亦高。冲裁件的精度与冲模制造精度的关系见表 4-1。冲模结构对冲裁件精度的影响参看本章第七节。

此外,凸、凹模的磨损和在压力作用下所产生的弹性变形也影响冲裁件精度。

表 4-1　冲裁件精度与冲模制造精度的关系

冲模制造精度	材料厚度 t/mm											
	0.5	0.8	1.0	1.5	2	3	4	5	6	8	10	12
IT6~IT7	IT8	IT8	IT9	IT10	IT10	—	—	—	—	—	—	—
IT7~IT8	—	IT9	IT10	IT10	IT12	IT12	IT12	—	—	—	—	—
IT9	—	—	—	IT12	IT12	IT12	IT12	IT12	IT14	IT14	IT14	IT14

（2）冲裁件相对于凸模或凹模尺寸的偏差　冲裁件产生偏离凸、凹模尺寸偏差的原因是由于冲裁时材料所受的挤压、拉伸和翘曲变形，都要在冲裁结束后产生弹性回复，当冲裁件从凹模内推出（落料）或从凸模上卸下（冲孔）时，相对于凸、凹模尺寸就会产生偏差。影响这个偏差值的因素有间隙、材料性质、冲件形状与尺寸等。

凸、凹模间隙 Z 对冲裁件尺寸精度影响的一般规律如图 4-6 所示（δ 为冲裁件相对于凸、凹模尺寸的偏差）。从图中可以看出，当间隙较大时，材料所受拉伸作用增大，冲裁后因材料的弹性恢复使落料件尺寸小于凹模刃口尺寸，冲孔件孔径大于凸模刃口尺寸；当间隙较小时，则由于材料受凸、凹模侧面挤压力增大，故冲裁后材料的弹性恢复使落料尺寸增大，冲孔件孔径尺寸减小；当间隙为某一恰当值（即曲线与横轴 Z 的交点）时，冲裁件尺寸与凸、凹模尺寸完全一样，这时 $\delta = 0$。

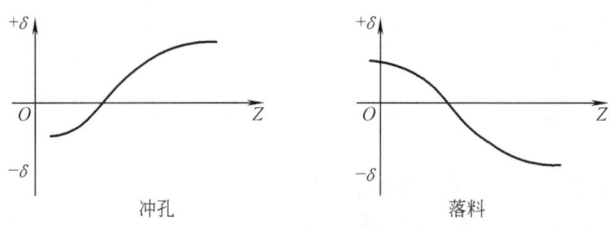

图 4-6　间隙对冲裁件尺寸精度的影响

材料性质直接决定了该材料在冲裁过程中的弹性变形量。对于比较软的材料，弹性变形量较小，冲裁后的弹性回复量亦较小，因而冲裁件的精度较高。硬的材料则情况正好相反。

材料的相对厚度 t/D（t 为冲裁件材料厚度，D 为冲裁件外径）越大，弹性变形量越小，因而冲裁件的精度越高。

冲裁件形状越简单，尺寸越小，则精度越高。这是因为模具精度易于保证，间隙均匀，冲裁件翘曲小，以及冲裁件的弹性变形绝对量小的缘故。

3. 冲裁件形状误差及其影响因素

冲裁件的形状误差是指翘曲、扭曲、变形等缺陷，其影响因素很复杂。翘曲是由于间隙过大、弯矩增大、变形区拉伸和弯曲成分增多造成的，另外材料的各向异性和卷料未校正也会产生翘曲。扭曲是由于材料不平、间隙不均匀、凹模后角对材料摩擦不均匀等造成的。变形是由于冲裁件上孔间距或孔到边缘的距离太小等原因造成的。

综上所述，用普通冲裁方法所得冲裁件的断面质量和尺寸精度都不太高。一般金属冲裁件所能达到的经济精度为 IT14~IT11，高的也只能达到 IT10~IT8。厚料比薄料更差。若要进一步提高冲裁件的质量，则要在普通冲裁的基础上增加整修工序或采用精密冲裁方法。

第二节 冲裁件的工艺性

冲裁件的工艺性是指冲裁件对冲裁工艺的适应性，即冲裁加工的难易程度。良好的冲裁工艺性，是指在满足冲裁件使用要求的前提下，能以最简单、最经济的冲裁方式加工出来。因此，在编制冲压工艺规程和设计模具之前，应从工艺角度分析冲件设计得是否合理，是否符合冲裁的工艺要求。

冲裁件的工艺性主要包括冲裁件的结构与尺寸、精度与表面粗糙度、材料三个方面。

一、冲裁件的结构与尺寸

1) 冲裁件的形状应力求简单、规则，有利于材料的合理利用，以便节约材料，减少工序数目，提高模具使用寿命，降低冲裁件成本。

2) 冲裁件的内、外形转角处要尽量避免尖角，应以圆弧过渡，以便于模具加工，减少热处理开裂，减少冲裁时尖角处的崩刃和过快磨损。冲裁件的最小圆角半径可参照表 4-2 选取。

表 4-2　冲裁件最小圆角半径　　　　　　　　　　　　（单位：mm）

冲件种类		最小圆角半径			备注
		黄铜、铝	合金钢	软钢	
落料	交角≥90°	0.18t	0.35t	0.25t	≥0.25
	交角<90°	0.35t	0.70t	0.50t	≥0.50
冲孔	交角≥90°	0.20t	0.45t	0.30t	≥0.30
	交角<90°	0.40t	0.90t	0.60t	≥0.60

注：t 为料厚。

3) 尽量避免冲裁件上过于窄长的凸出悬臂和凹槽，否则会降低模具寿命和冲裁件质量。如图 4-7 所示，一般情况下，悬臂和凹槽的宽度 $B \geq 1.5t$（t 为料厚，当料厚 $t < 1\mathrm{mm}$ 时，按 $t = 1\mathrm{mm}$ 时计算）；当冲件材料为黄铜、铝、软钢时，$B \geq 1.2t$；当冲件材料为高碳钢时，$B \geq 2t$。悬臂和凹槽的深度 $L \leq 5B$。

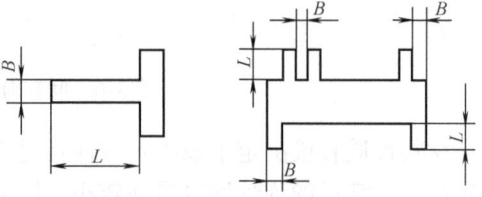

图 4-7　冲裁件的悬臂与凹槽

4) 冲孔时，因受凸模强度的限制，孔的尺寸不应太小。冲孔的最小尺寸取决于材料性能、凸模强度和模具结构等。用无导向凸模和带护套凸模所能冲制的孔的最小尺寸可分别参考表 4-3、表 4-4。

表 4-3　无导向凸模冲孔的最小尺寸

冲件材料	圆形孔（直径 d）	方形孔（孔宽 b）	矩形孔（孔宽 b）	长圆形孔（孔宽 b）
钢 $\tau_b > 700\mathrm{MPa}$	1.5t	1.35t	1.2t	1.1t
钢 $\tau_b = 400 \sim 700\mathrm{MPa}$	1.3t	1.2t	1.0t	0.9t
钢 $\tau_b = 700\mathrm{MPa}$	1.0t	0.9t	0.8t	0.7t
黄铜、铜	0.9t	0.8t	0.7t	0.6t
铝、锌	0.8t	0.7t	0.6t	0.5t

注：τ_b 为抗剪强度；t 为料厚。

表 4-4　带护套凸模冲孔的最小尺寸

冲件材料	圆形孔（直径 d）	矩形孔（孔宽 b）
硬钢	$0.5t$	$0.4t$
软钢及黄铜	$0.35t$	$0.3t$
铝、锌	$0.3t$	$0.28t$

注：t 为料厚。

5）冲裁件的孔与孔之间、孔与边缘之间的距离，受模具强度和冲裁件质量的制约，其值不应过小，一般要求 $c \geq (1 \sim 1.5)t$，$c' \geq (1.5 \sim 2)t$，如图 4-8a 所示。在弯曲件或拉深件上冲孔时，为避免冲孔时凸模受水平推力而折断，孔边与直壁之间应保持一定的距离，一般要求 $L \geq R + 0.5t$，如图 4-8b 所示。

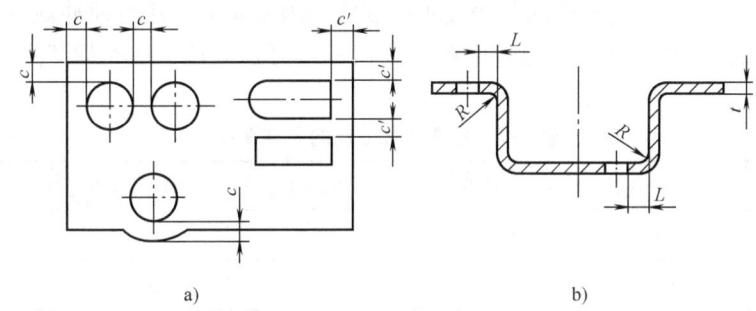

图 4-8　冲件上的孔距及孔边距

二、冲裁件的精度与断面粗糙度

1）冲裁件的经济公差等级不高于 IT11，一般落料件公差等级最好低于 IT10，冲孔件公差等级最好低于 IT9。冲裁可达到的冲裁件公差列于表 4-5、表 4-6。如果冲裁件要求的公差值小于表中数值时，则应在冲裁后进行整修或采用精密冲裁。此外，冲裁件的尺寸标注及基准的选择往往与模具设计密切相关，应尽可能使设计基准与工艺基准一致，以减小误差。

表 4-5　冲裁件外形与内孔尺寸公差　　　　　　　　　　　　（单位：mm）

料厚 t/mm	冲裁件尺寸							
	一般精度的冲裁件				较高精度的冲裁件			
	<10	10~50	50~150	150~300	<10	10~50	50~150	150~300
0.2~0.5	$\dfrac{0.08}{0.05}$	$\dfrac{0.10}{0.08}$	$\dfrac{0.14}{0.12}$	0.20	$\dfrac{0.025}{0.02}$	$\dfrac{0.03}{0.04}$	$\dfrac{0.05}{0.08}$	0.08
0.5~1	$\dfrac{0.12}{0.05}$	$\dfrac{0.16}{0.08}$	$\dfrac{0.22}{0.08}$	0.30	$\dfrac{0.03}{0.02}$	$\dfrac{0.04}{0.04}$	$\dfrac{0.06}{0.08}$	0.10
1~2	$\dfrac{0.18}{0.06}$	$\dfrac{0.22}{0.10}$	$\dfrac{0.30}{0.16}$	0.50	$\dfrac{0.04}{0.03}$	$\dfrac{0.06}{0.06}$	$\dfrac{0.08}{0.10}$	0.12
2~4	$\dfrac{0.24}{0.08}$	$\dfrac{0.28}{0.12}$	$\dfrac{0.40}{0.20}$	0.70	$\dfrac{0.06}{0.04}$	$\dfrac{0.08}{0.06}$	$\dfrac{0.10}{0.12}$	0.15
4~6	$\dfrac{0.30}{0.10}$	$\dfrac{0.35}{0.15}$	$\dfrac{0.50}{0.25}$	1.0	$\dfrac{0.10}{0.06}$	$\dfrac{0.12}{0.10}$	$\dfrac{0.15}{0.15}$	0.20

注：1. 分子为外形尺寸公差，分母为内孔尺寸公差。
　　2. 一般精度的冲裁件采用 IT7~IT8 精度的普通冲裁模；较高精度的冲裁件采用 IT6~IT7 精度的高级冲裁模。

表4-6 冲裁件孔中心距公差　　　　　　　　　　　　　　　（单位：mm）

料厚 t	普通冲裁模 孔距基本尺寸			高级冲裁模 孔距基本尺寸		
	<50	50~150	150~300	<50	50~150	150~300
<1	±0.10	±0.15	±0.20	±0.03	±0.05	±0.08
1~2	±0.12	±0.20	±0.30	±0.04	±0.06	±0.10
2~4	±0.15	±0.25	±0.35	±0.06	±0.08	±0.12
4~6	±0.20	±0.30	±0.40	±0.08	±0.10	±0.15

注：表中所列孔距公差适用于两孔同时冲出的情况。

2）冲裁件断面的表面粗糙度及毛刺高度与材料塑性、材料厚度、冲裁间隙、刃口锋利程度、冲模结构及凸、凹模工作部分表面粗糙度值等因素有关。用普通冲裁方式冲裁厚度为2mm以下的金属板料时，其断面的表面粗糙度值一般可达 $Ra3.2 \sim Ra12.5\mu m$。毛刺的允许高度见表4-7。

表4-7 普通冲裁毛刺的允许高度　　　　　　　　　　　　　（单位：mm）

料厚 t	≤0.3	>0.3~0.5	>0.5~1.0	>1.0~1.5	>1.5~2.0
试模时	≤0.015	≤0.02	≤0.03	≤0.04	≤0.05
生产时	≤0.05	≤0.08	≤0.10	≤0.13	≤0.15

三、冲裁件的材料

冲裁件所用的材料，不仅要满足其产品使用性能的技术要求，还应满足冲裁工艺对材料的基本要求。冲裁工艺对材料的基本要求已在第二章第五节中介绍。此外，材料的品种与厚度还应尽量采用国家标准，同时尽可能采取"廉价代贵重，薄料代厚料，钢铁代非铁"等措施，以降低冲裁件的成本。

最后必须指出，当冲裁件的结构、尺寸、精度、断面粗糙度等要求与冲裁工艺性发生矛盾时，应与产品设计人员协商研究，并作必要、合理的修改，力求做到既满足使用要求，又便于冲裁加工，以达到良好的技术经济效果。

第三节　冲裁间隙

冲裁间隙是指冲裁模中凸、凹模刃口之间的间隙。凸模与凹模间每侧的间隙称为单面间隙，用 $Z/2$ 表示；两侧间隙之和称为双面间隙，用 Z 表示。如无特殊说明，冲裁间隙都是指双面间隙。

冲裁间隙的数值等于凸、凹模刃口尺寸的差值，如图4-9所示，即

$$Z = D_d - d_p \tag{4-1}$$

式中　D_d——凹模刃口尺寸（mm）；

d_p——凸模刃口尺寸（mm）。

冲裁间隙对冲裁过程有着很大的影响。在第一节中已经分析了间隙对冲裁件质量起着决定性作用。除此以外，间隙对冲压力和模具使用寿命也有着较大的影响。

一、间隙对冲压力的影响

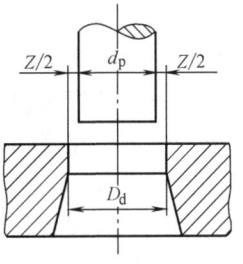

图 4-9 冲裁间隙

间隙很小时,因材料的挤压和摩擦作用增强,冲裁力必然较大。随着间隙的增大,材料所受的拉应力增大,容易断裂分离,因此冲裁力减小。但试验表明,当单面间隙介于材料厚度的 5%~20% 范围内时,冲裁力降低不多,不超过 5%~10%。因此,在正常情况下,间隙对冲裁力的影响不是很大。

间隙对卸料力、顶件力、推件力的影响比较显著。由于间隙的增大,使冲裁件的光面变窄,材料弹性回复使落料件尺寸小于凹模尺寸,冲孔件尺寸大于凸模尺寸,因而使卸料力、推件力或顶件力随之减小。一般当单面间隙增大到材料厚度的 15%~25% 时,卸料力几乎降为零。

二、间隙对模具使用寿命的影响

模具使用寿命通常是用模具失效前所冲得的合格冲裁件数量来表示。冲裁模的失效形式一般有磨损、变形、崩刃和凹模胀裂。间隙大小主要对模具的磨损及凹模的胀裂产生较大影响。

在冲裁过程中,由于材料的弯曲变形,材料对模具的反作用力主要集中在凸、凹模刃口部分。如果间隙小,垂直冲裁力和侧向挤压力将增大,摩擦力也增大,且间隙小时,光面变宽,摩擦距离增长,摩擦发热严重,所以小间隙将使凸、凹模刃口磨损加剧,甚至使模具与材料之间产生粘结现象,严重的还会产生崩刃。另外,小间隙因落料件堵塞在凹模洞口的胀力也大,容易产生凹模胀裂。小间隙还易产生小凸模折断,凸、凹模相互啃刃等异常现象。

凸、凹模磨损后,其刃口处形成圆角,冲裁件上就会出现不正常的毛刺,且因刃口尺寸发生变化,冲裁件的尺寸精度也降低,模具使用寿命减小。因此,为了减少模具的磨损,延长模具的使用寿命,在保证冲裁件质量的前提下,应适当选用较大的间隙值。若采用小间隙,就必须提高模具硬度和精度,减小模具的表面粗糙度值,提供良好润滑,以减小磨损。

三、冲裁间隙值的确定

由上述分析可以看出,冲裁间隙对冲裁件质量、冲压力、模具使用寿命等都有很大的影响,但影响的规律各有不同。因此,并不存在一个绝对合理的间隙值,能同时满足冲裁件断面质量最佳、尺寸精度最高、冲模使用寿命最长、冲压力最小等各方面的要求。在冲压实际生产中,为了获得合格的冲裁件、较小的冲压力和保证模具有一定的使用寿命,我们给间隙值规定一个范围,这个间隙值范围就称为合理间隙。这个范围的最小值称为最小合理间隙(Z_{min}),最大值称为最大合理间隙(Z_{max})。考虑到冲模在使用过程中会逐渐磨损,间隙会增大,故在设计和制造新模具时,应采用最小合理间隙。

确定合理间隙的方法有理论确定法和经验确定法两种。

1. 理论确定法

理论确定法的主要依据是保证凸、凹模刃口处产生的上、下裂纹相互重合,以便获得良好的断面质量。图 4-10 所示为冲裁过程中开始产生裂纹的瞬时状态,根据图中的几何关系,可得合理间隙 Z 的计算公式为

$$Z = 2t(1 - h_0/t)\tan\beta \qquad (4\text{-}2)$$

式中 t——材料厚度（mm）；

h_0——产生裂纹时凸模挤入材料的深度（mm）；

h_0/t——产生裂纹时凸模挤入材料的相对深度（mm）；

β——剪裂纹与垂线间的夹角（°）。

由上式可以看出，合理间隙与材料厚度 t、相对挤入深度 h_0/t 及裂纹角 β 有关，而 h_0/t 与 β 及材料性质有关。因此，影响间隙值的主要因素是材料性质和厚度。

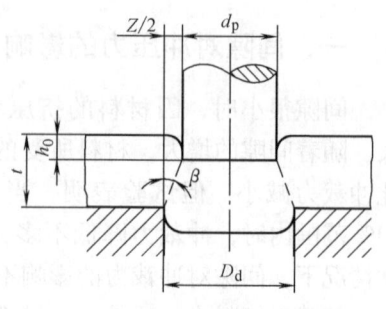

图 4-10 合理间隙的确定

厚度越大、塑性越差的材料，其合理间隙值就越大；反之，厚度越薄、塑性越好的材料，其合理间隙值就越小。

理论计算法在生产中使用不方便，主要用来分析间隙与上述几个因素之间的关系。因此，实际生产中广泛采用经验数据来确定间隙值。

2. 经验确定法

经验确定法是根据经验数据来确定间隙值。有关间隙值的经验数值，可在一般冲压手册中查到，选用时结合冲裁件的质量要求和实际生产条件考虑。

这里推荐两个实用间隙表，供设计时参考。对于尺寸精度、断面质量要求较高的冲件，应按较小间隙值表（表 4-8）选用；对于尺寸精度和断面质量要求不高的冲件，应以提高模具寿命为主，按较大间隙值表（表 4-9）选用。

表 4-8 冲裁模初始双面间隙 Z（一）　　　　　　　　　　（单位：mm）

材料厚度 t	软 铝		纯铜、黄铜、软钢 $w_c = 0.08\% \sim 0.2\%$		杜拉铝、中等硬钢 $w_c = 0.3\% \sim 0.4\%$		硬 钢 $w_c = 0.5\% \sim 0.6\%$	
	Z_{min}	Z_{max}	Z_{min}	Z_{max}	Z_{min}	Z_{max}	Z_{min}	Z_{max}
0.2	0.008	0.012	0.010	0.014	0.012	0.016	0.014	0.018
0.3	0.012	0.018	0.015	0.021	0.018	0.024	0.021	0.027
0.4	0.016	0.024	0.020	0.028	0.024	0.032	0.028	0.036
0.5	0.020	0.030	0.025	0.035	0.030	0.040	0.035	0.045
0.6	0.024	0.036	0.030	0.042	0.036	0.048	0.042	0.054
0.7	0.028	0.042	0.035	0.049	0.042	0.056	0.049	0.063
0.8	0.032	0.048	0.040	0.056	0.048	0.064	0.056	0.072
0.9	0.036	0.054	0.045	0.063	0.054	0.072	0.063	0.081
1.0	0.040	0.060	0.050	0.070	0.060	0.080	0.070	0.090
1.2	0.050	0.084	0.072	0.096	0.084	0.108	0.096	0.120
1.5	0.075	0.105	0.090	0.120	0.105	0.135	0.120	0.150
1.8	0.090	0.126	0.108	0.144	0.126	0.162	0.144	0.180
2.0	0.100	0.140	0.120	0.160	0.140	0.180	0.160	0.200
2.2	0.132	0.176	0.154	0.198	0.176	0.220	0.198	0.242
2.5	0.150	0.200	0.175	0.225	0.200	0.250	0.225	0.275
2.8	0.168	0.224	0.196	0.252	0.224	0.280	0.252	0.308
3.0	0.180	0.240	0.210	0.270	0.240	0.300	0.270	0.330
3.5	0.245	0.315	0.280	0.350	0.315	0.385	0.350	0.420

（续）

材料厚度 t	软 铝		纯铜、黄铜、软钢 $w_c=0.08\% \sim 0.2\%$		杜拉铝、中等硬钢 $w_c=0.3\% \sim 0.4\%$		硬 钢 $w_c=0.5\% \sim 0.6\%$	
	Z_{min}	Z_{max}	Z_{min}	Z_{max}	Z_{min}	Z_{max}	Z_{min}	Z_{max}
4.0	0.280	0.360	0.320	0.400	0.360	0.440	0.400	0.480
4.5	0.315	0.405	0.360	0.450	0.405	0.490	0.450	0.540
5.0	0.350	0.450	0.400	0.500	0.450	0.550	0.500	0.600
6.0	0.480	0.600	0.540	0.660	0.600	0.720	0.660	0.780
7.0	0.560	0.700	0.630	0.770	0.700	0.840	0.770	0.910
8.0	0.720	0.880	0.800	0.960	0.880	1.040	0.960	1.120
9.0	0.870	0.990	0.900	1.080	0.990	1.170	1.080	1.260
10.0	0.900	1.100	1.000	1.200	1.100	1.300	1.200	1.400

注：1. 初始间隙值的最小值相当于间隙的公称数值。
2. 初始间隙的最大值是考虑到凸模和凹模的制造公差所增加的数值。
3. 在使用过程中，由于模具工作部分的磨损，间隙将有所增加，因而间隙的使用最大数值要超过表列数值。
4. 本表适用于尺寸精度和断面质量要求较高的冲裁件。

表4-9 冲裁模初始双面间隙 Z（二） （单位：mm）

材料厚度 t	08、10、35 09Mn2、Q235		Q345		40、50		65Mn	
	Z_{min}	Z_{max}	Z_{min}	Z_{max}	Z_{min}	Z_{max}	Z_{min}	Z_{max}
小于0.5	极 小 间 隙							
0.5	0.040	0.060	0.040	0.060	0.040	0.060	0.040	0.060
0.6	0.048	0.072	0.048	0.072	0.048	0.072	0.048	0.072
0.7	0.064	0.092	0.064	0.092	0.064	0.092	0.064	0.092
0.8	0.072	0.104	0.072	0.104	0.072	0.104	0.064	0.092
0.9	0.090	0.126	0.090	0.126	0.090	0.126	0.090	0.126
1.0	0.100	0.140	0.100	0.140	0.100	0.140	0.090	0.126
1.2	0.126	0.180	0.132	0.180	0.132	0.180		
1.5	0.132	0.240	0.170	0.240	0.170	0.240		
1.75	0.220	0.320	0.220	0.320	0.220	0.320		
2.0	0.246	0.360	0.260	0.380	0.260	0.380		
2.1	0.260	0.380	0.280	0.400	0.280	0.400		
2.5	0.360	0.500	0.380	0.540	0.380	0.540		
2.75	0.400	0.560	0.420	0.600	0.420	0.600		
3.0	0.460	0.640	0.480	0.660	0.480	0.660		
3.5	0.540	0.740	0.580	0.780	0.580	0.780		
4.0	0.640	0.880	0.680	0.920	0.680	0.920		
4.5	0.720	1.000	0.680	0.960	0.780	1.040		
5.5	0.940	1.280	0.780	1.100	0.980	1.320		
6.0	1.080	1.440	0.840	1.200	1.140	1.500		
6.5			0.940	1.300				
8.0			1.200	1.680				

注：1. 冲裁皮革、石棉和纸板时，间隙取08钢的25%。
2. 本表适用于尺寸精度和断面质量要求不高的冲裁件。

第四节 凸、凹模刃口尺寸的确定

冲裁件的尺寸精度主要取决于凸、凹模刃口尺寸及公差，模具的合理间隙值也是靠凸、凹模刃口尺寸及其公差来保证。因此，正确确定凸、凹模刃口尺寸及其公差，是冲裁模设计中的一项重要工作。

一、凸、凹模刃口尺寸计算的原则

在冲裁件尺寸的测量和使用中，都是以光面的尺寸为基准。由前述冲裁过程可知，落料件的光面是因凹模刃口挤切材料产生的，而孔的光面是凸模刃口挤切材料产生的。所以，在计算刃口尺寸时，应按落料和冲孔两种情况分别考虑，其原则如下。

1) 落料时，因落料件光面尺寸与凹模刃口尺寸相等或基本一致，应先确定凹模刃口尺寸，即以凹模刃口尺寸为基准。又因落料件尺寸会随凹模刃口的磨损而增大，为保证凹模磨损到一定程度仍能冲出合格零件，故凹模基本尺寸应取落料件尺寸公差范围内的较小尺寸。落料凸模的基本尺寸则是在凹模基本尺寸上减去最小合理间隙。

2) 冲孔时，因孔的光面尺寸与凸模刃口尺寸相等或基本一致，应先确定凸模刃口尺寸，即以凸模刃口尺寸为基准。又因冲孔的尺寸会随凸模刃口的磨损而减小，故凸模基本尺寸应取冲件孔尺寸公差范围内的较大尺寸。冲孔凹模的基本尺寸则是在凸模基本尺寸上加上最小合理间隙。

3) 凸、凹模刃口的制造公差应根据冲裁件的尺寸公差和凸、凹模加工方法确定，既要保证冲裁间隙要求和冲出合格零件，又要便于模具加工。

二、凸、凹模刃口尺寸的计算方法

凸、凹模刃口尺寸的计算与加工方法有关，一般可分为两种。

1. 凸、凹模分别加工时的计算法

凸、凹模分别加工是指凸模与凹模分别按各自图样上标注的尺寸及公差进行加工，冲裁间隙由凸、凹模刃口尺寸及公差保证。这种方法要求分别计算出凸模和凹模的刃口尺寸及公差，并标注在凸、凹模设计图样上，其优点是凸、凹模具有互换性，便于成批制造。但受冲裁间隙的限制，要求凸、凹模的制造公差较小，主要适用于简单规则形状（圆形、方形或矩形）的冲件。

设落料件外形尺寸为 $D_{-\Delta}^{\ 0}$，冲孔件内孔尺寸为 $d_{\ 0}^{+\Delta}$，根据刃口尺寸计算原则，可得

落料时：
$$D_d = (D_{\max} - x\Delta)_{\ 0}^{+\delta_d} \tag{4-3}$$

$$D_p = (D_d - Z_{\min})_{-\delta_p}^{\ 0}$$

$$= (D_{\max} - x\Delta - Z_{\min})_{-\delta_p}^{\ 0} \tag{4-4}$$

冲孔时：
$$d_p = (d_{\min} + x\Delta)_{-\delta_p}^{\ 0} \tag{4-5}$$

$$d_d = (d_p + Z_{\min})_{\ 0}^{+\delta_d}$$

$$= (d_{\min} + x\Delta + Z_{\min})_{\ 0}^{+\delta_d} \tag{4-6}$$

式中　D_d、D_p——落料凹、凸模刃口尺寸（mm）；

d_p、d_d——冲孔凸、凹模刃口尺寸（mm）；

D_{max}——落料件的最大极限尺寸（mm）；

d_{min}——冲孔件孔的最小极限尺寸（mm）；

Δ——冲件的制造公差（mm，若冲件为自由尺寸，可按 IT14 级精度处理）；

Z_{min}——最小合理间隙（mm）；

δ_p、δ_d——凸、凹模制造公差（mm），按"入体"原则标注，即凸模按单向负偏差标注，凹模按单向正偏差标注。δ_p、δ_d 可分别按 IT6 和 IT7 确定，也可查表 4-10，或取 (1/4~1/6) Δ；

x——磨损系数，x 值在 0.5~1 之间，它与冲件精度有关，可查表 4-11 或按下列关系选取：

冲件精度为 IT10 以上时，$x = 1$；

冲件精度为 IT11~IT13 时，$x = 0.75$；

冲件精度为 IT14 以下时，$x = 0.5$。

表 4-10 规则形状（圆形、方形）件冲裁时凸、凹模的制造公差 （单位：mm）

基本尺寸	凸模偏差 δ_p	凹模偏差 δ_d	基本尺寸	凸模偏差 δ_p	凹模偏差 δ_d
≤18	0.020	0.020	>180~260	0.030	0.045
>18~30	0.020	0.025	>260~360	0.035	0.050
>30~80	0.020	0.030	>360~500	0.040	0.060
>80~120	0.025	0.035	>500	0.050	0.070
>120~180	0.030	0.040			

表 4-11 磨损系数 x

料厚 t/mm	非圆形冲件			圆形冲件	
	1	0.75	0.5	0.75	0.5
	冲件公差 Δ/mm				
1	<0.16	0.17~0.35	≥0.36	<0.16	≥0.16
1~2	<0.20	0.21~0.41	≥0.42	<0.20	≥0.20
2~4	<0.24	0.25~0.49	≥0.50	<0.24	≥0.24
>4	<0.30	0.31~0.59	≥0.60	<0.30	≥0.30

需要指出的是，采用上述计算公式计算时，为了保证间隙值不超过最大合理间隙，无论是冲孔还是落料，凸、凹模的制造公差必须满足下列条件：

$$\delta_p + \delta_d \leq Z_{max} - Z_{min} \tag{4-7}$$

如果 $\delta_p + \delta_d > Z_{max} - Z_{min}$ 时，可以取 $\delta_p = 0.4(Z_{max} - Z_{min})$，$\delta_d = 0.6(Z_{max} - Z_{min})$。如果 $\delta_p + \delta_d \gg Z_{max} - Z_{min}$，则应采用后面将要介绍的凸、凹模配作加工时的计算方法。

当在同一工步冲出冲件上两个以上孔时，因凹模磨损后孔距尺寸不变，故凹模型孔的中心距可按下式确定：

$$L_d = (L_{min} + 0.5\Delta) \pm \frac{\Delta}{8} \tag{4-8}$$

式中 L_d——凹模型孔中心距（mm）；

L_{min}——冲件孔心距的最小极限尺寸（mm）；

Δ——冲件孔心距公差（mm）。

当冲件上有位置公差要求的孔时，凹模上型孔的位置公差一般可取冲件位置公差的 1/3 ~ 1/5。

例 4-1 冲裁图 4-11 所示衬垫零件，材料为 Q235 钢，料厚 $t = 1\text{mm}$，试计算凸、凹模刃口尺寸及公差。

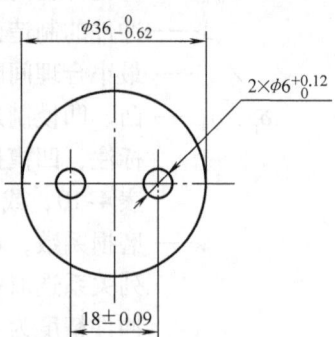

图 4-11 衬垫

解： 由图可知，该零件属无特殊要求的一般冲孔、落料件，$\phi 36_{-0.62}^{\ 0}$ mm 由落料获得，$2 \times \phi 6_{\ 0}^{+0.12}$ mm 及 18 ± 0.09 mm 由冲孔同时获得。查表 4-10 得，$Z_{\min} = 0.10$ mm，$Z_{\max} = 0.14$ mm，则 $Z_{\max} - Z_{\min} = 0.14$ mm $- 0.10$ mm $= 0.04$ mm。

（1）落料（$\phi 36_{-0.62}^{\ 0}$ mm）

$$D_\text{d} = (D_{\max} - x\Delta)_{\ 0}^{+\delta_\text{d}}$$

$$D_\text{p} = (D_\text{d} - Z_{\min})_{-\delta_\text{p}}^{\ 0}$$

查表 4-10、表 4-11 得，$\delta_\text{d} = 0.03$ mm，$\delta_\text{p} = 0.02$ mm，$x = 0.5$。

校核间隙：因为 $\delta_\text{p} + \delta_\text{d} = 0.02$ mm $+ 0.03$ mm $= 0.05$ mm $> Z_{\max} - Z_{\min} = 0.04$ mm，说明所取凸、凹模公差不能满足 $\delta_\text{p} + \delta_\text{d} \leq Z_{\max} - Z_{\min}$ 条件，但相差不大，此时可调整如下：

$$\delta_\text{p} = 0.4(Z_{\max} - Z_{\min}) = 0.4 \times 0.04\text{mm} = 0.016\text{mm}$$

$$\delta_\text{d} = 0.6(Z_{\max} - Z_{\min}) = 0.6 \times 0.04\text{mm} = 0.024\text{mm}$$

将已知和查表的数据代入公式，即得

$$D_\text{d} = (36 - 0.5 \times 0.62)_{\ 0}^{+0.024}\text{mm} = 35.69_{\ 0}^{+0.024}\text{mm}$$

$$D_\text{p} = (35.69 - 0.10)_{-0.016}^{\ 0}\text{mm} = 35.59_{-0.016}^{\ 0}\text{mm}$$

（2）冲孔（$\phi 6_{\ 0}^{+0.12}$ mm）

$$d_\text{p} = (d_{\min} + x\Delta)_{-\delta_\text{p}}^{\ 0}$$

$$d_\text{d} = (d_\text{p} + Z_{\min})_{\ 0}^{+\delta_\text{d}}$$

查表 4-10、表 4-11 得，$\delta_\text{d} = 0.02$ mm，$\delta_\text{p} = 0.02$ mm，$x = 0.75$。

校核间隙：因为 $\delta_\text{p} + \delta_\text{d} = 0.02$ mm $+ 0.02$ mm $= 0.04$ mm $= Z_{\max} - Z_{\min}$，所以符合 $\delta_\text{p} + \delta_\text{d} \leq Z_{\max} - Z_{\min}$。

将已知和查表的数据代入公式，即得

$$d_\text{p} = (6 + 0.75 \times 0.12)_{-0.02}^{\ 0}\text{mm} = 6.09_{-0.02}^{\ 0}\text{mm}$$

$$d_\text{d} = (6.09 + 0.10)_{\ 0}^{+0.02}\text{mm} = 6.19_{\ 0}^{+0.02}\text{mm}$$

（3）孔心距（18 ± 0.09 mm）

$$L_\text{d} = (L_{\min} + 0.5\Delta) \pm \frac{\Delta}{8}$$

$$= (17.91 + 0.5 \times 0.18)\text{mm} \pm \frac{0.18}{8}\text{mm} = 18 \pm 0.023\text{mm}$$

2. 凸、凹模配作加工时的计算法

凸、凹模配作加工是指先按图样设计尺寸加工好凸模或凹模中的一件作为基准件（一般落料时以凹模为基准件，冲孔时以凸模为基准件），然后根据基准件的实际刃口尺寸按间隙要求配作另一件。这种加工方法的特点是模具的间隙由配作保证，工艺比较简单，不必校核 $\delta_d + \delta_p \leq Z_{max} - Z_{min}$ 条件，并且还可以放大基准件的制造公差（一般可取冲件公差的 1/4），使制造容易，因此是目前一般工厂常常采用的方法，特别适用于冲裁薄板件（因其 $Z_{max} - Z_{min}$ 很小）和复杂形状件的冲模加工。

采用凸、凹模配作法加工时，只需计算基准件的刃口尺寸及公差，并详细标注在设计图样上。而另一非基准件不需计算，其设计图样上只标注基本尺寸（与基准件基本尺寸对应一致），不注公差，但要在技术要求中注明："凸（凹）模刃口尺寸按凹（凸）模实际刃口尺寸配作，保证双面间隙值为 $Z_{min} \sim Z_{max}$"。

根据冲件的结构形状不同，刃口尺寸的计算方法如下。

（1）落料　落料时以凹模为基准，配作凸模。设落料件的形状与尺寸如图 4-12a 所示，图 4-12b 为落料凹模刃口的轮廓图，图中双点画线表示凹模磨损后尺寸的变化情况。

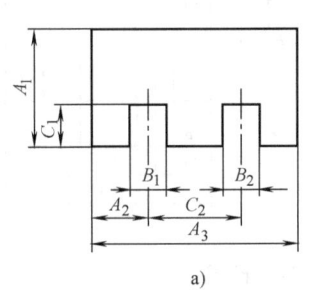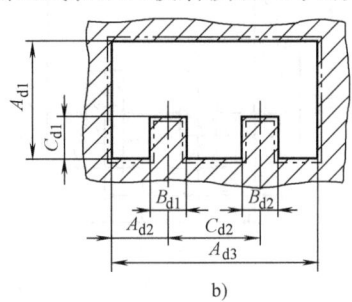

图 4-12　落料件与落料凹模
a）落料件　b）落料凹模刃口轮廓

从图 4-12b 可看出，凹模磨损后刃口尺寸的变化有增大、减小和不变三种情况，故凹模刃口尺寸也应分三种情况进行计算：凹模磨损后变大的尺寸（如图中 A 类尺寸），按一般落料凹模刃口尺寸公式计算；凹模磨损后变小的尺寸（如图中 B 类尺寸），因它在凹模上相当于冲孔凸模尺寸，故按一般冲孔凸模刃口尺寸公式计算；凹模磨损后不变的尺寸（如图中 C 类尺寸），可按凹模型孔中心距尺寸公式计算。具体计算公式见表 4-12。

表 4-12　以落料凹模为基准的刃口尺寸计算

工序性质	落料件尺寸（图4-12a）	落料凹模尺寸（图4-12b）	落料凸模尺寸
落料	A 类尺寸：$A_{-\Delta}^{0}$	$A_d = (A_{max} - x\Delta)_{0}^{+\Delta/4}$	按凹模实际刃口尺寸配作，保证间隙 $Z_{min} \sim Z_{max}$
	B 类尺寸：$B_{-0}^{+\Delta}$	$B_d = (B_{min} + x\Delta)_{-\Delta/4}^{0}$	
	C 类尺寸：$C \pm \Delta/2$	$C_d = (C_{min} + 0.5\Delta) \pm \Delta/8$	

注：A_d、B_d、C_d—落料凹模刃口尺寸；A、B、C—落料件的基本尺寸；A_{max}、B_{min}、C_{min}—落料件的极限尺寸；Δ—落料件的公差；x—磨损系数。

（2）冲孔　冲孔时以凸模为基准，配作凹模。设冲件孔的形状与尺寸如图 4-13a 所示，图 4-13b 为冲孔凸模刃口的轮廓图，图中双点画线表示凸模磨损后尺寸的变化情况。

从图 4-13b 中看出，冲孔凸模刃口尺寸的计算同样要考虑三种不同的磨损情况：凸模磨损后变大的尺寸（如图中 a 类尺寸），因它在凸模上相当于落料凹模尺寸，故按一般落料凹模刃口尺寸公式计算；凸模磨损后变小的尺寸（如图中 b 类尺寸），按一般冲孔凸模刃口尺寸公式计算；凸模磨损后不变的尺寸（如图中 c 类尺寸）仍按凹模型孔中心距尺寸公式计算。具体计算公式见表 4-13。

表 4-13 以冲孔凸模为基准的刃口尺寸计算

工序性质	冲件孔尺寸（图 4-13a）	冲孔凸模尺寸（图 4-13b）	冲孔凹模尺寸
冲孔	a 类尺寸：$a_{-\Delta}^{0}$	$a_p = (a_{max} - x\Delta)_{0}^{+\Delta/4}$	按凸模实际刃口尺寸配作，保证间隙 $Z_{min} \sim Z_{max}$
	b 类尺寸：$b_{0}^{+\Delta}$	$b_p = (b_{min} + x\Delta)_{-\Delta/4}^{0}$	
	c 类尺寸：$c \pm \Delta/2$	$c_p = (c_{min} + 0.5\Delta) \pm \Delta/8$	

注：a^p、b^p、c^p—冲孔凸模刃口尺寸；a、b、c—冲件孔的基本尺寸；a_{max}、b_{min}、c_{min}—冲件孔的极限尺寸；Δ—冲件孔的公差；x—磨损系数。

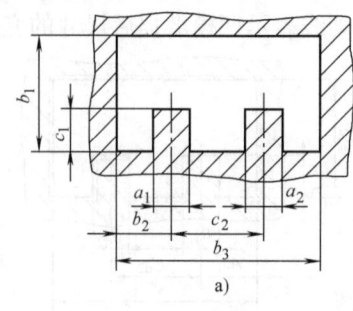 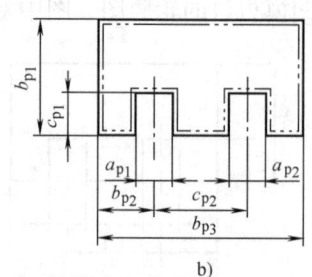

图 4-13 冲件孔与冲孔凸模
a) 冲件孔 b) 冲孔凸模刃口轮廓

例 4-2 如图 4-14a 所示零件，材料为 10 钢，料厚 $t = 2$ mm，按配作加工法计算落料凸、凹模的刃口尺寸及公差。

解：由于冲件为落料件，故以凹模为基准，配作凸模。凹模磨损后其尺寸变化有变大、变小和不变三种情况，如图 4-14b 所示。

（1）凹模磨损后变大的尺寸：A_1（$120_{-0.72}^{0}$ mm）、A_2（$70_{-0.6}^{0}$ mm）、A_3（$160_{-0.8}^{0}$ mm）、A_4（$R60$ mm）

刃口尺寸计算公式为 $A_d = (A_{max} - x\Delta)_{0}^{+\Delta/4}$

因圆弧 $R60$ mm 与尺寸 $120_{-0.72}^{0}$ mm 相切，故 A_{d4} 不需采用刃口尺寸公式计算，而直接取 $A_{d4} = A_{d1}/2$。查表 4-11 得 $x_1 = x_2 = x_3 = 0.5$，所以

$$A_{d1} = (120 - 0.5 \times 0.72)_{0}^{+0.72/4} \text{mm} = 119.64_{0}^{+0.18} \text{mm}$$

$$A_{d2} = (70 - 0.5 \times 0.6)_{0}^{+0.6/4} \text{mm} = 69.70_{0}^{+0.15} \text{mm}$$

$$A_{d3} = (160 - 0.5 \times 0.8)_{0}^{+0.8/4} \text{mm} = 159.60_{0}^{+0.20} \text{mm}$$

$$A_{d4} = A_{d1}/2 = \frac{119.64_{0}^{+0.18}}{2} \text{mm} = 59.82_{0}^{+0.09} \text{mm}$$

（2）凹模磨损后变小的尺寸：B_1（$40_{0}^{+0.4}$ mm）、B_2（$20_{0}^{+0.2}$ mm）

刃口尺寸计算公式为 $B_d = (B_{min} + x\Delta)_{-\Delta/4}^{0}$

查表 4-11 得 $x_1 = 0.75$，$x_2 = 1$，所以

$$B_{d1} = (40 + 0.75 \times 0.4)_{-0.4/4}^{0} \text{mm} = 40.30_{-0.10}^{0} \text{mm}$$

$$B_{d2} = (20 + 1 \times 0.2)_{-0.2/4}^{0} \text{mm} = 20.20_{-0.05}^{0} \text{mm}$$

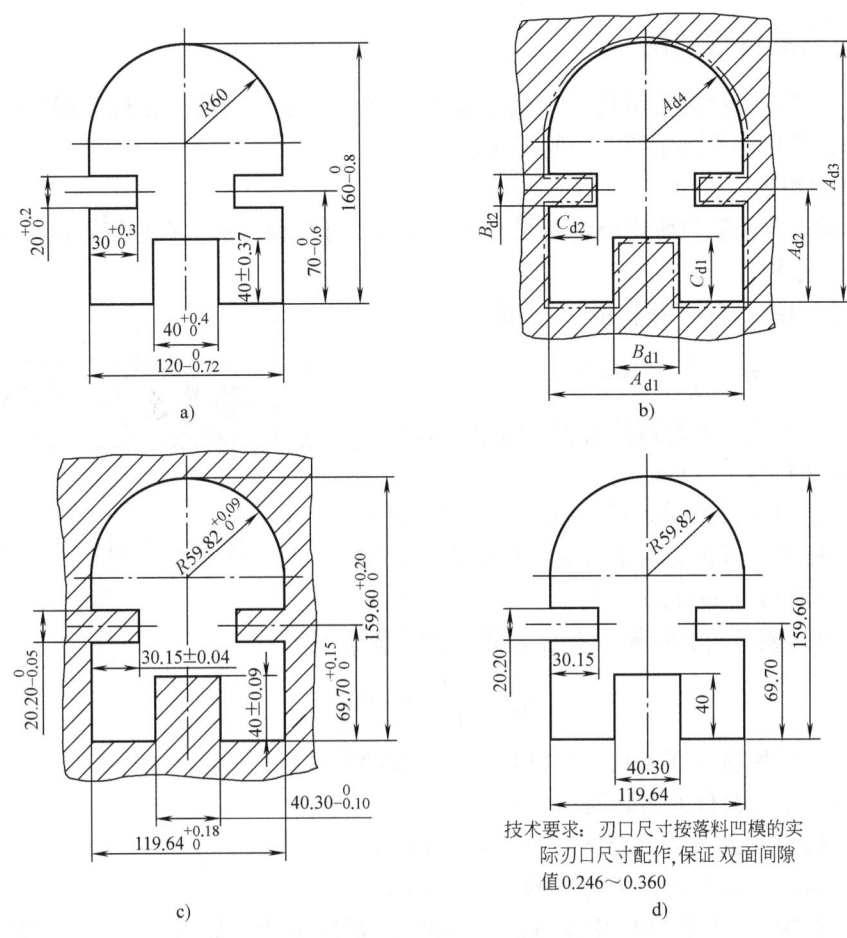

图 4-14 冲件及落料凸、凹模刃口尺寸
a) 冲件图 b) 落料凹模刃口轮廓 c) 落料凹模尺寸标注 d) 落料凸模尺寸标注

(3) 凹模磨损后不变的尺寸：C_1 (40 ± 0.37mm)、C_2 ($30^{+0.3}_{0}$mm)

刃口尺寸计算公式为 $C_d = (C_{min} + 0.5\Delta) \pm \dfrac{\Delta}{8}$

$$C_{d1} = (39.63 + 0.5 \times 0.74)\text{mm} \pm \dfrac{0.74}{8}\text{mm} = 40 \pm 0.09\text{mm}$$

$$C_{d2} = (30 + 0.5 \times 0.3)\text{mm} \pm \dfrac{0.3}{8}\text{mm} = 30.15 \pm 0.04\text{mm}$$

查表 4-9 得 $Z_{min} = 0.246$mm，$Z_{max} = 0.360$mm，故落料凸模刃口尺寸按凹模实际刃口尺寸配作，保证双面间隙值 0.246~0.360mm。落料凹、凸模刃口尺寸的标注如图 4-14c、d 所示。

第五节 排　　样

排样是指冲裁件在条料、带料或板料上的布置方法。排样是否合理，将直接影响到材料利用率、冲件质量、生产效率、冲模结构与使用寿命等。因此，排样是冲压工艺中一项重要的、技术性很强的工作。

一、材料的合理利用

在批量生产中,材料费用约占冲裁件成本的60%以上。因此,合理利用材料,提高材料的利用率,是排样设计主要考虑的因素之一。

1. 材料利用率

冲裁件的实际面积与所用板料面积的百分比称为材料利用率,它是衡量材料合理利用的一项重要经济指标。

一个进距内的材料利用率 η 为(如图4-15)

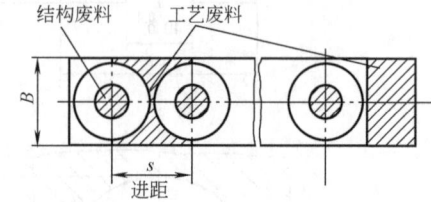

$$\eta = \frac{A}{Bs} \times 100\% \qquad (4\text{-}9)$$

图4-15 材料利用率计算

式中 A——一个进距内冲裁件的实际面积(mm^2);
B——条料宽度(mm);
s——进距(冲裁时条料在模具上每次送进的距离,其值为两个对应冲件间对应点的间距)(mm);

一张板料(或条料、带料)上总的材料利用率 η_0 为

$$\eta_0 = \frac{nA_1}{BL} \times 100\% \qquad (4\text{-}10)$$

式中 n——一张板料(或条料、带料)上冲裁件的总数目;
A_1——一个冲裁件的实际面积(mm^2);
L——板料(或条料、带料)的长度(mm);
B——板料(或条料、带料)的宽度(mm)。

η 或 η_0 值越大,材料利用率就越高。一般 η_0 要比 η 小。原因是条料和带料可能有料头、料尾消耗,整张板料在剪裁成条料时还会有边料消耗。

2. 提高材料利用率的措施

要提高材料利用率,主要从减少废料着手。冲裁所产生的废料分为两类(见图4-15):一类是工艺废料,是由于冲件之间和冲件与条料边缘之间存在余料(即搭边),以及料头、料尾和边余料而产生的废料;另一类是结构废料,是由冲件结构形状特点所产生的废料,如图中冲件因内孔存在产生的废料。显然,要减少废料,主要是减少工艺废料。但特殊情况下,也可利用结构废料。

提高材料利用率的主要措施如下。

(1)采用合理的排样方法 同一形状和尺寸的冲裁件,排样方法不同,材料的利用率也会不同。如图4-16所示,在同一圆形冲件的四种排样方法中,图4-16a采用单排方法,材料利用率为71%;图4-16b采用平行双排方法,材料利用率为72%;图4-16c采用交叉三排方法,材料利用率为80%;图4-16d采用交叉双排方法,材料利用率为77%。因而,从提高材料利用率角度出发,图4-16c的方法最好。

(2)选用合适的板料规格和合理的裁板方法 在排样方法确定以后,可确定条料的宽度,再根据条料宽度和进距大小选用合适的板料规格和合理的裁板方法,以尽量减少料头、料尾和裁板后剩余的边料,从而提高材料的利用率。

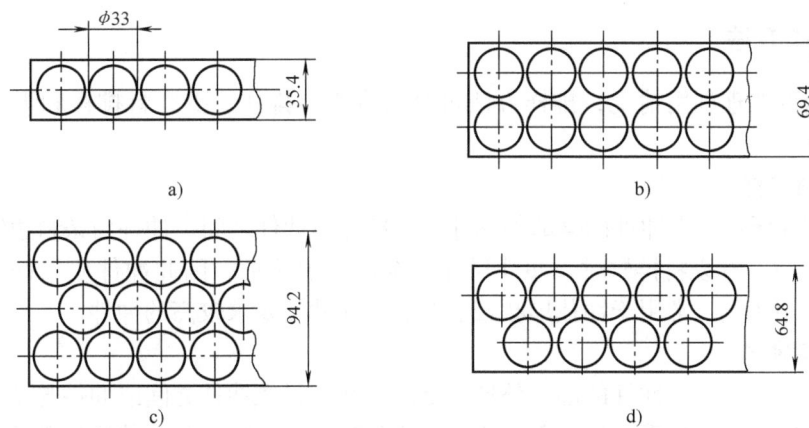

图 4-16　圆形冲件的四种排样方法

（3）利用结构废料冲小零件　对一定形状的冲裁件，结构废料是不可避免的，但充分利用结构废料是可能的。图 4-17 是材料和厚度相同的两个冲裁件，尺寸较小的垫圈可以在尺寸较大的"工"字形件的结构废料中冲制出来。

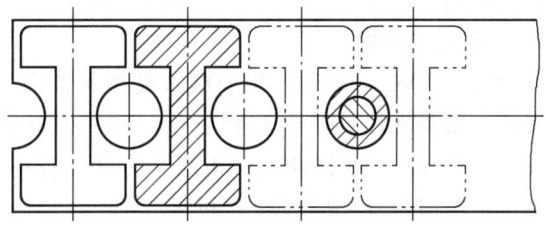

图 4-17　利用结构废料冲小零件

此外，在使用条件许可的情况下，当取得产品零件设计单位同意后，也可通过适当改变零件的结构形状来提高材料的利用率。如图 4-18 所示，零件 A 的三种排样方法中，图 4-18c 的利用率最高，但也只能达 70% 左右。若将零件 A 修改成 B 的形状，采用直排（图 4-18d）的利用率便可提高到 80%，而且也不需调头冲裁，使操作过程简单化。

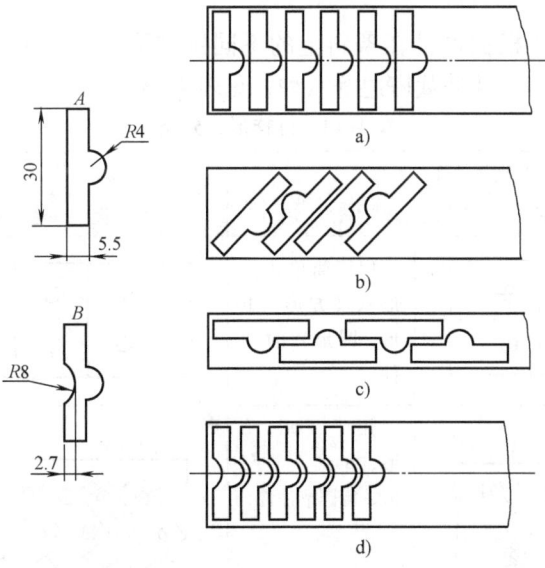

图 4-18　修改零件形状提高材料利用率

二、排样方法

根据材料的合理利用情况，排样方法可分为有废料排样、少废料排样和无废料排样三种。

1. 有废料排样

如图 4-19a 所示，沿冲件的全部外形冲裁，冲件与冲件之间、冲件与条料边缘之间都留有搭边（a、a_1）。有废料排样时，冲件尺寸完全由冲模保证，因此冲件质量好，模具寿命高，但材料利用率低，常用于冲裁形状较复杂、尺寸精度要求较高的冲件。

2. 少废料排样

如图 4-19b 所示，沿冲件的部分外形切断或冲裁，只在冲件之间或冲件与条料边缘之间留有搭边。这种排样方法因受剪裁条料质量和定位误差的影响，其冲件质量稍差，同时边缘毛刺易被凸模带入间隙也影响冲模使用寿命，但材料利用率较高，冲模结构简单，一般用于形状较规则、某些尺寸精度要求不高的冲件。

3. 无废料排样

如图 4-19c、d 所示，沿直线或曲线切断条料而获得冲件，无任何搭边废料。无废料排样的冲件质量和模具使用寿命更差一些，但材料利用率最高，且当进距为两倍冲件宽度时（见图 4-19c），一次切断能获得两个冲件，有利于提高生产效率，可用于形状规则对称、尺寸精度不高或贵重金属材料的冲件。

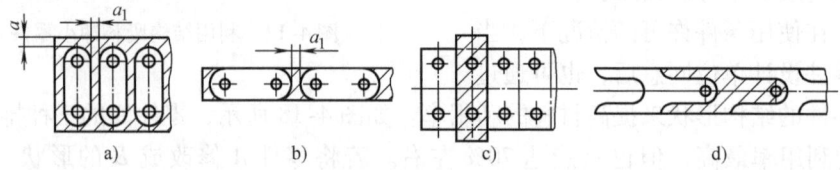

图 4-19　排样方法

上述三种排样方法，根据冲件在条料上的不同排列形式，又可分为直排、斜排、直对排、斜对排、混合排、多排及冲裁搭边等六种，见表 4-14。

表 4-14　排样形式分类

排样形式	有废料排样		少、无废料排样	
	简　图	应　用	简　图	应　用
直排	（图）	用于简单几何形状（方形、矩形、圆形）的冲件	（图）	用于矩形或方形冲件
斜排	（图）	用于 T 形、L 形、S 形、十字形、椭圆形冲件	第1方案（图）第2方案（图）	用于 L 形或其他形状的冲件，在外形上允许有不大的缺陷

(续)

排样形式	有废料排样		少、无废料排样	
	简图	应用	简图	应用
直对排		用于T形、冂形、山形、梯形、三角形、半圆形的冲件		用于T形、冂形、山形、梯形、三角形零件、在外形上允许有不大的缺陷
斜对排		用于材料利用率比直对排时高的情况		多用于T形冲件
混合排		用于材料及厚度都相同的两种以上的冲件		用于两个外形互相嵌入的不同冲件（铰链等）
多排		用于大批生产中尺寸不大的圆形、六角形、方形、矩形冲件		用于大批生产中尺寸不大的方形、矩形及六角形冲件
冲裁搭边		大批生产中用于小的窄冲件（表针及类似的冲件）或带料的连续拉深		用于以宽度均匀的条料或带料冲制长形件

在实际确定排样时，通常可先根据冲件的形状和尺寸列出几种可能的排样方案（形状复杂的冲件可以用纸片剪成3~5个样件，再用样件摆出各种不同的排样方案），然后综合考虑冲件的精度、批量、经济性、模具结构与使用寿命、生产率、操作与安全、原材料供应等各方面因素，最后决定出最合理的排样方法。决定排样方案时应遵循的原则是：保证在最低的材料消耗和最高劳动生产率条件下得到符合技术要求的零件，同时要考虑方便生产操作，使冲模结构简单、使用寿命长，并适应车间生产条件和原材料供应等情况。

三、搭边与条料宽度的确定

1. 搭边

搭边是指排样时冲件之间以及冲件与条料边缘之间留下的工艺废料。搭边虽然是废料，但在冲裁工艺中却有很大的作用，具体如下。

1) 补偿定位误差和送料误差，保证冲裁出合格的零件。
2) 增加条料刚度，方便条料送进，提高生产效率。
3) 避免冲裁时条料边缘的毛刺被拉入模具间隙，提高模具使用寿命。

搭边值的大小要合理。搭边值过大时，材料利用率低；搭边值过小时，达不到在冲裁工艺中的作用。

搭边值一般由经验确定，表4-15为搭边值的经验数据表之一，供设计时参考。

表 4-15　最小搭边值

(单位：mm)

料厚 t	圆形或圆角 $r>2t$ 的工件		矩形件边长 $l\leq50$mm		矩形件边长 $l>50$mm 或圆角 $r\leq2t$	
	工件间 a_1	侧边 a	工件间 a_1	侧边 a	工件间 a_1	侧边 a
<0.25	1.8	2.0	2.2	2.5	2.8	3.0
0.25~0.5	1.2	1.5	1.8	2.0	2.2	2.5
0.5~0.8	1.0	1.2	1.5	1.8	1.8	2.0
0.8~1.2	0.8	1.0	1.2	1.5	1.5	1.8
1.2~1.6	1.0	1.2	1.5	1.8	1.8	2.0
1.6~2.0	1.2	1.5	1.8	2.0	2.0	2.2
2.0~2.5	1.5	1.8	2.0	2.2	2.2	2.5
2.5~3.0	1.8	2.2	2.2	2.5	2.5	2.8
3.0~3.5	2.2	2.5	2.5	2.8	2.8	3.2
3.5~4.0	2.5	2.8	2.5	3.2	3.2	3.5
4.0~5.0	3.0	3.5	3.5	4.0	4.0	4.5
5.0~12	0.6t	0.7t	0.7t	0.8t	0.8t	0.9t

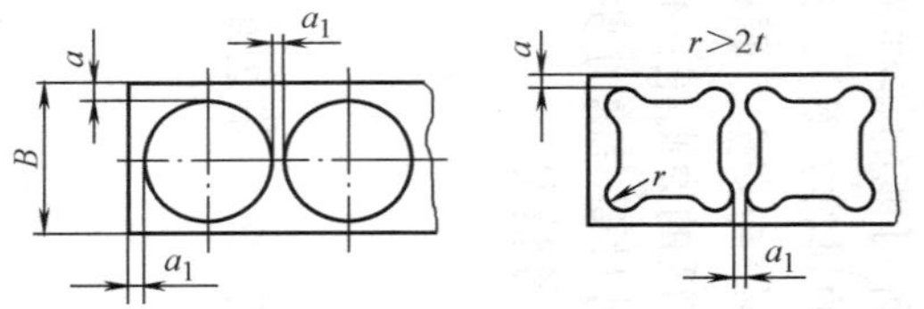

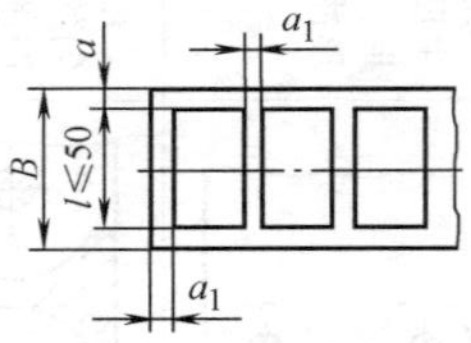

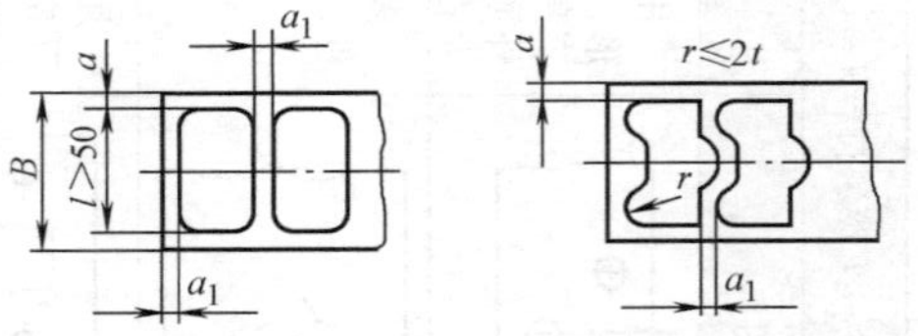

注：表列搭边值适用于低碳钢，对于其它材料，应将表中数值乘以下列系数：

中等硬度钢　　0.9　　软黄铜　　1.2
硬　　钢　　　0.8　　铝　　　　1.3~1.4
硬　黄　铜　　1~1.1　非金属　　1.5~2
硬　　铝　　　1~1.2　纯铜

2. 条料宽度与导料板间距

在排样方式与搭边值确定之后，就可以确定条料的宽度，进而可以确定导料板间距（采用导料板导向的模具结构时）。条料的宽度要保证冲裁时冲件周边有足够的搭边值，导料板间距应使条料能在冲裁时顺利地在导料板之间送进，并与条料之间有一定的间隙。因此，条料宽度与导料板间距与冲模的送料定位方式有关，应根据不同结构分别进行计算。

（1）用导料板导向且有侧压装置时（图4-20a） 这种情况下，条料是在侧压装置作用下紧靠导料板的一侧送进的，故按下列公式计算：

条料宽度 $\qquad B = (D_{max} + 2a)_{-\Delta}^{0}$ (4-11)

导料板间距离 $\qquad B_0 = B + Z = D_{max} + 2a + Z$ (4-12)

式中 D_{max}——条料宽度方向冲件的最大尺寸（mm）；

a——侧搭边值（mm），可参考表4-15；

Δ——条料宽度的单向（负向）偏差（mm），见表4-16；

Z——导料板与最宽条料之间的间隙（mm），其值见表4-17。

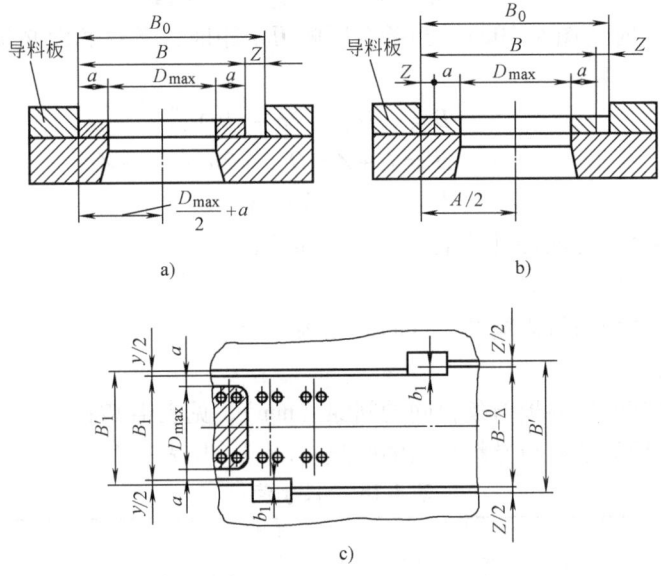

图4-20 条料宽度的确定

a）有侧压装置 b）无侧压装置 c）用侧刃定距

表4-16 条料宽度偏差 Δ （单位：mm）

条料宽度 B	材料厚度 t				
	~0.5	0.5~1	1~2	2~3	3~5
<20	0.05	0.08	0.10		
20~30	0.08	0.10	0.15		
30~50	0.10	0.15	0.20		
<50		0.4	0.5	0.7	0.9
50~100		0.5	0.6	0.8	1.0
100~150		0.6	0.7	0.9	1.1
150~220		0.7	0.8	1.0	1.2
200~300		0.8	0.9	1.1	1.3

表 4-17　导料板与条料之间的最小间隙 Z_{min}　　　　　（单位：mm）

材料厚度 t	无侧压装置			有侧压装置	
	条料宽度 B			条料宽度 B	
	<100	100~200	200~300	<100	≥100
~1	0.5	0.5	1	5	8
1~5	0.5	1	1	5	8

此种情况也适应于用导料销导向的冲模，这时条料是由人工紧靠导料销一侧送进的。

(2) 用导料板导向且无侧压装置时（图 4-20b）　无侧压装置时，应考虑在送料过程中因条料在导料板之间摆动而使侧面搭边值减小的情况，为了补偿侧面搭边的减小，条料宽度应增加一个条料可能的摆动量（其值为条料与导料板之间的间隙 Z），故按下列公式计算：

条料宽度　　　　　　　　　$B = (D_{max} + 2a + Z)_{-\Delta}^{0}$　　　　　　　　　(4-13)

导料板间距离　　　　　　　$B_0 = B + Z = D_{max} + 2a + 2Z$　　　　　　　　(4-14)

(3) 用侧刃定距时（图 4-20c）　当条料用侧刃定距时，条料宽度必须增加侧刃切去的部分，故按下列公式计算：

条料宽度　　　　　　　　　$B = (D_{max} + 2a + nb_1)_{-\Delta}^{0}$　　　　　　　(4-15)

导料板间距离　　　　　　　$B' = B + Z = D_{max} + 2a + nb_1 + Z$　　　　　(4-16)

　　　　　　　　　　　　　$B_1' = D_{max} + 2a + y$　　　　　　　　　　　　(4-17)

式中　　D_{max}——条料宽度方向冲件的最大尺寸（mm）；

　　　　a——侧搭边值（mm）；

　　　　b_1——侧刃冲切的料边宽度（mm），见表 4-18；

　　　　n——侧刃数；

　　　　Z——冲切前的导料板与条料间的间隙（mm），见表 4-17；

　　　　y——冲切后的条料与导料板间的间隙（mm），见表 4-18。

表 4-18　b_1、y 值　　　　　　　　　　（单位：mm）

材料厚度 t	b_1		y
	金属材料	非金属材料	
<1.5	1~1.5	1.5~2	0.10
1.5~2.5	2.0	3	0.15
2.5~3	2.5	4	0.20

条料宽度确定之后，就可以选择板料规格，并确定裁板方式。板料一般为长方形，故裁板方式有纵裁（沿长边裁，也即沿板料轧制的纤维方向裁）和横裁（沿短边裁）两种。因为纵裁裁板次数少，冲压时条料调换次数少，工人操作方便，故在通常情况下应尽可能纵裁。在以下情况下可考虑用横裁。

1) 横裁的板料利用率显著高于纵裁时。

2) 纵裁后条料太长，受车间压力机排列的限制操作不便时。

3) 条料太重，工人劳动强度太高时。

4) 纵裁不能满足冲裁后的成形工序（如弯曲）对材料纤维方向的要求时。

四、排样图

排样图是排样设计最终的表达形式,通常应绘制在冲压工艺规程的相应卡片上和冲裁模总装图的右上角。排样图的内容应反映出排样方法、冲件的冲裁方式、用侧刃定距时侧刃的形状与位置、材料利用率等。

绘制排样图时应注意以下几点。

1) 排样图上应标注条料宽度 $B_{-\Delta}^{0}$、条料长度 L、板料厚度 t、端距 l、进距 s、冲件间搭边 a_1 和侧搭边 a 值、侧刃定距时侧刃的位置及截面尺寸等,如图 4-21 所示。

2) 用剖切线表示出冲裁工位上的工序件形状(也即凸模或凹模的截面形状),以便能从排样图上看出是单工序冲裁(图 4-21a)还是复合冲裁(图 4-21b)或级进冲裁(图 4-21c)。

3) 采用斜排时,应注明倾斜角度的大小。必要时,还可用双点画线画出送料时定位元件的位置。对有纤维方向要求的排样图,应用箭头表示条料的纹向。

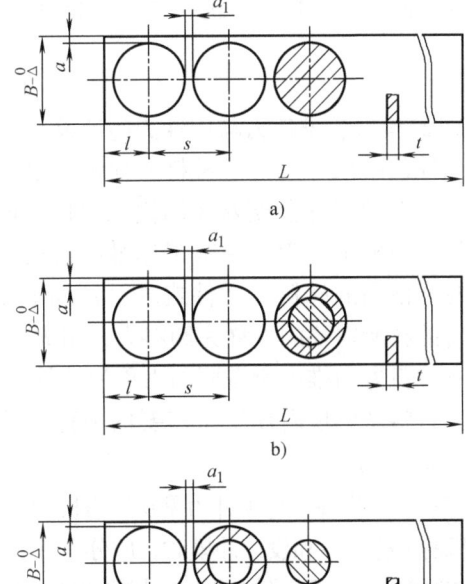

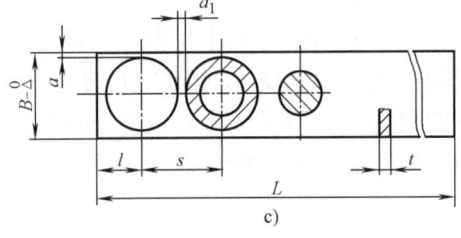

图 4-21 排样图画法
a) 单工序冲裁 b) 复合冲裁 c) 级进冲裁

第六节 冲压力与压力中心的计算

一、冲压力的计算

在冲裁过程中,冲压力是指冲裁力、卸料力、推件力和顶件力的总称。冲压力是选择压力机、设计冲裁模和校核模具强度的重要依据。

1. 冲裁力

冲裁力是冲裁时凸模冲穿板料所需的压力。在冲裁过程中,冲裁力是随凸模进入板料的深度(凸模行程)而变化的。通常,冲裁力是指冲裁过程中所产生的最大压力。

影响冲裁力的主要因素是材料的力学性能、厚度、冲件轮廓周长及冲裁间隙、刃口锋利程度与表面粗糙度值等。综合考虑上述影响因素,平刃口模具的冲裁力可按下式计算:

$$F = KLt\tau_b \tag{4-18}$$

式中 F——冲裁力(N);

L——冲件周边长度(mm);

t——材料厚度(mm);

τ_b——材料抗剪强度(MPa);

K——考虑模具间隙的不均匀、刃口的磨损、材料力学性能与厚度的波动等因素引入的修正系数,一般取 $K = 1.3$。

对于同一种材料，其抗拉强度与抗剪强度的关系为 $R_m \approx 1.3\tau_b$，故冲裁力也可按下式计算：

$$F = LtR_m \tag{4-19}$$

2. 卸料力、推件力与顶件力的计算

当冲裁结束时，由于材料的弹性回复及摩擦的存在，从板料上冲裁下的部分会梗塞在凹模孔口内，而冲裁剩下的材料则会紧箍在凸模上。为使冲裁工作继续进行，必须将箍在凸模上和卡在凹模内的材料（冲件或废料）卸下或推出。从凸模上卸下箍着的料所需要的力称为卸料力，用 F_X 表示；将卡在凹模内的料顺冲裁方向推出所需要的力称为推件力，用 F_T 表示；逆冲裁方向将料从凹模内顶出所需要的力称为顶件力，用 F_D 表示，如图 4-22 所示。

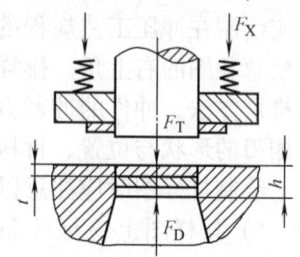

图 4-22 卸料力、推件力与顶件力

卸料力、推件力与顶件力是从压力机和模具的卸料、推件和顶件装置中获得的，所以在选择压力机的标称压力和设计冲模时，应分别予以计算。影响这些力的因素较多，主要有材料的力学性能与厚度、冲件形状与尺寸、冲模间隙与凹模孔口结构、排样的搭边大小及润滑情况等。在实际计算时，常用下列经验公式：

$$F_X = K_X F \tag{4-20}$$

$$F_T = nK_T F \tag{4-21}$$

$$F_D = K_D F \tag{4-22}$$

式中 K_X、K_T、K_D——分别为卸料力系数、推件力系数和顶件力系数，其值见表 4-19；

F——冲裁力（N）；

n——同时卡在凹模孔内的冲件（或废料）数，$n = h/t$（h 为凹模孔口的直刃壁高度，t 为材料厚度）。

表 4-19 卸料力、推件力及顶件力的系数

冲件材料		K_X	K_T	K_D
纯铜、黄铜		0.02~0.06	0.03~0.09	0.03~0.09
铝、铝合金		0.025~0.08	0.03~0.07	0.03~0.07
钢（料厚 t/mm）	~0.1	0.065~0.075	0.1	0.14
	>0.1~0.5	0.045~0.055	0.063	0.08
	>0.5~2.5	0.04~0.05	0.055	0.06
	>2.5~6.5	0.03~0.04	0.045	0.05
	>6.5	0.02~0.03	0.025	0.03

二、压力机公称压力的确定

对于冲裁工序，压力机的公称压力应大于或等于冲裁时总冲压力的 1.1~1.3 倍，即

$$F_g \geq (1.1~1.3)F_\Sigma \tag{4-23}$$

式中 F_g——压力机的公称压力（N）；

F_Σ——冲裁时的总冲压力（N）。

冲裁时，总冲压力为冲裁力和与冲裁力同时发生的卸料力、推件力或顶件力之和。模具结构不同，总冲压力所包含的力的成分有所不同，具体可分以下情况计算：

采用弹性卸料装置和下出料方式的冲模时

$$F_\Sigma = F + F_X + F_T \tag{4-24}$$

采用弹性卸料装置和上出料方式的冲模时

$$F_\Sigma = F + F_X + F_D \tag{4-25}$$

采用刚性卸料装置和下出料方式的冲模时

$$F_\Sigma = F + F_T \tag{4-26}$$

三、降低冲裁力的方法

在冲裁高强度材料或厚料和大尺寸冲件时，需要的冲裁力很大。当生产现场没有足够吨位的压力机时，为了不影响生产，可采取一些有效措施降低冲裁力，以充分利用现有设备。同时，降低冲裁力还可以减小冲击、振动和噪声，对改善冲压环境也有积极意义。

目前，降低冲裁力的方法主要有以下几种。

1. 采用阶梯凸模冲裁

在多凸模的冲模中，将凸模设计成不同长度，使工作端面呈阶梯形布置（图 4-23），这样，各凸模冲裁力的最大值不同时出现，从而达到降低总冲裁力的目的。

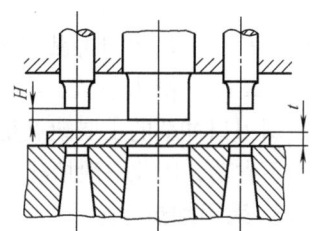

图 4-23　阶梯凸模冲裁

阶梯凸模不仅能降低冲裁力，在直径相差悬殊、彼此距离又较小的多孔冲裁中，还可以避免小直径凸模因受材料流动挤压的作用而产生倾斜或折断现象。这时，一般将小直径凸模做短一些。此外，各层凸模的布置要尽量对称，使模具受力平衡。

阶梯凸模间的高度差 H 与板料厚度有关，可按如下关系确定：

料厚 $t < 3\text{mm}$ 时　　　　　　$H = t$

料厚 $t > 3\text{mm}$ 时　　　　　　$H = 0.5t$

阶梯凸模冲裁的冲裁力，一般只按产生最大冲裁力的那一层阶梯进行计算。

2. 采用斜刃口冲裁

一般在使用平刃口模具冲裁时，因整个刃口面都同时切入材料，切断是沿冲件周边同时发生的，故所需的冲裁力较大。采用斜刃口模具冲裁，就是将冲模的凸模或凹模制成与轴线倾斜一定角度的斜刃口，这样，冲裁时整个刃口不是全部同时切入，而是逐步将材料切断，因而能显著降低冲裁力。

斜刃口的配置形式如图 4-24 所示。因采用斜刃口冲裁时，会使板料产生弯曲，因此斜刃口配置的原则是：必须保证冲件平整，只允许废料产生弯曲变形。为此，落料时凸模应为平刃口，将凹模做成斜刃口（图 4-24a、b）；冲孔时则凹模应为平刃口，而将凸模做成斜刃口（图 4-24c、d、e）。斜刃口还应对称布置，以免冲裁时模具承受单向侧压力而发生偏移，啃伤刃口。向一边倾斜的单边斜刃口冲模，只能用于切口（图 4-24f）或切断。

斜刃口的主要参数是斜刃角 φ 和斜刃高度 H。一般情况下，斜刃角 φ 和斜刃高度 H 可参考下列数值选取：

料厚 $t < 3\text{mm}$ 时　　　　　　$H = 2t$，$\varphi < 5°$

料厚 $t = 3 \sim 10\text{mm}$ 时　　　　$H = t$，$\varphi < 8°$

斜刃口冲裁时的冲裁力可按下面简化公式计算：

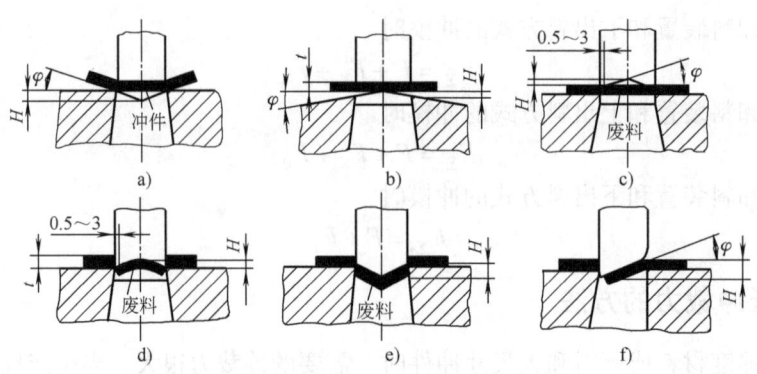

图 4-24 斜刃口的配置形式

$$F' = K'Lt \tag{4-27}$$

式中　F'——斜刃口冲裁时的冲裁力（N）；

　　　K'——减力系数，$H=t$ 时 $K'=0.4\sim0.6$，$H=2t$ 时 $K'=0.2\sim0.4$。

斜刃口冲裁的主要缺点是刃口制造与刃磨比较复杂，刃口容易磨损，冲件也不够平整，且省力不省功，因此一般情况下尽量不用，只用于大型、厚板冲件（如汽车覆盖件等）的冲裁。

3. 采用加热冲裁

金属材料在加热状态下的抗剪强度会显著降低，因此采用加热冲裁能降低冲裁力。表4-20 为部分钢在加热状态时的抗剪强度，从表中可以看出，当钢加热至900℃时，其抗剪强度最低，冲裁最为有利，所以一般加热冲裁是把钢加热到 800~900℃时进行。

表 4-20　钢在加热状态的抗剪强度 τ_b　　（单位：MPa）

材　料 \ 加热温度/℃	200	500	600	700	800	900
Q195、Q215、10、15	360	320	200	110	60	30
Q235、Q255、20、25	450	450	240	130	90	60
Q275、30、35	530	520	330	160	90	70
40、45、50	600	580	380	190	90	70

采用加热冲裁时，条料不能过长，搭边应适当放大，同时模具间隙应适当减小，凸、凹模应选用耐热材料，刃口尺寸计算时要考虑冲件的冷却收缩，模具受热部分不能设置橡皮等。由于加热冲裁工艺复杂，冲件精度也不高，所以只用于厚板或表面质量与精度要求都不高的冲裁件。

加热冲裁的冲裁力按平刃口冲裁力公式计算，但材料的抗剪强度 τ_b 应根据冲裁温度（一般比加热温度低 150~200℃）按表 4-20 查取。

四、压力中心的计算

冲压力合力的作用点称为压力中心。为了保证压力机和冲模正常平稳地工作，必须使冲模的压力中心与压力机滑块中心重合，对于带模柄的中小型冲模就是要使其压力中心与模柄轴线重合。否则，冲裁过程中压力机滑块和冲模将会承受偏心载荷，使滑块导轨和冲模导向部分产生不正常磨损，合理间隙得不到保证，刃口迅速变钝，从而降低冲件质量和模具使用寿命甚至损坏模具。因此，设计冲模时，应正确计算出冲裁时的压力中心，并使压力中心与模柄轴线重合，若因冲件的形状特殊，从模具结构方面考虑不宜使压力中心与模柄轴线相重合，也应注意尽量使压力中心的偏离不超出所选压力机模柄孔投影面积的范围。

压力中心的确定有解析法、图解法和实验法，也可以通过计算机辅助设计软件的分析工具确定。这里主要介绍解析法。

1. 单凸模冲裁时的压力中心

对于形状简单或对称的冲件，其压力中心即位于冲件轮廓图形的几何中心。冲裁直线段时，其压力中心位于直线段的中点。冲裁圆弧段时，其压力中心的位置按下式计算（见图4-25）：

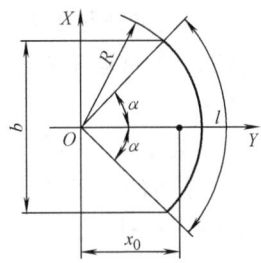

$$x_0 = R\frac{180° \times \sin\alpha}{\pi\alpha} = R\frac{b}{l} \quad (4\text{-}28)$$

图4-25 圆弧线段的压力中心

式中 l——弧长（mm）。

对于形状复杂的冲裁件，可先将组成图形的轮廓线划分为若干简单的直线段及圆弧段，分别计算其冲裁力，这些即为分力，由各分力之和算出合力。然后任意选定直角坐标轴 X—Y，并算出各线段的压力中心至 X 轴和 Y 轴的距离。最后根据"合力对某轴之矩等于各分力对同轴力矩之和"的力学原理，即可求出压力中心坐标。

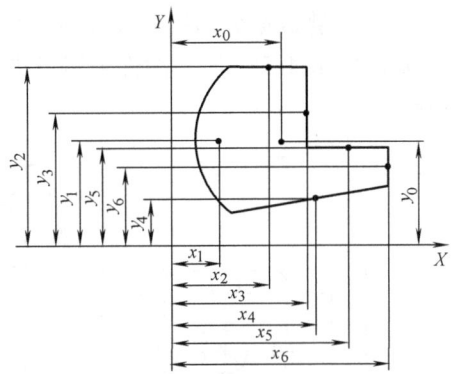

如图4-26所示，设图形轮廓各线段（包括直线段和圆弧段）的冲裁力为 F_1、F_2、F_3、$\cdots F_n$，各线段压力中心至坐标轴的距离分别为 x_1、x_2、x_3、$\cdots x_n$ 和 y_1、y_2、y_3、$\cdots y_n$，则压力中心坐标计算公式为

图4-26 复杂形状件的压力中心计算

$$x_0 = \frac{F_1 x_1 + F_2 x_2 + F_3 x_3 + \cdots + F_n x_n}{F_1 + F_2 + F_3 + \cdots + F_n} = \frac{\sum_{i=1}^{n} F_i x_i}{\sum_{i=1}^{n} F_i} \quad (4\text{-}29)$$

$$y_0 = \frac{F_1 y_1 + F_2 y_2 + F_3 y_3 + \cdots + F_n y_n}{F_1 + F_2 + F_3 + \cdots + F_n} = \frac{\sum_{i=1}^{n} F_i y_i}{\sum_{i=1}^{n} F_i} \quad (4\text{-}30)$$

由于线段的冲裁力与线段的长度成正比，所以可以用各线段的长度 L_1、L_2、L_3、$\cdots L_n$ 代替各线段的冲裁力 F_1、F_2、F_3、$\cdots F_n$，这时压力中心坐标的计算公式为

$$x_0 = \frac{L_1 x_1 + L_2 x_2 + L_3 x_3 + \cdots + L_n x_n}{L_1 + L_2 + L_3 + \cdots + L_n} = \frac{\sum_{i=1}^{n} L_i x_i}{\sum_{i=1}^{n} L_i} \quad (4\text{-}31)$$

$$y_0 = \frac{L_1 y_1 + L_2 y_2 + L_3 y_3 + \cdots + L_n y_n}{L_1 + L_2 + L_3 + \cdots + L_n} = \frac{\sum_{i=1}^{n} L_i y_i}{\sum_{i=1}^{n} L_i} \quad (4\text{-}32)$$

2. 多凸模冲裁时的压力中心

多凸模冲裁时压力中心的计算原理与单凸模冲裁时的计算原理基本相同,其具体计算步骤如下(见图 4-27):

1)选定坐标轴 $X-Y$。

2)按前述单凸模冲裁时压力中心计算方法计算出各单一图形的压力中心到坐标轴的距离 x_1、x_2、x_3、$\cdots x_n$ 和 y_1、y_2、y_3、$\cdots y_n$。

3)计算各单一图形轮廓的周长 L_1、L_2、L_3、$\cdots L_n$。

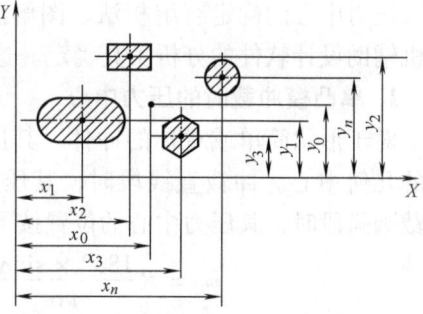

图 4-27 多凸模冲裁时的压力中心计算

4)将计算数据分别代入式(4-31)和式(4-32),即可求得压力中心坐标 (x_0, y_0)。

例 4-3 图 4-28a 所示冲件采用级进冲裁,排样图如图 4-28b 所示,试计算冲裁时的压力中心。

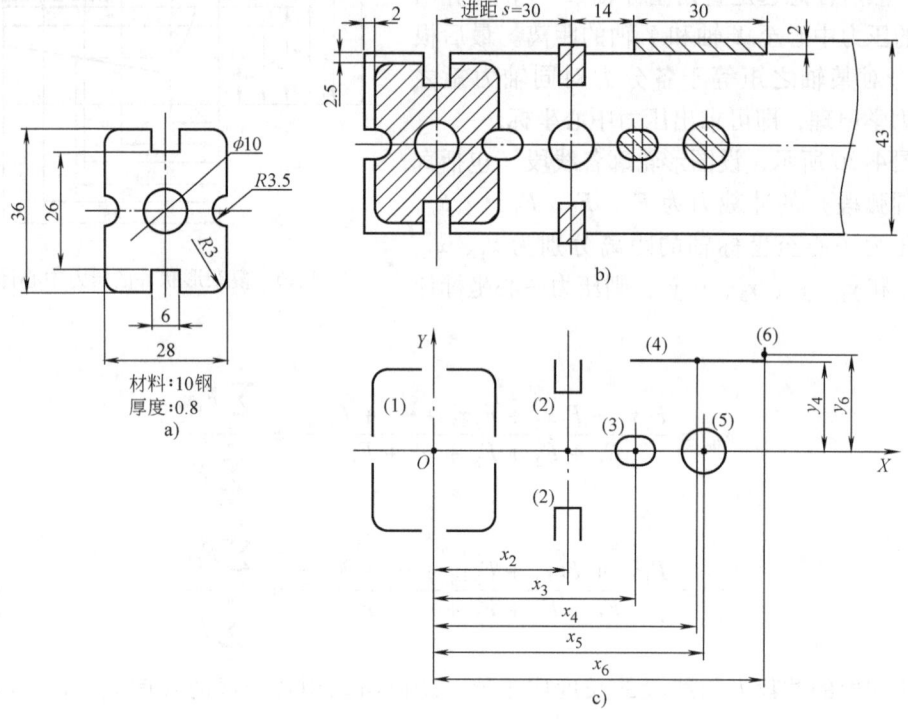

图 4-28 压力中心计算实例

解:1)根据排样图画出全部冲裁轮廓图,并建立坐标系,标出各冲裁图形压力中心对坐标轴 $X-Y$ 的坐标,如图 4-28c 所示。

2)计算各图形的冲裁长度及压力中心坐标。由于落料与冲上、下缺口的图形轮廓虽然被分割开,但其整体仍是对称图形,故可分别合并成"单凸模"进行计算。计算结果列于表 4-21。

表 4-21　各图形的冲裁长度和压力中心坐标

序　号	L_i	x_i	y_i	序　号	L_i	x_i	y_i
1	97	0	0	4	30	59	20.5
2	32	30	0	5	31.4	60	0
3	26	45	0	6	2	74	21.5

3）计算冲模压力中心。将表 4-21 的数据代入式（4-31）和式（4-32），得

$$x_0 = \frac{97 \times 0 + 32 \times 30 + 26 \times 45 + 30 \times 59 + 31.4 \times 60 + 2 \times 74}{97 + 32 + 26 + 30 + 31.4 + 2} \text{mm} = 27.2 \text{mm}$$

$$y_0 = \frac{97 \times 0 + 32 \times 0 + 26 \times 0 + 30 \times 20.5 + 31.4 \times 0 + 2 \times 21.5}{97 + 32 + 26 + 30 + 31.4 + 2} \text{mm} = 3.0 \text{mm}$$

第七节　冲裁模的典型结构

冲裁模结构的合理性和先进性，对冲裁件的质量与精度、冲裁加工的生产率与经济效益、模具的使用寿命与操作安全等都有着密切的关系。

一、冲裁模的分类

冲裁模的结构类型很多，一般可按下列不同特征分类。
1）按工序性质分类，可分为落料模、冲孔模、切断模、切口模、切边模等。
2）按工序组合程度分类，可分为单工序模、级进模、复合模等。
3）按模具导向方式分类，可分为开式模、导板模、导柱模等。
4）按模具专业化程度分类，可分为通用模、专用模、自动模、组合模、简易模等。
5）按模具工作零件所用材料分类，可分为钢质冲模、硬质合金冲模、锌基合金冲模、橡胶冲模、钢带冲模等。
6）按模具结构尺寸分类，可分为大型冲模和中小型冲模等。

二、冲裁模的结构组成

冲裁模的类型虽然很多，但任何一副冲裁模都是上模和下模两个部分组成。上模通过模柄或上模座固定在压力机的滑块上，可随滑块作上、下往复运动，是冲裁模的活动部分；下模通过下模座固定在压力机工作台或垫板上，是冲模的固定部分。

图 4-29 所示是一副零部件比较齐全的连接板复合冲裁模。该模具的上模由模柄 14、上模座 13、垫板 11、凸模固定板 9、冲孔凸模 17、落料凹模 7、推件装置（由打杆 15、推件块 8 构成）、导套 10 及紧固用螺钉 16 和销钉 12 等零部件组成；下模由凸凹模 18、卸料装置（由卸料板 19、卸料螺钉 2、橡胶 5 构成）、导料销 6、挡料销 22、凸凹模固定板 4、下模座 1、导柱 3 及紧固用螺钉 21 和销钉 20 等零部件组成。工作时，条料沿导料销 6 送至挡料销 22 处定位，开动压力机，上模随滑块向下运动，具有锋利刃口的冲孔凸模 17、落料凹模 7 与凸凹模 18 一起穿过条料使冲件和冲孔废料与条料分离而完成冲裁工作。滑块带动上模回升时，卸料装置将箍在凸凹模上的条料卸下，推件装置将卡在落料凹模与冲孔凸模之间的冲件推落在下模上面，而卡在凸凹模内的冲孔废料是在一次次冲裁过程中由冲孔凸模逐次向下推出的。将推落在下模上面的冲件取走后又可进行下一次冲压循环。

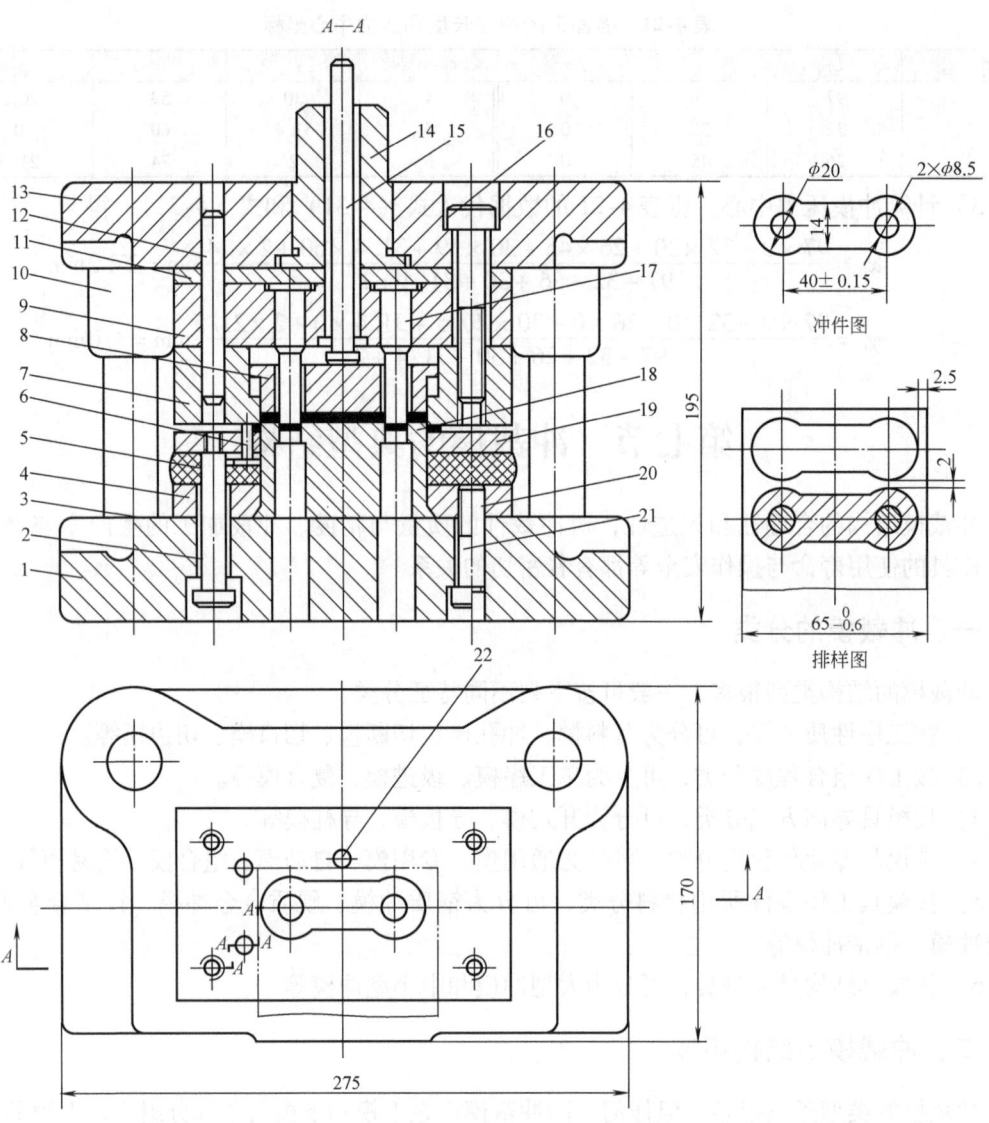

图 4-29 冲裁模的结构组成

1—下模座 2—卸料螺钉 3—导柱 4—凸凹模固定板 5—橡胶 6—导料销 7—落料凹模 8—推件块
9—凸模固定板 10—导套 11—垫板 12、20—销钉 13—上模座 14—模柄 15—打杆
16、21—螺钉 17—冲孔凸模 18—凸凹模 19—卸料板 22—挡料销

从上述模具结构可知，组成冲裁模的零部件各有其独特的作用，并在冲压时相互配合，以保证冲压过程正常进行，从而冲出合格冲压件。根据各零部件在模具中所起的作用不同，一般又可将冲裁模分成以下几个部分。

1）工作零件：直接使毛坯产生分离或塑性成形的零件，如图 4-29 中的凸模 17、凹模 7、凸凹模 18 等。工作零件是冲裁模中最重要的零件。

2）定位零件：确定毛坯或工序件在冲模中正确位置的零件，如图 4-29 中的挡料销 22、导料销 6 等。

3）卸料与出件零件：这类零件是将箍在凸模上或卡在凹模内的废料或冲件卸下、推出或顶出，以保证冲压工作能继续进行，如图4-29中的卸料板19、卸料螺钉2、橡胶5、打杆15、推件块8等。

4）导向零件：确定上、下模的相对位置并保证运动导向精度的零件，如图4-29中的导柱3、导套10等。

5）支承与固定零件：将上述各类零件固定在上、下模上以及将上、下模连接在压力机上的零件，如图4-29中的固定板4与9、垫板11、上模座13、下模座1、模柄14等。这些零件是冲裁模的基础零件。

6）其他零件：除上述零件以外的零件，如紧固件（主要为螺钉、销钉）和侧孔冲裁模中的滑块、斜楔等。

当然，不是所有的冲模都具备上述各类零件，但工作零件和必要的支承固定零件是不可缺少的。

三、冲裁模的典型结构

1. 单工序模

单工序冲裁模又称简单冲裁模，是指在压力机的一次行程内只完成一种冲裁工序的模具，如落料模、冲孔模、切断模、切口模等。

（1）落料模 落料模是指沿封闭轮廓将冲件从板料上分离的冲模。根据上、下模的导向形式，有三种常见的落料模结构。

1）无导向落料模（又称开式落料模）。图4-30所示为冲裁圆形零件的无导向落料模，工作零件为凸模2和凹模5，定位零件为导料板4和定位板7，卸料零件为卸料板3，其余为支承固定零件。上、下模之间无直接导向关系。工作时，条料沿导料板4送至定位板7定位后进行冲裁，从条料上分离下来的冲件靠凸模直接从凹模洞口依次推下，箍在凸模上的废料由固定卸料板3刮下来。照此循环，完成落料工作。该模具的卸料与定位零件可调，凸、凹模可快速更换，更换凸、凹模并调整卸料与定位零件，便可冲裁不同尺寸的零件。

无导向落料模的特点是结构简单，制造容易，可用边角料冲裁，有利于降低冲件成本。但凸模的运动是靠压力机滑块导向的，不易保证凸、

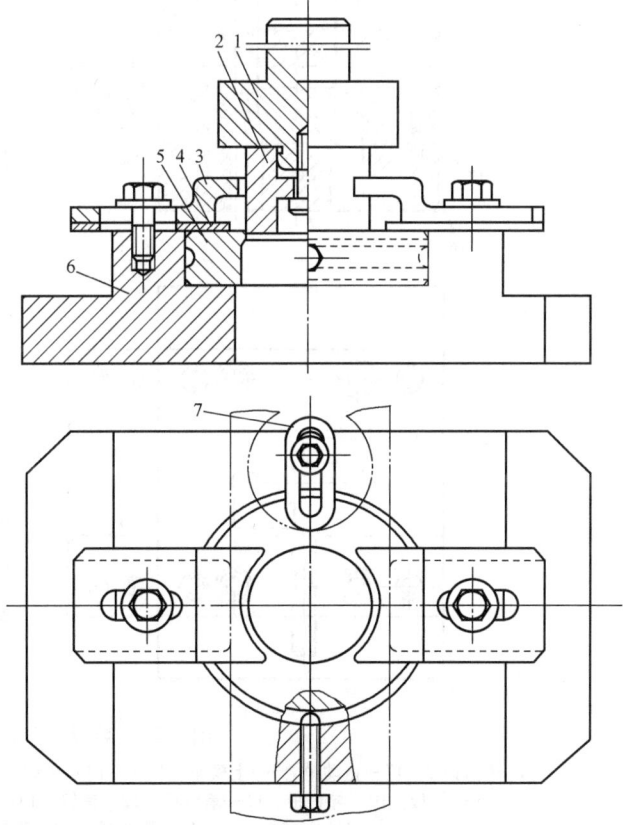

图4-30 无导向落料模
1—模柄 2—凸模 3—卸料板 4—导料板
5—凹模 6—下模座 7—定位板

凹模的间隙均匀，冲件精度不高，同时模具安装调整麻烦，容易发生凸、凹模刃口啃切，因而模具使用寿命和生产率较低，操作也不够安全。这种落料模只适用于冲裁精度要求不高、形状简单和生产批量小的冲件。

2）导板式落料模。图4-31所示为冲制L形零件的导板式落料模，工作零件为凸模5和凹模13，定位零件是固定挡料销16、始用挡料销20和导料板10，导板9既是导向零件又是卸料零件。工作时，条料沿导料板10自右向左送进，首次送进时用手将始用挡料销20推进，使条料端部被始用挡料销阻挡定位，凸模5下行与凹模13一起完成落料，冲件由凸模从凹模孔中推下。凸模回程时，箍在凸模上的条料被导板卸下。继续送进条料时，始用挡料销已经复位，条料由固定挡料销16挡住定位，进行第二次落料，第二次及以后各次落料同时落下两个工件。因固定挡料销16对首次落料起不到作用，故设置始用挡料销。固定挡料销为钩形，其安装孔离凹模刃口较远，因而凹模强度较高。

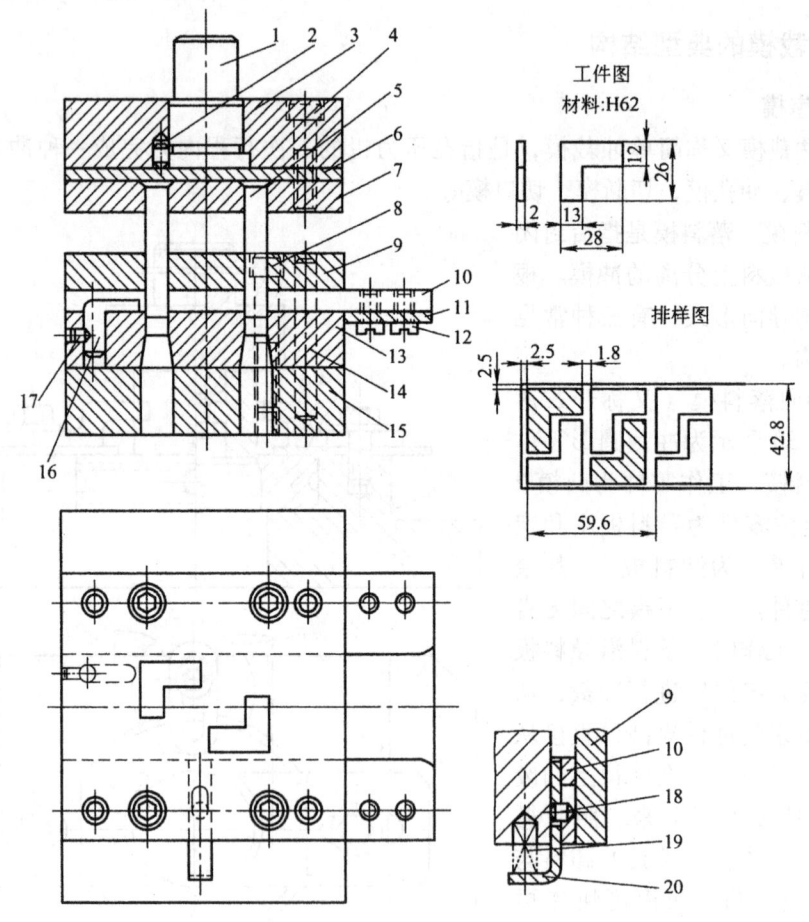

图4-31 导板式落料模

1—模柄　2、17—止动销　3—上模座　4、8—内六角螺钉　5—凸模　6—垫板　7—凸模固定板　9—导板　10—导料板　11—承料板　12—螺钉　13—凹模　14—圆柱销　15—下模座　16—固定挡料销　18—限位销　19—弹簧　20—始用挡料销

这种冲模的主要特征是上、下模的导向是依靠导板9与凸模5的间隙配合（一般为H7/h6）进行的，易于保证凸、凹模间隙的均匀性，同时凸模回程时导板又可起卸料作用（为

了保证导向精度和导板的使用寿命，工作过程中不允许凸模脱离导板，故需采用行程较小的压力机）。导板模与无导向模相比，冲件精度高，模具使用寿命长，安装容易，卸料可靠，操作安全，但制造比较麻烦。导板模一般用于形状较简单、尺寸不大、料厚大于 0.3mm 的小件冲裁。

3）导柱式落料模。图 4-32 所示为导柱式固定卸料落料模，凸模 3 和凹模 9 是工作零件，固定挡料销 8 与导料板（与固定卸料板 1 做成了一个整体）是定位零件，导柱 5、导套 7 为导向零件，固定卸料板 1 只起卸料作用。这种冲模的上、下模正确位置是利用导柱和导套的导向来保证的，且凸模在进行冲裁之前，导柱已经进入导套，从而保证了在冲裁过程中凸、凹模之间间隙的均匀性。该模具用固定挡料销和导料板对条料定位，冲件由凸模逐次从凹模孔中推下并经压力机工作台孔漏入料箱。

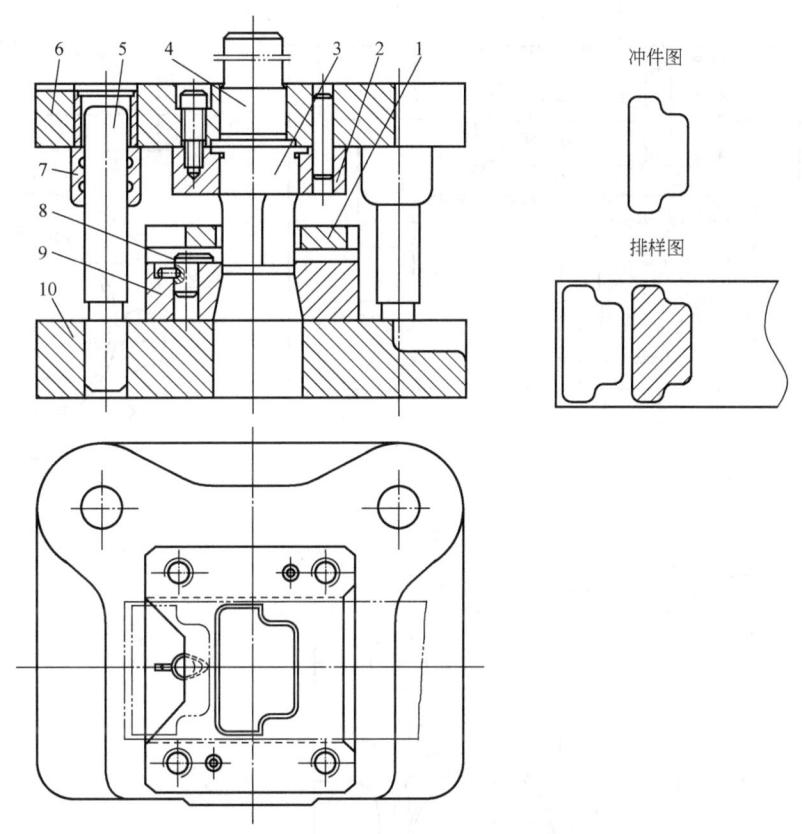

图 4-32　导柱式固定卸料落料模
1—固定卸料板　2—凸模固定板　3—凸模　4—模柄　5—导柱　6—上模座
7—导套　8—钩形固定挡料销　9—凹模　10—下模座

导柱式冲裁模导向比导板模可靠，冲件精度高，模具使用寿命长，使用安装方便。但模具轮廓尺寸较大，重量大，制造成本高。这种冲模广泛用于冲裁生产批量大、精度要求高的冲件。

（2）冲孔模　冲孔模是指沿封闭轮廓将废料从毛坯或工序件上分离而得到带孔冲件的冲裁模。冲孔模的结构与一般落料模相似，但冲孔模有自己的特点：冲孔大多是在工序件上进行，为了保证冲件平整，冲孔模一般采用弹性卸料装置（兼压料作用），并注意解决好工序件的定位和取出问题；冲小孔时必须考虑凸模的强度和刚度，以及快速更换凸模的结构；冲裁成形零件上的侧孔时，需考虑凸模水平运动方向的转换机构等。

图 4-33 所示为导柱式冲孔模，凸模 2 和凹模 3 是工作零件，定位销 1、17 是定位零件，卸料板 5、卸料螺钉 10 和橡胶 9 构成弹性卸料装置。工件以内孔 φ50mm 和圆弧槽 R7mm 分别在定位销 1 和 17 上定位，弹性卸料装置在凸模 2 下行冲孔时可将工件压紧，以保证冲件平整，在凸模回程时又能起卸料的作用。冲孔废料直接由凸模依次从凹模孔内推出。定位销 1 的右边缘与凹模板外侧平齐，可使工件定位时右凸缘悬于凹模板以外，以便于取出冲件。

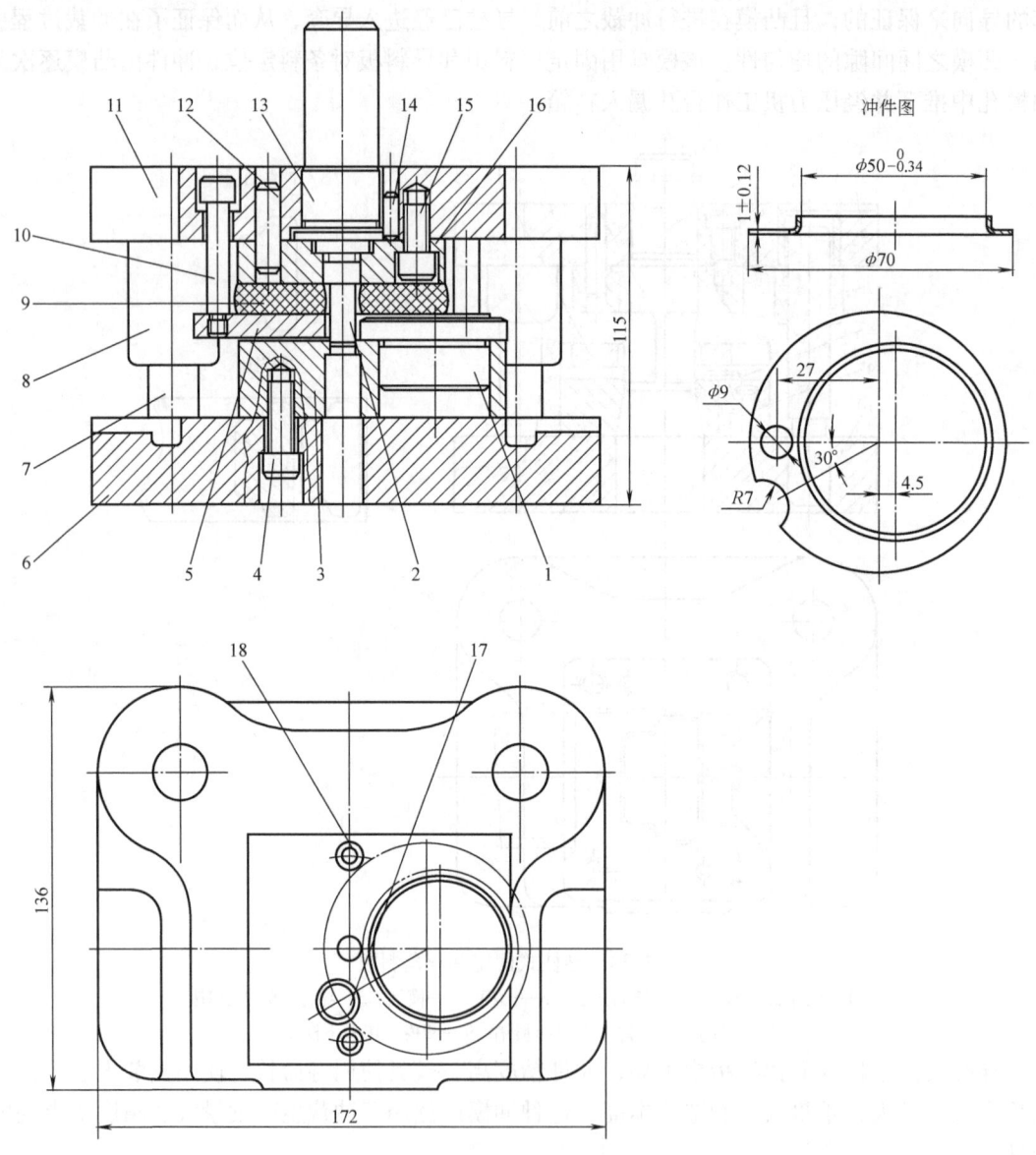

图 4-33 导柱式冲孔模

1、17—定位销 2—凸模 3—凹模 4、15—螺钉 5—卸料板 6—下模座 7—导柱 8—导套 9—橡胶
10—卸料螺钉 11—上模座 12、18—销钉 13—模柄 14—防转销 16—固定板

图 4-34 所示为斜楔式侧面冲孔模，该模具是依靠固定在上模的斜楔 1 把压力机滑块的垂直运动变为推动滑块 4 的水平运动，从而带动凸模 5 在水平方向进行冲孔。凸模 5 与凹模 6 的对准是依靠滑块在导滑槽内滑动来保证的，上模回升时滑块的复位靠橡胶的弹性恢复来完成。斜楔的工作角度 α 取 40°～50°为宜，需要较大冲裁力时，α 也可取 30°，以增大水平推力。要获得较大的凸模工作行程，α 可增加到 60°。工件以内形在凹模 6 上定位，为了保证冲孔位置的准确，弹压板 3 在冲孔之前就把工件压紧。为了排除冲孔废料，应注意开设漏料孔。这种结构的凸模常对称布置，最适宜壁部对称孔的冲裁，主要用于冲裁空心件或弯曲件等成形件上的侧孔、侧槽、侧切口等。

图 4-35 所示为凸模全长导向的小孔冲孔模，该模具的结构特点如下。

1) 采用了凸模全长导向结构。由于设置了扇形块 8 和凸模活动护套 13，凸模 7 在工作行程中除了进入被冲材料以内的工作部分以外，其余部分都得到了凸模活动护套 13 不间断的导向作用，因而大大提高了凸模的稳定性。

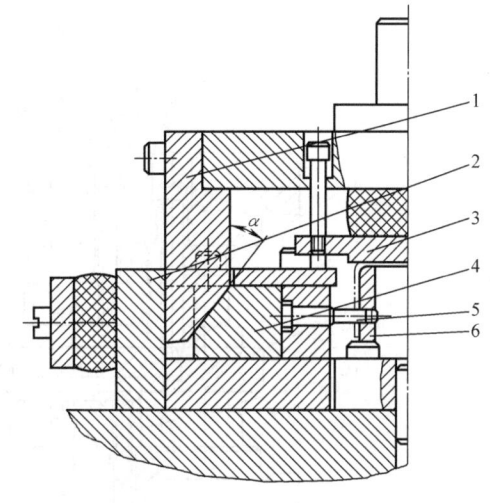

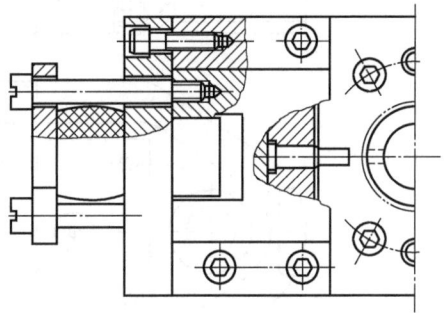

图 4-34 斜楔式侧面冲孔模
1—斜楔 2—座板 3—弹压板 4—滑块
5—凸模 6—凹模

2) 模具导向精度高。模具的导柱 11 不但在上、下模之间导向，而且对卸料板 2 也导向。冲压过程中，由于导柱的导向作用，严格地保持了卸料板中凸模护套与凸模之间的精确滑配，避免了卸料板在冲裁过程中的偏摆。此外，为了提高导向精度，消除压力机滑块导向误差的影响，该模具还采用了浮动模柄结构。

2. 复合模

复合模是指在压力机的一次行程中，在模具的同一个工位上同时完成两道或两道以上不同冲裁工序的冲模。复合模是一种多工序冲裁模，它在结构上的主要特征是有一个或几个具有双重作用的工作零件——凸凹模，如在落料冲孔复合模中有一个既能作落料凸模又能作冲孔凹模的凸凹模。

图 4-36 所示为落料冲孔复合模工作部分的结构原理图，凸凹模 5 兼起落料凸模和冲孔凹模的作用，它与落料凹模 3 配合完成落料工序，与冲孔凸模 2 配合完成冲孔工序。在压力机的一次行程内，在冲模的同一工位上，凸凹模既完成了落料又完成了冲孔的双重任务。冲裁结束后，冲件卡在落料凹模内腔由推件块 1 推出，条料箍在凸凹模上由卸料板 4 卸下，冲孔废料卡在凸凹模内由冲孔凸模逐次推下。

根据凸凹模在模具中的装配位置不同，分为正装式复合模和倒装式复合模两种。凸凹模装在上模的称为正装式复合模，凸凹模装下模的称为倒装式复合模。

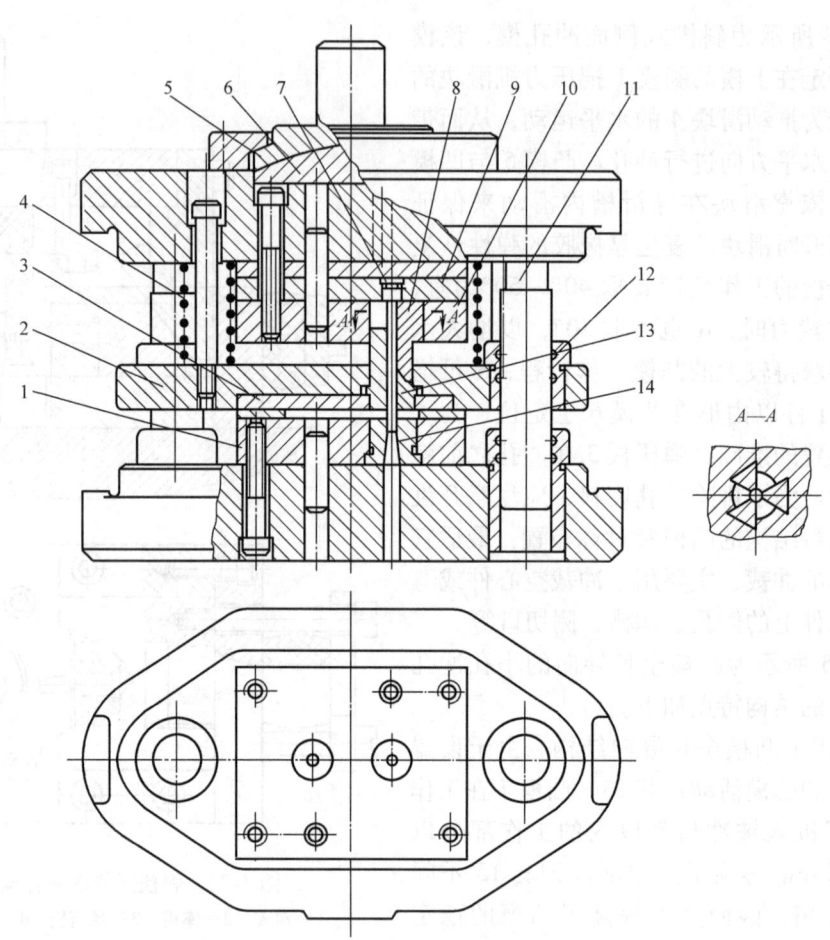

图 4-35 全长导向的小孔冲孔模

1—凹模固定板 2—弹压卸料板 3—托板 4—弹簧 5、6—浮动模柄 7—凸模 8—扇形块
9—凸模固定板 10—扇形块固定板 11—导柱 12—导套 13—凸模活动护套 14—凹模

（1）正装式复合模　图 4-37 所示为正装式落料冲孔复合模，凸凹模 6 装在上模，落料凹模 8 和冲孔凸模 11 装在下模。工作时，条料由导料销 13 和挡料销 12 定位，上模下压，凸凹模外形与落料凹模进行落料，落下的冲件卡在凹模内，同时冲孔凸模与凸凹模内孔进行冲孔，冲孔废料卡在凸凹模孔内。卡在凹模内的冲件由顶件装置顶出。顶件装置由带肩顶杆 10、顶件块 9 及装在下模座底下的弹顶器（与下模座的螺纹孔连接，图中未画出）组成，当上模上行时，原来在冲裁时被压缩的弹性元件恢复，弹性力通过顶杆和顶件块把卡在凹模中的冲件顶出凹模面。该顶件装置因弹顶器装在模具底下，弹性元件的高度不受模具空间的限制，顶件力大小容易调节，可获得较大的顶件力。卡在凸凹模内的冲孔废料由推件装置推出。推件装置由打杆

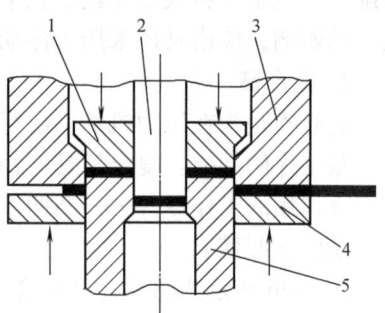

图 4-36 复合模结构原理

1—推件块 2—冲孔凸模 3—落料凹模 4—卸料板 5—凸凹模

1、推板3和推杆4组成,当上模上行至上止点时,压力机滑块内的打料杆通过打杆、推板和推杆把废料推出。每冲裁一次,冲孔废料被推出一次,凸凹模孔内不积存废料,因而胀力小,凸凹模不易破裂。但冲孔废料落在下模工作面上,清除废料较麻烦(尤其是孔较多时)。条料的边料由弹性卸料装置卸下。由于采用固定挡料销和导料销,故需在卸料板上钻出让位孔。

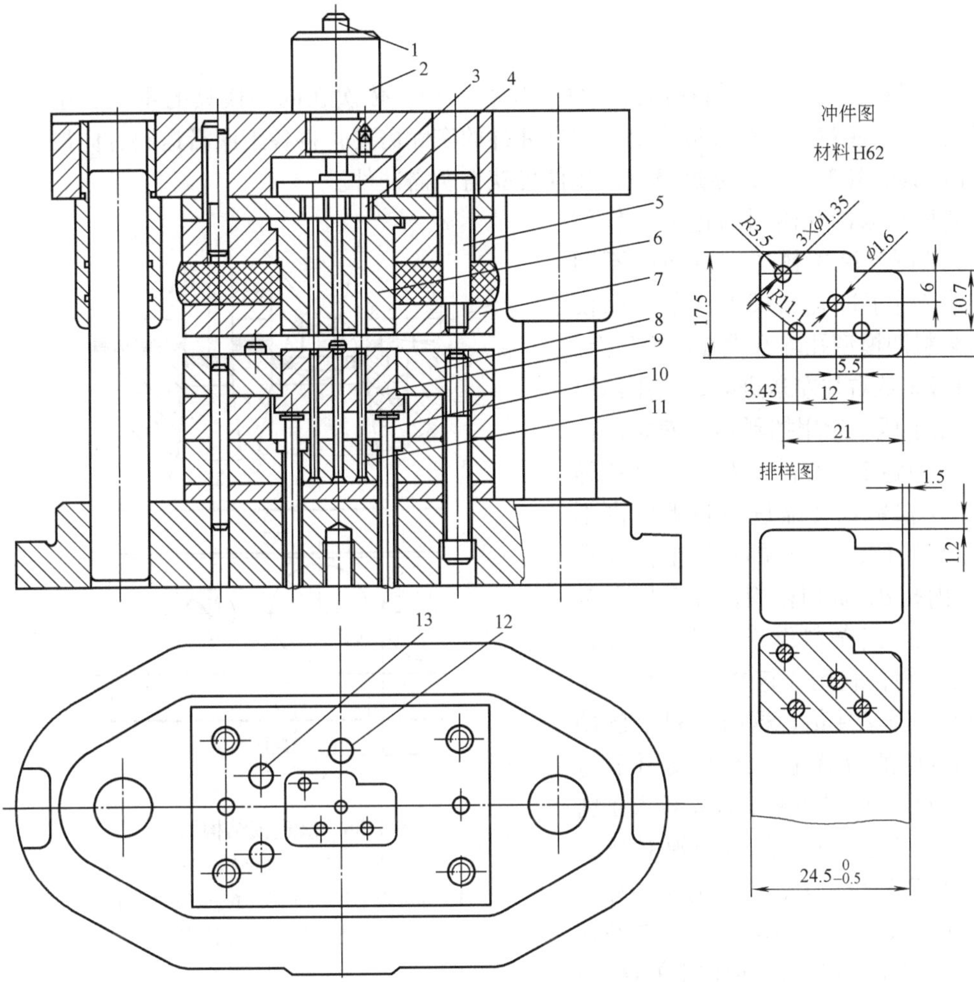

图4-37 正装式复合模

1—打杆 2—模柄 3—推板 4—推杆 5—卸料螺钉 6—凸凹模 7—卸料板 8—落料凹模 9—顶件块 10—带肩顶杆 11—冲孔凸模 12—挡料销 13—导料销

从上述工作过程可以看出,正装式复合模工作时,板料是在压紧的状态下分离,故冲出的冲件平直度较高,但由于弹性顶件和弹性卸料装置的作用,分离后的冲件容易被嵌入边料中影响操作,从而影响了生产率。

(2) 倒装式复合模 图4-29所示即为倒装式复合模,该模具的凸凹模18装在下模,落料凹模7和冲孔凸模17装在上模。倒装式复合模一般采用刚性推件装置,冲件不是处于被压紧状态下分离,因而冲件的平直度不高。同时由于冲孔废料直接从凸凹模内孔推下,当采用直刃壁凹模洞口时,凸凹模内孔中会聚积废料,凸凹模壁厚较小时可能引起胀裂,因而这种复合模结构适用于冲裁材料较硬或厚度大于 0.3mm 且孔边距较大的冲件。如果在上模内设置弹性元件,即可用来冲制材料较软或料厚小于 0.3mm、平直度要求较高的冲件。

从正装式和倒装式复合模结构分析中可以看出,两者各有优缺点。正装式复合模较适用于冲制材料较软或料厚较薄、平直度较高的冲件,还可以冲制孔边距较小的冲件。而倒装式复合模结构简单(省去了顶出装置),便于操作,并为机械化出件提供了条件,故应用非常广泛。

3. 级进模

级进模(又称连续模)是指在压力机的一次行程中,依次在同一模具的不同工位上同时完成多道工序的冲裁模。在级进模上,根据冲件的实际需要,将各工序沿送料方向按一定顺序安排在模具的各工位上,通过级进冲压便可获得所需冲件。

图 4-38 所示为冲孔落料级进模工作部分的结构原理图。沿条料送进方向的不同工位上分别安排了冲孔凸模 1 和落料凸模 2,冲孔和落料凹模型孔均开设在凹模 7 上。条料沿导料板 5 从右往左送进时,先用始用挡料销 8(用手压住始用挡料销可使始用挡料销伸出导料板挡住条料,松开手后在弹簧作用下始用挡料销便缩进导料板以内不起挡料作用)定位,在 O_1 的位置上由冲孔凸模 1 冲出内孔 d,此时落料凸模 2 因无料可冲是空行程。当条料继续往左送进时,松开始用挡料销,利用固定挡料销 6 粗定位,送进距离 $s = D + a_1$,这时条料上已冲出的孔处在 O_2 的位置上,当上模再下行时,落料凸模端部的导正销 3 首先导入条料孔中进行精确定位,接着落料凸模对条料进行落料,得到外径为 D、内径为 d 的环形垫圈。与此同时,在 O_1 的位置上又由冲孔凸模冲出了内孔 d,待下次冲压时在 O_2 的

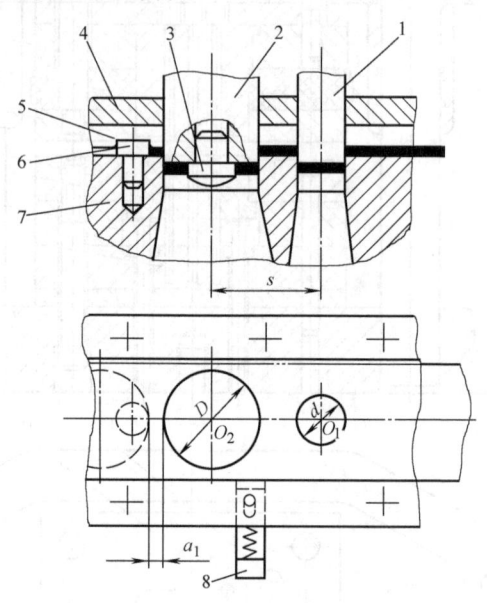

图 4-38 级进模结构原理
1—冲孔凸模 2—落料凸模 3—导正销
4—卸料板 5—导料板 6—固定挡料销
7—凹模 8—始用挡料销

位置上又可冲出一个完整的冲件。这样连续冲压,在压力机的一次行程中可在冲模两个工位上分别进行冲孔和落料两种不同的冲压工序,且每次冲压均可得到一个冲件。

级进模不但可以完成冲裁工序,还可完成成形工序(如弯曲、拉深等),甚至装配工序。许多需要多工序冲压的复杂冲件可以在一副模具上完全成形,因而它是一种多工序高效率冲模。

级进模可分为普通级进模和多工位精密级进模,这里只介绍普通冲裁级进模的典型结构及排样设计应注意的问题。

(1)级进模的典型结构 由于用级进模冲压时,冲件是依次在几个不同工位上逐步成形的,因此要保证冲件的尺寸及内外形相对位置精度,模具结构上必须解决条料或带料的准确送进与定距问题。根据级进模定位零件的特征,级进模有以下两种典型结构:

1）用挡料销和导正销定位的级进模。图4-39所示为用挡料销和导正销定位的冲孔落料级进模，上、下模通过导板6（兼卸料板）导向，冲孔凸模3与落料凸模4之间的中心距等于送料距离s（称为进距或步距），条料由固定挡料销8粗定位，由装在落料凸模上的两个导正销5精确定位。为了保证首件冲裁时的正确定距，采用了始用挡料销9。工作时，先用手按住始用挡料销对条料进行初始定位，冲孔凸模在条料上冲出两孔，然后松开始用挡料销，将条料送至固定挡料销进行粗定位，上模下行时导正销5先行导入条料上已冲出的孔进行精确定位，接而同时进行落料和冲孔。以后各次冲裁时都由固定挡料销8控制进距作粗定位，每次行程即可冲下一个冲件并冲出两个内孔。

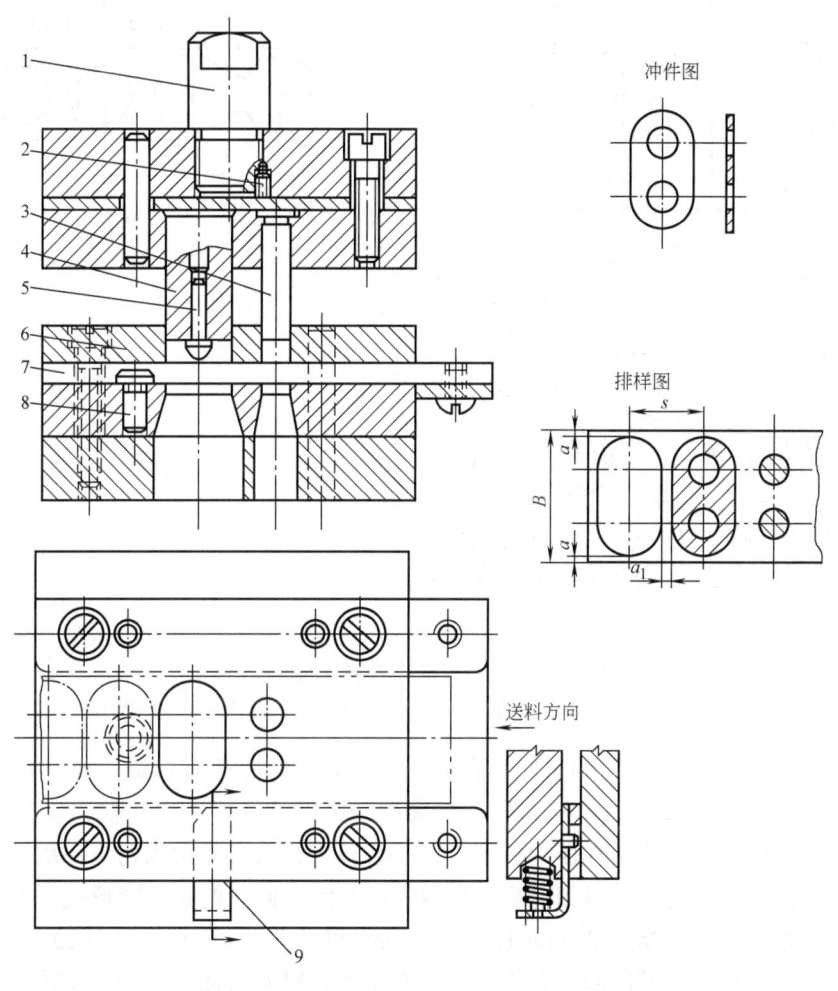

图4-39 用挡料销和导正销定位的级进模
1—模柄 2—止转螺钉 3—冲孔凸模 4—落料凸模 5—导正销
6—导板 7—导料板 8—固定挡料销 9—始用挡料销

图4-40所示为具有自动挡料的级进模。自动挡料装置由挡料杆3、冲搭边的凸模1和凹模2组成。开始工作时，冲孔和落料的两次送进分别由两个始用挡料销定位，第三次及其以后的送料均由自动挡料装置定位。由于挡料杆始终不离开凹模的上平面，所以送料时都能用挡料杆挡住条料搭边，在冲孔、落料的同时，凸模1和凹模2也把搭边冲出一个缺口，

使条料可以继续送进一个进距，从而起自动挡料的作用。另外，该模具还设有由侧压块 4 和侧压簧片 5 组成的侧压装置，可将条料始终压向对面的导料板上，使条料送进方向更加准确。

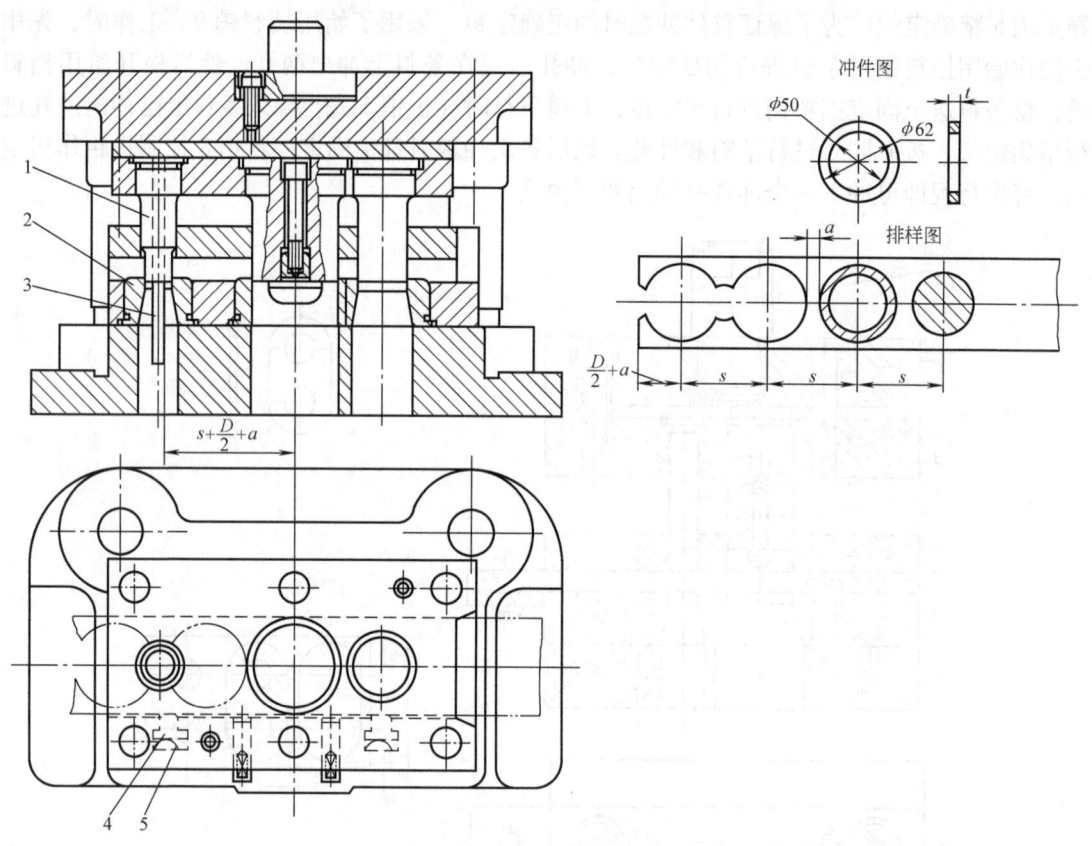

图 4-40 具有自动挡料装置的级进模
1—冲搭边凸模 2—冲搭边凹模 3—挡料杆 4—侧压块 5—侧压簧片

2）侧刃定距的级进模。图 4-41 所示为双侧刃定距的冲孔落料级进模。它用一对侧刃 12 代替了始用挡料销、固定挡料销和导正销来控制条料的送进距离。侧刃实际上是一个具有特殊功用的凸模，其作用是在压力机每次冲压行程中，沿条料边缘切下一块长度等于进距的边料。由于沿送料方向上，侧刃前后两导料板的间距不同，前宽后窄形成一个凸肩，所以条料上只有被切去料边的部分方能通过，通过的距离即等于进距。采用双侧刃前后对角排列，在料头和料尾冲压时都能起定距作用，从而减少条料的损耗，对于工位较多的级进模都应采用这种结构方式。此外，由于该模具冲裁的板料较薄（0.3mm），又是侧刃定距，所以采用弹性卸料代替固定卸料。

图 4-42 为侧刃定距的弹压导板级进模。该模具除了具有上述侧刃定距级进模的特点外，还具有如下特点。

① 凸模以装在弹压导板 2 中的导板镶块 4 导向，弹压导板又以导柱 1、10 导向，保证了凸模与凹模的正确配合，并加强了凸模的纵向稳定性，避免小凸模产生纵向弯曲。

② 凸模与固定板为间隙配合，凸模装配调整和更换较方便。

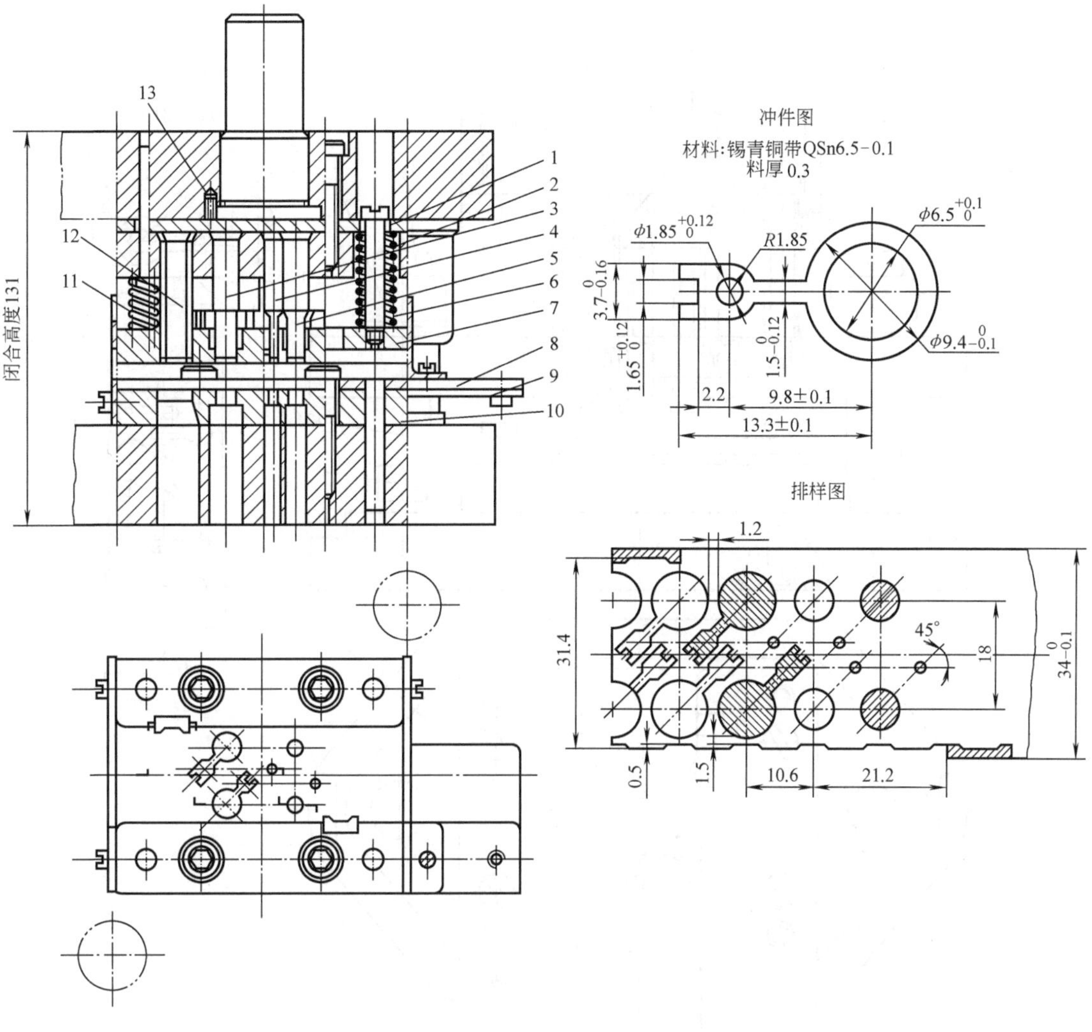

图 4-41 双侧刃定距的冲孔落料级进模
1—垫板 2—固定板 3—落料凸模 4、5—冲孔凸模 6—卸料螺钉 7—卸料板
8—导料板 9—承料板 10—凹模 11—弹簧 12—侧刃 13—止转销

③ 弹压导板用卸料螺钉与上模连接,加上凸模与固定板是间隙配合,因此能消除压力机导向误差对模具的影响,可延长模具的使用寿命。

④ 设置了淬硬的侧刃挡块 15,提高了导料板 12 挡料处的使用寿命,从而提高了条料的定距精度。

比较上述两种定位方法的级进模不难看出,如果板料厚度较小,用导正销定位时孔的边缘可能被导正销摩擦压弯,因而不能起正确导正和定位作用;对窄长形的冲件,一般进距较小不宜安装始用挡料销和固定挡料销;落料凸模尺寸不大时,若在凸模上安装导正销将影响凸模强度。因此,固定挡料销与落料凸模上安装的导正销定位的级进模,一般适用于冲制板料厚度大于 0.3mm、材料较硬的冲件及进距与落料凸模稍大的场合。否则,宜用侧刃定位。侧刃定位的级进模不存在上述问题,且操作方便,效率高,定位准确,但材料消耗较多,冲

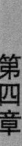

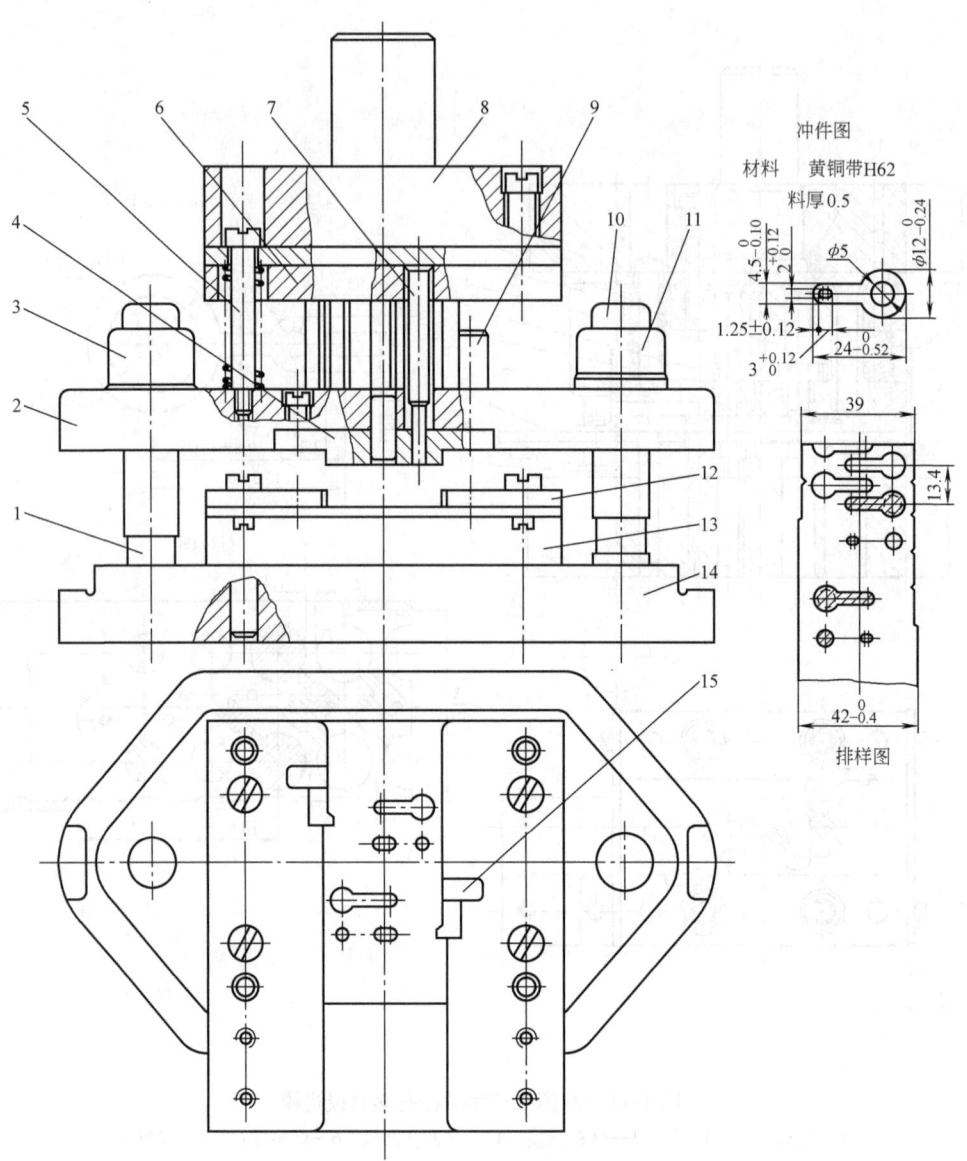

图 4-42 侧刃定距的弹压导板级进模
1、10—导柱 2—弹压导板 3、11—导套 4—导板镶块 5—卸料螺钉 6—凸模固定板 7—冲孔凸模
8—上模座 9—限位柱 12—导料板 13—凹模 14—下模座 15—侧刃挡块

裁力增大,模具也比较复杂。

在实际生产中,对精度要求较高、工位较多的级进冲裁可采用既有侧刃又有导正销联合定位的级进模。此时侧刃相当于始用和固定挡料销,用于粗定位,导正销作为精定位。导正销像凸模一样安装在凸模固定板上,在凹模的相应位置设有让位孔,在条料的适当位置预冲出工艺孔供导正销导正条料。

(2)级进冲裁的排样 采用级进模冲裁时,排样设计十分重要,它不仅要考虑材料的利用率,还要考虑冲件的精度要求、冲压成形规律、模具结构及强度等问题。

1) 冲件的精度对排样的要求。冲件精度要求较高时，除了注意采用精确定位方法外，还应尽量减少工位数，以减少工位积累误差。孔距公差较小的孔应尽量在同一工位上冲出。

2) 模具结构对排样的要求。冲件较大或冲件虽小但工步较多时，为减小模具轮廓尺寸，可采用级进-复合排样方法，如图4-43a所示，以减小工位数。

3) 模具强度对排样的要求。孔壁间距离较小的冲件，其孔应分步冲出，如图4-43a、b所示；工位之间凹模型孔壁厚较小时应增设空位，如图4-43c所示；外形复杂的冲件，应分步冲出，以简化凸、凹模结构，增加强度，便于加工和装配，如图4-43d所示；侧刃的位置应尽量避免导致凸、凹模局部工作而损坏刃口，可将侧刃与落料凹模刃口之间的距离增大0.2~0.4mm，以避免落料凸、凹模切下条料端部的极小宽度，如图4-43b所示。

4) 冲压成形规律对排样的要求。需要经过弯曲、拉深、翻边等成形工序的冲件，采用级进冲压时，位于变形部位的孔应安排在成形工位之后冲出，落料或切断工步一般安排在最后的工位上。

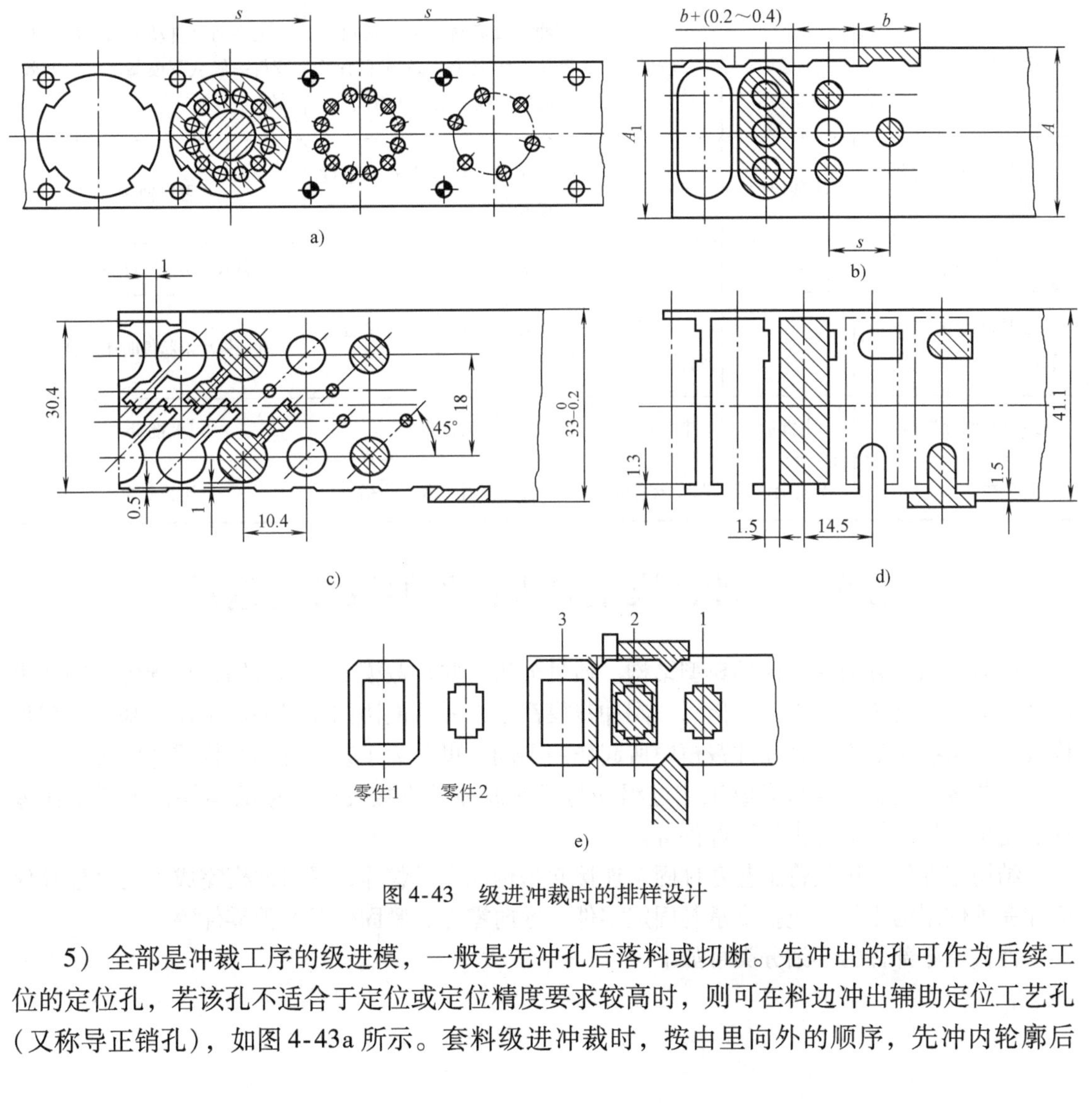

图4-43 级进冲裁时的排样设计

5) 全部是冲裁工序的级进模，一般是先冲孔后落料或切断。先冲出的孔可作为后续工位的定位孔，若该孔不适合于定位或定位精度要求较高时，则可在料边冲出辅助定位工艺孔（又称导正销孔），如图4-43a所示。套料级进冲裁时，按由里向外的顺序，先冲内轮廓后冲外轮廓，如图4-43e所示。

前面介绍了单工序模、复合模、级进模三类冲裁模的典型结构，这三类模具的结构特点与适用场合各有不同，表4-22列出了它们之间的对比关系，供类型选择时参考。

表4-22 三类冲裁模的对比关系

模具种类 比较项目	单工序模		复合模	级进模
	无导向的	有导向的		
冲件精度	低	一般	可达IT8~IT10	IT10~IT13
冲件平整度	差	一般	因压料较好，冲件平整	不平整，要求质量较高时需校平
冲件最大尺寸和材料厚度	尺寸和厚度不受限制	中小型尺寸、厚度较大	尺寸在300mm以下，厚度在0.05~3mm	尺寸在250mm以下，厚度在0.1~6mm
生产率	低	较低	冲件或废料落到或被顶到模具工作面上，必须用手工或机械清理，生产率稍低	工序间可自动送料，冲件和废料一般从下模漏下，生产效率高
使用高速压力机的可能性	不能使用	可以使用	操作时出件较困难，速度不宜太高	可以使用
多排冲压法的应用	不采用	很少采用	很少采用	冲件尺寸小时应用较多
模具制造的工作量和成本	低	比无导向的稍高	冲裁复杂形状件时比级进模低	冲裁简单形状件时比复合模低
适应冲件批量	小批量	中小批量	大批量	大批量
安全性	不安全，需采取安全措施	不安全，需采取安全措施	不安全，需采取安全措施	比较安全

第八节 冲裁模主要零部件的设计与选用

前面介绍了各类冲裁模的典型结构。通过分析这些冲裁模的结构可知，尽管各类冲裁模的结构形式和复杂程度不同，但每一副冲裁模都是由一些能协同完成冲压工作的基本零部件构成。这些零部件按其在冲裁模中所起作用不同，可分为工艺零件和结构零件两大类。

工艺零件是直接参与完成工艺过程并与板料或冲件直接发生作用的零件，包括工作零件、定位零件、卸料与出件零部件等。

结构零件的作用是将工艺零件固定连接起来构成模具整体，是对冲模完成工艺过程起保证和完善作用的零件，包括支承与固定零件、导向零件、紧固件及其他零件等。

冲裁模零部件的详细分类可如下：

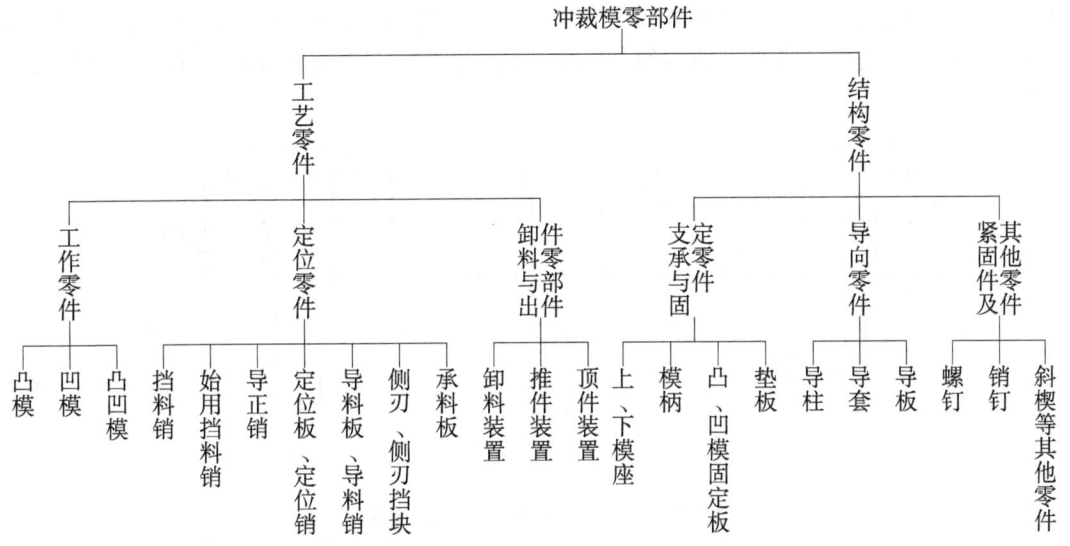

国家标准根据模具类型、导向方式、凹模形状等不同,规定了14种典型组合形式。每一种典型组合中,又规定了多种模架类型及相应的凹模周界尺寸(长×宽或直径)、凹模厚度、凸模长度和固定板、卸料板、垫板、导料板等模板的具体尺寸,还规定了选用标准件的种类、规格、数量、布置方式、有关的尺寸及技术条件等。这样,在模具设计时,重点就只需放在工作零件的设计上,其他零件可尽量选用标准件或选用标准件后再进行二次加工,简化了模具设计,缩短了设计周期,同时为模具计算机辅助设计奠定了基础。为此,本节着重介绍冲裁模各主要零部件的结构、设计要点及标准选用等基本知识。

一、工作零件

1. 凸模

(1) 凸模的结构形式与固定方法 由于冲件的形状和尺寸不同,生产中使用的凸模结构形式很多。按整体结构分,有整体式(包括阶梯式和直通式)、护套式和镶拼式;按截面形状分,有圆形和非圆形;按刃口形状分,有平刃和斜刃等。但不管凸模的结构形状如何,其基本结构均由两部分组成:一是工作部分,用以成形冲件;另一是安装部分,用来使凸模正确地固定在模座上。对刃口尺寸不大的小凸模,从增加刚度等因素考虑,可在这两部分之间增加过渡段,如图4-44所示。

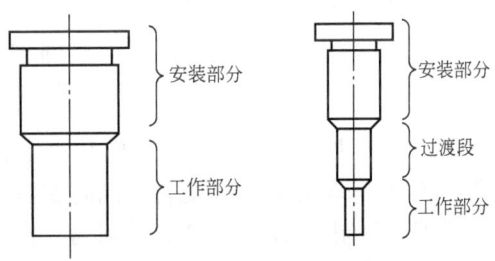

图 4-44 凸模的构成

凸模的固定方法有台肩固定、铆接固定、粘结剂浇注固定、螺钉与销钉固定等。

下面分别介绍整体式圆形与非圆形凸模及护套式小孔凸模的结构形式与固定方式。

1) 圆形凸模。为了保证强度、刚度及便于加工与装配,圆形凸模常制成圆滑过渡的阶梯形,前端直径为 d 的部分是具有锋利刃口的工作部分,中间直径为 D 的部分是安装部分,它与固定板按 H7/m6 或 H7/n6 配合,尾部台肩是为了保证卸料时凸模不致被拉出。

圆形凸模已经标准化,图4-45所示为标准圆形凸模的三种结构形式及固定方法。其中,

图 4-45a 用于较大直径的凸模，图 4-45b 用于较小直径的凸模，它们都采用台肩式固定；图 4-45c 是快换式小凸模，维修更换方便。标准凸模一般根据计算所得的刃口直径 d 和长度要求选用。

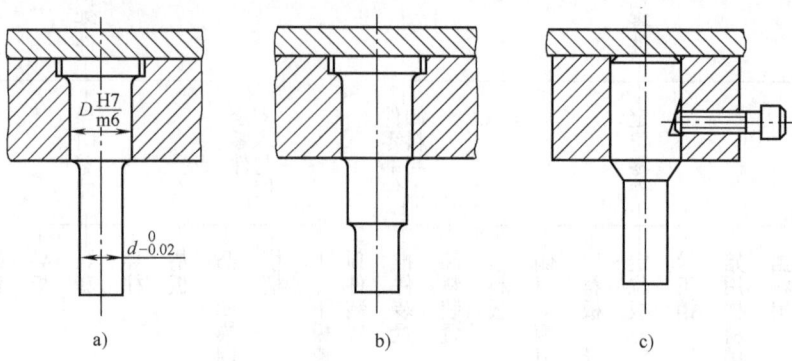

图 4-45　标准圆形凸模的结构及固定

2）非圆形凸模。非圆形凸模一般有阶梯式（图 4-46a、b）和直通式（图 4-46c～e）。为了便于加工，阶梯式非圆形凸模的安装部分通常做成简单的圆形或方形，用台肩或铆接法固定在固定板上，安装部分为圆形时还应在固定端接缝处打入防转销。直通式非圆形凸模便于用线切割或成形铣、成形磨削加工，通常用铆接法或粘结剂浇注法固定在固定板上，尺寸较大的凸模也可直接通过螺钉和销钉固定。

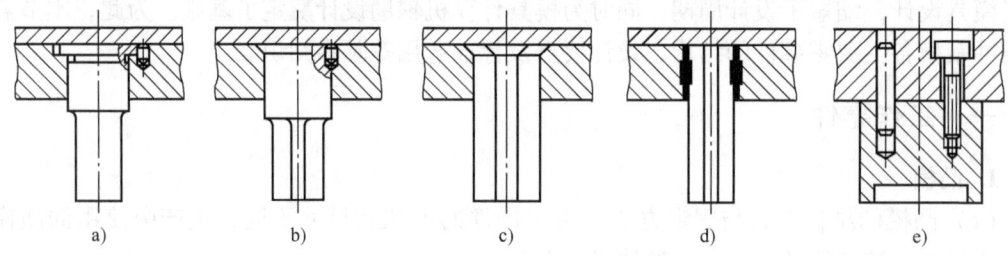

图 4-46　非圆形凸模的结构及固定
a)、b) 阶梯式　c)、d)、e) 直通式

采用铆接法固定凸模时，凸模与固定板安装孔仍按 H7/m6 或 H7/n6 配合，同时安装孔的上端沿周边要制成 $C1.5～C2.5$ 的斜角，作为铆窝。铆接时一般用锤子击打头部，因此凸模必须限定淬火长度，或将尾部回火，以便头部一端的材料保持较低硬度，图 4-47a、b 分别表示凸模铆接前、后的情形。凸模铆接后还要与固定板一起将铆端磨平。

用粘结剂浇法固定凸模时，固定板上的安装孔尺寸比凸模大，留有一定间隙以便填充粘结剂。同时，为了粘结牢靠，在凸模固定端或固定板相应的安装孔上应开设一定的槽形（见图 4-46d）。用粘结剂浇固定法的优点是安装部位的加工要求低，特别对多凸模冲裁时可

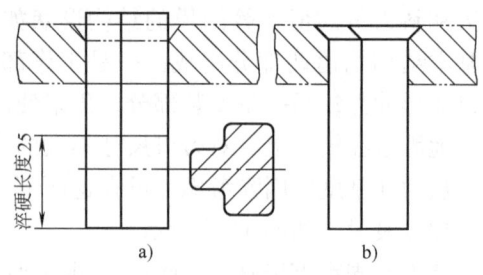

图 4-47　凸模的铆接固定
a) 铆接前　b) 铆接后

以简化凸模固定板的加工工艺,便于在装配时保证凸模与凹模的正确配合。常用的粘结剂有低熔点合金、环氧树脂、无机粘结剂厌氧胶等,各种粘结剂均有一定的配方,也有一定的配制方法,有的在市场上可以直接买到。

3) 冲小孔凸模。所谓小孔通常是指孔径 d 小于被冲板料的厚度或直径 $d<1\mathrm{mm}$ 的圆孔和面积 $A<1\mathrm{mm}^2$ 的异形孔。冲小孔的凸模强度和刚度差,容易弯曲和折断,所以必须采取措施提高它的强度和刚度。生产实际中,最有效的措施之一就是对小凸模增加起保护作用的导向结构,如图 4-48 所示。其中图 4-48a 和图 4-48b 所示是局部导向结构,用于导板模或利用弹压卸料板对凸模进行导向的模具上,其导向效果不如全长导向结构;图 4-48c 和图 4-48d 基本上是全长导向保护,其护套装在卸料板或导板上,工作过程中护套对凸模在全长方向始终起导向保护作用,避免了小凸模受到侧压力,从而可有效防止小凸模的弯曲和折断。

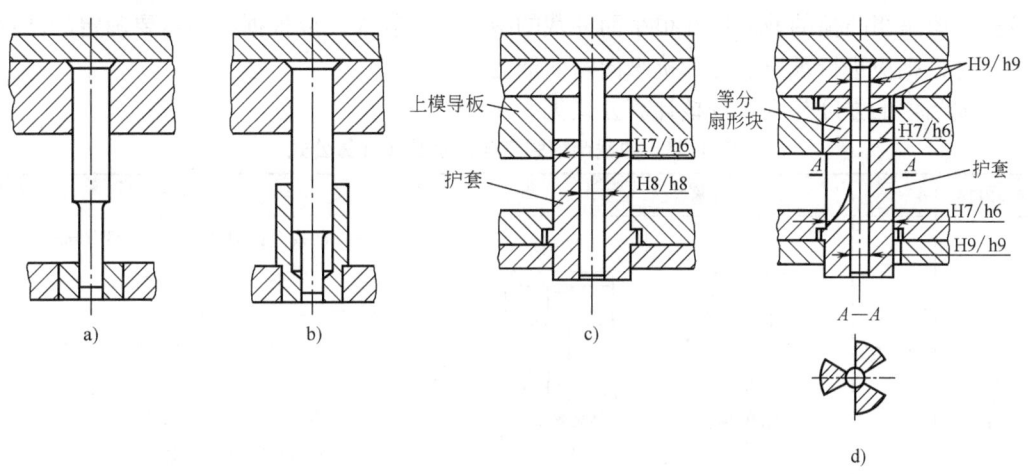

图 4-48 冲小孔凸模及其导向结构

(2) 凸模长度计算 凸模的长度尺寸应根据模具的具体结构确定,同时要考虑凸模的修磨量及固定板与卸料板之间的安全距离等因素。

当采用固定卸料时(见图 4-49a),凸模长度可按下式计算:

$$L = h_1 + h_2 + h_3 + h \tag{4-33}$$

当采用弹性卸料时(见图 4-49b),凸模长度可按下式计算:

$$L = h_1 + h_2 + h_a \tag{4-34}$$

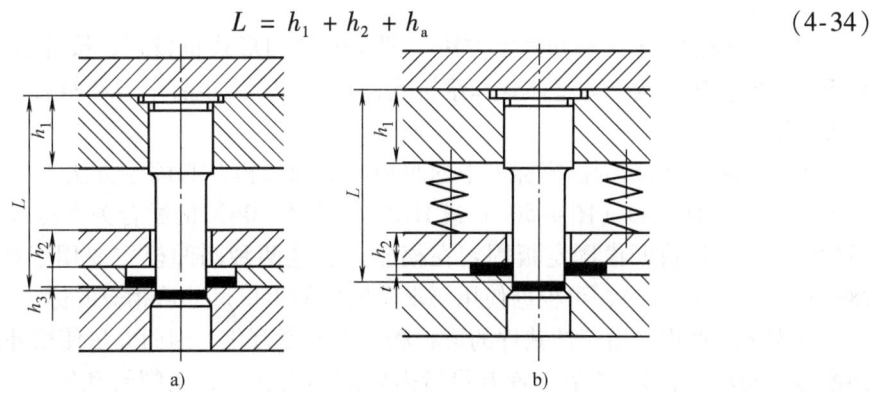

图 4-49 凸模长度的计算

式中 L——凸模长度（mm）；
　　 h_1——凸模固定板厚度（mm）；
　　 h_2——卸料板厚度（mm）；
　　 h_3——导料板厚度（mm）；
　　 h_a——卸料弹性元件的安装高度，即卸料弹性元件被预压后的高度（mm）；
　　 h——附加长度（mm），它包括凸模的修磨量、凸模进入凹模的深度、凸模固定板与卸料板之间的安全距离等，一般取 $h=15\sim20$mm。

若选用标准凸模，按照上述方法算得凸模长度后，还应根据冲模标准中的凸模长度系列选取最接近的标准长度作为实际凸模的长度。

(3) 凸模的强度与刚度校核　一般情况下，凸模的强度和刚度是足够的，没有必要进行校核。但是当凸模的截面尺寸很小而冲裁的板料厚度较大，或根据结构需要确定的凸模特别细长时，则应进行承压能力和抗纵向弯曲能力的校核。

冲裁凸模的强度与刚度校核计算公式见表4-23。

表4-23　冲裁凸模强度与刚度校核计算公式

校核内容		计算公式		式中符号意义
		无导向	有导向	L——凸模允许的最大自由长度（mm） d——凸模最小直径（mm） A——凸模最小断面积（mm²） J——凸模最小断面的惯性矩（mm⁴） F——冲裁力（N） t——冲压材料厚度（mm） τ——冲压材料抗剪强度（MPa） $[R_压]$——凸模材料的许用压应力（MPa），碳素工具钢淬火后的许用压应力一般为淬火前的1.5~3倍
弯曲应力	简图	（无导向示意图）	（有导向示意图）	
	圆形	$L\leqslant 90\dfrac{d^2}{\sqrt{F}}$	$L\leqslant 270\dfrac{d^2}{\sqrt{F}}$	
	非圆形	$L\leqslant 416\sqrt{\dfrac{J}{F}}$	$L\leqslant 1180\sqrt{\dfrac{J}{F}}$	
压应力	圆形	$d\geqslant \dfrac{5.2t\tau}{[R_压]}$		
	非圆形	$A\geqslant \dfrac{F}{[R_压]}$		

2. 凹模

(1) 凹模的外形结构与固定方法　凹模的结构形式也较多，按外形可分为标准圆凹模和板状凹模；按结构分为整体式和镶拼式；按刃口形式也有平刃和斜刃。这里只介绍整体式平刃口凹模。

图4-50a、b所示为国家标准中的两种冲裁圆凹模及其固定方法，这两种圆凹模尺寸都不大，一般以H7/m6（图4-50a）或H7/r6（图4-50b）的配合关系压入凹模固定板，然后通过螺钉、销钉将凹模固定板固定在模座上。这两种圆凹模主要用于冲孔（孔径 $d=1\sim28$mm，料厚 $t<2$mm），可根据使用要求及凹模的刃口尺寸从相应的标准中选取。

在实际生产中，由于冲裁件的形状和尺寸千变万化，因而大量使用外形为矩形或圆形的凹模板（板状凹模），在其上面开设所需要的凹模孔口，用螺钉和销钉直接固定在模座上，如图4-50c所示。凹模板轮廓尺寸已经标准化，它与标准固定板、垫板和模座等配套使用，设计时可根据算得的凹模轮廓尺寸选用。

图4-50d为快换式冲孔凹模及其固定方法。

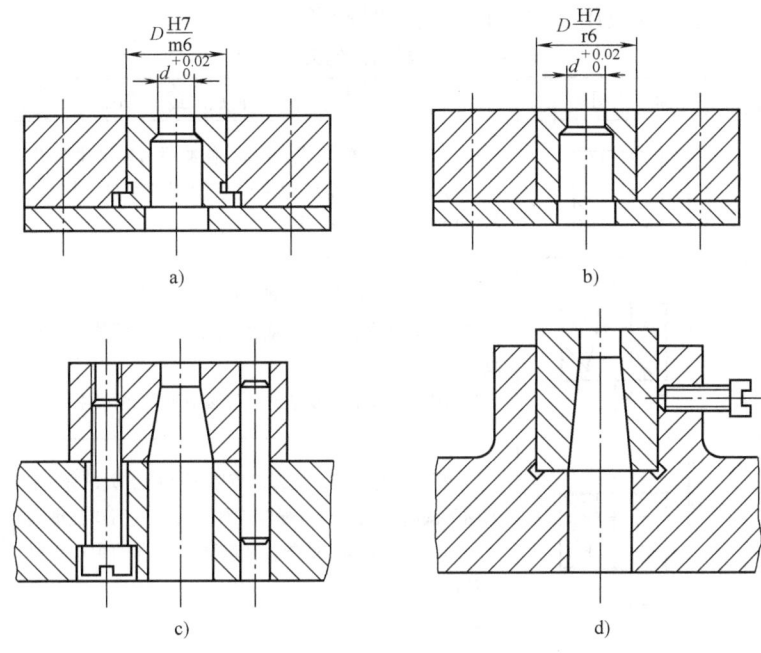

图 4-50 凹模形式及其固定

凹模采用螺钉和销钉定位固定时，要保证螺孔间、螺孔与销孔间及螺孔或销孔与凹模刃口间的距离不能太近，否则会影响模具使用寿命。一般螺孔与销孔间、螺孔或销孔与凹模刃口间的距离取大于两倍孔径值，其最小许用值可参考表4-24。

表4-24 螺孔、销孔之间及至刃壁的最小距离 （单位：mm）

简 图								
螺 钉 孔		M6	M8	M10	M12	M16	M20	M24
A	淬 火	10	12	14	16	20	25	30
	不淬火	8	10	11	13	16	20	25
B	淬 火	12	14	17	19	24	28	35
C	淬 火	5						
	不淬火	3						
销钉孔		φ4	φ6	φ8	φ10	φ12	φ16	φ20
D	淬 火	7	9	11	12	15	16	20
	不淬火	4	6	7	8	10	13	16

（2）凹模刃口的结构形式　冲裁凹模刃口形式有直筒形和锥形两种，选用时主要根据冲件的形状、厚度、尺寸精度以及模具的具体结构来决定。表 4-25 列出了冲裁凹模刃口的形式、主要参数、特点及应用，可供设计选用时参考。

表 4-25　冲裁凹模的刃口形式

刃口型式	序号	简　图	特点及适用范围
直筒形刃口	1		1）刃口为直通式，强度高，修磨后刃口尺寸不变 2）用于冲裁大型或精度要求较高的零件，模具装有反向顶出装置，不适用于下出件的模具
	2		1）刃口强度较高，修磨后刃口尺寸不变 2）凹模内易积存废料或冲裁件，尤其间隙小时刃口直壁部分磨损较快 3）用于冲裁形状复杂或精度要求较高的零件
	3		1）特点同序号 2，且刃口直壁下面的扩大部分可使凹模加工简单，但采用下漏料方式时刃口强度不如序号 2 的刃口强度高 2）用于冲裁形状复杂、精度要求较高的中小型件，也可用于装有反向顶出装置的模具
	4		1）凹模硬度较低（有时可不淬火），一般为 40HRC 左右，可用锤子敲击刃口外侧斜面以调整冲裁间隙 2）用于冲裁薄而软的金属或非金属零件
锥形刃口	5		1）刃口强度较差，修磨后刃口尺寸有增大 2）凹模内不易积存废料或冲裁件，刃口内壁磨损较慢 3）用于冲裁形状简单、精度要求不高的零件
	6		1）特点同序号 5 2）可用于冲裁形状较复杂的零件

主要参数	材料厚度 t/mm	α/（′）	β/（°）	刃口高度 h/mm	备　注
	<0.5			≥4	α 值适用于钳工加工。采用线切割加工时，可取 $\alpha = 5′ \sim 20′$
	0.5～1	15	2	≥5	
	1～2.5			≥6	
	2.5～6	30	3	≥8	
	>6			≥10	

（3）凹模轮廓尺寸的确定　凹模轮廓尺寸包括凹模板的平面尺寸 $L \times B$（长×宽）及厚度尺寸 H。从凹模刃口至凹模外边缘的最短距离称为凹模的壁厚 c。对于简单对称形状刃口的凹模，由于压力中心为刃口对称中心，所以凹模的平面尺寸即可沿刃口型孔向四周扩大

一个凹模壁厚来确定，如图 4-51a 所示，即

$$L = l + 2c, \quad B = b + 2c \tag{4-35}$$

式中　l——沿凹模长度方向刃口型孔的最大距离（mm）；

　　　b——沿凹模宽度方向刃口型孔的最大距离（mm）；

　　　c——凹模壁厚（mm），主要考虑布置螺孔与销孔的需要，同时也要保证凹模的强度和刚度，计算时可参考表 4-26 选取。

对于多型孔凹模，如图 4-51b 所示，设压力中心 O 沿矩形 $l \times b$ 的宽度方向对称，而沿长度方向不对称，则为了使压力中心与凹模板中心重合，凹模平面尺寸应按下式计算：

$$L = l' + 2c, \quad B = b + 2c \tag{4-36}$$

式中　l'——沿凹模长度方向压力中心至最远刃口间距的 2 倍（mm）。

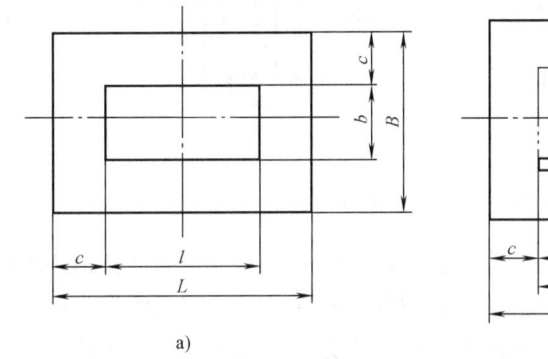
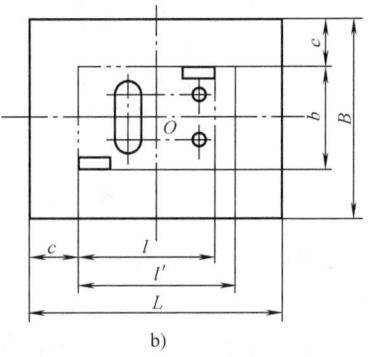

图 4-51　凹模轮廓尺寸的计算

表 4-26　凹模壁厚 c　　　　（单位：mm）

条料宽度	冲 件 材 料 厚 度 t			
	≤0.8	>0.8~1.5	>1.5~3	>3~5
≤40	20~25	22~28	24~32	28~36
>40~50	22~28	24~32	28~36	30~40
>50~70	28~36	30~40	32~42	35~45
>70~90	32~42	35~45	38~48	40~52
>90~120	35~45	40~52	42~54	45~58
>120~150	40~50	42~54	45~58	48~62

注：1. 冲件料薄时取表中较小值，反之取较大值。
　　2. 型孔为圆弧时取小值，为直边时取中值，为尖角时取大值。

凹模板的厚度主要是从螺钉旋入深度和凹模刚度的需要考虑的，一般应不小于 8mm。随着凹模板平面尺寸的增大，其厚度也应相应增大。

整体式凹模板的厚度可按如下经验公式估算：

$$H = K_1 K_2 \sqrt[3]{0.1F} \tag{4-37}$$

式中　F——冲裁力（N）；

　　　K_1——凹模材料修正系数，合金工具钢取 $K_1 = 1$，碳素工具钢取 $K_1 = 1.3$；

　　　K_2——凹模刃口周边长度修正系数，可参考表 4-27 选取。

表 4-27　凹模刃口周边长度修正系数 K_2

刃口长度/mm	<50	50~75	75~150	150~300	300~500	>500
修正系数 K_2	1	1.12	1.25	1.37	1.5	1.6

以上算得的凹模轮廓尺寸 $L \times B \times H$，当设计标准模具或虽然设计非标准模具，但凹模板毛坯需要外购时，应将计算尺寸 $L \times B \times H$ 按冲模国家标准中凹模板的系列尺寸进行修正，取接近的较大规格的尺寸。

3. 凸凹模

凸凹模是复合模中的主要工作零件，工作端的内外缘都是刃口，一般内缘与凹模刃口结构形式相同，外缘与凸模刃口结构形式相同。图4-52为凸凹模的常见结构及固定形式。

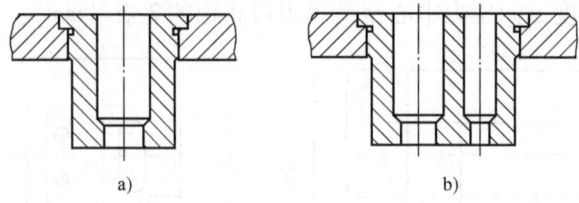

图 4-52　凸凹模的结构及固定

由于凸凹模内外缘之间的壁厚是由冲件孔边距决定的，所以当冲件孔边距离较小时必须考虑凸凹模强度，凸凹模强度不够时就不能采用复合模冲裁。凸凹模的最小壁厚与冲模的结构有关。正装式复合模因凸凹模内孔不积存废料，胀力小，最小壁厚可小些；倒装式复合模的凸凹模内孔一般积存废料，胀力大，最小壁厚应大些。

凸凹模的最小壁厚目前一般按经验数据确定。倒装式复合模可查表4-28；对于正装式复合模，冲件材料为钢铁材料时取其料厚的1.5倍，但不应小于0.7mm，冲件材料为非铁材料等软材料时取等于料厚的值，但不应小于0.5mm。

表 4-28　倒装式复合模的凸凹模最小壁厚　　　　（单位：mm）

简　图											
材料厚度	0.4	0.6	0.8	1.0	1.2	1.4	1.6	1.8	2.0	2.2	2.5
最小壁厚 a	1.4	1.8	2.3	2.7	3.2	3.6	4.0	4.4	4.9	5.2	5.8
材料厚度	2.8	3.0	3.2	3.5	3.8	4.0	4.2	4.4	4.6	4.8	5.0
最小壁厚 a	6.4	6.7	7.1	7.6	8.1	8.5	8.8	9.1	9.4	9.7	10

4. 凸模与凹模的镶拼结构

对于大、中型和形状复杂、局部薄弱的凸模或凹模，如果采用整体式结构，往往给锻造、机械加工及热处理带来困难，而且当发生局部损坏时，会造成整个凸、凹模的报废。为此,常采用镶拼结构的凸、凹模。

镶拼结构有镶接和拼接两种。镶接是将局部易磨损的部分另做一块,然后镶入凸、凹模本体或固定板内,如图4-53a、b所示。拼接是将整个凸、凹模根据形状分段成若干块,再分别将各块加工后拼接起来,如图4-53c、d所示。

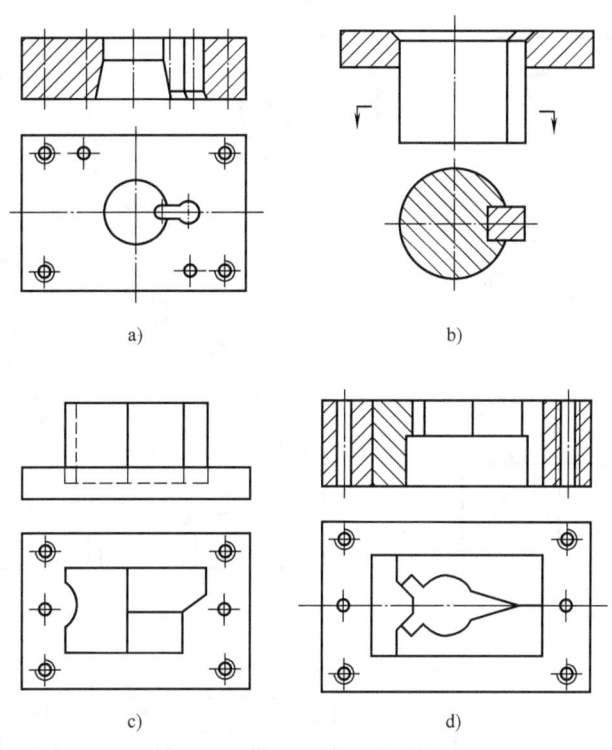

图4-53 凸、凹模的镶拼结构
a)、b) 镶接 c)、d) 拼接

(1) 镶拼结构设计的一般原则 镶拼结构设计的一般原则如下:

1) 便于加工制造,减少钳工工作量,提高模具加工精度。为此,①尽量将复杂的内形加工变成外形加工,以便于切削加工和磨削,如图4-54a、b、c所示;②尽量使分割后拼块的形状与尺寸相同,以便对拼块进行同时加工和磨削,如图4-54c、d、e所示;③应沿转角和尖角处分割,并尽量使拼块角度大于90°,如图4-54f所示;④圆弧尽量单独分块,拼接线应离切点4~7mm的直线处,大圆弧和长直线可分为几块,如图4-54i所示;⑤拼接线应与刃口垂直,长度一般取12~15mm,如图4-54i所示。

2) 便于装配、调整和维修。为此,①比较薄弱或容易磨损的局部凸出或凹进部分,应单独分为一块,如图4-54a、b、i所示;②有中心距公差要求时,拼块之间应能通过磨削或增减垫片的方法来调整,如图4-54g、h所示;③拼块之间尽量以凸、凹模槽形相嵌,便于拼块定位,防止冲裁过程中发生相对移动,如图4-54b所示。

3) 满足冲裁工艺要求,提高冲件质量。为此,凸模与凹模的拼接线应至少错开3~5mm,以免冲件产生毛刺。

(2) 镶块结构的固定方法 镶块结构的固定方法主要有以下几种。

1) 平面式固定。即把拼块直接用螺钉、销钉紧固定位于固定板或模座平面上,如图4-55a所示。这种固定方法主要用于大型的镶拼凸、凹模。

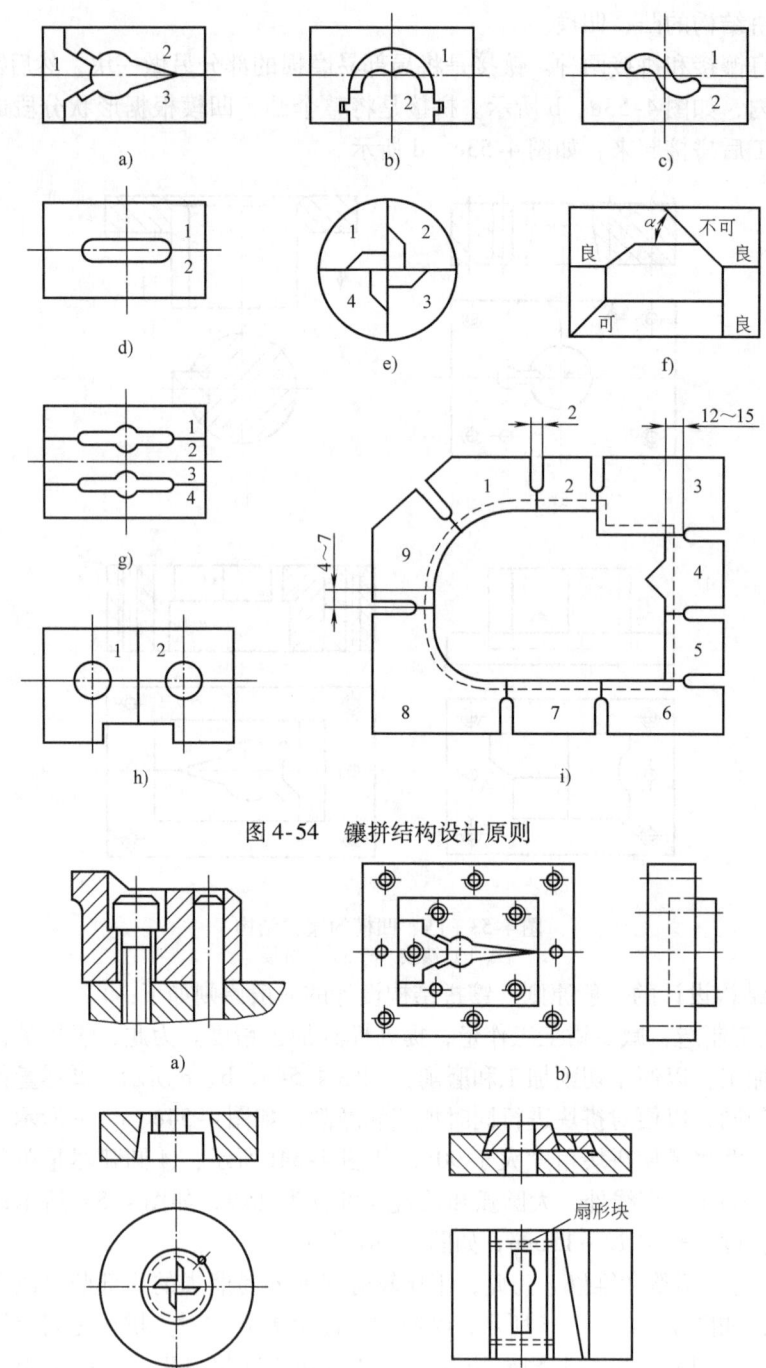

图 4-54 镶拼结构设计原则

图 4-55 镶拼结构的固定

2）嵌入式固定。即把各拼块拼合后，采用过渡配合（K7/h6）嵌入固定板凹槽内，再用螺钉紧固，如图 4-55b 所示。这种方法多用于中小型凸、凹模镶块的固定。

3）压入式固定。即把各拼块拼合后，采用过盈配合（U8/h7）压入固定板内，如图 4-55c 所示。这种方法常用于形状简单的小型镶块的固定。

4）斜楔式固定。即利用斜楔和螺钉把各拼块固定在固定板上，如图 4-55d 所示。拼块镶入固定板的深度应不小于拼块厚度的 1/3。这种方法也是中小型凹模镶块（特别是多镶块）常用的固定方法。

此外，还有用粘接剂浇注固定方法。

二、定位零件

定位零件的作用是使坯料或工序件在模具上相对凸、凹模有正确的位置。定位零件的结构形式很多，用于对条料进行定位的定位零件有挡料销、导料销、导料板、侧压装置、导正销、侧刃等，用于对工序件进行定位的定位零件有定位销、定位板等。

定位零件基本上都已标准化，可根据坯料或工序件形状、尺寸、精度及模具的结构形式与生产率要求等选用相应的标准。

（1）挡料销　挡料销的作用是挡住条料搭边或冲件轮廓以限定条料送进的距离。根据挡料销的工作特点及作用分为固定挡料销、活动挡料销和始用挡料销。

1）固定挡料销。固定挡料销一般固定在位于下模的凹模上。国家标准中的固定挡料销结构如图 4-56a 所示，该类挡料销广泛用于冲压中、小型冲件时的挡料定距，其缺点是销孔距凹模孔口较近，削弱了凹模的强度。图 4-56b 所示是一种部颁标准中的钩形挡料销，这种挡料销的销孔距离凹模孔口较远，不会削弱凹模的强度，但为了防止钩头在使用过程中发生转动，需增加防转销，从而增加了制造工作量。

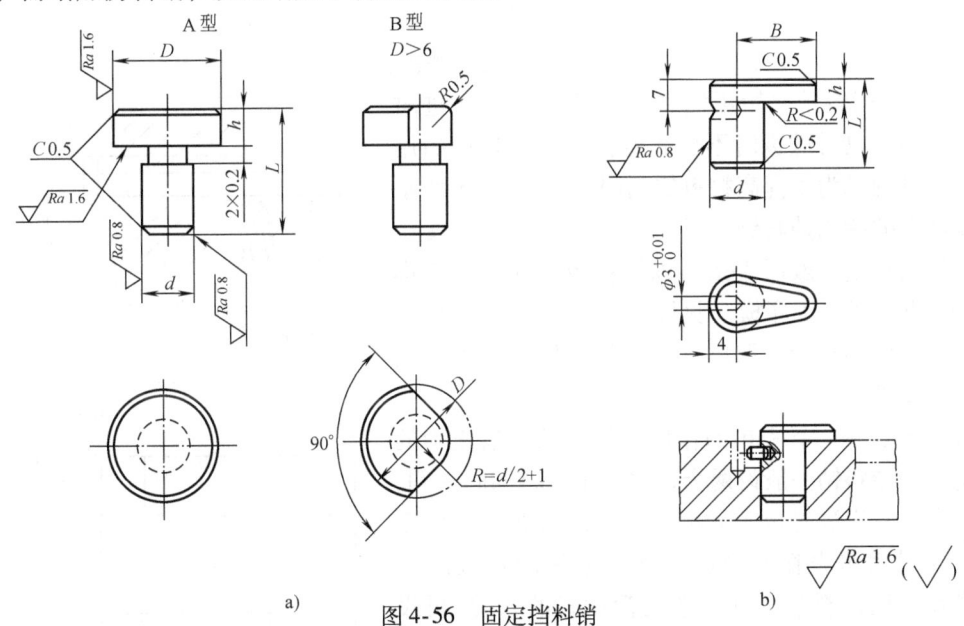

图 4-56　固定挡料销

2）活动挡料销。当凹模安装在上模时，挡料销只能设置在位于下模的卸料板上。此时若在卸料板上安装固定挡料销，因凹模上要开设挡料销的让位孔会削弱凹模的强度，这时应采用活动挡料销。

国家标准中的活动挡料销结构如图 4-57 所示，其中图 4-57a 所示为压缩弹簧式活动挡料销；图 4-57b 所示为扭簧式活动挡料销；图 4-57c 所示为橡胶（直接依靠卸料装置中的弹性橡胶）式活动挡料销；图 4-57d 所示为回带式挡料装置，这种挡料销对着送料方向带有斜面，送料时搭边碰撞斜面使挡料销跳起并越过搭边，然后将条料后拉，挡料销便挡住搭边而定位，即每次送料都要先推后拉，作方向相反的两个动作，操作比较麻烦。采用哪一种结构形式的挡料销需根据卸料方式、卸料装置具体结构及操作等因素决定。回带式挡料销常用于有固定卸料板或导板的模具上，其他形式的活动挡料销常用于具有弹性卸料板的模具上。

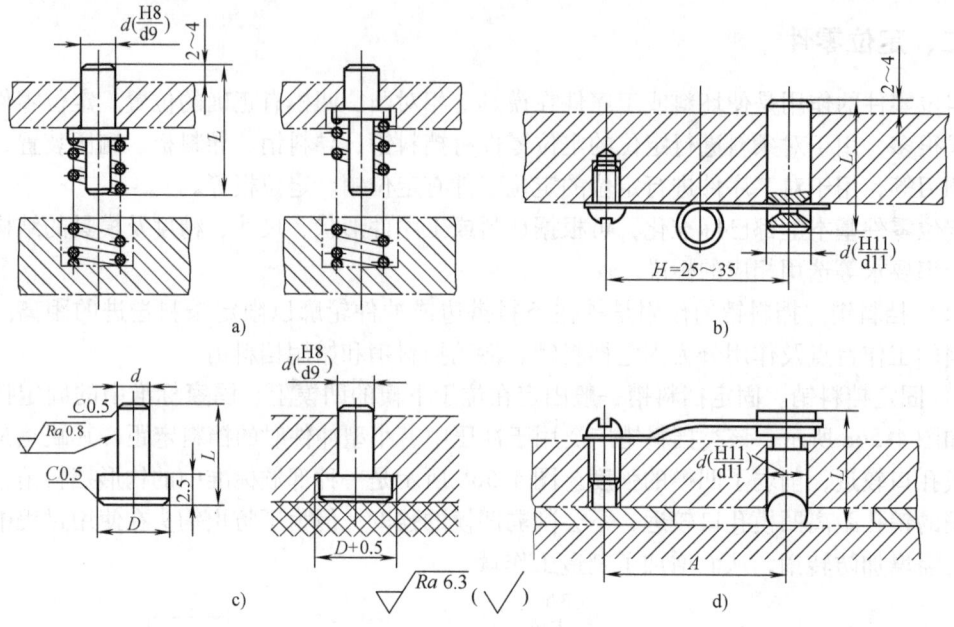

图 4-57 活动挡料销

3）始用挡料销。始用挡料销在条料开始送进时起定位作用，以后送进时不再起定位作用。采用始用挡料销的目的是为了提高材料的利用率。图 4-58 所示为国家标准的始用挡料销。

始用挡料销一般用于条料以导料板导向的级进模（见图 4-39）或单工序模（见图 4-31）中。一副模具中用几个始用挡料销，取决于冲件的排样方法和凹模上的工位安排。

(2) 导料销　导料销的作用是保证条料沿正确的方向送进。导料销一般设两个，并位于条料的同一侧，条料从右向左送进时位于后侧，从前向后送进时位于左侧。导料销可设在凹模面上（一般为固定式的），也可设在弹压卸料板上（一般为活动式的），还可设在固定板或下模座上，用挡料螺栓代替。

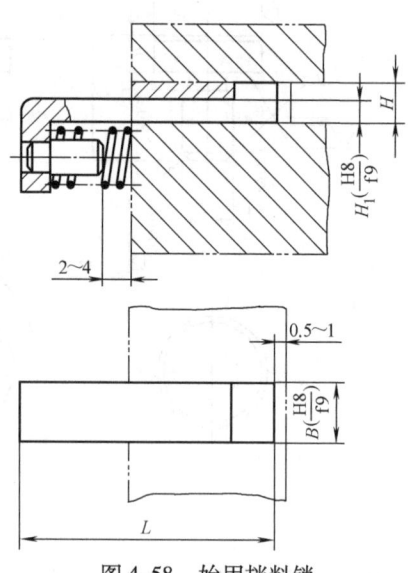

图 4-58 始用挡料销

固定式和活动式导料销的结构与固定式和活动式挡料销基本一样，可从标准中选用。导料销多用于单工序模或复合模中。

(3) 导料板　导料板的作用与导料销相同，但采用导料板定位时操作更方便，在采用导板导向或固定卸料的冲模中必须用导料板导向。导料板一般设在条料两侧，其结构有两种：一种是国家标准结构，如图 4-59a 所示，它与导板或固定卸料板分开制造；另一种是与导板或固定卸料板制成整体的结构，如图4-59b所示。为使条料沿导料板顺利通过，两导料板间距离应略大于条料最大宽度，导料板厚度 H 取决于挡料方式和板料厚度，以便于送料为原则。采用固定挡料销时，导料板厚度见表4-29。

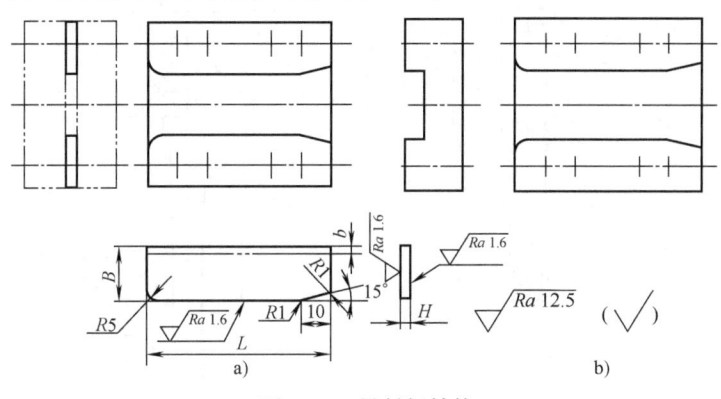

图 4-59　导料板结构

表 4-29　导料板厚度　　　　　　　　　　　　　　　（单位：mm）

简　图	材料厚度 t	挡料销高度 h	导料板厚度 H	
			固定挡料销	自动挡料销或侧刃
	0.3~2	3	6~8	4~8
	2~3	4	8~10	6~8
	3~4	4	10~12	8~10
	4~6	5	12~15	8~10
	6~10	8	15~25	10~15

（4）导正销　使用导正销的目的是消除送料时用挡料销、导料板（或导料销）等定位零件作粗定位时的误差，保证冲件在不同工位上冲出的内形与外形之间的相对位置公差要求。导正销主要用于级进模（见图4-39），也可用于单工序模。导正销通常设置在落料凸模上，与挡料销配合使用，也可与侧刃配合使用。

国家标准的导正销结构形式如图4-60所示，其中A型用于导正 $d=2\sim12\text{mm}$ 的孔；B型用于导正 $d\leqslant10\text{mm}$ 的孔，也可用于级进模上对条料工艺孔的导正，导正销背部的压缩弹簧在送料不准确时可避免导正销的损坏；C型用于导正 $d=4\sim12\text{mm}$ 的孔，导正销拆卸方便，且凸模刃磨后导正销长度可以调节；D型可用于导正12~50mm的孔。

为了使导正销工作可靠，导正销的直径一般应大于2mm。当冲件上的导正孔径小于2mm或孔的精度要求较高时，可在条料上另外冲出工艺孔进行导正。

导正销的头部由圆锥形的导入部分和圆柱形的导正部分组成。导正部分的直径可按下式计算：

$$d = d_\text{p} - a \tag{4-38}$$

式中　d——导正销导正部分直径（mm）；

d_p——导正孔的冲孔凸模直径（mm）；

a——导正销直径与冲孔凸模直径的差值（mm），可参考表 4-30 选取。

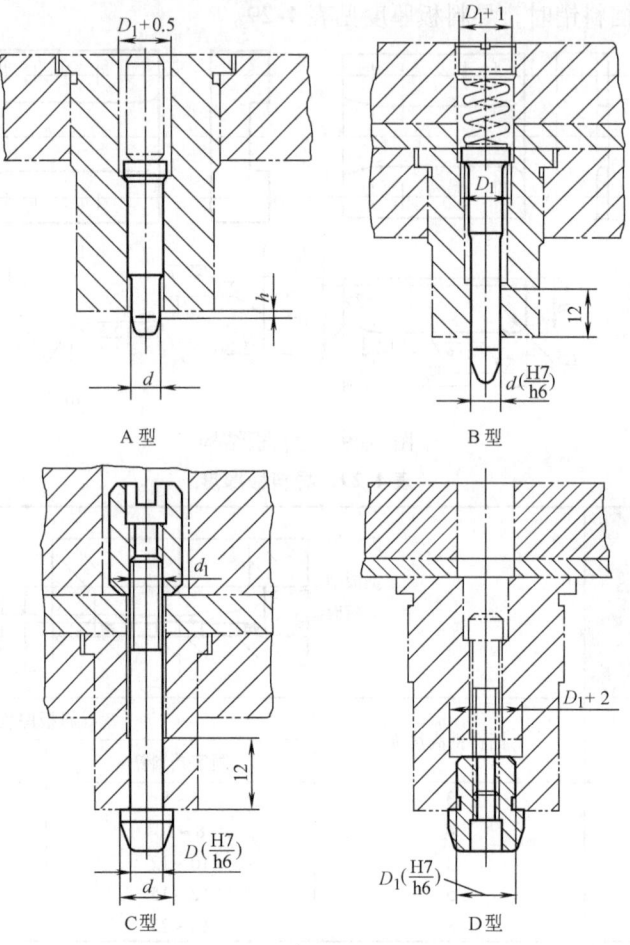

图 4-60 导正销结构

表 4-30 导正销与冲孔凸模间的差值 a　　　　　　　　（单位：mm）

冲件料厚 t	冲孔凸模直径 d_p						
	2~6	>6~10	>10~16	>16~24	>24~32	>32~42	>42~60
<1.5	0.04	0.06	0.06	0.08	0.09	0.10	0.12
1.5~3	0.05	0.07	0.08	0.10	0.12	0.14	0.16
3~5	0.06	0.08	0.10	0.12	0.16	0.18	0.20

导正部分的直径公差可按 h6~h9 选取。导正部分的高度一般取 $h=(0.5~1)t$，或按表 4-31 选取。

表 4-31 导正销导正部分高度 h　　　　　　　　（单位：mm）

冲件料厚 t	导正孔直径 d		
	1.5~10	>10~25	>25~50
<1.5	1	1.2	1.5
1.5~3	0.6t	0.8t	t
3~5	0.5t	0.6t	0.8t

由于导正销常与挡料销配合使用，挡料销只起粗定位作用，所以挡料销的位置应能保证导正销在导正过程中条料有被前推或后拉少许的可能。挡料销与导正销的位置关系如图 4-61 所示。

按图 4-61a 方式定位时，挡料销与导正销的中心距为

$$s_1 = s - \frac{D_p}{2} + \frac{D}{2} + 0.1 \tag{4-39}$$

按图 4-61b 方式定位时，挡料销与导正销的中心距为

$$s_1' = s + \frac{D_p}{2} - \frac{D}{2} - 0.1 \tag{4-40}$$

式中　s_1、s_1'——挡料销与导正销的中心距（mm）；

　　　　s——送料进距（mm）；

　　　　D_p——落料凸模直径（mm）；

　　　　D——挡料销头部直径（mm）。

（5）侧压装置　如果条料的公差较大，为避免条料在导料板中偏摆，使最小搭边得到保证，应在送料方向的一侧设置侧压装置，使条料始终紧靠导料板的另一侧送料。

侧压装置的结构形式如图 4-62 所示。其中图 4-62a 所示是弹簧式侧压装置，其侧压力较大，常用于被冲材料较厚的冲裁模；图 4-62b 所示是簧片侧压装置，侧压力较小，常用于被冲材料厚度为 0.3～1mm 的冲裁模；

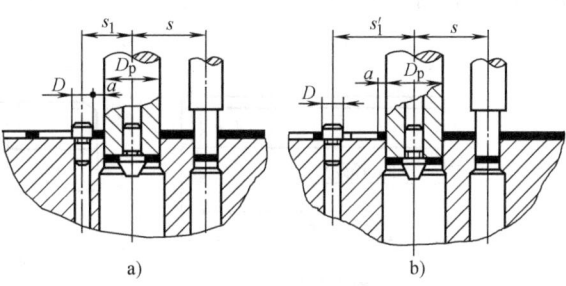

图 4-61　挡料销与导正销的位置关系

图 4-62c 所示是簧片压块式侧压装置，其应用场合同图 4-62b；图 4-62d 所示是板式侧压装置，侧压力大且均匀，一般装在模具进料一端，适用于侧刃定距的级进模。上述四种结构形式中，图 4-62a、b 所示的两种形式已经标准化。

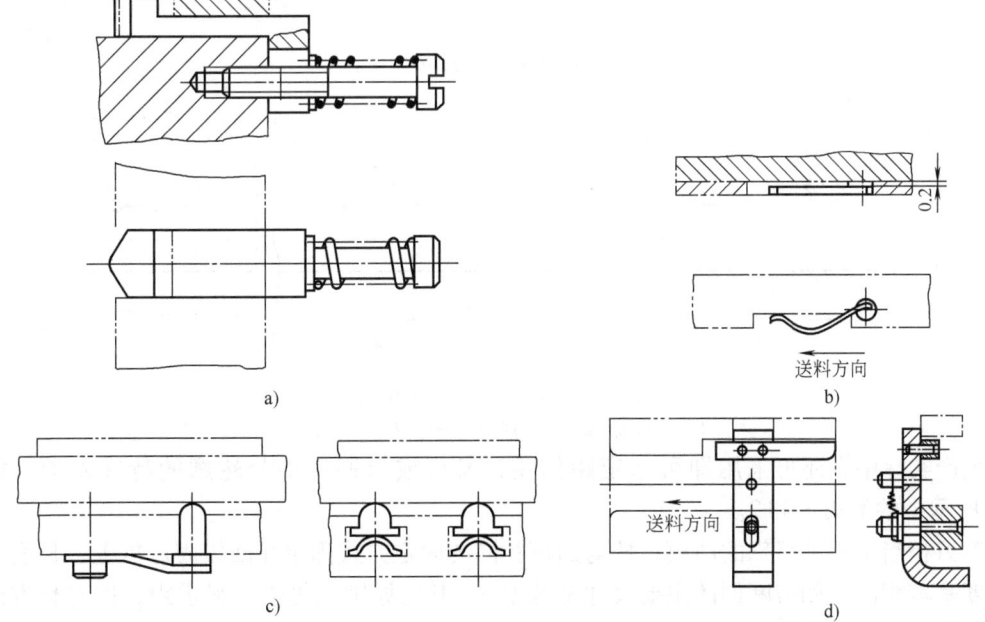

图 4-62　侧压装置

在一副模具中，侧压装置的数量和设置位置视实际需要而定。但对于料厚小于 0.3mm 及采用辊轴自动送料装置的模具不宜采用侧压装置。

（6）侧刃　侧刃也是对条料起送进定距作用的，图 4-41 所示是使用侧刃定距的级进模。国家标准中的侧刃结构如图 4-63 所示，Ⅰ型侧刃的工作端面为平面，Ⅱ型侧刃的工作端面为台阶面。台阶面侧刃在冲切前凸出部分先进入凹模起导向作用，可避免因侧刃单边冲切时产生的侧压力导致侧刃损坏。Ⅰ型和Ⅱ型侧刃按断面形状都分为长方形侧刃和成形侧刃，长方形侧刃（ⅠA 型、ⅡA 型）结构简单，易于制造，但当侧刃刃口尖角磨损后，在条料侧边形成的毛刺会影响送进和定位的准确性，如图 4-64a 所示。成形侧刃（ⅠB 型、ⅡB 型、ⅠC 型、ⅡC 型）如果磨损后在条料侧边形成的毛刺离开了导料板和侧刃挡块的定位面，因而不影响送进和定位的准确性，如图 4-64b 所示，但这种侧刃消耗材料增多，结构较复杂，制造较麻烦。长方形侧刃一般用于板料厚度小于 1.5mm、冲件精度要求不高的送料定距；成形侧刃用于板料厚度小于 0.5mm、冲件精度要求较高的送料定距。

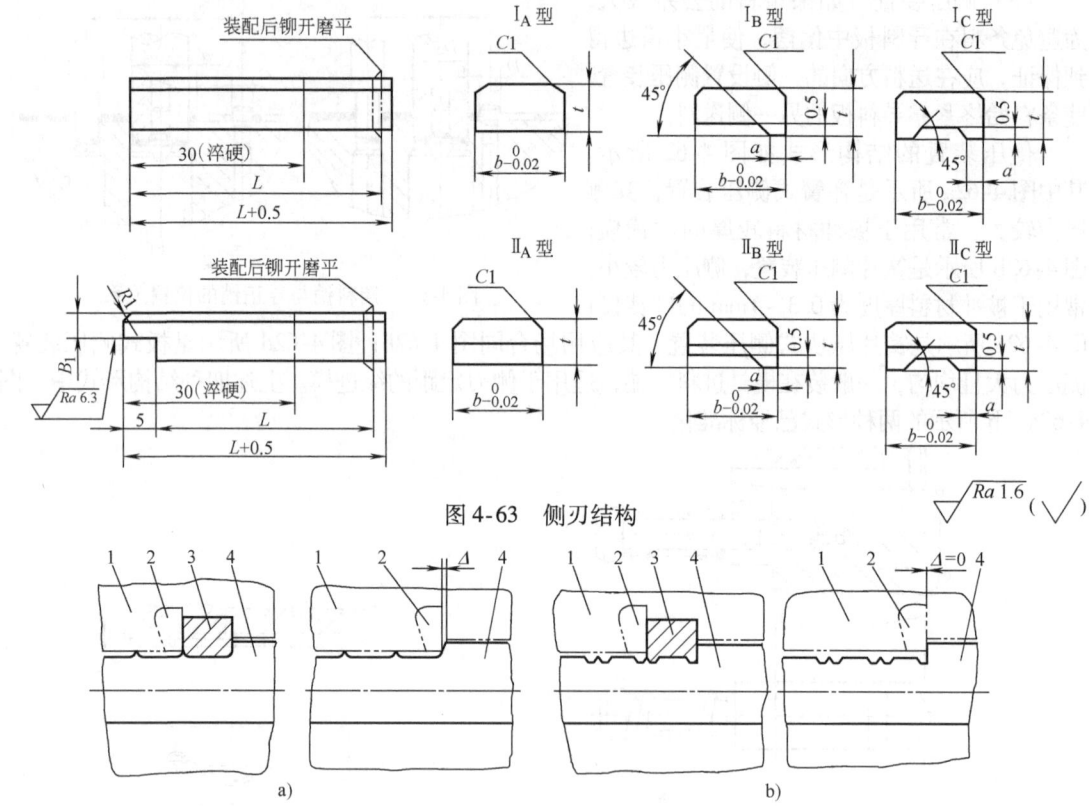

图 4-63　侧刃结构

图 4-64　侧刃定位误差比较
1—导料板　2—侧刃挡块　3—侧刃　4—条料

生产实际中，还可采用即可起定距作用，又可成形冲件部分轮廓的特殊侧刃，如图 4-65 所示中的侧刃 1 和 2。

侧刃相当于一种特殊的凸模，按与凸模相同的固定方式固定在凸模固定板上，长度与凸模长度基本相同。侧刃断面的主要尺寸是宽度 b，其值原则上等于送料进距，但对长方形侧刃和侧刃与导正销兼用时，宽度 b 按下式确定：

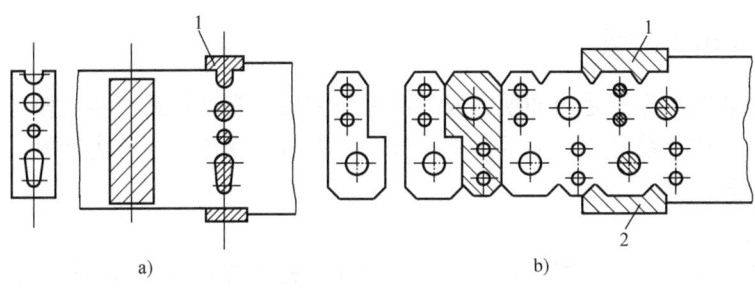

图 4-65 特殊侧刃

$$b = \left[s + (0.05 \sim 0.1)\right]_{-\delta_c}^{0} \tag{4-41}$$

式中 b——侧刃宽度（mm）；

s——送料进距（mm）；

δ_c——侧刃宽度制造公差，可取 h6。

侧刃的其他尺寸可参考标准确定。侧刃凹模按侧刃实际尺寸配制，留单边间隙与冲裁间隙相同。

（7）定位板与定位销　定位板和定位销是作为单个毛坯或工序件的定位用。常见的定位板和定位销的结构形式如图 4-66 所示，其中图 4-66a 所示是以毛坯或工序件的外缘作定位基准；图 4-66b 所示是以毛坯或工序件的内缘作定位基准。具体选择哪种定位方式，应根据毛坯或工序件的形状、尺寸大小和冲压工序性质等决定。定位板的厚度或定位销的定位高度应比毛坯或工序件厚度大 1~2mm。

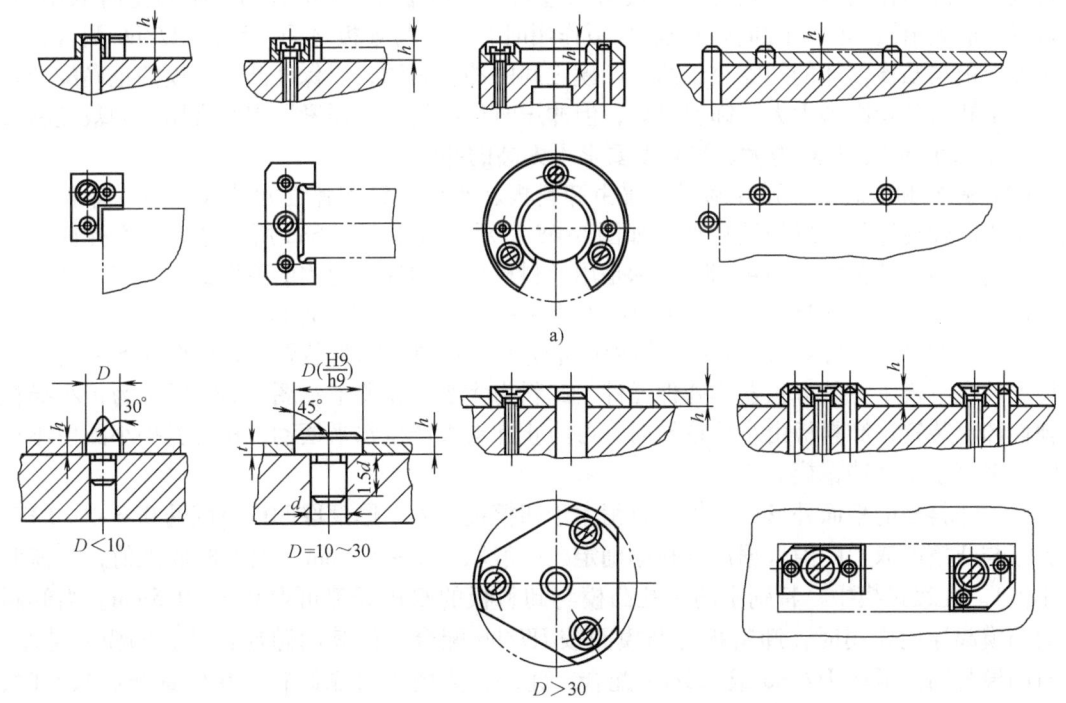

图 4-66 定位板与定位销的结构形式

三、卸料与出件装置

卸料与出件装置的作用是当冲模完成一次冲压之后，把冲件或废料从模具工作零件上卸下来，以便冲压工作继续进行。通常，把冲件或废料从凸模上卸下称为卸料，把冲件或废料从凹模中卸下称为出件。

1. 卸料装置

卸料装置按卸料方式分为固定卸料装置、弹性卸料装置和废料切刀三种。

（1）固定卸料装置　固定卸料装置仅由固定卸料板构成，一般安装在下模的凹模上。生产中常用的固定卸料装置的结构如图4-67所示，其中图4-67a和图4-67b用于平板件的冲裁卸料，图4-67c和图4-67d用于经弯曲或拉深等成形后的工序件的冲裁卸料。

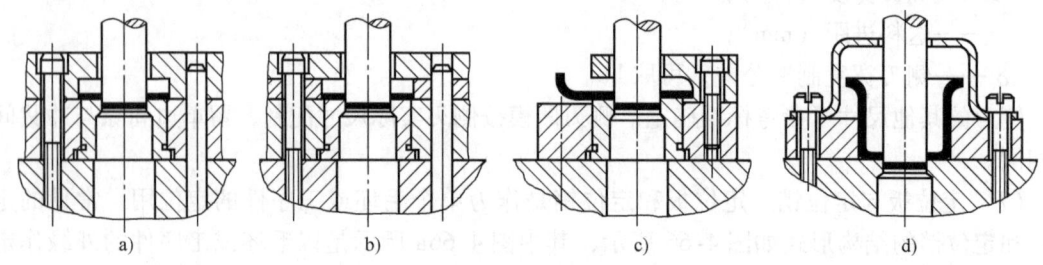

图4-67　固定卸料装置

固定卸料板的平面外形尺寸一般与凹模板相同，其厚度可取凹模厚度的0.8~1倍。当卸料板仅起卸料作用时，凸模与卸料板的双边间隙一般取0.2~0.5mm（板料薄时取小值，板料厚时取大值）。当固定卸料板兼起导板作用时，凸模与导板之间一般按H7/h6配合，但应保证导板与凸模之间的间隙小于凸、凹模之间的冲裁间隙，以保证凸、凹模的正确配合。

固定卸料装置卸料力大，卸料可靠，但冲压时坯料得不到压紧，因此常用于冲裁坯料较厚（大于0.5mm）、卸料力大、平直度要求不太高的冲件。

（2）弹性卸料装置　弹性卸料装置由卸料板、卸料螺钉和弹性元件（弹簧或橡胶）组成。常用的弹性卸料装置的结构形式如图4-68所示，其中图4-68a所示是直接用弹性橡胶卸料，用于简单冲裁模；图4-68b所示是用导料板导向的冲模使用的弹性卸料装置，卸料板凸台部分的高度h应比导料板厚度H小（0.1~0.3）t（t为坯料厚度），即$h = H - (0.1 ~ 0.3) t$；图4-68c和图4-68d所示是倒装式冲模上用的弹性卸料装置，其中图4-68c所示是利用安装在下模下方的弹顶器作弹性元件，卸料力大小容易调节；图4-68e所示为带小导柱的弹性卸料装置，卸料板由小导柱导向，可防止卸料板产生水平摆动，从而保护小凸模不被折断，多用于小孔冲裁模。

弹性卸料板的平面外形尺寸等于或稍大于凹模板尺寸，厚度取凹模厚度的0.6~0.8倍。卸料板与凸模的双边间隙根据冲件料厚确定，一般取0.1~0.3mm（料厚时取大值，料薄时取小值）。在级进模中，特别小的冲孔凸模与卸料板的双边间隙可取0.3~0.5mm。当卸料板对凸模起导向作用时，卸料板与凸模间按H7/h6配合，但其间隙应比凸、凹模间隙小，此时凸模与固定板按H7/h6或H8/h7配合。此外，为便于可靠卸料，在模具开启状态时，卸料板工作平面应高出凸模刃口端面0.3~0.5mm。

卸料螺钉一般采用标准的阶梯形螺钉，其数量按卸料板形状与大小确定，卸料板为圆形时常用3~4个，为矩形时一般用4~6个。卸料螺钉的直径根据模具大小可选8~12mm，各

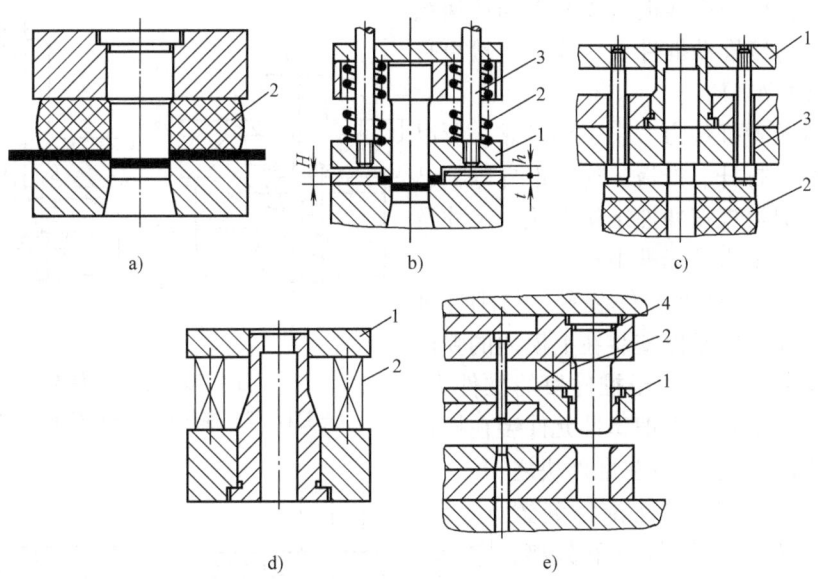

图 4-68 弹性卸料装置
1—卸料板　2—弹性元件　3—卸料螺钉　4—小导柱

卸料螺钉的长度应一致,以保证装配后卸料板水平和均匀卸料。

弹性卸料装置可装于上模或下模,依靠弹簧或橡皮的弹力来卸料,卸料力不太大,但冲压时可兼起压料作用,故多用于冲裁料薄及平面度要求较高的冲件。

(3) 废料切刀　废料切刀是在冲裁过程中将冲裁废料切断成数块,从而实现卸料的一种卸料零件。废料切刀卸料的原理如图 4-69 所示,废料切刀安装在下模的凸模固定板上,当上模带动凹模下压进行切边时,同时把已切下的废料压向废料切刀上,从而将其切开卸料。这种卸料方式不受卸料力大小限制,卸料可靠,多用于大型冲件的落料或切边冲模上。

废料切刀已经标准化,可根据冲件及废料尺寸、料厚等进行选用。废料切刀的刃口长度应比废料宽度大些,安装时切刀刃口应比凸模刃口低,其值 h 为板料厚度的 2.5~4 倍,且不小于 2mm。冲件形状简单时,一般设两个废料切刀,冲件形状复杂时,可设多个废料切刀或采用弹性卸料与废料切刀联合卸料。

2. 出件装置

出件装置的作用是从凹模内卸下冲件或废料。为了便于学习,把装在上模内的出件装置称为推件装置,装在下模内的称为顶件装置。

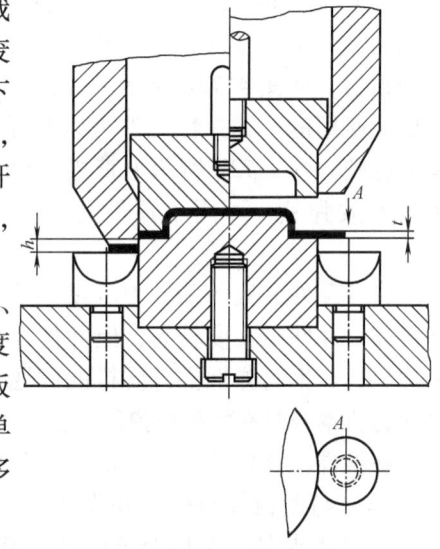

图 4-69 废料切刀工作原理

(1) 推件装置　推件装置有刚性推件装置和弹性推件装置两种。图 4-70 所示为刚性推件装置,它是在冲压结束后上模回程时,利用压力机滑块上的打料杆撞击模柄内的打杆,再将推力传至推件块而将凹模内的冲件或废料推出的。刚性推件装置的基本零件有推件块(或推杆,如图 4-37 所示)、推板、连接推杆和打杆(见图 4-70a)。当打杆下方投影区域内无凸模时,也可省去由连接推杆和推板组成的中间传递结构,而由打杆直接推动推件块,甚至直接由打杆推件(见图4-70b)。

刚性推件装置推件力大,工作可靠,所以应用十分广泛。打杆、推板、连接推杆等都已标准化,设计时可根据冲件结构形状、尺寸及推件装置的结构要求从标准中选取。

图4-71所示为弹性推件装置。与刚性推件装置不同的是,它是以安装在上模内的弹性元件的弹力来代替打杆给予推件块的推件力。视模具结构的可能性,可把弹性元件装在推板之上(图4-71a),也可装在推件块之上(图4-71b)。采用弹性推件装置时,可使板料处于压紧装态下分离,因而冲件的平直度较高。但开模时冲件易嵌入边料中,取件较麻烦,且受模具结构空间限制,弹性元件产生的弹力有限,所以主要适用于板料较薄且平直度要求较高的冲件。

(2)顶件装置　顶件装置一般是弹性的,其基本零件是顶件块、顶杆和弹顶器,如图4-72a所示。弹顶器可做成通用的,其弹性元件可以是弹簧或橡胶。图4-72b所示为直接在顶件块下方安放弹簧,可用于顶件力不大的场合。

弹性顶件装置的顶件力容易调节,工作可靠,冲件平直度较高,但冲件也易嵌入边料,产生与弹性推件同样的问题。大型压力机本身具有气垫作弹顶器。

在推件和顶件装置中,推件块和顶件块工作时与凹模孔口配合并作相对运动,对它们的要求是:模具处于闭合状态时,其背后应有一定空间,以备修模和调整的需要;模具处于开启状态时,必须顺利复位,且工作面应高出凹模平面 $h = 0.2 \sim 0.5 \text{mm}$,以保证可靠推件或顶件;与凹模和凸模的配合应保证顺利滑动,一般与凹模的配合为间隙配合,推件块或顶件块的外形配合面可按h8制造,与凸模的配合可呈较松的间隙配合,或根据料厚取适当间隙。

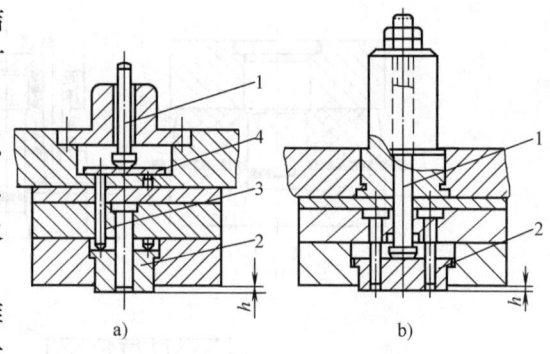

图4-70　刚性推件装置
1—打杆　2—推件块　3—连接推杆　4—推板

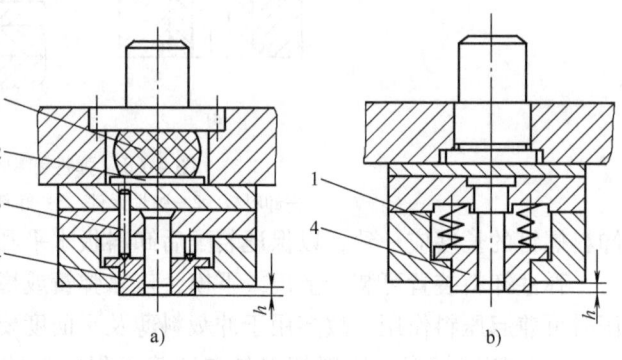

图4-71　弹性推件装置
1—弹性元件　2—推板　3—连接推杆　4—推件块

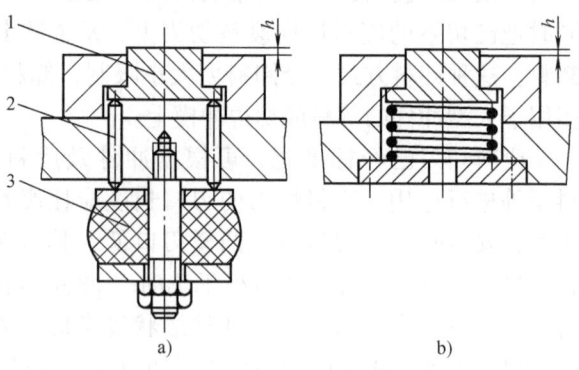

图4-72　弹性顶件装置
1—顶件块　2—顶杆　3—弹顶器

3. 弹性元件的选用与计算

在冲裁模卸料与出件装置中，常用的弹性元件是弹簧和橡胶。考虑模具设计时出件装置中的弹性元件很少需专门选用与计算，这里只介绍卸料弹性元件的选用与计算。

(1) 弹簧的选用与计算　在卸料装置中，常用的弹簧是圆柱螺旋压缩弹簧。这种弹簧已标准化（GB/T 2089—1994），设计时根据所要求弹簧的压缩量和产生的压力按标准选用即可。

1）卸料弹簧选择的原则。

① 为保证卸料正常工作，在非工作状态下，弹簧应该预压，其预压力 F_y 应大于等于单个弹簧承受的卸料力，即

$$F_y \geqslant F_x/n \tag{4-42}$$

式中　F_y——弹簧的预压力（N）；

　　　F_x——卸料力（N）；

　　　n——弹簧数量。

② 弹簧的极限压缩量应大于或等于弹簧工作时的总压缩量，即

$$h_j \geqslant h = h_y + h_x + h_m \tag{4-43}$$

式中　h_j——弹簧的极限压缩量（mm）；

　　　h——弹簧工作时的总压缩量（mm）；

　　　h_y——弹簧在预压力作用下产生的预压量（mm）；

　　　h_x——卸料板的工作行程（mm）；

　　　h_m——凸模或凸凹模的刃磨量（mm），通常取 $h_m = 4 \sim 10$mm。

③ 选用的弹簧能够合理地布置在模具的相应空间。

2）卸料弹簧选用与计算步骤。

① 根据卸料力和模具安装弹簧的空间大小，初定弹簧数量 n，计算每个弹簧应产生的预压力 F_y。

② 根据预压力和模具结构预选弹簧规格，选择时应使弹簧的极限工作压力 F_j 大于预压力 F_y，初选时一般可取 $F_j = (1.5 \sim 2) F_y$。

③ 计算预选弹簧在预压力作用下的预压量 h_y 为

$$h_y = F_y \cdot h_j / F_j \tag{4-44}$$

④ 校核弹簧的极限压缩量是否大于实际工作的总压缩量，即 $h_j \geqslant h = h_y + h_x + h_m$。如不满足，则必须重选弹簧规格，直至满足为止。

⑤ 列出所选弹簧的主要参数：d（钢丝直径）、D_2（弹簧中径）、t（节距）、h_0（自由长度）、n（圈数）、F_j（弹簧的极限工作压力）、h_j（弹簧的极限压缩量）。

例 4-4　某冲模冲裁的板料厚度 $t = 0.6$mm，经计算卸料力 $F_x = 1350$N，若采用弹性卸料装置，试选用和计算卸料弹簧。

解：1）假设考虑了模具结构，初定弹簧的个数 $n = 4$，则每个弹簧的预压力为

$$F_y = \frac{F_x}{n} = \frac{1350}{4}\text{N} \approx 338\text{N}$$

2）初选弹簧规格。按 $2F_y$ 估算弹簧的极限工作压力 F_j 为

$$F_j = 2F_y = 2 \times 338\text{N} = 676\text{N}$$

查标准 GB/T 2089—1994，初选弹规格为 $d \times D_2 \times h_0 = 4 \times 22 \times 60$，$F_j = 670$N，$h_j = 20.9$mm。

3) 计算所选弹簧的预压量 h_y 为

$$h_y = \frac{F_y \cdot h_j}{F_j} = \frac{338\text{N} \times 20.9\text{mm}}{670\text{N}} \approx 10.5\text{mm}$$

4) 校核所选弹簧是否合适。卸料板工作行程 $h_x = 0.6\text{mm} + 1\text{mm} = 1.6\text{mm}$，取凸模刃磨量 $h_m = 6\text{mm}$，则弹簧工作时的总压缩量为

$$h = h_y + h_x + h_m = 10.5\text{mm} + 1.6\text{mm} + 6\text{mm} = 18.1\text{mm}$$

因为 $h < h_j = 20.9\text{mm}$，故所选弹簧合适。

5) 所选弹簧的主要参数为 $d = 4\text{mm}$，$D_2 = 22\text{mm}$，$t = 7.12\text{mm}$，$n = 7.5$ 圈，$h_0 = 60\text{mm}$，$F_j = 670\text{N}$，$h_j = 20.9\text{mm}$。弹簧的标记为弹簧 $4 \times 22 \times 60\text{GB/T } 2089—1994$。弹簧的安装高度为 $h_a = h_0 - h_y = 60\text{mm} - 10.5\text{mm} = 49.5\text{mm}$。

（2）橡胶的选用与计算　由于橡胶允许承受的载荷较大，安装调整灵活方便，因而是冲裁模中常用的弹性元件。冲裁模中用于卸料的橡胶有合成橡胶和聚氨酯橡胶，其中聚氨酯的性能比合成橡胶优异，是常用的卸料弹性元件。冲模标准中还专门规定了聚氨酯橡胶的规格与尺寸（JB/T 7650.9—1995），选用很方便。

1) 卸料橡胶选择的原则。

① 为保证卸料正常工作，应使橡胶的预压力 F_y 大于或等于卸料力 F_x，即

$$F_y \geq F_x \tag{4-45}$$

橡胶的压力与压缩量之间不是线性关系，其特性曲线如图 4-73 所示。橡胶压缩时产生的压力按下式计算：

$$F = Ap \tag{4-46}$$

式中　A——橡胶的横截面积（与卸料板贴合的面积）（mm）；

p——橡胶的单位压力（MPa），其值与橡胶的压缩量、形状及尺寸大小有关，可由图 4-73 所示的橡胶特性曲线或从表 4-32 中选取。

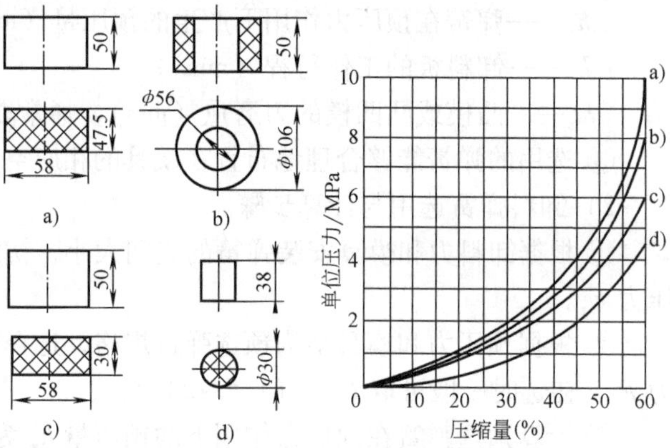

图 4-73　合成橡胶压缩特性曲线

a)、c) 矩形　b) 圆筒形　d) 圆柱形

表 4-32　橡胶压缩量与单位压力

压缩量（%）		10	15	20	25	30	35
单位压力 p/MPa	聚氨酯橡胶	1.1		2.5		4.2	5.6
	合成橡胶	0.26	0.50	0.74	1.06	1.52	2.10

② 橡胶极限压缩量应大于或等于橡胶工作时的总压缩量，即

$$h_j \geq h = h_y + h_x + h_m \tag{4-47}$$

式中　h_j——橡胶的极限压缩量（mm），为了保证橡胶不过早失效，一般合成橡胶取 $h_j = (0.35 \sim 0.45)h_0$，聚氨酯橡胶取 $h_j = 0.35h_0$，h_0 为橡胶的自由高度；

h——橡胶工作时的总压缩量（mm）；

h_y——橡胶的预压量（mm），一般合成橡胶取 $h_y = (0.1 \sim 0.15)h_0$，聚氨酯橡胶取 $h_y = 0.1h_0$；

h_x——卸料板的工作行程（mm），一般取 $h_x = t + 1$，t 为板料厚度；

h_m——凸模或凸凹模的刃磨量，一般取 $h_m = 4 \sim 10 \text{mm}$。

③ 橡胶的高度 h_0 与外径 D 之比应满足条件：

$$0.5 \leq h_0/D \leq 1.5 \qquad (4\text{-}48)$$

2）橡胶选用与计算步骤。

① 根据模具结构确定橡胶的形状与数量 n。

② 确定每块橡胶所承受的预压力 $F_y = \dfrac{F_x}{n}$。

③ 确定橡胶的横截面积及截面尺寸。

④ 计算并校核橡胶的自由高度 h_0。橡胶的自由高度可按下式计算：

$$h_0 = \dfrac{h_x + h_m}{0.25 \sim 0.3} \qquad (4\text{-}49)$$

橡胶自由高度的校核式为 $0.5 \leq h_0/D \leq 1.5$。若 $h_0/D > 1.5$，可将橡胶分成若干层，并在层间垫以钢垫片；若 $h_0/D < 1.5$，则应重新确定其尺寸。

例 4-5　如果例4-4中将卸料弹簧改用聚氨酯橡胶，试确定橡胶的尺寸。

解：1）假设考虑了模具结构，选用 4 个圆筒形的聚氨酯橡胶，则每个橡胶所承受的预压力为

$$F_y = \dfrac{F_x}{n} = \dfrac{1350\text{N}}{4} \approx 338\text{N}$$

2）确定橡胶的横截面积 A：取 $h_y = 10\% h_0 = 0.1 h_0$，查表4-32，得 $p = 1.1\text{MPa}$，则

$$A = \dfrac{F_y}{p} = \dfrac{338\text{N}}{1.1\ (\text{N/mm}^2)} \approx 307\text{mm}^2$$

3）确定橡胶的截面尺寸：假设选用直径为 8mm 的卸料螺钉，取橡胶上螺钉过孔的直径 $d = 10\text{mm}$，则橡胶外径 D 根据

$$\dfrac{\pi (D^2 - d^2)}{4} = A$$

求得

$$D = \sqrt{d^2 + \dfrac{4A}{\pi}}$$

$$= \sqrt{10^2 + \dfrac{4 \times 307}{3.14}}\text{mm} \approx 22\text{mm}$$

为了保证足够卸料力，可取 $D = 25\text{mm}$。

4）计算并校核橡胶的自由高度 h_0：

$$h_0 = \dfrac{h_x + h_m}{0.35 - 0.10} = \dfrac{0.6\text{mm} + 1\text{mm} + 6\text{mm}}{0.25} = 30\text{mm}$$

因为 $h_0/D = 30/20 = 1.2$，故所选橡胶符合要求。橡胶的安装高度 $h_a = h_0 - h_y = 30\text{mm} - 0.1 \times 30\text{mm} = 27\text{mm}$。

四、模架及其零件

模架是上、下模座与导向零件的组合体。为了便于学习和选用标准，这里将冲裁模零件分类中的导向零件与属于支承固定零件中的上、下模座作为模架及其零件进行介绍。

1. 模架

冲模模架已经标准化。标准冲模模架主要有两大类：一类是由上、下模座和导柱、导套组成的导柱模模架；另一类是由弹压导板、下模座和导柱、导套组成的导板模模架。

（1）导柱模模架　导柱模模架按其导向结构形式分为滑动导向模架和滚动导向模架两种。滑动导向模架中导柱与导套通过小间隙或无间隙滑动配合，因导柱、导套结构简单，加工与装配方便，故应用最广泛；滚动导向模架中导柱通过滚珠与导套实现有微量过盈的无间隙配合（一般过盈量为0.01~0.02mm），导向精度高，使用寿命长，但结构较复杂，制造成本高，主要用于精密冲裁模、硬质合金冲裁模，高速冲模及其他精密冲模上。

根据导柱、导套在模架中的安装位置不同，滑动导向模架有对角导柱模架、后侧导柱模架、后侧导柱窄形模架、中间导柱模架、中间导柱圆形模架和四导柱模架等六种结构形式，如图4-74所示。滚动导向模架有对角导柱模架、中间导柱模架、四导柱模架和后侧导柱模架等四种结构形式，如图4-75所示。

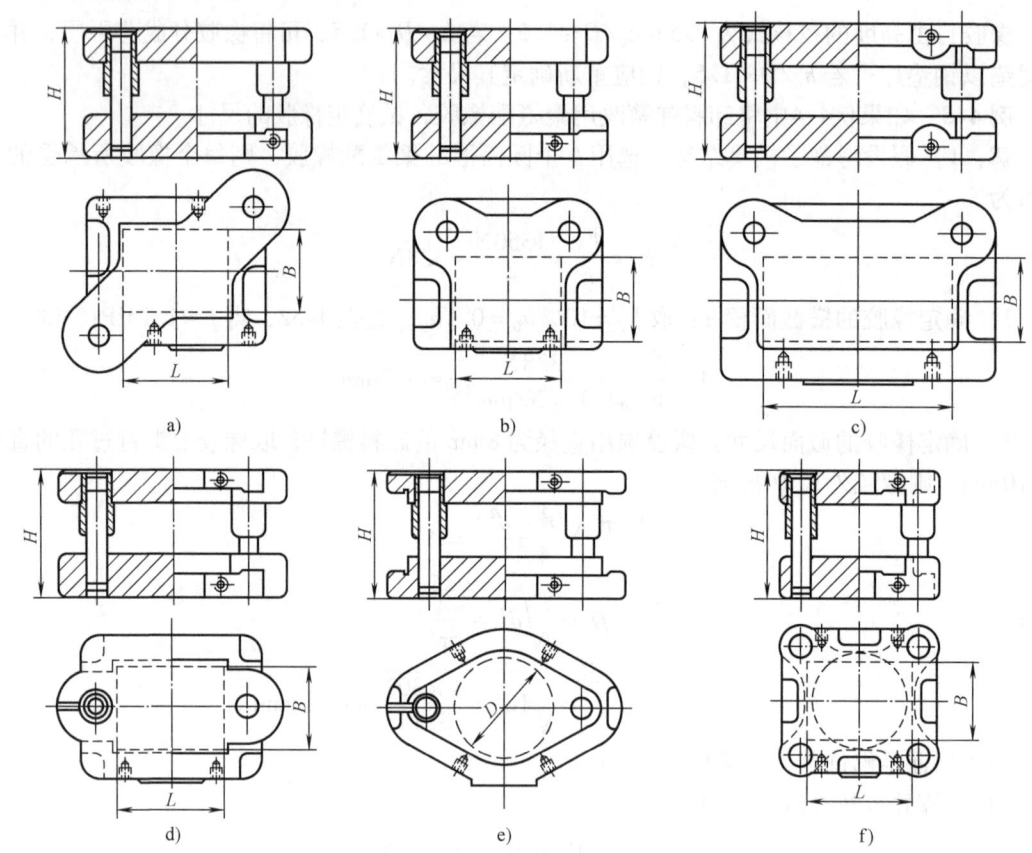

图4-74　滑动导向模架
a）对角导柱模架　b）后侧导柱模架　c）后侧导柱窄形模架　d）中间导柱模架
e）中间导柱圆形模架　f）四导柱模架

对角导柱模架、中间导柱模架和四导柱模架的共同特点是导向零件都是安装在模具的对称线上，滑动平稳，导向准确可靠。不同的是，对角导柱模架工作面的横向（左右方向）尺寸一般大于纵向（前后方向）尺寸，故常用于横向送料的级进模、纵向送料的复合模或单工序模；中间导柱模架只能纵向送料，一般用于复合模或单工序模；四导柱模架常用于精

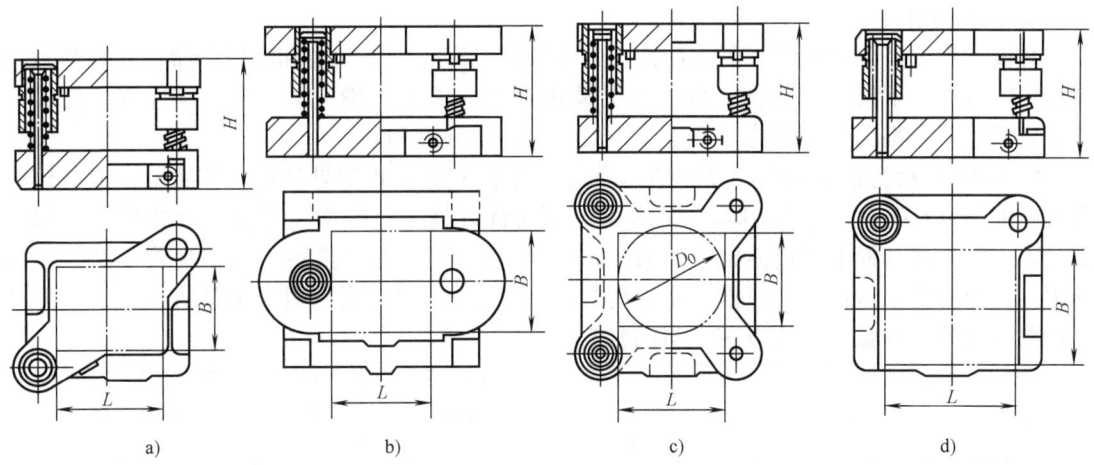

图 4-75 滚动导向模架
a) 对角导柱模架 b) 中间导柱模架 c) 四导柱模架 d) 后侧导柱模架

度要求较高或尺寸较大冲件的冲压及大批量生产用的自动模。

后侧导柱模架的特点是导向装置在后侧，横向和纵向送料都比较方便，但如有偏心载荷，压力机导向又不精确，就会造成上模偏斜，导向零件和凸、凹模都易磨损，从而影响模具使用寿命，一般用于较小的冲模。

（2）导板模模架 导板模模架有对角导柱弹压导板模架和中间导柱弹压导板模架两种，如图 4-76 所示。导板模模架的特点是：弹压导板对凸模起导向作用，并与下模座以导柱、导套为导向构成整体结构；凸模与固定板是间隙配合而不是过渡配合，因而凸模在固定板中有一定的浮动量，这样的结构形式可以起保护凸模的作用。因而导板模模架一般用于带有细小凸模的级进模。

国家标准将模架精度分为0Ⅰ级、Ⅰ级、0Ⅱ级、Ⅱ级和Ⅲ级。其中Ⅰ级、Ⅱ级和Ⅲ级为滑动导向模架用精度，0Ⅰ级和0Ⅱ级为滚动导向模架用精度。各级精度对

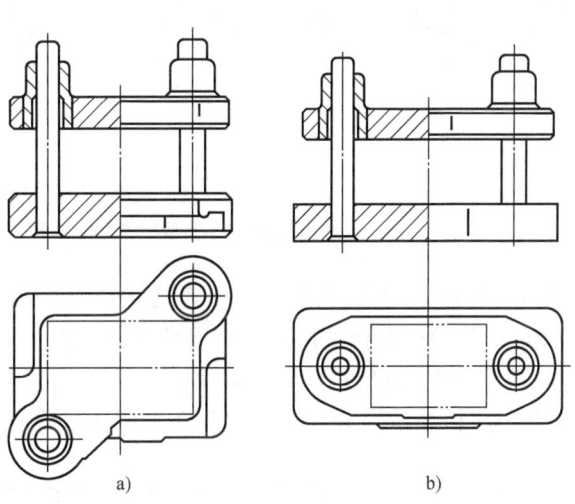

图 4-76 导板模模架
a) 对角导柱弹压导板模架 b) 中间导柱弹压导板模架

导柱导套的配合精度、上模座上平面对下模座下底面的平行度、导柱导套的轴线对上模座上平面与下模座下底面的垂直度等都规定了公差值及检验方法。这些规定保证了整个模架具有一定的精度，加上工作零件的制造精度和装配精度达到一定的要求后，整个模具达到一定的精度就有了基本的保证。

标准模架的选用包括三个方面：①根据冲件形状、尺寸、精度、模具种类及条料送进方向等选择模架的类型；②根据凹模周界尺寸和闭合高度要求确定模架的大小规格；③根据冲件精度、模具工作零件配合精度等确定模架的精度。

2. 导向零件

对批量较大、公差要求较高的冲件，为保证模具有较高的精度和使用寿命，一般都采用导向零件对上、下模进行导向，以保证上模相对于下模的正确运动。导向零件有导柱、导套、导板，并且都已经标准化，但生产中最常用的是导柱和导套。

图 4-77 所示为常用的标准导柱结构形式，其中 A 型和 B 型导柱结构较简单，但与模座为过盈配合（H7/r6），装拆麻烦；A 型和 B 型可卸导柱通过锥面与衬套配合并用螺钉和垫圈紧固，衬套再与模座以过渡配合（H7/m6）并用压板和螺钉紧固，其结构较复杂，制造麻烦，但导柱磨损后可及时更换，便于模具维修和刃磨。为了使导柱顺利地进入导套，导柱的顶部一般均以圆弧过渡或以 30°锥面过渡。

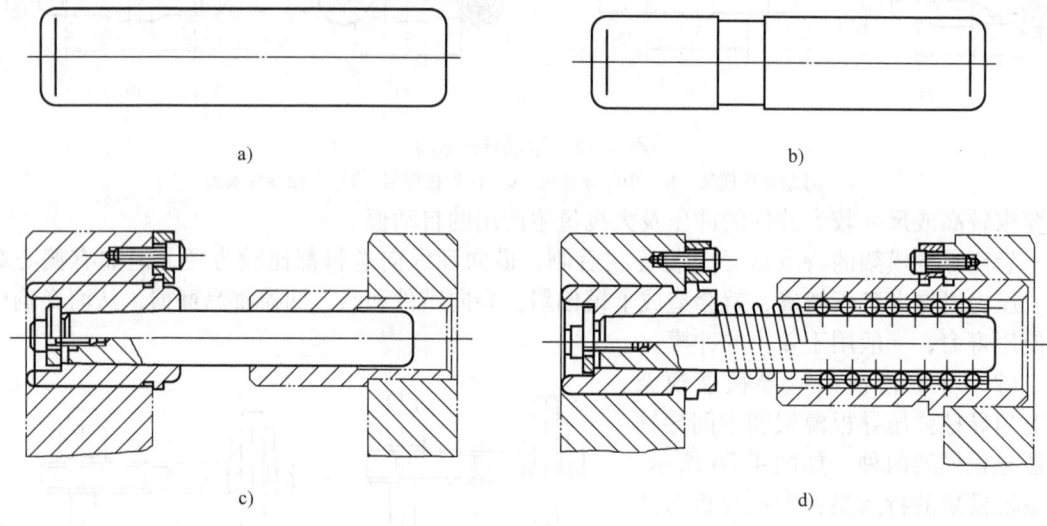

图 4-77 导柱结构形式
a) A 型导柱 b) B 型导柱 c) A 型可卸导柱 d) B 型可卸导柱

图 4-78 所示为常用的标准导套结构形式。其中 A 型和 B 型导套与模座为过盈配合（H7/r6），与导柱配合的内孔开有储油环槽，以便储油润滑，扩大的内孔是为了避免导套与模座过盈配合时孔径缩小而影响导柱与导套的配合；C 型导套与模座也用过渡配合（H7/m6）并用压板与螺钉紧固，磨损后便于更换或维修。

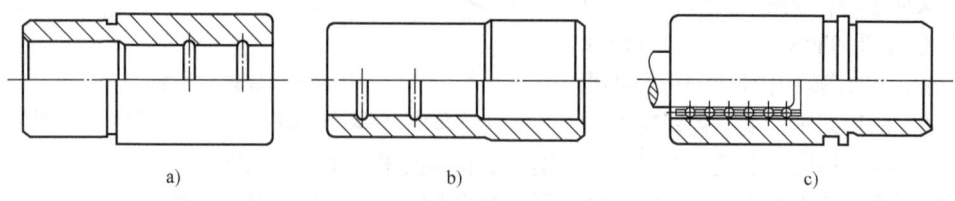

图 4-78 导套结构形式
a) A 型导套 b) B 型导套 c) C 型导套

A 型导柱、B 型导柱、A 型可卸导柱一般与 A 型或 B 型导套配套用于滑动导向，导柱与导套按 H7/h6 或 H7/h5 配合，但应注意使其配合间隙小于冲裁间隙。B 型可卸导柱的公差和表面粗糙度值较小，一般与 C 型导套配套用于滚动导向，导柱与导套之间通过滚珠实现有微量过盈的无间隙配合,且滑动摩擦磨损较小,因而是一种精度高、使用寿命长的精密导向装置。在滚动导向装置中,滚珠用保持器隔离而均匀排列,并用弹簧托起使之保持在导柱导套相配合的部位,工作时导柱与导套之间不允许脱离。

导柱、导套的尺寸规格根据所选标准模架和模具实际闭合高度确定,但还应符合图4-79要求,并保证有足够的导向长度。

3. 上、下模座

上、下模座的作用是直接或间接地安装冲模的所有零件,并分别与压力机的滑块和工作台连接,以传递压力。因此,上、下模座的强度和刚度是主要考虑的问题。一般情况下,模座因强度不够而产生破坏的可能性不大,但若刚度不够,工作时会产生较大的弹性变形,导致模具的工作零件和导向零件迅速磨损。

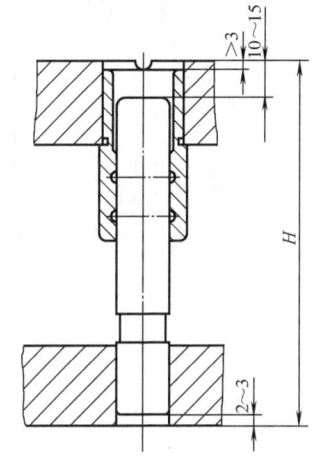

图 4-79　导柱与导套安装尺寸要求

设计冲模时,模座的尺寸规格一般根据模架类型和凹模周界尺寸从标准中选取。如果标准模座不能满足设计要求,可参考标准设计。设计时应注意以下几点。

1) 模座的外形尺寸根据凹模周界尺寸和安装要求确定。对于圆形模座,其直径应比凹模板直径大 30~70mm;对于矩形模座,其长度应比凹模板长度大 40~70mm,而宽度可以等于或略大于凹模板宽度,但应考虑有足够安装导柱、导套的位置。模座的厚度一般取凹模板厚度的 1.0~1.5 倍,考虑受力情况,上模座厚度可比下模座厚度小 5~10mm。对于大型非标准模座,还必须根据实际需要,按铸件工艺性要求和铸件结构设计规范进行设计。

2) 所设计的模座必须与所选压力机工作台和滑块的有关尺寸相适应,并进行必要的校核。如下模座尺寸应比压力机工作台孔或垫板孔尺寸每边大 40~50mm 等。

3) 上、下模座的导柱与导套安装孔的位置尺寸必须一致,其孔距公差要求在 ±0.01mm 以下。模座上、下面的平行度、导柱导套安装孔与模座上、下面的垂直度等要求应符合标准中的《冲模模架零件技术条件》的有关规定。

五、其他支承与固定零件

1. 模柄

模柄的作用是把上模固定在压力机滑块上,同时使模具中心通过滑块的压力中心。中小型模具一般都是通过模柄与压力机滑块相连接的。

模柄的结构形式较多,并已标准化。标准模柄的结构形式如图 4-80 所示,其中图 4-80a 所示是旋入式模柄,通过螺纹与上模座连接,并加螺钉防松,这种模柄装拆方便,但模柄轴线与上模座的垂直度较差,多用于有导柱的小型冲模;图 4-80b 所示为压入式模柄,它与上模座孔以 H7/m6 配合并加销钉防转,模柄轴线与上模座的垂直度精度较高,适用于上模座较厚的各种中小型冲模,生产中最常用;图 4-80c 所示为凸缘式模柄,用 3~4 个螺钉固定在上模座的窝孔内,模柄的凸缘与上模座窝孔以 H7/js6 配合,主要用于大型冲模或上模座中开设了推板孔的中小型模;图 4-80d 所示是槽形模柄,图 4-80e 所示是通用模柄,这两种模柄都是用来直接固定凸模,故也可称为带模座的模柄,主要用于简单冲模,更换凸模方便;图 4-80f 所示是浮动式模柄,其主要特点是压力机的压力通过凹球面模柄 1 和凸球面垫块 2 传递到上模,可以消除压力机导向误差对模具导向精度的影响,主要用于硬质合金冲模等精密导柱模;图 4-80g 所示为推入式活动模柄,压力机压力通过模柄接头 4、凹球面垫块 5 和活动模柄 6 传递到上模,也是一种浮动模柄,主要用于精密冲模,这种模柄因模柄的槽孔单面开通(呈 U 形),所以使用时导柱、导套不宜脱离。

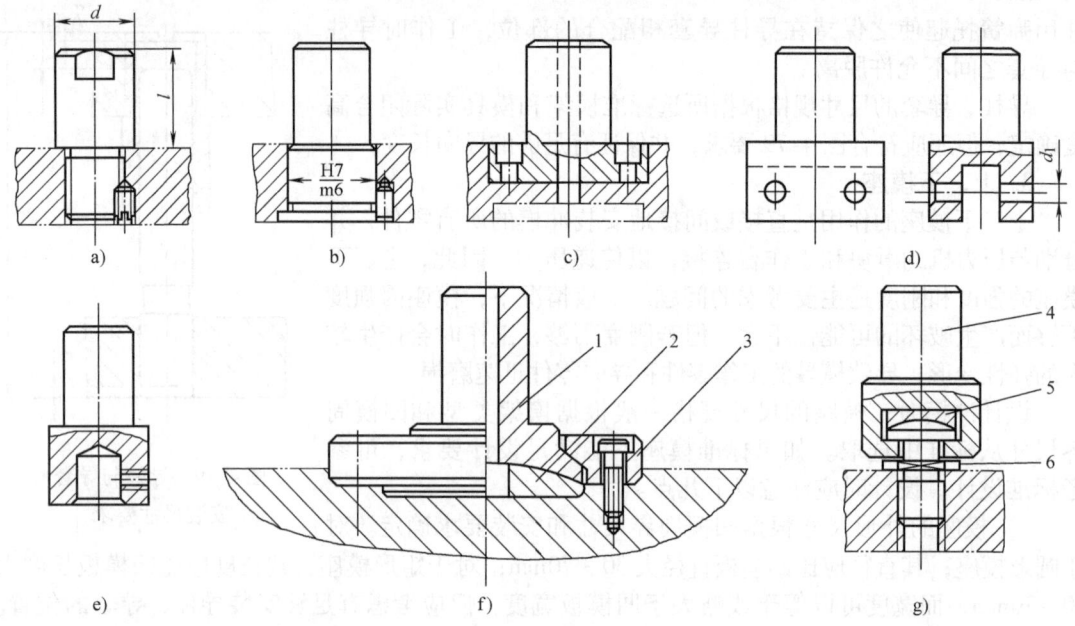

图 4-80 模柄的结构形式

a) 旋入式模柄 b) 压入式模柄 c) 凸缘式模柄 d) 槽形模柄 e) 通用模柄 f) 浮动式模柄 g) 推入式活动模柄
1—凹球面模柄 2—凸球面垫块 3—压板 4—模柄接头 5—凹球面垫块 6—活动模柄

选择模柄时,先根据模具大小、上模结构、模架类型及精度等确定模柄的结构类型,再根据压力机滑块上模柄孔尺寸确定模柄的尺寸规格。一般模柄直径应与模柄孔直径相等,模柄长度应比模柄孔深度小 5~10mm。

2. 凸模固定板与垫板

凸模固定板的作用是将凸模或凸凹模固定在上模座或下模座的正确位置上。凸模固定板为矩形或圆形板件,外形尺寸通常与凹模一致,厚度可取凹模厚度的 60%~80%。固定板与凸模或凸凹模为 H7/n6 或 H7/m6 配合,压装后应将凸模端面与固定板一起磨平。对于多凸模固定板,其凸模安装孔之间的位置尺寸应与凹模型孔相应的位置尺寸保持一致。

垫板的作用是承受并扩散凸模或凹模传递的压力,以防止模座被挤压损伤。因此,当凸模或凹模与模座接触的端面上产生的单位压力超过模座材料的许用挤压应力时,就应在与模座的接触面之间加上一块淬硬磨平的垫板,否则可不加垫板。

垫板的外形尺寸与凸模固定板相同,厚度可取 3~10mm。凸模固定板和垫板的轮廓形状及尺寸均已标准化,可根据上述尺寸确定原则从相应标准中选取。

六、紧固件

冲模中用到的紧固件主要是螺钉和销钉,其中螺钉起连接固定作用,销钉起定位作用。螺钉和销钉都是标准件,种类很多,但冲模中广泛使用的螺钉是内六角螺钉,它紧固牢靠,螺钉头不外露,模具外形美观。销钉常用圆柱销。

模具设计时,螺钉和销钉的选用应注意以下几点。

1) 同一组合中,螺钉的数量一般不少于 3 个(被连接件为圆形时用 3~6 个,为矩形时用4~8个),并尽量沿被连接件的外缘均匀布置。销钉的数量一般都用2个,且尽量远距离错开布置,以保证定位可靠。

2) 螺钉和销钉的规格应根据冲压工艺力大小和凹模厚度等条件确定。螺钉规格可参考表4-33选用,销钉的公称直径可取与螺钉大径相同或小一个规格。螺钉的旋入深度和销钉的配合深度都不能太浅,也不能太深,一般可取其公称直径的1.5~2倍。

表4-33 螺钉规格的选用

凹模厚度 H/mm	≤13	>13~19	>19~25	>25~32	>32
螺钉规格	M4、M5	M5、M6	M6、M8	M8、M10	M10、M12

3) 螺钉之间、螺钉与销钉之间的距离,螺钉、销钉距凹模刃口及外边缘的距离,均不应过小,以防降低模板强度,其最小距离可参考表4-24。

4) 各被连接件的销孔应配合加工,以保证位置精度。销钉与销孔之间采用H7/m6或H7/n6配合。

七、冲模的标准组合

为了便于模具的专业化生产,减少模具设计与制造的工作量,国家标准规定了冲模的组合结构。图4-81是冲模典型标准组合结构。各种典型组合结构还细分有不同的型式,以适应冲压加工的实际需要。

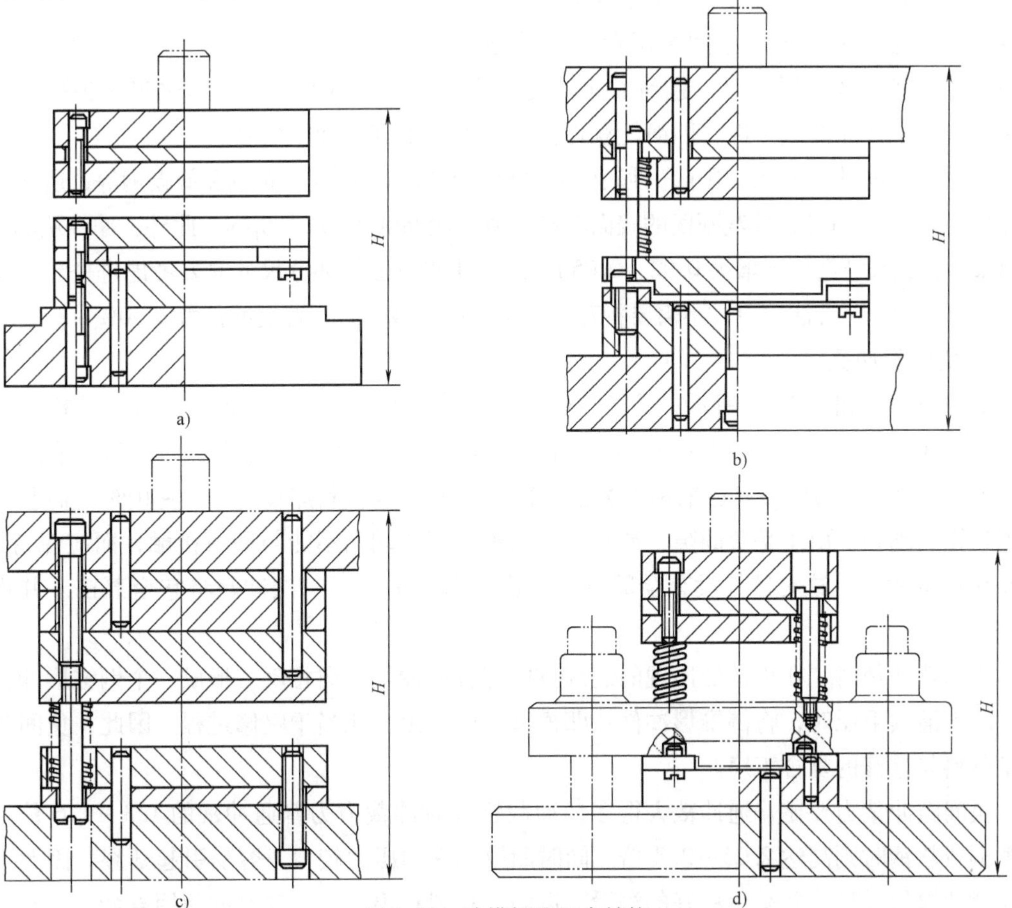

图4-81 冲模标准组合结构
a) 固定卸料典型组合 b) 弹性卸料典型组合 c) 复合模典型组合 d) 弹压导板模典型组合

每一种组合结构中，零件的数量、规格及其固定方法等都已标准化，设计时根据凹模周界大小选用，并作必要的校核（如闭合高度等）。

选用标准组合结构后，设计和制造冲模时只需根据冲件尺寸和排样方法设计和加工凸模、凹模孔口、固定板安装孔、卸料板的凸模过孔及模座的漏料孔等。

第九节　精密冲裁与精冲压力机

一、半精密冲裁

半精密冲裁主要指小间隙圆角刃口冲裁（光洁冲裁）和负间隙冲裁。

1. 小间隙圆角刃口冲裁

小间隙圆角刃口冲裁也称光洁冲裁，如图 4-82 所示。它与普通冲裁不同的是，凸、凹模采用了小圆角刃口（圆角半径可取板料厚度的 10%）和小冲裁间隙（可取 0.01~0.02mm）。落料时，凹模刃口带小圆角，凸模刃口仍保持锋利状态；冲孔时，凸模刃口带小圆角，而凹模刃口保持锋利状态。由于采用小间隙圆角刃口冲裁，加强了冲裁变形区的压应力，起到了抑制裂纹的作用，改变了普通冲裁条件，因而能获得比普通冲裁更好的冲件质量。

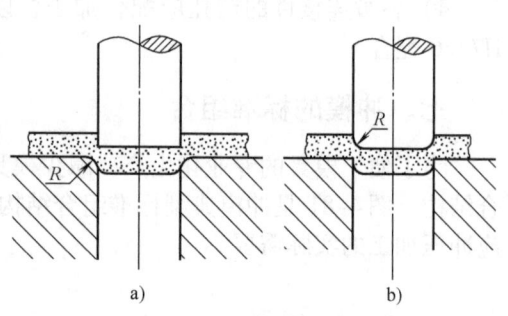

图 4-82　小间隙圆角刃口冲裁

小间隙圆角刃口冲裁适用于塑性较好的材料，如软铝、纯铜、黄铜和低碳钢等，所得冲件尺寸精度为 IT8~IT11，冲裁断面的表面粗糙度值可达 $Ra0.4~Ra1.6\mu m$。此外，冲件从凹模孔口出来后，其尺寸会回弹增大 0.02~0.05mm，设计凹模工作部分尺寸时要考虑进去。小间隙圆角刃口冲裁工艺方法简单，不需要特殊的设备，但冲裁力约比普通冲裁力大 50%。

2. 负间隙冲裁

负间隙冲裁如图 4-83 所示，是指凸模刃口尺寸比凹模大，对于圆形零件，凸模比凹模大（0.1~0.2）t（t 为板料厚度）；对于非圆形零件，凸出的角部比内凹的角部差值大（见图 4-84）。同时，凹模刃口也采用小圆角半径，其值可取板料厚度的 5%~10%，而凸模刃口则越锋利越好。由于是负间隙，冲裁时，凸模的工作端面不能与凹模接触，而应保持 0.1~0.2mm 的距离，这时冲件没有全部挤入凹模，而是借助下一次冲裁将它全部挤入并推出凹模。

负间隙冲裁时，在刃口处出现的裂纹方向与普通冲裁方向相反，形成一个倒锥形冲裁断面。凸模继续下压时，将倒锥形冲件从凹模型孔中挤出，相当于整修过程。因此，负间隙冲裁是落料与整修的复合工序。

负间隙冲裁力要比普通冲裁大得多，冲裁铝件时冲裁力为普通冲裁的 1.3~1.6 倍，冲裁黄铜或软钢时则高达 2.25~2.8 倍。同时凹模承受的压力较大，容易引起开裂。因此，必须注意凹模的设计，并采用良好的润滑，以防止材料粘模，延长模具的使用寿命。

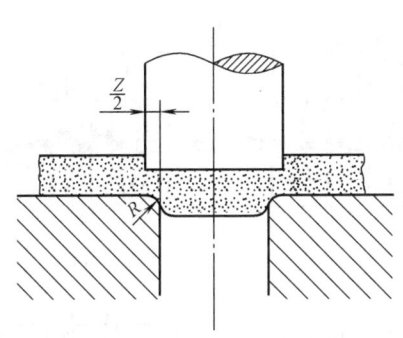

图 4-83　负间隙冲裁

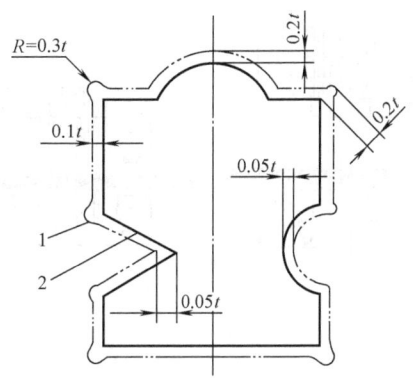

图 4-84　非圆形零件凸模与凹模的差值
1—凸模尺寸　2—凹模尺寸

负间隙冲裁所得到的落料件带有挤压的特征，因此冲裁件断面的表面粗糙度数值低，可达 $Ra0.4\sim Ra0.8\mu m$，尺寸精度可达 IT8～IT11，但只适用于塑性好的软材料，如软铝、纯铜、软黄铜、软钢等。负间隙冲裁也不需要特殊的设备。

二、精密冲裁

精密冲裁通常是指带齿圈压料板的精冲方法（俗称带齿压料板精冲法）。如图 4-85 所示，带齿压料板 2 的作用在于限制冲裁时变形区外围的材料随凸模下降而产生的向外扩展，带齿压料板和顶件块 5 的夹持作用，再结合凸、凹模的极小间隙，使板料在冲裁过程中始终保持和冲裁方向垂直，避免了因板料弯曲或翘曲在变形区产生拉应力，提高了变形区材料的静水压力，从而延缓甚至不出现剪裂纹，使板料以塑性变形的方式分离。同时，凹模（落料）或凸模（冲孔）刃口带小圆角，以减少材料在刃口处的应力集中，并改善变形区的应力状态。

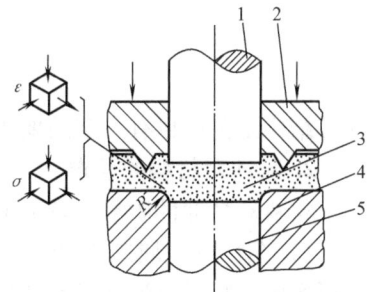

图 4-85　带齿压料板的精密冲裁
1—凸模　2—带齿压料板　3—板料
4—凹模　5—顶件块

带齿圈压料板的精冲方法创造了较为理想的冲裁条件，可以获得形状复杂的精密冲裁件，其公差等级可达 IT6～IT8，断面的表面粗糙度可达 $Ra0.4\sim Ra0.8\mu m$，且断面垂直度、表面平直度均较高，适应的材料种类和厚度范围较广，生产率高，因此应用较广泛。

1. 带齿压料板精冲过程

带齿压料板精密冲裁的过程如图 4-86 所示。其中，图 4-86a 所示为材料送至起始位置；图 4-86b 所示为模具闭合，带齿压料板、凸模、凹模和顶件块压紧材料；图 4-86c 所示为材料在完全压紧的状态下冲裁；图 4-86d 所示为材料分离；图 4-86e 所示为模具开启，压力释放；图 4-86f 所示为卸料、顶料；图 4-86g 所示为推出冲件并开始送料；图 4-86h 所示为吹出冲件及废料。

从上述过程可以看出，要达到精冲的目的，需要有压料、冲裁、反顶压力等三种压力，并且要求这三种压力按顺序施压。故带齿压料板精冲法需要具有实现三种压力的三重动作的模具和压力机，还要在板料分离之后有顶（推）件和卸料动作。同时，对精冲件材料和精

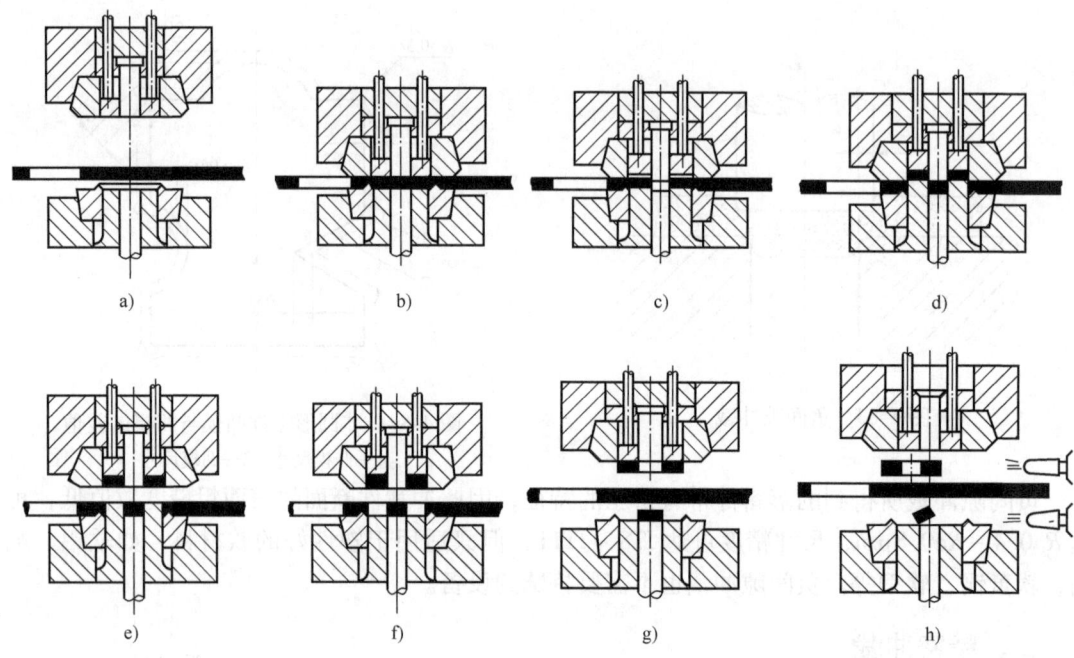

图 4-86 带齿压料板精冲过程

冲件结构工艺性也有一定的要求。

2. 精冲对材料的要求

材料对精冲件质量有较大的影响。精冲对材料的基本要求如下。

1) 塑性好、屈服点低、屈强比（R_e/R_m）小。这样的材料变形能力高，精密冲裁时，变形区的材料易于流动而不致发生撕裂现象。

2) 变形抗力低。材料的变形抗力低，有利于精冲过程，有利于提高冲件断面质量和模具使用寿命。

3) 金相组织结构好。同样的材料，金相组织不同，对精冲件的质量有明显的影响。对碳钢和合金钢来说，以球化完全、分布均匀的细球状碳化物组织为最佳。

目前适用于精冲的材料较多，其中以钢铁材料占多数，w_c 在 0.35% 以下、抗拉强度在 300~600MPa 的低碳钢，可冲板料厚度为 10~15mm，冲件质量很好。w_c 在 0.35%~0.70% 的碳钢，以及含铬、镍、锰、钼等元素的低合金钢及不锈钢等，经过适当软化处理，也可得到良好的精冲效果，可冲板料厚度为 3~7mm。随着软化处理技术，特别是高碳、高合金钢的球化退火工艺水平的提高，目前已经能够精冲抗拉强度高达 700~800MPa 的高碳钢、合金工具钢、轴承钢等材料。在非铁材料中，$R_m \leq 250$MPa 的铝及铝合金、$w_{Cu} \geq 62\%$ 的黄铜、纯铜、青铜等，其精冲质量较好。另外，镍合金、金、银等材料也可以精冲。

3. 精冲零件的结构工艺性

精冲零件的结构工艺性主要包括零件的几何形状和尺寸极限等，其中几何形状是主要影响因素。精冲件的几何形状，在满足技术要求的前提下，应力求简单、规则，避免尖角。精冲件的尺寸极限，如最小孔径、最小槽宽等都比普通冲裁的小。正确设计精冲件有利于提高产品质量，提高模具使用寿命，降低生产成本。

（1）圆角半径及轮廓形状　精冲件内外轮廓的拐角处必须采用圆角过渡，以保证模具的使用寿命及零件的质量。圆角半径与零件的角度、材料、厚度及其强度有关，图 4-87 为外轮廓过渡圆角半径，内轮廓过渡圆角半径可取图中数值的 60%。

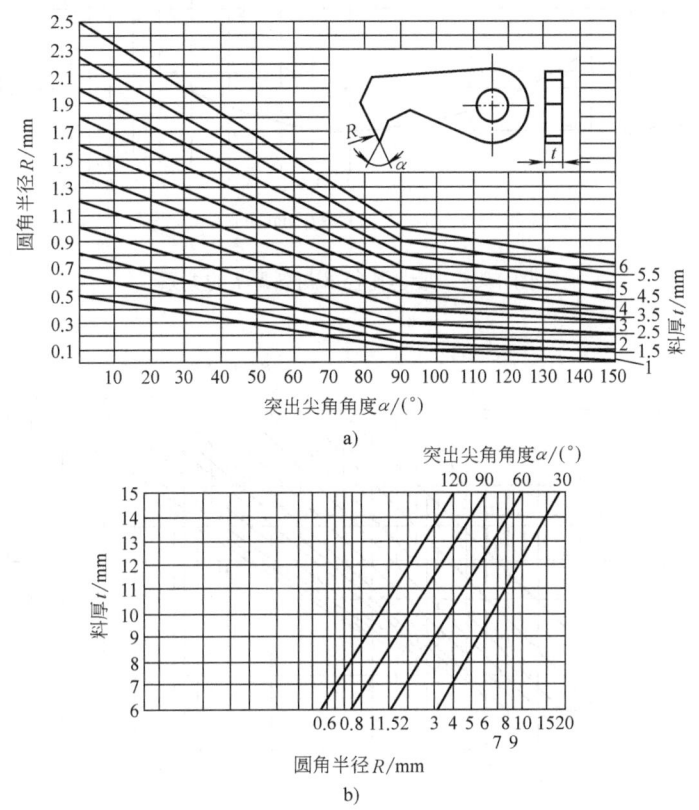

图 4-87 精冲件外轮廓的圆角半径
a) $t<6mm$ 的圆角半径　b) $t>6mm$ 的圆角半径

(2) 冲件的壁厚　冲件的壁厚是指冲件相邻两孔、槽间的距离，或内形边缘与外形轮廓间的距离，其值一般不小于 $(0.6 \sim 0.9)t$。当 $t=1 \sim 4mm$ 时，孔边缘至外形的最小距离为 $(0.6 \sim 0.65)t$；当 $t>4mm$ 时，应适当增大系数。

(3) 孔径和槽宽　精冲时的最小孔径和槽宽与料厚、槽长及材料有关，其关系如图 4-88、图 4-89 所示。图中的尺寸关系适应于 $R_m \leqslant 450MPa$ 的钢。对于 $R_m > 450MPa$ 的钢，所查得的 d 或 b 的数值可按强度比例增加。

4. 精冲件的质量

精冲件的质量与模具结构及精度、凸（凹）模状况、冲件材料性能与厚度、润滑条件、设备精度、压料力、反顶力等因素有关。一般来说，精冲能够获得公差等级高、断面的表面粗糙度值小、平直度及断面垂直度高的冲件，但所能达到的精度也有一定限度。

(1) 精冲件的断面质量　精冲件断面上的光面很难达到料厚的 100%，由于各种原因，断面上可能出现局部断裂和毛刺等。为了提高模具的使用寿命，在没有特殊要求的情况下，断面上应允许有微量的毛面存在，一般光面占板料厚度的 90% 就算符合要求。精冲件断面的表面粗糙度一般为 $Ra0.63 \sim Ra2.5 \mu m$。

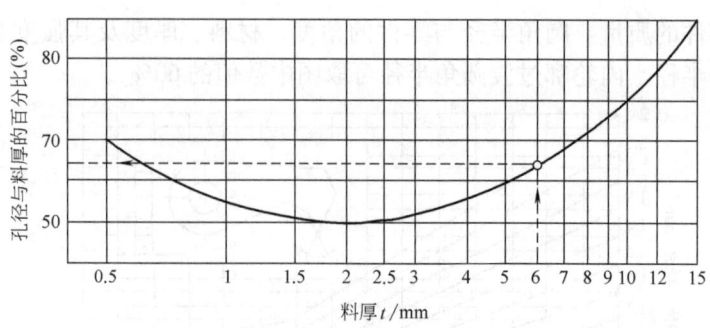

图 4-88 最小孔径 d 与料厚 t 的关系

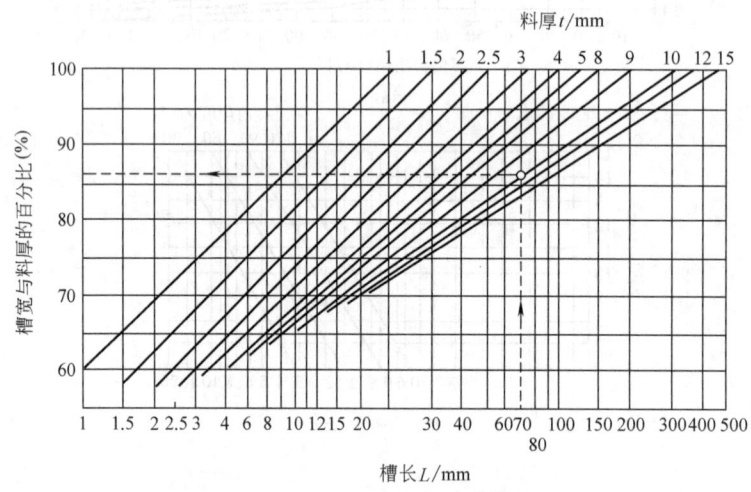

图 4-89 最小槽宽 b 与料厚 t、槽长 L 的关系

（2）精冲件的尺寸公差和形状、位置公差　一般情况下，精冲件可达到的经济尺寸公差等级见表 4-34。

表 4-34　精冲件可达到的经济尺寸公差等级

材料厚度 t/mm	抗拉强度（600MPa）			材料厚度 t/mm	抗拉强度（600MPa）		
	内形（IT）	外形（IT）	孔距（IT）		内形（IT）	外形（IT）	孔距（IT）
0.5~1	6~7	7	7	5~6.3	8	9	8
1~2	7	7	7	6.3~8	8~9	9	8
2~3	7	7	7	8~10	9~10	10	8
3~4	7	8	7	10~12.5	9~10	10	9
4~5	7~8	8	8	12.5~16	10~11	10	9

精冲件的断面与板平面垂直度较高，且内形断面垂直度高于外形断面垂直度。

精冲件的平面度和直线度都很高，一般无需加校平工序就可以达到要求。

5. 精冲的排样与搭边

排样时，精冲件断面质量要求较高的部位或形状复杂的部位应排在条料送进的一边，如图4-90所示。因为这部分在冲裁时抵抗材料变形的能力较大，同时可避免硬化造成的塑性下降，容易获得较光亮的表面。

由于精冲时压紧材料的是带齿压料板，故搭边值比普通冲裁大，其值见表4-35。

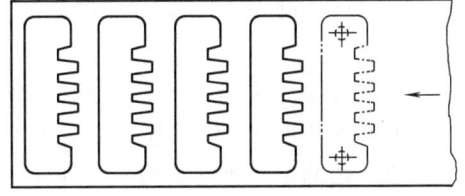

图4-90 精冲的排样

表4-35 精冲排样时的搭边 （单位：mm）

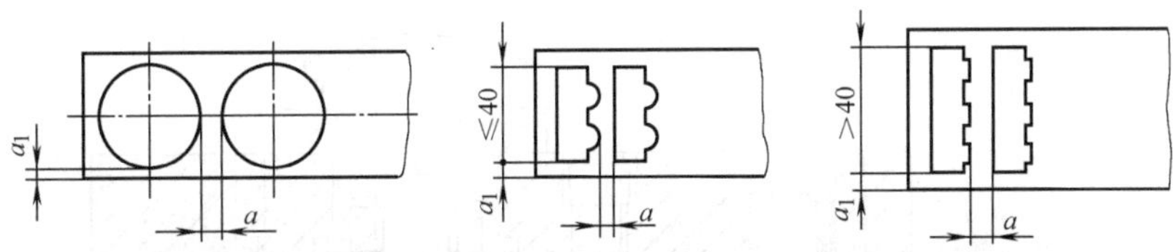

材料厚度 t/mm	材料抗拉强度 R_m/MPa						材料抗拉强度 R_m/MPa					
	≤450		>450~600		>600~700		<450		>450~600		>600~700	
	a_1	a	a_1	a	a_1	a	a_1	a	a_1	a	a_1	a
1.0	1.3	1.5	1.2	1.3	1.1	1.2	1.5	2.0	1.3	1.6	1.2	1.3
1.5	2.0	2.2	1.8	2.0	1.6	1.8	2.2	3.0	2.0	2.4	1.8	2.1
2.0	2.6	3.0	2.4	2.6	2.2	2.4	3.0	1.0	2.6	3.2	2.4	2.6
2.5	3.2	3.6	3.0	3.3	2.7	3.0	3.6	5.0	3.2	1.0	3.0	3.2
3.0	3.9	4.4	3.6	3.9	3.3	3.6	4.6	6.0	3.9	1.8	3.6	3.9
3.5	4.5	5.2	4.2	4.5	3.8	4.2	5.2	7.0	4.5	5.6	4.2	4.5
4.0	5.2	6.0	4.8	5.2	4.0	4.8	6.0	7.6	5.2	6.4	4.4	4.8
5.0	5.5	6.5	5.0	6.0	4.5	5.5	6.5	8.0	6.0	7.0	5.5	6.0
6.0	6.6	7.8	6.0	7.2	5.4	6.6	7.8	9.0	7.2	8.4	6.6	7.2
7.0	7.7	9.1	7.0	8.4	6.3	7.7	9.1	10.5	8.4	9.8	7.7	8.4
8.0	8.8	10.4	8.0	9.6	7.2	8.8	10.4	12.0	9.6	11.2	8.8	9.6
10.0	11.0	13.0	10.0	12.0	9.0	11.0	13.0	15.0	12.0	14.0	11.0	12.0
12.0	13.2	15.6	12.0	14.4	10.8	13.2	15.6	18.0	14.4	16.8	13.2	14.4

6. 精冲模结构

（1）对精冲模的要求 精密冲裁模比普通冲裁模要求高，必须满足以下要求。

1）精冲模架必须具有足够的强度和刚度，导向准确，精度高。模座一般采用45号钢或碳素工具钢制造，采用双导柱或四导柱结构。小批量生产时常采用滑动导向模架，其滑动部分配合间隙为0.002~0.005mm；大量生产时可采用滚动导向模架。

2）精冲模工作部分的零件，如压板、凸模、凹模、顶板等采用淬透性好、变形小的合金工具钢制造,以保证其强度和刚度,且要求加工精度高,装配稳固,相对位置精确。

3)模具应具备实现较大的冲裁力、压料力、反顶力及卸料力、顶(推)件力的可靠装置。

4)必须严格控制凸模进入凹模的深度(一般控制在 0.025~0.05mm),以免损坏刃口。还要适当考虑工作部分的润滑和排气问题。

(2)精冲模的典型结构 按使用冲压设备不同,精冲模分为普通压力机上使用的简易精冲模和专用压力机上使用的精冲模两类。

1)普通压力机上使用的简易精冲模。简易精冲模在单动压力机或液压机上获得主要冲裁力,其他辅助压力靠模具的弹压装置或液压装置完成。

图 4-91 所示为简易机械式精冲模,它的基本结构与倒装式普通复合冲裁模相似,但对

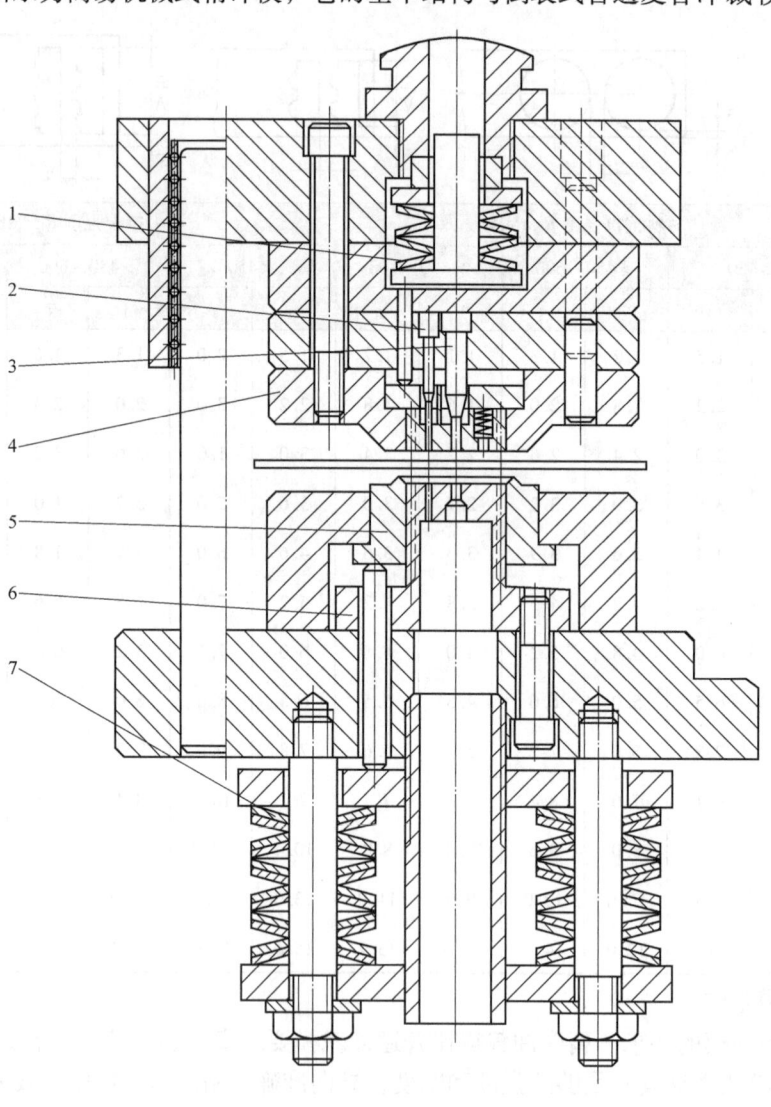

图 4-91 简易机械式精冲模
1、7—碟形弹簧 2、3—冲孔凸模 4—凹模 5—带齿压料板 6—凸凹模

整个模具的要求比普通冲裁模高。由于带齿压料板的压料力和推板反压力要求很大，因而采用了碟形弹簧作为弹性元件。这类精冲模的结构简单，制造容易。但模架强度和刚度不高，且弹性元件的压力随压缩量的增大而增大，不能按实际需要进行调节。一般适用于料厚小于4mm、批量不大、精度要求不太高的小型精冲零件。

图4-92 所示为简易液压精冲模，它的特点是精冲所需的冲裁力由压力机滑块提供，而带齿压料板的压料力和顶件块的反压力由液压通过活塞得到。上液压缸内的活塞通过连接推杆4对带齿压料板7起作用，以产生压料力。同时通过垫块3对推杆8起作用，以产生推件力。下液压缸14内的活塞15通过垫板13和顶杆11对顶件块10起作用，以产生反压力。由于配备了液压装置，因而冲裁时可对带齿压料板、顶件块和凹模施加较大压力，使材料变形区产生很大的静水压力，且压力稳定，可以调节。但此冲模结构比较复杂，制造较困难，成本较高。

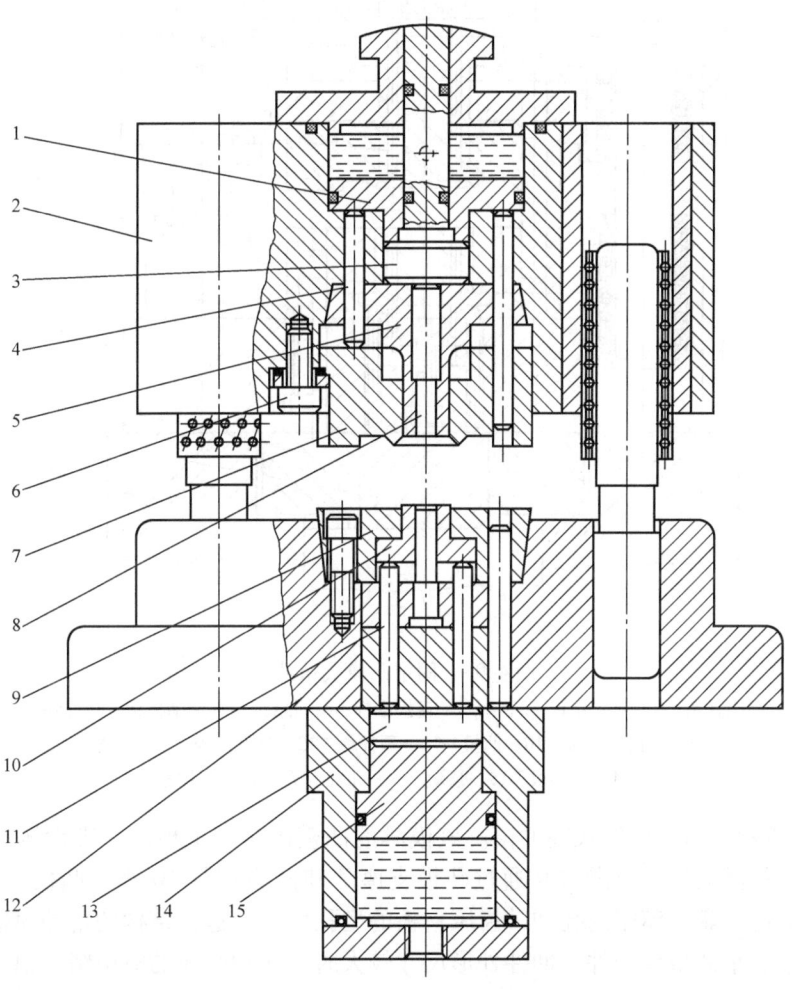

图4-92 简易液压精冲模
1—上活塞 2—上模座 3—垫块 4—连接推杆 5—凸凹模 6—螺钉 7—带齿压料板 8—推杆
9—凹模 10—顶件块 11—顶杆 12—下模座 13—垫板 14—下液压缸 15—下活塞

2）专用压力机上使用的精冲模。这类模具分为固定凸模式精冲模和活动凸模式精冲模两种。

图 4-93 所示为固定凸模式精冲模，其凸凹模固定在上模座上（也可以固定在下模座上）。带齿压料板 9 的压力由上柱塞 1 通过连接推杆 3 和 5、活动模板 7 传递；顶件块 11 的反压力由下柱塞 17 通过顶块 15 和顶杆 13 传递。这种结构的精冲模刚性好，受力平稳，适用于生产大型、窄长、外形复杂、内孔较多、板料厚或需级进精冲的零件。

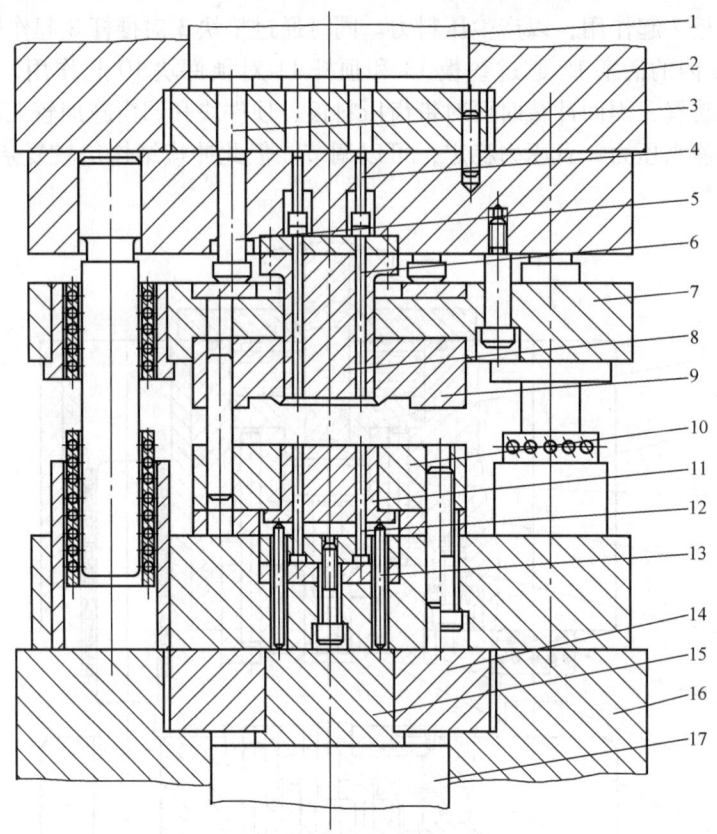

图 4-93 固定凸模式精冲模
1—上柱塞 2—上工作台 3、4、5—连接推杆 6—推杆 7—活动模板 8—凸凹模
9—带齿压料板 10—凹模 11—顶件块 12—冲孔凸模 13—顶杆
14—下垫板 15—顶块 16—下工作台 17—下柱塞

图 4-94 所示为活动凸模式精冲模。该模具的凹模固定于上模座，带齿压料板固定在下模座，凸模 6 是活动的，由滑块 9 通过凸模支座 7 和凸模拉杆 10 驱动凸模作上、下运动，凸模的上、下运动靠下模座内孔和带齿压料板的型孔导向。这种结构的精冲模适用于生产冲裁力不大的中、小冲型精冲件。冲件外形尺寸较大时，活动凸模的对中精度很难保证。

7. 精冲模工作部分的设计

（1）凸、凹模间隙 精冲模凸、凹模间隙很小，一般双面间隙仅为板料厚度的 0.5%~1.0%。确定精冲凸、凹模间隙值的主要依据是板料厚度、材料性能和冲件形状等。板料薄、塑性差、冲外形时取小值，反之取大值。表 4-36 为精冲凸、凹模刃口间隙的参考值。

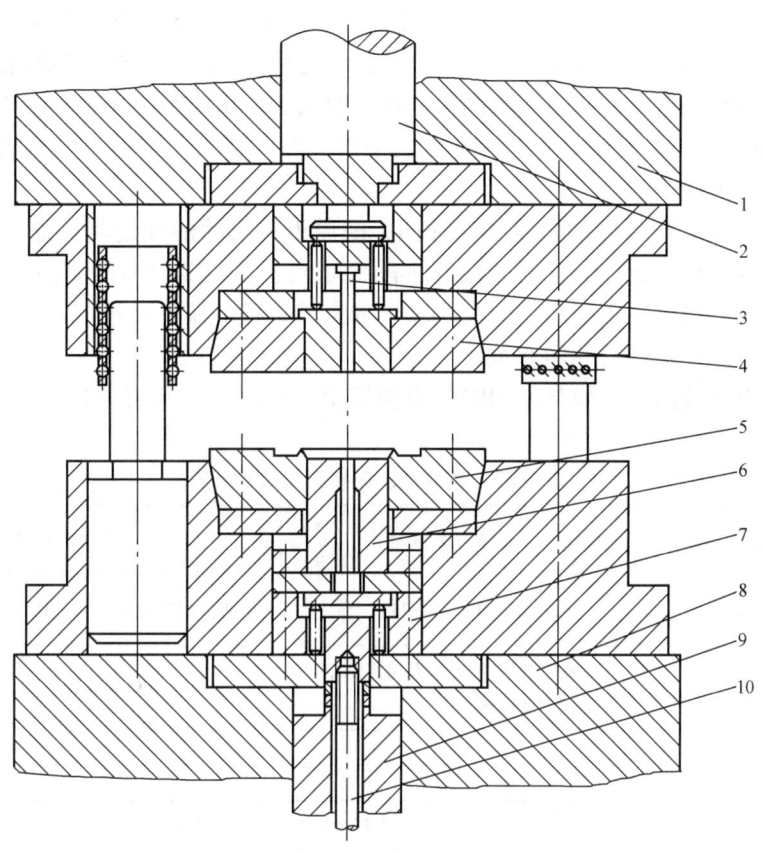

图 4-94 活动凸模式精冲模

1—上工作台 2—上柱塞 3—冲孔凸模 4—凹模 5—带齿压料板 6—凸凹模
7—凸模支座 8—下工作台 9—滑块 10—凸模拉杆

表 4-36 精冲凸、凹模刃口间隙（双面）

板料厚度 t/mm	材料抗拉强度 R_m/MPa					
	≤450		450~600		>600	
	外形	内形	外形	内形	外形	内形
	Z/mm					
1.0	0.015	0.020	0.010	0.015	0.010	0.015
2.0	0.030	0.040	0.020	0.030	0.016	0.026
3.0	0.045	0.060	0.030	0.045	0.024	0.040
4.0	0.060	0.080	0.040	0.060	0.032	0.052
6.0	0.090	0.120	0.060	0.090	0.048	0.078
8.0	0.120	0.160	0.080	0.120	0.064	0.104
10.0	0.150	0.200	0.100	0.150	0.080	0.130
12.0	0.180	0.240	0.120	0.180	0.100	0.160

(2) 凸、凹模刃口圆角半径　精密冲裁时，一般落料凹模与冲孔凸模的刃口均作出一定的圆角半径。圆角半径的大小要适当，半径太小时冲件断面上可能出现撕裂现象，半径太大时断面上的塌角将增大。落料凹模圆角半径一般取 $R0.01 \sim R0.03$mm，冲孔凸模圆角半径一般取 $R0.01$mm 以下。在生产中，宜先取较小值试冲，当加大压料力仍不能得到理想断面时，再加大圆角半径。

(3) 凸、凹模刃口尺寸的确定　精冲凸、凹模刃口尺寸的确定与普通冲裁模确定方法基本相同，但由于精冲条件与普通冲裁条件有很大不同，所以精冲件的尺寸精度不但取决于凸、凹模刃口尺寸精度，还与凸、凹模间隙、带齿压料板的压力和推（顶）件块的反压力、刃口圆角、板料厚度及材料性能有关。

综合考虑上述各因素和模具使用时的磨损情况，精冲凸、凹模刃口尺寸按表 4-37 公式计算。

表 4-37　精冲凸、凹模刃口尺寸计算

工序性质	凹模刃口尺寸	凸模刃口尺寸
落　料	$D_d = (D_{max} - 0.75\Delta)^{+\delta_d}_{0}$	按凹模实际刃口尺寸配作，保证双面间隙值
冲　孔	按凸模实际刃口尺寸配作，保证双面间隙值	$d_p = (d_{min} + 0.75\Delta)^{0}_{-\delta_p}$
孔心距		$L_d = (L_{min} + 0.5\Delta) \pm \Delta/8$

注：D_{max}—冲件最大极限尺寸；d_{min}—冲件孔最小极限尺寸；L_{min}—冲件孔中心距最小极限尺寸；Δ—冲件公差；δ_p、δ_d—精冲凸、凹模制造公差，一般取 $\Delta/4$，或外形按 IT5，内形按 IT6。

(4) 带齿压料板的设计　带齿压料板的设计主要是确定齿圈的截面形状、齿形尺寸及齿圈在压板上的布置方式。

齿圈的截面形状有 V 形、凸台形和斜面形等三种，如图 4-95 所示。V 形的又有对称角度和不对称角度两种。

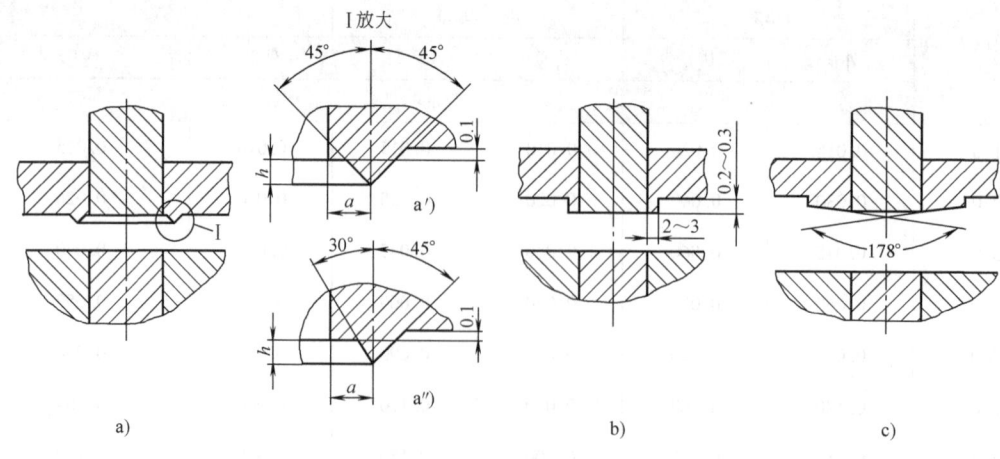

图 4-95　齿圈的截面形状

a) V 形　a') 对称角度齿形　a") 非对称角度齿形　b) 凸台形　c) 斜面形

齿圈的齿形尺寸参考表 4-38。

表 4-38 齿圈的齿形尺寸　　　　　　　　　　　　（单位：mm）

板料厚度 t	材料抗拉强度 R_m/MPa					
	≤450		450~600		>600	
	a	h	a	h	a	h
1.0	0.75	0.25	0.60	0.20	0.50	0.15
1.5	1.10	0.35	0.90	0.30	0.80	0.25
2.0	1.50	0.50	1.20	0.40	1.00	0.30
2.5	1.90	0.60	1.50	0.50	1.20	0.40
3.0	2.30	0.75	1.80	0.60	1.50	0.45
3.5	2.60	0.90	2.10	0.70	1.70	0.55
4.0	2.80	1.00				

齿圈的平面布置如图 4-96 所示，其平面轮廓形状一般与精冲件的冲裁轮廓相似，但有些较小的内凹轮廓不能完全绕轮廓作出齿形时，齿形可以简化。局部精冲的零件，只需在精冲部位相应处作出齿圈，其余部分则不必作出。冲小孔不必作出齿圈，冲大孔（孔径大于板料厚度 10 倍）则在推（顶）件块上设齿圈。

图 4-96　齿圈的平面布置

8. 精冲压力的计算

（1）冲裁力　与普通冲裁时冲裁力计算方法相同，可按式（4-18）计算。

（2）带齿压料板的压料力

$$F_Y = (0.3 \sim 0.6)F \tag{4-50}$$

式中　F_Y——压料力（N）；

F——冲裁力（N）。

（3）顶（推）件块的反压力

$$F_F = Ap \tag{4-51}$$

式中 F_F——顶（推）件块反压力（N）；

A——精冲件的承压面积（mm²）；

p——单位面积反压力（MPa），一般取 $p = 20 \sim 70$ MPa。

压料力、反压力的计算只是初步的，均需经试冲调整，在满足精冲条件下，应选最小值，以提高模具寿命。

(4) 精冲总压力

$$F_\Sigma = F + F_Y + F_F \tag{4-52}$$

F_Σ、F、F_Y、F_F 是选择专用精冲压力机标称压力的依据。若在通用压力机上用简易精冲模进行精冲，则以 F_Σ 作为选择标称压力的依据。

(5) 卸料、顶（推）件力

卸料力 $\qquad F_X = (0.1 \sim 0.15)F \tag{4-53}$

顶（推）件力 $\qquad F_D = (0.1 \sim 0.15)F \tag{4-54}$

三、精冲压力机及选用

精冲压力机主要是专用于完成带齿压料板精密冲裁工艺的设备。

1. 精冲工艺对压力机的要求

由于精冲间隙很小，又需要很大的冲裁力、压料力、反压力，所以精冲压力机应满足如下要求。

1) 具有很高的导向精度（尤其是压力机滑块与导轨的导向）和足够刚度的床身结构。

2) 具有三重动作和产生精冲工艺需要的五种压力。即要求具有冲裁、带齿压料板施压、顶（推）件块反顶（推）等三种动作和相应的三种压力以及卸料力与顶（推）件力，而且要求这些动作及其施压或卸压的先后次序能按精冲工艺过程（见图4-86）的需要进行，压力大小均可按工艺需要在一定范围内调节。

3) 冲裁工作速度应低于 15mm/s，并能在 5~15mm/s 范围内根据材料种类和厚度进行调节。

4) 滑块的限位精度不低于 ±0.01mm，以便严格控制凸模进入凹模的深度。

5) 要求压力机的电动机功率大，能满足精冲工艺所需的较大的作功能力。相同冲件材料及尺寸情况下，精冲压力机消耗的总功率约为通用压力机的 5 倍，冲裁功约为普通冲裁的 2 倍。

6) 有可靠的模具保护装置及辅助装置。精冲压力机结构均已实现单机自动，在自动冲裁时，必须有较完善的辅助装置，如材料的校直、检测、自动送进、工件或废料的收集、模具的安全保护等装置。图4-97 所示为精冲压力机的全套设备示意图。

2. 精冲压力机类型和主要技术参数

精冲压力机按主传动的结构不同分为机械式精冲压力机和液压式精冲压力机。

机械式精冲压力机行程次数高，行程固定，封闭高度的重复精度高，维修方便，但变形量较大，抗偏载能力差，一般小型精冲压力机多采用机械式。液压式精冲压力机的床身受力均衡，抗偏载能力强，床身弹性变形小，精冲时运行平稳，压力恒定，长期使用后仍能保持机床的精度，滑块行程可任意调节，但是封闭高度的重复精度不如机械式精冲压力机，液压系统维修较麻烦。目前，大型精冲压力机（总压力大于 3200kN）多采用液压式。无论是机

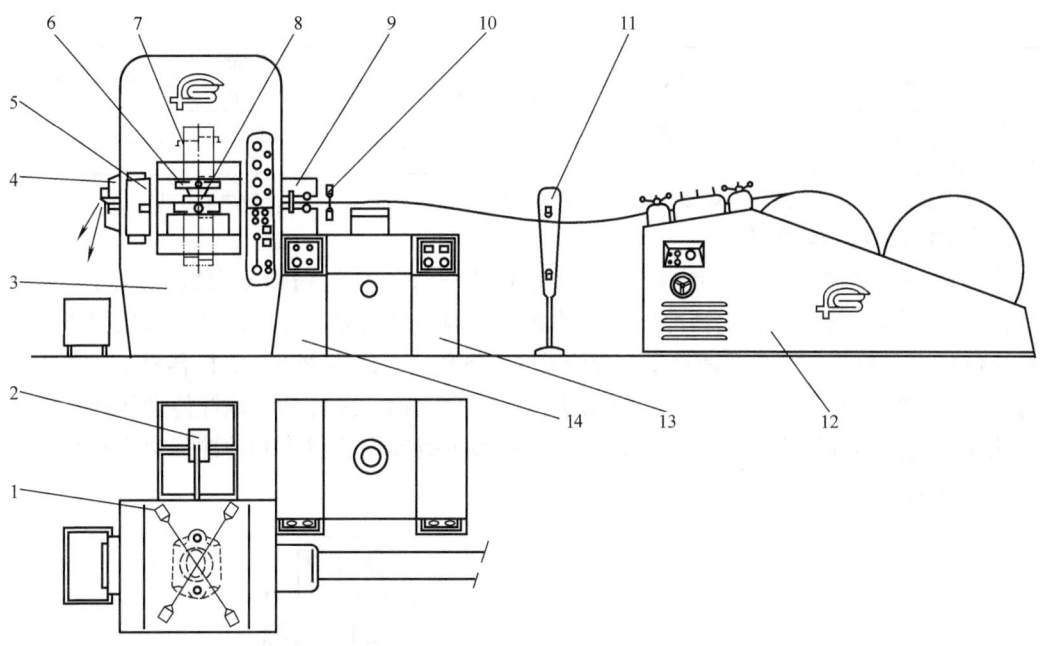

图 4-97 精冲压力机全套设备示意图

1—精冲件和废料光电检测器 2—取件（或气吹）装置 3—精冲压力机 4—废料切刀 5—光电安全栅
6—垫板 7—模具保护装置 8—模具 9—送料装置 10—带材末端检测器
11—带料检测器 12—带料校直装置 13—电器设备 14—液压装置

械式或液压式精冲压力机，其压边系统和反压系统都采用液压结构，以易于实现压料力和反压力的可调且稳定的要求。

此外，精冲压力机按主传动和滑块的位置可分为上传式精冲压力机和下传式精冲压力机；按滑块的运动方向可分为立式精冲压力机和卧式精冲压力机。

表 4-39 为部分国内外精冲压力机的主要技术参数。

表 4-39 部分国内外精冲压力机的主要技术参数

压力机型号		Y26—100	Y26—630	GKP—F25/40	GKP—F100/160	HFP240/400	HFP800/1200	HFA630	HFA800
总压力 /kN		1000	6300	400	1600	4000	12000	100~6300	100~8000
主冲裁力 /kN				250	1000	2400	8000		
压料力 /kN		0~350	450~3000	30~120	100~500	1800	4500	100~3200	100~4000
反压力 /kN		0~150	200~1400	5~120	20~400	800	2500	50~1300	100~2000
滑块行程 /mm		最大50	70~	45	61			30~100	30~100
滑块行程次数/(次/min)		最大30	5~24	36~90	18~72	28	17	最大40	最大28
冲裁速度/(mm/s)		6~14	3~8	5~15	5~15	4~18	3~12	3~24	3~24
闭模速度/(mm/s)						275	275	120	120
回程速度/(mm/s)						275	275	135	135
模具闭合高度	最小/mm	170	380	110	160	300	520	320	350
	最大/mm	235	450	180	274	380	600	400	450
模具安装尺寸	上台面/mm	420×420	Φ1020	280×280	500×470	800×800	1200×1200	900×900	1000×1000
	下台面/mm	400×400	800×800	300×280	470×470	800×800	1200×1200	900×1260	1000×1200
允许最大精冲料厚/mm		8	16	4	6	14	20	16	16
允许最大精冲料宽/mm		150	380	70	210	350	600	450	450
送料最大长度/mm		180	2×200			600	600		

（续）

压力机型号	Y26—100	Y26—630	GKP—F25/40	GKP—F100/160	HFP240/400	HFP800/1200	HFA630	HFA800
电动机功率/kW	22	79	2.6	9.5	60	100	95	130
机床重量/t	10	30	2.5	9	21	60		

注：Y26 型为国产精冲压力机；GKP 型为瑞士产精冲压力机；HFA、HFP 型为德国产精冲压力机。

3. 精冲压力机结构简介

（1）机械式精冲压力机　图 4-98 所示为 GKP—F25/40 型精冲压力机外形图，图 4-99 为其结构示意图，它是机械式精冲压力机的典型结构，采用双肘杆底传动。该压力机的主传动系统包括电动机 1、无级变速箱 2、带传动 3、飞轮 4、离合器 5、蜗杆传动 6、双边斜齿轮传动 7、曲轴 8 和双肘杆机构 14。电动机转速经变速箱、带传动、蜗杆传动和斜齿轮传动进行减速，变速箱为无级变速，因此，压力可在额定范围内获得不同的冲裁速度和相应的每分钟行程次数。

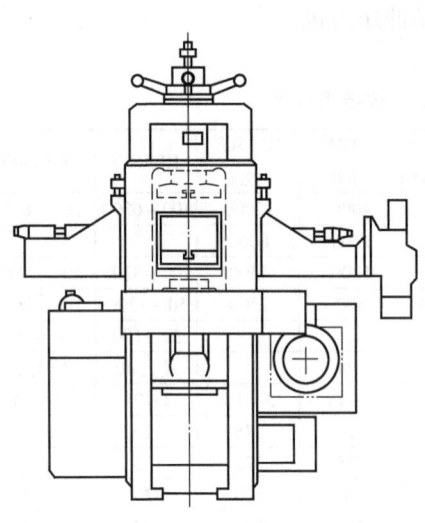

图 4-98　GKP—F25/40 型精冲压力机外形图

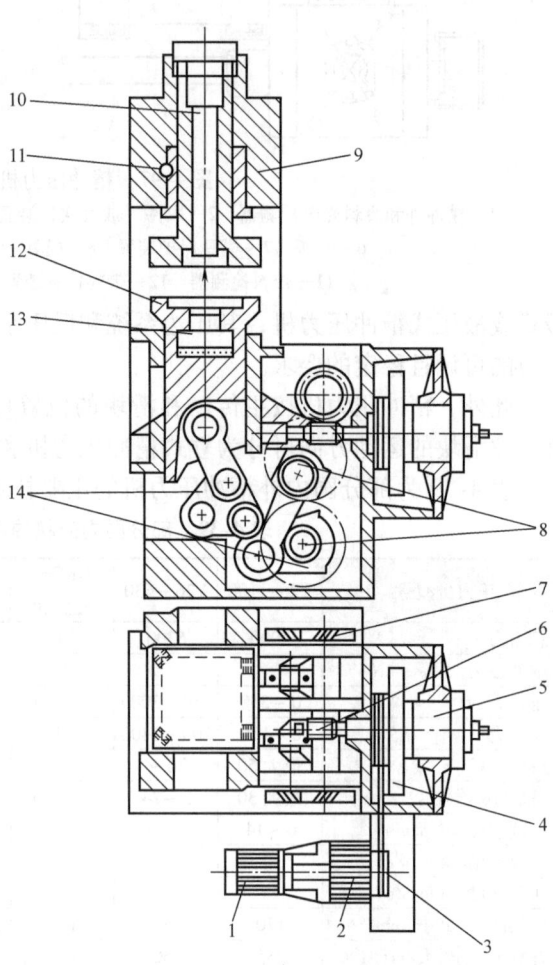

图 4-99　GKP—F25/40 传动结构简图
1—电动机　2—变速箱　3—带传动　4—飞轮　5—离合器
6—蜗杆传动　7—斜齿轮传动　8—曲轴　9—机身
10—压边活塞　11—装模高度调节机构　12—滑块
13—反压活塞　14—双肘杆机构

双肘杆机构的传动原理如图4-100所示。曲轴1、3相互平行，两端均装有等直径的齿轮，两对齿轮相互啮合，故这两根轴旋转速度相同但转向相反。曲轴1、3旋转，通过连杆2、4将力传至第一副肘杆机构4-5-7中的铰链轴5，这副肘杆机构周期性地伸直并回复到原位。当肘杆机构伸直时，通过连杆6把力传给板9，板9通过轴承和轴8连接于床身并绕轴8摆动，这种摆动使第二副肘杆机构8-10-12伸直，连杆11将力传至装在滑块13上的轴12，滑块装在有预压的平行的滚柱导轨内，使滑块在推力作用下向上或向下作垂直运动，完成开模、闭模和精密冲裁过程。双肘杆传动可以获得满足精冲工艺要求的滑块行程曲线，即快速合模，慢速冲裁、快速回程。

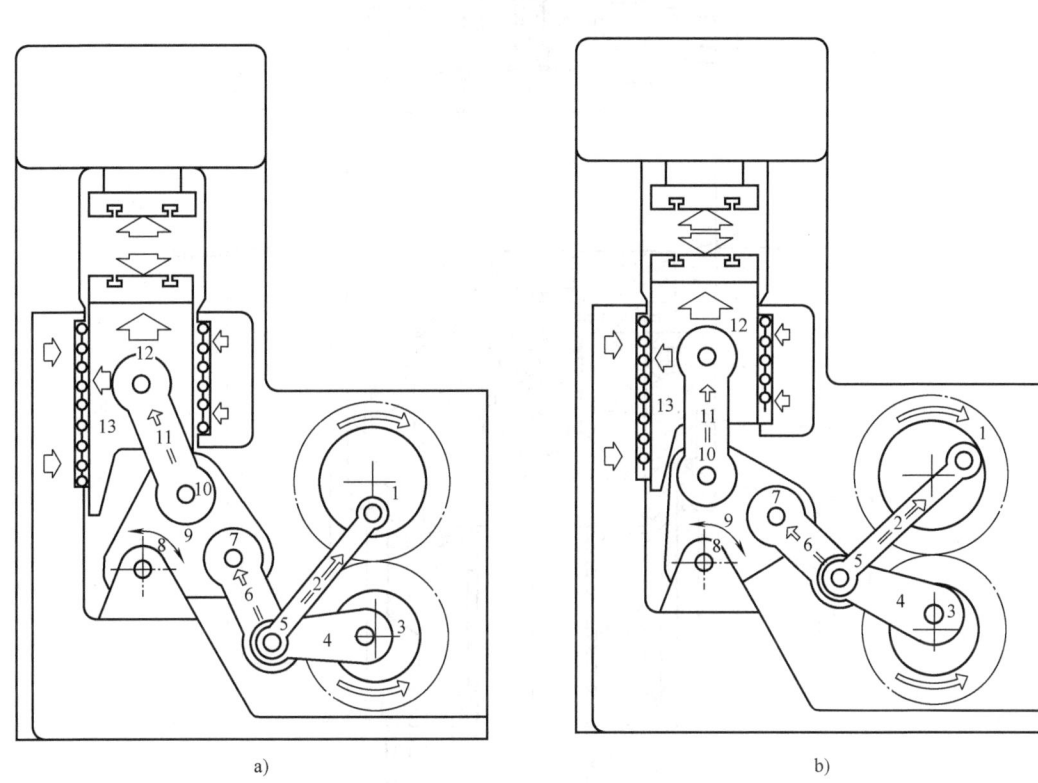

图4-100 双肘杆机构的传动原理
a) 下止点位置 b) 上止点位置
1、3—曲轴 2、4、6、11—连杆 5、7、8、10、12—铰链轴 9—板 13—滑块

带齿压料板的压边力和推（顶）件块的反压力通过液压系统，由图4-99中的压边活塞10和反压活塞13完成，并满足调节压力和稳定压力的要求。

为了保证滑块的运动精度，该压力机所有轴承都采用过盈配合的滚针轴承，滑块导轨则采用过盈配合的滚动导轨，以保证实现无间隙传动和无间隙导向。

（2）液压式精冲压力机 图4-101所示为Y26—630液压式精冲压力机结构简图，冲裁动作由冲裁活塞4产生，齿圈压板的压边动作和反压顶杆的动作分别由压边活塞12、反压活塞6实现。下工作台9直接装在冲裁活塞上,组成压力机的主滑块,利用主缸本身作为导轨。这种导轨与普通导轨不同,是一种台阶式内阻尼静压导轨,当柱塞受偏载偏离中心时,会产生一个压力差,使柱塞回到原来位置,在压力机额定的偏载力矩范围内,柱塞和导轨面始终被油膜隔离不接触。因此这种导轨具有很高的使用寿命,导轨的精度和刚度也很好。

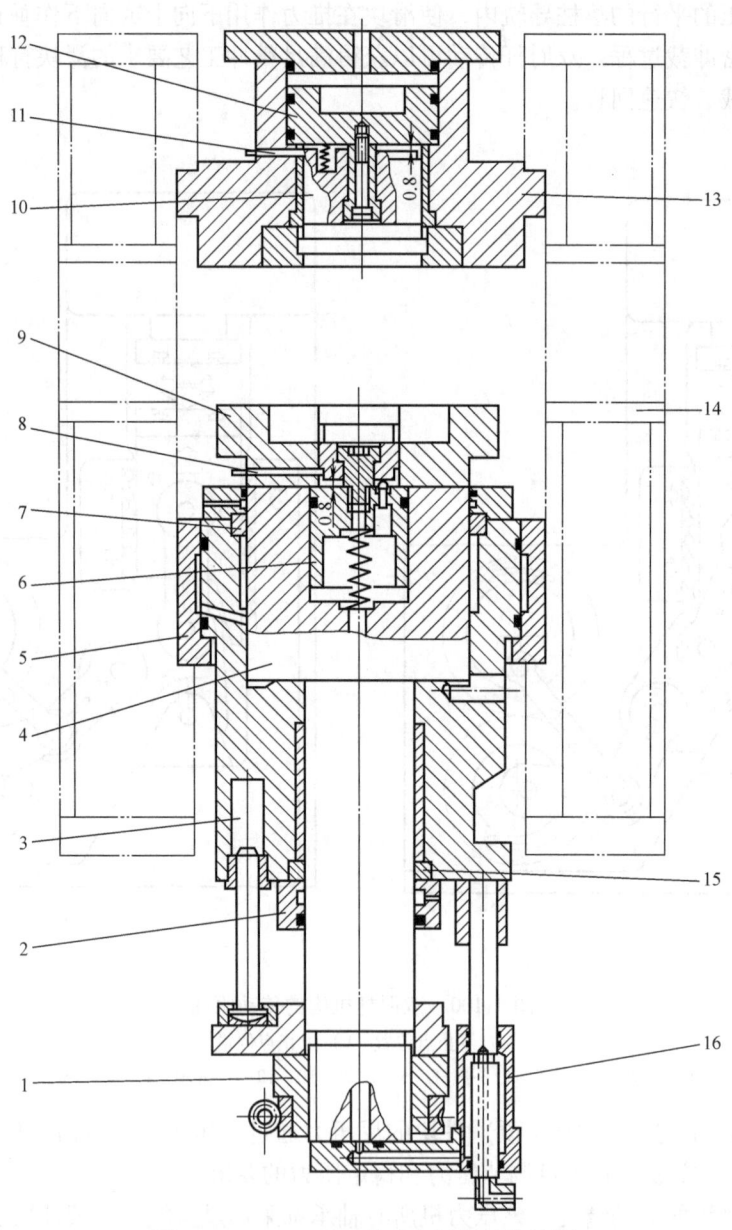

图 4-101 Y26—630 精冲液压机结构简图

1—调节蜗轮 2—挡块 3—回程缸 4—冲裁活塞 5—平衡压力缸 6—反压柱塞 7—上静压导轨
8—下保护装置 9—下工作台 10—传感活塞 11—上保护装置 12—压边活塞
13—上工作台 14—机架 15—下静压导轨 16—防转臂

Y26—630 的冲裁活塞快速闭模是靠液压系统中的快速回路来实现的，这样可简化主缸结构，便于检修。快速回程由回程缸 3 实现。压力机装模高度调节蜗轮 1 由液压马达驱动，调节距离用数字显示，调节精度为 ±0.01mm，滑块在负荷下的位置精度为 0.03mm，压力机抗偏载能力达 123kN。

另外，为防止主缸因径向变形而破坏静压导轨正常间隙，在主缸外侧增加一平衡压力缸 5，它的压力油来自主缸油腔。

4. 精冲压力机的辅助装置

精冲压力机在自动化冲压时，除了压力机主机以外，还包括带料自动上料装置、自动进出料装置和模具保护装置等，这里只简单介绍模具保护装置。

精冲压力机在工作时，有时工件或废料未从模具中顶出或虽已顶出但未被排出模具工作空间，导致连续冲压时模具损坏，因此压力机必须通过监控装置自动停车进行保护。监控方法一般有两种：一种是通过控制滑块距工作台面的行程来实现模具保护；另一种是利用载荷控制压力来达到保护模具的目的。后者只适用于液压式精冲压力机。

图 4-102 所示是一种通过控制行程的方式保护模具的结构，其工作原理见图 4-103。在正常情况下，当滑块向上行程时，先使微动开关 A 动作，随后齿圈压料板和反压顶板被压退，浮动活塞便使微动开关 B、C 动作，压力机正常运转，如图 4-103a 所示。当异物或工件未被排出而停留在齿圈压料板下（图 4-103b）时，则滑块向上行程闭模时，齿圈压料板先被压退，浮动压边活塞 6 使开关 C 先动作，滑块立即停止前进，并换向回程。如异物或工件停留在凸模下，则浮动反压活塞 3 先被压退，开关 B 先动作，滑块同样立即返回原始位置（图 4-103c），这样即可起到保护模具的作用。微动开关 B、C 的保护距离为 0.8mm，因此，即使有很微小的飞边卡在浮动活塞，保护装置都能灵敏地作出反应。在设计模具时应考虑

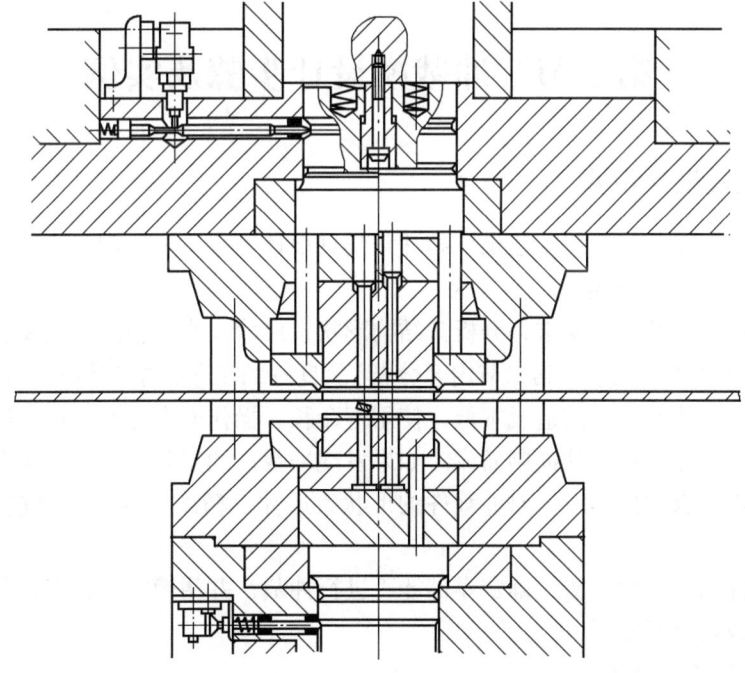

图 4-102 模具保护装置结构图

浮动活塞的浮动量对模具结构的影响。使用时，开关A触头的位置应根据模具的闭合高度和冲裁的料厚来调节，既要使开关A先于开关B、C动作，又要保证要求的保护高度范围。

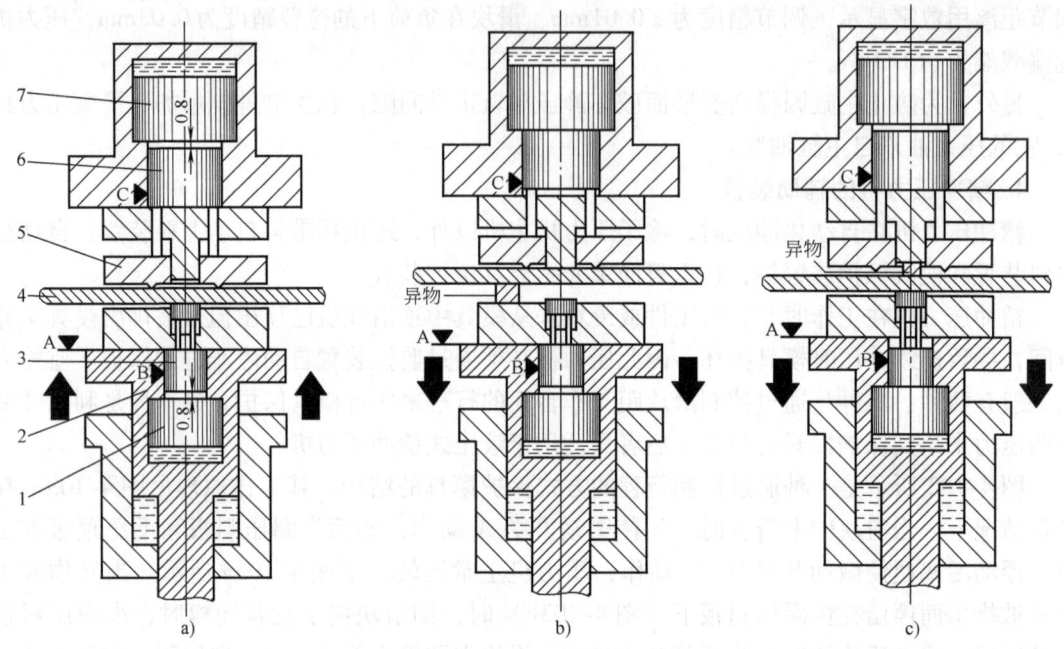

图4-103　模具保护装置工作原理图
a) 微动开关B、C在A之后动作（正常工作）　b) 微动开关C在A之前动作（滑块回程）
c) 微动开关B在A之前动作（滑块回程）
1—反压活塞　2—滑块　3—浮动反压活塞　4—被冲板料　5—齿圈压料板　6—浮动压边活塞　7—压边活塞

第十节　冲裁模设计步骤及实例

一、冲裁模设计步骤

冲裁模设计一般分为冲裁工艺设计和冲裁模具设计两个阶段。现分步骤简要概述如下。

1. 分析冲裁件的工艺性

根据冲裁件图样及技术要求，分析其结构形状、尺寸大小、精度高低及所用材料等是否符合冲裁工艺要求（对照本章第二节内容分析）。良好的工艺性能应体现在材料消耗少、工序数目少、模具结构简单、制造成本低、使用寿命长、操作安全方便、产品质量稳定等，即能以简单、经济的方法将零件冲制而成。如果发现冲裁件的工艺性较差，应会同产品设计人员，在保证使用要求的前提下，对冲裁件的形状、尺寸、精度要求及材料选用等作必要的、合理的修改。

通过冲裁件的工艺性分析，确定零件能否进行冲裁，并明确在冲裁工艺及模具设计中主要解决的问题或难点所在。

2. 确定冲裁工艺方案

在工艺性分析的基础上，根据冲裁件的特点和要求确定合理的冲裁工艺方案。冲裁工方案是指冲裁零件所采用的工序性质、工序数量、工序顺序及工序的组合方式，是设计制造模具和指导冲压生产的依据。

（1）工序性质与数量的确定　对于一般的冲裁件，通常外形采用落料，内形采用冲孔。当冲件上孔的数量较多且相距较近时，为了保证模具强度和不使孔变形，一般采用两次或多次冲孔工序（见图4-43a、b）。当冲件的形状较复杂或局部尺寸较薄弱时，为了便于模具加工和保证强度，通常可将冲件的外形（或内形）分步冲出，这时外形或内形的冲裁工序中可以包含一次或多次冲孔（或冲槽）和一次落料工序（见图4-43d）。当冲件外形规则、尺寸较大而精度要求不高时，可采用切断工序。

（2）工序顺序的确定　当多工序冲件采用单工序冲裁时，一般先落料使工件与条料分离，再冲孔或冲缺口，并尽量使后续工序的定位一致，以减少定位误差和避免尺寸换算。冲裁大小不同且相距较近的孔时，为了减小孔的变形，应先冲大孔后冲小孔。当多工序冲件采用级进冲裁时，一般先冲孔或冲缺口，最后落料或切断，同时要做到工艺稳定，使先冲部分能为后冲部分提供可靠定位（也可在条料边缘冲出工艺孔定位），后冲部分不影响先冲部分的质量。采用侧刃定距时，侧刃切边工序应与首次冲孔同时进行。采用双侧刃时应前后错开排列。

（3）工序组合方式的确定　工序是否组合及组合的方式与冲件的生产批量、尺寸大小、精度要求及模具的结构、强度、加工和操作等因素有关。一般小批量生产采用单工序冲裁，中批量和大批量生产采用复合冲裁或级进冲裁；冲件精度等级高且要求平整时，宜采用复合冲裁；冲件尺寸较小时，考虑单工序冲裁操作不方便，常采用复合冲裁或级进冲裁；冲件尺寸较大时，料薄时可用复合冲裁或单工序冲裁，料厚时受压力机压力限制只宜采用单工序冲裁；冲件上孔与孔之间或孔与边缘之间的距离过小时，受凸凹模强度限制，不宜采用复合冲裁而宜用级进冲裁，但级进模轮廓尺寸受压力机台面尺寸限制，所以级进冲裁宜适应尺寸不大、宽度较小的异形冲件；形状复杂的冲件，考虑模具的加工、装配与调整方便，采用复合冲裁比级进冲裁较为适宜，但复合冲裁时其出件和废料清除较麻烦，工作安全性和生产率不如级进冲裁。

实际确定冲裁工艺方案时，通常可以先拟订出几种不同的工艺方案，然后根据冲件的生产批量、尺寸大小、精度高低、复杂程度、材料厚度、模具制造、冲压设备及安全操作等方面进行全面分析和研究，从中确定技术可行、经济合理、满足产量和质量要求的最佳冲裁工艺方案。

3. 确定模具总体结构方案

在冲裁工艺方案确定以后，根据冲件的形状特点、精度要求、生产批量、模具制造条件、操作与安全要求，以及利用现有设备的可能，确定每道冲裁工序所用冲模的总体结构方案。确定模具总体结构方案，就是对模具作出通盘的考虑和总体结构上的安排，它既是模具零部件设计与选用的基础，又是绘制模具总装图的必要准备，因而也是模具设计的关键，必须十分重视。

模具总体结构方案的确定包括以下内容。

（1）模具类型　模具类型主要是指单工序模、复合模、级进模三种，有些单件试制或小批量生产的情况下，也采用简易模或组合模。模具类型应根据生产批量、冲件形状与尺寸、冲件质量要求、材料性质与厚度、冲压设备与制模条件、操作与安全等因素确定。考虑冲裁工艺方案中已根据上述因素确定了冲裁工序性质、数量及组合方式，这些已基本确定了所用模具的类型，所以此处模具类型的确定只需与冲裁工艺方案相适应便可。

（2）操作与定位方式　根据生产批量确定采用手工操作、半自动化操作或自动化操作，根据毛坯或工序件的形状、冲件精度要求、材料厚度、模具类型、操作方式等确定采用毛坯的送进导向与送料定距方式或工序件的定位方式。

（3）卸料与出件方式　根据材料厚度、冲件尺寸与质量要求、冲裁工序性质及模具类型等，确定采用弹性卸料、固定卸料或废料切刀卸料等卸料方式和弹性顶件、刚性推件（或弹性推件）或凸模直接推件等出件方式。

（4）模架类型及精度　模架分为滑动导向模架、滚动导向模架和导板模架，根据导向零件的布置又分为后侧式、中间式、对角式和四角式模架。模架类型及精度等级主要根据冲件尺寸与精度、材料厚度、模具类型、送料与操作等因素确定。对于生产批量较小、冲件精度要求较低、材料较厚的单工序冲裁模，也可采用无导向模架。

4. 进行有关工艺与设计计算

在冲裁工艺与模具结构方案确定以后，为了进一步设计模具零件的具体结构，应进行以下有关工艺与设计方面的计算。

（1）排样设计与计算　根据冲件形状特征、质量要求、模具类型与结构方案、材料利用率等方面因素进行冲件的排样设计。设计排样时，在保证冲件质量和模具使用寿命的前提下，主要考虑材料的充分利用，所以，对形状复杂的冲件，应多列几种不同排样方案（特殊形状件可用纸板按冲件比例作出样板进行实物排样），估算材料利用率，比较各种方案的优缺点，选择出最佳排样方案。

排样方案确定以后，查出搭边值，根据模具类型和定位方式画出排样图，计算条料宽度、进距及材料利用率，并选择板料规格，确定裁板方式（纵裁或横裁），进而确定条料长度，计算一块条料或整块板料的材料利用率。

（2）计算冲压力与压力中心，初选压力机　根据冲件尺寸、排样图和模具结构方案，计算冲裁力、卸料力、推件力、顶件力及冲压总力，并计算模具的压力中心。根据冲压总力、冲件尺寸、模架类型与精度等初步选定压力机的类型与规格。

（3）计算凸、凹模刃口尺寸及公差　根据冲件形状与尺寸精度要求，确定刃口尺寸计算方法，并计算刃口尺寸及其公差。

5. 设计、选用模具零部件，绘制模具总装草图

（1）确定凸、凹模结构形式，计算凹模轮廓尺寸及凸模结构尺寸　根据凸、凹模的刃口形状、尺寸大小及加工条件等确定凸、凹结构形式，进而计算凹模轮廓尺寸及凸模结构尺寸。凹模轮廓尺寸应保证使模板中心与压力中心重合的要求，并尽量选用标准系列尺寸。对于细长凸模，应进行强度与刚度校核。

（2）选择定位零件　定位零件一般都已标准化，根据定位方式及毛坯的形状与尺寸，选用相应的标准规格。选择不到合适的标准件时，可参考标准自行设计。

（3）设计、选用卸料与出件零件　根据卸料与出件方式及凸、凹模轮廓与刃口尺寸，设计卸料板、推件块、顶件块结构及尺寸，并从标准中选用合适的卸料螺钉、推杆、顶板及顶杆等。当采用了弹性卸料与出件方式时，还应进行弹簧或橡胶的选用与计算。

（4）选择模架，并确定其他模具零件的结构尺寸或标准规格　根据凹模轮廓尺寸、模架类型和大致的模具闭合高度,从标准中选取模架规格,并相应确定固定板与垫板的轮廓尺寸及其他结构尺寸,选择模柄及紧固件的类型与规格。

(5)绘制模具总装草图,校核压力机 根据模具总体结构方案及设计选用的模具零部件,绘制模具总装草图,检查核对各模具零件的位置关系、相关尺寸、配合关系及结构工艺性等是否合适或合理,并校核压力机的有关参数,如装模高度、工作台面尺寸、滑块尺寸等。

需要说明的是,模具总装草图的绘制与零部件的设计选用往往是交错进行的,一般要经过设计、计算、绘图、修改的多次反复。只有这样,才能设计出合理可行的模具,并提高设计效率。

6. 绘制模具总装图和零件图

在对模具总装草图检查核对基本无误后,便可绘制模具总装图和拆画模具零件图。总装图和零件图均应严格按照机械制图国家标准绘制,同时,在实际生产中,结合冲模的工作特点和安装、调整的需要,总装图在图面布置、视图表达、技术要求等方面已形成一定的习惯,但这些习惯不应违反制图标准。

(1)模具总装图的绘制 总装图的图面布置一般如图 4-104 所示,总装图中的各项内容简要说明如下。

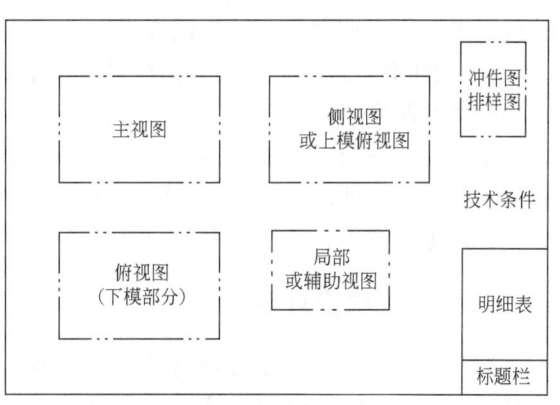

1)主视图。主视图是模具总装图的主体部分,一般应画上、下模剖视图。上、下模可以画成闭合状态,也可画成开启状态,对称模具还可画成半开半闭状态。其中闭合状态和半开半闭状态能直观地反映出模具的工作原理,便于装配调整和确定模具零件的相关尺寸。主视图中条料、冲件及废料的剖切面最好涂黑或涂红,并在主视图左侧或右侧标注模具的闭合高度。

图 4-104 模具总装图的图面布置

2)俯视图。俯视图一般表示下模的上平面。在不影响表达下模的情况下,也可一半表示下模上平面,一半表示上模上平面,还可以局部表示上模上平面。俯视图一般只俯视可见部分,但有时为了表达重要零件之间的位置关系,有些未见部分也用虚线表示。俯视图上应标注下模轮廓尺寸,并将条料和排样状态用双点画线表示。

3)侧视图或上模俯视图、局部或辅助视图。这些视图一般情况下不要求画出,只有当模具结构过于复杂,仅用上述主视图和俯视图难以表达清楚时才按需要画出,但也宜少勿多,尽量使图面简洁明了。

4)冲件图及排样图。冲件图是表达该模具冲压后所得冲件的形状及尺寸。冲件图应严格按比例画出,其方向也应尽量与冲压方向一致,如果不能一致,必须用箭头注明冲压方向。冲件图下方还应注明冲件名称、材料、板料厚度及绘图比例。对于落料模、复合模和级进模,还要给出排样图,排样图的方向也要尽量与冲压方向一致。

5)技术要求。技术要求中一般只简要注明本模具所使用压力机型号、模具闭合高度(当主视图中不便标注时)、模具总体形位公差以及装配、安装、调试、使用等方面的要求。

总装图绘制的一般步骤是先在主视图和俯视图中的适当位置画出冲件视图（级进模应按排样图画出不同工位上的冲件状态图），然后画出工作零件，再依次画出其他各部分零部件。主、俯视图的绘制应同时对应进行，这样有利于零件尺寸的协调。主、俯视图（必要的还有其他视图）绘制完成后，再绘制冲件图、排样图，最后列出标题栏、明细表，写出有关技术要求。

（2）模具零件图绘制　模具总装图中的非标准零件，均需分别画出零件图。有些标准零件需要补充加工（如上、下标准模座上的螺钉孔、销钉孔、模柄安装孔、漏料孔等）时，也需要画出零件图，但在此情况下，通常只画出需加工的部位，而其余非加工部位可以只用双点画线表示轮廓，并在图中注明标准件规格代号即可。零件图的绘制顺序一般是先画出工作零件，再依次按依赖关系画出其他零件。绘制零件图时应注意以下几点。

1）应尽量按该零件在总装图中的装配方位画出，不要任意旋转或颠倒。视图要完整，且宜少勿多，以能将零件结构表达清楚为限。

2）图中尺寸、公差、表面粗糙度值标注要齐全、合理，符合国家标准。不同零件上有关联要求的尺寸（如孔距尺寸、配合尺寸、刃口尺寸等）应尽量一起标注，并给出适当公差或提出配作（或保持一致）的要求。

3）图中各项尺寸公差及表面粗糙度选用要适当，既要满足模具加工质量要求，又要考虑尽量降低制模成本。

模具总装图和零件图绘制完后，还要从总体功能结构、零部件结构与装配关系、尺寸与精度、选材与热处理、加工工艺性与操作安全性等方面进行一次全面检查与校核，尽量减少差错，避免造成不必要的损失。

二、冲裁模设计实例

冲裁如图4-105所示接触环零件，材料为锡青铜带 QSn6.5-0.1（M），厚度 $t = 0.3$mm。已知每年班产量15万件，试确定冲裁工艺方案，设计冲裁模。

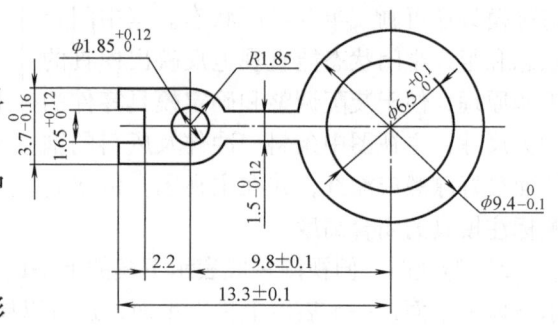

图4-105　接触环

1. 零件的工艺性分析

（1）结构与尺寸　该零件结构较简单，形状对称，尺寸较小。悬臂宽度（1.5mm、1.025mm）大于 $1.5t$，臂长（3.25mm、1.3mm）小于5倍臂宽；凹槽宽度 $1.65^{+0.12}_{0}$mm > $1.5t$，深度也较小；最小孔径 $\phi1.85^{+0.12}_{0}$mm > $0.9t$；孔至边缘间最小距离（0.925mm）> $1.5t$。均适宜于冲裁加工。

（2）精度　零件尺寸公差除 $\phi9.4^{0}_{-0.1}$mm 接近于IT11以外，其余尺寸均低于IT12，亦无其他特殊要求。从表4-5可知，利用普通冲裁方式可以达到零件图样要求。

（3）材料　锡青铜带 QSn6.5-0.1（M），软态，带料，抗剪强度 τ_b = 255MPa（表2-3），断后伸长率 δ_{10} = 38%。此材料具有较高的弹性和良好的塑性，其冲裁加工性较好。

根据以上分析，该零件的工艺性较好，可以冲裁加工。

2. 确定冲裁工艺方案

该零件包括落料和冲孔两个基本工序，可采用的冲裁工艺方案有单工序冲裁、复合冲裁和级进冲裁三种。由于零件属于大批量生产，尺寸又较小，因此采用单工序冲裁效率太低，且不便于操作。若采用复合冲裁，虽然冲出的零件精度和平直度较好，生产效率也较高，但因零件的孔边距太小，模具强度不能保证。采用级进冲裁时，生产效率高，操作方便，通过设计合理的模具结构和排样方案可以达到较好的零件质量和避免模具强度不够的问题。

根据以上分析，该零件采用级进冲裁工艺方案。

3. 确定模具总体结构方案

（1）模具类型　根据零件的冲裁工艺方案，采用级进冲裁模。

（2）操作与定位方式　虽然零件的生产批量较大，但合理安排生产可用手工送料方式能够达到批量要求，且能降低模具成本，因此采用手工送料方式。考虑零件尺寸较小，材料厚度较薄，为了便于操作和保证零件的精度，宜采用导料板导向、侧刃定距的定位方式。为减小料头和料尾的材料消耗和提高定距的可靠性，采用双侧刃前后对角布置。

（3）卸料与出件方式　考虑零件厚度较薄，采用弹性卸料方式。为了便于操作、提高生产率，冲件和废料采用由凸模直接从凹模洞口推下的下出件方式。

（4）模架类型及精度　由于零件厚度薄，冲裁间隙很小，又是级进模，因此采用导向平稳的对角导柱模架。考虑零件精度要求不是很高，但冲裁间隙较小，因此采用Ⅰ级模架精度。

4. 工艺与设计计算

（1）排样设计与计算　该零件材料厚度较薄，尺寸小，近似 T 形，因此可采用 45°的斜对排样，如图 4-106 所示。考虑模具强度的影响，在冲孔和落料工位之间增设了一个空位。

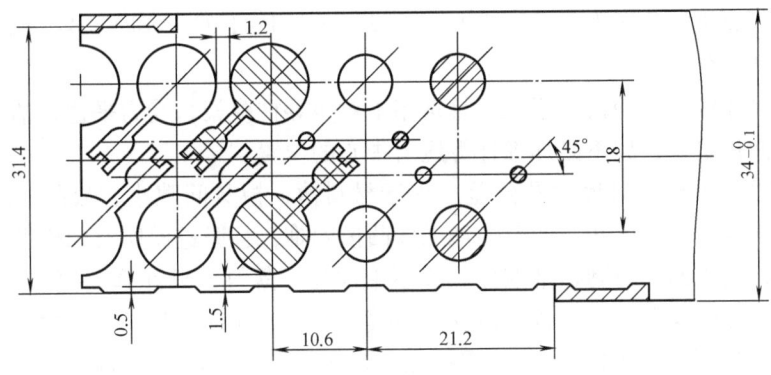

图 4-106　排样图

根据排样图的几何关系，可以近似算出两排中心距为 18mm。

查表 4-15、表 4-16、表 4-17、表 4-18，取 $a = 1.5$mm，$a_1 = 1.2$mm，$\Delta = 0.10$mm，$Z = 0.5$mm，$b_1 = 1.3$mm，$y = 0.1$mm。另因采用的ⅠC型侧刃，故料宽每边需增加燕尾形切入深度 $a' = 0.5$mm。因此，条料宽度为

$$B_{-\Delta}^{0} = (D_{max} + 2a + 2a' + nb_1)_{-\Delta}^{0}$$
$$= (18 + 9.4 + 2 \times 1.5 + 2 \times 0.5 + 2 \times 1.3)_{-0.10}^{0} \text{mm} = 34_{-0.10}^{0} \text{mm}$$

冲裁后废料宽度为

$$B_1 = D_{max} + 2a + 2a' = (18 + 9.4 + 2 \times 1.5 + 2 \times 0.5) \text{mm} = 31.4 \text{mm}$$

进距为

$$s = 9.4\text{mm} + 1.2\text{mm} = 10.6\text{mm}$$

导料板间距为

$$B' = B + Z = 34\text{mm} + 0.5\text{mm} = 34.5\text{mm}$$

$$B_1' = B_1 + y = 31.4\text{mm} + 0.1\text{mm} = 31.5\text{mm}$$

由零件图近似算得一个零件的面积为 54mm^2，一个进距内冲两件，故 $A = 54\text{mm}^2 \times 2 = 108\text{mm}^2$。一个进距内的毛坯面积 $B \times s = 34\text{mm} \times 10.6\text{mm} = 360.4\text{mm}^2$。因此材料利用率为

$$\eta = A/Bs \times 100\% = 108/360.4 \times 100\% \approx 30\%$$

(2) 计算冲压力与压力中心，初选压力机

冲裁力：根据零件图可算得一个零件内外周边之和 $L_1 = 77\text{mm}$，侧刃冲切长度 $L_2 = 13.8\text{mm}$，根据排样图一模冲两件和双侧刃布置，故总冲裁长度 $L = (77 + 13.8) \times 2\text{mm} = 181.6\text{mm}$。又 $\tau_b = 255\text{MPa}$，$t = 0.3\text{mm}$，取 $K = 1.3$，则

$$F = KLt\tau_b = 1.3 \times 181.6\text{mm} \times 0.3\text{mm} \times 255\text{MPa} = 18060\text{N}$$

卸料力：查表 4-19，取 $K_X = 0.06$，则

$$F_X = K_X F = 0.06 \times 18060\text{N} = 1084\text{N}$$

推件力：根据材料厚度取凹模刃口直壁高度 $h = 5\text{mm}$，故 $n = \dfrac{h}{t} = \dfrac{5}{0.3} = 16$。查表 4-19，取 $K_T = 0.07$，则

$$F_T = nK_T F = 16 \times 0.07 \times 18060\text{N} = 20227\text{N}$$

总冲压力：$F_\Sigma = F + F_X + F_T = 18060\text{N} + 1084\text{N} + 20227\text{N} = 39371\text{N} \approx 40\text{kN}$

应选取的压力机标称压力：$p_0 \geq (1.1 \sim 1.3)F_\Sigma = (1.1 \sim 1.3) \times 40\text{kN} = 44 \sim 52\text{kN}$，因此可选压力机型号为 J24—6.3。

因冲裁件尺寸较小，冲裁力不大，且选用了对角导柱模架，受力平稳，估计压力中心不会超出模柄端面积之外，故不必详细计算压力中心的位置。

(3) 计算凸、凹模刃口尺寸及公差　由于材料薄，模具间隙小，故凸、凹模采用配作加工为宜。又根据排样图可知，凹模的加工较凸模困难，且级进模所有凹模型孔均在同一凹模板上，因此，选用凹模为制造基准件。故不论冲孔、落料，只计算凹模刃口尺寸及公差，并将计算值标注在凹模图样上。各凸模仅按凹模各对应尺寸标注其基本尺寸，并注明按凹模实际刃口尺寸配双面间隙 0.03mm，侧刃按侧刃孔配单面间隙 0.015mm。

1) 落料凹模刃口尺寸。按磨损情况分类计算。

①凹模磨损后增大的尺寸，按公式 $A_d = (A_{\max} - x\Delta)_{\ 0}^{+\Delta/4}$ 计算。

$9.4_{-0.1}^{\ 0}$　　　　　　　　　$A_{d1} = (9.4 - 0.75 \times 0.1)_{\ 0}^{+0.1/4}\text{mm} = 9.33_{\ 0}^{+0.025}\text{mm}$

$1.5_{-0.12}^{\ 0}$　　　　　　　　$A_{d2} = (1.5 - 0.75 \times 0.12)_{\ 0}^{+0.12/4}\text{mm} = 1.41_{\ 0}^{+0.03}\text{mm}$

$3.7_{-0.16}^{\ 0}$　　　　　　　　$A_{d3} = (3.7 - 0.75 \times 0.16)_{\ 0}^{+0.16/4}\text{mm} = 3.58_{\ 0}^{+0.04}\text{mm}$

13.3 ± 0.1　　　　　　　　$A_{d4} = (13.3 + 0.1 - 0.75 \times 0.2)_{\ 0}^{+0.2/4}\text{mm} = 13.25_{\ 0}^{+0.05}\text{mm}$

2.2 ± 0.12　　　　　　　　$A_{d5} = (2.2 + 0.12 - 0.5 \times 0.24)_{\ 0}^{+0.24/4}\text{mm} = 2.2_{\ 0}^{+0.06}\text{mm}$

②凹模磨损后减小的尺寸，按公式 $B_d = (B_{\min} + x\Delta)_{-\Delta/4}^{\ 0}$ 计算。

$1.65_{\ 0}^{+0.12}$　　　　　　　$B_d = (1.65 + 0.75 \times 0.12)_{-0.12/4}^{\ 0}\text{mm} = 1.74_{-0.03}^{\ 0}\text{mm}$

③凹模磨损后不变的尺寸，按公式 $C_d = (C_{\min} + 0.5\Delta) \pm \Delta/8$ 计算。

$$9.8 \pm 0.1 \qquad C_d = (9.7 + 0.5 \times 0.2)\,\text{mm} \pm 0.2/8\,\text{mm} = 9.8 \pm 0.025\,\text{mm}$$

2) 冲孔凹模刃口尺寸。冲孔凹模均为圆形，故可按公式 $d_d = (d_{\min} + x\Delta + Z_{\min})_0^{+\Delta/4}$ 计算。

$$6.5_{\ 0}^{+0.1} \qquad d_{d1} = (6.5 + 0.75 \times 0.1 + 0.03)_{\ 0}^{+0.1/4}\,\text{mm} = 6.61_{\ 0}^{+0.025}\,\text{mm}$$

$$1.85_{\ 0}^{+0.12} \qquad d_{d2} = (1.85 + 0.75 \times 0.12 + 0.03)_{\ 0}^{+0.12/4}\,\text{mm} = 1.97_{\ 0}^{+0.03}\,\text{mm}$$

3) 侧刃孔尺寸可按公式 $A_d = (A + 0.5Z_{\min})_0^{+\delta_d}$ 计算，取 $\delta_d = 0.02$，则

$$A_d = (A + 0.5Z_{\min})_{\ 0}^{+\delta_d} = (10.6 + 0.5 \times 0.03)_{\ 0}^{+0.02}\,\text{mm} = 10.61_{\ 0}^{+0.02}\,\text{mm}$$

当采用线切割机床加工凹模时，各型孔尺寸和孔距尺寸的制造公差均可标注为 ±0.01（为机床一般可达到的加工精度），本例即采用此种加工的标注法。

5. 设计选用模具零、部件，绘制模具总装草图

限于篇幅，这里只介绍凸、凹模零件的设计过程，其他零件的设计或选用过程从略。

(1) 凹模设计　凹模采用矩形板状结构和直接通过螺钉、销钉与下模座固定的固定方式。因冲件的批量较大，考虑凹模的磨损和保证冲件的质量，凹模刃口采用直刃壁结构，刃壁高度取 5mm，漏料部分沿刃口轮廓单边扩大 0.8mm（为便于加工，落料凹模漏料孔可设计成近似于刃口轮廓的简化形状，如图 4-107 所示）。凹模轮廓尺寸计算如下。

沿送料方向的凹模型孔壁间最大距离为

$$l = 31.81\,\text{mm} + 21.2\,\text{mm} + 10.61\,\text{mm} \approx 63.6\,\text{mm}$$

垂直于送料方向的凹模型孔壁间最大距离为

$$b = (31.4 - 2 \times 0.5 + 2 \times 6)\,\text{mm} = 42.4\,\text{mm} \quad (\text{取侧刃厚度为 6mm})$$

沿送料方向的凹模长度为

$$L = l + 2c = 63.6 + 2 \times 20 = 103.6\,\text{mm} \quad (\text{查表 4-26，取 } c = 20\,\text{mm})$$

垂直于送料方向的凹模宽度为

$$B = b + 2c = (42.4 + 2 \times 20)\,\text{mm} = 82.4\,\text{mm}$$

凹模厚度为

$$H = K_1 K_2 \sqrt[3]{0.1F} = 1 \times 1.25 \sqrt[3]{0.1 \times 18060}\,\text{mm}$$
$$= 15.2\,\text{mm} \quad (\text{查表 4-30，取 } K_2 = 1.25, K_1 = 1)$$

根据算得的凹模轮廓尺寸，选取与计算值相接近的标准凹模板轮廓尺寸为 $L \times B \times H = 100\,\text{mm} \times 80\,\text{mm} \times 16\,\text{mm}$。

凹模的材料选用 CrWMn，工作部分热处理淬硬 60~64HRC（材料及热处理选用参考表 8-3）。

(2) 凸模设计　落料凸模刃口部分为非圆形，为便于凸模和固定板的加工，可设计成阶梯形结构，并将安装部分设计成便于加工的长圆形，通过铆接方式与固定板固定。凸模的尺寸根据刃口尺寸、卸料装置和安装固定要求确定。凸模的材料也选用 CrWMn，工作部分热处理淬硬 58~62HRC。

冲孔凸模的设计与落料凸模基本相同，因刃口部分为圆形，其结构更简单。考虑冲孔凸模直径很小，故需对最小凸模 ($\phi 1.85_{\ 0}^{+0.12}\,\text{mm}$ 冲孔凸模) 进行强度和刚度校核。

1) 凸模最小直径的校核（强度校核）。

因孔径虽小，但远大于材料厚度，估计凸模的强度和刚度是够的。为使弹压卸料板加工

方便,取凸模与卸料板的双面间隙为0.2mm(不起导向作用)。

根据表4-23,凸模的最小直径 d 应满足:

$$d \geq \frac{5.2t\tau_b}{[R_{\text{压}}]} = \frac{5.2 \times 0.3 \times 255}{1200}\text{mm} = 0.33\text{mm} \quad (\text{取}\ [R_{\text{压}}] = 1200\text{MPa})$$

而 $d_{p2} = d_{d2} - Z_{\min} = 1.97 - 0.03 = 1.94$mm,因 $d_{p2} > 0.33$mm,所以凸模强度足够。

2) 凸模最大自由长度的校核(刚度校核)。

根据表4-23,凸模最大自由长度 L 应满足

$$L \leq \frac{90d^2}{\sqrt{F}} = \frac{90 \times 1.94^2}{\sqrt{1.3 \times 3.14 \times 1.94 \times 0.3 \times 255}}\text{mm} = 13.8\text{mm}$$

由此可知,小冲孔凸模工作部分长度不能超过13.8mm。本例取小冲孔凸模工作部分长度为12mm,大冲孔凸模和落料凸模为15mm,如图4-108、图4-109和图4-110所示。

其他主要模具零部件的尺寸规格为模架100mm×80mm×(120~145)mm(GB/T 2851.3—1990),凸模固定板100mm×80mm×18mm,卸料板100mm×80mm×12mm(台阶高度4.5mm),垫板100mm×80mm×4mm,卸料弹簧2.5mm×12mm×40mm(GB/T 2089—2009),模柄A30×78(JB/T 7646.1—2008)。

根据模具总体结构方案和已设计选用的模具零部件,绘制模具总装草图,并检查核对模具零件的相关尺寸、配合关系及结构工艺性等,校核压力机的参数,最后作出合理修改。

6. 绘制正规模具总装图和非标准模具零件图

本例的模具总装图见图4-41。凹模、落料凸模、冲孔凸模、凸模固定板和卸料板分别见图4-107~图4-112。

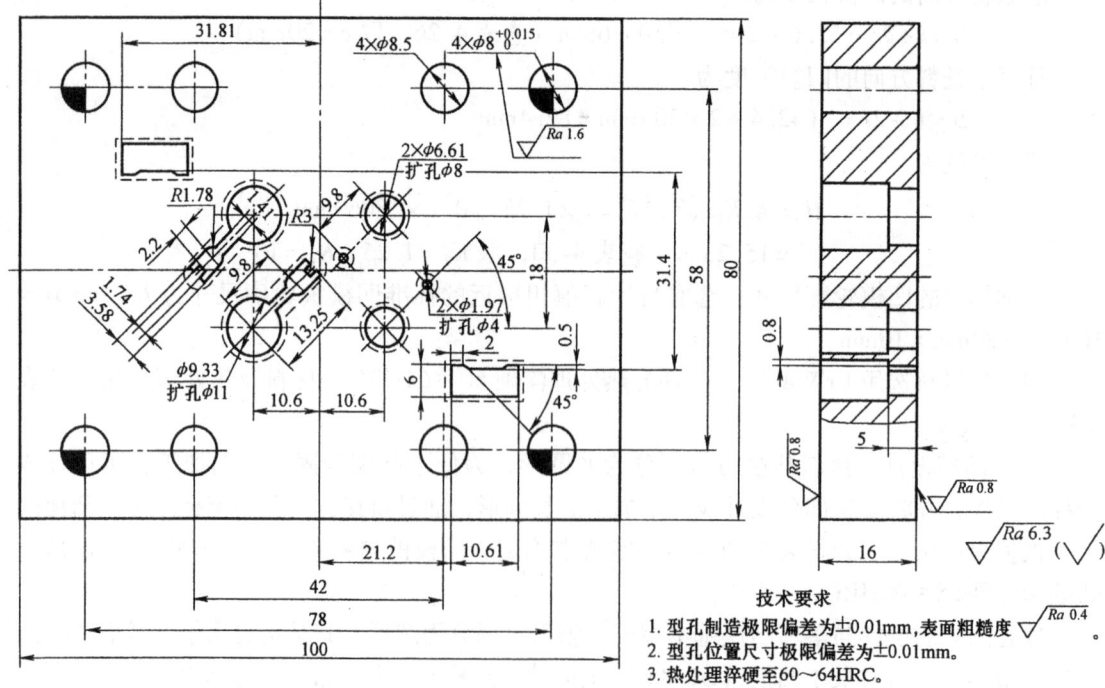

图4-107 凹模

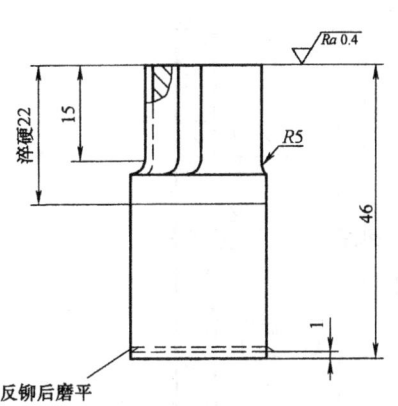

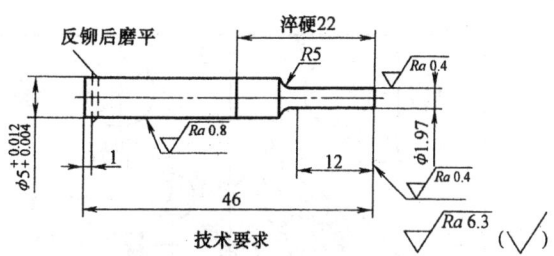

技术要求
1. 刃口部分按凹模实际刃口尺寸配作，保证双面间隙0.03mm。
2. 保持刃口锋利。
3. 淬硬部分58～62HRC。
4. 材料：CrWMn。

图 4-109　小冲孔凸模

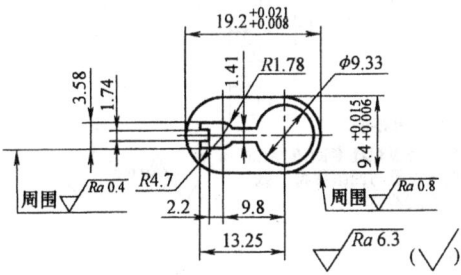

技术要求
1. 刃口部分按凹模实际刃口尺寸配作，保证双面间隙0.03mm。
2. 保持刃口锋利。
3. 淬硬部分58～62HRC。
4. 材料：CrWMn。

图 4-108　落料凸模

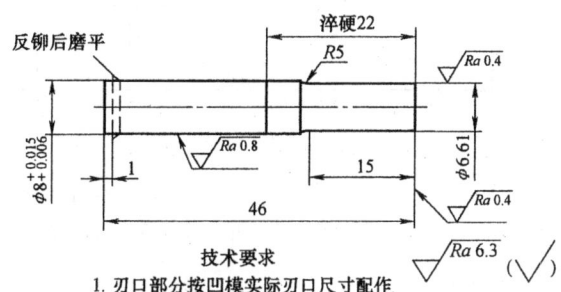

技术要求
1. 刃口部分按凹模实际刃口尺寸配作，保证双面间隙0.03mm。
2. 保持刃口锋利。
3. 淬硬部分58～62HRC。
4. 材料：CrWMn。

图 4-110　大冲孔凸模

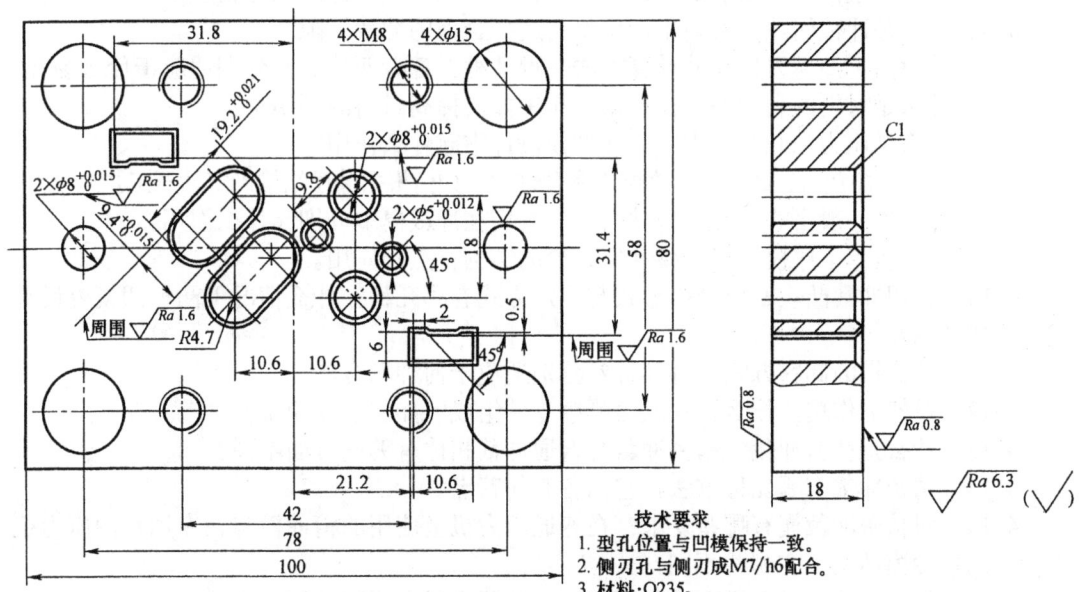

技术要求
1. 型孔位置与凹模保持一致。
2. 侧刃孔与侧刃成M7/h6配合。
3. 材料：Q235。

图 4-111　凸模固定板

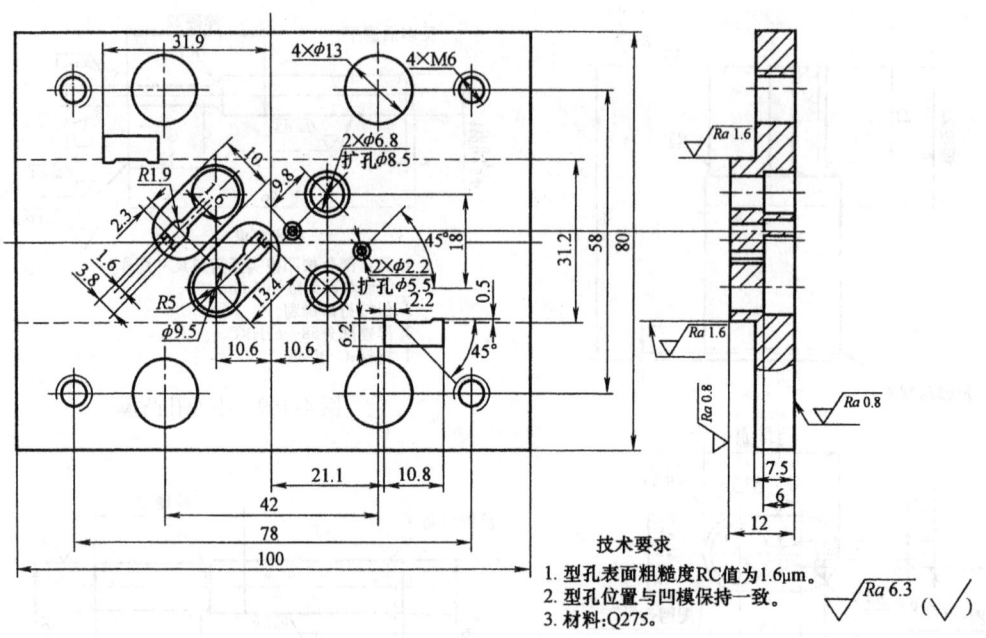

图 4-112 卸料板

思考练习题

4-1 板料冲裁时，其切断面具有什么特征？这些特征是如何形成的？

4-2 影响冲裁件尺寸精度的因素有哪些？如何提高冲裁件的尺寸精度？

4-3 什么是冲裁间隙？实际生产中如何选择合理的冲裁间隙？

4-4 冲裁凸、凹模刃口尺寸计算方法有哪几种？各有何特点？分别适应于什么场合？

4-5 什么是材料的利用率？在冲裁工作中如何提高材料的利用率？

4-6 什么是压力中心？压力中心在冲模设计中起什么作用？

4-7 什么是冲裁力、卸料力、推件力和顶件力？如何根据冲模结构确定冲压工艺总力？

4-8 冲裁模一般由哪几类零部件组成？它们在冲裁模中分别起什么作用？

4-9 试比较单工序模、级进模和复合模的结构特点及应用。

4-10 常用冲裁凸、凹模结构形式与固定方式有哪几种？什么情况下凸、凹模要设计成镶拼式结构？

4-11 冲裁模的卸料方式有哪几种？分别适应于何种场合？

4-12 模架的作用是什么？一般由哪些零件组成？如何选择模架？

4-13 什么是精密冲裁？精密冲裁与普通冲裁相比有哪些方面不同？

4-14 精密冲裁有哪几种方法？它们各有何特点？

4-15 对精密冲裁模有哪些要求？在普通压力机上使用的精冲模与在专用精冲压力机上使用的精冲模结构上有哪些不同？

4-16 精冲工艺对压力机有哪些要求？精冲压力机有哪些结构类型？

4-17 计算冲裁图 4-113 所示零件的凸、凹模刃口尺寸及其公差（图 4-113a 按分别加工法，图 4-113b 按配作加工法）。

4-18 用复合冲裁方式冲裁图 4-113a 所示零件，设模具采用弹性卸料、刚性推件的倒装式复合模，试完成以下有关冲裁工艺与模具设计工作。

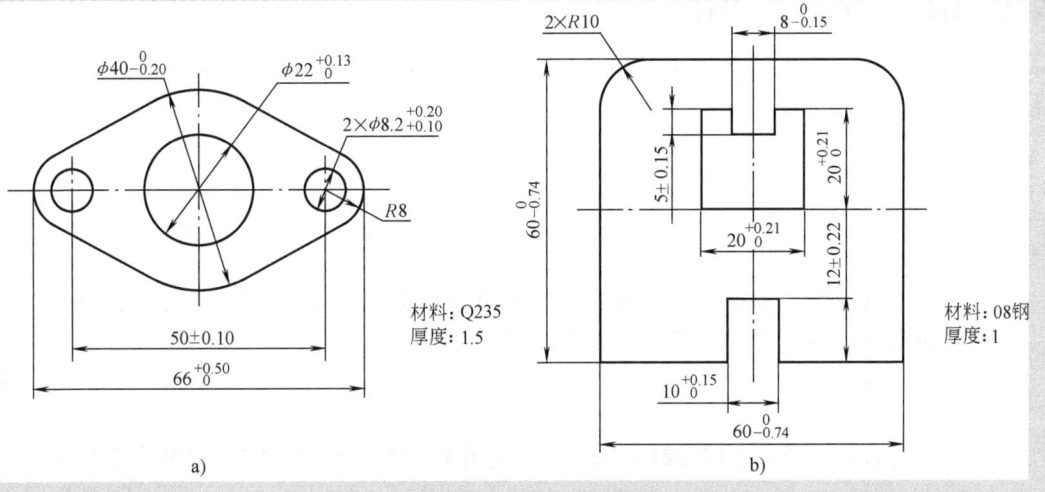

图 4-113　习题 4-17 图

1）确定合理的排样方法，画出排样图，并计算材料利用率和条料宽度（条料采用导料销和挡料销定位）。
2）计算冲压力及冲压总力，并确定压力机的公称压力。
3）绘制模具结构草图。
4）绘制凸模、凹模及凸凹模零件图。

4-19 用级进冲裁方式冲裁图 4-113a 所示零件，设模具采用弹性卸料、固定挡料销和导正销定位的级进模，试完成以下有关冲裁工艺与模具设计工作。

1）确定合理的排样方法，画出排样图，并计算材料利用率和条料宽度。
2）计算冲压力及压力中心，并确定压力机的公称压力。
3）选用与计算卸料弹性元件。
4）绘制模具结构草图。
5）绘制凸、凹模零件图。

4-20 试分析图 4-114 所示零件的冲裁工艺性，并确定其冲裁工艺方案（零件按中批量生产）。

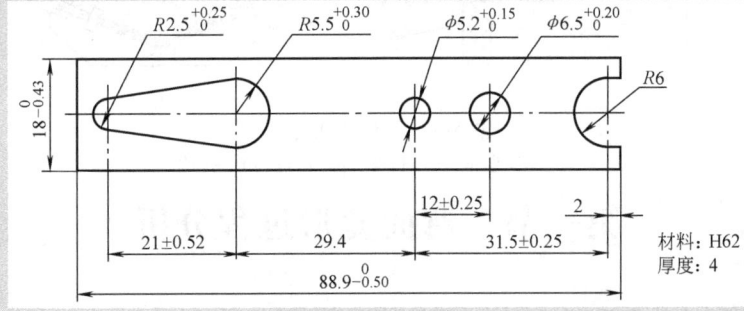

图 4-114　习题 4-20 图

第五章 弯曲

> **学习目的**
>
> 　　了解弯曲变形过程及特点，熟悉弯曲件的质量问题及控制方法，能分析弯曲件的工艺性，掌握弯曲工艺计算及弯曲模设计方法。
>
> **学习重点**
>
> 　　弯曲件的质量问题及控制方法，弯曲件的工艺性分析，弯曲工艺计算及弯曲模设计。

　　将金属板料、型材或管材等弯成一定的曲率和角度，从而得到一定形状和尺寸零件的冲压工序称为弯曲。用弯曲方法加工的零件种类很多，如自行车车把、汽车的纵梁、电器零件的支架、门窗铰链、配电箱外壳等。弯曲的方法也很多，可以在压力机上利用模具弯曲，也可在专用弯曲机上进行折弯、滚弯或拉弯等，如图 5-1 所示。各种弯曲方法尽管所用设备与工具不同，但其变形过程及特点却存在着一些共同的规律。本章主要介绍在压力机上进行弯曲的弯曲工艺及弯曲模设计。

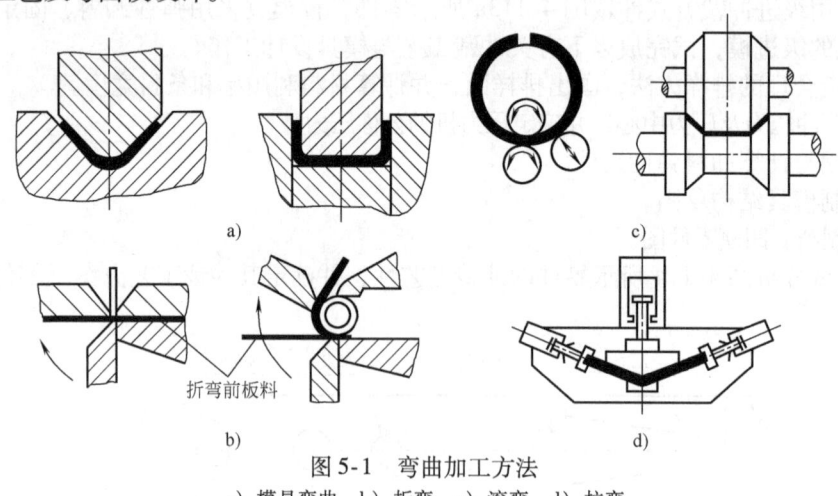

图 5-1　弯曲加工方法

a) 模具弯曲　b) 折弯　c) 滚弯　d) 拉弯

第一节　弯曲变形过程分析

一、弯曲变形过程及特点

1. 弯曲变形过程

　　为了说明弯曲变形过程，我们来观察 V 形件在弯曲模中的校正弯曲过程。

如图 5-2 所示，弯曲开始后，首先经过弹性弯曲，然后进入塑性弯曲。随着凸模的下压，塑性弯曲由坯料的表面向内部逐渐增多，坯料的直边与凹模工作表面逐渐靠紧，弯曲半径从 r_0 变为 r_1，弯曲力臂也由 l_0 变为 l_1。凸模继续下压，毛坯弯曲区（圆角部分）逐渐减小，在弯曲区的横截面上，塑性弯曲的区域增多，到板料与凸模三点接触时，弯曲半径由 r_1 变为 r_2。此后，毛坯的直边部分向外弯曲，到行程终了时，凸、凹模对板料进行校正，板料的弯曲半径及弯曲力臂达到最小值（r 及 l），毛坯与凸模紧靠，得到所需要的弯曲件。

由 V 形件的弯曲过程可以看出，弯曲成形的过程是从弹性弯曲到塑性弯曲的过程，弯曲成形的效果表现为弯曲变形区弯曲半径和角度的变化。

2. 弯曲变形特点

为了分析弯曲变形特点，可采用网格法，如图 5-3 所示。通过观察板料弯曲变形后位于弯曲件侧壁的坐标网格的变化情况，可以看出：

1）弯曲变形区主要集中在圆角部分，此处的正方形网格变成了扇形。圆角以外除靠近圆角的直边处有少量变形外，其余部分不发生变形。

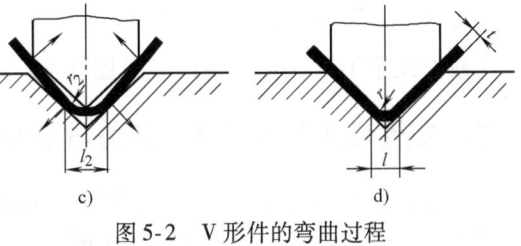

2）在变形区内，板料的外区（靠凹模一侧）切向受拉而伸长（$\stackrel{\frown}{bb} > \overline{bb}$），内区（靠凸模一侧）切向受压而缩短（$\stackrel{\frown}{aa} < \overline{aa}$）。由内、外表面至板料中心，其缩短和伸长的程度逐渐减小。从外层的伸长到内层的缩短，其间必有一层金属的长度在变形前后保持不变（$\stackrel{\frown}{oo} = \overline{oo}$），称为中性层。

3）由试验知，当弯曲半径与板厚之比 r/t（称为相对弯曲半径）较小时，中性层位置将从板料中心向内移动。内移的结果，外

图 5-2 V 形件的弯曲过程

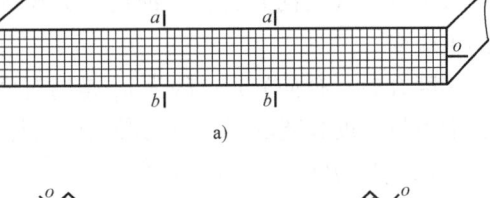

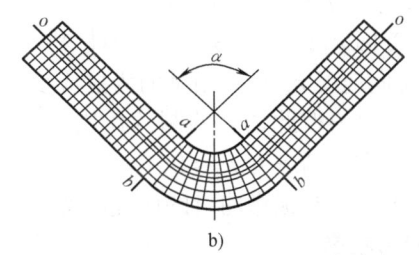

图 5-3 板料弯曲前后坐标网格的变化

层拉伸变薄的区域范围增大，内层受压增厚的区域范围减小，从而使弯曲变形区板料厚度变薄，变薄后的厚度为

$$t_1 = \eta t \tag{5-1}$$

式中　t_1——变形后的料厚（mm）；

　　　t——变形前的料厚（mm）；

　　　η——变薄系数，可查表 5-1。

根据塑性变形体积不变定律，变形区减薄的结果使板料长度有所增加。

表 5-1　90°弯曲时的变薄系数 η

r/t	0.1	0.25	0.5	1.0	2.0	3.0	4.0	>4.0
η	0.82	0.87	0.92	0.96	0.99	0.992	0.995	1

4）弯曲变形区板料横截面的变化分两种情况，当窄板（板宽 B 与料厚 t 之比 $B/t<3$）弯曲时，内区因厚度受压而使宽度增加，外区因厚度受拉而使宽度减小，因而原矩形截面变成了扇形（见图 5-4a）；当宽板（$B/t>3$）弯曲时，因板料在宽度方向的变形受到相邻材料彼此间的制约作用，不能自由变形，所以横截面几乎不变，仍为矩形（见图 5-4b）。

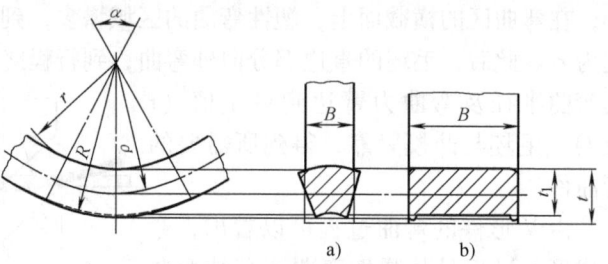

图 5-4　弯曲变形区的横截面变化
a) 窄板（$B/t<3$）　b) 宽板（$B/t>3$）

二、塑性弯曲时变形区的应力与应变状态

由于板料的相对宽度（B/t）直接影响弯曲时板料沿宽度方向的应变，进而影响应力，因此板料在塑性弯曲时，随着 B/t 的不同，变形区具有不同的应力、应变状态。

1. 应变状态

长度方向（切向）ε_θ：弯曲内区为压缩应变，外区为拉伸应变。切向应变是绝对值最大的主应变。

厚度方向（径向）ε_t：因为 ε_θ 是绝对值最大的主应变，根据塑性变形体积不变定律可知，沿板料厚度和宽度两个方向必然产生与 ε_θ 符号相反的应变。所以在弯曲的内区 ε_t 为拉应变，在弯曲的外区 ε_t 为压应变。

宽度方向 ε_ϕ：窄板弯曲时，因材料在宽度方向上可以自由变形，故在内区宽度方向应变 ε_ϕ 与切向应变 ε_θ 符号相反而为拉应变，在外区 ε_ϕ 则为压应变；宽板弯曲时，由于沿宽度方向受到材料彼此之间的制约作用，不能自由变形，故可以近似认为，无论外区还是内区，其宽度方向的应变 $\varepsilon_\phi=0$。

由此可见，窄板弯曲时的应变状态是立体的，而宽板弯曲的应变状态则是平面的。

2. 应力状态

长度方向（切向）σ_θ：内区受压，σ_θ 为压应力；外区受拉，σ_θ 为拉应力。切向应力是绝对值最大的主应力。

厚度方向（径向）σ_t：塑性弯曲时，由于变形区曲度增大，以及金属各层之间的相互挤压的作用，从而在变形区引起径向压应力 σ_t。通常在板料表面 $\sigma_t=0$，由表及里 σ_t 逐渐递增，至应力中性层处达到最大值。

宽度方向 σ_ϕ：对于窄板，由于宽度方向可以自由变形，因而无论是内区还是外区，$\sigma_\phi=0$；对于宽板，因为宽度方向受到材料的制约作用，$\sigma_\phi \neq 0$。内区由于宽度方向的伸长受阻，所以 σ_ϕ 为压应力；外区由于宽度方向的收缩受阻，所以 σ_ϕ 为拉应力。

因此，从应力状态来看，窄板弯曲时的应力状态是平面的，宽板弯曲时的应力状态则是立体的。

根据以上分析，可将板料弯曲时的应力应变状态归纳如表5-2。

表5-2 板料弯曲时的应力应变状态

相对宽度	变形区域	应力应变状态分析		
		应力状态	应变状态	特 点
窄 板 $\dfrac{B}{t}<3$	内 区（压 区）	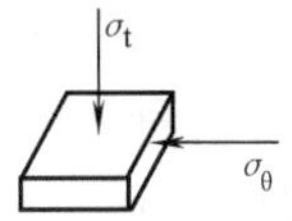	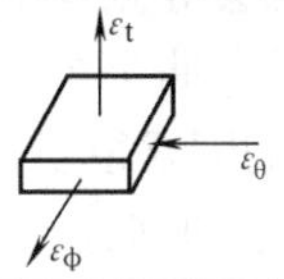	平面应力状态，立体应变状态
	外 区（拉 区）	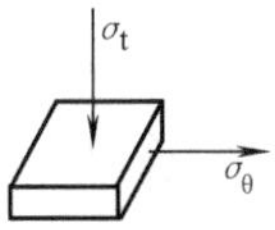	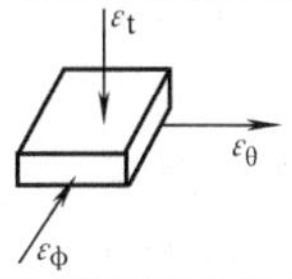	
宽 板 $\dfrac{B}{t}>3$	内 区（压 区）	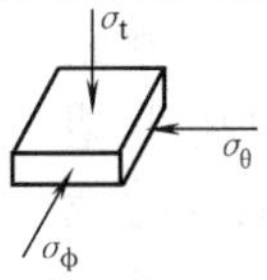	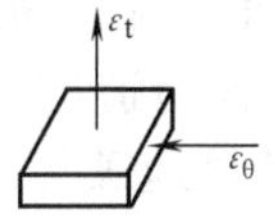	立体应力状态，平面应变状态
	外 区（拉 区）	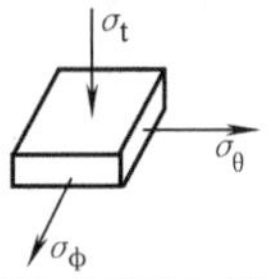	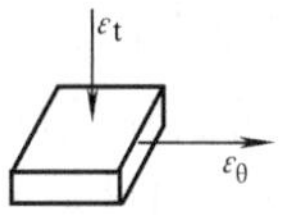	

第二节　弯曲件的质量问题及控制

弯曲是一种变形工艺，由于弯曲变形过程中变形区应力应变分布的性质、大小和表现形态不尽相同，加上板料在弯曲过程中要受到凹模摩擦力的作用，所以在实际生产中弯曲件容易产生许多质量问题，其中常见的是弯裂、回弹、偏移、翘曲与剖面畸变。

一、弯裂及其控制

弯曲时板料的外侧受拉伸，当外侧的拉伸应力超过材料的抗拉强度以后，在板料的外侧将产生裂纹，此种现象称为弯裂。实践证明，板料是否会产生弯裂，在材料性质一定的情况下，主要与弯曲半径 r 与板料厚度 t 的比值 r/t（称为相对弯曲半径）有关，r/t 越小，其变形程度就越大，越容易产生裂纹。

1. 最小相对弯曲半径

如图5-5所示，设中性层半径为 ρ，弯曲中心角为 α，则最外层金属（半径为 R）的伸长率 $\delta_{外}$ 为

$$\delta_{外}=\dfrac{\widehat{aa}-\widehat{oo}}{\widehat{oo}}=\dfrac{(R-\rho)\alpha}{\rho\alpha}=\dfrac{R-\rho}{\rho}$$

设中性层位置在半径为 $\rho=r+t/2$ 处，且弯曲后厚度保持不变，则 $R=r+t$，且有

$$\delta_{外}=\dfrac{(r+t)-(r+t/2)}{r+t/2}=\dfrac{t/2}{r+t/2}=\dfrac{1}{2r/t+1} \tag{5-2}$$

如将 $\delta_外$ 以材料断后伸长率 δ 代入，则 r/t 转化为 r_{min}/t，且有

$$r_{min}/t = \frac{1-\delta}{2\delta} \tag{5-3}$$

从式（5-2）可以看出，相对弯曲半径 r/t 越小，外层材料的伸长率就越大，即板料切向变形程度越大，因此，生产中常用 r/t 来表示板料的弯曲变形程度。当外层材料的伸长率达到材料断后伸长率后，就会导致弯裂，故称 r_{min}/t 为板料不产生弯裂时的最小相对弯曲半径。

影响最小相对弯曲半径的因素很多，主要有以下几种。

（1）材料的塑性及热处理状态　材料的塑性越好，其断后伸长率 δ 越大，由式（5-3）可以看出，r_{min}/t 就越小。

经退火处理后的坯料塑性较好，r_{min}/t 小些。经冷作硬化的毛坯塑性降低，r_{min}/t 就大些。

（2）板料的表面和侧面质量　板料的表面及侧面（剪切断面）的质量差时，容易造成应力集中并降低塑性变形的稳定性，使材料过早地破坏。对于冲裁或剪裁

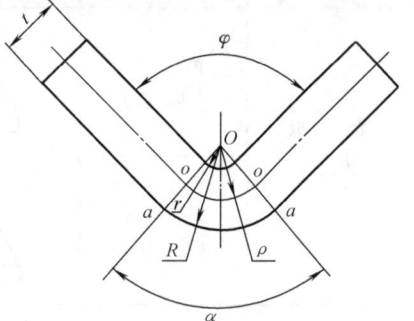

图 5-5　弯曲时的变形情况

的毛坯，若未经退火，由于切断面存在冷变形硬化层，也会使材料塑性降低。在这些情况下，均应选用较大的相对弯曲半径。

（3）弯曲方向　板料经轧制以后产生纤维组织，使板料性能呈现明显的方向性。一般顺着纤维方向的力学性能较好，不易拉裂。因此，当弯曲线与纤维方向垂直时（图5-6a），r_{min}/t 可取较小值；当弯曲线与纤维方向方向平行时（图5-6b），r_{min}/t 则应取较大值。当弯曲件有两个互相垂直的弯曲线时，排样时应使两个弯曲线与板料的纤维方向成45°夹角，见图5-6c。

由于上述各种因素对 r_{min}/t 的综合影响十分复杂，所以 r_{min}/t 的数值一般用试验方法确定。各种金属材料在不同状态下的最小相对弯曲半径的数值参见表5-3。

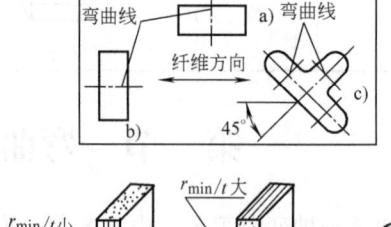
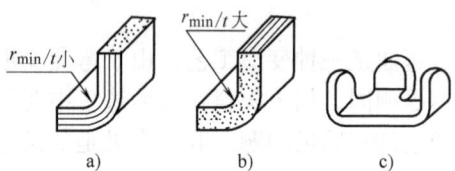

图 5-6　板料纤维方向对 r_{min}/t 的影响

表 5-3　最小相对弯曲半径 r_{min}/t

材　料	退火状态		冷作硬化状态	
	弯 曲 线 的 位 置			
	垂直纤维方向	平行纤维方向	垂直纤维方向	平行纤维方向
08、10、Q195、Q215	0.1	0.4	0.4	0.8
15、20、Q235	0.1	0.5	0.5	1.0
25、30、Q255	0.2	0.6	0.6	1.2
35、40、Q275	0.3	0.8	0.8	1.5
45、50	0.5	1.0	1.0	1.7
55、60	0.7	1.3	1.3	2.0
铝	0.1	0.35	0.5	1.0

(续)

材料	退火状态		冷作硬化状态	
	弯曲线的位置			
	垂直纤维方向	平行纤维方向	垂直纤维方向	平行纤维方向
纯铜	0.1	0.35	1.0	2.0
软黄铜	0.1	0.35	0.35	0.8
半硬黄铜	0.1	0.35	0.5	1.2
磷铜	—	—	1.0	3.0
$Cr_{18}Ni_9$	1.0	2.0	3.0	4.0

注：1. 当弯曲线与纤维方向不垂直也不平行时，可取垂直和平行方向二者的中间值。
2. 冲裁或剪裁后的板料若未作退火处理，则应作为硬化的金属选用。
3. 弯曲时应使板料有毛刺的一边处于弯角的内侧。

2. 控制弯裂的措施

为了控制或防止弯裂，一般情况下应采用大于最小相对弯曲半径的数值。当零件的相对弯曲半径小于表5-3所列数值时，可采取以下措施。

1）经冷变形硬化的材料，可采用热处理的方法恢复其塑性。对于剪切断面的硬化层，还可以采取先除去硬化层然后再进行弯曲的方法。

2）去除毛坯剪切面的毛刺，采用整修、挤光、滚光等方法降低剪切面的表面粗糙度值。

3）弯曲时将切断面上的毛面一侧处于弯曲受压的内缘（即朝向弯曲凸模）。

4）对于低塑性材料或厚料，可采用加热弯曲。

5）采取两次弯曲的工艺方法，即第一次弯曲采用较大的相对弯曲半径，中间退火后再按零件要求的相对弯曲半径进行弯曲。这样就使变形区域扩大，每次弯曲的变形程度减小，从而减小了外层材料的伸长率。

6）对于较厚板料的弯曲，如果结构允许，可采取先在弯角内侧开出工艺槽后再进行弯曲的工艺，如图5-7a、b所示。对于薄料，可以在弯角处压出工艺凸肩，如图5-7c所示。

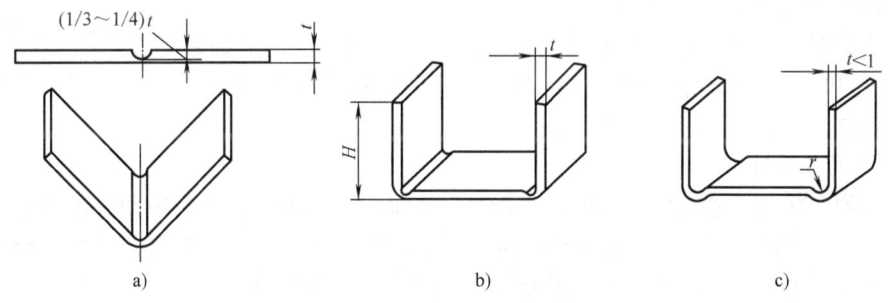

图5-7 在弯角处开工艺槽或压出工艺凸肩

二、回弹及其控制

弯曲是一种塑性变形工序，塑性变形时总包含弹性变形，当弯曲载荷卸除以后，塑性变形保留下来，而弹性变形将完全消失，使得弯曲件在模具中所形成的弯曲半径和弯曲角度在出模后发生改变，这种现象称为回弹。由于弯曲时内、外区切向应力方向不一致，因而弹性回复方向也相反，即外区弹性缩短而内区弹性伸长，这种反向的回弹就大大加剧了弯曲件圆角半径和角度的改变。所以，与其他变形工序相比，弯曲过程的回弹现象是一个不能忽视的重要问题，它直接影响弯曲件的精度。

回弹的大小通常用弯曲件的弯曲半径或弯曲角与凸模相应半径或角度的差值来表示，如图 5-8 所示，即

$$\Delta r = r - r_p \tag{5-4}$$

$$\Delta \varphi = \varphi - \varphi_p \tag{5-5}$$

式中　Δr、$\Delta \varphi$——弯曲半径与弯曲角的回弹值；

　　　r、φ——弯曲件的弯曲半径与弯曲角；

　　　r_p、φ_p——凸模的半径和角度。

一般情况下，Δr、$\Delta \varphi$ 为正值，称为正回弹，但在有些校正弯曲时，也出现负回弹。

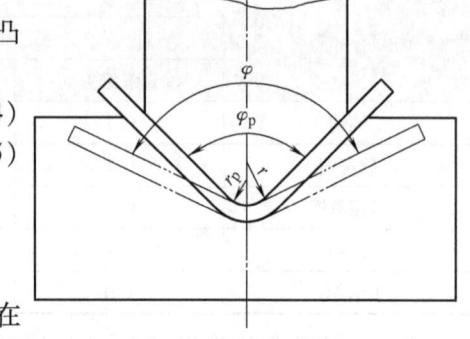

图 5-8　弯曲时的回弹

1. 影响回弹的因素

（1）材料的力学性能　回弹的大小与材料的屈服点 R_e 成正比，与弹性模量 E 成反比，即 R_e/E 的比值越大，回弹也就越大。

（2）相对弯曲半径 r/t　r/t 越大，弯曲变形程度越小，中性层附近的弹性变形区域增加，同时在总的变形量中，弹性变形量所占比例也相应增大。因此，相对弯曲半径 r/t 越大，回弹也越大。这也是 r/t 很大的零件不易弯曲成形的道理。

（3）弯曲角度 φ（或弯曲中心角 α）　φ 越小（或 α 越大），弯曲变形区域就越大，因而回弹积累越大，回弹也就越大。

（4）弯曲方式　在无底凹模内作自由弯曲时（图 5-9）的回弹比在有底凹模内作校正弯曲时（图 5-2）的回弹大。校正弯曲时回弹较小的原因是弯曲力较自由弯曲时大很多，弯曲力的增大可扩大弯曲件内部的塑性变形区，从而减小回弹。

（5）凸、凹模间隙　在弯曲 U 形件时，凸、凹模之间的间隙对回弹有较大的影响。间隙较大时，材料处于松动状态，回弹就大；间隙小时材料被挤紧，回弹就小。

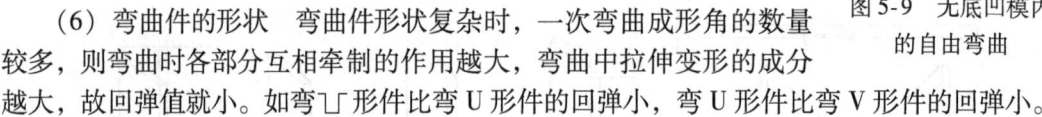

图 5-9　无底凹模内的自由弯曲

（6）弯曲件的形状　弯曲件形状复杂时，一次弯曲成形角的数量较多，则弯曲时各部分互相牵制的作用越大，弯曲中拉伸变形的成分越大，故回弹值就小。如弯⊓形件比弯 U 形件的回弹小，弯 U 形件比弯 V 形件的回弹小。

2. 回弹值的确定

为了得到形状与尺寸精确的弯曲件，需要事先确定回弹值。由于影响回弹的因素很多，用理论方法计算回弹值很复杂，而且也不准确。因此，在设计与制造模具时，往往先根据经验数值和简单的计算来初步确定模具工作部分尺寸，然后在试模时修正。

（1）小变形程度（$r/t \geq 10$）自由弯曲时的回弹值　当 $r/t \geq 10$ 时，弯曲件的角度和圆角半径的回弹都较大。这时在考虑回弹后，凸模工作部分的圆角半径和角度可按以下公式进行计算：

$$r_p = \frac{r}{1 + \dfrac{3R_e r}{Et}} \tag{5-6}$$

$$\varphi_p = 180° - \frac{r}{r_p}(180° - \varphi) \tag{5-7}$$

式中 r、φ——弯曲件的圆角半径和角度;
r_p、φ_p——凸模的圆角半径和角度;
R_e——弯曲件材料的屈服点;
E——弯曲件材料的弹性模量;
t——弯曲件材料厚度。

(2)大变形程度($r/t<5\sim8$)自由弯曲时的回弹值 $r/t<5\sim8$ 时,弯曲件的圆角半径回弹量很小,可以不予考虑,因此只需确定角度的回弹值。表 5-4 为自由弯曲 V 形件、弯曲角为 90°时部分材料的平均回弹角。

当弯曲件的弯曲角不为 90°时,其回弹角可按下式计算:

$$\Delta\varphi = \frac{\varphi}{90}\Delta\varphi_{90} \tag{5-8}$$

式中 φ——弯曲件的弯曲角(°);
$\Delta\varphi$——弯曲件的弯曲角为 φ 时的回弹角(°);
$\Delta\varphi_{90}$——弯曲件的弯曲角为 90°时的回弹角(°),见表 5-4。

表 5-4 单角自由弯曲 90°时的平均回弹角 $\Delta\varphi_{90}$

材 料	r/t	材料厚度 t/mm		
		<0.8	0.8~2	>2
软钢 $R_m = 350$MPa	<1	4°	2°	0°
黄铜 $R_m = 350$MPa	1~5	5°	3°	1°
铝和锌	>5	6°	4°	2°
中硬钢 $R_m = 400\sim500$MPa	<1	5°	2°	0°
硬黄铜 $R_m = 350\sim400$MPa	1~5	6°	3°	1°
硬青铜	>5	8°	5°	3°
硬钢 $R_m > 550$MPa	<1	7°	4°	2°
	1~5	9°	5°	3°
	>5	12°	7°	6°
硬铝 2A12	<2	2°	3°	4°30′
	2~5	4°	6°	8°30′
	>5	6°30′	10°	14°

(3)校正弯曲时的回弹值 校正弯曲时也不需考虑弯曲半径的回弹,只考虑弯曲角的回弹值。弯曲角的回弹值可按表 5-5 中的经验公式计算。

表 5-5 V 形件校正弯曲时的回弹角 $\Delta\varphi$

材 料	弯 曲 角 φ			
	30°	60°	90°	120°
08、10、Q195	$\Delta\varphi = 0.75r/t - 0.39$	$\Delta\varphi = 0.58r/t - 0.80$	$\Delta\varphi = 0.43r/t - 0.61$	$\Delta\varphi = 0.36r/t - 1.26$
15、20、Q215、Q235	$\Delta\varphi = 0.69r/t - 0.23$	$\Delta\varphi = 0.64r/t - 0.65$	$\Delta\varphi = 0.434r/t - 0.36$	$\Delta\varphi = 0.37r/t - 0.58$
25、30、Q255	$\Delta\varphi = 1.59r/t - 1.03$	$\Delta\varphi = 0.95r/t - 0.94$	$\Delta\varphi = 0.78r/t - 0.79$	$\Delta\varphi = 0.46r/t - 1.36$
35、Q275	$\Delta\varphi = 1.51r/t - 1.48$	$\Delta\varphi = 0.84r/t - 0.76$	$\Delta\varphi = 0.79r/t - 1.62$	$\Delta\varphi = 0.51r/t - 1.71$

例 5-1 如图 5-10a 所示零件,材料为 2A12,$R_m = 361$MPa,$E = 71 \times 10^3$MPa,求凸模圆角半径 r_p 及角度 φ_p。

解：1）零件中间弯曲部分（$r=12\text{mm}$，$\varphi=90°$，$t=1\text{mm}$）：

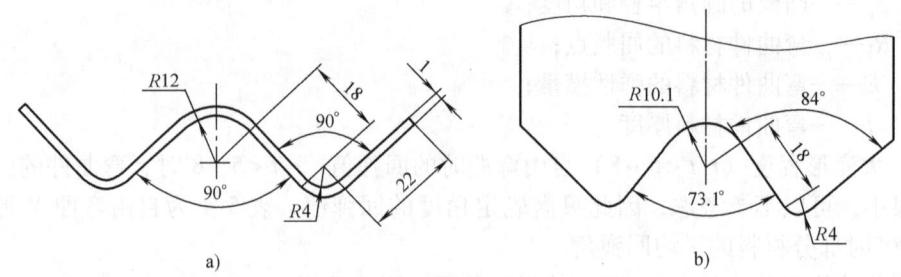

图 5-10　回弹值计算实例

因为 $r/t=12/1=12>10$，故零件的圆角半径回弹和角度回弹都要考虑。由式（5-6）和式（5-7）得

$$r_\text{p}=\frac{r}{1+\dfrac{3\sigma_\text{s}r}{Et}}=\frac{12}{1+\dfrac{3\times361\times12}{71\times10^3\times1}}\text{mm}=10.1\text{mm}$$

$$\varphi_\text{p}=180°-\frac{r}{r_\text{p}}(180°-\varphi)=180°-\frac{12}{10.1}\times(180°-90°)=73.1°$$

2）零件两侧弯曲部分（$r=4\text{mm}$，$\varphi=90°$，$t=1\text{mm}$）：

因为 $r/t=4/1=4<5$，故只需考虑弯曲角度的回弹。由查表 5-4，得 $\Delta\varphi=6°$，故

$$\varphi_\text{p}=\varphi-\Delta\varphi=90°-6°=84°$$

$$r_\text{p}=r=4\text{mm}$$

计算后的凸模尺寸见图 5-10b。

3. 控制回弹的措施

在实际生产中，由于材料的力学性能和厚度的变动等，要完全消除弯曲件的回弹是不可能的，但可以采取一些措施来控制或减小回弹所引起的误差，以提高弯曲件的精度。控制弯曲件回弹的措施如下。

（1）改进弯曲件的设计

1）尽量避免选用过大的相对弯曲半径 r/t。如有可能，在弯曲变形区压出加强肋或成形边翼，以提高弯曲件的刚度，抑制回弹，如图 5-11 所示。

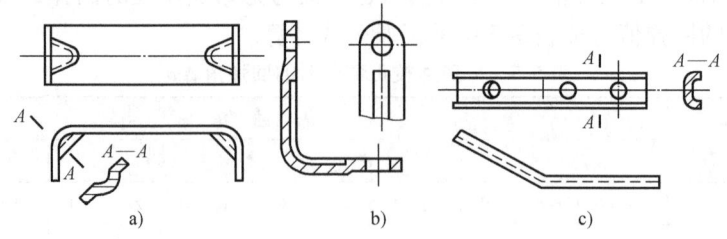

图 5-11　在弯曲件结构上考虑减小回弹

2）采用 R_e/E 小、力学性能稳定和板料厚度波动小的材料。如用软钢来代替硬铝、铜合金等，不仅回弹小，而且成本低，易于弯曲。

（2）采取合适的弯曲工艺

1)用校正弯曲代替自由弯曲。

2)对经冷作硬化后的材料在弯曲前进行退火处理,弯曲后再用热处理方法恢复材料性能。对回弹较大的材料,必要时可采用加热弯曲。

3)采用拉弯工艺方法。拉弯工艺如图 5-12 所示,在弯曲过程中对板料施加一定的拉力,使弯曲件变形区的整个断面都处于同向拉应力,卸载后变形区的内、外区回弹方向一致,从而可以大大减小弯曲件的回弹。这种方法对于弯曲 r/t 很大的弯曲件特别有利。

(3)合理设计弯曲模结构

1)在凸模上减去回弹角(图 5-13a、b),使弯曲件弯曲后其回弹得到补偿。对 U 形件,还可将凸、凹模底部设计成弧形(图 5-13c),弯曲后利用底部向上的回弹来补偿两直边向外的回弹。

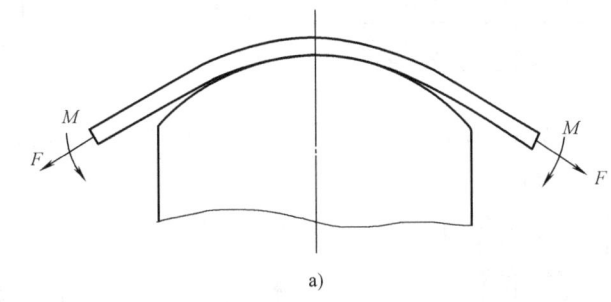

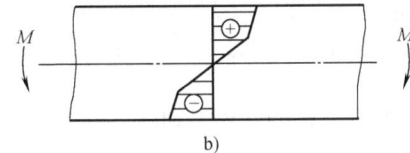

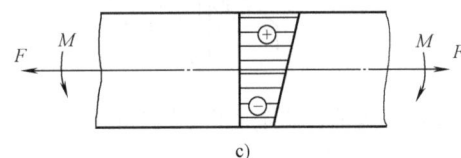

图 5-12 拉弯工艺

a)拉弯过程 b)只弯曲时板料断面上的应力分布 c)拉弯时板料断面上的应力分布

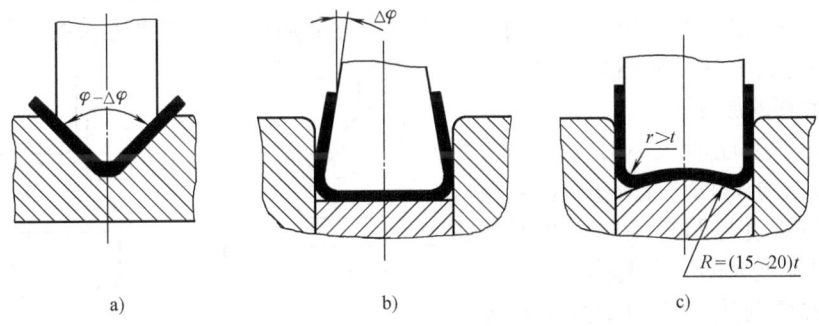

图 5-13 补偿回弹

2)当弯曲件材料厚度大于 0.8mm,且塑性较好时,可将凸模设计成图 5-14 所示的局部突起形状,使凸模作用力集中在弯曲变形区,以加大变形区的变形程度,从而减小回弹。

3)对于一般较软的材料(如 Q215、Q235、10、20、H62(M)等),可增加压料力(图 5-15a)或减小凸、凹模之间的间隙(图 5-15b),以增加拉应变,减小回弹。

4)在弯曲件直边的端部加压,使弯曲变形区的内、外区都处于压应力状态而减小回弹,并能得到较精确的弯边高度,如图 5-16 所示。

5)采用橡胶或聚氨酯代替刚性凹模进行软凹模弯曲,可以使坯料紧贴凸模,同时使毛坯产生拉伸变形,获得类似拉弯的效果,能显著减小回弹,如图 5-17 所示。

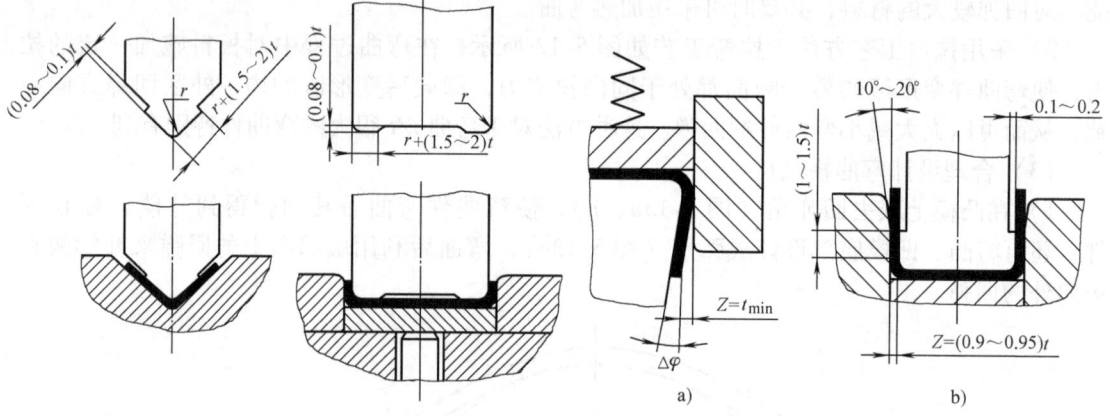

图 5-14 增大局部变形程度减小回弹　　　　图 5-15 增大拉应变减小回弹

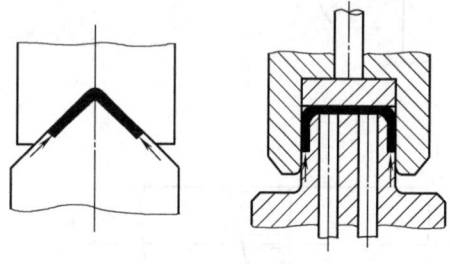

图 5-16 在弯曲件端部加压减小回弹

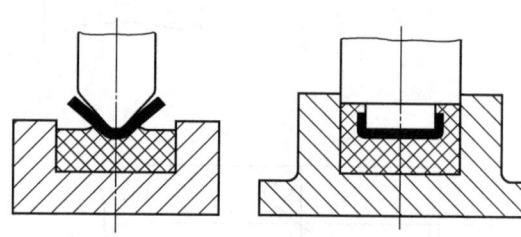

图 5-17 采用软凹模弯曲减小回弹

三、偏移及其控制

在弯曲过程中,毛坯沿凹模边缘滑动时要受到摩擦力的作用,当毛坯各边所受到的摩擦力不等时,毛坯会沿其长度方向产生滑移,从而使弯曲后的零件两直边长度不符合图样要求,这种现象称为偏移,如图 5-18 所示。

1. 产生偏移的原因

(1)弯曲件毛坯形状不对称　如图 5-18a、b 所示,由于弯曲件毛坯形状不对称,弯曲时毛坯的两边与凹模接触的宽度不相等,使毛坯沿宽度大的一边偏移。

(2)弯曲件两边折弯的个数不相等　如图 5-18c、d 所示,由于两边折弯的个数不相等,折弯个数多的一边摩擦力大,因此毛坯会向折弯个数多的一边偏移。

(3)弯曲凸、凹模结构不对称　如图 5-18e 所示,在 V 形件弯曲中,如果凸、凹模两边与对称线的夹角不相等,角度大的一边毛坯料受凸、凹模的压力大,因而摩擦力

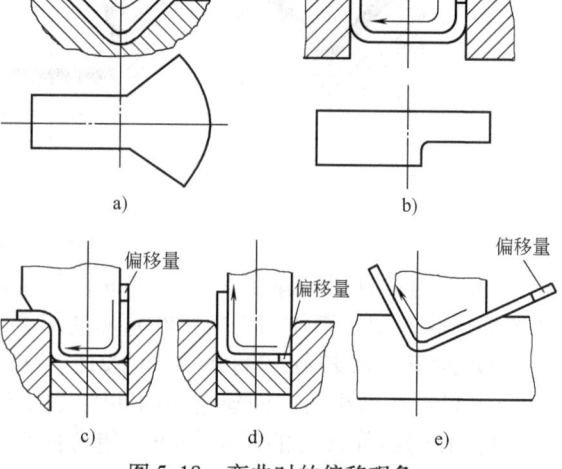

图 5-18 弯曲时的偏移现象

也大,所以毛坯会向角度大的一边偏移。

此外,毛坯定位不稳定、压料不牢、凸模与凹模的圆角不对称、间隙不对称和润滑情况不一致时,也会导致弯曲时产生偏移现象。

2. 控制偏移的措施

1) 采用压料装置,使坯料在压紧状态下逐渐弯曲成形,从而防止坯料的滑动,而且还可得到平整的弯曲件,如图 5-19 所示。

2) 利用毛坯上的孔或弯曲前冲出工艺孔,用定位销插入孔中定位,使毛坯无法移动,如图 5-20a、b 所示。

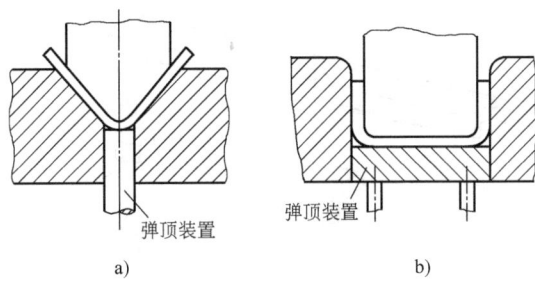

图 5-19 控制偏移的措施(一)

3) 根据偏移量大小,调节定位元件的位置来补偿偏移,如图 5-20c 所示。

4) 对于不对称的零件,先成对地弯曲,弯曲后再切断,如图 5-20d 所示。

5) 尽量采用对称的凸、凹结构,使凹模两边的圆角半径相等,凸、凹模间隙调整对称。

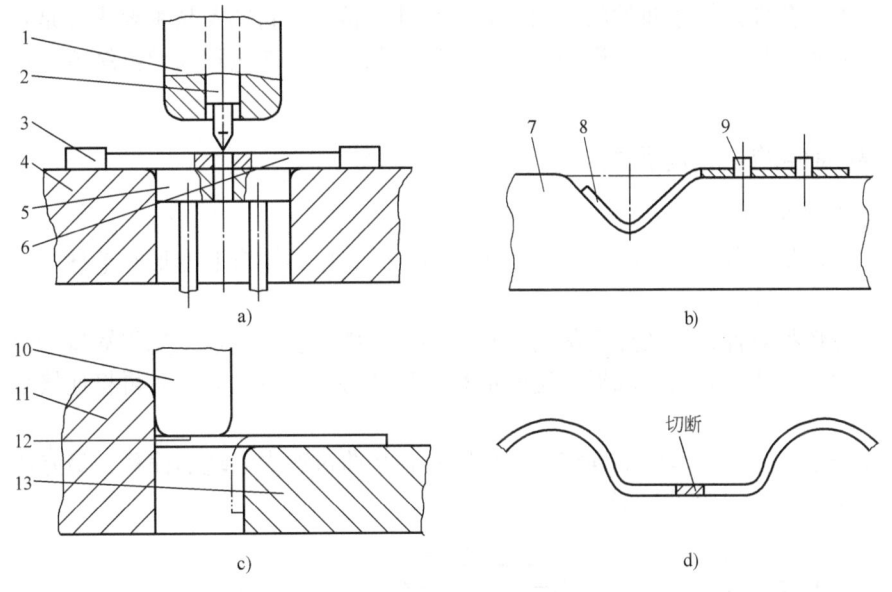

图 5-20 控制偏移的措施(二)

1、10—凸模 2—导正销 3—定位板 4、7、13—凹模 5—顶板
6、12—坯料 8—弯曲件 9—定位销 11—定位块

四、翘曲与剖面畸变

对于细而长的板料弯曲件,弯曲后一般会沿纵向产生翘曲变形,如图 5-21 所示。这是因为沿板料宽度方向(折弯线方向)零件的刚度小,塑性弯曲后,外区(a 区)宽度方向的压应变 ε_ϕ 和内区(b 区)宽度方向的拉应变 ε_ϕ 得以实现,结果使折弯线凹曲,造成零件的纵向翘曲。当板弯件短而粗时,因为零件纵向的刚度大,宽度方向的应变被抑制,弯曲后翘曲则不明显。翘曲现象一般可通过采用校正弯曲的方法进行控制。

断面畸变是指弯曲后坯料断面发生变形的现象。窄板弯曲时的断面畸变如图 5-4a 所示。

弯曲管材和型材时，由于径向压应力 σ_t 的作用，也会产生如图 5-22 所示的断面畸变现象。另外，在薄壁管的弯曲中，还会出现内侧面因受宽向压应力 σ_θ 的作用而失稳起皱的现象，因此弯曲时管中应加填料或心棒。

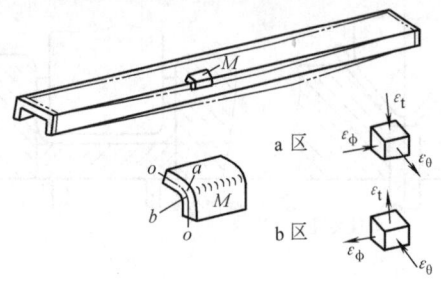

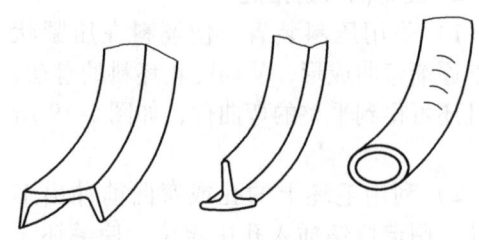

图 5-21 弯曲后的翘曲现象　　　　图 5-22 型材、管材弯曲后的断面畸变

第三节　弯曲件的工艺性

弯曲件的工艺性是指弯曲件的结构形状、尺寸、精度、材料及技术要求等是否符合弯曲加工的工艺要求。具有良好工艺性的弯曲件，能简化弯曲工艺过程及模具结构，提高弯曲件的质量。

一、弯曲件的结构与尺寸

1. 弯曲件的形状

弯曲件的形状应尽可能对称，弯曲半径左右一致，以防止弯曲变形时毛坯受力不均匀而产生偏移。

有些虽然形状对称，但变形区附近有缺口的弯曲件，若在毛坯上先将缺口冲出，弯曲时会出现叉口现象，严重时难以成形，这时应在缺口处留连接带，弯曲后再将连接带切除，如图 5-23a、b 所示。

为了保证毛坯在弯曲模内准确定位，或防止在弯曲过程中毛坯的偏移，最好能在毛坯上预先增添定位工艺孔，如图 5-23b、c 所示。

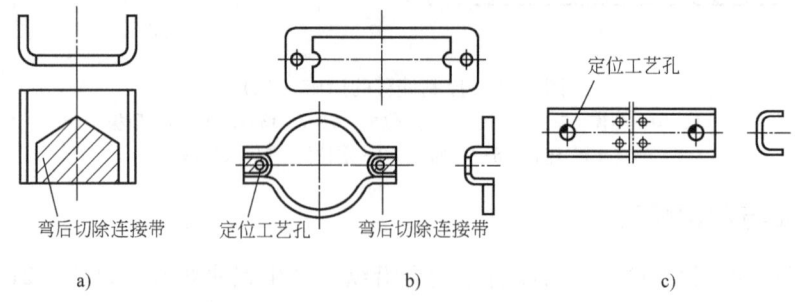

图 5-23　增添连接带和定位工艺孔的弯曲件

2. 弯曲件的相对弯曲半径

弯曲件的相对弯曲半径 r/t 应大于最小相对弯曲半径（表 5-3），但也不宜过大。因为相对弯曲半径过大时，受到回弹的影响，弯曲件的精度不易保证。

3. 弯曲件的弯边高度

弯曲件的弯边高度不宜过小，其值应为 $h > r + 2t$，如图 5-24a 所示。当 h 较小时，弯边在模具上支持的长度过小，不容易形成足够的弯矩，很难得到形状准确的零件。当零件要求 $h < r + 2t$ 时，则须预先在圆角内侧压槽，或增加弯边高度，弯曲后再切除，如图 5-24b 所示。如果所弯直边带有斜角，则在斜边高度小于 $r + 2t$ 的区段不可能弯曲到要求的角度，而且此处也容易开裂（见图 5-24c），因此必须改变零件的形状，加高弯边尺寸，如图 5-24d 所示。

4. 弯曲件的孔边距离

带孔的板料弯曲时，如果孔位于弯曲变形区内，则弯曲时孔的形状会发生变形，因此必须使孔位于变形区之外，如图 5-25 所示。一般孔边到弯曲半径 r 中心的距离要满足以下关系：

当 $t < 2\text{mm}$ 时，$L \geq t$

当 $t \geq 2\text{mm}$ 时，$L \geq 2t$

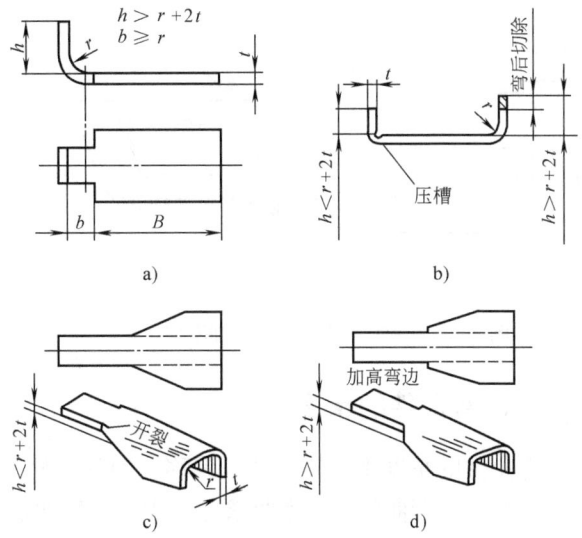

图 5-24 弯曲件的弯边高度

如果上述关系不能满足，在结构许可的情况下，可在靠变形区一侧预先冲出凸缘形缺口或月牙形槽（见图 5-26a、b），也可在弯曲线上冲出工艺孔（见图 5-26c），以改变变形范围，利用工艺变形来保证所需孔不产生变形。

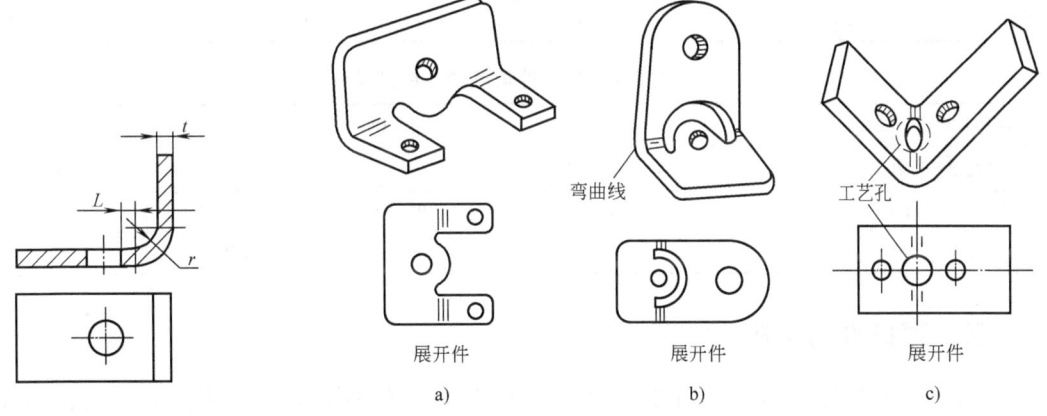

图 5-25 弯曲件的孔边距离　　图 5-26 防止弯曲时孔变形的措施

5. 避免弯边根部开裂

如果局部弯曲毛坯上的某一部分时，为避免弯边根部撕裂，应使不弯部分退出弯曲线之外，即保证 $b \geq r$（见图 5-24a）。如果条件 $b \geq r$ 不能满足，可在弯曲部分和不弯部分之间切槽（见图 5-27a，槽深 l 应大于弯曲半径 R），或在弯曲前冲出工艺孔（见图 5-27b）。

6. 弯曲件的尺寸标注

弯曲件尺寸标注不同，会影响冲压工序的安排。例如，图 5-28 所示是弯曲件孔的位置尺寸的三种标注方法,其中采用图 5-28a 所示的标注方法时,孔的位置精度不受坯料展开长度和回弹的影响,可先冲孔落料(复合工序),然后弯曲成形,工艺和模具设计较简单;图 5-28b、c 所示的标注法,受弯曲回弹的影响,冲孔只能安排在弯曲之后进行,增加了工序,还会造成许多不便。

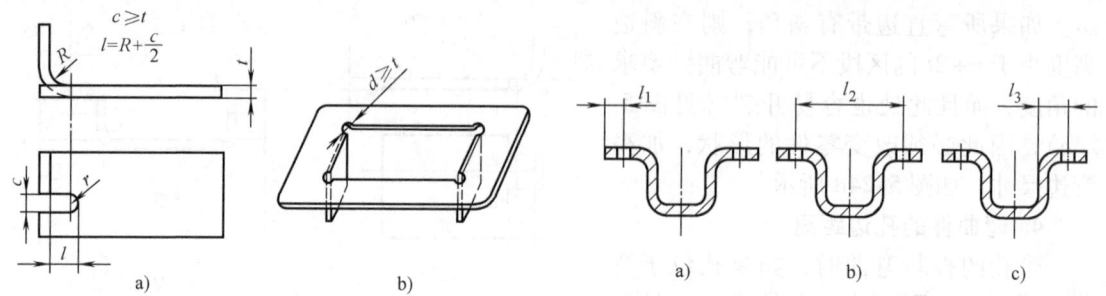

图 5-27 避免弯边根部开裂的措施　　　　　图 5-28 弯曲件的尺寸标注

二、弯曲件的精度

弯曲件的精度受毛坯定位、偏移、回弹、翘曲等因素的影响,弯曲的工序数目越多,精度也越低。对弯曲件的精度要求应合理,一般弯曲件长度的尺寸公差等级在 IT13 以下,角度公差大于 15′。弯曲件长度未注公差的极限偏差见表 5-6;弯曲件角度的自由公差见表 5-7。

表 5-6 弯曲件未注公差的长度尺寸的极限偏差　　　　　(单位:mm)

长度尺寸 l		3~6	>6~18	>18~50	>50~120	>120~260	>260~500
材料厚度 t	≤2	±0.3	±0.4	±0.6	±0.8	±1.0	±1.5
	>2~4	±0.4	±0.6	±0.8	±1.2	±1.5	±2.0
	>4	—	±0.8	±1.0	±1.5	±2.0	±2.5

表 5-7 弯曲件角度的自由公差值

弯边长度 l/mm	~6	>6~10	>10~18	>18~30	>30~50
角度公差 $\Delta\beta$	±3°	±2°30′	±2°	±1°30′	±1°15′
弯边长度 l/mm	>50~80	>80~120	>120~180	>180~260	>260~360
角度公差 $\Delta\beta$	±1°	±50′	±40′	±30′	±25′

三、弯曲件的材料

弯曲件的材料,要求具有足够的塑性,屈弹比 R_e/E 和屈强比 R_e/R_m 小。材料具有足够的塑性和较小的屈强比能保证弯曲时不开裂,较小的屈弹比能使弯曲件的形状和尺寸准确。最适宜于弯曲的材料有软钢、黄铜和铝等。

脆性较大的材料,如磷青铜、铍青铜、弹簧钢等,要求弯曲时有较大的相对弯曲半径 r/t,否则容易发生裂纹。

对于非金属材料,只有塑性较大的纸板、有机玻璃才能进行弯曲,而且在弯曲前毛坯要进行预热,相对弯曲半径也应较大,一般要求 $r/t > 3~5$。

第四节 弯曲件的展开尺寸计算

为了确定弯曲前毛坯的形状与大小,需要计算弯曲件的展开尺寸。弯曲件展开尺寸的计算基础是应变中性层在弯曲前后长度保持不变。

一、弯曲中性层位置的确定

根据中性层的定义,弯曲件的毛坯长度应等于弯曲件中性层的展开长度。由于在塑性弯曲时,中性层的位置要发生位移,所以,计算中性层展开长度,首先应确定中性层位置。中性层位置以曲率半径 ρ 表示(见图 5-29),常用下面经验公式确定:

$$\rho = r + xt \tag{5-9}$$

式中 r——弯曲件的内弯曲半径(mm);

t——材料厚度(mm);

x——中性层位移系数,见表 5-8。

表 5-8 中性层位移系数 x 值

r/t	0.1	0.2	0.3	0.4	0.5	0.6	0.7	0.8	1.0	1.2
x	0.21	0.22	0.23	0.24	0.25	0.26	0.28	0.30	0.32	0.33
r/t	1.3	1.5	2	2.5	3	4	5	6	7	≥8
x	0.34	0.36	0.38	0.39	0.40	0.42	0.44	0.46	0.48	0.50

二、弯曲件展开尺寸计算

弯曲件的展开长度等于各直边部分长度与各圆弧部分长度之和。直边部分的长度是不变的,而圆弧部分的长度则需考虑材料的变形和中性层的位移。

1. $r/t > 0.5$ 的弯曲件

$r/t > 0.5$ 的弯曲件由于变薄不严重,按中性层展开的原理,毛坯总长度应等于弯曲件直线部分和圆弧部分长度之和(见图 5-30),即

$$L_z = l_1 + l_2 + \frac{\pi\alpha}{180}\rho = l_1 + l_2 + \frac{\pi\alpha}{180}(r + xt) \tag{5-10}$$

式中 L_z——毛坯展开总长度(mm);

α——弯曲中心角(°)。

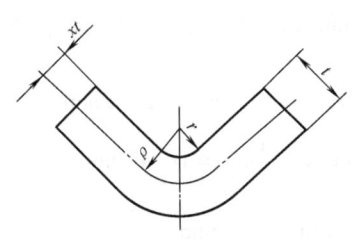

图 5-29 中性层位置

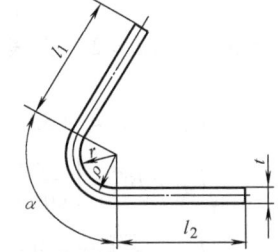

图 5-30 $r/t > 0.5$ 的弯曲

2. $r/t < 0.5$ 的弯曲件

对于 $r/t < 0.5$ 的弯曲件,由于弯曲变形时不仅零件的圆角变形区产生严重变薄,而且

与其相邻的直边部分也产生变薄,故应按变形前后体积不变条件来确定毛坯长度。通常可采用表5-9所列经验公式计算。

表5-9 $r/t<0.5$ 的弯曲件毛坯长度计算公式

简 图	计算公式	简 图	计算公式
	$L_z = l_1 + l_2 + 0.4t$		$L_z = l_1 + l_2 + l_3 + 0.6t$ (一次同时弯曲两个角)
	$L_z = l_1 + l_2 - 0.43t$		$L_z = l_1 + 2l_2 + 2l_3 + t$ (一次同时弯曲四个角)
			$L_z = l_1 + 2l_2 + 2l_3 + 1.2t$ (分为两次弯曲四个角)

3. 铰链式弯曲件

对于 $r/t = 0.6 \sim 3.5$ 的铰链件(图5-31),通常采用推圆的方法(见图5-50)成形,在卷圆过程中板料有所增厚,中性层发生外移,故其毛坯长度 L_z 可按下式近似计算:

$$L_z = l + 1.5\pi(r + x_1 t) + r \approx l + 5.7r + 4.7x_1 t \tag{5-11}$$

式中 l——直线段长度(mm);
r——铰链内半径(mm);
x_1——中性层位移系数,查表5-10。

表5-10 卷圆时中性层位移系数 x_1 值

r/t	>0.5~0.6	>0.6~0.8	>0.8~1.0	>1.0~1.2	>1.2~1.5	>1.5~1.8	>1.8~2.0	>2.0~2.2	>2.2
x_1	0.76	0.73	0.70	0.67	0.64	0.61	0.58	0.54	0.5

需要指出,上述毛坯长度计算公式只能用于形状比较简单、尺寸精度要求不高的弯曲件。对于形状比较复杂或精度要求高的弯曲件,在利用上述公式初步计算毛坯长度后,还需反复试弯,不断修正,才能最后确定毛坯的形状及尺寸。这是因为很多因素没有考虑,可能产生较大的误差,故在生产中宜先制造弯曲模,后制造毛坯的落料模。

例5-2 计算图5-32所示弯曲件的坯料展开长度。

解:零件的相对弯曲半径 $r/t > 0.5$,故毛坯展开长度公式为

$$L_z = 2(l_{直1} + l_{直2} + l_{弯1} + l_{弯2})$$

R4mm 圆角处,$r/t = 2$,查表5-8,$x = 0.38$;R6mm 圆角处,$r/t = 3$,查表5-8,$x = 0.40$。故

$$l_{直1} = EF = [32.5 - (30 \times \tan30° + 4 \times \tan30°)] \text{ mm} = 12.87 \text{mm}$$

$$l_{直2} = BC = \left[\frac{30}{\cos30°} - (8 \times \tan60° + 4 \times \tan30°)\right] \text{mm} = 18.47 \text{mm}$$

$$l_{弯1} = \frac{\pi\alpha}{180}(r + xt) = \frac{\pi \times 60}{180}(4 + 0.38 \times 2) \text{mm} = 4.98 \text{mm}$$

$$l_{弯2} = \frac{\pi\alpha}{180}(r + xt) = \frac{\pi \times 60}{180}(6 + 0.40 \times 2) \text{mm} = 7.12 \text{mm}$$

$$\therefore L_z = 2(12.87 + 18.47 + 4.98 + 7.12) \text{mm} = 86.88 \text{mm}$$

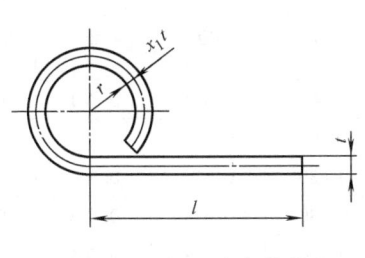

图 5-31 铰链式弯曲件

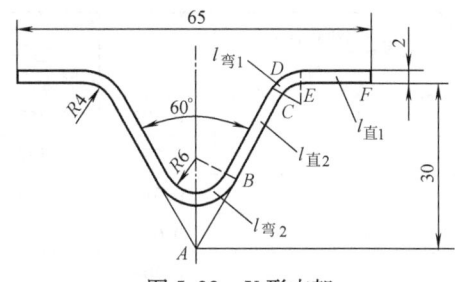

图 5-32 V 形支架

第五节 弯曲力的计算

弯曲力是设计弯曲模和选择压力机的重要依据之一，特别是在弯曲毛坯较厚、弯曲线较长、相对弯曲半径较小、材料强度较大的弯曲件时，必须对弯曲力进行计算。

弯曲力与弯曲变形过程、坯料尺寸、材料性能、零件形状、弯曲方式、模具结构等多种因素有关，因此用理论公式来计算弯曲力不但计算复杂，而且精确度不高。实际生产中常用经验公式来进行概略计算。

一、自由弯曲时的弯曲力

V 形件的弯曲力

$$F_{自} = \frac{0.6KBt^2R_m}{r+t} \quad (5-12)$$

U 形件弯曲力

$$F_{自} = \frac{0.7KBt^2R_m}{r+t} \quad (5-13)$$

⊔ 形件弯曲力

$$F_{自} = 2.4BtR_m ac \quad (5-14)$$

式中 $F_{自}$——自由弯曲在冲压行程结束时的弯曲力（N）；
  B——弯曲件的宽度（mm）；
  r——弯曲件的内弯曲半径（mm）；
  t——弯曲件材料厚度（mm）；
  R_m——材料的抗拉强度（MPa）。
  K——安全系数，一般取 $K=1.3$；
  a——系数，其值见表 5-11；
  c——系数，其值见表 5-12。

表 5-11 系数 a 值

r/t	断后伸长率 A（%）						
	20	25	30	35	40	45	50
10	0.416	0.379	0.337	0.302	0.265	0.233	0.204
8	0.434	0.398	0.361	0.326	0.288	0.257	0.227
6	0.459	0.426	0.392	0.358	0.321	0.290	0.259

(续)

r/t \ 断后伸长率 A（%）	20	25	30	35	40	45	50
4	0.502	0.467	0.437	0.407	0.371	0.341	0.312
2	0.555	0.552	0.520	0.507	0.470	0.445	0.417
1	0.619	0.615	0.607	0.680	0.576	0.560	0.540
0.5	0.690	0.688	0.684	0.680	0.678	0.673	0.662
0.25	0.704	0.732	0.746	0.760	0.769	0.764	0.764

表 5-12　系数 c 值

Z/t \ r/t	10	8	6	4	2	1	0.5
1.20	0.130	0.151	0.181	0.245	0.388	0.570	0.765
1.15	0.145	0.161	0.185	0.262	0.420	0.605	0.822
1.10	0.162	0.184	0.214	0.290	0.460	0.675	0.830
1.08	0.170	0.200	0.230	0.300	0.490	0.710	0.960
1.06	0.180	0.204	0.250	0.322	0.520	0.755	1.120
1.04	0.190	0.222	0.277	0.360	0.560	0.835	1.130
1.05	0.208	0.250	0.355	0.410	0.760	0.990	1.380

注：Z 为凸、凹模间隙，一般有色金属 Z/t 介于 1.0 至 1.1 之间，黑色金属 Z/t 介于 1.05 至 1.15 之间。

二、校正弯曲时的弯曲力

校正弯曲时的弯曲力比自由弯曲力大得多，一般按下式计算：

$$F_{校} = A \cdot q \tag{5-15}$$

式中　$F_{校}$——校正弯曲力（N）；
　　　A——校正部分在垂直于凸模运动方向上的投影面积（mm²）；
　　　q——单位面积校正力（MPa），其值见表 5-13。

表 5-13　单位面积校正力 q　　　　（单位：MPa）

材　料	材料厚度 t/mm			
	≤1	1~3	3~6	6~10
铝	10~20	20~30	30~40	40~50
黄铜	20~30	30~40	40~60	60~80
10、15、20 钢	30~40	40~60	60~80	80~100
20、30、35 钢	40~50	50~70	70~100	100~120

三、顶件力或压料力

若弯曲模有顶件装置或压料装置，其顶件力 F_D（或压料力 F_Y）可以近似取自由弯曲力的 30%~80%，即

$$F_D (F_Y) = (0.3 \sim 0.8) F_{自} \tag{5-16}$$

四、压力机标称压力的确定

对于有压料的自由弯曲，压力机标称压力应为

$$F_g \geqslant (1.6 \sim 1.8)(F_自 + F_Y)$$

对于校正弯曲，由于校正弯曲力是发生在接近压力机下止点的位置，且校正弯曲力比压料力或推件力大得多，故 F_Y 值可忽略不计，压力机标称压力可取

$$F_g \geqslant (1.1 \sim 1.3) F_校$$

第六节　弯曲件的工序安排

弯曲件的工序安排是在工艺分析和计算后进行的一项工艺设计工作。安排弯曲件的工序时应根据零件的形状、尺寸、精度等级、生产批量以及材料的性能等因素进行考虑。弯曲工序安排合理，则可以简化模具结构，提高零件质量和劳动生产率。

一、弯曲件工序安排的原则

1）对于形状简单的弯曲件，如 V 形件、U 形件、Z 形件等，可以一次弯曲成形。而对于形状复杂的弯曲件，一般要多次弯曲才能成形。

2）对于批量大而尺寸小的弯曲件，为使操作方便、定位准确和提高生产率，应尽可能采用级进模或复合模弯曲成形。

3）需要多次弯曲时，一般应先弯两端，后弯中间部分，前次弯曲应考虑后次弯曲有可靠的定位，后次弯曲不能影响前次已弯成的形状。

4）对于非对称弯曲件，为避免弯曲时毛坯偏移，应尽可能采用成对弯曲后再切成两件的工艺（见图 5-20d）。

二、典型弯曲件的工序安排

图 5-33～图 5-35 分别为一次弯曲、二次弯曲、三次弯曲成形的实例，可供制订零件弯曲工艺过程时参考。

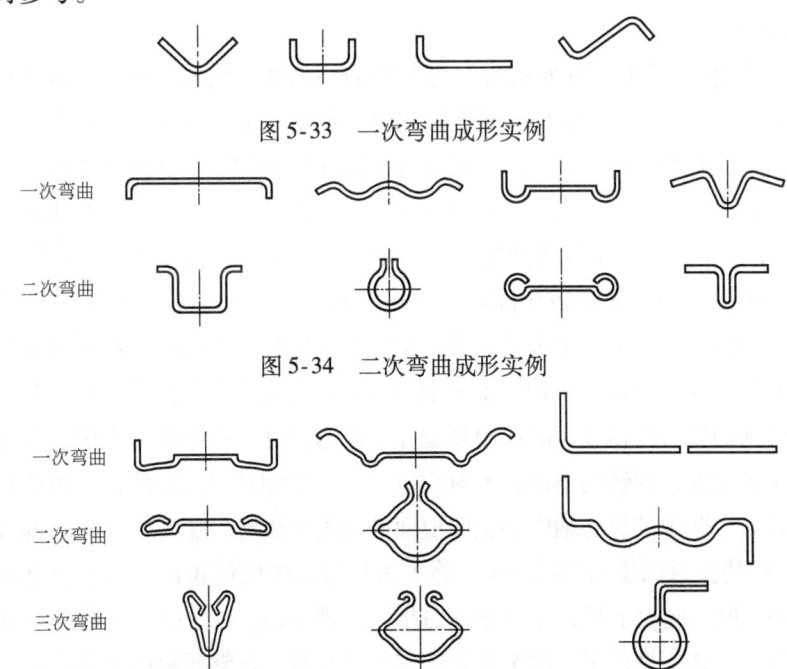

图 5-33　一次弯曲成形实例

图 5-34　二次弯曲成形实例

图 5-35　三次弯曲成形实例

第七节 弯曲模设计

一、弯曲模的分类与设计要点

由于弯曲件的种类很多，形状繁简不一，因此弯曲模的结构类型也是多种多样的。常见的弯曲模结构类型有单工序弯曲模、级进弯曲模、复合弯曲模和通用弯曲模等。简单的弯曲模工作时只有一个垂直运动，复杂的弯曲模除垂直运动外，还有一个或多个水平运动。因此，弯曲模设计难以做到标准化，通常参照冲裁模的一般设计要求和方法，并针对弯曲变形特点进行设计。设计时应考虑以下要点。

1）毛坯的定位要准确、可靠，尽可能采用毛坯的孔定位，防止毛坯在变形过程中发生偏移。

2）模具结构不应妨碍毛坯在弯曲过程中应有的转动和移动，避免弯曲过程中毛坯产生过度变薄和断面发生畸变。

3）模具结构应能保证弯曲时上、下模之间水平方向的错移力得到平衡。

4）为了减小回弹，弯曲行程结束时应使弯曲件的变形部位在模具中得到校正。

5）毛坯的安放和弯曲件的取出要方便、迅速，生产率高，操作安全。

6）弯曲回弹量较大的材料时，模具结构上必须考虑凸、凹模加工及试模时便于修正的可能性。

二、弯曲模的典型结构

1. 单工序弯曲模

（1）V形件弯曲模 图5-36所示为V形件弯曲模的基本结构。凸模3装在标准槽形模柄1上，并用两个销钉2固定。凹模5通过螺钉和销钉直接固定在下模座上。顶杆6和弹簧7组成的顶件装置，工作行程起压料作用，可防止毛坯偏移，回程时又可将弯曲件从凹模内顶出。弯曲时，毛坯由定位板4定位，在凸、凹模作用下，一次便可将平板毛坯弯曲成V形件。

图5-37所示为V形件折板式弯曲模，两块活动凹模4由铰链8连接，铰链的心轴2可沿支架7的长槽作上下滑动，定位板9固定在活动凹模上。弯曲前，顶杆3将心轴顶到最高位置，使两块活动凹模成一平面，平板毛坯放在定位板上定位。工作时，在凸模1作用下，两块凹模将绕铰链心轴转动，而铰链心轴沿支架槽下滑，从而使毛坯随活动凹模一起折弯成形。当凸模回程时，活动凹模借助顶杆3的作用复位并顶出弯曲件。在弯曲过程中，由于毛坯始终与活动凹模和定位板接触，即使毛坯形状不对称也不会产生相对滑动和偏移，因此弯曲件的精度和表面质量都较高。图中铰链心轴中心至凹模面的距离s影响凹模成V形时底部开口宽度b的大小，b过大时弯边接触凹模的面积减小，将失去折板凹模的优越性。为了使全部直边都能与凹模接触，一般s值不能大于弯曲件的外弯曲半径，即$s \leq r_p + t$。这种弯曲模特别适用于有精确孔位的小零件、毛坯不易放平稳的带窄条的零件以及没有足够压料面的零件。

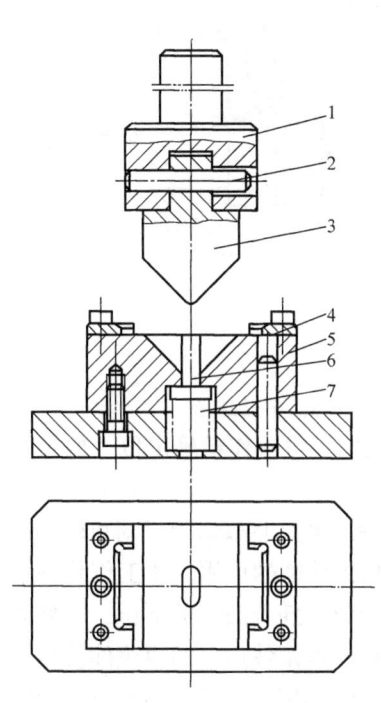
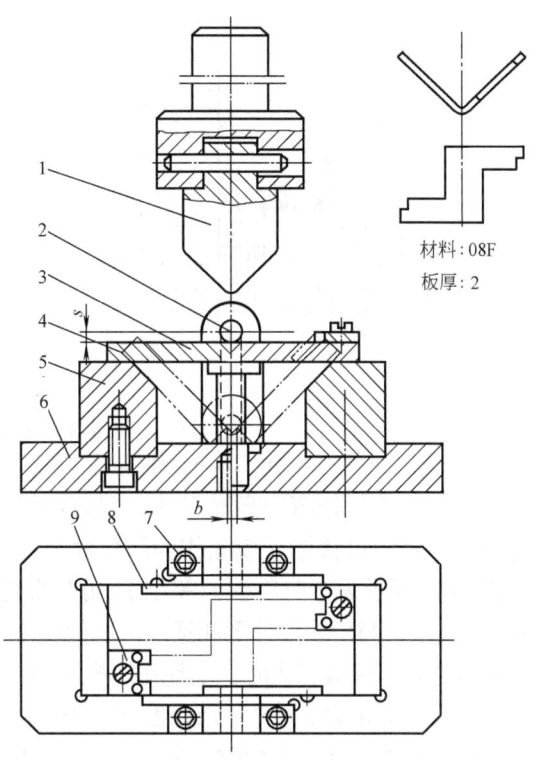

图 5-36　V 形件弯曲模
1—槽形模柄　2—销钉　3—凸模　4—定位板
5—凹模　6—顶杆　7—弹簧

图 5-37　V 形件折板式弯曲模
1—凸模　2—心轴　3—顶杆　4—活动凹模　5—支承板
6—下模座　7—支架　8—铰链　9—定位板

（2）L 形件弯曲模　对于两直边不相等的 L 形弯曲件，如果采用一般的 V 形件弯曲模弯曲，两直边的长度不容易保证，这时可采用图 5-38 所示的 L 形弯曲模。其中图 5-38a 适用于两直边长度相差不大的 L 形件，图 5-38b 适用于两直边长度相差较大的 L 形件。由于是单边弯曲，弯曲时毛坯容易偏移，因此必须在毛坯上冲出工艺孔，利用定位销 4 定位。对于图 5-38b，还必须采用压料板 6 将毛坯压住，以防止弯曲时毛坯上翘。另外，由于单边弯曲时凸模 1 将承受较大水平侧压力，因此需设置反侧压块 2，以平衡侧压力。反侧压块的高度要保证在凸模接触毛坯以前先挡住凸模，为此，反侧压块应高出凹模 3 的上平面，其高度差 h 可按下式确定：

$$h \geqslant 2t + r_1 + r_2$$

式中　t——料厚（mm）；

r_1——反侧压块导向面入口圆角半径（mm）；

r_2——凸模导向面端部圆角半径（mm），可取 $r_1 = r_2 = (2 \sim 5)t$。

（3）U 形件弯曲模　图 5-39 所示为上出件 U 形弯曲模，毛坯用定位板 4 和定位销 2 定位，凸模 1 下压时将毛坯及顶板 3 同时压下，待毛坯在凹模 5 内成形后，凸模回升，弯曲后的零件就在弹顶器（图中未画出）的作用下，通过顶杆和顶板顶出，完成弯曲工作。该模具的主要特点是在凹模内设置了顶件装置，弯曲时顶板能始终压紧毛坯，因此弯曲件底部平整。同时顶板上还装有定位销 2，可利用毛坯上的孔（或工艺孔）定位，即使 U 形件两直边

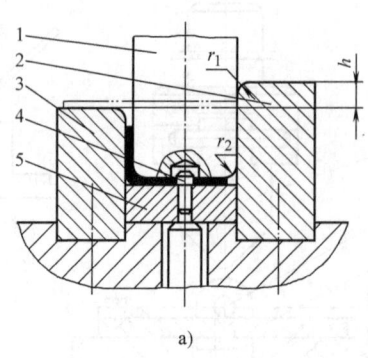
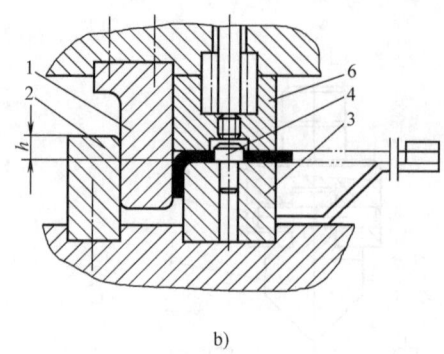

图 5-38 L 形件弯曲模

1—凸模 2—反侧压块 3—凹模 4—定位销 5—顶板 6—压料板

高度不同，也能保证弯边高度尺寸。因有定位销定位，定位板可不作精确定位。如果要进行校正弯曲，顶板可接触下模座作为凹模底来用。

图 5-40 所示为弯曲角小于 90°的闭角 U 形件弯曲模，在凹模 4 内安装有一对可转动的凹模镶件 5，其缺口与弯曲件外形相适应。凹模镶件受拉簧 6 和止动销的作用，非工作状态下总是处于图示位置。模具工作时，毛坯在凹模 4 和定位销 2 上定位，随着凸模的下压，毛坯先在凹模 4 内弯曲成夹角为 90°的 U 形过渡件。当工件底部接触到凹模镶件后，凹模镶件就会转动而使工件最后成形。凸模回程时，带动凹模镶件反转，并在拉簧作用下保持复位状态。同时，顶杆 3 配合凸模一起将弯曲件顶出凹模，最后将弯曲件由垂直于图面方向从凸模上取下。

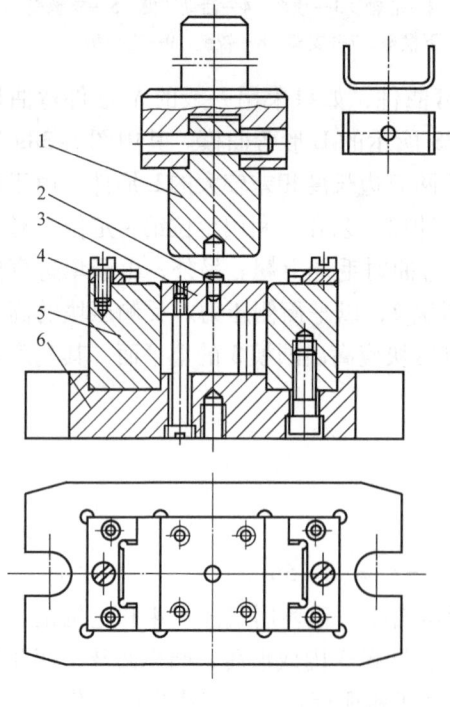
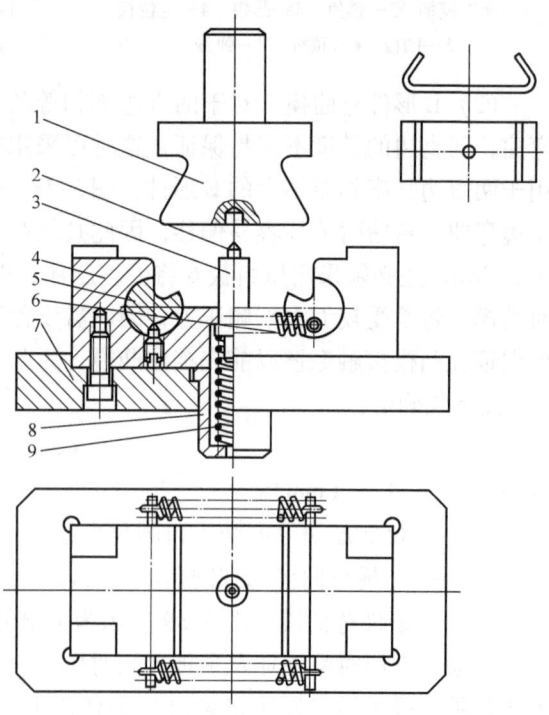

图 5-39 上出件 U 形弯曲模
1—凸模 2—定位销 3—顶板 4—定位板
5—凹模 6—下模座

图 5-40 闭角 U 形件弯曲模
1—凸模 2—定位销 3—顶杆 4—凹模 5—凹模镶件
6—拉簧 7—下模座 8—弹簧座 9—弹簧

（4）乚厂形件弯曲模　根据乚厂形件的高度、弯曲半径及尺寸精度要求不同，有一次成形弯曲模和二次成形弯曲模。

图 5-41 所示为乚厂形件的一次成形弯曲模，凸模为阶梯形，从图 5-41a 可以看出，弯曲过程中由于凸模肩部妨碍了毛坯的转动，外角弯曲线不断上移，并且随着凸模的下压，毛坯通过凹模圆角的摩擦力逐步增加，使得弯曲件侧壁容易擦伤和变薄，同时弯曲后容易产生较大的回弹，使得弯曲件两肩与底部不易平行。但当弯曲件高度较小时，上述影响不太大。图 5-41b 采用了摆块式凹模，弯曲件的质量比图 5-41a 好，可用于弯曲 r 较小的乚厂形件，但模具结构复杂些。

图 5-41　乚厂形件一次成形弯曲模

图 5-42 所示为乚厂形件的二次成形弯曲模，第一次采用图 5-42a 所示的模具先弯外角，弯成 U 形工序件，第二次采用图 5-42b 所示的模具再弯内角，弯成乚厂形件。由于第二次弯曲内角时工序件需倒扣在凹模上定位，如果乚厂形件高度较小，凹模壁厚就会很薄，因此为了保证凹模的强度，乚厂形件的高度 H 应大于（12～15）t。

图 5-43 所示为两次弯曲复合的乚厂形件弯曲模，凸凹模 1 下行时，先与凹模 2 将毛坯弯成 U 形，继续下行时再与活动凸模 3 将 U 形弯成乚厂形。这种结构需要凹模下腔空间较大，以方便工件侧边的转动。

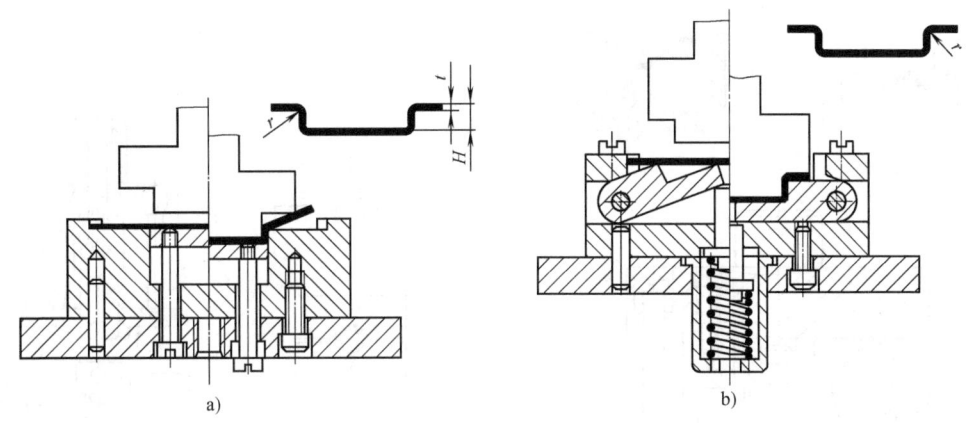

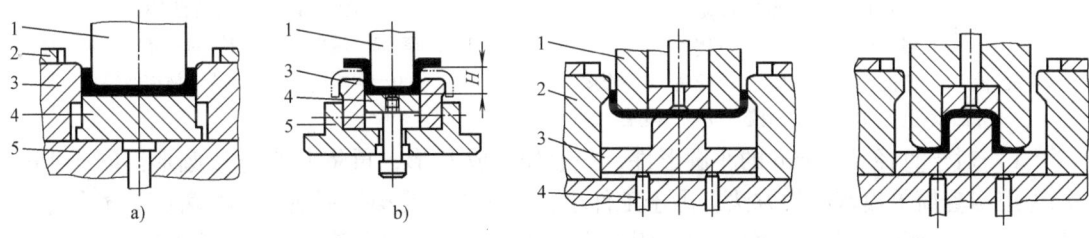

图 5-42　乚厂形件二次成形弯曲模
a）第一次弯曲　b）第二次弯曲
1—凸模　2—定位板　3—凹模　4—顶板　5—下模座

图 5-43　两次弯曲复合的乚厂形件弯曲模
1—凸凹模　2—凹模　3—活动凸模　4—顶杆

（5）Z 形件弯曲模　Z 形件一次弯曲即可成形。图 5-44a 所示的 Z 形件弯曲模结构简单，但由于没有压料装置，弯曲时毛坯容易滑动，只适用于精度要求不高的零件。

图 5-44b 的 Z 形件弯曲模设置了顶板 1 和定位销 2，能有效防止坯料的偏移。反侧压块 3 的作用是平衡上、下模之间水平方向的错移力，同时也为顶板导向，防止其窜动。

图5-44c所示的Z形件弯曲模,弯曲前活动凸模10在橡皮8的作用下与凸模4端面平齐。弯曲时活动凸模与顶板1将坯料压紧,并由于橡皮的弹力较大,推动顶板下移使毛坯左端弯曲。当顶板接触下模座11后,橡皮8压缩,则凸模4相对于活动凸模10下移将毛坯右端弯曲成形。当压块7与上模座6相碰时,整个弯曲件得到校正。

(6) 圆形件弯曲模 一般圆形件尽量采用标准规格的管材切断成形,只有当标准管材的尺寸规格或材质不能满足要求时,才采用板料弯曲成形。用模具弯曲圆形件通常限于中小型件,大直径圆形件可采用滚弯成形。

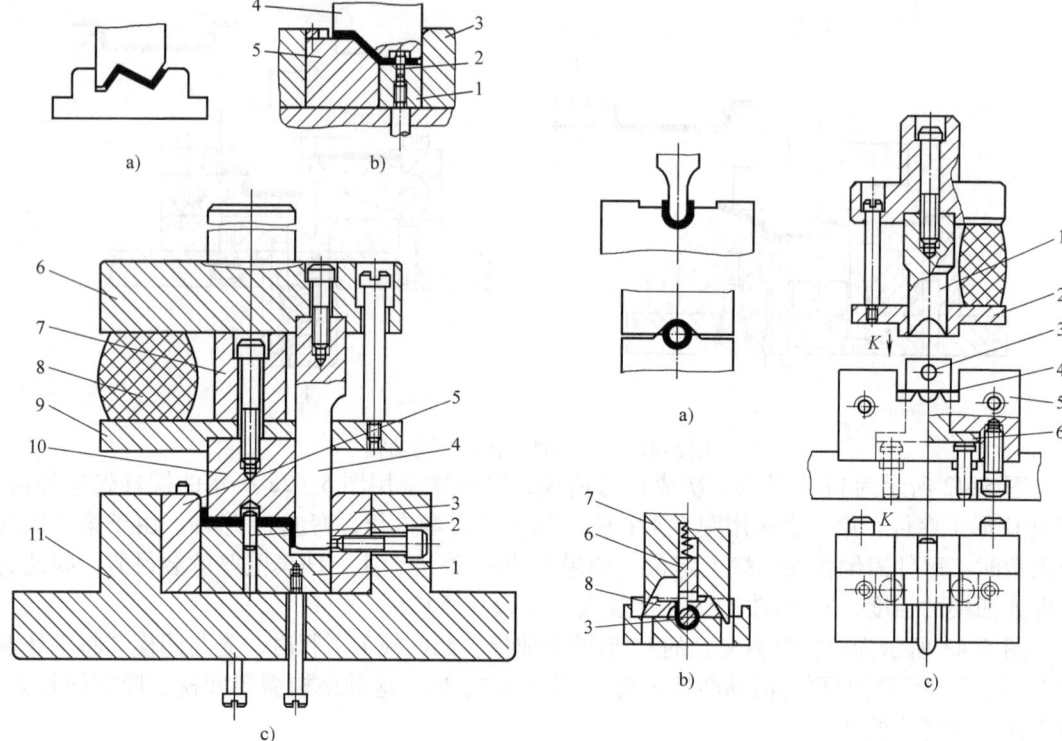

图5-44　Z形件弯曲模
1—顶板　2—定位销　3—反侧压块
4—凸模　5—凹模　6—上模座　7—压块　8—橡皮
9—凸模托板　10—活动凸模　11—下模座

图5-45　小圆弯曲模
1—凸模　2—压板　3—芯棒　4—坯料　5—凹模
6—滑块　7—侧楔　8—活动凹模

1) 对于直径$d \leqslant 5mm$的小圆形件,一般先弯成U形,再将U形弯成圆形。图5-45a所示为用两套简单模弯圆的方法。由于工件小,分两次弯曲操作不便,可将两道工序合并,如图5-45b、c所示。其中,图5-45b所示为有侧楔的一次弯曲模,上模下行时,芯棒3先将毛坯弯成U形,随着上模继续下行,侧楔7便推动活动凹模8将U形弯成圆形;图5-45c所示是另一种一次弯圆模,上模下行时,压板2将滑块6往下压,滑块带动芯棒3先将毛坯弯成U形,然后凸模1再将U形弯成圆形。如果工件精度要求高,可旋转工件连冲几次,以获得较好的圆度。弯曲后工件由垂直于图面方向从芯棒上取下。

2) 对于直径$d \geqslant 20mm$的大圆形件,根据圆形件的精度和料厚等要求不同,可以采用一次成形、二次成形和三次成形方法。图5-46所示是用三道工序弯曲大圆的方法,这种方法生产率低,适用于料厚较大的工件。图5-47是用两道工序弯曲大圆的方法,先预弯成三个

120°的波浪形,然后用第二套模具弯成圆形,工件顺凸模轴线方向取下。

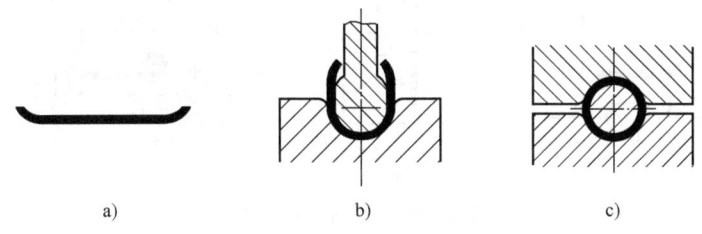

图 5-46　大圆三次弯曲模
a) 首次弯曲　b) 二次弯曲　c) 三次弯曲

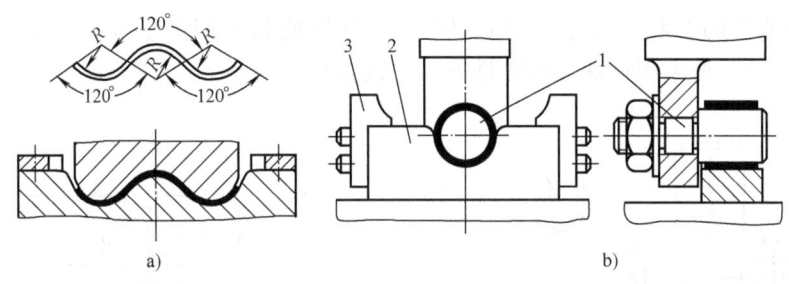

图 5-47　大圆两次弯曲模
a) 首次弯曲　b) 二次弯曲
1—凸模　2—凹模　3—定位板

图 5-48 是带摆动凹模的大圆一次成形弯曲模,上模下行时,凸模 2 先将毛坯压成 U 形,上模继续下行,摆动凹模 3 将 U 形弯成圆形,工件顺凸模轴线方向推开支承 1 取下。这种模具生产率较高,但由于回弹,在工件接缝处留有缝隙和少量直边,工件精度差,模具结构也较复杂。

(7) 铰链件弯曲模　标准的铰链或合页都是采用专用设备生产的,生产率很高,价格便宜,只有当选不到合适标准铰链件时才用模具弯曲。图 5-49 所示为常见的铰链件形式和弯曲工序的安排。图 5-50a 所示为第一道工序的预弯模。铰链卷圆的原理通常是采用推圆法。图 5-50b 所示是立式卷圆模,结构简单。图 5-50c 所示是卧式卷圆模,有压料装置,操作方便,零件质量也较好。

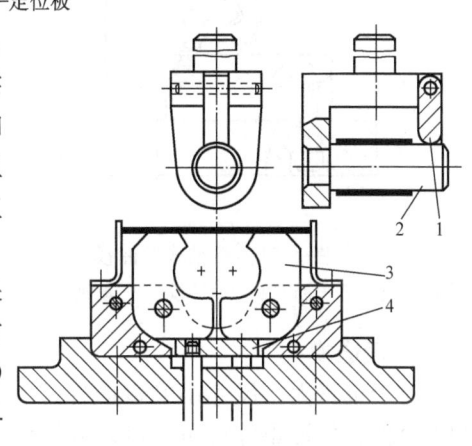

图 5-48　大圆一次成型弯曲模
1—支承　2—凸模　3—摆动凹模　4—顶板

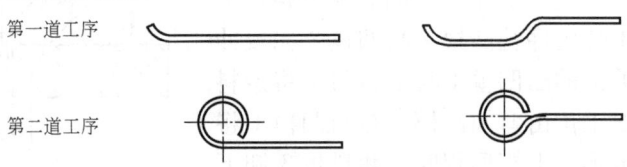

图 5-49　铰链件弯曲工序的安排

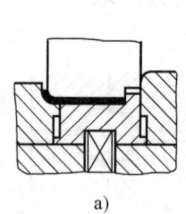 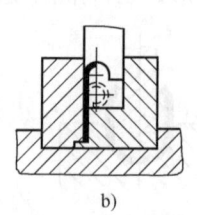 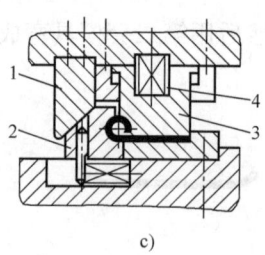

图 5-50 铰链件弯曲模
1—斜楔 2—凹模 3—凸模 4—弹簧

（8）其他形状件的弯曲模 对于其他形状的弯曲件，由于品种繁多，其工序安排和模具设计根据弯曲件的形状、尺寸、精度要求、材料性能和生产批量等的不同各有差异。图 5-51～图 5-53 是三种不同特殊形状零件的弯曲模实例。

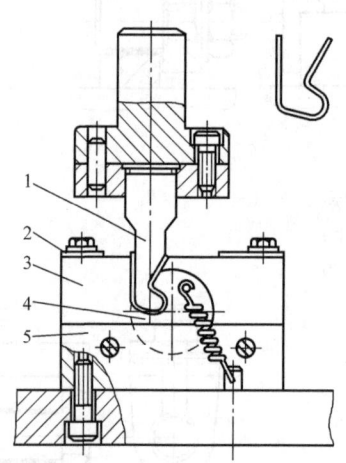 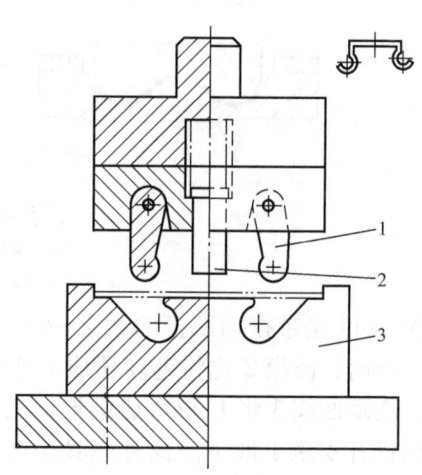

图 5-51 滚轴式弯曲模
1—凸模 2—定位板 3—凹模 4—滚轴 5—挡板

图 5-52 带摆动凸模的弯曲模
1—摆动凸模 2—压料装置 3—凹模

2. 级进模

对于批量大、尺寸小的弯曲件，为了提高生产率和安全性，保证零件质量，可以采用级进弯曲模进行多工位的冲裁、弯曲、切断等工艺成形，如图 5-54 所示。

图 5-55 所示为冲孔、切断和弯曲两工位级进模，条料以导料板导向并送至反侧压块 5 的右侧定距。上模下行时，在第一工位由冲孔凸模 4 与凹模 8 完成冲孔，同时由兼作上剪刃的凸凹模 1 与下剪刃 7 将条料切断，紧接着在第二工位由弯曲凸模 6 与凸凹模 1 将所切断的毛坯压弯成形。上模回程时，卸料板 3 卸下条料，推杆 2 则在弹簧的作用下推出工件，从而获得底部带孔的 U 形弯曲件。在该模具中，弹性卸料板 3

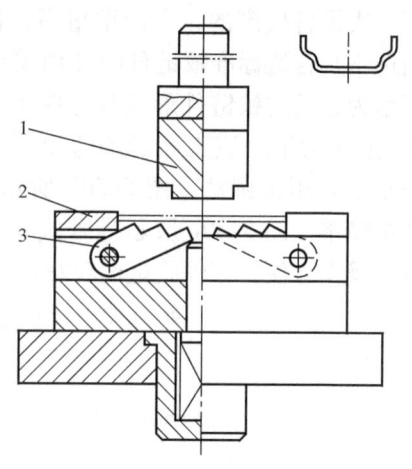

图 5-53 带摆动凹模的弯曲模
1—凸模 2—定位板 3—摆动凹模

除了起卸料作用以外,冲压时还能压紧条料,防止单边切断时条料上翘。同样,弹性推杆 2 除了推件外还可以在毛坯切断后将其压紧,防止弯曲时毛坯发生偏移。推杆上的导正销能在弯曲前导正毛坯上已冲出的孔,反侧压块除了定位外还能平衡凸凹模在单边切断时产生的水平错移力。另外,因该模具中有冲裁工序,故采用了对角导柱模架。

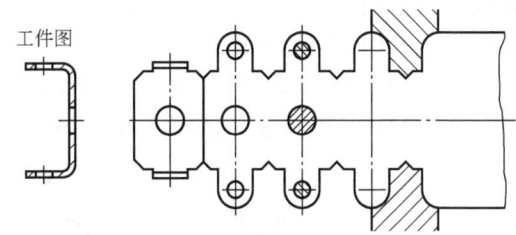

图 5-54 级进工艺成形

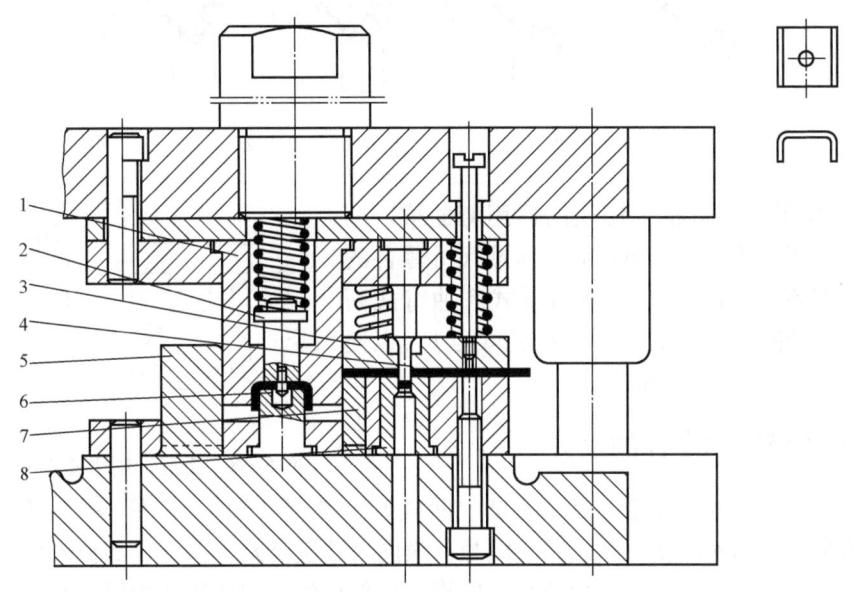

图 5-55 两工位级进弯曲模
1—凸凹模 2—推杆 3—卸料板 4—冲孔凸模 5—反侧压块
6—弯曲凸模 7—下剪刃 8—冲孔凹模

3. 复合模

对于尺寸不大的弯曲件,还可以采用复合模,即在压力机一次行程内,在模具同一位置上完成落料、弯曲、冲孔等几种不同的工序。图 5-56a、b 所示是切断、弯曲复合模结构简图。图 5-56c 所示是落料、弯曲、冲孔复合模,模具结构紧凑,工件精度高,但凸凹模修磨困难。

4. 通用弯曲模

对于小批量生产或试制生产的弯曲件,因为生产量少、品种多、尺寸

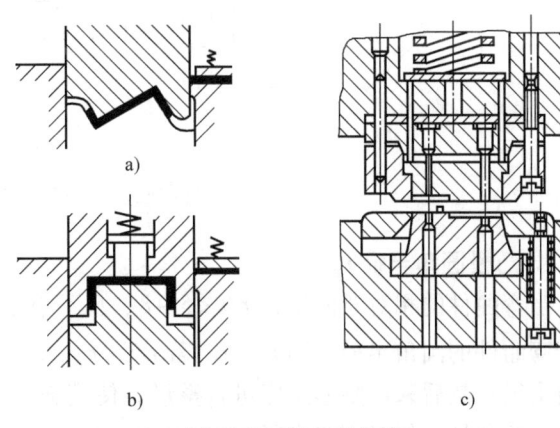

图 5-56 复合弯曲模

经常改变，采用专用的弯曲模时成本高、周期长，采用手工加工时劳动强度大、精度不易保证，所以生产中常采用通用弯曲模。

采用通用弯曲模不仅可以成形一般的 V 形件、U 形件、⊔ 形件，还可成形精度要求不高的复杂形状件。图 5-57 所示是经过多次 V 形弯曲成形复杂零件的实例。

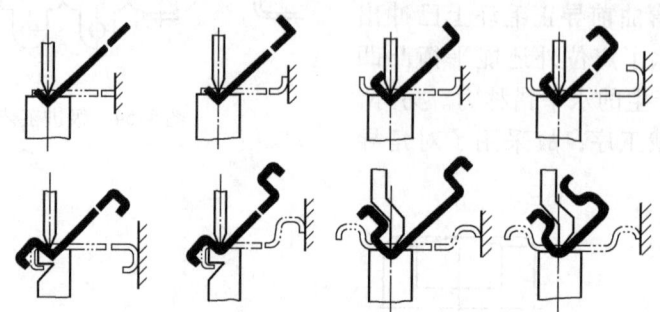

图 5-57　多次 V 形弯曲成形复杂零件

图 5-58 所示是折弯机上使用的通用弯曲模。凹模的四面分别制出适应于弯曲不同形状或尺寸零件的几种槽口（见图 5-58a），凸模有直臂式和曲臂式两种，工作部分的圆角半径也作成几种不同尺寸，以便按工件需要更换（见图 5-58b、c）。

三、弯曲模工作零件的设计

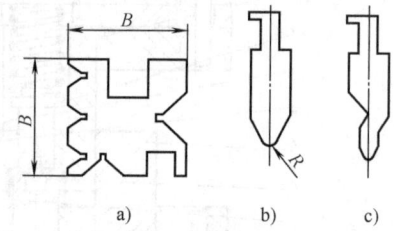

图 5-58　折弯机用弯曲模的端面形状
a) 通用凹模　b) 直臂式凸模　c) 曲臂式凸模

弯曲模工作零件的设计主要是确定凸、凹模工作部分的圆角半径，凹模深度，凸、凹模间隙，横向尺寸及公差等。凸、凹模安装部分的结构设计与冲裁凸、凹模基本相同。弯曲凸、凹模工作部分的结构及尺寸如图 5-59 所示。

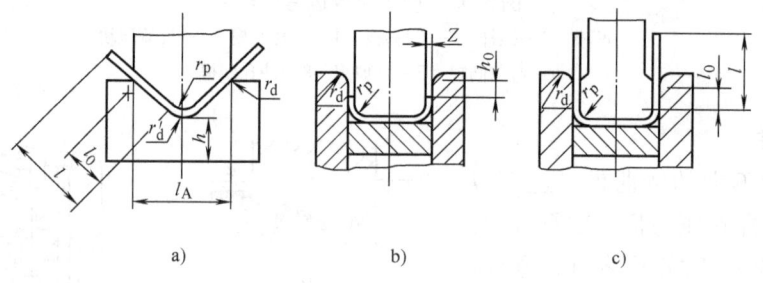

图 5-59　弯曲凸、凹模工作部分的结构及尺寸

1. 凸模圆角半径 r_p

当弯曲件的相对弯曲半径 $r/t<5\sim8$、且不小于 r_{min}/t（表 5-3）时，凸模的圆角半径取等于弯曲件的圆角半径，即 $r_p = r$。若 $r/t < r_{min}/t$，则应取 $r_p \geq r_{min}$，将弯曲件先弯成较大的圆角半径，然后采用整形工序进行整形，使其满足弯曲件圆角半径的要求。

当弯曲件的相对弯曲半径 $r/t \geq 10$ 时，由于弯曲件圆角半径的回弹较大，凸模的圆角半径应根据回弹值作相应的修正（参见本章第二节）。

2. 凹模圆角半径 r_d

凹模圆角半径的大小对弯曲变形力、模具使用寿命、弯曲件质量等均有影响。r_d 过小时，坯料拉入凹模的滑动阻力增大，易使弯曲件表面擦伤或出现压痕，并增大弯曲变形力和影响模具使用寿命；r_d 过大时，又会影响毛坯定位的准确性。生产中，凹模圆角半径 r_d 通常根据材料厚度选取：

$t \leq 2$mm 时，$r_d = (3 \sim 6) t$

$t = 2 \sim 4$mm 时，$r_d = (2 \sim 3) t$

$t > 4$mm 时，$r_d = 2t$

另外，凹模两边的圆角半径应一致，否则在弯曲时毛坯会发生偏移。

V 形弯曲凹模的底部可开设退刀槽或取圆角半径 $r_d' = (0.6 \sim 0.8)(r_p + t)$。

3. 凹模深度 l_0

凹模深度过小，则坯料两端未受压部分太多，弯曲件回弹大且不平直，影响其质量；凹模深度若过大，则浪费模具钢材，且需压力机有较大的工作行程。

V 形件弯曲模：凹模深度 l_0 及底部最小厚度 h 值可查表 5-14。但应保证凹模开口宽度 L_A 之值不能大于弯曲毛坯展开长度的 0.8 倍。

表 5-14 V 形件弯曲模的凹模深度 l_0 及底部最小厚度 h （单位：mm）

弯曲件边长 l	材料厚度 t					
	≤2		2~4		>4	
	h	l_0	h	l_0	h	l_0
10~25	20	10~15	22	15	—	—
25~50	22	15~20	27	25	32	30
50~75	27	20~25	32	30	37	35
75~100	32	25~30	37	35	42	40
100~150	37	30~35	42	40	47	50

U 形件弯曲模：对于弯边高度不大或要求两边平直的 U 形件，则凹模深度应大于弯曲件的高度，如图 5-59b 所示，其中 h_0 值见表 5-15；对于弯边高度较大，而平值度要求不高的 U 形件，可采用图 5-59c 所示的凹模形式，凹模深度 l_0 值见表 5-16。

表 5-15 U 形件弯曲凹模的 h_0 值 （单位：mm）

材料厚度 t	≤1	1~2	2~3	3~4	4~5	5~6	6~7	7~8	8~10
h_0	3	4	5	6	8	10	15	20	25

表 5-16 U 形件弯曲模的凹模深度 l_0 （单位：mm）

弯曲件边长 l	材料厚度 t				
	<2	1~2	2~4	4~6	6~10
<50	15	20	25	30	35
50~75	20	25	30	35	40
75~100	25	30	35	40	40
100~150	30	35	40	50	50
150~200	40	45	55	65	65

4. 凸、凹模间隙

弯曲V形件时，凸、凹模间隙是由调整压力机的装模高度来控制的，模具设计时可以不考虑。对于U形类弯曲件，设计模具时应当确定合适的间隙值。间隙过小，会使弯曲件直边料厚减薄或出现划痕，同时还会降低凹模使用寿命，增大弯曲力；间隙过大，则回弹增大，从而降低了弯曲件精度。生产中，U形件弯曲模的凸、凹模单边间隙一般可按如下公式确定：

弯曲非铁材料时

$$Z = t_{min} + ct \tag{5-17}$$

弯曲钢铁材料时

$$Z = t_{max} + ct \tag{5-18}$$

式中　　Z——弯曲凸、凹模的单边间隙（mm）；

　　　　t——弯曲件的材料厚度（基本尺寸）（mm）；

t_{min}、t_{max}——弯曲件材料的最小厚度和最大厚度（mm）；

　　　　c——间隙系数，可查表5-17。

表5-17　U形件弯曲模凸、凹模的间隙系数 c 值　　　　　　　　　（单位：mm）

弯曲件高度 H	材料厚度 t								
	≤0.5	0.6~2	2.1~4	4.1~5	≤0.5	0.6~2	2.1~4	4.1~7.5	7.6~12
	弯曲件宽度 $B≤2H$				弯曲件宽度 $B>2H$				
10	0.05	0.05	0.04	—	0.10	0.10	0.08	—	—
20	0.05	0.05	0.04	0.03	0.10	0.10	0.08	0.06	0.06
35	0.07	0.05	0.04	0.03	0.15	0.10	0.08	0.06	0.06
50	0.10	0.07	0.05	0.04	0.20	0.15	0.10	0.06	0.06
75	0.10	0.07	0.05	0.05	0.20	0.15	0.10	0.10	0.08
100	—	0.07	0.05	0.05	—	0.15	0.10	0.10	0.08
150	—	0.10	0.07	0.05	—	0.20	0.15	0.10	0.10
200	—	0.10	0.07	0.05	—	0.20	0.15	0.15	0.10

5. U形件弯曲凸、凹模横向尺寸及公差

确定U形件弯曲凸、凹模横向尺寸及公差的原则是：在弯曲件标注外形尺寸时（图5-60a），应以凹模为基准件，间隙取在凸模上；在弯曲件标注内形尺寸时（图5-60b），应以凸模为基准件，间隙取在凹模上；基准凸、凹模的尺寸及公差则应根据弯曲件的尺寸、公差、回弹情况以及模具磨损规律等因素确定。

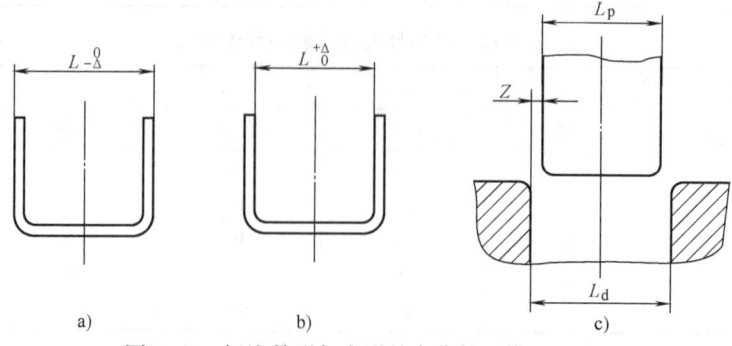

图5-60　标注外形与内形的弯曲件及模具尺寸

(1) 弯曲件标注外形尺寸时（图5-60a）

$$L_d = (L_{max} - 0.75\Delta)^{+\delta_d}_{0} \quad (5-19)$$

$$L_p = (L_d - 2Z)^{0}_{-\delta_p} \quad (5-20)$$

(2) 弯曲件标注内形尺寸时（图5-60b）

$$L_p = (L_{min} + 0.75\Delta)^{0}_{-\delta_p} \quad (5-21)$$

$$L_d = (L_p + 2Z)^{+\delta_d}_{0} \quad (5-22)$$

式中 L_d、L_p——弯曲凸、凹模横向尺寸（mm）；

L_{max}、L_{min}——弯曲件的横向最大、最小极限尺寸（mm）；

Δ——弯曲件横向的尺寸公差（mm）；

δ_d、δ_p——弯曲凸、凹模的制造公差（mm），可采用IT7～IT9精度，一般取凸模的精度比凹模精度高一级，但要保证 $\delta_d/2 + \delta_p/2 + t_{max}$ 的值在最大允许间隙范围以内；

Z——凸、凹模单边间隙（mm）。

当弯曲件的精度要求较高时，其凸、凹模可以采用配作法加工。

第八节　弯曲模设计实例

弯曲成形如图5-61所示压板零件，材料为10钢，厚度为1mm，中批量生产，试设计弯曲模。

1. 零件的工艺分析

根据零件的结构形状和批量要求，可采用落料、冲孔-弯曲两道工序冲压成形，这里只考虑弯曲工序。

该零件的结构、尺寸、精度和材料均符合弯曲工艺性要求，相对弯曲半径 $r/t = 3.5 < 5$，回弹量不大。但零件形状不对称，弯曲时主要解决好毛坯的偏移问题。

零件的弯曲部位是 $R3.5$ mm 的圆弧，按图中标注的尺寸 8 ± 0.2 mm，可算出圆心角为 $135° \sim 147°$，故应按 $147°$ 设计模具。

2. 模具结构方案的确定

弯曲该类零件常见的模具结构有图5-62所示的两种方案。其中，图5-62a所示是最常

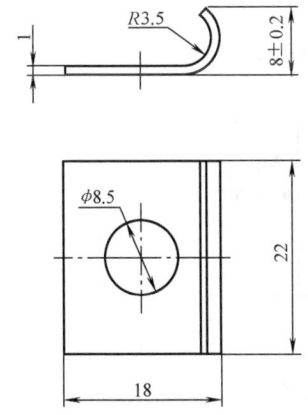

图5-61　压板零件图

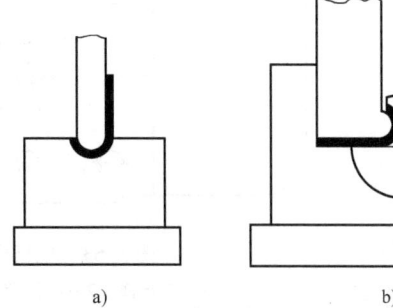

图5-62　弯曲模结构方案示意图

用的弯曲模，但用于本零件时定位困难，且左、右摩擦力不相等，弯曲时会产生偏移，零件尺寸难以保证；图5-62b所示是滚轴式弯曲模，其凹模旋转角度必须小于90°，而本零件的弯头部位接近半圆，也不宜采用这种方案。

考虑上述两种方案都不可行，本模具采用的是楔块式弯曲模，模具结构如图5-63所示。弯曲前，顶件块7与滑块8（兼作凹模）的上表面平齐，毛坯以φ8.5mm的孔套在定位销上定位。上模下行时，凸模4与顶件块将毛坯压紧。继续下行，毛坯在凸模与滑块的作用下开始弯曲，当凸模在弹簧2的作用下到达下止点时，完成圆弧的预弯曲。此时，滑块在斜楔5的作用下向左运动，当上模继续下行到达下止点时，滑块使零件弯曲成形，并产生校正力。上模回程时，凸模受弹簧2的作用先不动，滑块在弹簧9的作用下随斜楔5的上升向右移动复位，继而凸模上升，顶件块将零件顶出。该模具中，毛坯受定位销的限制和顶件块的压紧

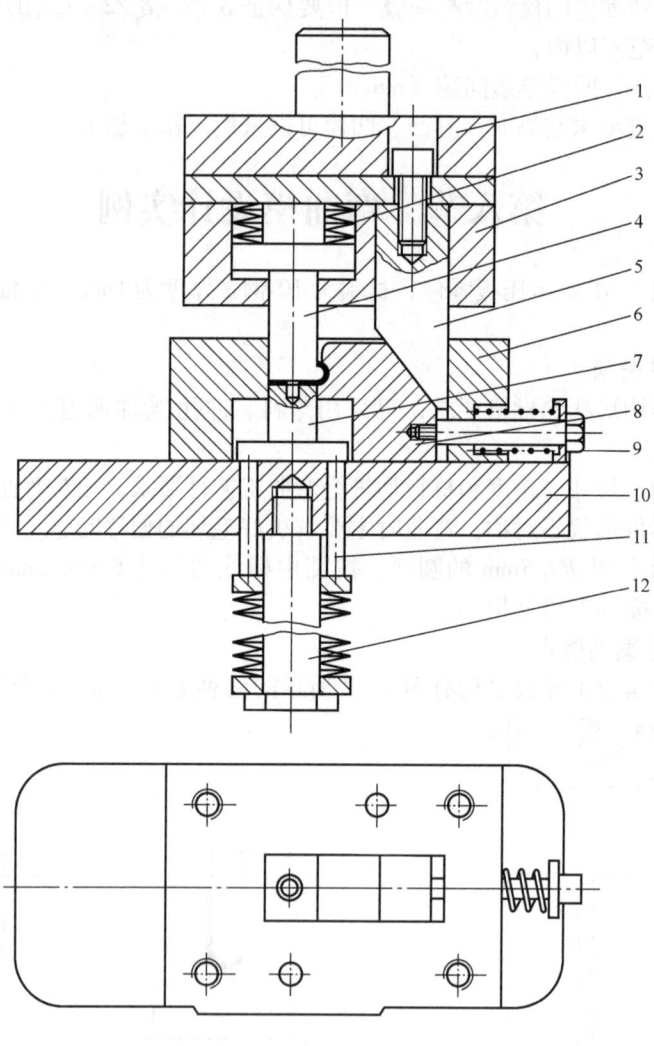

图5-63 压板弯曲模结构总图

1—上模座 2—凸模背压弹簧 3、6—固定板
4—凸模 5—斜楔 7—顶件块 8—滑块 9—复位弹簧
10—下模座 11—顶杆 12—弹顶器

作用，避免了弯曲时的偏移。同时，将凸模作成活动式，实现了用同一滑块进行预弯和弯曲的先后动作，并避免了凸模回程时与滑块产生的干涉。

3. 有关工艺与设计计算

（1）毛坯的展开长度　弯曲件由直边和圆弧两部分组成，圆弧部分中性层位移系数由 $r/t = 3.5$ 查表 5-8 得 $x = 0.41$。经计算，圆弧中心角 $\alpha = 141°$，直线部分长度 $l = 18\text{mm} - 4.5\text{mm} = 13.5\text{mm}$，故毛坯的展开长度为

$$L_z = l + \frac{\pi \alpha}{180}(r + xt) = 13.5\text{mm} + \frac{3.14 \times 141}{180} \times (3.5 + 0.41 \times 1)\text{mm} = 23.1\text{mm}$$

（2）弯曲力　弯曲过程有两步，第一步是凸模向下运动的弯曲，第二步是通过滑块向左压圆弧的弯曲，并施加校正力。

第一步弯曲的弯曲力按自由弯曲计算，由式（5-12），取 $\sigma_b = 400\text{MPa}$，得

$$F_1 = \frac{0.6KBt^2\sigma_b}{r + t} = \frac{0.6 \times 1.3 \times 22 \times 1^2 \times 400}{3.5 + 1}\text{N} = 1525\text{N}$$

第二步弯曲的弯曲力按校正弯曲计算，由式（5-15），取 $q = 30\text{MPa}$，得

$$F_2 = A \cdot q = 22 \times 8 \times 30\text{N} = 5280\text{N}$$

校正力是通过斜楔传递给滑块的，取斜楔的角度为 45°，故总弯曲力为

$$F = F_1 + F_2 = 1525\text{N} + 5280\text{N} = 6850\text{N}$$

（3）弹簧　本模具中采用的弹簧有凸模背压弹簧、弹顶器弹簧和滑块复位弹簧。

1）凸模背压弹簧。对凸模背压弹簧的基本要求是：①弹簧的预压力必须大于初始弯曲力 1525N，以便实现由弹簧的弹力完成对毛坯的预弯曲；②凸模达到下止点时才开始与凸模固定板有相对运动，这时斜楔才开始推动滑块向左运动 2.5mm（由凸、凹模间隙及工作部位尺寸关系确定，见图 3-64），因斜楔的角度为 45°，故凸模在固定板中的行程也是 2.5mm，也就是弹簧进一步的压缩量为 2.5mm。

由于需要弹簧产生的弹力较大，而弹簧尺寸又受安装空间的限制，因此只宜采用弹力较大的碟形弹簧。通过初步计算并对照有关碟形弹簧标准规格，选用 8 片外径 $\phi50\text{mm}$、料厚 2mm 的碟形弹簧组成弹簧组，每片弹簧的允许变形量为 1.05mm，允许载荷为 4770N。设定每片弹簧的预压量为 0.35mm，则具有的预压力为 $4770\text{N} \times 0.35/1.05 = 1590\text{N}$，8 片弹簧的预压高度为 $0.35\text{mm} \times 8 = 2.8\text{mm}$，总压缩量为 $2.8\text{mm} + 2.5\text{mm} = 5.3\text{mm}$，没有超过弹簧的允许变形量 $1.05\text{mm} \times 8 = 8.4\text{mm}$。

2）弹顶器弹簧。弹顶器弹簧的预压力同样要大于 1525N。同时，根据弯曲件尺寸要求并考虑凹模强度，凸模从接触毛坯到弯曲成形需下行 14mm，即弹顶器的工作行程为 14mm。

弹顶器弹簧也采用与凸模背压弹簧相同的规格，考虑行程大的特点，用 40 片组成弹簧组，则其最大允许变形量为 $1.05\text{mm} \times 40 = 42\text{mm}$。弹簧的预压力也取 1590N，则总预压量为 $0.35\text{mm} \times 40 = 14\text{mm}$。加上弹顶器的工作行程为 14mm，因此弹簧的总压缩量为 $14\text{mm} + 14\text{mm} = 28\text{mm}$，也没有超过弹簧的允许变形量 42mm。

由于凸模背压弹簧每片的压缩量与弹顶器弹簧相同，受力也相同，因弹顶器弹簧每片弹簧的压缩量为 $28\text{mm}/40 = 0.7\text{mm}$，故凸模背压弹簧的总压缩量为 $0.7\text{mm} \times 8 = 5.6\text{mm}$，减去预压的 2.8mm，则凸模在固定板中的相对移动量为 $5.6\text{mm} - 2.8\text{mm} = 2.8\text{mm}$。因此上述选用的两组弹簧都能符合模具设计要求。

3）滑块复位弹簧。滑块复位弹簧只要求在上模回程时能使滑块可靠复位，可采用一般圆柱螺旋压缩弹簧。查有关标准，选用弹簧 $1.6\times15\times22$ GB/T 2089—2009，弹簧的极限压缩量 $h_j=15.2$ mm，极限工作压力 $F_j=79.6$ N。

(4) 回弹　因圆弧部分的相对弯曲半径 $r/t=3.5<5$，故半径的回弹值可以忽略。凸模工作部分设计成半圆形，补偿角度的回弹量也足够，因此也不必计算。为了保证其形状，施加校正力以保证弯曲件的质量。

(5) 凸模与滑块（凹模）工作部位尺寸确定　滑块（凹模）在初始位置要配合凸模完成第一次弯曲，然后滑块在斜楔的作用下向左移动，完成圆弧部位的弯曲成形。凸模与凹模的间隙用式 (5-18) 计算，由表 5-17 查出系数 $c=0.10$，则

$$Z = t_{max} + ct = 1.1\text{mm} + 0.1\times 1\text{mm} = 1.2\text{mm}$$

因弯曲半径的回弹值可以忽略，故凸模圆角半径 $r_p=r=3.5$ mm。凹模的圆角取 $r_d=3t=3$ mm。凸模与滑块（凹模）工作部位尺寸关系如图 5-64 所示。由图可看出，当滑块移动行程为 2.5mm 时，就可使滑块的 $R4.5$ mm 的圆心与凸模圆心重合，因此滑块的行程即为 2.5mm。

由前述可知，当凸模到达下止点后，上模还可能下降的距离为 $8.6\text{mm}-5.6\text{mm}=2.8\text{mm}$（其中 8.4mm 是弹簧的允许变形量），而滑块的行程为 2.5mm，斜楔角度为 45°，因此可以满足设计要求。

4. 主要模具零件的设计

(1) 凸模　凸模工作部分与固定圈用螺钉连接。凸模固定圈兼作碟形弹簧的导向杆，上模至下止点时，固定圈的上顶面与垫板接触，对工件施加压力。凸模固定圈的直径稍小于弹簧内径（$\phi25.4$ mm），取 $\phi24$ mm。固定圈的圆柱高度是弹簧压缩变形后的高度，每片弹簧高度是 3.4mm，工作时的总压缩量是 0.7mm，故圆柱的高度为 $(3.6-0.7)$ mm $\times 8=21.6$ mm。凸模固定圈的台肩，直径取 $\phi50$ mm。凸模工作部分结构与尺寸如图 5-65 所示。

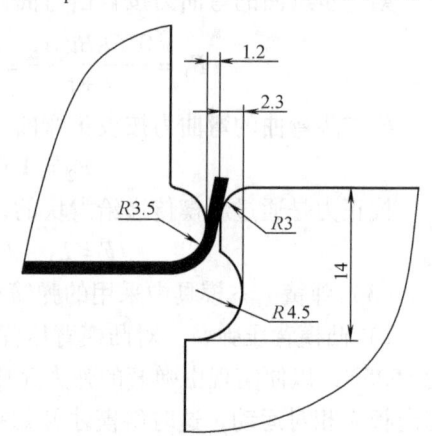

图 5-64　凸模与滑块工作部位尺寸关系

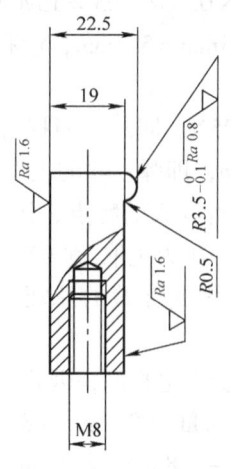
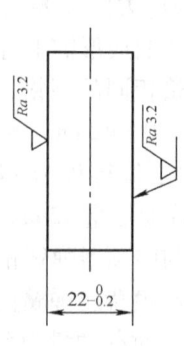

技术要求
1. 未注圆角为 $R1$。
2. 材料：CrWMn。
3. 热处理：58～60HRC。

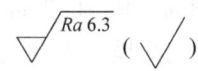

图 5-65　凸模

(2) 滑块 滑块的斜面、底面和台阶面是滑动工作面，表面要求光滑。滑块的上面是坯料定位面，侧面圆弧部位是弯曲凹模的工作部位，具体结构和尺寸如图 5-66 所示。滑块的右侧装有螺栓和弹簧，用于滑块的复位。

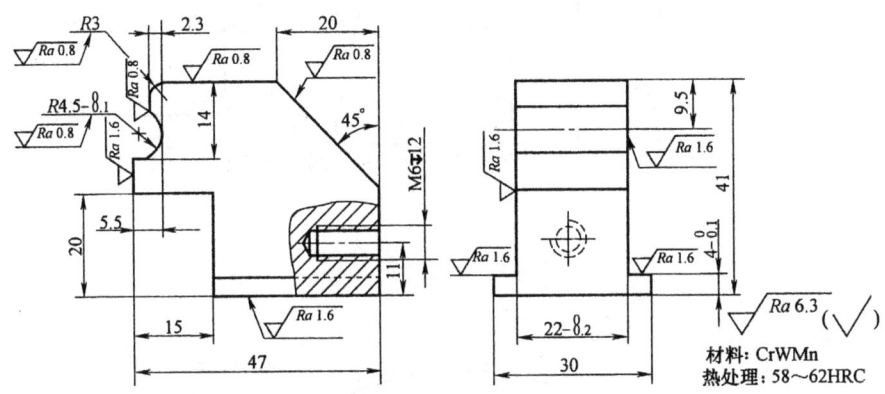

图 5-66 滑块

(3) 斜楔 斜楔的横截面为矩形，其宽度可比滑块的宽度略小，取 21mm，长度取 24mm。斜楔的斜面及与斜面相对的侧面是滑动工作面，斜楔与凸模固定板采用 H7/k6 配合，并用 M10 的螺栓将斜楔固定在垫板上。为了便于调整圆弧部位的间隙，并控制校正力的大小，斜楔与固定板之间可设置调整垫片。

(4) 顶件块 顶件块在弹顶器的作用下，与凸模形成足够的压紧力而完成第一次弯曲，并对毛坯起定位作用。顶件块上部为矩形，其宽度与毛坯相等，上面设有定位销，弯曲前坯料的 $\phi 8.5 mm$ 孔套在定位销上定位。顶件块下部为圆柱形，外径可与碟形弹簧外径相等，底面通过 4 个顶杆与弹顶器相接触。当模具处于开启状态时，顶件块在弹顶器的作用下，其上表面与滑块等高，以便于毛坯的定位。

思考练习题

5-1 弯曲变形有哪些特点？宽板与窄板弯曲时为什么得到的截面形状不同？

5-2 弯曲的变形程度用什么来表示？弯曲时的极限变形程度受到哪些因素的影响？

5-3 为什么说弯曲时的回弹是弯曲工艺不能忽视的问题？试述减小弯曲件回弹的常用措施。

5-4 什么是弯曲时的偏移？产生偏移的原因有哪些？如何减小和克服偏移？

5-5 试分析如图 5-67a、b 所示零件的弯曲工艺性，并对弯曲工艺性不合理之处提出解决措施。零件材料为 20 钢，未注弯曲内表面圆角半径为 2mm。

5-6 弯曲模的结构有哪些特点？

5-7 计算如图 5-68 所示零件的展开长度。该零件需在模具内弯成什么形状和尺寸，出模后才能得到图示形状和尺寸？

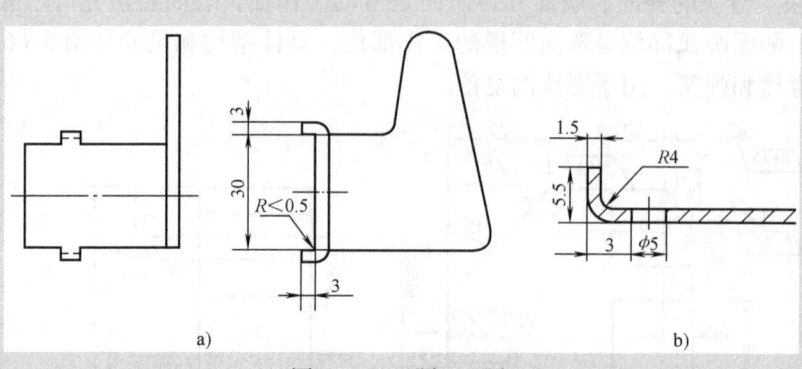

图 5-67 习题 5-5 图

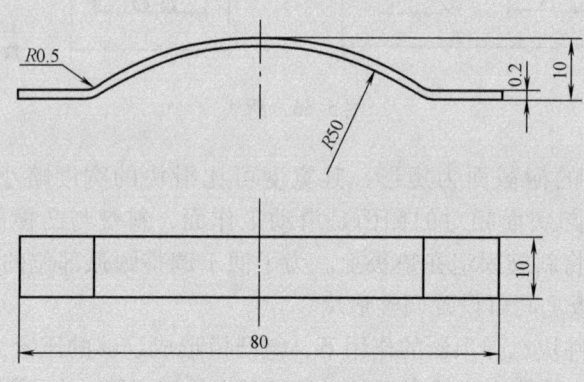

图 5-68 习题 5-7 图

5-8 弯曲如图 5-69 所示零件，材料为 35 钢，已退火，厚度 $t=4\text{mm}$。完成以下工作内容。

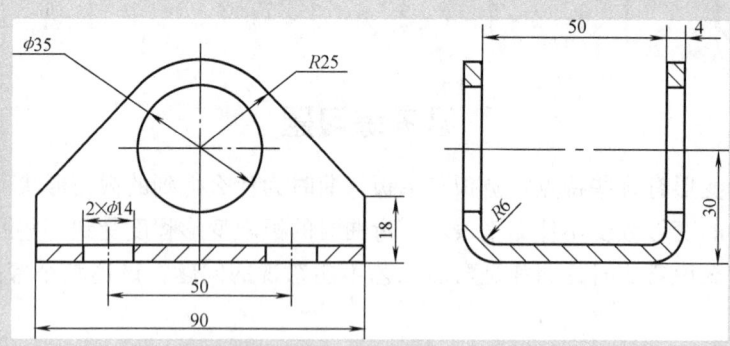

图 5-69 习题 5-8 图

1）分析弯曲件的工艺性。
2）计算弯曲件的展开长度和弯曲力（采用校正弯曲）。
3）绘制弯曲模结构草图。
4）确定弯曲凸、凹模工作部位尺寸，绘制凸、凹模零件图。

第六章 拉 深

> **学习目的**
>
> 　　了解拉深变形过程，熟悉拉深件的质量问题及控制方法，能分析拉深件的工艺性，掌握圆筒形件拉深的工艺计算及模具设计方法，熟悉拉深压力机的类型、结构及选用方法，初步掌握其他形状件的拉深特点、拉深方法及有关工艺计算。

> **学习重点**
>
> 　　拉深件的质量问题及控制方法，拉深件的工艺性，圆筒形件的拉深工艺计算及拉深模设计，拉深压力机及选用，其他形状件的拉深特点、拉深方法及有关工艺计算。

　　拉深是利用拉深模在压力机的压力作用下，将平面毛坯或空心件制成开口空心件的冲压工序。拉深工艺可以在普通的单动压力机上进行，也可在专用的双动、三动拉深压力机或液压机上进行。

　　用拉深方法可制成筒形、阶梯形、盒形、球形、锥形及其他复杂形状的薄壁零件。可加工从轮廓尺寸几毫米、厚度仅 0.2mm 的小零件到轮廓尺寸达 2~3m、厚度 200~300mm 的大型零件，且生产效率高，精度高，材料消耗少，零件强度与刚度也高。因此，拉深在汽车、拖拉机、电器、仪表、电子、航空、航天等各工业部门及日常生活用品的生产中占据相当重要的地位。

　　拉深件的种类很多，按变形力学特点可以分为四种基本类型，如图6-1所示。同一类型的拉深件，尽管其形状和尺寸还有一定区别，但有共同的变形特点，生产中出现质量问题的形式和解决问题的方法也基本相同。而不同类型的拉深件，其变形特点和生产中出现的问题及解决问题的方法则有较大差别。

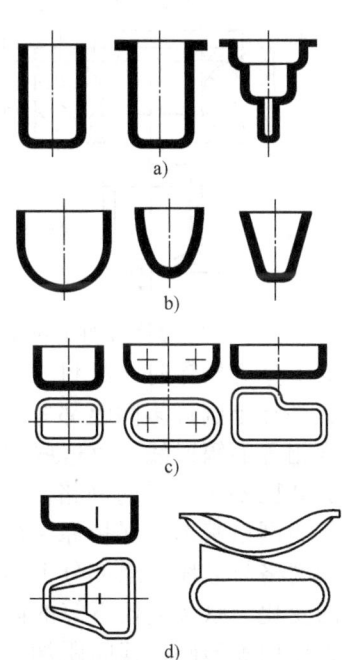

图6-1　拉深件示意图
a) 直壁旋转体拉深件　b) 曲面旋转体拉深件
c) 盒形件　d) 非旋转体曲面形状拉深件

第一节 拉深变形过程分析

一、拉深变形过程及特点

图 6-2 所示为圆筒形件的拉深过程。直径为 D、厚度为 t 的圆形毛坯经过拉深模拉深，得到具有外径为 d、高度为 h 的开口圆筒形工件。

图 6-3 所示为在拉深过程中，圆形平板毛坯拉成筒形件时材料的转移情况。若将平板毛坯的三角形阴影部分切除，把留下部分的狭条沿着直径为 d 的圆周弯折过来，再把它们加以焊接，就可以做成一个高度为 $h = \dfrac{D-d}{2}$ 的圆筒形工件。但实际上在拉深过程中，并没有把这"多余的三角形材料"切掉。由此可见，这部分材料在拉深过程中产生了塑性流动而转移，使得拉深后工件的高度增加了 Δh，所以 $h > \dfrac{D-d}{2}$。另一方面工件壁厚及硬度也有所变化，如图 6-4 所示。

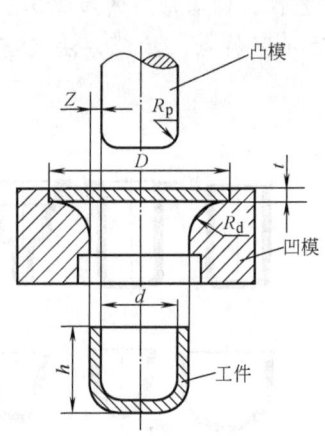

图 6-2 圆筒形件的拉深

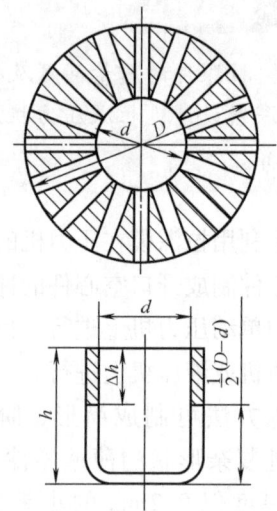

图 6-3 拉深时材料的转移

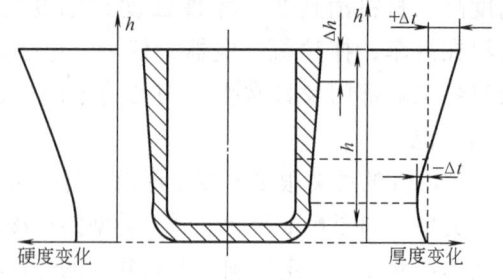

图 6-4 拉深件沿高度方向壁厚与硬度的变化

为了分析拉深时的材料变形情况，在圆形平板毛坯上画许多间距都等于 a 的同心圆和分度相等的辐射线，由这些同心圆和辐射线组成如图 6-5 所示的网格。拉深后，筒形件底部的网格基本上保持原来的形状，而筒壁上的网格与毛坯凸缘部分上的网格发生了较大的变化。原来直径不等的同心圆变为筒壁上直径相等的圆，其间距增大了，越靠近筒形件口部增大越多，即由原来的 a 变为 a_1、a_2、a_3…，且 $a_1 > a_2 > a_3 > \cdots > a$；原来分度相等的辐射线变成筒壁上的垂直平行线，其间距缩小了，越近筒形件口部缩小越多，即由原来的 $b_1 > b_2 > b_3 > \cdots > b$ 变为 $b_1 = b_2 = b_3 = \cdots = b$。如果从网格中取一个小单元来看，在拉深前是扇形，其面积为 A_1，拉深后变为矩形，其面积为 A_2。实践证明，拉深后板料厚度变化很小，因此可以近似认为拉深前后小单元的面积不变，即 $A_1 = A_2$。这与一块扇形毛坯被拉着通过一个楔形槽（图 6-5b）的变化过程类似，在直径方向被拉长的同时，切向则被压缩。

在实际的拉深过程中，并不存在楔形槽，毛坯上的扇形小单元体也不是单独存在的，而是处在相互联系、紧密结合在一起的毛坯整体内。由于拉深力的直接作用，使小单元体在径向被拉长，同时由于小单元体材料之间的相互挤压使小单元体在切向被压缩。

综上所述，在拉深过程中，毛坯的中心部分成为筒形件的底部，基本不变形，是不变形区，毛坯的凸缘部分（即 $D-d$ 的环形部分）是主要变形区。拉深过程实质上就是将毛坯的凸缘部分材料逐渐转移到筒壁的过程。在转移过程中，凸缘部分材料由于拉深力的作用，径向产生拉应力 σ_1，切向产生压应力 σ_3。在 σ_1 和 σ_3 的共同作用下，凸缘部分金属材料产生塑性变形，其"多余的三角形"材料沿径向伸长，切向压缩，且不断被拉入凹模中变为筒壁，成为圆筒形开口空心件。

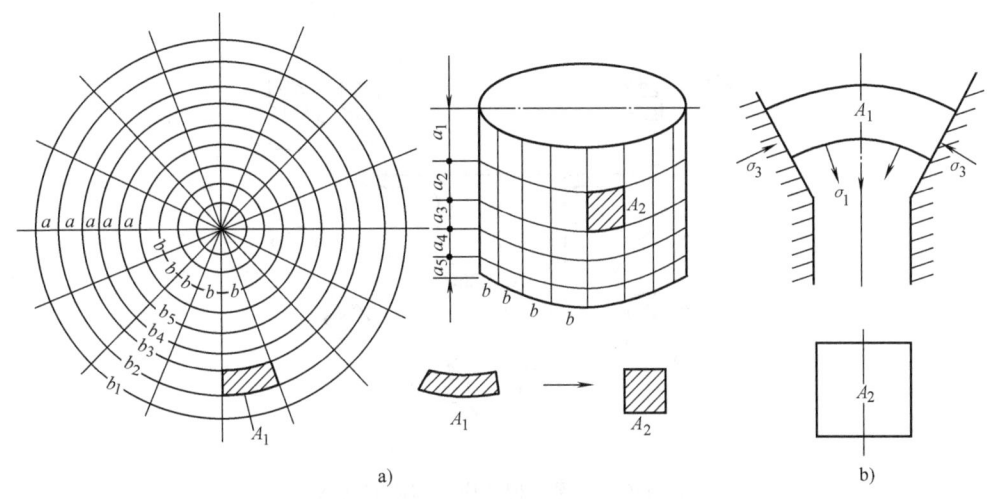

图 6-5 拉深件的网格试验
a) 网格的变化　b) 扇形小单元体的变形

圆筒形件拉深的变形程度，通常以筒形件直径 d 与毛坯直径 D 的比值来表示，即

$$m = d/D \tag{6-1}$$

式中　m——拉深系数，m 越小，拉深变形程度越大；相反，m 越大，拉深变形程度就越小。

二、拉深过程中坯料内的应力与应变状态

拉深过程是一个复杂的塑性变形过程，其变形区比较大，金属流动大，拉深过程中容易发生凸缘变形区的起皱和传力区的拉裂而使工件报废。因此，有必要分析拉深时的应力、应变状态，从而找出产生起皱、拉裂的根本原因，在设计模具和制订冲压工艺时引起注意，以提高拉深件的质量。

图 6-6a 所示是毛坯在拉深过程中的某一瞬间所处的状态，图 6-6b 所示为拉深时毛坯的受力情况，图 6-6c 所示为某瞬间毛坯的各部分应力应变的分布情况。

根据应力应变的状态不同，可将拉深坯料划分为凸缘平面区、凸缘圆角区、筒壁区、筒底圆角区和筒底区等五个区域。

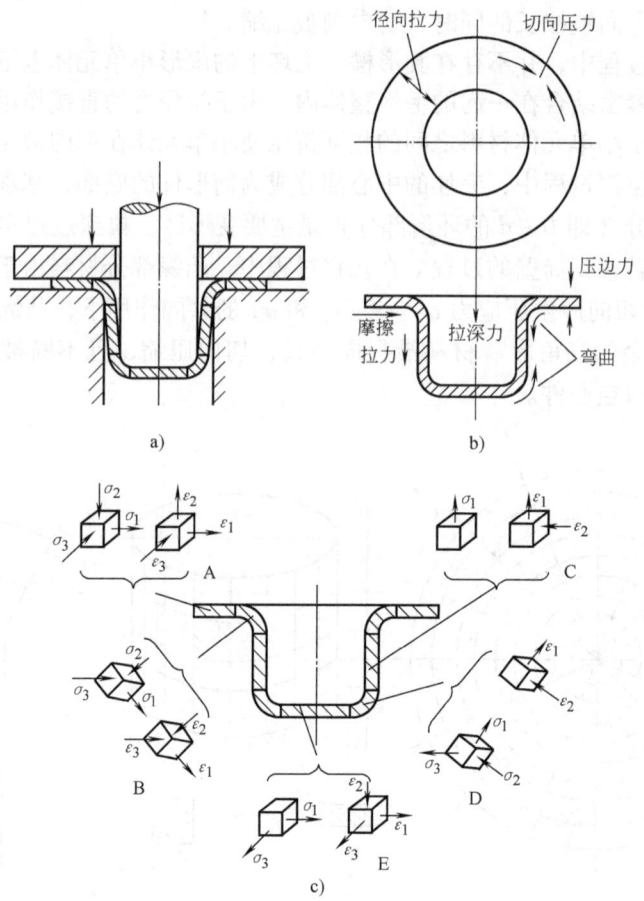

图 6-6 拉深过程的应力与应变状态

1. 凸缘平面部分（A 区）

这是拉深的主要变形区，材料在径向拉应力 σ_1 和切向压应力 σ_3 的共同作用下产生切向压缩与径向伸长变形而被逐渐拉入凹模。在厚度方向，由于压料圈的作用，产生了压应力 σ_2，通常 σ_1 和 σ_3 的绝对值比 σ_2 大得多。厚度方向的变形决定于径向拉应力 σ_1 和切向压应力 σ_3 之间的比例关系，一般在材料产生切向压缩与径向伸长的同时，厚度有所增厚，越接近外缘，板料增厚越多。如果不压料（$\sigma_2=0$），或压料力较小（σ_2 小），这时板料增厚比较大。当拉深变形程度较大，板料又比较薄时，则在毛坯的凸缘部分，特别是外缘部分，在切向压应力 σ_3 作用下可能失稳而拱起，形成所谓的起皱。

2. 凸缘圆角部分（B 区）

这是位于凹模圆角部分的材料，径向受拉应力 σ_1 而伸长，切向受压应力 σ_3 而压缩，厚度方向受到凹模圆角的压力和弯曲作用。由于这里切向压应力值 σ_3 不大，而径向拉应力 σ_1 最大，且凹模圆角越小，由弯曲引起的拉应力越大，板料厚度有所减薄，所以有可能出现破裂。

3. 筒壁部分（C 区）

这部分材料已经形成筒形，材料不再发生大的变形。但是，在拉深过程中，凸模的拉深力要经由筒壁传递到凸缘区,因此它承受单向拉应力 σ_1 的作用,发生少量的纵向伸长变形和厚度减薄。

4. 底部圆角部分（D区）

这是与凸模圆角接触的部分,它从拉深开始一直承受径向拉应力 σ_1 和切向拉应力 σ_3 的作用,并且受到凸模圆角的压力和弯曲作用,因而这部分材料变薄最严重,尤其与侧壁相切的部位,所以此处最容易出现拉裂,是拉深的"危险断面"。

5. 筒底部分（E区）

筒底区在拉深开始时即被拉入凹模,并在拉深的整个过程中保持其平面形状。它受切向和径向的双向拉应力作用,变形是双向拉伸变形,厚度弱有减薄。但这个区域的材料由于受到与凸模接触面的摩擦阻力约束,基本上不产生塑性变形或者只产生不大的塑性变形。

上述筒壁区、底部圆角区和筒底区这三个部分的主要作用是传递拉深力,即把凸模的作用力传递到变形区凸缘部分,使之产生足以引起拉深变形的径向拉应力 σ_1,因而又叫传力区。

三、拉深件的主要质量问题及控制

生产中可能出现的拉深件质量问题较多,但主要的是起皱和拉裂。

1. 起皱

拉深时坯料凸缘区出现波纹状的皱折称为起皱。起皱是一种受压失稳现象。

（1）起皱产生的原因　拉深时毛坯的凸缘部分是拉深过程中的主要变形区,而该变形区受最大切向压应力作用,其主要变形是切向压缩变形。当切向压应力较大而毛坯的相对厚度 t/D（t 为料厚,D 为毛坯）又较小时,凸缘部分的料厚与切向压应力之间失去了应有的比例关系,从而在凸缘的整个周围产生波浪形的连续弯曲,如图6-7a所示,这就是拉深时的起皱现象。起皱通常首先从凸缘外缘发生,因为这里的切向压应力绝对值最大。出现轻微起皱时,凸缘区板料仍有可能全部拉入凹模内,但起皱部位的波峰在凸模与凹模之间受到强烈挤压,从而在拉深件侧壁靠上部位将出现条状的挤光痕迹和明显的波纹,影响工件的外观质量与尺寸精度,如图6-7b所示。起皱严重时,拉深便无法顺利进行,这时起皱部位相当于板厚增加了许多,因而不能在凸模与凹模之间顺利通过,并使径向拉应力急剧增大,继续拉深时将会在危险断面处拉破,如图6-7c所示。

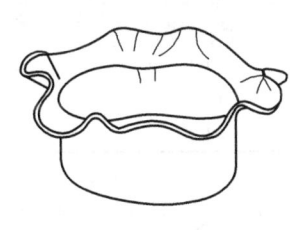 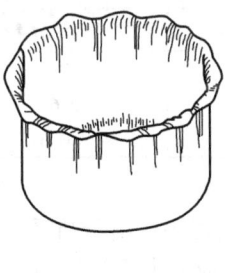 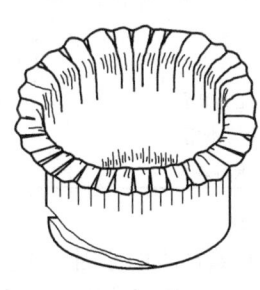

a) b) c)

图6-7　拉深件的起皱破坏

a）起皱现象　b）轻微起皱影响拉深件质量　c）严重起皱导致破裂

（2）影响起皱的主要因素

1）毛坯的相对厚度 t/D。毛坯的相对厚度越小,拉深变形区抵抗失稳的能力越差,因而就越容易起皱。相反,毛坯相对厚度越大,越不容易起皱。

2)拉深系数 m。根据拉深系数的定义 $m=d/D$ 可知,拉深系数 m 越小,拉深变形程度越大,拉深变形区内金属的硬化程度也越高,因而切向压应力相应增大。另一方面,拉深系数越小,凸缘变形区的宽度相对越大,其抵抗失稳的能力就越小,因而越容易起皱。

有时,虽然毛坯的相对厚度较小,但当拉深系数较大时,拉深时也不会起皱。例如,拉深高度很小的浅拉深件时,即属于这一种情况。这说明,在上述两个主要影响因素中,拉深系数的影响显得更为重要。

3)拉深模工作部分的几何形状与参数。凸模和凹模圆角及凸、凹模之间的间隙过大时,则毛坯容易起皱。用锥形凹模拉深的毛坯与用普通平端面凹模拉深的毛坯相比,前者不容易起皱,如图 6-8 所示。其原因是用锥形凹模拉深时,毛坯形成的曲面过渡形状(图 6-8b)比平面形状具有更大的抗压失稳能力。而且,凹模圆角处对毛坯造成的摩擦力和弯曲变形的阻力都减到了最低限度,凹模锥面对毛坯变形区的作用力也有助于使它产生切向压缩变形,因此,其拉深力比平端面凸模要小得多,拉深系数可以大为减小。

(3)控制起皱的措施 为了防止起皱,最常用的方法是在拉深模具上设置压料装置,使毛坯凸缘区夹在凹模平面与压料圈之间通过,如图 6-9 所示。当然并不是任何情况下都会发生起皱现象,当变形程度较小、毛坯相对厚度较大时,一般不会起皱,这时就可不必采用压料装置。判断是否采用压料装置可按表 6-1 确定。

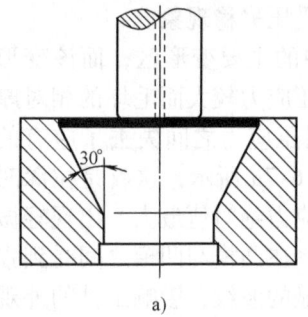

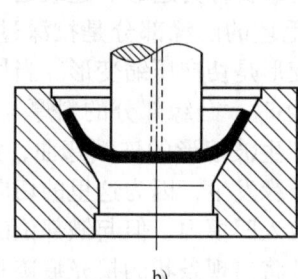

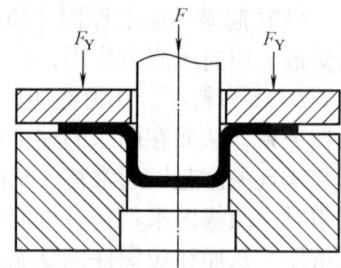

图 6-8 锥形凹模的拉深

图 6-9 带压料圈的模具结构

表 6-1 采用或不采用压料装置的条件

拉深方法	首次拉深		以后各次拉深	
	(t/D)(%)	m_1	(t/D)(%)	m_n
采用压料装置	<1.5	<0.6	<1.0	<0.8
可用可不用	1.5~2.0	0.6	1.0~1.5	0.8
不用压料装置	>2.0	>0.6	>1.5	>0.8

2. 拉裂

(1)拉裂产生的原因 在拉深过程中,由于凸缘变形区应力应变很不均匀,靠近外边缘的毛坯压应力大于拉应力,其压应变为最大主应变,毛坯有所增厚;而靠近凹模孔口的毛坯拉应力大于压应力,其拉应变为最大主应变,毛坯有所变薄。因而,当凸缘区转化为筒壁后,拉深件的壁厚就不均匀,口部壁厚增大,底部壁厚减小,壁部与底部圆角相切处变薄最严重(见图 6-4)。变薄最严重的部位成为拉深时的危险断面,当筒壁的最大拉应力超过了该危险断面材料的抗拉强度时,便会产生拉裂,如图 6-10

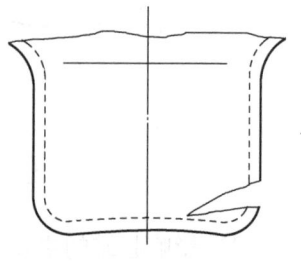

图 6-10 拉深件的拉裂破坏

所示。另外，当凸缘区起皱时，毛坯难以或不能通过凸、凹模间隙，使得筒壁拉应力急剧增大，也会导致拉裂（见图6-7c）。

(2) 控制拉裂的措施　生产实际中常用适当加大凸、凹模圆角半径、降低拉深力、增加拉深次数、在压料圈底部和凹模上涂润滑剂等方法来避免拉裂的产生。

第二节　拉深件的工艺性

一、拉深件的结构与尺寸

1) 拉深件应尽量简单、对称，并能一次拉深成形。

2) 拉深件壁厚公差或变薄量要求一般不应超出拉深工艺壁厚变化规律。根据统计，不变薄拉深工艺的筒壁最大增厚量为 $(0.2 \sim 0.3)t$，最大变薄量为 $(0.1 \sim 0.18)t$（t 为板料厚度）。

3) 当零件一次拉深的变形程度过大时，为避免拉裂，需采用多次拉深，这时在保证必要的表面质量前提下，应允许内、外表面存在拉深过程中可能产生的痕迹。

4) 在保证装配要求的前提下，应允许拉深件侧壁有一定的斜度。

5) 拉深件的底部或凸缘上有孔时，孔边到侧壁的距离应满足 $a \geq R + 0.5t$（或 $r + 0.5t$），如图6-11a所示。

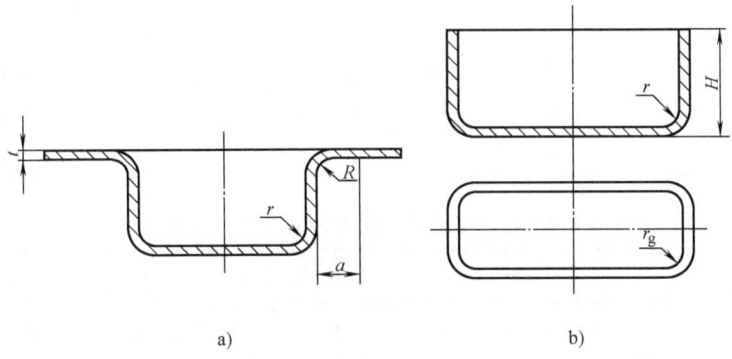

图6-11　拉深件的孔边距及圆角半径

6) 拉深件的底与壁、凸缘与壁、矩形件的四角等处的圆角半径应满足 $r \geq t$，$R \geq 2t$，$r_g \geq 3t$，如图6-11所示。否则，应增加整形工序。一次整形的，圆角半径可取 $r \geq (0.1 \sim 0.3)t$，$R \geq (0.1 \sim 0.3)t$。

7) 拉深件的径向尺寸应只标注外形尺寸或内形尺寸，而不能同时标注内、外形尺寸。带台阶的拉深件，其高度方向的尺寸标注一般应以拉深件底部为基准，如图6-12a所示。若以上部为基准（图6-12b），高度尺寸不易保证。

二、拉深件的精度

一般情况下，拉深件的尺寸精度应在IT13以下，不宜高于IT11。圆筒形拉深件的径向尺寸精度和带凸缘圆筒形拉深件的高度尺寸精度分别见表6-2和表6-3。

对于精度要求高的拉深件，应在拉深后增加整形工序，以提高其精度。由于材料各向异

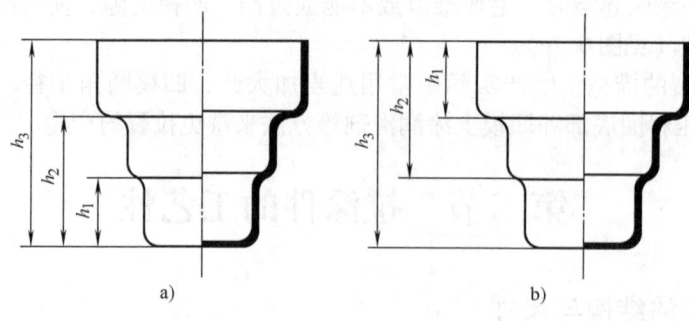

图 6-12 带台阶拉深件的尺寸标注

性的影响,拉深件的口部或凸缘外缘一般是不整齐的,出现"突耳"现象,需要增加切边工序。

表 6-2 圆筒形拉深件径向尺寸的偏差值　　　　（单位：mm）

板料厚度 t	拉深件直径 d			板料厚度 t	拉深件直径 d		
	<50	50~100	>100~300		<50	50~100	>100~300
0.5	±0.12	—	—	2.0	±0.40	±0.50	±0.70
0.6	±0.15	±0.20	—	2.5	±0.45	±0.60	±0.80
0.8	±0.20	±0.25	±0.30	3.0	±0.50	±0.70	±0.90
1.0	±0.25	±0.30	±0.40	4.0	±0.60	±0.80	±1.00
1.2	±0.30	±0.35	±0.50	5.0	±0.70	±0.90	±1.10
1.5	±0.35	±0.40	±0.60	6.0	±0.80	±1.00	±1.20

表 6-3 带凸缘圆筒形拉深件高度尺寸的偏差值　　　　（单位：mm）

板料厚度 t	拉深件高度 H					
	<18	18~30	30~50	50~80	80~120	120~180
<1	±0.3	±0.4	±0.5	±0.6	±0.8	±1.0
1~2	±0.4	±0.5	±0.6	±0.7	±0.9	±1.2
2~4	±0.5	±0.6	±0.7	±0.8	±1.0	±1.4
4~6	±0.6	±0.7	±0.8	±0.9	±1.1	±1.6

三、拉深件的材料

用于拉深件的材料,要求具有较好的塑性,屈强比 R_e/R_m 小、板厚方向性系数 r 大,板平面方向性系数 Δr 小。

屈强比 R_e/R_m 值越小,一次拉深允许的极限变形程度越大,拉深的性能越好。例如,低碳钢的屈强比 $R_e/R_m \approx 0.57$,其一次拉深的最小拉深系数为 $m = 0.48 \sim 0.50$;65Mn 钢的 $R_e/R_m \approx 0.63$,其一次拉深的最小拉深系数为 $m = 0.68 \sim 0.70$。所以,有关材料标准规定,作为拉深用的钢板,其屈强比不大于 0.66。

板厚方向性系数 r 和板平面方向性系数 Δr 反映了材料的各向异性性能。当 r 较大或 Δr

较小时，材料宽度的变形比厚度方向的变形容易，板平面方向性能差异较小，拉深过程中材料不易变薄或拉裂，因而有利于拉深成形。

第三节　旋转体拉深件毛坯尺寸的确定

一、毛坯形状和尺寸确定的原则

1. 形状相似性原则

拉深件的毛坯形状一般与拉深件的截面轮廓形状近似相同，即当拉深件的截面轮廓是圆形、方形或矩形时，相应毛坯的形状应分别为圆形、近似方形或近似矩形。另外，毛坯周边应光滑过渡，以使拉深后得到等高侧壁（如果零件要求等高时）或等宽凸缘。

2. 表面积相等原则

对于不变薄拉深，虽然在拉深过程中板料的厚度有增厚也有变薄，但实践证明，拉深件的平均厚度与毛坯厚度相差不大。由于拉深前后拉深件与毛坯重量相等、体积不变，因此，可以按毛坯面积等于拉深件表面积的原则确定毛坯尺寸。

应该指出，用理论计算方法确定毛坯尺寸不是绝对准确的，而是近似的，尤其是变形复杂的复杂拉深件。实际生产中，由于材料性能、模具几何参数、润滑条件、拉深系数及零件几何形状等多种因素的影响，有时拉深的实际结果与计算值有较大出入，因此，应根据具体情况予以修正。对于形状复杂的拉深件，通常是先制作拉深模，并以理论计算方法初步确定的毛坯进行反复试模修正，直至得到的工件符合要求时，再将符合实际的毛坯形状和尺寸作为制造落料模的依据。

由于金属板料具有板平面方向性和受模具几何形状等因素的影响，制成的拉深件口部一般不整齐，尤其是拉深件。因此在多数情况下还需采取加大工序件高度或凸缘宽度的办法，拉深后再经过切边工序以保证零件质量。切边余量可参考表6-4和表6-5。但当零件的相对高度 h/d 很小并且高度尺寸要求不高时，也可以不用切边工序。

表6-4　无凸缘圆筒形拉深件的切边余量 Δh　　　　（单位：mm）

工件高度 h	工件的相对高度 h/d				附图
	>0.5~0.8	>0.8~1.6	>1.6~2.5	>2.5~4	
≤10	1.0	1.2	1.5	2	
>10~20	1.2	1.6	2	2.5	
>20~50	2	2.5	3.3	4	
>50~100	3	3.8	5	6	
>100~150	4	5	6.5	8	
>150~200	5	6.3	8	10	
>200~250	6	7.5	9	11	
>250	7	8.5	10	12	

表 6-5 带凸缘圆筒形拉深件的切边余量 ΔR （单位：mm）

凸缘直径 d_t	凸缘的相对直径 d_t/d				附图
	1.5 以下	>1.5~2	>2~2.5	>2.5~3	
≤25	1.6	1.4	1.2	1.0	
>25~50	2.5	2.0	1.8	1.6	
>50~100	3.5	3.0	2.5	2.2	
>100~150	4.3	3.6	3.0	2.5	
>150~200	5.0	4.2	3.5	2.7	
>200~250	5.5	4.6	3.8	2.8	
>250	6	5	4	3	

二、简单旋转体拉深件坯料尺寸的确定

旋转体拉深件毛坯的形状是圆形，所以毛坯尺寸的计算主要是确定毛坯直径。对于简单旋转体拉深件，可首先将拉深件划分为若干个简单而又便于计算的几何体，并分别求出各简单几何体的表面积，再把各简单几何体的表面积相加即为拉深件的总表面积，然后根据表面积相等原则，即可求出毛坯直径。

例如，如图 6-13 所示的圆筒形拉深件，可分解为无底圆筒 1、1/4 凹圆环 2 和圆形板 3 三部分，每一部分的表面积分别为

$$A_1 = \pi d(H-r)$$

$$A_2 = \frac{\pi[2\pi r(d-2r) + 8r^2]}{4}$$

$$A_3 = \frac{\pi(d-2r)^2}{4}$$

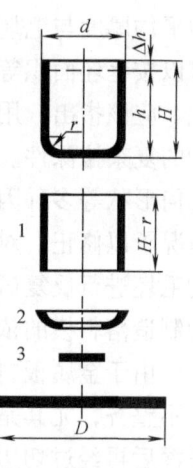

图 6-13 圆筒形拉深件坯料尺寸计算图

设毛坯直径为 D，则按毛坯表面积与拉深件表面积相等原则有

$$\frac{\pi D^2}{4} = A_1 + A_2 + A_3$$

分别将 A_1、A_2、A_3 代入上式并简化后得

$$D = \sqrt{d^2 + 4dH - 1.72dr - 0.56r^2} \tag{6-2}$$

式中 D——毛坯直径（mm）；

d、H、r——拉深件的直径、高度、圆角半径（mm）。

计算时，拉深件尺寸均按厚度中线尺寸计算，但当板料厚度小于 1mm 时，也可以按零件图标注的外形或内形尺寸计算。

常用旋转体拉深件毛坯直径的计算公式见表 6-6。

表 6-6 常见旋转体拉深件毛坯直径的计算公式

序号	零件形状	毛坯直径 D
1		$\sqrt{d_1^2 + 2l(d_1 + d_2)}$
2		$\sqrt{d_1^2 + 2r(\pi d_1 + 4r)}$
3		$\sqrt{d_1^2 + 4d_2h + 6.28rd_1 + 8r^2}$ 或 $\sqrt{d_2^2 + 4d_2H - 1.72rd_2 - 0.56r^2}$
4		当 $r \neq R$ 时 $\sqrt{d_1^2 + 6.28rd_1 + 8r^2 + 4d_2h + 6.28Rd_2 + 4.56R^2 + d_4^2 - d_3^2}$ 当 $r = R$ 时 $\sqrt{d_4^2 + 4d_2H - 3.44rd_2}$
5		$D = \sqrt{8rh}$ 或 $\sqrt{s^2 + 4h^2}$
6		$D = \sqrt{2d^2} = 1.414d$
7		$D = \sqrt{d_1^2 + 4h^2 + 2l(d_1 + d_2)}$

(续)

序号	零件形状	毛坯直径 D
8		$D = \sqrt{8r_1\left[x - b\left(\arcsin\dfrac{x}{r_1}\right)\right] + 4dh_2 + 8rh_1}$
9		$D = \sqrt{8r^2 + 4dH - 4dr - 1.72dR + 0.56R^2 + d_4^2 - d^2}$
10		$D = 1.414\sqrt{d^2 + 2dh}$ 或 $D = 2\sqrt{dH}$

注：1. 尺寸按工件材料厚度中心层尺寸计算。
    2. 对于厚度小于 1mm 的拉深件，可不按工件材料厚度中心层尺寸计算，而根据工件外壁尺寸计算。
    3. 对于部分未考虑工件圆角半径的计算公式，在计算有圆角半径的工件时计算结果要偏大，故在此情形下，可不考虑或少考虑修边余量。

三、复杂旋转体拉深件毛坯尺寸的确定

复杂旋转体拉深件是指母线较复杂的旋转体零件，其母线可能由一段曲线组成，也可能由若干直线段与圆弧段相接组成。复杂旋转体拉深件的表面积可根据久里金法则求出，即任何形状的母线绕轴旋转一周所得到的旋转体表面积，等于该母线的长度与其形心绕该轴线旋转所得周长的乘积。如图 6-14 所示，旋转体表面积为

$$A = 2\pi R_x L$$

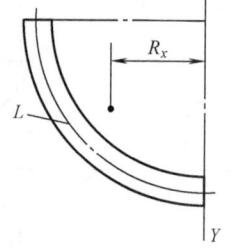

图 6-14 旋转体表面积计算图

根据拉深前后表面积相等的原则，毛坯直径可按下式求出

$$\pi D^2 / 4 = 2\pi R_x L$$
$$D = \sqrt{8 R_x L} \tag{6-3}$$

式中　A——旋转体表面积（mm^2）；
　　　R_x——旋转体母线形心到旋转轴线的距离（称旋转半径，mm）；
　　　L——旋转体母线长度（mm）；
　　　D——毛坯直径（mm）。

由式（6-3）知，只要知道旋转体母线长度及其形心的旋转半径，就可以求出毛坯的直径。当母线较复杂时，可先将其分成简单的直线和圆弧，分别求出各直线和圆弧的长度 L_1、L_2、…、L_n 和其形心到旋转轴的距离 R_{x1}、R_{x2}、…、R_{xn}（直线的形心在其中点，圆弧的长度及形心位置可按表6-7计算），再根据下式进行计算：

$$D = \sqrt{8 \sum_{i=1}^{n} R_{xi} L_i} \tag{6-4}$$

表6-7 圆弧长度和形心到旋转轴的距离计算公式

中心角 $\alpha < 90°$ 时的弧长	中心角 $\alpha = 90°$ 时的弧长
$l = \pi R \dfrac{\alpha}{180}$	$l = \dfrac{\pi}{2} R$
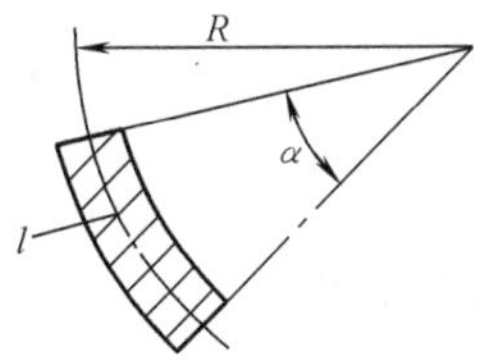	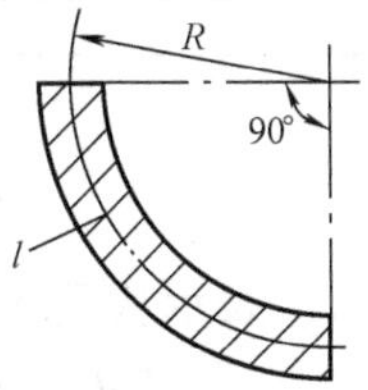
中心角 $\alpha < 90°$ 时弧的形心到 YY 轴的距离	中心角 $\alpha = 90°$ 时弧的形心到 YY 轴的距离
$R_x = R \dfrac{180 \sin \alpha}{\pi \alpha}$ 　　 $R_x = R \dfrac{180(1 - \cos \alpha)}{\pi \alpha}$	$R_x = \dfrac{2}{\pi} R$
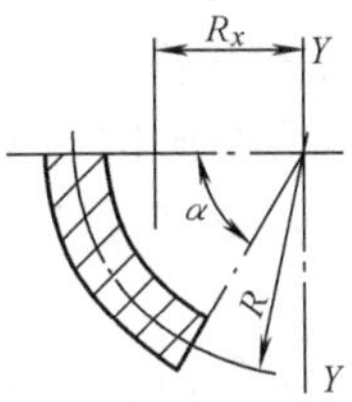 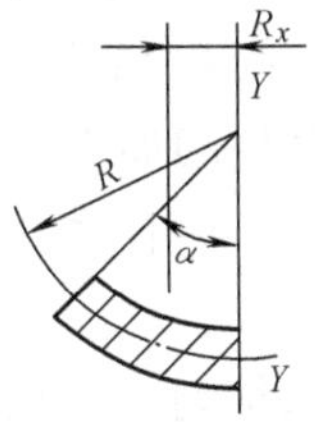	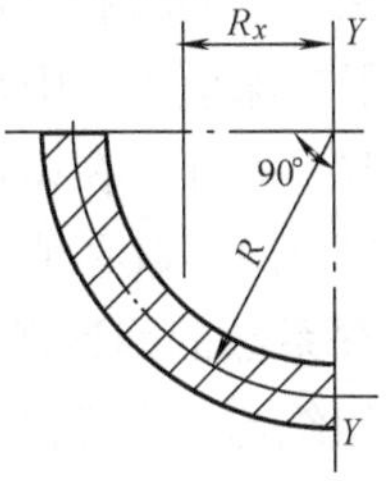

第四节　圆筒形件的拉深工艺计算

一、拉深系数及其极限

前以述及，圆筒形件的拉深变形程度一般用拉深系数表示。在设计冲压工艺过程与确定拉深工序的数目时，通常也是用拉深系数作为计算的依据。从广义上说，圆筒形件的拉深系数 m 是以每次拉深后的直径与拉深前的毛坯（工序件）直径之比表示（图6-15），即

第一次拉深系数　　　　　　　　　　$m_1 = \dfrac{d_1}{D}$

第二次拉深系数　　　　　　　　　　$m_2 = \dfrac{d_2}{d_1}$

　　　　　$\vdots$

第 n 次拉深系数　　　　　　　　　　$m_n = \dfrac{d_n}{d_{n-1}}$

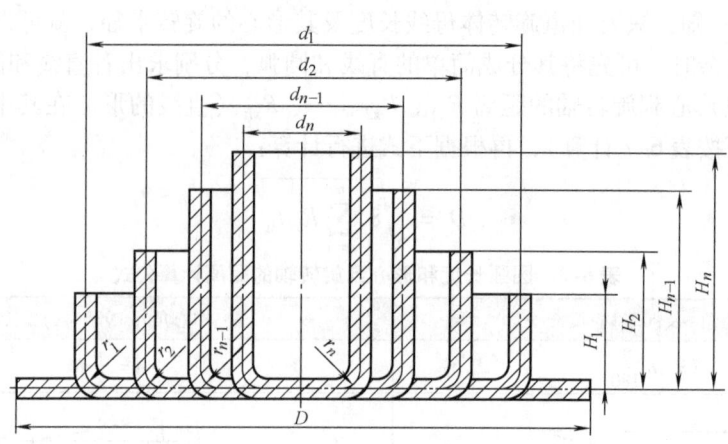

图 6-15 圆筒形件的多次拉深

总拉深系数 $m_{总}$ 表示从毛坯直径 D 拉深至 d_n 的总变形程度,即

$$m_{总} = \frac{d_n}{D} = \frac{d_1}{D}\frac{d_2}{d_1}\frac{d_3}{d_2}\cdots\frac{d_{n-1}}{d_{n-2}}\frac{d_n}{d_{n-1}} = m_1 m_2 m_3 \cdots m_{n-1} m_n$$

由此可见,拉深系数 m 的值总是小于 1,而且其值越小,表示其变形程度越大。

为了保证拉深工艺的顺利进行,就必须使拉深系数大于一定数值,这个一定的数值即为在一定条件下的极限拉深系数,用符号"$[m]$"表示。小于这个数值,就会使拉深件起皱、拉裂或严重变薄而超差。另外,在多次拉深过程中,由于材料的加工硬化,使得变形抗力不断增大,所以各次极限拉深系数必须逐次递增,即 $[m_1] < [m_2] < [m_3] < \cdots < [m_n]$。

影响极限拉深系数的因素较多,主要如下内容。

(1) 材料的组织与力学性能　一般来说,材料组织均匀、晶粒大小适当、屈强比 R_e/R_m 小、塑性好、板平面方向性系数 Δr 小、板厚方向系数 r 大、硬化指数 n 大的板料,变形抗力小,筒壁传力区不容易产生局部严重变薄和拉裂,因而拉深性能好,极限拉深系数较小。

(2) 板料的相对厚度 t/D　当板料的相对厚度大时,抗失稳能力较强,不易起皱,可以不采用压料或减少压料力,从而减少了摩擦损耗,有利于拉深,故极限拉深系数较小。

(3) 摩擦与润滑条件　凹模与压料圈的工作表面光滑、润滑条件较好,可以减小拉深系数。但为避免在拉深过程中凸模与板料或工序件之间产生相对滑移造成危险断面的过度变薄或拉裂,在不影响拉深件内表面质量和脱模的前提下,凸模工作表面可以比凹模粗糙一些,并避免涂润滑剂。

(4) 模具的几何参数　模具几何参数中,影响极限拉深系数的主要是凸、凹模圆角半径及间隙。凸模圆角半径 r_p 太小,板料绕凸模弯曲的拉应力增加,易造成局部变薄严重,降低危险断面的强度,因而会降低极限变形程度;凹模圆角半径 r_d 太小,板料在拉深过程中通过凹模圆角半径时弯曲阻力增加,增加了筒壁传力区的拉应力,也会降低极限变形程度;凸、凹模间隙太小,板料会受到太大的挤压作用和摩擦力,增大了拉深力,使极限变形程度减小。因此,为了减小极限拉深系数,凸、凹模圆角半径及间隙应适当取较大值。但是,凸、凹模圆角半径和间隙也不宜取得过大,过大的圆角半径会减小板料与凸模和凹模端面的接触面积及压料圈的压料面积,板料悬空面积增大,容易产生失稳起皱;过大的凸、凹模间隙会影响拉深件的精度，使拉深件的锥度和回弹较大。

除此以外，影响极限拉深系数的因素还有拉深方法、拉深次数、拉深速度、拉深件形状等。由于影响因素很多，实际生产中，极限拉深系数的数值一般是在一定的拉深条件下用试验方法得出的，见表6-8和表6-9。

表6-8 圆筒形件的极限拉深系数（带压料圈）

拉深系数	毛 坯 相 对 厚 度 (t/D)（%）					
	2.0~1.5	1.5~1.0	1.0~0.6	0.6~0.3	0.3~0.15	0.15~0.08
$[m_1]$	0.48~0.50	0.50~0.53	0.53~0.55	0.55~0.58	0.58~0.60	0.60~0.63
$[m_2]$	0.73~0.75	0.75~0.76	0.76~0.78	0.78~0.79	0.79~0.80	0.80~0.82
$[m_3]$	0.76~0.78	0.78~0.79	0.79~0.80	0.80~0.81	0.81~0.82	0.82~0.84
$[m_4]$	0.78~0.80	0.80~0.81	0.81~0.82	0.82~0.83	0.83~0.85	0.85~0.86
$[m_5]$	0.80~0.82	0.82~0.84	0.84~0.85	0.85~0.86	0.86~0.87	0.87~0.88

注：1. 表中拉深系数适用于08钢、10钢和15Mn钢等普通拉深碳钢及黄铜H62。对拉深性能较差的材料，如20钢、25钢、Q215钢、硬铝等应比表中数值加大1.5%~2.0%；而对塑性较好的材料，如05钢、08钢、10钢及软铝等可比表中数值减小1.5%~2.0%。
2. 表中数据适用于未经中间退火的拉深。若采用中间退火工序时，则取值可比表中数值小2%~3%。
3. 表中较小值适用于大的凹模圆角半径 $[r_d = (8~15)t]$，较大值适用于小的凹模圆角半径 $[r_d = (4~8)t]$。

表6-9 圆筒形件的极限拉深系数（不带压料圈）

拉深系数	毛 坯 相 对 厚 度 (t/D)（%）				
	1.5	2.0	2.5	3.0	>3
$[m_1]$	0.65	0.60	0.55	0.53	0.50
$[m_2]$	0.80	0.75	0.75	0.75	0.70
$[m_3]$	0.84	0.80	0.80	0.80	0.75
$[m_4]$	0.87	0.84	0.84	0.84	0.78
$[m_5]$	0.90	0.87	0.87	0.87	0.82
$[m_6]$	—	0.90	0.90	0.90	0.85

注：此表适用于08钢、10钢及15Mn钢等材料。其余各项同表6-8之注。

需要指出的是，在实际生产中，并不是所有情况下都采用极限拉深系数。为了提高工艺稳定性，提高零件质量，必须采用稍大于极限值的拉深系数。

二、圆筒形件的拉深次数

当拉深件的拉深系数 $m = d/D$ 大于第一次极限拉深系数 $[m_1]$，即 $m > [m_1]$ 时，则该拉深件只需一次拉深就可拉出，否则就要进行多次拉深。

需要多次拉深时，其拉深次数可按以下方法确定。

1. 推算法

先根据 t/D 和是否带压料圈的条件从表6-8或表6-9查出 $[m_1]$、$[m_2]$、$[m_3]$、…，然后从第一道工序开始依次算出各次拉深工序件直径，即 $d_1 = [m_1]D$、$d_2 = [m_2]d_1$、…、$d_n = [m_n]d_{n-1}$，直到 $d_n \leq d$，即当计算所得直径 d_n 稍小于或等于拉深件所要求的直径 d 时，计算的次数即为拉深的次数。

2. 查表法

圆筒形件的拉深次数还可从各种实用的表格中查取。例如，表 6-10 是根据毛坯相对厚度 t/D 与零件的相对高度 H/d 查取拉深次数；表 6-11 则是根据 t/D 与总拉深系数 m 查取拉深次数。

表 6-10 圆筒形件相对高度 H/d 与拉深次数的关系

拉深次数	毛坯的相对厚度 (t/D)（%）					
	2~1.5	1.5~1.0	1.0~0.6	0.6~0.3	0.3~0.15	0.15~0.08
1	0.94~0.77	0.84~0.65	0.71~0.57	0.62~0.50	0.52~0.45	0.46~0.38
2	1.88~1.54	1.60~1.32	1.36~1.10	1.13~0.94	0.96~0.83	0.90~0.70
3	3.50~2.70	2.80~2.20	2.30~1.80	1.90~1.50	1.60~1.30	1.30~1.10
4	5.60~4.30	4.30~3.50	3.60~2.90	2.90~2.40	2.40~2.00	2.00~1.50
5	8.90~6.60	6.60~5.10	5.20~4.10	4.10~3.30	3.30~2.70	2.70~2.00

注：1. 大的 H/d 值适用于第一道工序的大凹模圆角 $[r_d \approx (8 \sim 15)t]$。
2. 小的 h/d 值适用于第一道工序的小凹模圆角 $[r_d \approx (4 \sim 8)t]$。
3. 表中数据适用材料为 08F、10F。

表 6-11 圆筒形件总拉深系数 $m(d/D)$ 与拉深次数的关系

拉深次数	毛坯的相对厚度 (t/D)（%）				
	2~1.5	1.5~1.0	1.0~0.5	0.5~0.2	0.2~0.06
2	0.33~0.36	0.36~0.40	0.40~0.43	0.43~0.46	0.46~0.48
3	0.24~0.27	0.27~0.30	0.30~0.34	0.34~0.37	0.37~0.40
4	0.18~0.21	0.21~0.24	0.24~0.27	0.27~0.30	0.30~0.33
5	0.13~0.16	0.16~0.19	0.19~0.22	0.22~0.25	0.25~0.29

注：表中数值适用于 08 钢及 10 钢的圆筒形件（用压料圈）。

三、圆筒形件各次拉深工序尺寸的计算

当圆筒形件需多次拉深时，就必须计算各次拉深的工序件尺寸，以作为设计模具及选择压力机的依据。

1. 各次工序件的直径

当拉深次数确定之后，先从表中查出各次拉深的极限拉深系数，并加以调整后确定各次拉深实际采用的拉深系数。调整的原则如下：

1）保证 $m_1 m_2 \cdots m_n = d/D$。

2）使 $m_1 \geqslant [m_1]$，$m_2 \geqslant [m_2]$，…，$m_n \geqslant [m_n]$，且 $m_1 < m_2 < \cdots < m_n$。

然后根据调整后的各次拉深系数计算各次工序件直径

$$d_1 = m_1 D$$
$$d_2 = m_2 d_1$$
$$\vdots$$
$$d_n = m_n d_{n-1} = d$$

2. 各次工序件的圆角半径

工序件的圆角半径 r 等于相应拉深凸模的圆角半径 r_p，即 $r = r_p$。但当料厚 $t \geq 1\text{mm}$ 时，应按中线尺寸计算，这时 $r = r_p + t/2$。凸模圆角半径的确定可参考本章第八节。

3. 各次工序件的高度

在各工序件的直径与圆角半径确定之后，可根据圆筒形件毛坯尺寸计算公式推导出各次工序件高度的计算公式为

$$H_1 = 0.25\left(\frac{D^2}{d_1} - d_1\right) + 0.43\frac{r_1}{d_1}(d_1 + 0.32r_1)$$

$$H_2 = 0.25\left(\frac{D^2}{d_2} - d_2\right) + 0.43\frac{r_2}{d_2}(d_2 + 0.32r_2)$$

$$\vdots$$

$$H_n = 0.25\left(\frac{D^2}{d_n} - d_n\right) + 0.43\frac{r_n}{d_n}(d_n + 0.32r_n) \tag{6-5}$$

式中 H_1、H_2、$\cdots$、H_n——各次工序件的高度（mm）；

$\qquad d_1$、d_2、$\cdots$、d_n——各次工序件的直径（mm）；

$\qquad r_1$、r_2、$\cdots$、r_n——各次工序件的底部圆角半径（mm）；

$\qquad D$——毛坯直径（mm）。

例 6-1 计算如图 6-16 所示圆筒形件的毛坯尺寸、拉深系数及各次拉深工序件尺寸。材料为 10 钢，板料厚度 $t = 2\text{mm}$。

解：因板料厚度 $t > 1\text{mm}$，故按板厚中线尺寸计算。

（1）计算坯料直径 根据拉深件尺寸，其相对高度为 $h/d = \frac{76-1}{30-2} \approx 2.7$，查表 6-4 得切边余量 $\Delta h = 6\text{mm}$。从表 6-6 中查得毛坯直径计算公式为

$$D = \sqrt{d^2 + 4dH - 1.72dr - 0.56r^2}$$

依图 6-16，$d = 30\text{mm} - 2\text{mm} = 28\text{mm}$，$r = 3\text{mm} + 1\text{mm} = 4\text{mm}$，$H = 76\text{mm} - 1\text{mm} + 6\text{mm} = 81\text{mm}$，代入上式得

$$D = \sqrt{28^2 + 4 \times 28 \times 81 - 1.72 \times 28 \times 4 - 0.56 \times 4^2}\,\text{mm} = 98.3\text{mm}$$

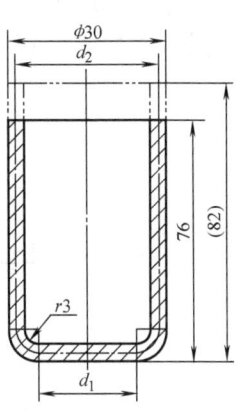

图 6-16 圆筒形件

（2）确定拉深次数 根据毛坯的相对厚度 $t/D = \frac{2}{98.3} \times 100\% = 2\%$，按表 6-1 可采用也可不采用压料圈，但为了保险起见，拉深时采用压料圈。

根据 $t/D = 2\%$，查表 6-8 得各次拉深的极限拉深系数为 $[m_1] = 0.50$，$[m_2] = 0.75$，$[m_3] = 0.78$，$[m_4] = 0.80$，$\cdots$，故

$$d_1 = [m_1]D = 0.50 \times 98.3\text{mm} = 49.2\text{mm}$$
$$d_2 = [m_2]d_1 = 0.75 \times 49.2\text{mm} = 36.9\text{mm}$$
$$d_3 = [m_3]d_2 = 0.78 \times 36.9\text{mm} = 28.8\text{mm}$$
$$d_4 = [m_4]d_3 = 0.80 \times 28.8\text{mm} = 23\text{mm}$$

因 $d_4 = 23\text{mm} < 28\text{mm}$，所以需采用 4 次拉深成型。

(3) 计算各次拉深工序件尺寸 为了使第四次拉深的直径与零件要求一致，需对极限拉深系数进行调整。调整后取各次拉深的实际拉深系数为 $m_1 = 0.52$，$m_2 = 0.78$，$m_3 = 0.83$，$m_4 = 0.846$。

各次工序件直径为

$$d_1 = m_1 D = 0.52 \times 98.3 \text{mm} = 51.1 \text{mm}$$
$$d_2 = m_2 d_1 = 0.78 \times 51.1 \text{mm} = 39.9 \text{mm}$$
$$d_3 = m_3 d_2 = 0.83 \times 39.9 \text{mm} = 33.1 \text{mm}$$
$$d_4 = m_4 d_3 = 0.846 \times 33.1 \text{mm} = 28 \text{mm}$$

各次工序件底部圆角半径取以下数值：

$$r_1 = 8 \text{mm}, \quad r_2 = 5 \text{mm}, \quad r_3 = r_4 = 4 \text{mm}$$

把各次工序件直径和底部圆角半径代入式（6-5），得各次工序件高度为

$$H_1 = 0.25 \times \left(\frac{98.3^2}{51.1} - 51.1\right)\text{mm} + 0.43 \times \frac{8}{51.1} \times (51.1 + 0.32 \times 8)\text{mm} = 38.1 \text{mm}$$

$$H_2 = 0.25 \times \left(\frac{98.3^2}{39.9} - 39.9\right)\text{mm} + 0.43 \times \frac{5}{39.9} \times (39.9 + 0.32 \times 5)\text{mm} = 52.8 \text{mm}$$

$$H_3 = 0.25 \times \left(\frac{98.3^2}{33.1} - 33.1\right)\text{mm} + 0.43 \times \frac{4}{33.1} \times (33.1 + 0.32 \times 4)\text{mm} = 66.3 \text{mm}$$

$$H_4 = 81 \text{mm}$$

以上计算所得工序件尺寸都是中线尺寸，换算成与零件图相同的标注形式后，所得各工序件的尺寸如图 6-17 所示。

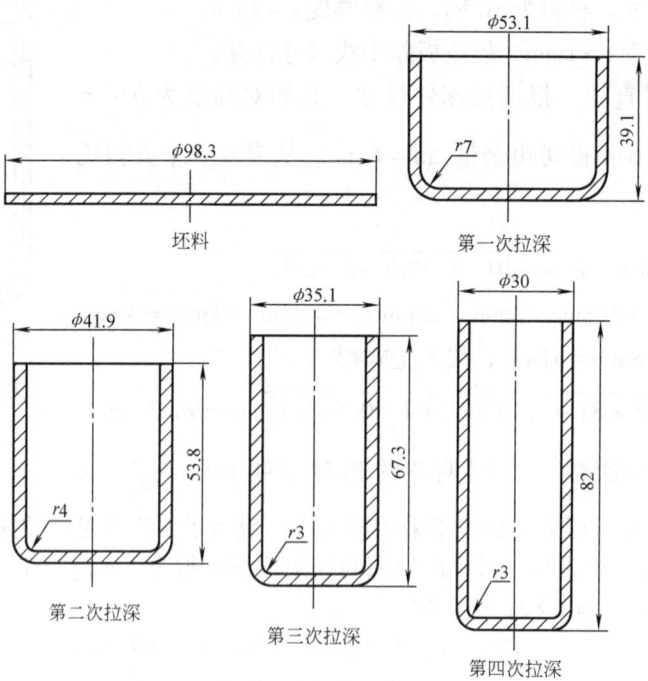

图 6-17 圆筒形件的各次拉深工序件尺寸

第五节 拉深力、压料力与拉深压力机

一、拉深力的确定

由于影响拉深力的因素比较复杂，按实际受力和变形情况来准确计算拉深力是比较困难的，所以，实际生产中通常是以危险断面的拉应力不超过其材料抗拉强度为依据，采用经验公式计算拉深力。对于圆筒形件，

首次拉深 $\qquad F = K_1 \pi d_1 t \sigma_b$ (6-6)

以后各次拉深 $\qquad F = K_2 \pi d_i t \sigma_b \ (i = 2、3、\cdots、n)$ (6-7)

式中 F——拉深力（N）；

$d_1、d_2、\cdots、d_n$——各次拉深工序件直径（mm）；

t——板料厚度（mm）；

R_m——拉深件材料的抗拉强度（MPa）；

$K_1、K_2$——修正系数，与拉深系数有关，见表6-12。

表 6-12 修正系数 K_1、K_2 的数值

m_1	0.55	0.57	0.60	0.62	0.65	0.67	0.70	0.72	0.75	0.77	0.80	—	—	—
K_1	1.0	0.93	0.86	0.79	0.72	0.66	0.60	0.55	0.5	0.45	0.40	—	—	—
$m_2、m_3、\cdots、m_n$	—	—	—	—	—	—	0.70	0.72	0.75	0.77	0.80	0.85	0.90	0.95
K_2	—	—	—	—	—	—	1.0	0.95	0.90	0.85	0.80	0.70	0.60	0.50

二、压料力的确定

压料力的作用是防止拉深过程中坯料的起皱。压料力的大小应适当，压料力过小时，防皱效果不好；压料力过大时，则会增大传力区危险断面上的拉应力，从而引起严重变薄甚至拉裂。因此，应在保证毛坯变形区不起皱的前提下，尽量选用较小的压料力。

应该指出，压料力的大小应允许在一定范围内调节。一般来说，随着拉深系数的减小，压料力许可调节范围减小，这对拉深工作是不利的，因为这时当压料力稍大些时就会产生破裂，压料力稍小些时会产生起皱，也即拉深的工艺稳定性不好。相反，拉深系数较大时，压料力可调节范围增大，工艺稳定性较好。这也是拉深时采用的拉深系数应尽量比极限拉深系数大一点的原因。

在模具设计时，压料力可按下列经验公式计算：

任何形状的拉深件 $\qquad F_Y = Ap$ (6-8)

圆筒形件首次拉深 $\qquad F_Y = \pi \left[D^2 - (d_1 + 2r_{d1})^2 \right] p/4$ (6-9)

圆筒形件以后各次拉深 $\qquad F_Y = \pi (d_{i-1}^2 - d_i^2) p/4 \quad (i = 2、3、\cdots)$ (6-10)

式中 F_Y——压料力（N）；

A——压料圈下毛坯投影面积（mm²）；

p——单位面积压料力（MPa），可查表6-13；

D——毛坯直径（mm）；

$d_1、d_2、\cdots、d_n$——各次拉深工序件的直径（mm）；

$r_{d1}、r_{d2}、\cdots、r_{dn}$——各次拉深凹模的圆角半径（mm）。

表 6-13　单位面积压料力

材　料	单位压料力 p/MPa	材　料	单位压料力 p/MPa
铝	0.8~1.2	软钢（$t<0.5$mm）	2.5~3.0
纯铜、硬铝（已退火）	1.2~1.8	镀锡钢	2.5~3.0
黄铜	1.5~2.0	耐热钢（软化状态）	2.8~3.5
软钢（$t>0.5$mm）	2.0~2.5	高合金钢、不锈钢、高锰钢	3.0~4.5

三、压料装置

目前生产中常用的压料装置有弹性压料装置和刚性压料装置。

1. 弹性压料装置

在单动压力机上进行拉深加工时，一般都是采用弹性压料装置来产生压料力。根据产生压料力的弹性元件不同，弹性压料装置可分为弹簧式、橡胶式和气垫式三种，如图 6-18 所示。

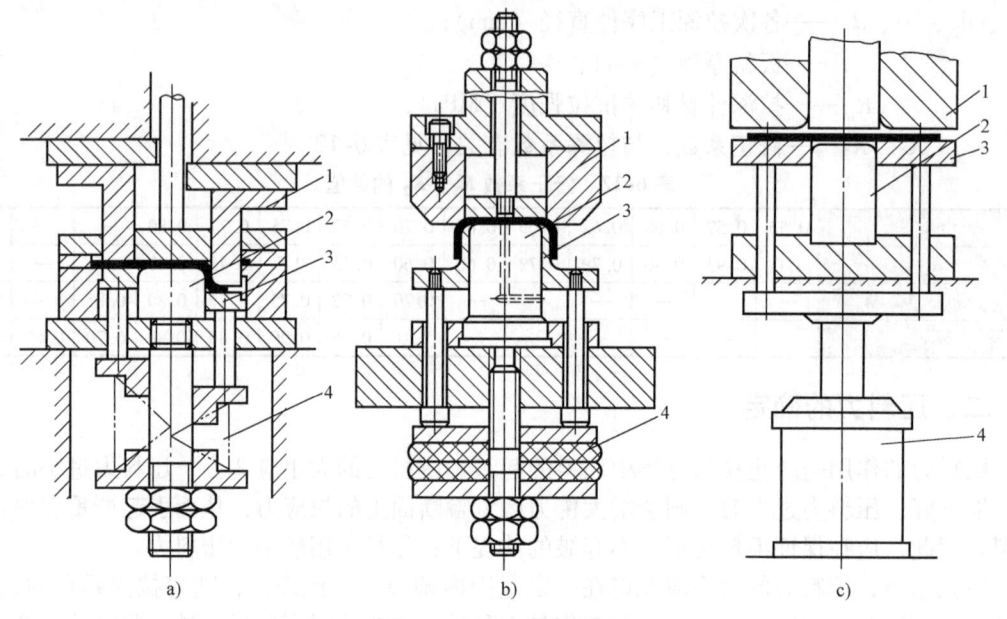

图 6-18　弹性压料装置
a) 弹簧式压料装置　b) 橡胶式压料装置　c) 气垫式压料装置
1—凹模　2—凸模　3—压料圈　4—弹性元件（弹顶器或气垫）

上述三种压料装置的压料力变化曲线如图 6-19 所示。由图可以看出，弹簧和橡胶压料装置的压料力是随着工作行程（拉深深度）的增加而增大的，尤其是橡胶式压料装置更突出。这样的压料力变化特性会使拉深过程中的拉深力不断增大，从而增大拉裂的危险性。因此，弹簧和橡胶压料装置通常只用于浅拉深。但是，这两种压料装置结构简单，在中小型压力机上使用较为方便。只要正确地选用弹簧的规格和橡胶的牌号及尺寸，并采取适当的限位措施，就能减少它的不利方面。弹簧应选总压缩量大、压力随压缩量增加而缓慢增大的规格。橡胶应选用软橡胶，并保证相对压缩量不过大，建议橡胶总厚度不小于拉深工作行程

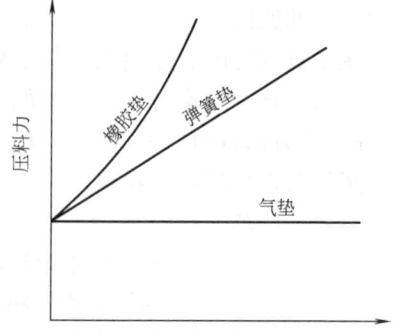

图 6-19　各种弹性压料装置的压料力曲线

的5倍。

气垫式压料装置压料效果好,压料力基本上不随工作行程而变化(压料力的变化可控制在10%~15%内),但气垫装置结构复杂。

压料圈是压料装置的关键零件,常见的结构形式有平面形、锥形和弧形,如图6-20所示。一般的拉深模采用平面形压料圈(图6-20a);当毛坯相对厚度较小,拉深件凸缘小且圆角半径较大时,则采用带弧形的压料圈(图6-20c);锥形压料圈(图6-20b)能降低极限拉深系数,其锥角与锥形凹模的锥角相对应,一般取 $\beta = 30° \sim 40°$,主要用于拉深系数较小的拉深件。

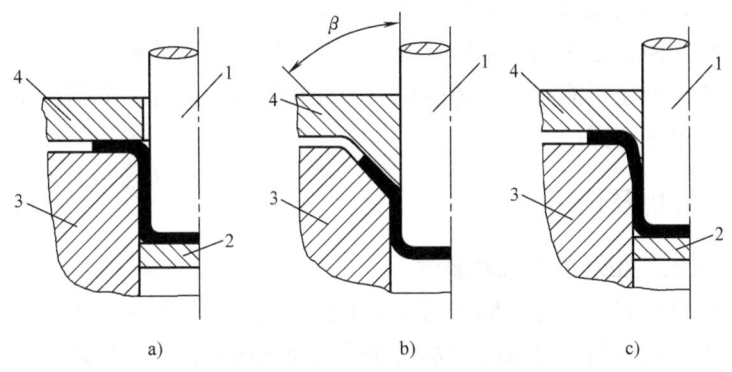

图 6-20 压料圈的结构形式
a) 平面形压料圈 b) 锥形压料圈 c) 弧形压料圈
1—凸模 2—顶板 3—凹模 4—压料圈

为了保持整个拉深过程中压料力均衡和防止将毛坯压得过紧,特别是拉深板料较薄且凸缘较宽的拉深件时,可采用带限位装置的压料圈,如图6-21所示。限位柱可使压料圈和凹模之间始终保持一定的距离 s。对于带凸缘零件的拉深,$s = t + (0.05 \sim 0.1)$ mm;铝合金零件的拉深,$s = 1.1t$;钢板零件的拉深,$s = 1.2t$(t 为板料厚度)。

2. 刚性压料装置

刚性压料装置一般设置在双动压力机上用的拉深模中。图6-22为双动压力机用拉深模,

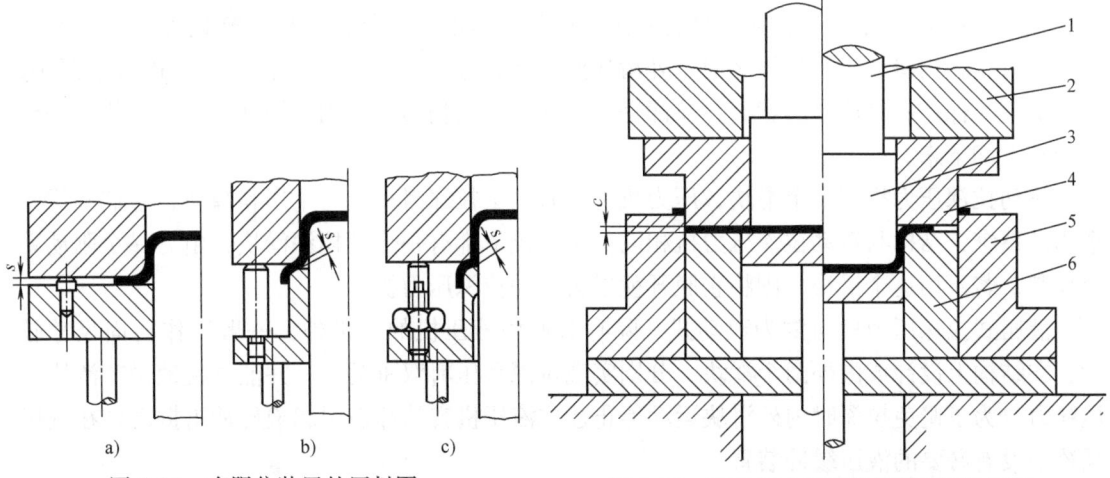

图 6-21 有限位装置的压料圈

图 6-22 双动压力机用拉深模的刚性压料
1—凸模固定杆 2—外滑块 3—拉深凸模
4—压料圈兼落料凸模 5—落料凹模 6—拉深凹模

件4即为刚性压料圈（又兼作落料凸模），压料圈固定在外滑块之上。在每次冲压行程开始时，外滑块带动压料圈下降压在毛坯的凸缘上，并在此停止不动，随后内滑块带动凸模下降，并进行拉深变形。

刚性压料装置的压料作用是通过调整压料圈与凹模平面之间的间隙 c 获得的，而该间隙则靠调节压力机外滑块得到。考虑到拉深过程中毛坯凸缘区有增厚现象，所以这一间隙应略大于板料厚度。

刚性压料圈的结构形式与弹性压料圈基本相同。刚性压料装置的特点是压料力不随拉深的工作行程而变化，压料效果较好，模具结构简单。

拉深时的起皱和防止起皱的问题比较复杂，防皱的压料与防破裂又有矛盾，目前常用的压料装置产生的压料力还不能符合理想的压料力变化曲线。因此，如何探索较理想的压料装置是拉深工作的一个重要课题。

四、拉深压力机及选用

1. 拉深压力机的类型及主要技术参数

拉深压力机按驱动方式分为机械式拉深压力机和液压式拉深压力机。

机械式拉深压力机按照压力机的主要用途分为通用压力机和专用拉深压力机。通用压力机（即曲柄压力机）如第二章所述，这类压力机由于工作行程较短，滑块运动速度快，一般依靠模具压料装置或拉深垫产生压料力，故只适于简单形状的浅拉深成形。专用拉深压力机按滑块动作分为单动、双动和三动拉深压力机。

专用单动拉深压力机是近年来出现的新型拉深压力机，由于采用了合理的连杆机构，使得滑块在工作行程时速度较低且均匀，在回程时速度较高，生产率也高。它是利用气垫机构解决压料问题的。

双动拉深压力机用于拉深复杂零件，它的主要结构特点是有两个滑块，即内滑块和外滑块。外滑块用于压料或落料，又称为压料滑块；内滑块用于拉深，又称拉深滑块。外滑块在机身导轨内作下止点有"停顿"的上下往复运动，内滑块在外滑块的导轨内作上下往复运动。同时，在内滑块进行拉深之前，外滑块必须先压紧坯料的边缘，在内滑块进行拉深中，外滑块应该保持始终压紧的状态，拉深完毕，外滑块应稍滞后于内滑块回程，以便将拉深件从凸模上卸下来。

三动拉深压力机有三个滑块，压力机上部有一个拉深滑块和一个压料滑块，它们共用一个驱动系统，结构与双动拉深压力机相同。压力机下部有一个下拉深滑块，由另一个驱动系统控制，若不用这个滑块，则将它脱开就成为双动拉深压力机。

液压式拉深压力机通常为双动式，除有对通用液压机的要求外，一般工作台面尺寸较大，在结构上设计成内外两个滑块，分别实现拉深和压料双重动作，并能方便地调节滑块的压料力。为了避免拉深时内外滑块运动停止造成液压机突然卸载引起液压冲击振动，在液压系统中设有必要的液压缓冲装置。

部分双动拉深压力机和液压机的主要技术参数分别见表6-14和表6-15。

表 6-14 部分双动拉深压力机的主要技术参数

压力机型号			J44—55C	J44—80	JA45—100	JA45—200	J45—315	JB46—315
总标称压力/kN					1630	3250	6300	6300
行程次数/（次/min）			9	8	15	8	5.5~9	10
低速行程次数/（次/min）								1
最大拉深高度/mm			280	400		315	400	390
立柱间距/mm			800	1120	950	1620	1930	3150
内滑块	公称压力/kN		550	800	1000	2000	3150	3150
	公称压力行程/mm					25	30	40
	行程/mm		560	640	420	670	850	850
	最大装模高度/mm				480	930	1120	1550
	装模高度调节量/mm				100	165	300	500
	底面尺寸	左右/mm			560	960	1000	2500
		前后/mm			560	900	1000	1300
外滑块	公称压力/kN		550	800	630	1250	3150	3150
	行程/mm			450	250	425	530	530
	最大装模高度/mm				430	825	1070	1250
	装模高度调节量/mm				100		300	500
	底面尺寸	左右/mm			850	1420	1550	3150
		前后/mm			850	1350	1600	1900
垫板尺寸		左右/mm	600	1000	950	1540	1800	3150
		前后/mm	720	1100	900	1400	1600	1900
		厚/mm			100	160	220	250
气垫压力（压紧力/顶出力）/kN				/100	500/800	1000/1200		
气垫行程/mm				210	315	400	440	
主电动机功率/kW			15	22	22	40	75	100

表 6-15 部分双动拉深液压机的主要技术参数

液压机型号	YA28—160	YA28—400A	YA28—500	YA28—630
总压力/kN	2600	6300	8000	10300
拉深压力/kN	1600	4000	3150/5000	6300
压料压力/kN	1000	2500	3000	4000
液压垫压力/kN	—	1500	1000	2500
顶出压力/kN		500	1000	800
液压最大工作压力/10^5Pa	250	250	250	250
拉深滑块行程/mm	850	1100	1000	1300
压料滑块行程/mm	550	1000	1000	1200
液压垫行程/mm	—	400	350	400
最大拉深高度/mm	250	400	320	
拉深滑块距工作台面最大距离/mm	1130	1600	1600	2200
压料滑块距工作台面最大距离/mm	850	1600	1600	2200
工作台距地面高度/mm	800	650	500	200
拉深滑块尺寸（左右×前后）/mm	870×720	1970×1250	2400×1400	2400×1400
工作台尺寸（左右×前后）/mm	1400×1250	2500×1800	3000×2150	3200×2200
液压垫尺寸（左右×前后）/mm	—	1630×1180	2260×1260	2300×1300

(续)

液压机型号	YA28—160	YA28—400A	YA28—500	YA28—630
移动工作台最大移出距离/mm	—	1800	—	2200
电动机总功率/kW	53	100	115.5	215
全机重量/kg	—	86800	75000	215000

2. 双动拉深压力机的结构简介

图 6-23 所示为 JA45—100 型闭式单点双动拉深压力机的外形，其传动原理如图 6-24 所示，采用四级减速传动。内滑块为偏心齿轮驱动的曲柄滑块机构；外滑块由同一偏心齿轮驱动杠杆系统来实现。如图 6-24 所示，偏心齿轮通过主连杆 2 带动摇杆 4、连杆 3、摆杆 5、

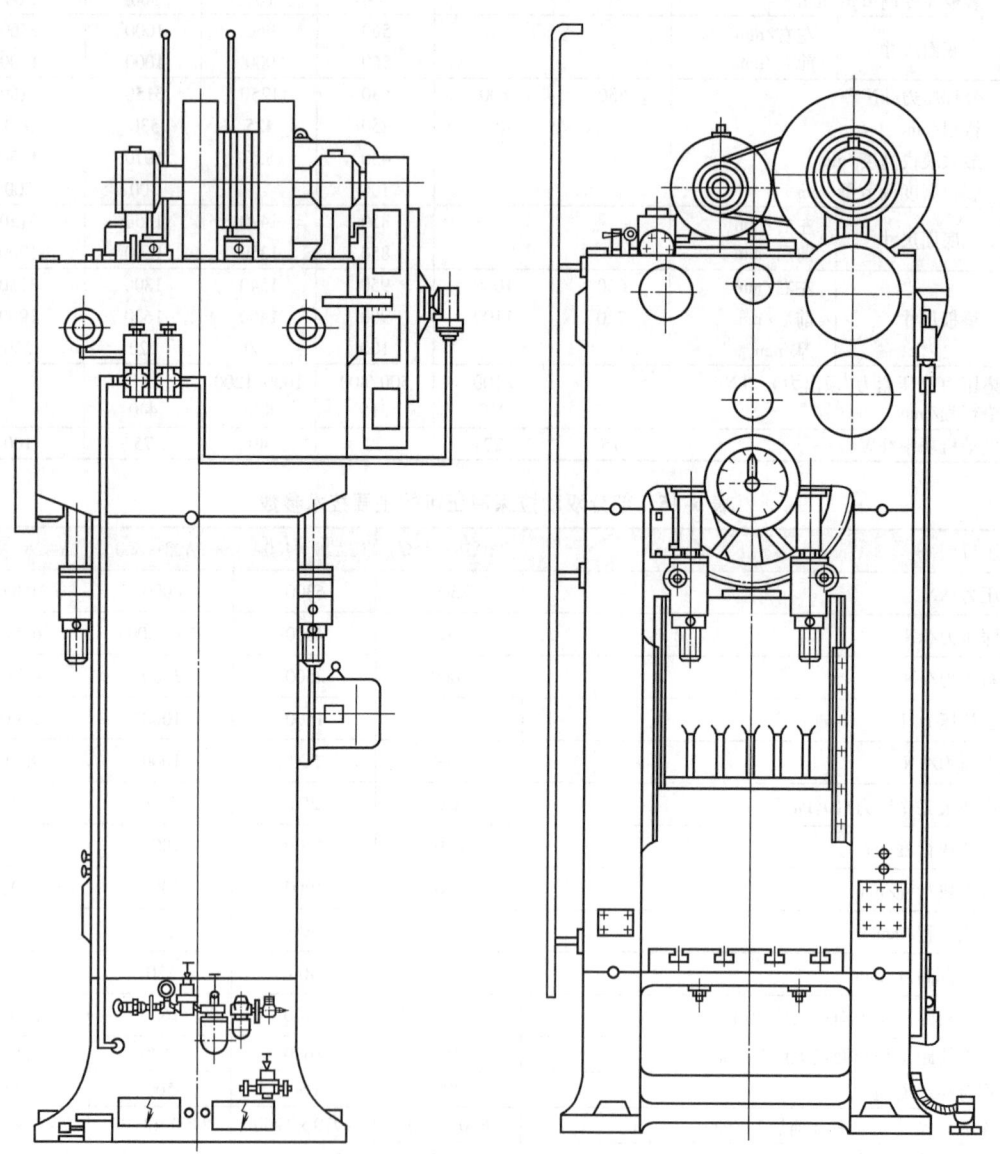

图 6-23　JA45—100 型闭式单点双动拉深压力机

连杆 6，最后将运动传递给两个小横梁 7，小横梁上固定的两根导向杆 8 与外滑块通过螺纹连接在一起。这样，当偏心齿轮转动时，通过杠杆系统使四根导向杆带着外滑块作上下往复运动，实现压料动作。

该压力机内滑块装模高度的调节机构与图 3-11 相似，外滑块装模高度的调节如图 6-25 所示，两根平行轴的两端装有四根蜗杆 2，驱动蜗轮 8，蜗轮带动调节螺母 7 旋转，从而使外滑块 3 在四根导向杆上作上下移动，调节完后拧紧锁紧螺母 6。因四根蜗杆转向相同，所以图中上面的两根导向杆的螺纹为左旋，而下面两根导向杆的螺纹为右旋，以保证调节时外滑块同步向上或向下移动。内、外滑块机动调节采用同一台电动机，通过电磁离合器及齿轮挂靠实现不同时调节，中间传动为齿轮传动及链传动，如图 6-26 所示。利用手把摇动电动机也可实现手动调节装模高度。

图 6-27 所示为组合框架式双动拉深液压机。机架 7 的上横梁由四根主柱支承，通过立柱内的拉杆预紧固定，形成一个封闭的预应力框架，承受冲压变形

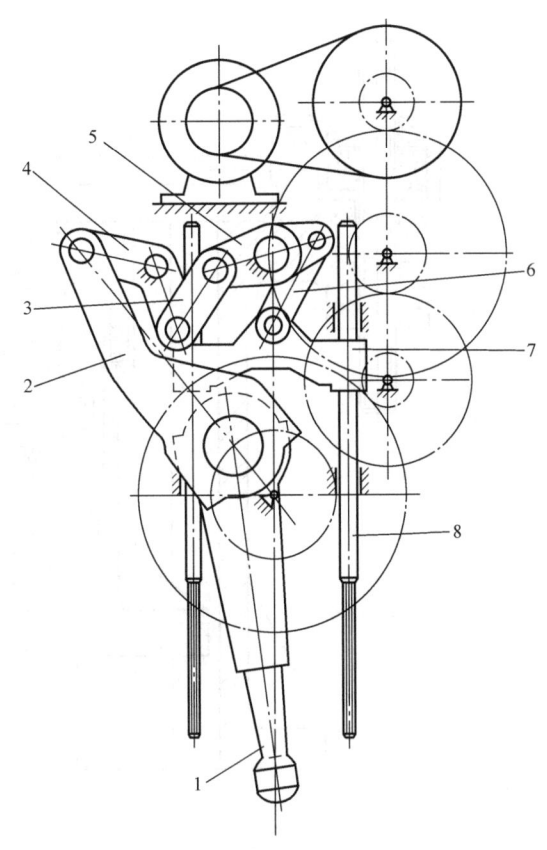

图 6-24 JA45—100 型双动拉深压力机传动原理
1—内滑块连杆 2—外滑块主连杆 3、6—连杆
4—摇杆 5—摆杆 7—小横梁 8—导向杆

压力。拉深缸 2 和压料缸 4 均固定于横梁内，拉深凸模与拉深动梁 6（即内滑块）连接固定，压料圈与压料动梁 5（即外滑块）连接固定。每根立柱有两根可调导轨，分别作为拉深动梁和压料动梁的导向。下横梁上面装有移动工作台，并可前后移动，以便更换模具，工作台中部设有若干顶杆孔，在下横梁下部中间装有顶出缸，通过顶杆顶出工件或成形内凹形工件。在拉深动梁 6 和压料动梁 5 的下平面均开有 T 形槽以分别固定上模的凸模部分和压料部分，在工作台的上平面也开有 T 形槽，用于固定下模部分。各厂家生产的双动拉深液压机的 T 形槽规格、槽距及顶杆孔径、孔距尺寸不完全一样，在设计模具时应查阅液压机说明书。

图 6-28 所示为普通的三梁四柱式双动拉深液压机。压料动梁 6 由压料缸 4 驱动，压料缸固定在拉深动梁 5 上，随拉深动梁一起运动。也有的固定在下横梁上单独运动。拉深动梁和压料动梁靠四个立柱分别导向。拉深凸模部分固定在压料动梁 6 上，穿过压料动梁和模具压料圈中部的孔进行拉深。

双动拉深液压机的工作过程（即拉深动梁、压料动梁及顶出缸的工作顺序）由液压系统控制，其工作过程如下：液压动力部分的电动机起动，液压泵在卸荷状态下工作→拉深动梁和压料动梁在自重下快速下行→当压料动梁接近毛坯时，触动行程开关，液压泵主缸驱

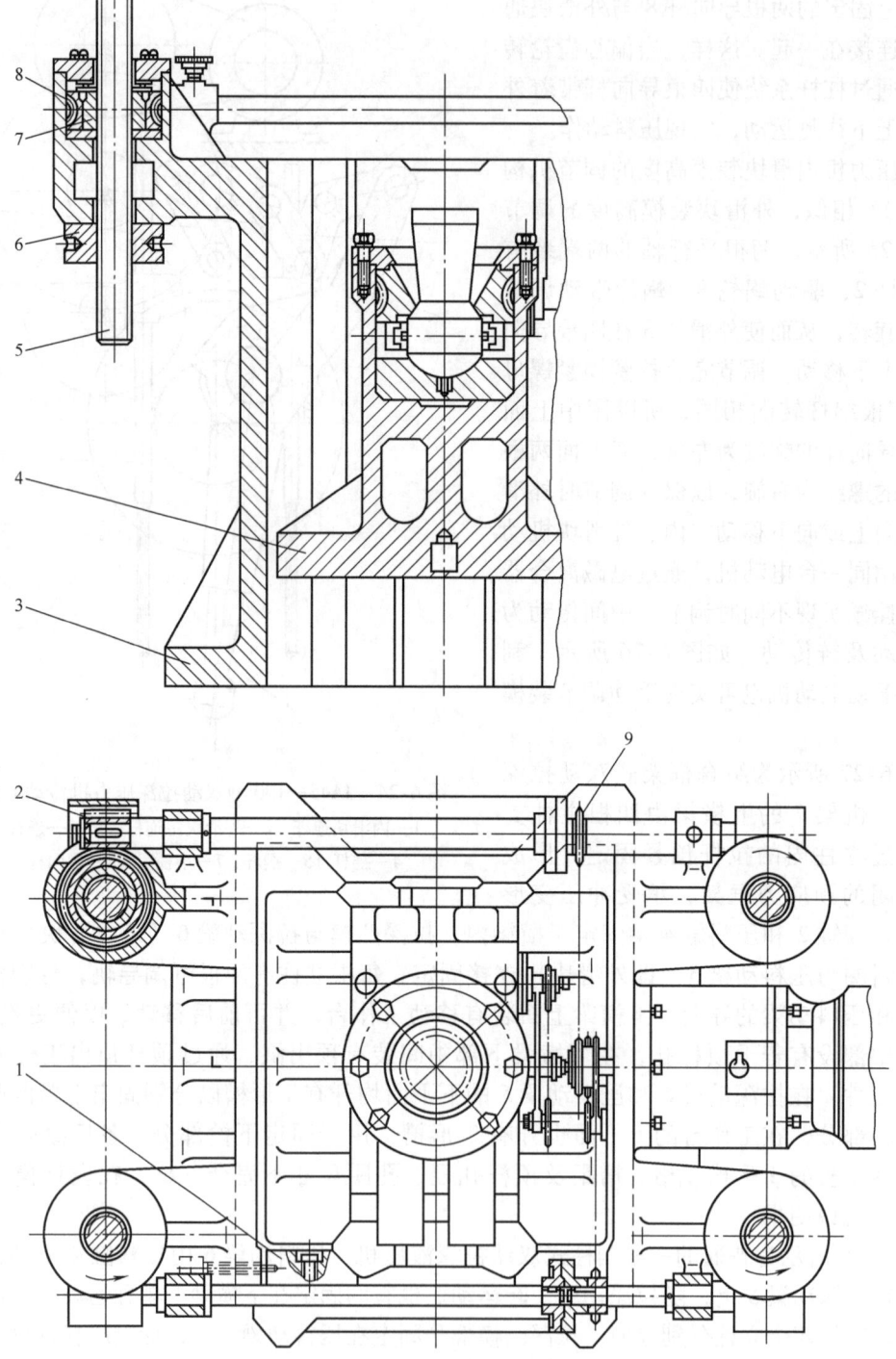

图 6-25 JA45—100 型双动拉深压力机外滑块调节机构
1—内滑块导轨 2—蜗杆 3—外滑块 4—内滑块 5—导向杆
6—锁紧螺母 7—调节螺母 8—蜗轮 9—链轮

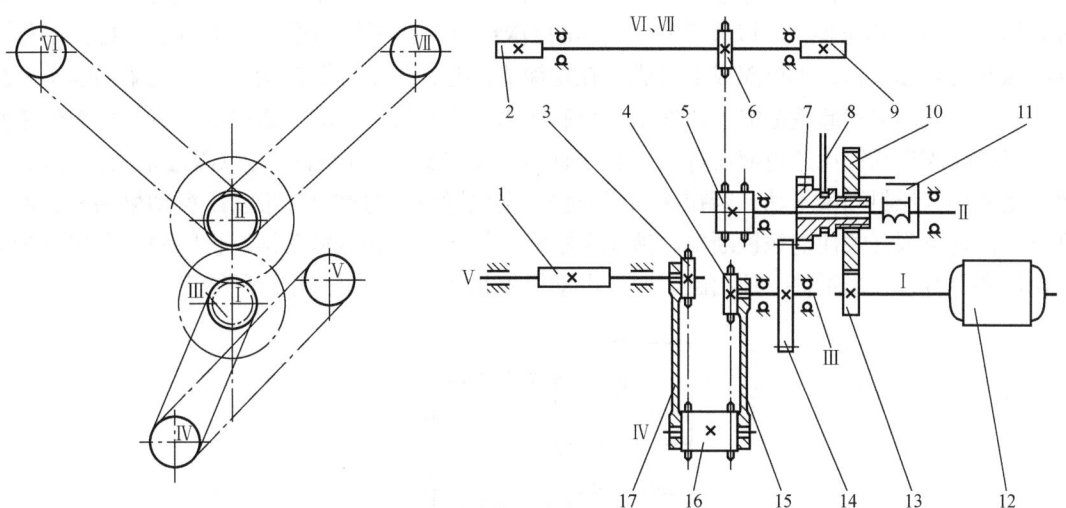

图 6-26 JA45—100 型双动拉深压力机内、外滑块调节机构的传动图
1—内滑块调节蜗杆 2、9—外滑块调节蜗杆 3、4、6—链轮 5、16—双齿链轮
7—滑移齿轮 8—凸轮拨叉 10、13、14—齿轮 11—电磁离合器 12—电动机 15、17—支杆

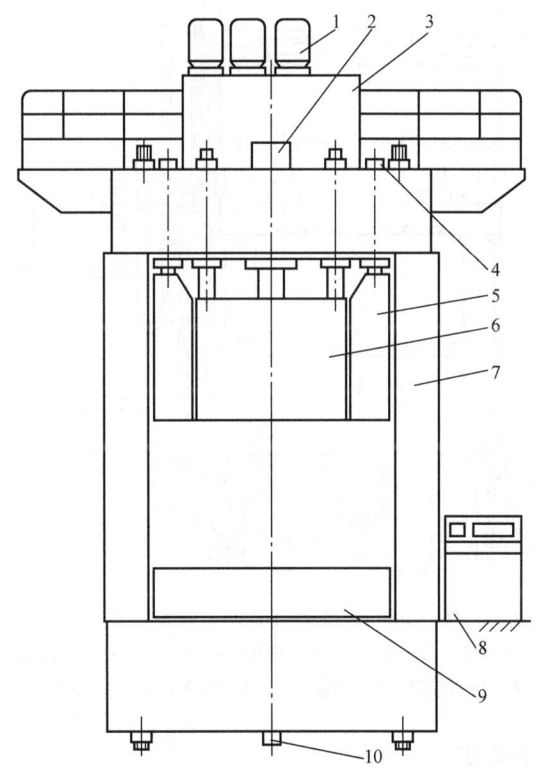

图 6-27 组合框架式双动拉深液压机
1—液压动力部分 2—拉深缸 3—充液装置 4—压料缸 5—压料动梁（外滑块）
6—拉深动梁（内滑块） 7—机架 8—电控装置 9—移动工作台 10—顶出缸

动,使拉深动梁和压料动梁慢速下行→当压料圈与毛坯接触时,压料动梁停止运动,并由压料缸施加压料力(其压料力可以调节),保持至拉深结束→在压料动梁停止下行后,拉深动梁带动拉深凸模继续下行,到拉深成形完成→在拉深成形时,由于拉深动梁、压料动梁的运动突然停止和加载后的突然卸载造成液压冲击,引起压力冲击和管道振动,通过液压缓冲装置使主缸压力经卸荷阀逐渐卸压避免液压冲击→当主缸压力下降到一定位置时(拉深已结束),拉深动梁开始回程,压料动梁不动,当拉深动梁回程一定位置时,通过拉杆带动压料动梁回程,回程到预定位置行程开关使电磁铁断电,液压泵缸荷,拉深动梁和压料动梁停止回程→顶出缸带动顶出活塞上升,顶出工件→顶出缸退回,电动机停止运转,一个工作行程结束。

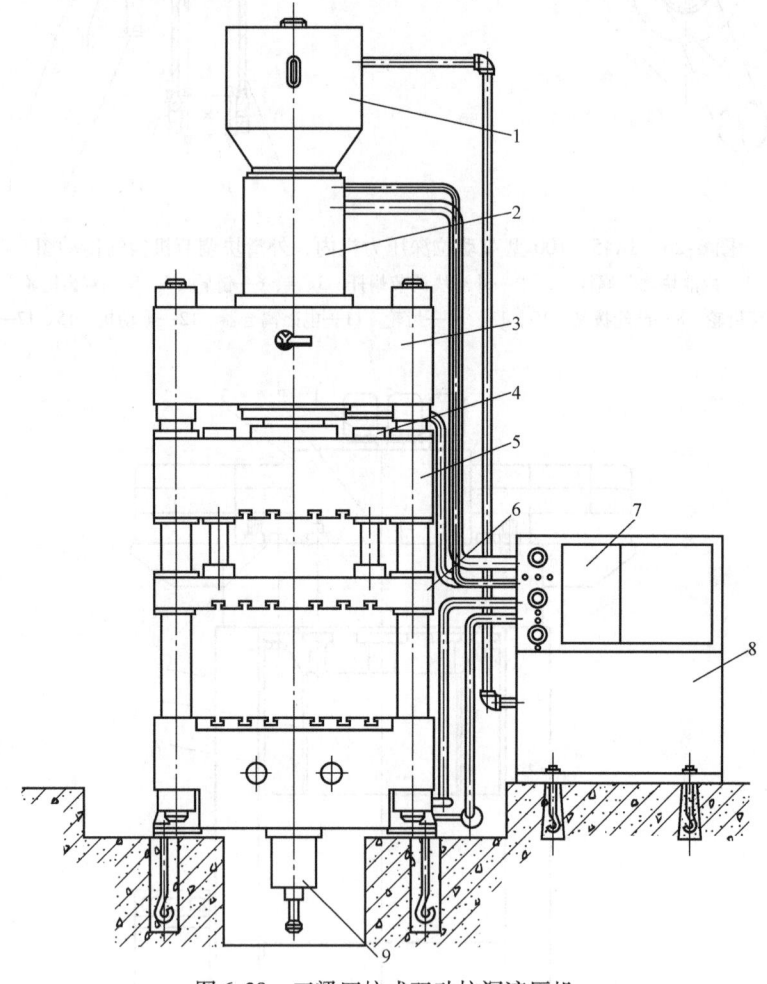

图 6-28　三梁四柱式双动拉深液压机
1—充液缸　2—主缸　3—上横梁　4—压料缸　5—拉深动梁
6—压料动梁　7—操纵机构　8—液压装置　9—顶出缸

3. 压力机公称压力的确定

对于单动压力机,其公称压力 F_g 应大于拉深力 F 与压料力 F_Y 之和,即

$$F_g > F + F_Y$$

对于双动压力机,应使内滑块公称压力 $F_{g内}$ 和外滑块公称压力 $F_{g外}$ 分别大于拉深力 F 和

压料力 F_Y，即

$$F_{g内} > F \qquad F_{g外} > F_Y$$

确定机械式拉深压力机公称压力时必须注意，当拉深工作行程较大，尤其是落料拉深复合时，应使拉深力曲线位于压力机滑块的许用负荷曲线之下，而不能简单地按压力机公称压力大于拉深力或拉深力与压料之和的原则去确定规格。在实际生产中，也可以按下式来确定压力机的公称压力：

浅拉深 $\qquad F_g \geqslant (1.6 \sim 1.8) F_\Sigma \qquad$ (6-11)

深拉深 $\qquad F_g \geqslant (1.8 \sim 2.0) F_\Sigma \qquad$ (6-12)

式中 F_Σ——冲压工艺总力（N），与模具结构有关，包括拉深力、压料力、冲裁力等。

第六节 其他形状零件的拉深

一、带凸缘圆筒形件的拉深

图 6-29 所示为带凸缘圆筒形件及其坯料。通常，当 $d_t/d = 1.1 \sim 1.4$ 时，称为窄凸缘圆筒形件；当 $d_t/d > 1.4$ 时，称为宽凸缘圆筒形件。

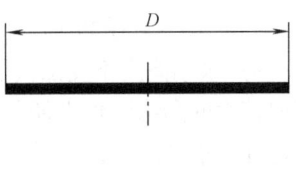
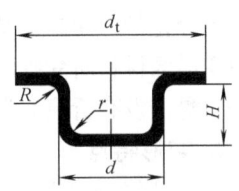

图 6-29 带凸缘圆筒形件及其坯料

带凸缘圆筒形件的拉深看上去很简单，好像是拉深无凸缘圆筒形件的中间状态。但当其各部分尺寸关系不同时，拉深中要解决的问题是不同的，拉深方法也不相同。当拉深件凸缘为非圆形时，在拉深过程中仍需拉出圆形的凸缘，最后再用切边或其他冲压加工方法完成工件所需的形状。

1. 拉深方法

（1）窄凸缘圆筒形件的拉深 窄凸缘圆筒形件是凸缘宽度很小的拉深件，这类零件需多次拉深时，由于凸缘很窄，可先按无凸缘圆筒形件进行拉深，再在最后一次工序用整形的方法压成所要求的窄凸缘形状。为了使凸缘容易成形，在拉深的最后两道工序可采用锥形凹模和锥形压料圈进行拉深，留出锥形凸缘，这样整形时可减小凸缘区切向的拉深变形，对防止外缘开裂有利。例如，如图 6-30 所示的窄凸缘圆筒形件，共需三次拉深成形，第一次拉成无凸缘圆筒形工序件，在后两次拉深时留出锥形凸缘，最后整形达到要求。

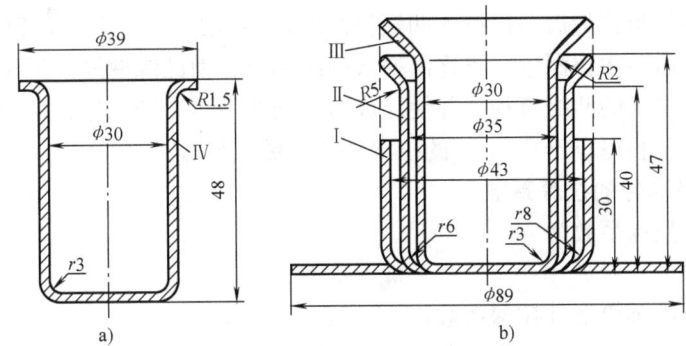

图 6-30 窄凸缘圆筒形件的拉深
a）窄凸缘拉深件 b）窄凸缘件拉深过程
Ⅰ—第一次拉深 Ⅱ—第二次拉深 Ⅲ—第三次拉深 Ⅳ—成品

(2) 宽凸缘圆筒形件的拉深 宽凸缘圆筒形件需多次拉深时，拉深的原则是第一次拉深就必须使凸缘尺寸等于拉深件的凸缘尺寸（加切边余量），以后各次拉深时凸缘尺寸保持不变，仅仅依靠筒形部分的材料转移来达到拉深件尺寸。因为在以后的拉深工序中，即使凸缘部分产生很小的变形，也会使筒壁传力区产生很大的拉应力，从而使底部危险断面拉裂。

生产实际中，宽凸缘圆筒形件需多次拉深时的拉深方法有两种法（见图6-31）。

1) 通过多次拉深，逐渐缩小筒形部分直径和增加其高度（图6-31a）。这种拉深方法就是直接采用圆筒形件的多次拉深方法，通过各次拉深逐次缩小直径，增加高度，各次拉深的凸缘圆角半径和底部圆角半径不变或逐次减小。用这种方法拉成的零件表面质量不高，其直壁和凸缘上保留着圆角弯曲和局部变薄的痕迹，需要在最后增加整形工序，适用于材料较薄、高度大于直径的中小型带凸缘圆筒形件。

2) 采用高度不变法（图6-31b），即首次拉深尽可能取较大的凸缘圆角半径和底部圆角半径，高度基本拉到零件要求的尺寸，以后各次拉深时仅减小圆角半径和筒形部分直径，而高度基本不变。这种方法由于拉深过程中变形区材料所受到的折弯较轻，所以拉成的零件表面较光滑，没有折痕。但它只适用于毛坯相对厚度较大、采用大圆角过渡不易起皱的情况。

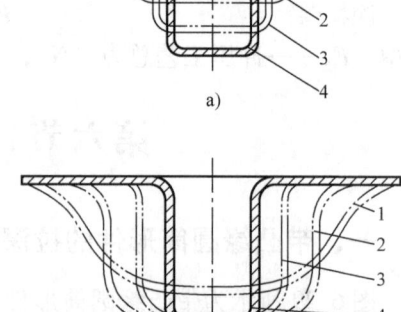

图6-31 宽凸缘圆筒形件的拉深方法
1、2、3、4—拉深次序

2. 变形特点

与无凸缘圆筒形件相比，带凸缘圆筒形件的拉深变形具有如下特点。

1) 带凸缘圆筒形件不能用一般的拉深系数来反映材料实际的变形程度大小，而必须将拉深高度考虑进去。因为，对于同一毛坯直径 D 和筒形部分直径 d，可有不同凸缘直径 d_t 和高度 H 对应，尽管拉深系数相同（$m = d/D$），若拉深高度 H 不同，其变形程度也不同。生产实际中，通常用相对拉深高度 H/d 来反映其变形程度。

2) 宽凸缘圆筒形件需多次拉深时，第一次拉深必须将凸缘尺寸拉到位，以后各次拉深中，凸缘的尺寸应保持不变。这就要求正确地计算拉深高度和严格地控制凸模进入凹模的深度。考虑到在普通压力机上严格控制凸模进入凹模的深度比较困难，生产实践中通常有意把第一次拉入凹模的材料比最后一次拉入凹模所需的材料增加3%~5%（按面积计算），这些多拉入的材料在以后各次拉深中，再逐次挤入凸缘部分，使凸缘变厚。工序间这些材料的重新分配，保证了所要求的凸缘直径，并使已成形的凸缘不再参与变形，从而避免筒壁拉裂的危险。这一方法对于料厚小于0.5mm的拉深件效果更为显著。

3. 带凸缘圆筒形件的拉深系数

带凸缘筒件的拉深系数为

$$m_t = d/D \tag{6-13}$$

式中 m_t——带凸缘圆筒形件拉深系数；
$\qquad d$——拉深件筒形部分的直径（mm）；
$\qquad D$——毛坯直径（mm）。

当拉深件底部圆角半径 r 与凸缘处圆角半径 R 相等，即 $r = R$ 时，毛坯直径为

所以
$$D = \sqrt{d_t^2 + 4dH - 3.44dR}$$
$$m_t = d/D = \frac{1}{\sqrt{\left(\frac{d_t}{d}\right)^2 + 4\frac{H}{d} - 3.44\frac{R}{d}}} \tag{6-14}$$

由上式可以看出，带凸缘圆筒形件的拉深系数取决于下列三组有关尺寸的相对比值：凸缘的相对直径 d_t/d；零件的相对高度 H/d；相对圆角半径 R/d。其中以 d_t/d 影响最大，H/d 次之，R/d 影响较小。

带凸缘圆筒形件首次拉深的极限拉深系数 $[m_1]$ 见表 6-16。由表可以看出，$d_t/d \leqslant 1.1$ 时，极限拉深系数与无凸缘圆筒形件基本相同；d_t/d 大时，其极限拉深系数比无凸缘圆筒形的小。而且当坯料直径 D 一定时，凸缘相对直径 d_t/d 越大，极限拉深系数越小，这是因为在毛坯直径 D 和圆筒形直径 d 一定的情况下，带凸缘圆筒形件的凸缘相对直径 d_t/d 大，意味着只要将毛坯直径稍加收缩即可达到零件凸缘外径，筒壁传力区的拉应力远没有达到许可值，因而可以减小其拉深系数。但这并不表明带凸缘圆筒形件的变形程度大。

表 6-16　带凸缘圆筒形件首次拉深的极限拉深系数 $[m_1]$

凸缘的相对直径 d_t/d	毛坯相对厚度 (t/D) （%）				
	2~1.5	1.5~1.0	1.0~0.6	0.6~0.3	0.3~0.1
≤1.1	0.51	0.53	0.55	0.57	0.59
1.3	0.49	0.51	0.53	0.54	0.55
1.5	0.47	0.49	0.50	0.51	0.52
1.8	0.45	0.46	0.47	0.48	0.48
2.0	0.42	0.43	0.44	0.45	0.45
2.2	0.40	0.41	0.42	0.42	0.42
2.5	0.37	0.38	0.38	0.38	0.38
2.8	0.34	0.35	0.35	0.35	0.35
3.0	0.32	0.33	0.33	0.33	0.33

由上述分析可知，在影响 m_t 的因素中，因 R/d 影响较小，因此当 m_t 一定时，则 d_t/d 与 H/d 的关系也就基本确定了。这样，就可用拉深件的相对高度来表示带凸缘圆筒形件的变形程度。首次拉深可能达到的相对高度见表 6-17。

表 6-17　带凸缘圆筒形件首次拉深的极限相对高度 $[H_1/d_1]$

凸缘的相对直径 d_t/d	毛坯相对厚度 (t/D) （%）				
	2~1.5	1.5~1.0	1.0~0.6	0.6~0.3	0.3~0.10
≤1.1	0.90~0.75	0.82~0.65	0.57~0.70	0.62~0.50	0.52~0.45
1.3	0.80~0.65	0.72~0.56	0.60~0.50	0.53~0.45	0.47~0.40
1.5	0.70~0.58	0.63~0.50	0.53~0.45	0.48~0.40	0.42~0.35
1.8	0.58~0.48	0.53~0.42	0.44~0.37	0.39~0.34	0.35~0.29
2.0	0.51~0.42	0.46~0.36	0.38~0.32	0.34~0.29	0.30~0.25
2.2	0.45~0.35	0.40~0.31	0.33~0.27	0.29~0.25	0.26~0.22
2.5	0.35~0.28	0.32~0.25	0.27~0.22	0.23~0.20	0.21~0.17
2.8	0.27~0.22	0.24~0.19	0.21~0.17	0.18~0.15	0.16~0.13
3.0	0.22~0.18	0.20~0.16	0.17~0.14	0.15~0.12	0.13~0.10

注：1. 表中大数值适用于大圆角半径，小数值适应于小圆角半径。随着凸缘直径的增加及相对高度的减小，其数值也跟着减小。
2. 表中数值适用于 10 钢，对比 10 钢塑性好的材料取接近表中的大数值，塑性差的取小数值。

当带凸缘圆筒形件的总拉深系数 $m_t = d/D$ 大于表 6-16 的极限拉深系数，且零件的相对高度 H/d 小于表 6-17 的极限值时，则可以一次拉深成形，否则需要两次或多次拉深。

带凸缘圆筒形件以后各次拉深系数为

$$m_i = d_i/d_{i-1} \qquad (i = 2、3、\cdots、n) \qquad (6\text{-}15)$$

其值与凸缘宽度及外形尺寸无关，可取与无凸缘圆筒形件的相应拉深系数相等或略小的数值，见表 6-18。

表 6-18 带凸缘圆筒形件以后各次的极限拉深系数

拉深系数	毛坯相对厚度 (t/D)（%）				
	2~1.5	1.5~1.0	1.0~0.6	0.6~0.3	0.3~0.1
$[m_2]$	0.73	0.75	0.76	0.78	0.80
$[m_3]$	0.75	0.78	0.79	0.80	0.82
$[m_4]$	0.78	0.80	0.82	0.83	0.84
$[m_5]$	0.80	0.82	0.84	0.85	0.86

4. 带凸缘圆筒形件的各次拉深高度

根据带凸缘圆筒形件毛坯直径计算公式（见表 6-6），可推导出各次拉深高度的计算公式为

$$H_i = \frac{0.25}{d_i}(D^2 - d_t^2) + 0.43(r_i + R_i) + \frac{0.14}{d_i}(r_i^2 - R_i^2)$$

$$(i = 1、2、3、\cdots、n) \qquad (6\text{-}16)$$

式中 H_1、H_2、$\cdots$、H_n——各次拉深工序件的高度（mm）；

d_1、d_2、$\cdots$、d_n——各次拉深工序件的直径（mm）；

D——毛坯直径（mm）；

r_1、r_2、$\cdots$、r_n——各次拉深工序件的底部圆角半径（mm）；

R_1、R_2、$\cdots$、R_n——各次拉深工序件的凸缘圆角半径（mm）。

5. 带凸缘圆筒形件的拉深工序尺寸计算程序

带凸缘圆筒形件拉深与无凸缘圆筒形件拉深的最大区别在于首次拉深，现结合实例说明其工序尺寸计算程序。

例 6-2 试对如图 6-32 所示带凸缘圆筒形件的拉深工序进行计算。零件材料为 08 钢，厚度 $t = 1$mm。

解：板料厚度 $t = 1$mm，故按中线尺寸计算。

(1) 计算毛坯直径 D 根据零件尺寸查表 6-5 得切边余量 $\Delta R = 2.2$mm，故实际凸缘直径 $d_t = (55.4 + 2 \times 2.2)$ mm $= 59.8$mm。由表 6-6 查得带凸缘圆筒形件的毛坯直径计算公式为

$$D = \sqrt{d_1^2 + 6.28rd_1 + 8r^2 + 4d_2h + 6.28Rd_2 + 4.56R^2 + d_4^2 - d_3^2}$$

依图 6-32，$d_1 = 16.1$mm，$R = r = 2.5$mm，$d_2 = 21.1$mm，$h = 27$mm，$d_3 = 26.1$mm，$d_4 = 59.8$mm，代入上式得

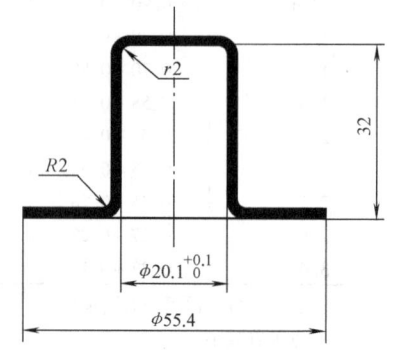

图 6-32 带凸缘圆筒形件

$$D = \sqrt{3200 + 2895}\,\text{mm} \approx 78\,\text{mm}$$

其中，$\dfrac{3200 \times \pi}{4}$ 为该拉深件除去凸缘平面部分的表面积。

(2) 判断可否一次拉深成形　根据

$$t/D = 1/78 = 1.28\%$$
$$d_t/d = 59.8/21.1 = 2.83$$
$$H/d = 32/21.1 = 1.52$$
$$m_t = d/D = 21.1/78 = 0.27$$

查表 6-16、表 6-17，$[m_1] = 0.35$，$[H_1/d_1] = 0.21$，说明该零件不能一次拉深成形，需要多次拉深。

(3) 确定首次拉深工序件尺寸　初定 $d_t/d_1 = 1.3$，查表 6-16 得 $[m_1] = 0.51$，取 $m_1 = 0.52$，则

$$d_1 = m_1 \times D = 0.52 \times 78\,\text{mm} = 40.5\,\text{mm}$$

取 $r_1 = R_1 = 5.5\,\text{mm}$

为了使以后各次拉深时凸缘不再变形，取首次拉入凹模的材料面积比最后一次拉入凹模的材料面积（即零件中除去凸缘平面以外的表面积 $3200 \times \dfrac{\pi}{4}$）增加 5%，故毛坯直径修正为

$$D = \sqrt{3200 \times 105\% + 2895}\,\text{mm} \approx 79\,\text{mm}$$

按式 (6-16)，可得首次拉深高度为

$$H_1 = \frac{0.25}{d_1}(D^2 - d_t^2) + 0.43(r_1 + R_1) + \frac{0.14}{d_1}(r_1^2 - R_1^2)$$
$$= \frac{0.25}{40.5} \times (79^2 - 59.8^2)\,\text{mm} + 0.43 \times (5.5 + 5.5)\,\text{mm} = 21.2\,\text{mm}$$

验算所取 m_1 是否合理：根据 $t/D = 1.28\%$，$d_t/d_1 = 59.8/40.5 = 1.48$，查表 6-17 可知 $[H_1/d_1] = 0.58$。因 $H_1/d_1 = 21.2/40.5 = 0.52 < [H_1/d_1] = 0.58$，故所取 m_1 是合理的。

(4) 计算以后各次拉深的工序件尺寸　查表 6-18 得，$[m_2] = 0.75$，$[m_3] = 0.78$，$[m_4] = 0.80$，则

$$d_2 = [m_2] \times d_1 = 0.75 \times 40.5\,\text{mm} = 30.4\,\text{mm}$$
$$d_3 = [m_3] \times d_2 = 0.78 \times 30.4\,\text{mm} = 23.7\,\text{mm}$$
$$d_4 = [m_4] \times d_3 = 0.80 \times 23.7\,\text{mm} = 19.0\,\text{mm}$$

因 $d_4 = 19.0 < 21.1$，故共需 4 次拉深。

调整以后各次拉深系数，取 $m_2 = 0.77$，$m_3 = 0.80$，$m_4 = 0.844$。故以后各次拉深工序件的直径为

$$d_2 = m_2 \times d_1 = 0.77 \times 40.5\,\text{mm} = 31.2\,\text{mm}$$
$$d_3 = m_3 \times d_2 = 0.80 \times 31.2\,\text{mm} = 25.0\,\text{mm}$$
$$d_4 = m_4 \times d_3 = 0.844 \times 25.0\,\text{mm} = 21.1\,\text{mm}$$

以后各次拉深工序件的圆角半径取

$$r_2 = R_2 = 4.5\,\text{mm},\ r_3 = R_3 = 3.5\,\text{mm},\ r_4 = R_4 = 2.5\,\text{mm}$$

设第二次拉深时多拉入3%的材料（其余2%的材料返回到凸缘上），第三次拉深时多拉入1.5%的材料（其余1.5%的材料返回到凸缘上），则第二次和第三次拉深的假想毛坯直径分别为

$$D' = \sqrt{3200 \times 103\% + 2895}\,\text{mm} = 78.7\,\text{mm}$$

$$D'' = \sqrt{3200 \times 101.5\% + 2895}\,\text{mm} = 78.4\,\text{mm}$$

以后各次拉深工序件的高度为

$$H_2 = \frac{0.25}{d_2}(D'^2 - d_t^2) + 0.43(r_2 + R_2) + \frac{0.14}{d_2}(r_2^2 - R_2^2)$$

$$= \frac{0.25}{31.2} \times (78.7^2 - 59.8^2)\,\text{mm} + 0.43 \times (4.5 + 4.5)\,\text{mm} = 24.8\,\text{mm}$$

$$H_3 = \frac{0.25}{d_3}(D''^2 - d_t^2) + 0.43(r_3 + R_3) + \frac{0.14}{d_3}(r_3^2 - R_3^2)$$

$$= \frac{0.25}{25} \times (78.4^2 - 59.8^2)\,\text{mm} + 0.43 \times (3.5 + 3.5)\,\text{mm} = 28.7\,\text{mm}$$

最后一次拉深后达到零件的高度 $H_4 = 32\,\text{mm}$，上工序多拉入的1.5%的材料全部返回到凸缘，拉深工序至此结束。

将上述按中线尺寸计算的工序件尺寸换算成与零件图相同的标注形式后，所得各工序件的尺寸如图6-33所示。

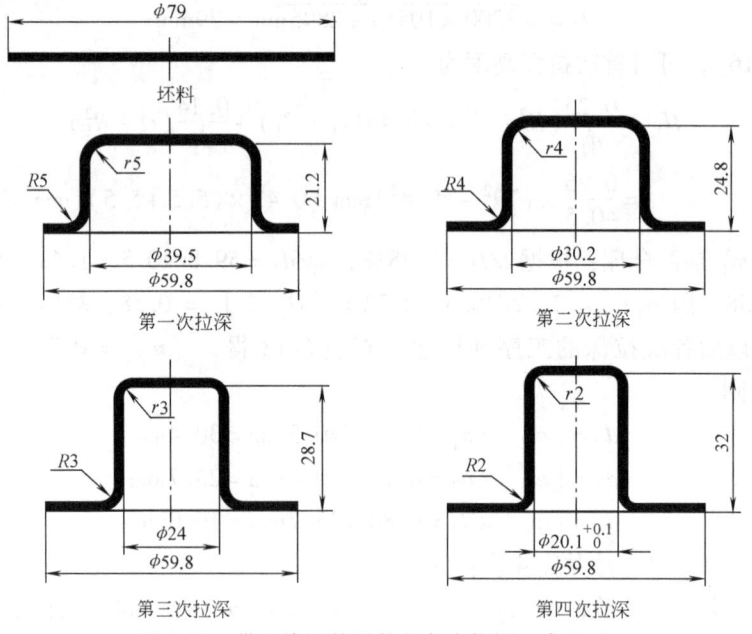

图6-33 带凸缘圆筒形件的各次拉深工序尺寸

二、阶梯圆筒形件的拉深

阶梯圆筒形件如图6-34所示。阶梯圆筒形件拉深的变形特点与圆筒形件拉深的特点相同，可以认为圆筒形件以后各次拉深时不拉到底就得到阶梯形件，变形程度的控制也可采用圆筒形件的拉深系数。但是，阶梯圆筒形件的拉深次数及拉深方法等与圆筒形件拉深是有区

别的。

1. 判断能否一次拉深成形

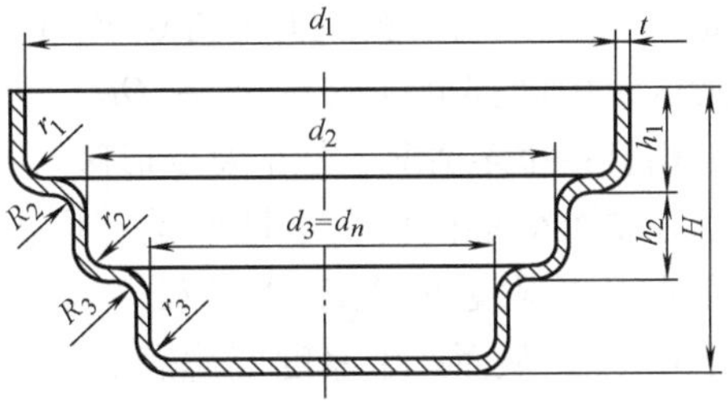

判断阶梯圆筒形件能否一次拉深成形的方法是：先计算零件的高度 H 与最小直径 d_n 的比值 H/d_n（图 6-34），然后根据毛坯相对厚度 t/D 查表 6-10，如果拉深次数为 1，则可一次拉深成形，否则需多次拉深成形。

2. 阶梯圆筒形件多次拉深的方法

阶梯圆筒形件需多次拉深时，根据阶梯圆筒形件的各部分尺寸关系不同，其拉深方法也有所不相同。

1）当任意相邻两个阶梯直径之比 d_i/d_{i-1} 均大于相应圆筒形件的极限拉深系数 $[m_i]$ 时，则可由大阶梯到小阶梯依次拉出（图 6-35a），这时的拉深次数等于阶梯直径数目与最大阶梯成形所需的拉深次数之和。

2）如果某相邻两个阶梯直径之比 d_i/d_{i-1} 小于相应圆筒形件的极限拉深系数 $[m_i]$，则可先按带凸缘筒形件的拉

图 6-34　阶梯圆筒形件

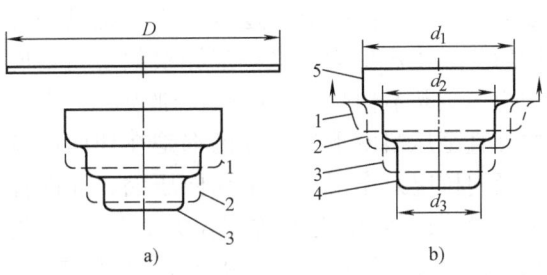

图 6-35　阶梯圆筒形件多次拉深方法

深方法拉出直径 d_i，再将凸缘拉成直径 d_{i-1}，其顺序是由小到大，如图 6-35b 所示。图中因 d_2/d_1 小于相应圆筒形件的极限拉深系数，故先用带凸缘筒形件的拉深方法拉出直径 d_2，d_3/d_2 不小于相应圆筒形件的极限拉深系数，可直接从 d_2 拉到 d_3，最后拉出 d_1。

当阶梯件的最小的阶梯直径 d_n 很小，d_n/d_{n-1} 过小，其高度 h_n 又不大时，则最小阶梯可以用胀形的方法得到，但材料变薄，影响零件质量。

当阶梯件的毛坯相对厚度较大（$t/D \geq 1.0\%$），而且每个阶梯的高度不大，相邻阶梯直径差又不大时，也可以先拉成带大圆角半径的圆筒形件，然后用校形方法得到零件的形状和尺寸。用这种方法成形，材料可能有局部变薄，影响零件质量。

三、轴对称曲面形状件的拉深

轴对称曲面形状件包括球形件、抛物线形件、锥形件等。这类零件在拉深成形时，变形区的位置、受力情况、变形特点等都与直壁拉深件不同，所以在拉深中出现的问题和解决问题的方法与直壁筒形件也有很大的差别。对这类零件不能简单地用拉深系数去衡量和判断成形的难易程度，也不能用它来作为工艺过程设计和模具设计的依据。

1. 轴对称曲面形状件的拉深特点

（1）成形过程　现以球形件拉深变形为例，来认识曲面形状件拉深变形的共同特点。

图 6-36 所示是球形件拉深成形过程。当球面凸模向下运动接触到毛坯时，位于顶点 O 及其附近的金属首先开始变形而贴紧凸模，当凸模继续向下运动时，中心附近以外的金属乃至压料圈下面的环形部分金属也逐步产生了变形并从里向外逐步贴紧凸模，最后形成了与凸模球表面一致的球形零件。

（2）成形特点　从上述球面形成过程可以看出，为使平板毛坯变成球形件，整个毛坯

都是变形区，即凸缘部分（图 6-36 中 AB）是变形区，中间部分（图 6-36 中 OB）也是变形区，而且在很多情况下是主要变形区。

在整个变形区内变形性质是不同的，在凸模顶点及其附近的毛坯处于双向拉应力状态（图 6-36），从而产生厚度变薄表面积增大的胀形变形。设变形前毛坯上某一点 D，在板料不变薄时应该在 D_1 点贴紧凸模，但变形后实际上是在 D_2 点或 D_3 点甚至更外的位置贴紧凸模。这就表明这个区域确实属于胀形变形区。从这个区域往外，切向拉应力逐步减小，超过一定界限后变成了压应力，这一定界限就是指切向应力为零、既不伸长又不缩短的部位。一定界限之外直至压料圈下的凸缘区都是在切向压应力、径向拉应力作用下产生切向压缩、径向伸长的变形，这种变形通常称"拉深变形"。可见曲面零件的成形是胀形和拉深变形的复合变形。

实践证明，一定界限的位置是随着压料力等冲压条件的变化而变化的。

从球形零件的成形过程中可以看出，刚开始拉深时，中间部分几乎都不与模具表面接触，即处于"悬空"状态。随着拉深过程的进行，悬空状态部分虽有逐步减少，但仍比圆筒形件拉深时大得多。毛坯处于这种悬空状态，抗失稳能力较差，在切向压应力作用下很容易起皱。

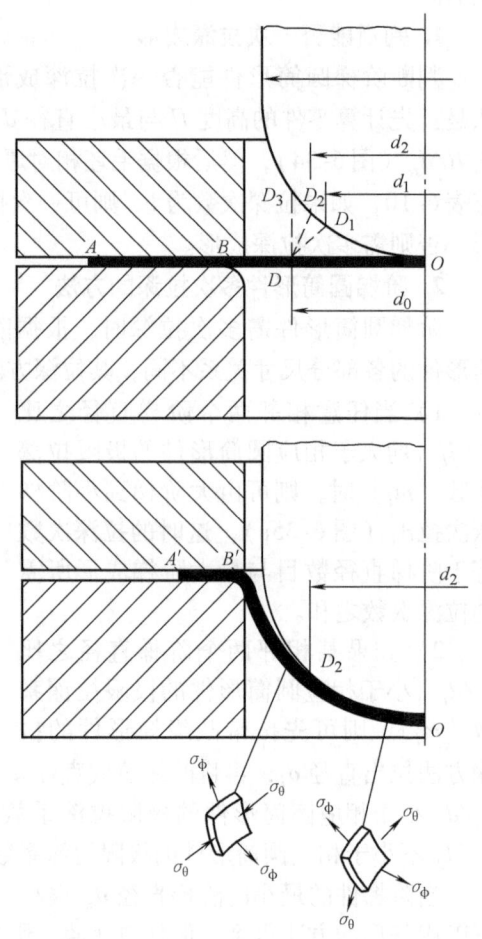

图 6-36 球形件拉深成形过程

这个现象常成为曲面形状件拉深必须解决的主要问题。另一方面，由于毛坯中的径向拉应力在凸模顶部接触的中心部位上最大，因此，曲面中心部分的破裂仍是这类零件成形中需要注意的另一个问题。

（3）提高轴对称曲面形状件成形质量的措施　轴对称曲面形状件的起皱倾向比圆筒形件等直壁零件大。防止这类零件拉深时中间悬空部分毛坯起皱的方法有如下几种。

1）加大毛坯直径。这种方法实质上是增大了毛坯凸缘部分的变形抗力和摩擦力，从而增大了径向拉应力，降低了中间部分毛坯的切向压应力，增大了中间部分胀形区，从而起到了防皱的作用。这种防皱方法简单，但增大了材料的消耗。

2）适当地调整和增大压料力。这种方法实质上是增大了凸缘部分的摩擦力，其防皱原理与上述相同。

3）采用带压料肋的拉深模（图 6-37）。这种模具在拉深时，板料在压料肋上弯曲和滑动，增大了进料阻力，从而增大了径向拉应力，减少了起皱倾向，而且减少了冲件成形卸载后的回弹，提高了零件的准确性。带压料筋的拉深模，在利用双动拉深压力机和液压机进行复杂曲面形状件的成形中，应用比较广泛。

压料肋的结构形状有圆弧形（图6-37）和阶梯形（图6-38），其中阶梯形又称压料槛，它在拉深时对板料滑动阻力较大。改变压料肋的高度、压料肋的圆角半径和压料肋的数量及其布置，便可调整径向拉应力和切向压应力的大小。

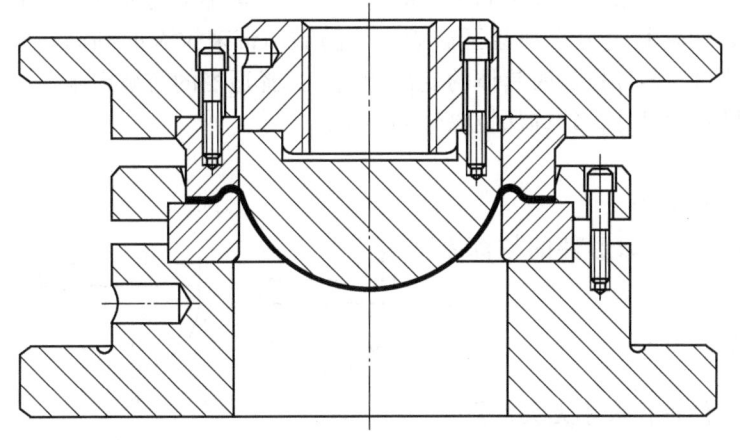

图6-37　带圆弧形压料肋的拉深模　　　　　　图6-38　阶梯形压料肋

4）采用反拉深方法　反拉深原理如图6-39所示。图6-39a为汽车灯前罩，经过多次拉深，逐步增大高度，减小顶部曲率半径，从而达到零件尺寸要求。图6-39b为圆筒形件的反拉深。图6-39c为正、反拉深，用于尺寸较大，板料薄的曲面形状件的拉深。

反拉深时，由于毛坯与凹模的包角为180°（一般拉深为90°），所以增大了材料拉入凹模的摩擦力，使径向拉应力增大，切向压应力减小，材料不容易起皱。同时由于反拉深过程毛坯侧壁反复弯曲次数少，硬化程度较小，所以反拉深的拉深系数可比正拉深降低10%~15%。

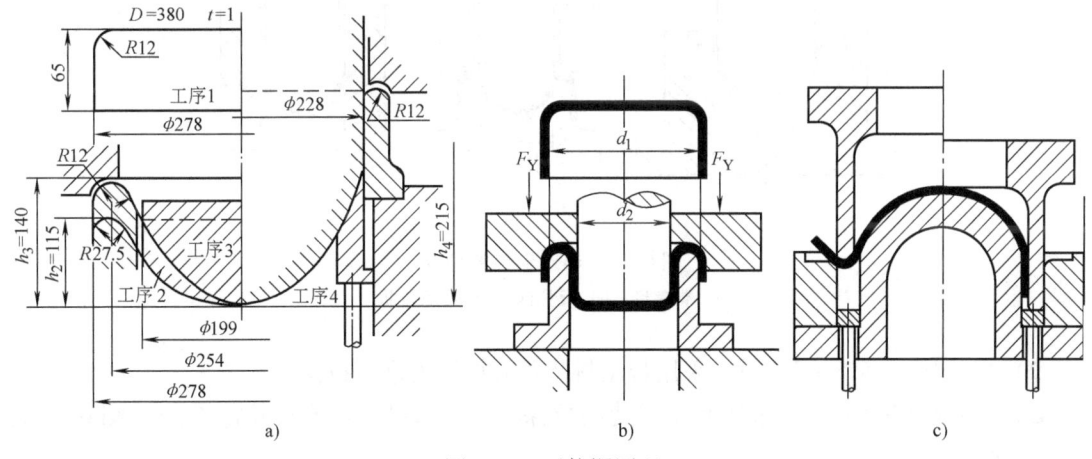

图6-39　反拉深原理
a）汽车灯前罩反拉深　b）圆筒形件反拉深　c）正、反拉深

反拉深的凹模壁厚尺寸决定于拉深系数，如果拉深系数大，则凹模壁厚小，强度低。反拉深的凹模圆角半径也受到两次拉深工序件直径差的限制，最大不能超过直径差的1/4（即$(d_1-d_2)/4$）。所以，反拉深不适用于直径小而厚度大的零件，一般用于拉深尺寸较大、板

料较薄（$t/D<0.3\%$）的零件。

反拉深所需的拉探力比正拉深大10%~20%。

以上四种防止曲面形状件拉深时起皱的方法，其共同特点是，增大毛坯凸缘部分的变形抗力和摩擦力，提高径向拉应力，从而增大毛坯中间部分的胀形成分，减小中间部分起皱的可能性。但可能导致凸模顶点附近材料过分变薄甚至破裂，即防皱却带来拉裂的倾向。所以，在实际生产中必须根据各种曲面零件拉深时具体的变形特点，选择适当的防皱措施，正确确定和认真调整压料力和压料肋的尺寸，以确保拉深件的质量。

2. 球形件的拉深

球面形状件有多种类型，见图6-40。

（1）半球形件（图6-40a） 半球形件的拉深系数为

$$m = \frac{d}{D} = \frac{d}{\sqrt{2}d} 0.71 = 常数$$

可见半球形件拉深系数与零件直径大小无关，是个常数。因此，不能以拉深系数作为设计工艺过程的依据，而以毛坯的相对厚度 t/D 作为判断成形难易程度和选定拉深方法的依据。分别不同情况，半球形件有三种成形方法：

1）当 $t/D>3\%$ 时，可用不带压料装置的简单拉深模一次拉深成形，如图6-41a所示。以这种方法拉深，毛坯贴模不良，需要用球形底凹模在拉深工作行程终了时进行整形。

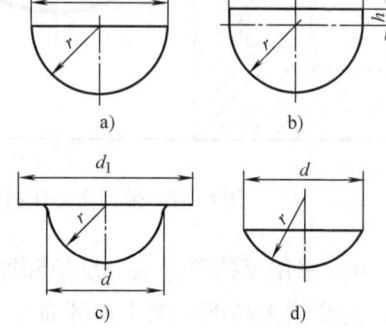

图6-40 球形件类型

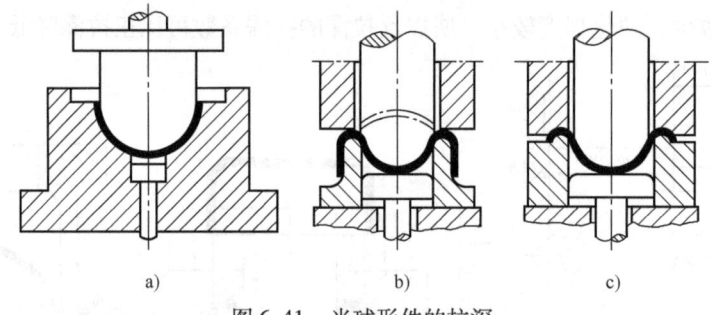

图6-41 半球形件的拉深
a) 带整形 b) 反拉深 c) 带压料肋

2）当 $t/D=0.5\%~3\%$ 时，采用带压料装置的拉深模进行拉深。

3）当 $t/D<0.5\%$ 时，采用有压料肋的拉深模（图6-41c）或反拉深方法（图6-41b）进行拉深。

当球形件带有高度为（0.1~0.2）d 的直壁（图6-40b）或带有每边宽度为（0.1~0.5）d 的凸缘时（图6-40c），虽然变形程度有所增大，但对球面的成形却有好处。同理，对于不带凸缘和不带直边的球形件的表面质量和尺寸精度要求较高时，可加大坯料尺寸，形成凸缘，在拉深之后再切边。

（2）高度小于球面半径的浅球形件（图6-40d） 这种零件在成形时，除了容易起皱外,坯料容易偏移,卸载后还有一定的回弹。所以,当毛坯直径 $D \leqslant 9\sqrt{rt}$ 时,可以不压料,用球形底的凹模一次成形。但当球面半径 r 较大,板料厚 t 和深度较小时,必须按回弹量修正模具。当毛坯直径 $D>9\sqrt{rt}$ 时,应加大毛坯直径,并用强力压料装置或带压料肋的模具进行拉深,以克服回弹并防止坯料在成形时产生偏移。多余的材料可在成形后切边。

3. 抛物线形件的拉深

(1) 深度较小的抛物线形件（$h/d<0.5 \sim 0.6$） 其变形特点及拉深方法与半球形件相似。图 6-42 为抛物线形灯罩及其拉深模,灯罩的材料为 08 钢,厚度为 0.8mm,经计算得毛坯直径 $D=280$mm。根据 $h/d=0.58$,$t/D=0.28\%<0.5\%$,采用上述半球形件的第三种成形方法,即用有压料肋的凹模进行拉深（图 6-41c）。其模具设有两道压料肋。

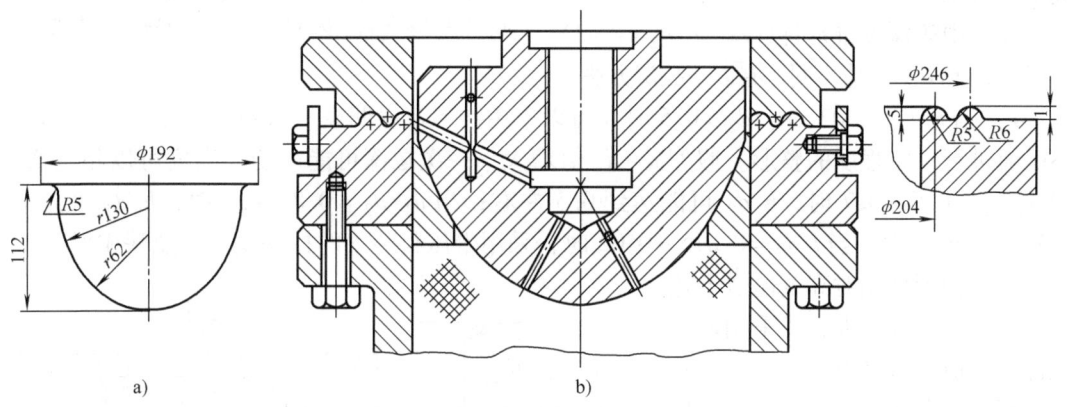

图 6-42 灯罩及其拉深模
a) 灯罩零件图 b) 灯罩拉深模

(2) 深度较大的抛物线形件（$h/d \geqslant 0.5 \sim 0.6$） 由于零件高度较大,顶部圆角较小,所以拉深难度较大,一般需进行反拉深或正拉深多工序逐步成形。为了保证零件的尺寸精度和表面质量,最后一道拉深工序应有一定的胀形变形,这样,毛坯面积就可以小于零件的表面积。

4. 锥形件的拉深

锥形件（图 6-43）拉深的主要困难是毛坯悬空面积大,容易起皱;凸模接触毛坯面积小,变形不均匀程度比球形件大,尤其是锥顶圆角半径 r 较小时容易变薄甚至破裂;如果口部与底部直径相差大时,拉深后回弹较大。

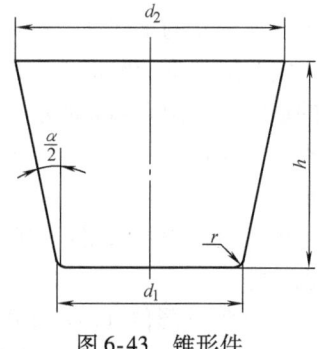

图 6-43 锥形件

锥形件各部分的尺寸参数（见图 6-43）不同,拉深成形的难易程度不同,成形方法也不同。在确定其拉深方法时,主要由锥形件的相对高度 h/d_2、相对锥顶直径 d_1/d_2、相对厚度 t/d_2 这三个参数所决定。显然,其 h/d_2 越大、d_1/d_2 越小、t/d_2 越小则拉深难度越大。

根据锥形件拉深成形的难易程度,其成形方法大体分为如下几种。

(1) 浅锥形件（$h/d_2<0.2$） 浅锥形件一般可以一次拉深成形。这时相对锥顶直径

d_1/d_2 影响不大，可根据相对厚度 t/d_2 值决定拉深模的结构。

当 $t/d_2 > 0.02$ 时，可不带压料圈，采用带底凹模的模具一次成形，如图6-44a所示。这种成形方法回弹比较严重，通常需要试冲，修正模具。当相对厚度 t/d_2 较小，或虽然相对厚度较大，但精度要求较高时，则采用带平面压料圈或带压料肋的模具一次成形，如图6-44b所示。如果零件是无凸缘的，为了成形的需要，可加大毛坯直径，成形后再切边。

(2) 中等深度锥形件 $(0.2 < h/d_2 < 0.43)$ 根据 t/d_2 和 d_1/d_2 值不同，有以下拉深方法。

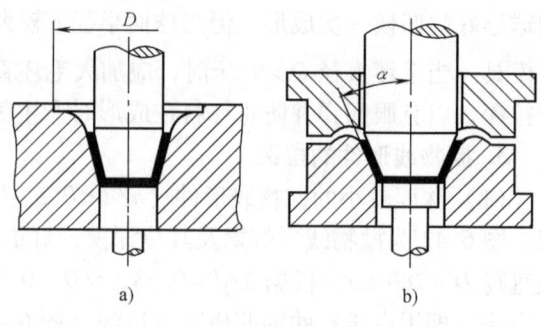

图6-44 相对高度小的锥形件拉深方法
a) 不带压料圈的一次成形　b) 带压料筋的一次成形

1) 当 $t/d_2 > 0.02$，$d_1/d_2 > 0.5$ 时，可以采用锥形带底凹模一次拉深成形，在工作行程终了时进行一定程度的整形。假如 d_1/d_2 值增大，一次拉深可能成功的高度可以相应增大。当 $d_1/d_2 = 0.6 \sim 0.7$ 时，h/d_2 可能达到 0.5 左右；当 $d_1/d_2 = 0.8 \sim 0.9$ 时，h/d_2 可能达到 $0.5 \sim 0.6$ 或更大。当 $t/d_2 = 0.015 \sim 0.02$ 时，采用带压料装置的拉深模一次拉深成形。

如果锥形件相对高度超过上述范围，相对厚度较大，可采用两道拉深工序成形（图6-45）。首先拉深成圆筒形件或带凸缘的筒形件，然后用锥形凸、凹模拉深成锥形件，并在工作行程终了时进行整形。

2) 当 $t/d_2 < (0.015 \sim 0.02)$、$d_1/d_2 \geq 0.5$、$h/d_2 = 0.3 \sim 0.5$ 时，通常用两道拉深工序成形。第一道工序拉深成较大圆角半径的筒形或接近球面形状的工序件，然后用带有一定胀形变形的整形工序压成需

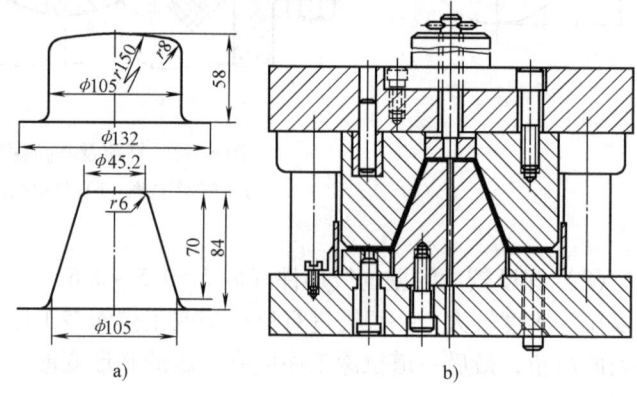

图6-45 锥形件拉深方法及拉深模
a) 拉深工序图　b) 拉深模

要的形状，如图6-46a所示。第一道拉深后的工序件尺寸，应保证整形时各部分直径的增大量不超过8%。当 d_1/d_2 较小时，第一道拉深可采用近似锥形的过渡形状所示，图6-46b所示。

第二道拉深可以用正拉深，也可以用反拉深。反拉深能有效防止起皱，所得零件表面质量也较好。

(3) 深锥形件 $(h/d_2 > 0.5)$　这种锥形件必须采用多工序拉深成形。

1) 阶梯过渡法。先逐步拉成具有大圆角半径的阶梯形工序件（阶梯形的内形与要求的锥形件相切），最后整形成锥形件，如图6-47a所示。其拉深方法和拉深次数计算与阶梯形件相同，拉深系数按圆筒形件拉深系数选取。采用这种方法，因为校形后零件表面仍留有原阶梯的痕迹，所以应用不多。

2) 锥面逐步增大法。采用底部直径逐步缩小、锥面逐步扩大的方法成形，如图 6-47b 所示。其拉深系数可选圆筒形件的拉深系数。采用此法所得工件表面质量较好，因而应用较多。

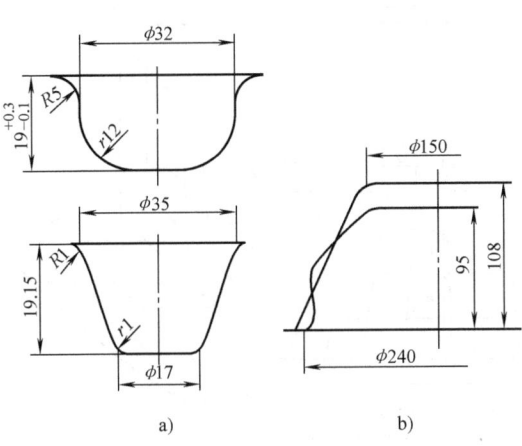

图 6-46　锥形件两次成形方法

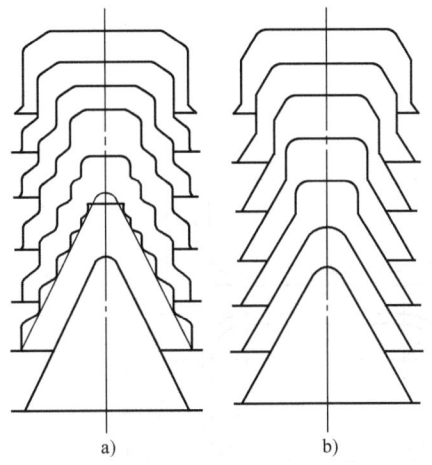

图 6-47　高锥形件的逐步成形方法

四、盒形件的拉深

1. 盒形件拉深的变形特点

盒形件可以划分为 4 个长度分别为 $(L-2r_g)$ 和 $(B-2r_g)$ 的直边部分及 4 个半径均为 r_g 的圆角部分，圆角部分是四分之一的圆柱面，直边部分是直壁平面，如图 6-48 所示。假设圆角部分与直边部分没有联系，则零件的成形可以假想为由直边部分的弯曲和圆角部分的拉深变形所组成。但实际上直边和圆角是一个整体，在成形过程中必有互相作用和影响，两者之间也没有明显的界限。

为了观察盒形件拉深的变形特点，在拉深成形之前将毛坯表面的圆角部分按圆筒形件拉深试验的同样方法划出网格，直边部分则划成由相互垂直的等距离平行线组成的网格（$l_1 = l_2 = l_3 = b_1 = b_2 = b_3$），见图 6-49。经过拉深成形后，其圆角部分网格的变化与圆筒形件拉深的情况相似，但也有差别在表现，板料上的径向放射线经变形后不是成为与底面垂直的平行线，而是口部距离大底部距离小的斜线，这说明圆角部分的金属材料有向直边转移的现象。直边部分经变形后，横向尺寸 $l_1 > l'_1 > l'_2 > l'_3$，纵向尺寸 $b_1 < b'_1 < b'_2 < b'_3$，这说明直边部分在变形过程中受到圆角部分材料的挤压作用，其横向压缩变形是不均匀的，靠近圆角处压缩变形大，直边中间处压缩变形小。沿高度方向伸长变形也是不均匀的，靠近口部处变形大，而靠近底部处变形小。

根据上述观察和分析，可知盒形件拉深变形有以下特点。

1) 盒形件拉深的变形性质与圆筒形件相同，毛坯变形区（凸缘）也是一拉一压的应力状态，如图 6-50 所示。

2) 盒形件拉深时沿毛坯周边上的应力和变形分布是不均匀的。由于圆角部分金属向直边流动，减轻了圆角部分材料的变形程度。拉应力 σ_1 在圆角中间处最大，而向直边逐步减小，变形所需要的拉应力平均值比相应圆筒形件小得多，这就减小了危险断面拉裂的可能性，因此盒形件可以取较小的拉深系数。压应力 σ_3 从圆角中部最大值向直边逐渐减小，因此，圆角部分与相应圆筒形件相比，起皱的趋向性减小。直边部分除了承受弯曲力之外，还承受横向挤压力作用，但 σ_1 和 σ_3 比圆角处小得多，破裂和起皱趋向性很小。

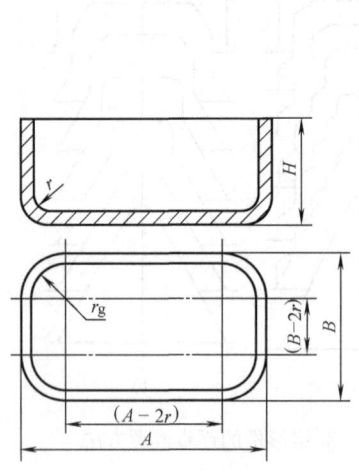

图 6-48 盒形件

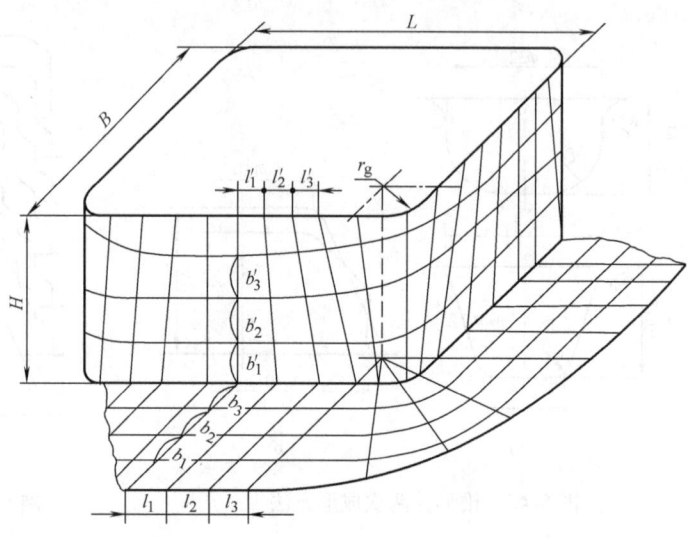

图 6-49 盒形件拉深的变形特点

3）直边与圆角变形相互影响的程度取决于相对圆角半径（r_g/B）和相对高度（H/B）。r_g/B 越小，直边部分对圆角部分的变形影响越显著（如果 $r_g/B = 0.5$，则盒形件成为圆筒形件，也就不存在直边与圆角变形的相互影响了）；H/B 越大，直边与圆角变形相互影响也越显著。因此，r_g/B 和 H/B 两

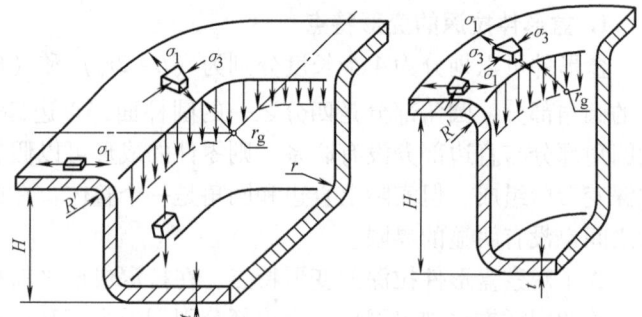

图 6-50 盒形件拉深时的应力分布

个尺寸参数不同的盒形件，在毛坯展开尺寸和工艺计算上都有较大不同。

2. 盒形件毛坯的形状和尺寸的确定

在盒形件拉深时，正确地确定毛坯的形状和尺寸很重要，它不仅关系到节约原材料，而且关系到拉深时材料的变形和零件的质量。毛坯形状及尺寸不适当，将进一步增大毛坯周边变形的不均匀程度，影响拉深工作的顺利进行，并影响盒形件质量。

口部要求不高的低盒形件，拉深后可以不切边。口部要求较高的或高盒形件一般都要经过切边。盒形件的切边余量见表 6-19。

表 6-19 盒形件的切边余量 Δh

所需拉深工序数目	1	2	3	4
切边余量 Δh	$(0.03 \sim 0.05) H$	$(0.04 \sim 0.06) H$	$(0.05 \sim 0.08) H$	$(0.06 \sim 0.1) H$

盒形件毛坯形状和尺寸的初步确定方法与盒形件的 r_g/B 和 H/B 两个尺寸参数有关，因为这两个参数对圆角部分材料向直边转移程度影响极大。以下例举两类典型盒形件的毛坯形

状和尺寸的确定方法。

(1) 一次拉深成形的低盒形件毛坯的确定 对于 r_g/B 和 H/B 均较小的盒形件,其坯料的形状和尺寸可以按下述步骤来确定 (图6-51)。

1) 首先将盒形件的直边按弯曲变形、圆角部分按四分之一圆筒形拉深变形分别展开,得 ABCDEF 轮廓的毛坯。其中

$$l_z = H + 0.57r \tag{6-17}$$

$$R = \sqrt{2r_g H} \quad (当 r_g = r 时) \tag{6-18}$$

或 $R = \sqrt{r_g^2 + 2r_g H - 0.86r(r_g + 0.16r)}$ (当 $r_g > r$ 时)

$$\tag{6-19}$$

2) 修正展开的毛坯形状,使圆角到直边光滑过渡。作法是:由 BC 中点作圆弧 R 的切线,再以 R 为半径作圆弧与直边和切线相切。这时面积 $A_1 \approx A_2$,拉深时圆角部分多出的面积 A_1 向直边转移以补充直边部分面积 A_2 的不足。

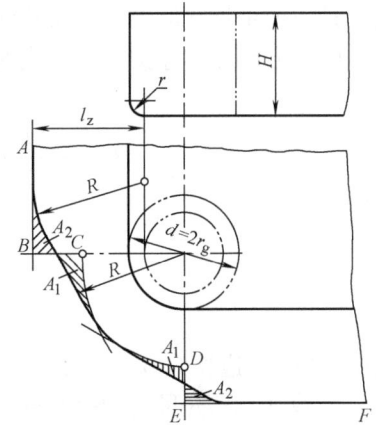

图6-51 低盒形件毛坯的初步确定

(2) 多次拉深成形的高盒形件毛坯的确定

1) 多次拉深成形的高正方形件的毛坯。高正方形件的毛坯为圆形,其直径按下式计算 (图6-52):

当 $r_g = r$ 时

$$D = 1.13\sqrt{B^2 + 4B(H - 0.43r_g) - 1.72r_g(H + 0.33r_g)} \tag{6-20}$$

当 $r_g > r$ 时

$$D = 1.13\sqrt{B^2 + 4B(H - 0.43r) - 1.72r_g(H + 0.5r_g) - 4r(0.11r - 0.18r_g)} \tag{6-21}$$

2) 多次拉深成形的高矩形件的毛坯。这种零件可以看成由宽度 B 的两个半正方形和中间宽度为 B、长度为 L-B 的槽形所组成。毛坯的外形有两种 (图6-53):一种是椭圆形毛

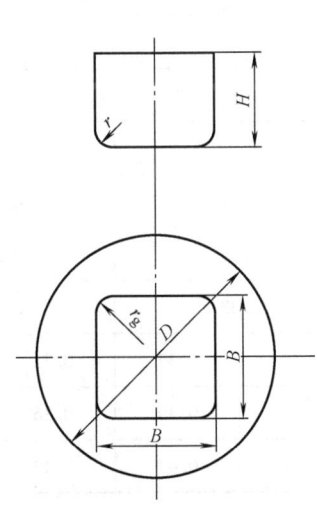

图6-52 高正方形件毛坯的形状与尺寸

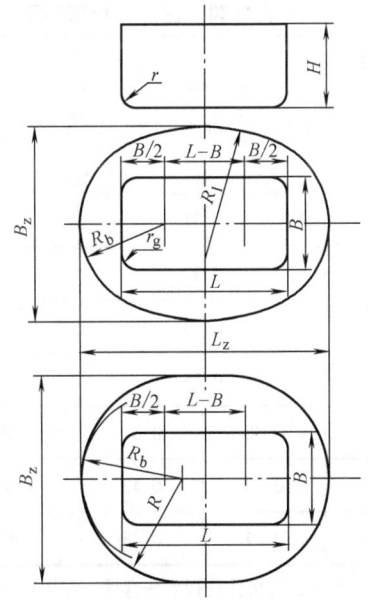

图6-53 高矩形件毛坯的形状与尺寸

坯；另一种是长圆形毛坯。长圆形毛坯的落料模比椭圆形毛坯的落料模容易制造。

椭圆形毛坯尺寸按以下公式求得

$$L_z = D + (L - B) \tag{6-22}$$

$$B_z = \frac{D(B - 2r_g) + [B + 2(H - 0.43r)](L - B)}{L - 2r_g} \tag{6-23}$$

$$R_b = \frac{D}{2} \tag{6-24}$$

$$R_1 = \frac{0.25(L_z^2 + B_z^2) - L_z R_b}{B_z - 2R_b} \tag{6-25}$$

式中　D——边长为 B 的高正方形件毛坯直径（mm），按式（6-20）或式（6-21）求得。

长圆形毛坯尺寸的计算方法是：L_z、B_z 分别按式（6-22）和式（6-23）求出，$R = 0.5 B_z$。

当矩形件的长度 L 和宽度 B 相差不大，计算出的 L_z 和 B_z 相差不远时，可以把毛坯简化为圆形，以利于毛坯落料模的制造。

3. 盒形件拉深变形程度

盒形件拉深变形程度可以用拉深系数和相对高度来表示。其极限变形程度不仅取决于材料性质和毛坯的相对厚度 t/D（或 t/B），还与零件相对圆角半径 r/B 有密切关系。

对于具有较小圆角半径的盒形件拉深，其拉深变形程度可以用角部拉深系数表示：

首次拉深

$$m_1 = \frac{r_{g1}}{R_y} \tag{6-26}$$

以后各次拉深

$$m_i = \frac{r_{gi}}{r_{g(i-1)}} \quad (i = 2、3、4、\cdots、n) \tag{6-27}$$

式中　R_y——毛坯圆角的假想半径（mm），$R_y = R_b - 0.7(B - 2r_g)$，对于图 6-62，$R_y = R$；

r_{g1}、r_{gi}——首次和以后各次拉深后工序件口部的圆角半径（mm）；

m_1、m_i——首次和以后各次的拉深系数，其极限值可查表 6-20 和表 6-21。

表 6-20　盒形件角部的第一次极限拉深系数 [m_1]（材料：08 钢、10 钢）

r_g/B_1	毛坯相对厚度 (t/D)（%）							
	0.3~0.6		0.6~1.0		1.0~1.5		1.5~2.0	
	矩形	方形	矩形	方形	矩形	方形	矩形	方形
0.025	0.31		0.30		0.29		0.28	
0.05	0.32		0.31		0.30		0.29	
0.10	0.33		0.32		0.31		0.30	
0.15	0.35		0.34		0.33		0.32	
0.20	0.36	0.38	0.35	0.36	0.34	0.35	0.33	0.34
0.30	0.40	0.42	0.38	0.40	0.37	0.39	0.36	0.38
0.40	0.44	0.48	0.42	0.45	0.41	0.43	0.40	0.42

注：D 对于正方形件是指毛坯直径，对于矩形件是指毛坯宽度。

表 6-21　盒形件以后各次极限拉深系数 $[m_i]$（材料：08 钢、10 钢）

r_g/B	毛坯相对厚度 (t/D)（%）			
	0.3～0.6	0.6～1.0	1.0～1.5	1.5～2.0
0.025	0.52	0.50	0.48	0.45
0.05	0.56	0.53	0.50	0.48
0.10	0.60	0.56	0.53	0.50
0.15	0.65	0.60	0.56	0.53
0.20	0.70	0.65	0.60	0.56
0.30	0.72	0.70	0.65	0.60
0.40	0.75	0.73	0.70	0.67

当 $r_g = r$ 时，首次拉深变形程度也可以用盒形件相对高度来表示：

$$m = \frac{d}{D} = \frac{2r_g}{2\sqrt{2r_g H}} = \frac{1}{\sqrt{2H/r_g}} \tag{6-28}$$

式中　H/r_g——盒形件相对高度，盒形件第一次拉深的最大许可相对高度见表 6-22。

如果根据零件尺寸求得的拉深系数 m 大于表 6-20 中的 $[m_1]$ 值，或盒形件相对高度 H/r_g 小于表 6-22 中的 $[H/r_{g1}]$ 值，则可以一次拉深成形，否则就要多次拉深成形。

表 6-22　盒形件第一次拉深的许可相对高度 $[H/r_{g1}]$（材料：10 钢）

r_g/B_1	方 形			矩 形		
	毛坯相对厚度 (t/D)（%）					
	0.3～0.6	0.6～1	1～2	0.3～0.6	0.6～1	1～2
0.4	2.2	2.5	2.8	2.5	2.8	3.1
0.3	2.8	3.2	3.5	3.2	3.5	3.8
0.2	3.5	3.8	4.2	3.8	4.2	4.6
0.1	4.5	5.0	5.5	4.5	5.0	5.5
0.05	5.0	5.5	6.0	5.0	5.5	6.0

4. 盒形件的多次拉深

盒形件多次拉深时的变形特点，不但不同于圆筒形件的多次拉深，而且与盒形件的首次拉深也有较大的区别。盒形件以后各次拉深变形过程如图 6-54 所示。工件底部和已进入凹模高度为 h_2 的直壁是传力区；宽度为 b_n 的环形部分为变形区；高度为 h_1 的直壁部分是待变形区。在拉深过程中，随着拉深凸模的向下运动，高度 h_2 不断增大，而高度 h_1 则逐渐减小，直到全部进入凹模而形成盒形件的侧壁。

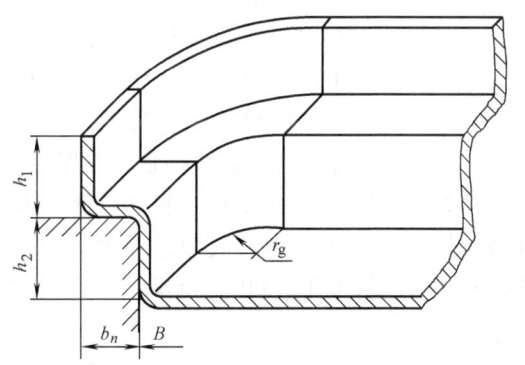

图 6-54　盒形件以后各次拉深变形过程

从拉深变形过程来看，因变形区即有圆角部分又有直边部分，要使拉深顺利进行并保证零件的质量，必须使变形区内各部分的变形均匀，否则这种不均匀的变形受到高度为 h_1 的待变形区侧壁的阻碍，必然在变形区内产生附加应力。在受到附加压应力作用的部位，可能产生材料的堆积或横向起皱；在受到附加拉应力作用的部位，可能产生材料厚度过分变薄甚至破裂。因此，对于盒形件的拉深，除了应保证沿盒形件周边各点上的拉深变形程度不超过其侧壁抗拉强度所允许的极限值以外，还必须保证拉深变形区内各部分变形均匀一致。这是确定盒形件工序顺序、变形工艺参数、工序件形状和尺寸及模具设计着重考虑的问题。

在确定盒形件多次拉深工序件形状和尺寸时，一般应先初步确定拉深次数。盒形件所需的拉深次数可按表 6-23 确定。

表 6-23 盒形件多次拉深所能达到的最大相对高度 H/B

拉深次数	毛坯相对厚度（t/B）（%）			
	0.3~0.5	0.5~0.8	0.8~1.3	1.3~2.0
1	0.5	0.58	0.65	0.75
2	0.7	0.8	1.0	1.2
3	1.2	1.3	1.6	2.0
4	2.0	2.2	2.6	3.5
5	3.0	3.4	4.0	5.0
6	4.0	4.5	5.0	6.0

确定盒形件多次拉深工序件形状和尺寸的方法有多种，这里介绍一种控制角部壁间距 δ 的计算方法。

图 6-55 为正方形件多次拉深的工序件形状和尺寸。采用直径为 D 的圆形毛坯，各中间工序都拉成圆筒形，最后一次才拉深成方形件。计算从第 $n-1$ 次开始，$n-1$ 次拉深工序件的直径为

$$d_{n-1} = 1.41B - 0.82r_g + 2\delta \qquad (6-29)$$

式中　d_{n-1}——第 $n-1$ 次拉深后所得的工序件内径（mm）；

　　　B——正方形件的边长（mm）（内形尺寸）；

　　　r_g——正方形件角部内圆角半径（mm）；

　　　δ——角部壁间距（mm），即由第 $n-1$ 次拉深后得到工序件的圆角内表面到盒形件角部内表面之间距。

角部壁间距 δ 值直接影响拉深变形区的变形程度及其均匀性。保证变形区内适度而均匀的 δ 值可查表 6-24。控制角部壁间距，实际上是控制角部拉深系数。

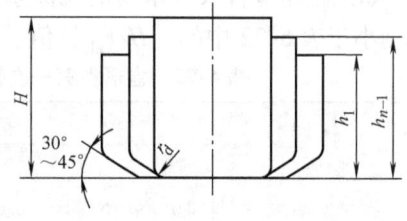

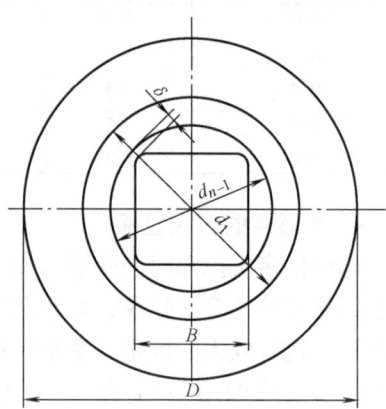

图 6-55　正方形件多次拉深的工序件形状和尺寸

表 6-24　角部壁间距 δ 值　　　　（单位：mm）

角部相对圆角半径 r_g/B	0.025	0.05	0.10	0.20	0.30	0.40
相对壁间距 δ/r_g	0.12	0.13	0.135	0.16	0.17	0.20

其他各道拉深工序相当于将毛坯直径为 D 拉深成直径为 d_{n-1}、高度为 H_{n-1} 的圆筒形件，故其工序尺寸计算与圆筒形件拉深的计算方法相同。

图 6-56 所示是矩形件多次拉深的工序件形状和尺寸。各中间工序拉深成椭圆形,最后拉深成矩形。计算也是从第 $n-1$ 次开始,第 $n-1$ 次拉深成椭圆形,其半径为

$$R_{\mathrm{l}n-1} = 0.705L - 0.41r_{\mathrm{g}} + \delta \tag{6-30}$$

$$R_{\mathrm{b}n-1} = 0.705B - 0.41r_{\mathrm{g}} + \delta \tag{6-31}$$

式中 $R_{\mathrm{l}n-1}$、$R_{\mathrm{b}n-1}$——第 $n-1$ 次拉深所得椭圆形工序件在短轴和长轴上的曲率半径(mm);

L、B——矩形件的长度和宽度(mm);

r_{g}——矩形件角部内圆角半径(mm);

δ——角部壁间距,与方形件相同(mm)。

$R_{\mathrm{l}n-1}$ 和 $R_{\mathrm{b}n-1}$ 的圆心可按图 6-56 的尺寸关系确定,画圆弧并平滑连接即得第 $n-1$ 次拉深工序件的形状和尺寸。当第 $n-1$ 次拉深工序件的形状和尺寸确定后,用盒形件首次拉深的计算方法核算是否可以由板料一次拉成,如果不行,再进行第 $n-2$ 次拉深工序的计算。第 $n-2$ 次拉深是从椭圆形到椭圆形,此时应保证

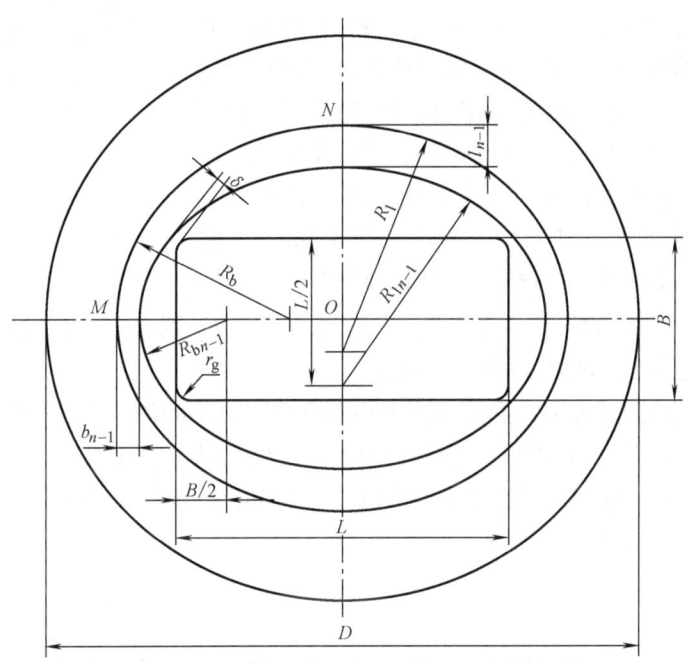

图 6-56 矩形件多次拉深的工序件形状和尺寸

$$\frac{R_{\mathrm{l}n-1}}{R_{\mathrm{l}n-1} + l_{n-1}} = \frac{R_{\mathrm{b}n-1}}{R_{\mathrm{b}n-1} + b_{n-1}} = 0.75 \sim 0.85 \tag{6-32}$$

式中 l_{n-1}、b_{n-1}——第 $n-2$ 次与第 $n-1$ 次工序件之间在短轴与长轴上的壁间距离。

由式(6-32)可求得 l_{n-1} 和 b_{n-1} 如下

$$l_{n-1} = (0.18 \sim 0.33)R_{\mathrm{l}n-1} \tag{6-33}$$

$$b_{n-1} = (0.18 \sim 0.33)R_{\mathrm{b}n-1} \tag{6-34}$$

求出 l_{n-1} 和 b_{n-1} 之后,在对称轴上找到 M 和 N 点,然后选定半径 R_1 和 R_{b} 作圆弧使其通过 N 点和 M 点,并圆滑连接,即得第 $n-2$ 次拉深工序件的形状和尺寸。R_1 和 R_{b} 的圆心

应比 R_{ln-1} 和 R_{bn-1} 的圆心更靠近矩形件的中心 O。

得出第 $n-2$ 次拉深工序件的形状和尺寸后,再核算是否可以由板料一次拉成。如果不行,则再进行第 $n-3$ 次拉深工序计算。依次类推,直到初次拉深为止。

为了使最后一次拉深能顺利进行,通常将第 $n-1$ 次拉深成具有和零件相同的平底形状,并以45°斜角和大的圆角半径将其与侧壁连接起来(见图6-55)。

第七节 拉深工艺的辅助工序

为了保证拉深过程的顺利进行或提高拉深件质量和模具的使用寿命,需要安排一些必要的辅助工序,如润滑、热处理和酸洗等。

一、润滑

在拉深过程中,板料与模具的接触面之间要产生相对滑动,因而有摩擦力存在。如图6-57中,F_1 为板料与凹模及压料圈之间的摩擦力;F_2 为板料与凹模角之间的摩擦力;F_3 为板料与凹模壁之间的摩擦力;F_4 为板料与凸模壁之间的摩擦力;F_5 为板料与凸模角之间的摩擦力。其中,摩擦力 F_1、F_2 和 F_3 不但增大了侧壁传力区的拉应力,而且会刮伤模具和工件表面,特别是在拉深不锈钢、耐热钢及其合金、钛合金等易粘模的材料时更严重,因而对拉深成形不利,应采取措施尽量减少;而摩擦力 F_4、F_5 则有阻止板料在危险断面处变薄的作用,因而对拉深成形是有益的,不应过小。

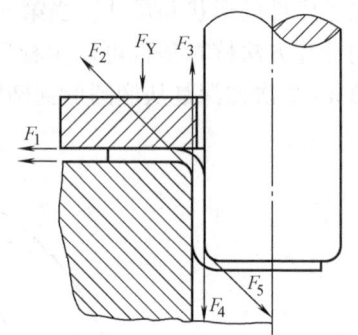

图6-57 拉深中的摩擦力

由此可见,在拉深过程中,需要摩擦力小的部位,必须润滑,其表面粗糙度值也应较小,以降低摩擦因数,从而减小拉应力,提高极限变形程度(减小拉深系数),并提高拉深件质量和模具的使用寿命;而摩擦力不必过小的部位,可不润滑,其表面粗糙度值也不宜很小。

常见的润滑剂见表6-25和表6-26。

二、热处理

在拉深过程中,由于板料因塑性变形而产生较大的加工硬化,致使继续变形困难甚至不可能。为了后续拉深或其他成形工序的顺利进行,或消除工件的内应力,必要时应进行工序间的热处理或最后消除应力的热处理。

对于普通硬化的金属(如08钢、10钢、15钢、黄铜和退火过的铝等),若工艺过程制订得正确,模具设计合理,一般可不需要进行中间退火。而对于高度硬化的金属(如不锈钢、耐热钢、退火纯铜等),一般在1~2次拉深工序后就要进行中间热处理。

不需要进行中间热处理能完成的拉深次数见表6-27。如果降低每次拉深的变形程度(即增大拉深系数),增加拉深次数,由于每次拉深后的危险断面是不断往上转移的,结果使拉裂的矛盾得以缓和,于是可以增加总的变形程度而不需要或减少中间热处理工序。

表 6-25 拉深低碳钢用的润滑剂

简称号	润滑剂成分	质量分数（%）	附注	简称号	润滑剂成分	质量分数（%）	附注
L—AN5	锭子油 鱼肝油 石墨 油酸 硫磺 钾肥皂 水	43 8 15 8 5 6 15	用这种润滑剂可收到最好的效果，硫磺应以粉末状加进去	L—AN10	锭子油 硫化蓖麻油 鱼肝油 白垩粉 油酸 苛性钠 水	33 1.6 1.2 45 5.5 0.1 13	润滑剂很容易去掉，用于单位压料力大的拉深件
L—AN6	锭子油 黄油 滑石粉 硫磺 酒精	40 40 11 8 1	硫磺应以粉末状加进去	L—AN2	锭子油 黄油 鱼肝油 白垩粉 油酸 水	12 25 12 20.5 5.5 25	这种润滑剂比以上几种略差
L—AN9	锭子油 黄油 石墨 硫磺 酒精 水	20 40 20 7 1 12	将硫磺溶于温度约为160℃的锭子油内。其缺点是保存时间太久会分层	L—AN8	钾肥皂 水	20 80	将肥皂溶在温度为60~70℃水里。用于球形及抛物线形工件的拉深
					乳化液 白垩粉 焙烧苏打 水	37 45 1.3 16.7	可溶解的润滑剂。加3%的硫化蓖麻油后，可改善其效用

表 6-26 拉深非铁材料及不锈钢用润滑剂

材料名称	润滑剂
铝	植物油（豆油）、工业凡士林
硬铝	植物油乳浊液
纯铜、黄铜、青铜	菜油或肥皂与油的乳浊液（将油与浓的肥皂水溶液混合）
镍及其合金	肥皂与油的乳浊液
2Cr13、1Cr18Ni9Ti、耐热钢	用氯化乙烯漆（G01—4）喷涂板料表面，拉深时另涂机油

表 6-27 不需热处理所能完成的拉深次数

材料	次数	材料	次数
08、10、15	3~4	不锈钢	1~2
铝	4~5	镁合金	1
黄铜	2~4	钛合金	1
纯铜	1~2		

为了消除加工硬化而进行的热处理方法，对于一般金属材料是退火，对于奥氏体不锈钢、耐热钢则是淬火。退火又分为低温退火和高温退火。低温退火是把加工硬化的工件加热到再结晶温度，使之得到再结晶组织，消除硬化，恢复塑性。高温退火是把加工硬化的工件加热到临界点以上一定的温度，使之得到经过相变的新的平衡组织，完全消除了硬化现象，塑性得到了更好恢复。低温退火由于温度低，表面质量较好，是拉深中常用的方法。高温退火温度高，表面质量较差，一般用于加工硬化严重的情况。

不论是工序间热处理还是最后消除应力的热处理，应尽量及时进行，以免由于长期存放造成冲件在内应力作用下生产变形或龟裂，特别对不锈钢、耐热钢及黄铜冲件更是如此。

三、酸洗

经过热处理的工序件，表面有氧化皮，需要清洗后方可继续进行拉深或其他冲压加工。在许多场合，工件表面的油污及其他污物也必须清洗，方可进行喷漆或搪瓷等后续工序。有时在拉深成形前也需要对坯料进行清洗。

在冲压加工中，清洗的方法一般是采用酸洗。酸洗时先用苏打水去油，然后将工件或坯料置于加热的稀酸中浸蚀，接着在冷水中漂洗，后在弱碱溶液中将残留的酸液中和，最后在热水中洗涤并经烘干即可。

第八节　拉深模设计

一、拉深模的分类及典型结构

1. 拉深模分类

拉深模的结构一般较简单，但结构类型较多。按使用的压力机类型不同，可分为单动压力机上使用的拉深模与双动压力机上使用的拉深模；按工序的组合程度不同，可分为单工序拉深模、复合工序拉深模与级进工序拉深模；按结构形式与使用要求的不同，可分为首次拉深模与以后各次拉深模，有压料装置拉深模与无压料装置拉深模、顺装式拉深模与倒装式拉深模、下出件拉深模与上出件拉深模等。

2. 单动压力机上使用的拉深模

（1）首次拉深模　图 6-58a 为无压料装置的首次拉深模。拉深件直接从凹模底下落下，为了从凸模上卸下冲件，在凹模下装有卸件器，当拉深工作行程结束，凸模回程时，卸件器下平面作用于拉深件口部，把冲件卸下。为了便于卸件，凸模上钻有直径为 3mm 以上的通气孔。如果板料较厚，拉深件深度较小，拉深后有一定回弹量。回弹引起拉深件口部张大，当凸模回程时，凹模下平面挡住拉深件口部而自然卸下拉深件，此时可以不配备卸件器。

这种拉深模具结构简单，适用于拉深板料厚度较大而深度不大的拉深件。

图 6-58b 为有压料装置的正装式首次拉深模。拉深模的压料装置在上模，由于弹性元件高度受到模具闭合高度的限制，因而这种结构形式的拉深模只适用于拉深高度不大的零件。

图 6-58c 为倒装式的具有锥形压料圈的拉深模，压料装置的弹性元件在下模底下，工作行程可以较大，可用于拉深高度较大的零件，应用广泛。

（2）以后各次拉深模　图 6-59 所示为无压料装置的以后各次拉深模，前次拉深后的工序件由定位板 6 定位，拉深后工件由凹模孔台阶卸下。为了减小工件与凹模间的摩擦，凹模直边高度 h 取 $9\sim13$mm。该模具适用于变形程度不大、拉深件直径和壁厚要求均匀的以后各次拉深。

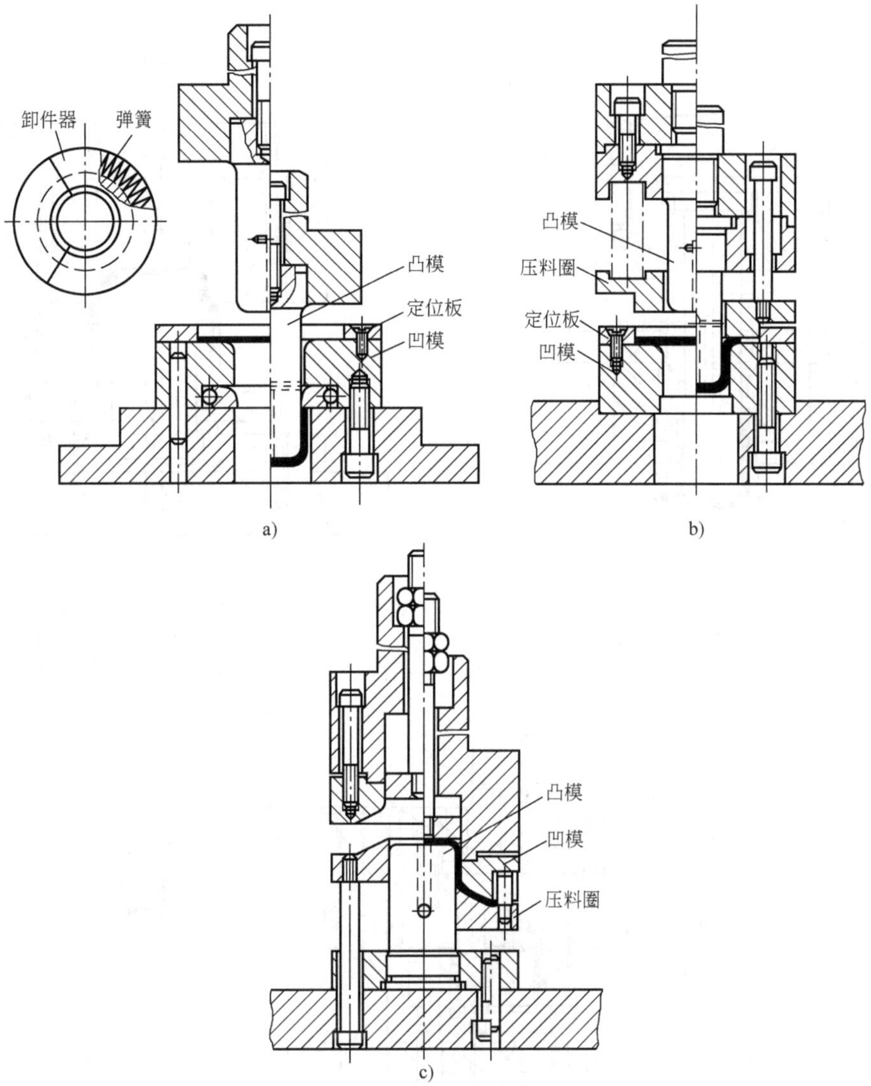

图 6-58 首次拉深模
a) 无压料装置　b) 有压料装置　c) 锥形压料圈

图 6-60 所示为有压料倒装式以后各次拉深模,压料圈 6 兼作定位用,前次拉深后的工序件套在压料圈上进行定位。压料圈的高度应大于前次工序件的高度,其外径最好按已拉成的前次工序件的内径配作。拉深完的工件在回程时分别由压料圈顶出和推件块 3 推出。可调式限位柱 5 可控制压料圈与凹模之间的间距,以防止拉深后期由于压料力过大造成工件侧壁底角附近过分减薄或拉裂。

(3) 落料拉深复合模　图 6-61 所示为落料拉深复合模,条料由两个导料销 11 进行导向,由挡料销 12 定距。由于排样图取消了纵搭边,落料后废料中间将自动断开,因此可不设卸料装置。工作时,首先由落料凹模 1 和凸凹模 3 完成落料,紧接着由拉深凸模 2 和凸凹模进行拉深。压料圈 9 既起压料作用又起顶件作用。由于有顶件作用,上模回程时,冲件可能留在拉深凹模内,所以设置了推件装置。为了保证先落料、后拉深,模具装配时,应使拉深凸模 2 比落料凹模 1 低约 1~1.5 倍料厚的距离。

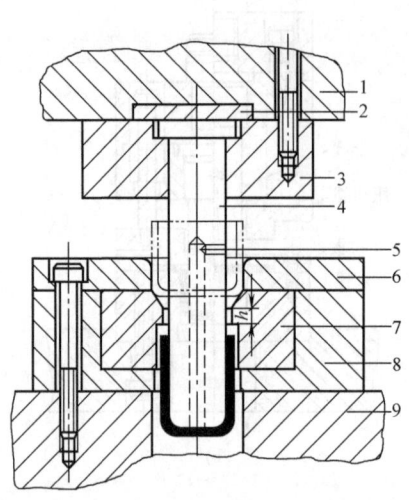

图 6-59 无压料以后各次拉深模
1—上模座 2—垫板 3—凸模固定板 4—凸模
5—通气孔 6—定位板 7—凹模 8—凹模座 9—下模座

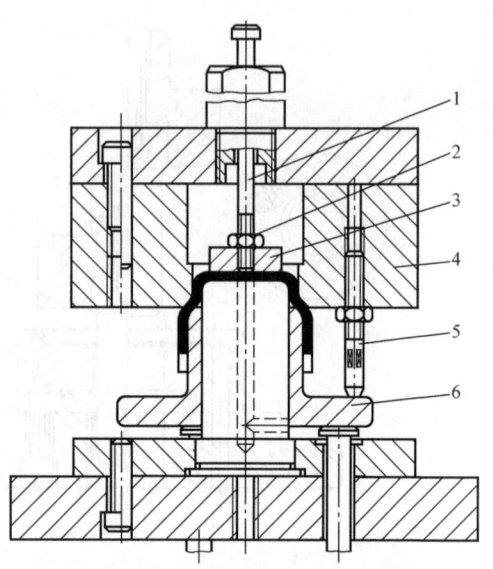

图 6-60 有压料以后各次拉深模
1—打杆 2—螺母 3—推件块 4—凹模
5—可调式限位柱 6—压料圈

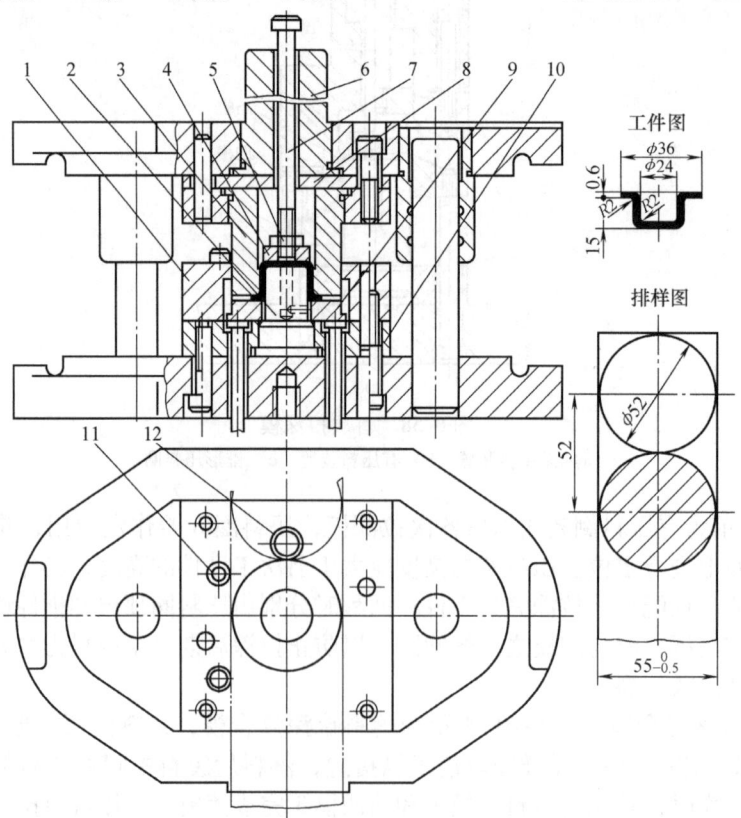

图 6-61 落料拉深复合模
1—落料凹模 2—拉深凸模 3—凸凹模 4—推件块 5—螺母
6—模柄 7—拉杆 8—垫板 9—压料圈 10—固定板 11—导料销 12—挡料销

3. 双动压力机上使用的拉深模

（1）双动压力机用首次拉深模　如图 6-62 所示，下模由凹模 2、定位板 3、凹模固定板 8、顶件块 9 和下模座 1 组成，上模的压料圈 5 通过上模座 4 固定在压力机的外滑块上，凸模 7 通过凸模固定杆 6 固定在内滑块上。工作时，坯料由定位板定位，外滑块先行下降带动压料圈将坯料压紧，接着内滑块下降带动凸模完成对坯料的拉深。回程时，内滑块先带动凸模上升将工件卸下，接着外滑块带动压料圈上升，同时顶件块在弹顶器作用下将工件从凹模内顶出。

（2）双动压力机用落料拉深复合模　如图 6-63 所示，该模具可同时完成落料、拉深及底部的浅成形，主要工作零件采用组合式结构，压料圈 3 固定在压料圈座 2 上，并兼作落料凸模，拉深凸模 4 固定在凸模座 1 上。这种组合式结构特别适用于大型模具，不仅可以节省模具钢，而且也便于毛坯的制备与热处理。

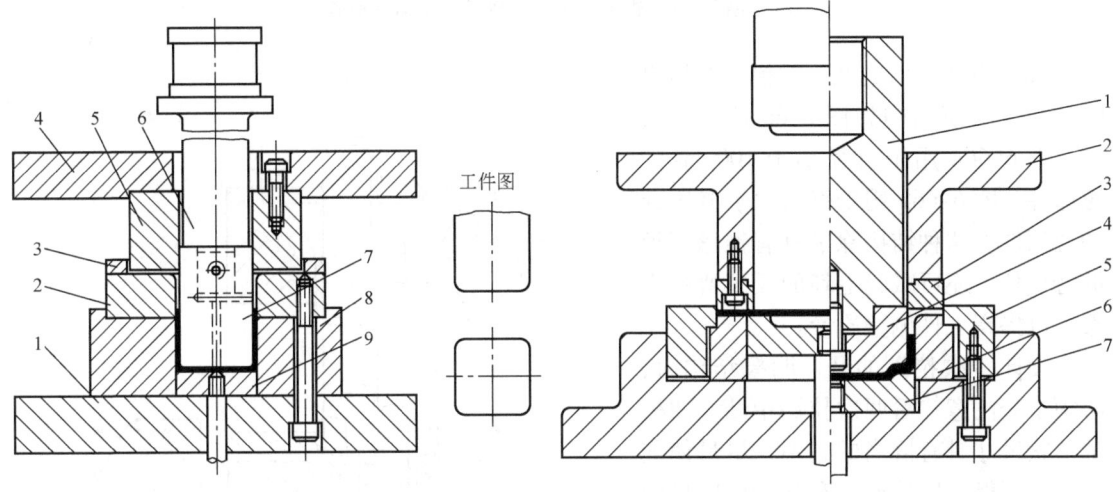

图 6-62　双动压力机用首次拉深模
1—下模座　2—凹模　3—定位板　4—上模座　5—压料圈
6—凸模固定杆　7—凸模　8—凹模固定板　9—顶件块

图 6-63　双动压力机用落料拉深复合模
1—凸模座　2—压料圈座　3—压料圈（兼落料凸模）
4—拉深凸模　5—落料凹模　6—拉深凹模　7—顶件块

工作时，外滑块首先带动压料圈下行，在达到下止点前与落料凹模 5 共同完成落料，接着进行压料（如图 6-63 左半视图所示）。然后内滑块带动拉深凸模下行，与拉深凹模 6 一起完成拉深。顶件块 7 兼作拉深凹模的底，在内滑块到达下止点时，可完成对工件的浅成形（如图 6-63 右半视图所示）。回程时，内滑块先上升，然后外滑块上升，最后由顶件块 7 将工件顶出。

二、拉深模工作零件的设计

1. 凸、凹模的结构

凸、凹模的结构设计得是否合理，不但直接影响拉深时的坯料变形，而且还影响拉深件的质量。凸、凹模常见的结构形式有以下几种。

（1）无压料时的凸、凹模　图 6-64 所示为无压料一次拉深成形时所用的凸、凹模结构，其中圆弧形凹模（图 6-64a）结构简单，加工方便，是常用的拉深凹模结构形式；锥形凹模（图 6-64b）、渐开线形凹模（图 6-64c）和等切面形凹模（图 6-64d）对抗失稳起皱有利，但加工较复杂，主要用拉深系数较小的拉深件。图 6-65 所示为无压料多次拉深所用的凸、凹模结构。在上述凹模结构中，$a = 5 \sim 10 \text{mm}$，$b = 2 \sim 5 \text{mm}$，锥形凹模的锥角一般取 30°。

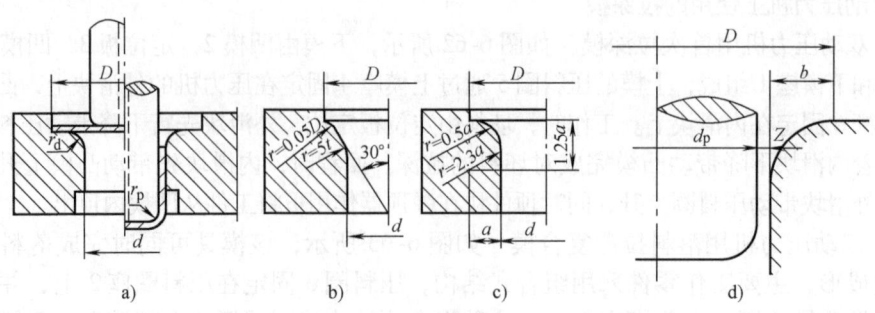

图 6-64 无压料一次拉深的凸、凹模结构
a) 圆弧形 b) 锥形 c) 渐开线形 d) 等切面形

(2) 有压料时的凸、凹模 有压料时的凸、凹模结构如图 6-66 所示,其中,图 6-66a 用于直径小于 100mm 的拉深件;图 6-66b 用于直径大于 100mm 的拉深件。这种结构除了具有锥形凹模的特点外,还可减轻毛坯的反复弯曲变形,以提高工件侧壁质量。

设计多次拉深的凸、凹模结构时,必须十分注意前后两次拉深中凸、凹模的形状尺寸具有恰当的关系,尽量使前次拉深所得工序件形状有利于后次拉深成形,而后一次拉深的凸、凹模及压料圈的形状与前次拉深所得工序件相吻合,以避免毛坯在成形过程中的反复弯曲。为了保证拉深时工件底部平整,应

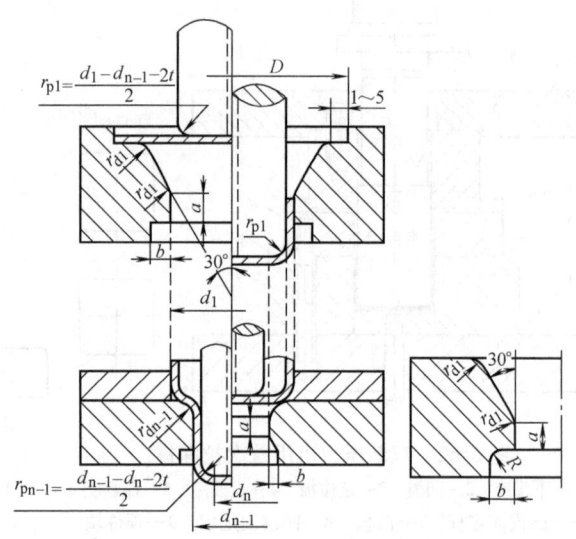

图 6-65 无压料多次拉深的凸、凹模结构

使前一次拉深所得工序件的平底部分尺寸不小于后一次拉深工件的平底尺寸。

2. 凸、凹模的圆角半径

(1) 凹模圆角半径 凹模圆角半径 r_d 越大,材料越易进入凹模,但 r_d 过大,材料易起皱。因此,在材料不起皱的前提下,r_d 宜取大一些。

第一次(包括只有一次)拉深的凹模圆角半径可按以下经验公式计算:

$$r_{d1} = 0.8\sqrt{(D-d)t} \qquad (6\text{-}35)$$

式中 r_{d1}——凹模圆角半径(mm);
D——毛坯直径(mm);
d——凹模内径(mm)(当工件料厚 $t \geqslant 1$ 时,也可取首次拉深时工件的中线尺寸);
t——材料厚度(mm)。

以后各次拉深时,凹模圆角半径应逐渐减小,一般可按以下关系确定:

$$r_{di} = (0.6 \sim 0.9)r_{d(i-1)} \qquad (i = 2、3、\cdots、n) \qquad (6\text{-}36)$$

盒形件拉深凹模圆角半径按下式计算:

$$r_d = (4 \sim 8)t \tag{6-37}$$

r_d 也可根据拉深件的材料种类与厚度参考表 6-28 确定。

表 6-28　拉深凹模圆角半径 r_d 的数值
（单位：mm）

拉深件材料	料厚 t	r_d
钢	<3	$(10 \sim 6)t$
	3～6	$(6 \sim 4)t$
	>6	$(4 \sim 2)t$
铝、黄铜、纯铜	<3	$(8 \sim 5)t$
	3～6	$(5 \sim 3)t$
	>6	$(3 \sim 1.5)t$

注：对于第一次拉深和较薄的材料，应取表中上限值；对于以后各次拉深和较厚的材料，应取表中下限值。

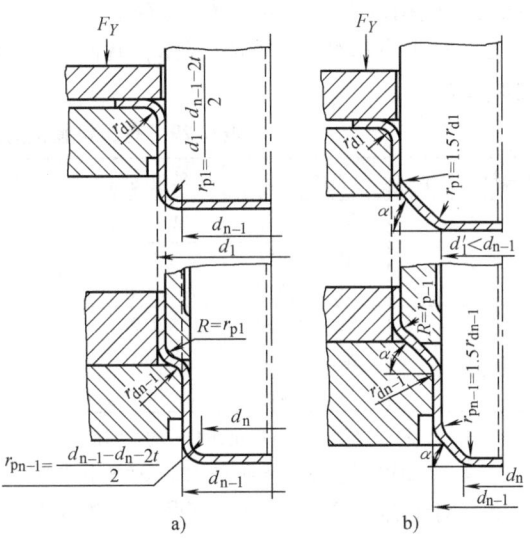

图 6-66　有压料多次拉深的凸、凹模结构

以上计算所得凹模圆角半径均应符合 $r_d \geq 2t$ 的拉深工艺性要求。对于带凸缘的筒形件，最后一次拉深的凹模圆角半径还应与零件的凸缘圆角半径相等。

（2）凸模圆角半径　凸模圆角半径 r_p 过小，会使毛坯在此受到过大的弯曲变形，导致危险断面材料严重变薄甚至拉裂；r_p 过大，会使坯料悬空部分增大，容易产生"内起皱"现象。一般 $r_p < r_d$，单次拉深或多次拉深的第一次拉深可取：

$$r_{p1} = (0.7 \sim 1.0)r_{d1} \tag{6-38}$$

以后各次拉深的凸模圆角半径可按下式确定：

$$r_{p(i-1)} = \frac{d_{i-1} - d_i - 2t}{2} \quad (i = 3、4、\cdots、n) \tag{6-39}$$

式中　d_{i-1}、d_i——各次拉深工序件的直径（mm）。

最一次拉深时，凸模圆角半径 r_{pn} 应与拉深件底部圆角半径 r 相等。但当拉深件底部圆角半径小于拉深工艺性要求时，则凸模圆角半径应按工艺性要求确定（$r_p \geq t$），然后通过增加整形工序得到拉深件所要求的圆角半径。

3. 凸、凹模间隙

拉深模的凸、凹模间隙对拉深力、拉深件质量、模具的使用寿命等都有较大的影响。间隙小时，拉深力大，模具磨损也大，但拉深件回弹小，精度高。间隙过小，会使拉深件壁部严重变薄甚至拉裂。间隙过大，拉深时坯料容易起皱，而且口部的变厚得不到消除，拉深件出现较大的锥度，精度较差。因此，拉深凸、凹模间隙应根据毛坯厚度及公差、拉深过程中毛坯的增厚情况、拉深次数、拉深件的形状及精度等要求确定。

1）对于无压料装置的拉深模，其凸、凹模单边间隙可按下式确定：

$$Z = (1 \sim 1.1)t_{max} \tag{6-40}$$

式中　Z——凸、凹模单边间隙（mm）；

t_{max}——材料厚度的最大极限尺寸（mm）。

对于系数 1~1.1，小值用于末次拉深或精度要求高的零件拉深，大值用于首次和中间各次拉深或精度要求不高的零件拉深。

2）对于有压料装置的拉深模，其凸、凹模单边间隙可根据材料厚度和拉深次数参考表 6-29 确定。

表 6-29 有压料装置的凸、凹模单边间隙值 Z （单位：mm）

总拉深次数	拉深工序	单边间隙 Z	总拉深次数	拉深工序	单边间隙 Z
1	第一次拉深	$(1~1.1)t$	4	第一、二次拉深	$1.2t$
2	第一次拉深	$1.1t$		第三次拉深	$1.1t$
	第二次拉深	$(1~1.05)t$		第四次拉深	$(1~1.05)t$
3	第一次拉深	$1.2t$	5	第一、二、三次拉深	$1.2t$
	第二次拉深	$1.1t$		第四次拉深	$1.1t$
	第三次拉深	$(1~1.05)t$		第五次拉深	$(1~1.05)t$

注：1. t 为材料厚度，取材料允许偏差的中间值。
2. 当拉深精度要求较高的零件时，最后一次拉深间隙取 $Z = t$。

3）对于盒形件拉深模，其凸、凹模单边间隙可根据盒形件精度确定，当精度要求较高时，$Z = (0.9~1.05)t$；当精度要求不高时，$Z = (1.1~1.3)t$。最后一次拉深取较小值。

另外，由于盒形件拉深时毛坯在角部变厚较多，因此圆角部分的间隙应较直边部分的间隙大 $0.1t$。

4. 凸、凹模工作尺寸及公差

拉深件的尺寸和公差是由最后一次拉深模保证的，考虑拉深模的磨损和拉深件的弹性回复，最后一次拉深模的凸、凹模工作尺寸及公差按如下确定。

当拉深件标注外形尺寸时（图 6-67a），则

$$D_d = (D_{max} - 0.75\Delta)^{+\delta_d}_{0} \quad (6-41)$$

$$D_p = (D_{max} - 0.75\Delta - 2Z)^{0}_{-\delta_p} \quad (6-42)$$

当拉深件标注内形尺寸时（图 6-67b），则

$$d_p = (d_{min} + 0.4\Delta)^{0}_{-\delta_p} \quad (6-43)$$

$$d_d = (d_{min} + 0.4\Delta + 2Z)^{+\delta_d}_{0} \quad (6-44)$$

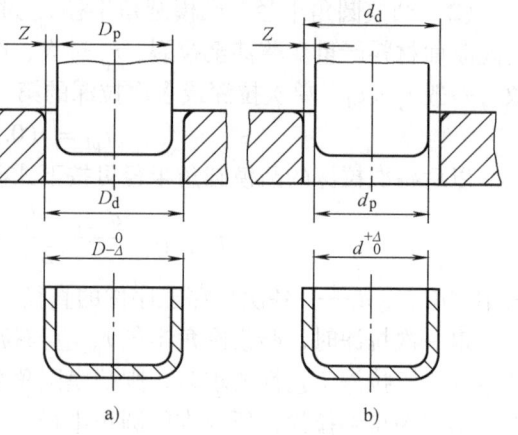

图 6-67 拉深件尺寸与凸、凹模工作尺寸
a) 拉深件标注外形尺寸 b) 拉深件标注内形尺寸

式中 D_d、d_d——凹模工作尺寸（mm）；
D_p、d_p——凸模工作尺寸（mm）；
D_{max}、d_{min}——拉深件的最大外形尺寸和最小内形尺寸（mm）；
Z——凸、凹模单边间隙（mm）；
Δ——拉深件的公差（mm）；
δ_p、δ_d——凸、凹模的制造公差（mm），可按 IT6~IT9 级确定，或查表 6-30。

表 6-30 拉深凸、凹模制造公差　　　　　　　　　　　　　　（单位：mm）

材料厚度 t	拉深件直径 d					
	≤20		20~100		>100	
	δ_d	δ_p	δ_d	δ_p	δ_d	δ_p
≤0.5	0.02	0.01	0.03	0.02	—	—
>0.5~1.5	0.04	0.02	0.05	0.03	0.08	0.05
>1.5	0.06	0.04	0.08	0.05	0.10	0.06

对于首次和中间各次拉深模，因工序件尺寸无需严格要求，所以其凸、凹模工作尺寸取相应工序的工序件尺寸即可。若以凹模为基准，则

$$D_d = D\,{}^{+\delta_d}_{\ 0} \tag{6-45}$$

$$D_p = (D - 2Z)\,{}^{\ 0}_{-\delta_p} \tag{6-46}$$

式中　D——各次拉深工序件的基本尺寸（mm）。

第九节　拉深模设计实例

拉深如图 6-32 所示带凸缘圆筒形零件，材料为 08 钢，厚度 $t = 1$mm，大批量生产。试确定拉深工艺，设计拉深模。

1. 零件的工艺性分析

该零件为带凸缘圆筒形件，要求内形尺寸，料厚 $t = 1$mm，没有厚度不变的要求；零件的形状简单、对称，底部圆角半径 $r = 2$mm $> t$，凸缘处的圆角半径 $R = 2$mm $= 2t$，满足拉深工艺对形状和圆角半径的要求；尺寸 $\phi 20.1^{+0.1}_{\ 0}$mm 为 IT12，其余尺寸为自由公差，满足拉深工艺对精度等级的要求；零件所用材料 08 钢的拉深性能较好，易于拉深成形。

综上所述，该零件的拉深工艺性较好，可用拉深工序加工。

2. 确定工艺方案

为了确定零件的成形工艺方案，先应计算拉深次数及有关工序尺寸。

该零件的拉深次数与工序尺寸计算见例 6-2，其计算结果列于表 6-31。

表 6-31 拉深次数与各次拉深工序件尺寸　　　　　　　　　　（单位：mm）

拉深次数 n	凸缘直径 d_t	筒体直径 d（内形尺寸）	高度 H	圆角半径	
				R（外形尺寸）	r（内形尺寸）
1	φ59.8	φ39.5	21.2	5	5
2	φ59.8	φ30.2	24.8	4	4
3	φ59.8	φ24	28.7	3	3
4	φ59.8	φ20.1	32	2	2

根据上述计算结果，本零件需要落料（制成 $\phi79$mm 的毛坯）、四次拉深和切边（达到零件要求的凸缘直径 $\phi55.4$mm）共六道冲压工序。考虑该零件的首次拉深高度较小，且毛坯直径（$\phi79$mm）与首次拉深后的筒体直径（$\phi39.5$mm）的差值较大，为了提高生产效率，可将毛坯的落料与首次拉深复合。因此，该零件的冲压工艺方案为：落料与首次拉深复合——→第二次拉深——→第三次拉深——→第四次拉深——→切边。

本例以下仅以第四次拉深为例介绍拉深模设计过程。

3. 拉深力与压料力计算

（1）拉深力　拉深力根据式（6-7）计算，由表 2-3 查得 08 钢的强度极限 $\sigma_b = 400$MPa，由 $m_4 = 0.844$ 查表 6-12 得 $K_2 = 0.70$，则

$$F = K_2 \pi d_4 t \sigma_b = 0.70 \times 3.14 \times 20.1 \times 1 \times 400 \text{N} = 17672\text{N}$$

（2）压料力　压料力根据式（6-10）计算，查表 6-13 取 $p = 2.5$MPa，则

$$F_Y = \pi (d_3^2 - d_4^2) p/4 = 3.14 \times (24^2 - 20.1^2) \times 2.5/4 \text{N} = 338\text{N}$$

（3）压力机公称压力　根据式（6-12）和 $F_\Sigma = F + F_Y$，取 $F_g \geq 1.8 F_\Sigma$，则

$$F_g \geq 1.8 \times (17672 + 338) \text{N} = 32418\text{N} = 32.4\text{kN}$$

4. 模具工作部分尺寸的计算

（1）凸、凹模间隙　由表 6-29 查得凸、凹模的单边间隙为 $Z = (1 \sim 1.05)t$，取 $Z = 1.05 t = 1.05 \times 1$mm $= 1.05$mm。

（2）凸、凹模圆角半径　因是最后一次拉深，故凸、凹模圆角半径应与拉深件相应圆角半径一致，故凸模圆角半径 $r_p = 2$mm，凹模圆角半径 $r_d = 2$mm。

（3）凸、凹模工作尺寸及公差　由于工件要求内形尺寸，故凸、凹模工作尺寸及公差分别按式（6-43）、式（6-44）计算。查表 6-30，取 $\delta_p = 0.02$，$\delta_d = 0.04$，则

$$d_p = (d_{\min} + 0.4\Delta)_{-\delta_p}^{0}$$
$$= (20.1 + 0.4 \times 0.1)_{-0.02}^{0} \text{mm} = 20.14_{-0.02}^{0} \text{mm}$$
$$d_d = (d_{\min} + 0.4\Delta + 2Z)_{0}^{+\delta_d}$$
$$= (20.1 + 0.4 \times 0.1 + 2 \times 1.05)_{0}^{+0.04} \text{mm} = 22.24_{0}^{+0.04} \text{mm}$$

（4）凸模通气孔　根据凸模直径大小，取通气孔直径为 $\phi5$mm。

5. 模具的总体设计

模具的总装图如图 6-68 所示。因为压料力不大（$F_Y = 338$N），故在单动压力机上拉深。本模具采用倒装式结构，凹模 11 固定在模柄 7 上，凸模 13 通过固定板 15 固定在下模座 3 上。由上道工序拉深的工序件套在压料圈 14 上定位，拉深结束后，由推件块 12 将卡在凹模内的工件推出。

6. 压力机的选择

根据公称压力 $F_g \geq 32.4$kN，滑块行程 $s \geq 2h_{工件} = 2 \times 32$mm $= 64$mm 及模具闭合高度 $H = 188$mm，查表 3-5，确定选择型号为 JC23—35 型开式双柱可倾式压力机。

7. 模具主要零件设计

根据模具总装图结构、拉深工作要求及前述模具工作部分的计算，设计出的拉深凸模、拉深凹模及压料圈分别见图 6-69、图 6-70 和图 6-71。

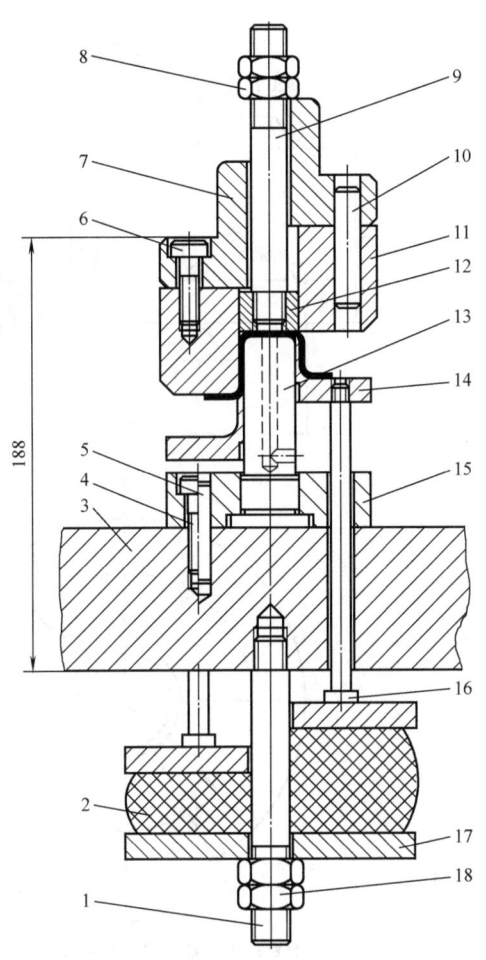
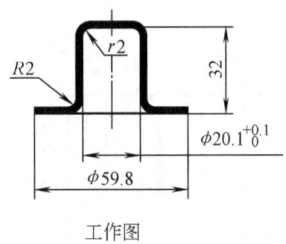

图 6-68 拉深模总装图

1—螺杆 2—橡胶 3—下模座 4、6—螺钉 5、10—销钉 7—模柄 8、18—螺母 9—拉杆 11—凹模 12—推件块 13—凸模 14—压料圈 15—固定板 16—顶杆 17—托板

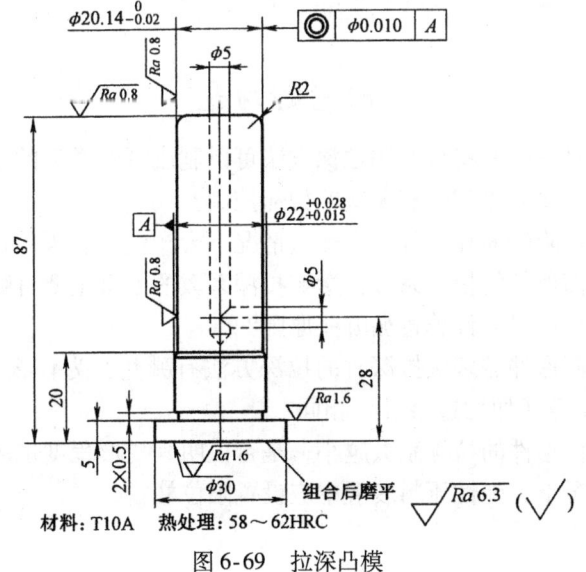

图 6-69 拉深凸模

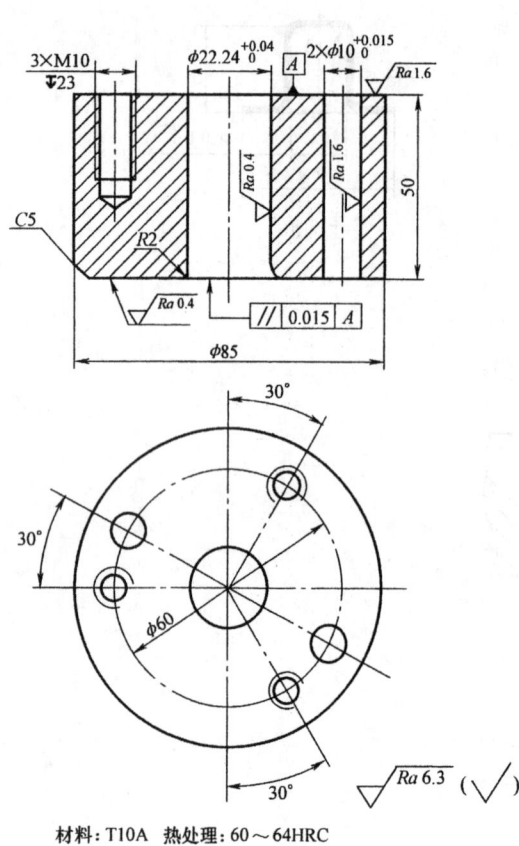

图 6-70　拉深凹模　　　　　　　　图 6-71　压边圈

思考练习题

6-1　拉深变形具有哪些特点？用拉深方法可以制成哪些类型的零件？

6-2　拉深件的主要质量问题有哪些？如何控制？

6-3　拉深件的危险断面在何处？在什么情况下会产生拉裂现象？

6-4　什么是圆筒形件的拉深系数？影响拉深系数的因素主要有哪些？

6-5　拉深件的坯料尺寸计算遵循哪些原则？

6-6　带凸缘圆筒形件需多次拉深时的拉深方法有哪些？为什么首次拉深时就应使凸缘直径与零件凸缘直径（加切边余量）相同？

6-7　带凸缘圆筒形件的拉深系数越小，是否说明其变形程度也越大？为什么？

6-8　在什么情况下，弹性压料装置中应设置限位柱？

6-9 盒形件拉深有什么特点？为什么说在同等截面周长的情况下盒形件比圆筒形件的拉深变形要容易？

6-10 曲面形状零件拉深的特点是什么？提高曲面形状零件成形质量的措施有哪些？

6-11 拉深过程中润滑的目的是什么？哪些部位需要润滑？

6-12 以后各次拉深模与首次拉深模主要有哪些不同？为何在单动压力机上使用的以后各次拉深模常常采用倒装式结构？

6-13 图6-72所示是一拉深件及其首次拉深的不完整模具结构图，拉深件的材料为08F钢，厚度$t=1$mm。试完成以下内容。

（1）计算拉深件的坯料尺寸、拉深次数及各次拉深工序件的工序尺寸。

（2）指出模具结构图中所缺少的零部件，并在原图中补画出来。

（3）说明模具的工作原理。

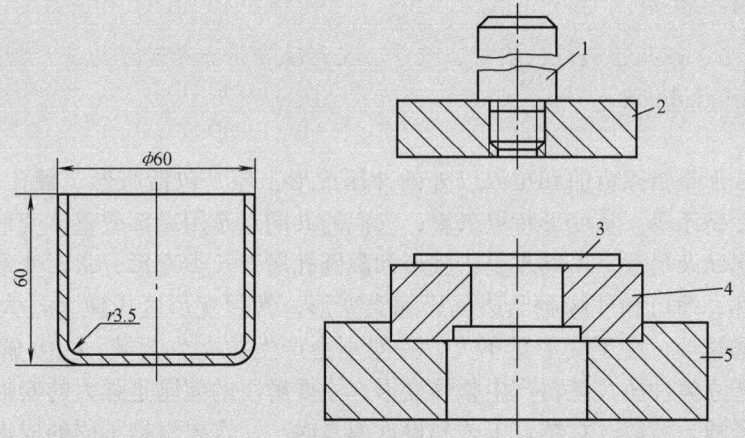

图6-72 习题6-13图
1—模柄 2—上模座 3—毛坯 4—凹模 5—下模座

6-14 拉深图6-73所示零件，材料为10钢，厚度$t=2$mm，大批量生产。试完成以下工作内容。

（1）分析零件的工艺性。

（2）计算零件的拉深次数及各次拉深工序件尺寸。

（3）计算各次拉深时的拉深力与压料力。

（4）绘制最后一次拉深时的拉深模结构草图。

（5）确定最后一次拉深模的凸、凹模工作部分尺寸，绘制凸、凹模零件图。

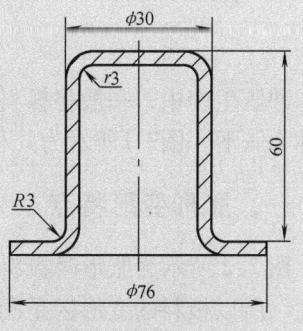

图6-73 习题6-14图

第七章　其他冲压成形

熟悉胀形、翻孔、翻边、缩口、校平、整形及冷挤压等成形工序的变形特点与应用，掌握其工艺计算方法与模具设计要点。

胀形、翻孔、翻边、缩口、校平、整形及冷挤压等工序的变形特点，工艺计算及模具设计要点。

其他冲压成形是指除弯曲和拉深以外的冲压成形工序，包括胀形、翻孔、翻边、缩口、校平、整形和冷挤压等。从变形特点来看，它们的共同点是用局部或整体变形的方法来改变坯料或工序件形状及尺寸。不同点是：胀形和翻圆孔属伸长类变形，常因变形区拉应力过大而出现拉裂破坏；缩口和外缘翻凸边属压缩类变形，常因变形区压应力过大而产生失稳起皱；对于校平和整形，由于变形量不大，一般不会产生拉裂或起皱，主要解决的问题是回弹；冷挤压属于立体冲压，坯料产生整体变形，主要解决的问题是强大的变形抗力与模具承载能力之间的矛盾。所以，在制订工艺和设计模具时，一定要根据不同的成形特点确定合理的工艺参数。

本章主要介绍以上几种常用成形工序的特点、应用、工艺计算与模具设计等基本知识。

第一节　胀　形

冲压生产中，一般将板料的局部凸起变形和空心件或管状件沿径向向外扩张的成形工序统称为胀形，图7-1所示为几种胀形件实例。

一、胀形变形特点

图7-2所示为胀形时板料的变形情况，由于板料的外形尺寸较大，平面部分又被压料圈压住，所以板料的变形区是图中的涂黑部分。在凸模的作用下，变形区大部分材料受双向拉应力作用而变形，其厚度变薄，表面积增大，形成一个凸起。由于胀形变形区内金属处于双向受拉的应力状态，因而其成形极限受到拉裂的限制。材料的塑性越好，硬化指数 n 值越大，可能达到的极限变形程度就越大。在一般情况下，胀形变形区内金属不会产生失稳起皱，表面光滑、质量好。同时，由于变形区材料截面上拉应力沿厚度方向的分布比较均匀，所以卸

载后的回弹很小,容易得到尺寸精度较高的零件。

二、板料的胀形

板料的胀形又称起伏成形,主要用于增加零件的刚度、强度和美观,如压制加强肋、凸包、凹坑、花纹图案及标记等。图 7-3 所示为板料胀形的一些例子。

1. 压肋成形

压肋成形就是在平板坯料上压出加强肋。由于压肋后零件惯性矩的改变和材料加工后的硬化,能够有效地提高零件的刚度和强度,因此压肋成形在生产中应用广泛。

压肋成形的极限变形程度,主要受到材料的性能、肋的几何形状、模具结构及润滑等因素的影响。对于形状较复杂的压肋件,成形时应力应变分布比较复杂,其危险部位和极限变形程度一般要通过试验的方法确定。对于形状比较简单的压肋件,则可按下式近似地确定其极限变形程度(见图 7-4):

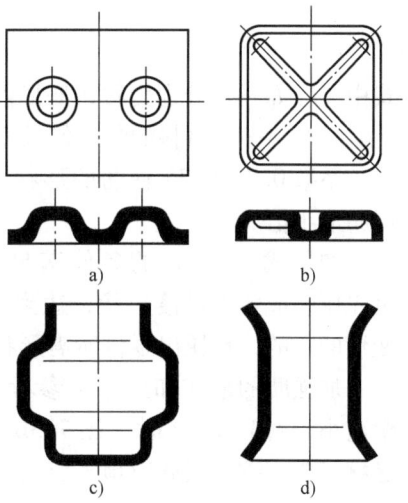

图 7-1 胀形件实例

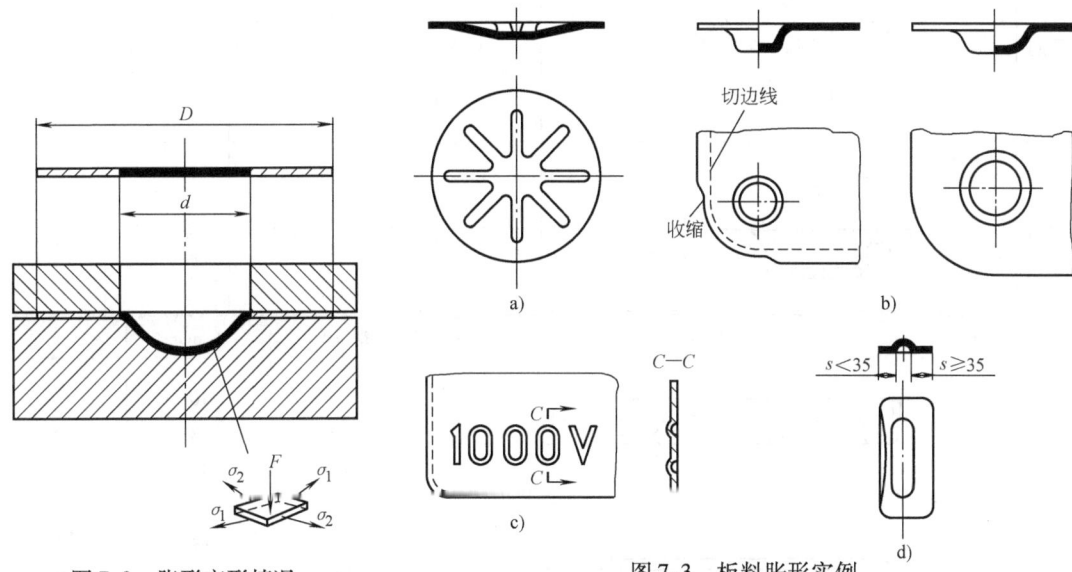

图 7-2 胀形变形情况　　　图 7-3 板料胀形实例
a)、b) 板料胀形件　c)、d) 空心板料胀形件

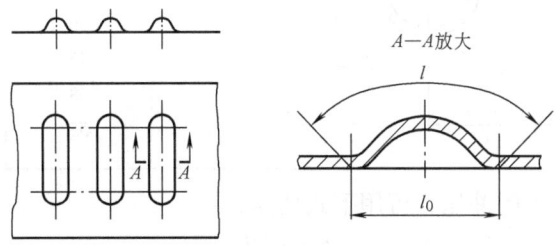

图 7-4 板料胀形前后的长度

$$\frac{l-l_0}{l} < (0.7 \sim 0.75) A \qquad (7\text{-}1)$$

式中 l、l_0——分别为材料变形前后的长度（mm）；
  A——材料的断后伸长率。

系数 0.7~0.75 视肋的形状而定，球形肋取大值，梯形肋取小值。

如果式（7-1）的条件满足，则可一次成形。否则，可先压制成弧形过渡形状，达到在较大范围内聚料和均匀变形的目的，再压出零件所需形状，如图 7-5 所示。

加强肋的形式和尺寸可参考表 7-1。当加强肋与边缘距离小于 $(3 \sim 5)t$ 时（图 7-3b、d），由于成形过程中边缘材料要收缩，因此应预先留出切边余量，成形后再切除。

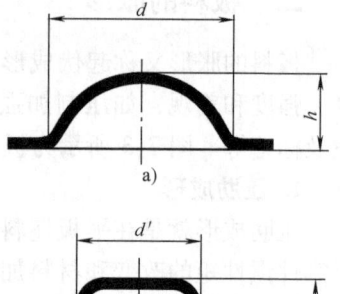

图 7-5 深度较大的胀形方法

表 7-1 加强肋的形式和尺寸

名 称	简 图	R	h	D 或 B	r	α
压肋		$(3\sim4)t$	$(2\sim3)t$	$(7\sim10)t$	$(1\sim2)t$	—
压凸		—	$(1.5\sim2)t$	$\geq 3h$	$(0.5\sim1.5)t$	$15°\sim30°$

简 图	D/mm	L/mm	l/mm
	6.5	10	6
	8.5	13	7.5
	10.5	15	9
	13	18	11
	15	22	13
	18	26	16
	24	34	20
	31	44	26
	36	51	30
	43	60	35
	48	68	40
	55	78	45

压制加强肋时，所需的冲压力可用下式估算：

$$F = KLtR_m \qquad (7\text{-}2)$$

式中 L——加强肋的周长（mm）；

t——材料厚度（mm）；

R_m——材料的抗拉强度（MPa）。

K——系数，一般 $K=0.7\sim1.0$（加强肋形状窄而深时取大值，宽而浅时取小值）。

在曲柄压力机上对厚度小于 1.5mm、面积小于 2000mm² 的薄料小件进行压肋成形时，所需冲压力可用下式估算：

$$F = KAt^2 \qquad (7-3)$$

式中　F——胀形冲压力（N）；

　　　A——胀形面积（mm²）；

　　　t——材料厚度（mm）；

　　　K——系数，对于钢 $K=200\sim300$，对于黄铜 $K=150\sim200$。

2. 压凸包

在板料上压制凸包时，有效毛坯直径与凸包直径的比值 D/d 应大于 4，此时毛坯凸缘区是相对的强区，不会向里收缩，属于胀形性质的起伏成形，否则便成为拉深。

压制凸包时，凸包的高度因受材料塑性的限制不能太大。表 7-2 列出了板料压凸包时的许用成形高度。凸包成形高度还与凸模形状及润滑条件有关，球形凸模较平底凸模成形高度大，润滑条件较好时成形高度也较大。

表 7-2　板料压凸包时的许用成形高度

简　图	材　料	许用凸包成形高度 h/mm
	软钢	$\leqslant (0.15\sim0.2)d$
	铝	$\leqslant (0.1\sim0.15)d$
	黄铜	$\leqslant (0.15\sim0.22)d$

三、空心坯料的胀形

空心坯料的胀形俗称凸肚，它是使材料沿径向拉伸，胀出所需的凸起曲面，如壶嘴、带轮、波纹管、各种接头等。

1. 胀形方法

胀形方法一般分为刚性凸模胀形和软凸模胀形两种。

图 7-6 所示为刚性凸模胀形，凸模做成分瓣式结构形式，上模下行时，由于锥形芯块 2 的作用，使分瓣凸模 1 向四周顶开，从而将空心坯料胀出所需的形状。上模回程时，分瓣凸模在顶杆 4 和拉簧 5 的作用下复位，便可取出工件。凸模分瓣数目越多，胀出工件的形状和精度越好。这种胀形方法的缺点是模具结构复杂、成本高，且难以得到精度

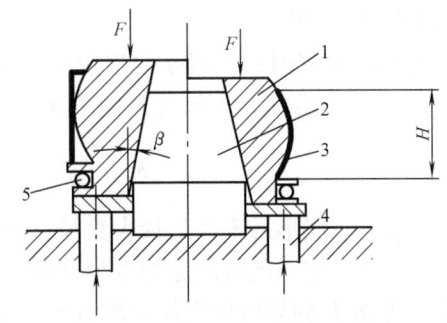

图 7-6　刚性凸模胀形
1—分瓣凸模　2—锥形芯块
3—工件　4—顶杆　5—拉簧

较高的复杂形状件。

图 7-7 所示是软凸模胀形,其原理是利用橡胶、液体、气体和钢丸等代替刚性凸模。橡胶胀形如图 7-7a 所示。橡胶 3 作为胀形凸模,胀形时,橡胶在柱塞 1 的压力作用下发生变形,从而使空心坯料沿凹模 2 内壁胀出所需的形状。橡胶胀形的模具结构简单,坯料变形均匀,能成形形状复杂的零件,所以在生产中广泛应用。图 7-7b 所示为液压胀形,液体 5 作为胀形凸模,上模下行时斜楔 4 先使分块凹模 2 合拢,然后柱塞 1 的压力传给液体,凹模内的坯料在高压液体的作用下直径胀大,最终紧贴凹模内壁成形。液压胀形可加工大型零件,零件表面质量较好。

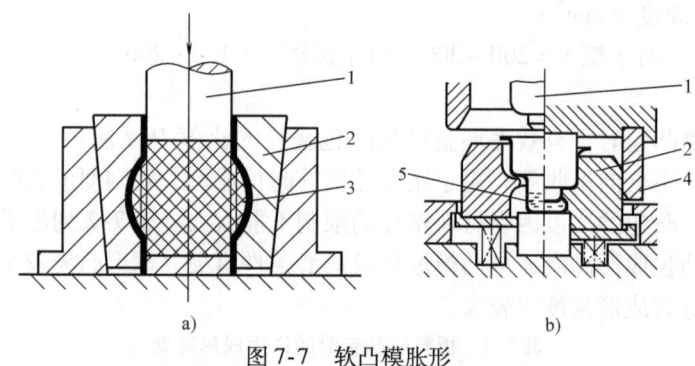

图 7-7 软凸模胀形
1—柱塞 2—分块凹模 3—橡胶 4—斜楔 5—液体

图 7-8 所示是采用轴向压缩和高压液体联合作用的胀形方法。首先将管坯置于下模,然后将上模压下,再使两端的轴头压紧管坯端部,继而从两轴头孔内通入高压液体,管坯在高压液体和轴向压缩力的共同作用下胀形而获得所需零件。用这种方法可以加工高精度的零件,如高压管接头、自行车管接头等。

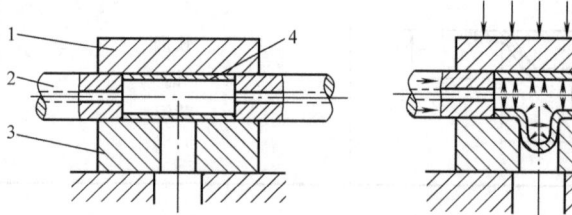

图 7-8 加轴向压缩的液体胀形
1—上模 2—轴头 3—下模 4—管坯

2. 胀形变形程度

空心坯料胀形时,材料切向受拉应力作用产生拉伸变形,其极限变形程度用胀形系数 K 表示(见图 7-9):

$$K = \frac{d_{max}}{D} \quad (7\text{-}4)$$

式中 d_{max} ——胀形后零件的最大直径(mm);
D ——空心坯料的原始直径(mm)。

胀形系数 K 和坯料切向拉伸断后伸长率 A 的关系为

$$A = \frac{d_{max} - D}{D} = K - 1$$

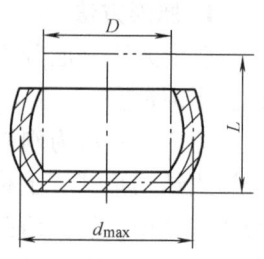

图 7-9 空心坯料胀形尺寸

或 $$K = 1 + \delta \tag{7-5}$$

由于坯料的变形程度受到材料断后伸长率的限制，所以根据材料的断后伸长率便可按上式求出相应的极限胀形系数。表 7-3 和表 7-4 所列是一些材料极限胀形系数的近似值，可供参考。

表 7-3 常用材料的极限胀形系数 [K]

材 料	厚度 t/mm	极限胀形系数 [K]
铝合金 3A21 – M	0.5	1.25
纯铝 1070A、1060、1050A、1035、1200、8A06	1.0	1.28
	1.5	1.32
	2.0	1.32
黄铜 H62、H68	0.5 ~ 1.0	1.35
	1.5 ~ 2.0	1.40
低碳钢 08F、10、20	0.5	1.20
	1.0	1.24
不锈钢 1Cr18Ni9Ti	0.5	1.26
	1.0	1.28

表 7-4 铝管坯料的试验极限胀形系数

胀形方法	极限胀形系数 [K]	胀形方法	极限胀形系数 [K]
用橡胶的简单胀形	1.2 ~ 1.25	局部加热至 200 ~ 250℃	2.0 ~ 2.1
用橡胶并对坯料轴向加压的胀形	1.6 ~ 1.7	加热至 380℃用锥形凸模的端部胀形	~3.0

3. 胀形坯料的计算

空心坯料一般采用空心管坯或拉深件。为了便于材料的流动，减小变形区材料的变薄量，胀形时坯料端部一般不予固定，使其能自由收缩，因此坯料长度要考虑增加一个收缩量并留出切边余量。

由图 7-9 可知，坯料直径 D 为

$$D = \frac{d_{max}}{K} \tag{7-6}$$

坯料长度 L 为

$$L = l[1 + (0.3 \sim 0.4)A] + b \tag{7-7}$$

式中 l——变形区母线的长度 (mm)；

A——坯料切向拉伸的断后伸长率；

b——切边余量 (mm)，一般取 $b = 5 \sim 15$mm。

0.3 ~ 0.4 为切向伸长而引起高度减小所需的系数。

4. 胀形力的计算

空心坯料胀形时，所需的胀形力 F 可按下式计算：

$$F = pA \qquad (7\text{-}8)$$

式中 p——胀形时所需的单位面积压力（MPa）；

A——胀形面积（mm^2）。

胀形时所需的单位面积压力 p 可用下式近似计算：

$$p = 1.15 R_m \frac{2t}{d_{max}} \qquad (7\text{-}9)$$

式中 R_m——材料抗拉强度（MPa）；

d_{max}——胀形最大直径（mm）；

t——材料原始厚度（mm）。

四、胀形模结构与设计要点

1. 胀形模结构

图 7-10 所示为分瓣式刚性凸模胀形模，工序件由下凹模 7 及分瓣凸模 2 定位，当上凹模 1 下行时，将迫使分瓣凸模沿锥形芯块 3 下

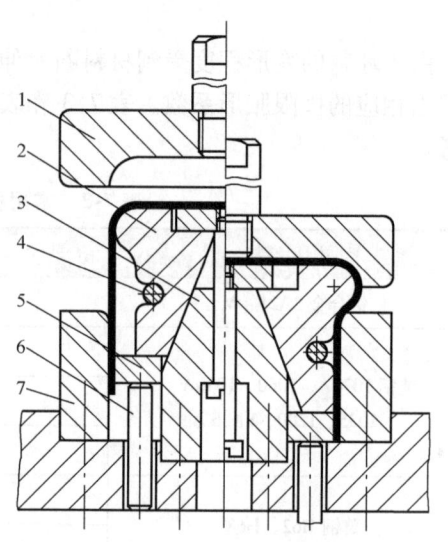

图 7-10 分瓣式刚性凸模胀形模
1—上凹模 2—分瓣凸模 3—锥形芯块
4—拉簧 5—顶板 6—顶杆 7—下凹模

滑的同时向外胀开，在下止点处完成对工序件的胀形。上模回程时，弹顶器（图中未画出）通过顶杆 6 和顶板 5 将分瓣凸模连同工件一起顶起。由于分瓣凸模在拉簧 4 的作用下始终紧贴锥形芯块，顶起过程中分瓣凸模直径逐渐减小，因此至上止点时能将已胀形的工件顺利地从分瓣凸模上取下。

图 7-11 所示为橡胶软凸模胀形模，工序件 1 在托板 5 和定位圈 6 上定位，上模下行时，凹模 4 压下由弹顶器或气垫支撑的托板 5，托板向下挤压橡胶凸模 2，将工序件胀出凸筋。上模回程时，托板和橡胶凸模复位，并将工件顶起。如果工件卡在凹模内，可由推件板 3 推出。

图 7-12 所示为自行车中接头橡胶胀形模，空心坯料在分块凹模 2 内定位，胀形时，上、下冲头 1 和 4 一起挤压橡胶及坯料，使坯料与凹模型腔紧密贴合而完成胀形。胀形完成以后，先取下模套 3，再撬开分块凹模便可取出工件。该中接头经胀形以后，还需经过冲孔和翻孔等工序才能最后成形。

2. 胀形模设计要点

胀形模的凹模一般采用钢、铸铁、锌基合金、环氧树脂等材料制造，其结构有整体式和分块式两类。整体式凹模工作时承受较大的压力，必须要有足够的强度。增加凹模强度的方法是采用加强肋，也可以在凹模外面套上模套，凹模和模套间采用过盈配合，构成预应力组合凹模，这比单纯增加凹模壁厚更有效。

分块式胀形凹模必须根据胀形零件的形状合理选择分模面，分块数应尽量少。在模具闭合状态下，分模面应紧密贴合，形成完整的凹模型腔，在拼缝处不应有间隙和不平。分模块用整体模套固紧并采用圆锥面配合，其锥角应小于自锁角，一般取 $\alpha = 5° \sim 10°$ 为宜。为了防止模块之间错位，模块之间应有定位销连接。

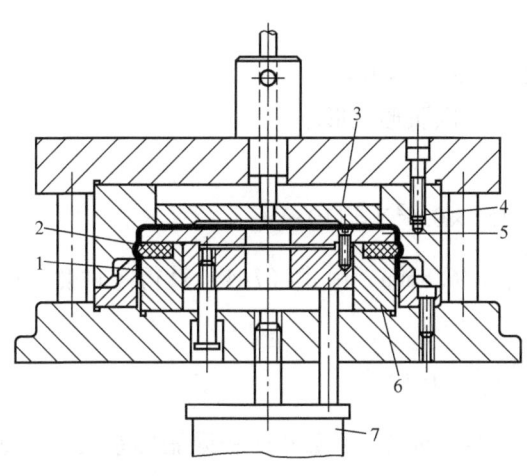

图 7-11 橡胶软凸模胀形模
1—工序件 2—橡胶凸模 3—推件板
4—凹模 5—托板 6—定位圈 7—气垫

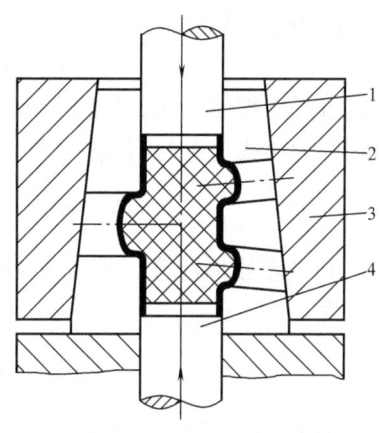

图 7-12 自行车中接头橡胶胀形模
1、4—冲头 2—分块凹模 3—模套

橡胶胀形凸模的结构尺寸需设计合理。由于橡胶凸模一般在封闭状态下工作，其形状和尺寸不仅要保证能顺利进入空心坯料，还要有利于压力的合理分布，使胀形的零件各部位都能很好地紧贴凹模型腔。为了便于加工，橡胶凸模一般简化成柱形、锥形和环形等简单的几何形状，其直径应略小于毛坯内径。圆柱形橡胶凸模的直径和高度可按下式计算（见图 7-13）：

$$d = 0.895D \tag{7-10}$$

$$h_1 = K\frac{LD^2}{d^2} \tag{7-11}$$

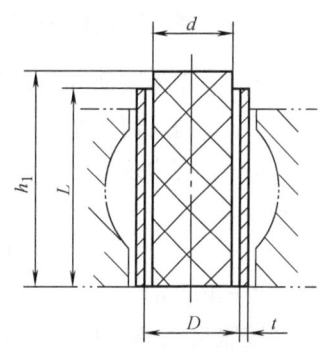

图 7-13 圆柱形橡胶凸模的尺寸确定

式中 d——橡胶凸模的直径（mm）；
　　　D——空心坯料内径（mm）；
　　　h_1——橡胶凸模高度（mm）；
　　　L——空心坯料长度（mm）；
　　　K——考虑橡胶凸模压缩后体积缩小和提高变形力的系数，一般取 $K=1.1\sim1.2$。

五、胀形模设计实例

图 7-14 所示为罩盖胀形件，材料为 10 钢，料厚为 0.5mm，中批量生产，试设计胀形模。

1. 工艺分析

由零件形状可知，其侧壁是由空心坯料胀形而成，底部凸包是由板料胀形而成，实质为两种胀形同时成形。

2. 胀形工艺计算

（1）底部板料胀形计算　查表 7-2 得该零件底部凸包

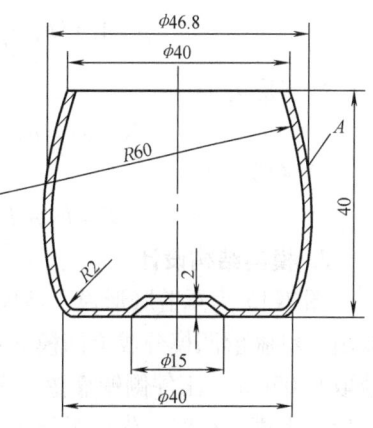

图 7-14 罩盖胀形件

胀形的许用成形高度为
$$h = (0.15 \sim 0.2)d = 2.25 \sim 3\text{mm}$$
此值大于零件底部凸包的实际高度，所以可一次胀形成形。

胀形力由式（7-3）计算（取 $K = 250$）
$$F_1 = KAt^2 = 250 \times \frac{\pi}{4} \times 15^2 \times 0.5^2 \text{N} = 11039\text{N}$$

（2）侧壁胀形计算　已知 $D = 40\text{mm}$，$d_{\max} = 46.8\text{mm}$，由式（7-4）算得零件侧壁的胀形系数为
$$K = \frac{d_{\max}}{D} = \frac{46.8}{40} = 1.17$$

查表 7-3 得极限胀形系数 $[K] = 1.20$，该零件的胀形系数小于极限胀形系数，故侧壁可一次胀形成型。

零件胀形前的坯料长度 L 由式（7-7）计算：
$$L = l[1 + (0.3 \sim 0.4)A] + b$$

式中　A——坯料断后伸长率，其值为 $A = \frac{d_{\max} - D}{D} = \frac{46.8 - 40}{40} = 0.17$；

l——零件胀形部位母线长度（mm），即图 7-14 中 A 所指的 $R60\text{mm}$ 一段圆弧的长，由几何关系可以算出 $l = 40.8\text{mm}$；

b——切边余量（mm），取 $b = 3\text{mm}$。

则
$$L = 40.8 \times [1 + (0.3 \sim 0.4) \times 0.17]\text{mm} + 3\text{mm}$$
$$= 40.8 \times (1 + 0.35 \times 0.17)\text{mm} + 3\text{mm} = 46.23\text{mm}$$

取整数 $L = 46\text{mm}$。

橡胶胀形凸模的直径及高度分别由式（7-10）、式（7-11）计算
$$d = 0.895D = 0.895 \times (40 - 1)\text{mm} \approx 35\text{mm}$$
$$h_1 = K\frac{LD^2}{d^2} = 1.1 \times \frac{46 \times 39^2}{35^2}\text{mm} \approx 63\text{mm}$$

侧壁的胀形力近似按两端不固定的形式计算，$R_\text{m} = 430\text{MPa}$，由式（7-9）得单位胀形力 p 为
$$p = 1.15R_\text{m}\frac{2t}{d_{\max}} = 1.15 \times 430 \times \frac{2 \times 0.5}{46.8}\text{MPa} = 10.6\text{MPa}$$

故胀形力为
$$F_2 = pA = p\pi d_{\max} l = 10.6 \times \pi \times 46.8 \times 40.8\text{N} = 63554\text{N}$$

总胀形力为
$$F = F_1 + F_2 = 11039\text{N} + 63554\text{N} = 74593\text{N} \approx 75\text{kN}$$

3. 模具结构设计

图 7-15 为罩盖胀形模，该模具采用聚氨酯橡胶进行软模胀形，为使工件在胀形后便于取出，将胀形凹模分成上凹模 6 和下凹模 5 两部分，上、下凹模之间通过止口定位，单边间隙取 0.05mm。工件侧壁靠橡胶 7 直接胀开成形，底部由橡胶通过压包凹模 4 和压包凸模 3 成形。上模下行时，先由弹簧 13 压紧上、下凹模，然后上固定板 9 压紧橡胶进行胀形。

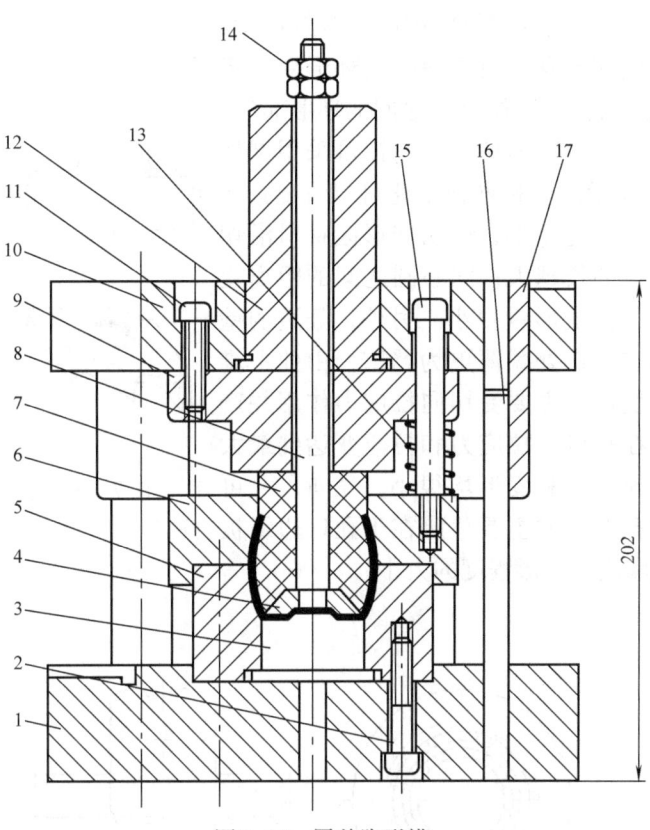

图 7-15 罩盖胀形模
1—下模座 2、11—螺钉 3—压包凸模 4—压包凹模 5—胀形下凹模
6—胀形上凹模 7—聚氨酯橡胶 8—拉杆 9—上固定板 10—上模座
12—模柄 13—弹簧 14—螺母 15—阶形螺钉 16—导柱 17—导套

4. 压力机的选用

虽然总胀形力不大（75kN），但由于模具的闭合高度较大（202mm），故压力机的选用应以模具尺寸为依据。查表 3-5，选用型号为 J23—25 的开式双柱可倾压力机，其公称压力为 250kN，最大装模高度为 220mm。

第二节 翻孔与翻边

翻孔是在预先制好孔的工序件上沿孔边缘翻起竖立直边的成形方法；翻边是在毛坯的外边缘沿一定曲线翻起竖立直边的成形方法。利用翻孔和翻边可以加工各种具有良好刚度的立体零件（如自行车中接头、汽车门外板等），还能在冲压件上加工出与其他零件装配的部位（如铆钉孔、螺纹底孔和轴承座等）。因此，翻孔和翻边也是冲压生产中常用的工序之一。图 7-16 所示为几种翻孔与翻边零件实例。

一、翻孔

1. 圆孔翻孔

(1) 翻孔的变形程度与变形特点　如图 7-17 所示，设翻孔前毛坯孔径为 d，翻孔后的

直径为 D。翻孔时，在凸、凹模作用下 d 不断扩大，凸模下面的材料向侧面转移，最后使平面环形变成竖立的直边。变形区是内径 d 和外径 D 之间的环形部分。

为了分析圆孔翻孔的变形情况，同样可采用网格试验法。从图 7-17 所示的坐标网格变化可以看出：变形区坐标网格由扇形变为矩形，说明变形区材料沿切向伸长，越靠近孔口伸长越大；同心圆之间的距离变化不明显，说明其径向变形量很小。另外，竖边的壁厚有所减薄，尤其在孔口处减薄更为严重。由此不难分析，圆孔翻孔的变形区主要受切向拉应力作用并产生切向伸长变形，在孔口处拉应力和拉应变达到最大值；变形区的径向拉应力和变形均很小，径向尺寸可近似认为不变；圆孔翻孔的主要危险在于孔口边缘被拉裂，拉裂的条件取决于变形程度的大小。

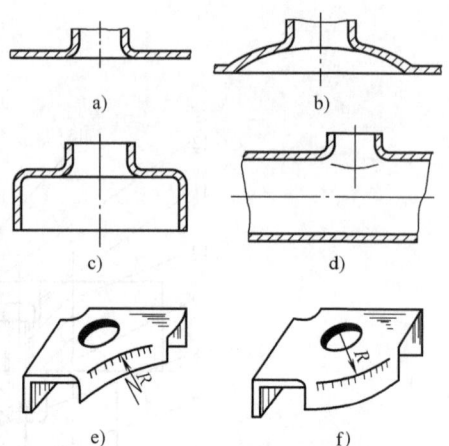

图 7-16 翻孔与翻边零件实例
a)、b)、c)、d) 翻孔零件 e)、f) 翻边零件

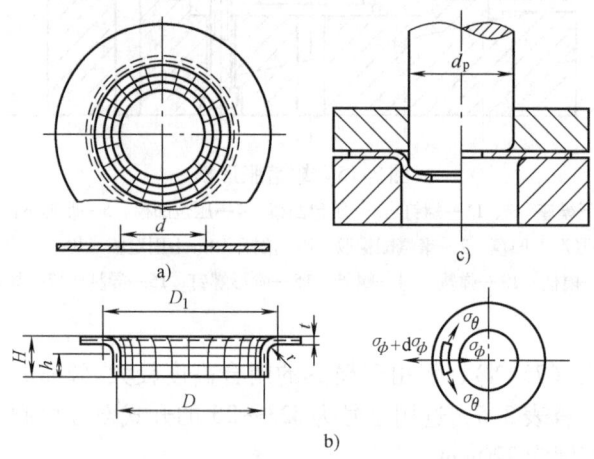

图 7-17 圆孔翻孔时的应力与变形情况

圆孔翻孔的变形程度以翻孔前孔径 d 和翻孔后孔径 D 的比值 K 来表示，即

$$K = \frac{d}{D} \tag{7-12}$$

K 称为翻孔系数，K 值越小，则变形程度越大。翻孔时孔口边缘不破裂所能达到的最小 K 值，称为极限翻孔系数，用 $[K]$ 表示。表 7-5 是低碳钢圆孔翻孔时的极限翻孔系数。对于其他材料可以参考表中数值适当增减。从表中的数值可以看出，影响极限翻孔系数的因素很多，除材料的塑性外，还有翻孔凸模的形式、预制孔的加工方法以及预孔孔径与板料厚度的比值等。

翻孔后竖立直边的厚度有所变薄，变薄后的厚度可按下式估算：

$$t' = t\sqrt{d/D} = t\sqrt{K} \tag{7-13}$$

式中 t'——翻孔后竖立直边的厚度（mm）；
t——翻孔前坯料的原始厚度（mm）；
K——翻孔系数。

表 7-5 低碳钢圆孔翻孔的极限翻孔系数 $[K]$

凸模形式	孔的加工方法	比 值 d/t										
		100	50	35	20	15	10	8	6.5	5	3	1
球形	钻孔去毛刺	0.70	0.60	0.52	0.45	0.40	0.36	0.33	0.31	0.30	0.25	0.20
	冲 孔	0.75	0.65	0.57	0.52	0.48	0.45	0.44	0.43	0.42	0.42	—
圆柱形平底	钻孔去毛刺	0.80	0.70	0.60	0.50	0.45	0.42	0.40	0.37	0.35	0.30	0.25
	冲 孔	0.85	0.75	0.65	0.60	0.55	0.52	0.50	0.50	0.48	0.47	—

（2）翻孔的工艺计算

1）板料翻孔的工艺计算。在平板坯料上翻孔前，需要在板料上预先加工出待翻孔的孔，如图 7-18 所示。由于翻孔时径向尺寸近似不变，故预孔孔径 d 可按弯曲展开的原则求出，即

$$d = D - 2(H - 0.43r - 0.72t) \tag{7-14}$$

式中符号均表示于图 7-18 中。

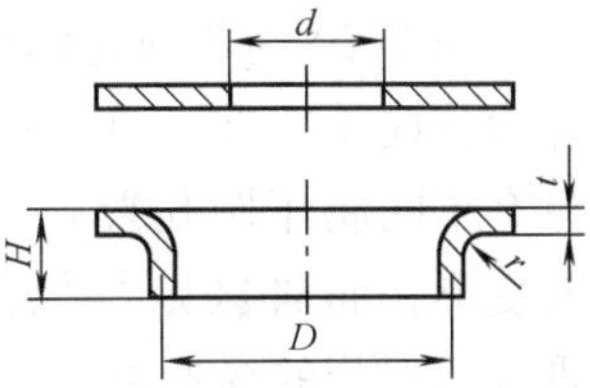

竖边高度则为

$$H = \frac{D-d}{2} + 0.43r + 0.72t = \frac{D}{2}(1-K) + 0.43r + 0.72t \tag{7-15}$$

图 7-18 平板坯料翻孔尺寸计算

如将极限翻孔系数 $[K]$ 代入，便可求出一次翻孔可达到的极限高度 H_{max} 为

$$H_{max} = \frac{D}{2}(1-[K]) + 0.43r + 0.72t \tag{7-16}$$

当零件要求的翻孔高度 $H > H_{max}$ 时，说明不能一次翻孔成形，这时可以采用加热翻孔、多次翻孔或先拉深后冲预孔再翻孔的方法。

采用多次翻孔时，应在每两次工序间进行退火，第一次翻孔以后的极限翻孔系数 $[K']$ 可取为

$$[K'] = (1.15 \sim 1.20)[K] \tag{7-17}$$

2）先拉深后冲预孔再翻孔的工艺计算。采用多次翻孔所得的零件壁部变薄较严重，若对壁部变薄有要求时，则可采用先拉深，在底部冲预孔后再翻孔的方法。在这种情况下，应先确定拉深后翻孔所能达到的最大高度 h，然后根据翻孔高度 h 及零件高度 H 再来确定拉深高度 h' 及预孔直径 d。

由图 7-19 可知，先拉深后翻孔的翻孔高度 h 可由下式计算（按板厚的中线尺寸计算）：

$$h = \frac{D-d}{2} + 0.57r = \frac{D}{2}(1-K) + 0.57r \tag{7-18}$$

若将极限翻孔系数 $[K]$ 代入，可求得翻孔的极限高度 h_{max} 为

$$h_{max} = \frac{D}{2}(1-[K]) + 0.57r \tag{7-19}$$

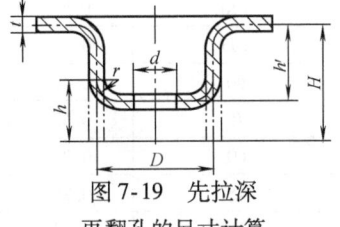

图 7-19 先拉深再翻孔的尺寸计算

此时，预孔直径 d 为

$$d = [K]D \tag{7-20}$$

或

$$d = D + 1.14r - 2h_{\max} \quad (7\text{-}21)$$

拉深高度 h' 为

$$h' = H - h_{\max} + r \quad (7\text{-}22)$$

3）翻孔力的计算。圆孔翻孔力 F 一般不大，用圆柱形平底凸模翻孔时，可按下式计算：

$$F = 1.1\pi(D-d)tR_e \quad (7\text{-}23)$$

式中　D——翻孔后的直径（按中线计算，mm）；
　　　d——翻孔前的预孔直径（mm）；
　　　t——材料厚度（mm）；
　　　R_e——材料的屈服强度（MPa）。

2. 非圆孔翻孔

图 7-20 为非圆孔翻孔，从变形情况看，可以沿孔边分成Ⅰ、Ⅱ、Ⅲ三种性质不同的变形区，其中只有Ⅰ区属于圆孔翻孔变形，Ⅱ区为直边，属于弯曲变形，而Ⅲ区则与拉深变形性质相似。由于Ⅱ、Ⅲ区两部分的变形可以减轻Ⅰ区翻孔部分的变形程度，因此非圆孔翻孔系数 K_f（一般是指最小圆弧部分的翻孔系数）可小于圆孔翻孔系数 K，两者关系大致是

$$K_f = (0.85 \sim 0.95)K \quad (7\text{-}24)$$

非圆孔翻孔的极限翻孔系数可根据各圆弧段的圆心角 α 大小查表 7-6。

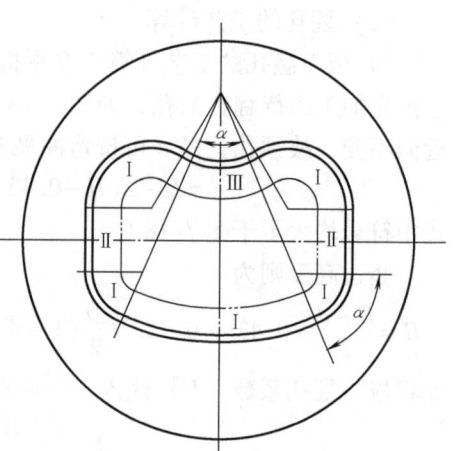

图 7-20　非圆孔翻孔

非圆孔翻孔毛坯的预孔形状和尺寸，可以按圆孔翻孔、弯曲和拉深各区分别展开，然后用作图法把各展开线交接处光滑连接起来得到。

表 7-6　低碳钢非圆孔翻边的极限翻孔系数 $[K_f]$

$\alpha/(°)$	比　值 d/t						
	50	33	20	12.5~8.3	6.6	5	3.3
180~360	0.80	0.60	0.52	0.50	0.48	0.46	0.45
165	0.73	0.55	0.48	0.46	0.44	0.42	0.41
150	0.67	0.50	0.43	0.42	0.40	0.38	0.375
135	0.60	0.45	0.39	0.38	0.36	0.35	0.34
120	0.53	0.40	0.35	0.33	0.32	0.31	0.30
105	0.47	0.35	0.30	0.29	0.28	0.27	0.26
90	0.40	0.30	0.26	0.25	0.24	0.23	0.225
75	0.33	0.25	0.22	0.21	0.20	0.19	0.185
60	0.27	0.20	0.17	0.17	0.16	0.15	0.145
45	0.20	0.15	0.13	0.13	0.12	0.12	0.11
30	0.14	0.10	0.09	0.08	0.08	0.08	0.08
15	0.07	0.05	0.04	0.04	0.04	0.04	0.04
0	弯 曲 变 形						

二、翻边

按变形性质不同，翻边可分为伸长类翻边和压缩类翻边。伸长类翻边是在毛坯外缘沿不封闭的内凹曲线进行的翻边，如图 7-21a 所示；压缩类翻边是在毛坯外缘沿不封闭的外凸曲线进行的翻边，如图 7-21b 所示。

1. 变形程度

由图 7-21 可知，伸长类翻边的变形情况近似于圆孔翻孔，变形区主要为切向受拉，变形过程中孔口边缘容易拉裂；压缩类翻边的变形情况近似于浅拉深，变形区主要为切向受压，变形过程中材料容易起皱。翻边过程中是否会产生起皱或拉裂，主要取决于变形程度的大小。翻边的变形程度可表示如下。

对于伸长类翻边（图 7-21a），其变形程度为

$$\varepsilon_{\mathrm{d}} = \frac{b}{R-b} \tag{7-25}$$

对于压缩类翻边（图 7-21b），其变形程度为

$$\varepsilon_{\mathrm{p}} = \frac{b}{R+b} \tag{7-26}$$

翻边的极限变形程度见表 7-7。

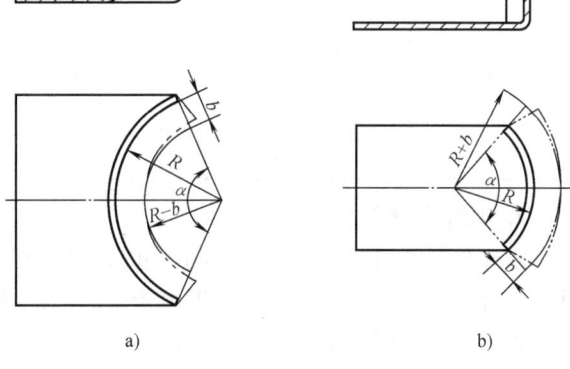

图 7-21 翻边
a）伸长类翻边 b）压缩类翻边

表 7-7 翻边允许的极限变形程度

材料名称及牌号		$[\varepsilon_{\mathrm{d}}]$（%）		$[\varepsilon_{\mathrm{p}}]$（%）	
		橡皮成形	模具成形	橡皮成形	模具成形
铝合金	1035-M	25	30	6	40
	1035-Y	5	8	3	12
	3A21-M	23	30	6	40
	3A21-Y	5	8	3	12
	5A02-M	20	25	6	35
	5A02-Y	5	8	3	12
	2A12-M	14	20	6	30
	2A12-Y	6	8	0.5	9
	2A11-M	14	20	4	30
	2A11-Y	5	6	0	0
黄铜	H62-M	30	40	8	45
	H62-Y2	10	14	4	16
	H68-M	35	45	8	55
	H68-Y2	10	14	4	16

(续)

材料名称及牌号		$[\varepsilon_d]$ (%)		$[\varepsilon_p]$ (%)	
		橡皮成形	模具成形	橡皮成形	模具成形
钢	10	—	38	—	10
	20	—	22	—	10
	12Cr18Ni9-M	—	15	—	10
	12Cr18Ni9-Y	—	40	—	10
	17Cr18Ni9	—	40	—	10

2. 毛坯形状与尺寸

对于伸长类翻边，毛坯形状与尺寸按一般圆孔翻孔的方法确定。对于压缩类翻边，毛坯形状与尺寸按浅拉深的方法确定。但由于是沿不封闭的曲线翻边，毛坯变形区内的应力应变分布是不均匀的，中间变形大，两端变形小，若采用与宽度 b 一致的毛坯形状，则翻边后零件的高度就不平齐，竖边的端线也不垂直。为了得到平齐的翻边高度，应对坯料的轮廓线进行必要的修正，采用如图 7-21 中虚线所示的形状，其修正值根据变形程度和 α 的大小而不同，一般通过试模确定。如果翻边的高度不大，且翻边沿线的曲率半径很大时，则可不作修正。

三、翻孔、翻边模结构与设计要点

1. 翻孔翻边模结构

图 7-22 所示为翻孔模，其结构与拉深模基本相似。图 7-23 所示为翻孔翻边复合模，在同一模具上同时进行翻孔与翻边。

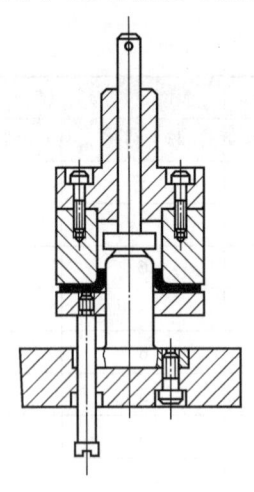

图 7-22 翻孔模

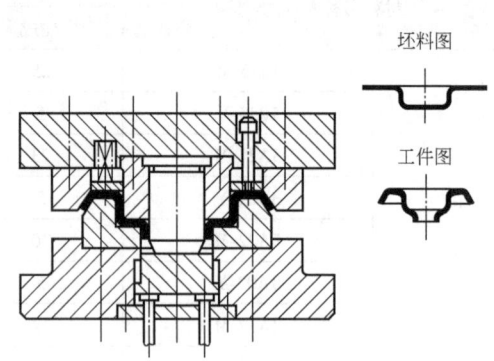

图 7-23 翻孔、翻边复合模

图 7-24 所示为落料、拉深、冲孔、翻孔复合模。凸凹模 8 与落料凹模 4 均固定在固定板 7 上，以保证同轴度要求。冲孔凸模 2 固定在凸凹模 1 内，并以垫片 10 调整它们的高度差，以控制冲孔前的拉深高度。该模具的工作过程如下。

上模下行，首先在凸凹模 1 和落料凹模 4 的作用下落料。上模继续下行，在凸凹模 1 和凸凹模 8 的相互作用下对坯料进行拉深，弹顶器通过顶杆 6 和顶件块 5 对毛坯施加压力。

当拉深到一定高度后，由冲孔凸模 2 和凸凹模 8 进行冲孔，并由凸凹模 1 与凸凹模 8 完成翻孔。当上模回程时，在顶件块 5 和推件块 3 的作用下将工件推出，条料由卸料板 9 卸下。

2. 翻孔翻边模设计要点

翻孔翻边模的凹模圆角半径对翻孔翻边成形的影响不大，可直接按工件圆角半径确定。凸模圆角半径一般取得较大，平底凸模可取 $r_p \geq 4t$，以利于翻孔或翻边成形。为了改善金属塑性流动条件，翻孔时还可采用抛物线形凸模或球形凸模。

图 7-25 所示是几种常用的翻孔凸模形状和主要尺寸关系。其中，图 7-25a 为平底翻孔凸模，图 7-25b 为球形翻孔凸模，图 7-25c 为抛物线形翻孔凸模。从利于翻孔变形看，以抛物线形凸模最好，球形凸模次之，平底凸模再次之，而从凸模的加工难易看则相反。图7-25d ~ 图 7-25f 为带定位部分的翻孔凸模，其中图 7-25d 用于预孔直径为 10mm 以上的翻孔，图 7-25e 用于预孔直径为 10mm 以下的翻孔，图 7-25f 用于无预孔的不精确翻孔。当翻孔模采用压料圈时，则不需要凸模肩部。

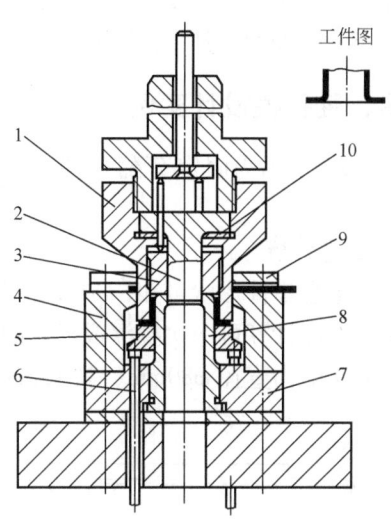

图 7-24 落料、拉深、冲孔、翻孔复合模
1、8—凸凹模　2—冲孔凸模
3—推件块　4—落料凹模　5—顶件块
6—顶杆　7—固定板　9—卸料板　10—垫片

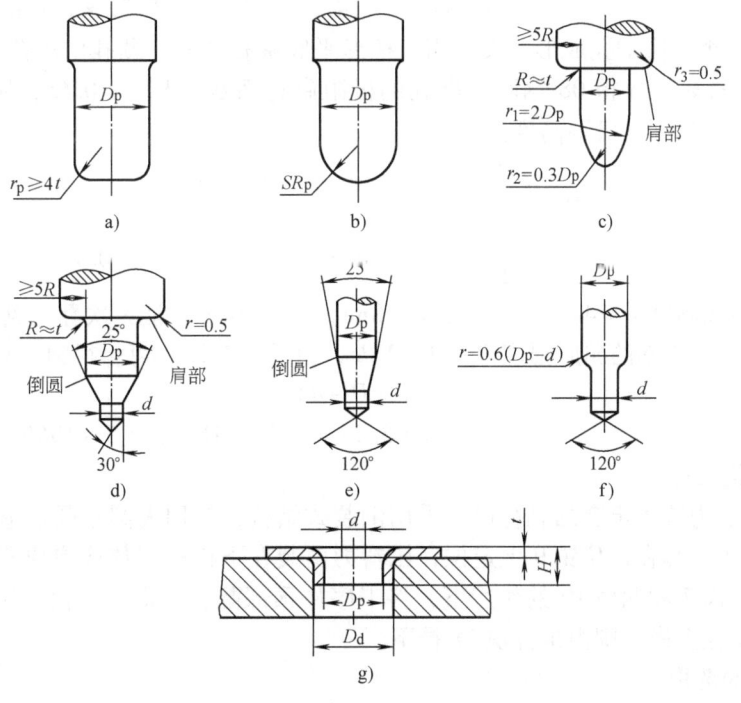

图 7-25 翻孔凸模的形状和尺寸

由于翻孔后材料要变薄,翻孔凸、凹模单边间隙 Z 可小于材料原始厚度 t,一般可取 $Z=(0.75\sim0.85)t$。其中系数 0.75 用于拉深后的翻孔,系数 0.85 用于板料的翻孔。

四、翻孔模设计实例

图 7-26 所示为固定套翻孔件,材料为 08 钢,厚度 $t=1\text{mm}$,中批量生产,试设计翻孔模。

1. 工艺分析

由固定套零件形状可知,$\phi 40\text{mm}$ 由圆孔翻孔成形,翻孔前应先冲预孔,$\phi 80\text{mm}$ 是圆筒形拉深件,经计算可一次拉深成形。因此,该零件的冲压工序安排为落料、拉深、冲预孔、翻孔。翻孔前为直径 $\phi 80\text{mm}$、高 15mm 的圆筒形工序件,如图 7-27 所示。

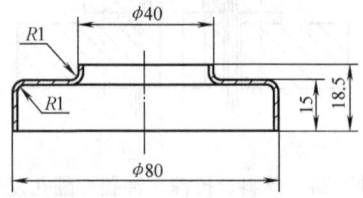

图 7-26 固定套翻孔件

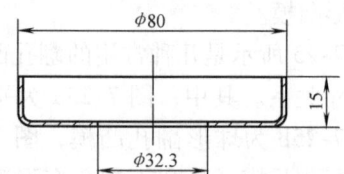

图 7-27 翻孔前的工序件

2. 翻孔工艺计算

(1) 预孔直径 d　翻孔前的预孔直径根据式 (7-14) 计算。由图 7-26 可知,$D=38\text{mm}$,$H=(18.5-15+1)\text{mm}=4.5\text{mm}$,则
$$d = D - 2(H - 0.43r - 0.72t)$$
$$= 38\text{mm} - 2\times(4.5 - 0.43\times1 - 0.72\times1)\text{mm} = 31.3\text{mm}$$

(2) 判断可否一次翻孔成形　设采用圆柱形平底翻孔凸模,预孔由冲孔获得,而 $d/t=32.3/1=32.3$,查表 7-5 得 08 钢圆孔翻孔的极限翻孔系数 $[K]=0.65$,则由式 (7-16) 可求出一次翻孔可达到的极限高度为
$$H_{\max} = \frac{D}{2}(1-[K]) + 0.43r + 0.72t$$
$$= \frac{38}{2}(1-0.65)\text{mm} + 0.43\times1\text{mm} + 0.72\times1\text{mm} = 7.8\text{mm}$$

因零件的翻孔高度 $H=4.5\text{mm} < H_{\max}=7.8\text{mm}$,所以该零件能一次翻孔成形。

(3) 翻孔力　08 钢的屈服强度 $R_e=196\text{MPa}$,由式 (7-23) 可算得圆孔翻孔力为
$$F = 1.1\pi(D-d)tR_e$$
$$= 1.1\times3.14\times(38-31.3)\times1\times196\text{N} = 4536\text{N}$$

3. 模具结构设计

图 7-28 所示为该固定套的翻孔模,采用倒装式结构,使用大圆角圆柱形平底翻孔凸模 7,工序件利用预孔套在定位销 9 上定位,压料力由装在下模的气垫或弹顶器提供。上模下行时,在翻孔凸模 7 和凹模 10 的作用下,将工序件顶部翻孔成形。开模后工件由压料板 8 顶出,若工件留在上模,则由推件块 11 推下。

4. 压力机的选用

因翻孔力较小,故主要根据固定套零件尺寸和模具闭合高度选择压力机。查表 3-5,选

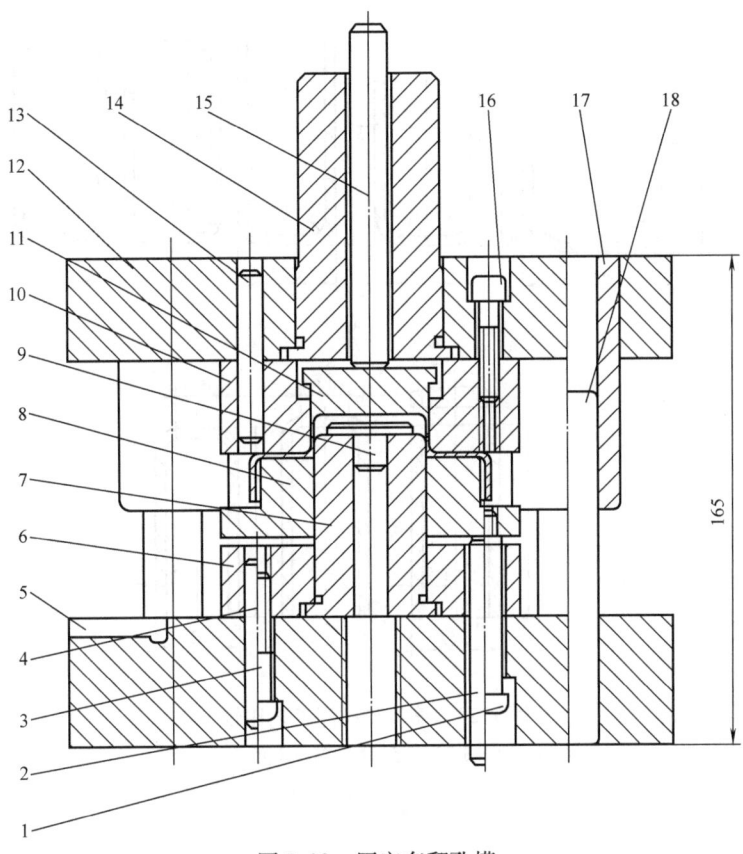

图 7-28 固定套翻孔模

1—阶形螺钉 2—顶杆 3、16—螺钉 4、13—销钉 5—下模座 6—凸模固定板 7—凸模
8—压料板 9—定位销 10—凹模 11—推件块 12—上模座 14—模柄 15—打杆 17—导套 18—导柱

用 J23—16 双柱可倾式压力机，其公称压力为 160kN，最大装模高度为 180mm。

第三节 缩　　口

缩口是将管坯或预先拉深好的圆筒形件通过缩口模将其直径缩小的一种成形方法。缩口工艺在国防工业和民用工业中都有广泛应用。若用缩口代替拉深加工某些零件，可以减少成形工序。如图 7-29 所示的工件，原来采用拉深和冲底孔，共需五道工序，现改用管坯缩口工艺后只需三道工序。

一、缩口变形特点及变形程度

缩口的变形特点如图 7-30 所示。缩口时，在压力 F 作用下，缩口凹模压迫坯料口部，坯料口部则发生变形而成为变形区。在缩口过程中，变形区受两向压应力的作用，其中切向压应力是最大主应力，使坯料直径减小，高度和壁厚有所增加，因而切向可能产生失稳起皱。同时，在非变形区的筒壁，由于承受全部缩口压力 F，也易产生轴向的失稳变形。故缩口的极限变形程度主要受失稳条件的限制，防止失稳是缩口工艺要解决的主要问题。

缩口的变形程度用缩口系数 m 表示（图 7-30）：

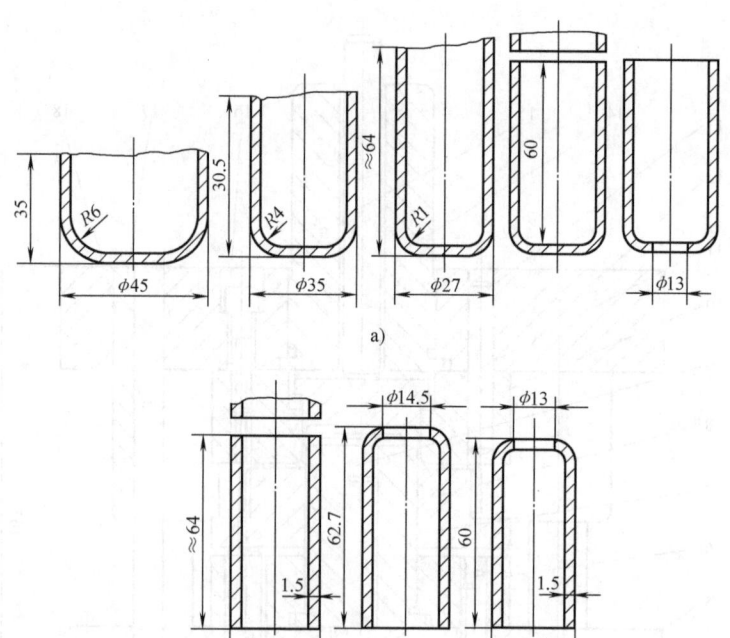

图 7-29 缩口与拉深工艺比较
a) 拉深工艺 b) 缩口工艺

$$m = \frac{d}{D} \tag{7-27}$$

式中　d——缩口后直径（mm）；
　　　D——缩口前直径（mm）。

缩口系数 m 越小，则变形程度越大。一般来说，材料的塑性好，厚度越大，模具对筒壁的支承刚性越好，则允许的缩口系数就可以越小。如图 7-31 所示模具对筒壁的三种不同支承方式中，图 7-31a 是无支承方式，缩口过程中坯料的稳定性差，因而允许的缩口系数较大；图 7-31b 是外支承方式，缩口时坯料的稳定性较前者好，允许的缩口系数可小些；图 7-31c 是内外支承方式，缩口时坯料的稳定性最好，允许的缩口系数为三者中最小者。

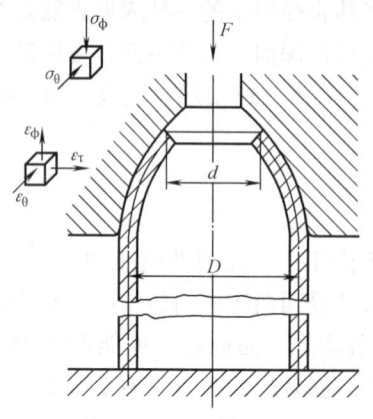

图 7-30 缩口的应力应变特点

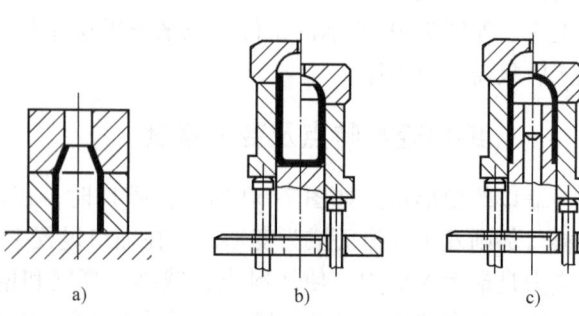

图 7-31 不同支承方式的缩口
a) 无支承 b) 外支承 c) 内外支承

在实际生产中，极限缩口系数一般是在一定缩口条件下通过试验方法得出的。表 7-8 是不同材料、不同厚度的平均缩口系数 m_0。表 7-9 是不同材料、不同支承方式所允许的极限缩口系数 $[m]$。

表 7-8　平均缩口系数 m_0

材　料	材　料　厚　度 t/mm		
	~0.5	>0.5~1	>1
黄铜	0.85	0.80~0.70	0.70~0.65
钢	0.80	0.75	0.70~0.65

表 7-9　极限缩口系数 $[m]$

材　料	支　承　方　式		
	无　支　承	外　支　承	内　外　支　承
软钢	0.70~0.75	0.55~0.60	0.30~0.35
黄铜 H62、H68	0.65~0.70	0.50~0.55	0.27~0.32
铝	0.68~0.72	0.53~0.57	0.27~0.32
硬铝（退火）	0.73~0.80	0.60~0.63	0.35~0.40
硬铝（淬火）	0.75~0.80	0.68~0.72	0.40~0.43

缩口后零件口部略有增厚，其厚度可按下式估算：

$$t' = t\sqrt{D/d} = t\sqrt{1/m} \tag{7-28}$$

式中　t'——缩口后口部厚度（mm）；

　　　t——缩口前坯料的原始厚度（mm）；

　　　m——缩口系数。

二、缩口工艺计算

1. 缩口次数

当工件的缩口系数 m 大于允许的极限缩口系数 $[m]$ 时，则可以一次缩口成形。否则，需进行多次缩口。缩口次数 n 可按下式估算：

$$n = \frac{\ln m}{\ln m_0} = \frac{\ln d - \ln D}{\ln m_0} \tag{7-29}$$

式中　m_0——平均缩口系数，见表 7-8。

多次缩口时，一般取首次缩口系数 $m_1 = 0.9 m_0$，以后各次取 $m_n = (1.05~1.1) m_0$，则零件总的缩口系数 $m = \dfrac{d}{D} = m_1 m_2 \cdots m_n \approx m_0^n$。每次缩口工序后最好进行一次退火处理。

2. 各次缩口直径

$$d_1 = m_1 D$$
$$d_2 = m_n d_1 = m_1 m_n D$$
$$d_3 = m_n d_2 = m_1 m_n^2 D$$
$$\vdots$$
$$d_n = m_n d_{n-1} = m_1 m_n^{n-1} D \tag{7-30}$$

d_n 应等于工件的缩口直径。缩口后,由于回弹,工件要比模具尺寸增大 0.5%~0.8%。

3. 坯料高度

缩口前坯料的高度,一般根据变形前后体积不变的原则计算。不同形状工件缩口前坯料高度 H 的计算公式如下(图 7-32):

图 7-32a 所示工件

$$H = 1.05\left[h_1 + \frac{D^2 - d^2}{8D\sin\alpha}\left(1 + \sqrt{\frac{D}{d}}\right)\right] \tag{7-31}$$

图 7-32b 所示工件

$$H = 1.05\left[h_1 + h_2\sqrt{\frac{d}{D}} + \frac{D^2 - d^2}{8D\sin\alpha}\left(1 + \sqrt{\frac{D}{d}}\right)\right] \tag{7-32}$$

图 7-32c 所示工件

$$H = h_1 + \frac{1}{4}\left(1 + \sqrt{\frac{D}{d}}\right)\sqrt{D^2 - d^2} \tag{7-33}$$

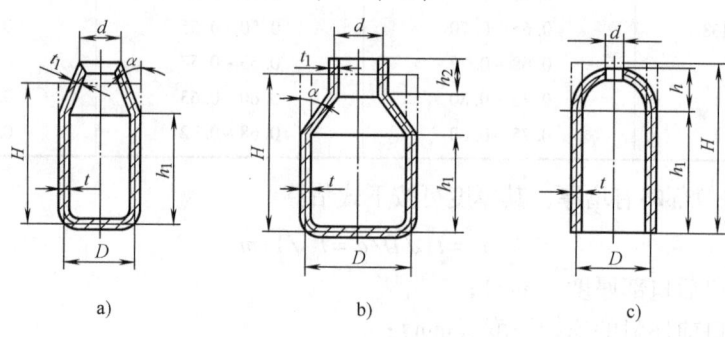

图 7-32 缩口坯料高度计算

4. 缩口力

图 7-32a 所示工件在无心柱支承的缩口模上(见图 7-31a)进行缩口时,其缩口力 F 可按下式计算:

$$F = K\left[1.1\pi D t R_m \left(1 - \frac{d}{D}\right)(1 + \mu\cot\alpha)\frac{1}{\cos\alpha}\right] \tag{7-34}$$

式中　μ——坯料与凹模接触面间的摩擦因数;

　　　R_m——材料的抗拉强度(MPa);

　　　K——速度系数,在曲柄压力机上工作时 $K = 1.15$。

其余符号如图 7-32a 所示。

三、缩口模结构与设计要点

1. 缩口模结构

图 7-33 所示为无支承方式的缩口模,带底圆筒形坯料在定位座 3 上定位,上模下行时,缩口凹模 2 对坯料进行缩口。上模回程时,推件块 1 在橡胶弹力作用下将工件推出凹模。该模具对坯料无支承作用,适用于高度不大的带底圆筒形零件的锥形缩口。

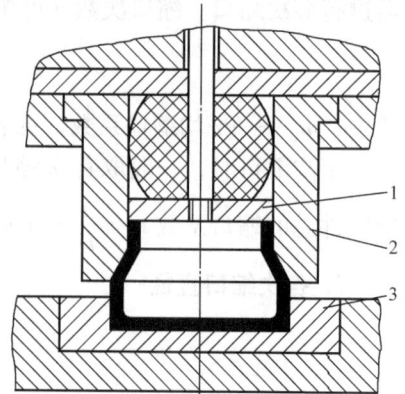

图 7-33 无支承方式的缩口模
1—推件块　2—缩口凹模　3—定位座

图 7-34 所示为倒装式缩口模，导正圈 5 主要起导向和定位作用，同时对坯料起一定的外支承作用。凸模 3 设计成台阶式结构，其小端恰好伸入坯料内孔起定位导向及内支承作用。缩口时，将管状坯料放在导正圈内定位，上模下行，凸模先导入坯料内孔，继而依靠台肩对坯料施加压力，使坯料在凹模 6 的作用下缩口成形。上模回程时，利用顶杆将工件从凹模内顶出。该模具适用于较大高度零件的缩口，而且模具的通用性好，更换不同尺寸的凹模、导正圈和凸模，可进行不同孔径的缩口。

2. 缩口模设计要点

缩口模的主要工作零件是凹模。凹模工作部分的尺寸根据工件缩口部分的尺寸来确定，但应考虑工件缩口后的尺寸比缩口模实际尺寸大 0.5%～0.8% 的弹性恢复量，以减少试模时的修正量。另外，凹模的半锥角 α 对缩口成形过程有重要影响，α 取值合理时，允许的缩口系数可以比平均缩口系数小 10%～15%，一般应使 α<45°，最好使 α<30°。为了便于坯料成形和避免划伤工件，凹模的表面粗糙度值一般要求不大于 $Ra0.4\mu m$。

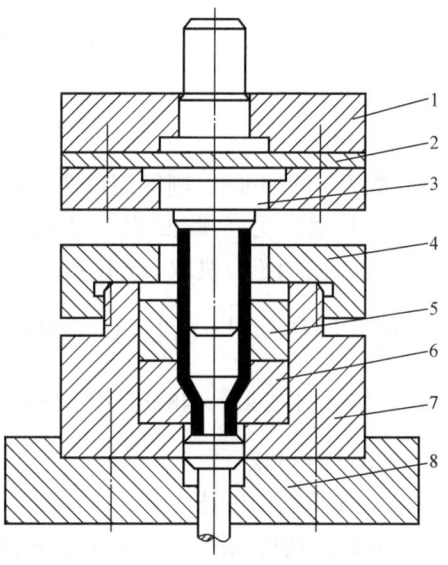

图 7-34　倒装式缩口模
1—上模座　2—垫板　3—凸模　4—紧固套
5—导正圈　6—凹模　7—凹模套　8—下模座

当缩口件的刚性较差时，应在缩口模上设置支承坯料的结构，具体支承方式视坯料的结构和尺寸而定。反之，可不采用支承方式，以简化模具结构。

四、缩口模设计实例

图 7-35 所示为气瓶缩口件，材料为 08 钢，厚度 $t=1.0mm$，中批量生产，试设计缩口模。

1. 工艺分析

气瓶为带底的筒形缩口件，可采用拉深工艺制成圆筒形坯料，再进行缩口成形。该零件的高度较大，相对厚度较小，为了提高缩口时坯料的稳定性，模具结构应采用支承方式。

2. 缩口工艺计算

（1）缩口系数　由图 7-35 可知，$d=35mm$，$D=48mm$，则缩口系数 m 为

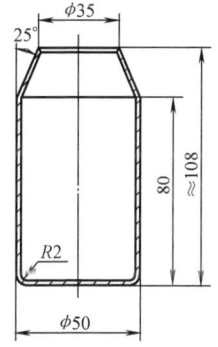

图 7-35　气瓶缩口件

$$m=\frac{d}{D}=\frac{35}{48}=0.73$$

因为该工件是有底的缩口件，所以只能采用外支承方式的缩口模具，查表 7-9，$[m]=0.6$，因 $m>[m]$，故该工件可以一次缩口成形。

（2）缩口前的坯料高度　由图 7-35 可知，$h_1=79mm$，$\alpha=25°$，按式（7-31）可算得坯料高度 H 为

$$H = 1.05\left[h_1 + \frac{D^2 - d^2}{8D\sin\alpha}\left(1 + \sqrt{\frac{D}{d}}\right)\right]$$

$$= 1.05 \times \left[79 + \frac{48^2 - 35^2}{8 \times 48 \times \sin25°} \times \left(1 + \sqrt{\frac{48}{35}}\right)\right]\text{mm} = 99.2\text{mm}$$

取 $H = 99.5$mm，则得缩口前的坯料如图 7-36 所示。

（3）缩口力 取凹模与工件间的摩擦因数 $\mu = 0.1$，08 钢的 $R_m = 430$MPa，曲柄压力机取 $K = 1.15$，由式（7-34）可算得缩口力 F 为

$$F = K\left[1.1\pi D t R_m\left(1 - \frac{d}{D}\right)(1 + \mu\cot\alpha)\frac{1}{\cos\alpha}\right]$$

$$= 1.15 \times \left[1.1 \times \pi \times 48 \times 1 \times 430 \times \left(1 - \frac{35}{48}\right) \times (1 + 0.1 \times \cot25°)\frac{1}{\cos25°}\right]\text{N}$$

$$= 32057\text{N} \approx 32\text{kN}$$

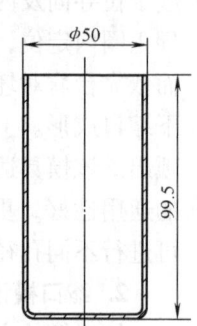

图 7-36 缩口前的坯料

3. 模具结构设计

缩口模结构如图 7-37 所示，采用外支承方式一次缩口成形，缩口凹模工作面要求表面粗糙度值为 $Ra0.4\mu$m，使用标准下弹顶器，采用后侧导柱模架，导柱、导套加长，模具闭合高度为 275mm。

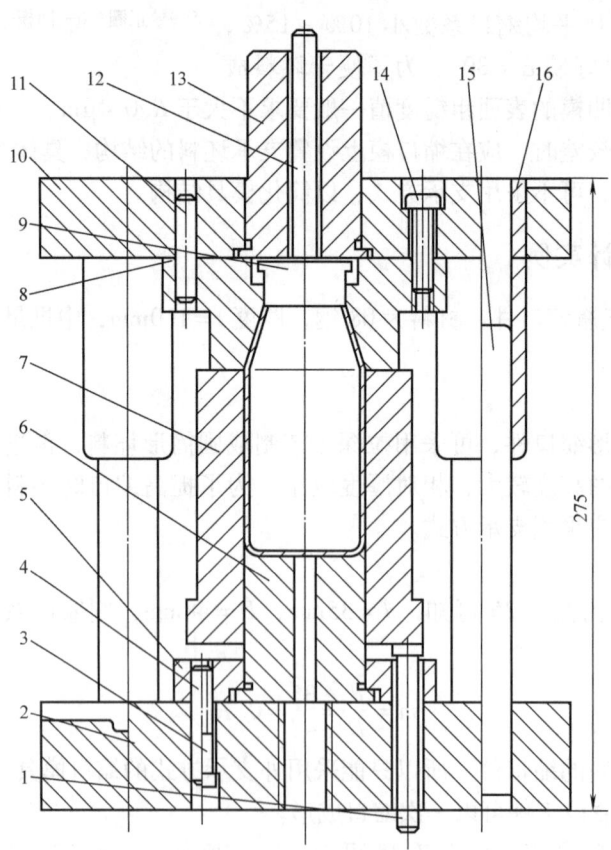

图 7-37 气瓶缩口模

1—顶杆 2—下模座 3、14—螺钉 4、11—圆柱销 5—固定板 6—垫块 7—外支承套
8—凹模 9—推件块 10—上模座 12—打杆 13—模柄 15—导柱 16—导套

4. 压力机的选用

考虑模具闭合高度较大，选用 J23—40 开式双柱可倾式压力机，其公称压力为 400kN，最大封闭高度为 300mm。

第四节　校平与整形

校平与整形是指冲件在经过各种冲压加工之后，因其平面度、圆角半径或某些形状尺寸还不能达到图样要求，通过校平与整形模使其产生局部的塑性变形，从而得到合格零件的冲压工序。这类工序关系到产品的质量及稳定性，因而应用也较广泛。

校平与整形工序的特点如下。

1) 只在工件的局部位置产生不大的塑性变形，以达到提高工件的形状与尺寸精度的目的，使工件符合零件图样的要求。

2) 由于校平与整形后工件的精度比较高，因而模具的精度要求也相应较高。

3) 要求压力机的滑块到达下止点时对工件施加校正力，因此所用的设备要有一定的刚性，最好使用精压机。若用一般的机械压力机，则必须带有过载保护装置，以防材料厚度波动等原因损坏设备。

一、校平

把不平整的工件放入模具内压平的工序称为校平。校平主要用于提高平板零件（主要是冲裁件）的平面度。由于坯料不平或冲裁过程中材料的穹弯（尤其是斜刃冲裁和无压料的级进冲裁），都会使冲裁件产生不平整的缺陷，当对零件的平面度要求较高时，必须在冲裁工序之后进行校平。

1. 校平变形特点与校平力

校平的变形情况如图 7-38 所示，在校平模的作用下，工件材料产生反向弯曲变形而被压平，并在压力机的滑块到达下止点时被强制压紧，使材料处于三向压应力状态。校平的工作行程不大，但压力很大。

校平力 F 可用下式估算：

$$F = pA \tag{7-35}$$

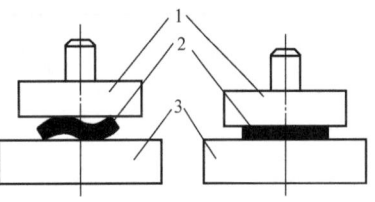

图 7-38　校平变形情况
1—上模板　2—工件　3—下模板

式中　p——单位面积上的校平力（MPa），可查表 7-10；

A——校平面积（mm^2）。

表 7-10　校平与整形单位面积压力　　　　　　　　（单位：MPa）

校形方法	p	校形方法	p
光面校平模校平	50~80	敞开形工件整形	50~100
细齿校平模校平	80~120	拉深件减小圆角及对底面、侧面整形	150~200
粗齿校平模校平	100~150		

校平力的大小与工件的材料性能、材料厚度、校平模齿形等有关，因此在确定校平力时可对表 7-10 中的数值作适当的调整。

2. 校平方式

校平方式有多种，有模具校平、手工校平和在专门设备上校平等。模具校平多在摩擦压力机或精压机上进行；大批量生产中，厚板料还可以成叠地在液压机上校平，此时压力稳定并可长时间保持；当校平与拉深、弯曲等工序复合时，可采用曲柄压力机或双动压力机，这时必须在模具或设备上安装保护装置，以防因料厚的波动而损坏设备；对于不大的平板零件或带料还可采用滚轮碾平；当零件的表面不允许有压痕，或零件尺寸较大而又要求具有较高平面度时，可采用加热校平。加热校平时，一般先将需校平的零件叠成一定高度，并用夹具夹紧压平，然后整体入炉加热（铝件为300～320℃，黄铜件为400～450℃）。由于温度升高后材料的屈服点下降，压平时反向弯曲变形引起的内应力也随之下降，所以回弹变形减小，从而保证了较高的校平精度。

3. 校平模

平板零件的校平模分为光面校平模和齿面校平模两种。

图7-39所示为光面校平模，适用于软材料、薄料或表面不允许有压痕的零件。光面校平模对改变材料内应力状态的作用不大，仍有较大的回弹，特别是对于高强度材料的零件校平效果比较差。在生产实际中，有时将工件背靠背地叠起来，能收到一定的效果。为了使校平不受压力机滑块导向精度的影响，校平模最好采用浮动式结构。如图7-39a所示为上模浮动式结构，图7-39b所示为下模浮动式结构。

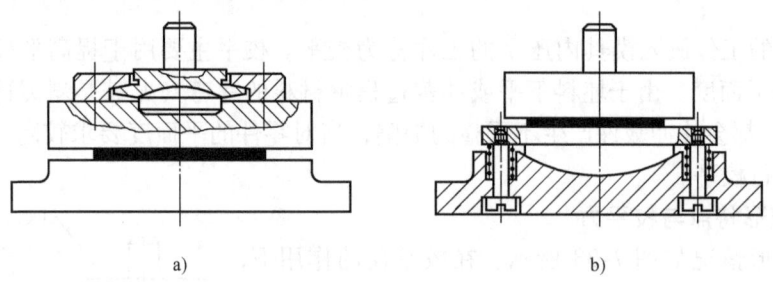

图7-39 光面校平模
a) 上模浮动式 b) 下模浮动式

图7-40所示为齿面校平模，适用于材料较硬、强度较高及平面度要求较高的零件。由于齿面校平模的齿尖压入材料会形成许多塑性变形的小网点，有助于彻底改变材料原有的应力应变状态，故能减小回弹，校平效果好。齿面校平模按齿形又分为尖齿和平齿两种，图7-41a所示为尖齿齿形，图7-41b所示为平齿齿形。工作时上模齿与下模齿应互相错开，否则校平效果较差，也会使齿尖过早磨平。尖齿校平模的齿形压入工件表面较深，较平效果较好，但在工件表面上留有较深的痕迹，且工件也容易粘在模具上不易脱模，一般只用于表面允许有压痕或板料厚度较大（$t=3\sim15mm$）的零件校平。平齿校平模的齿形压入零件表面的压痕浅，因此生产中常用此校平模，尤其是薄材料和软金属的零件校平。

图7-42所示为带有自动弹出器的通用校平模，通过更换不同的模板，可校平具有不同要求的平板件。上模回程时，自动弹出器3可将校平后的工件从下模板上弹出，并使之顺着滑道2离开模具。

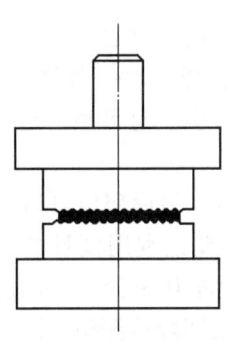

图 7-40 齿面校平模

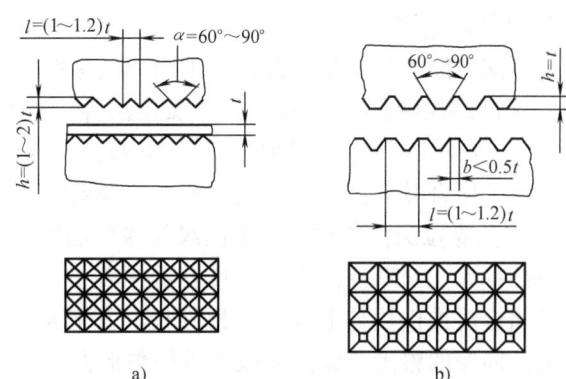

图 7-41 齿面校平模的齿形
a) 尖齿齿形 b) 平齿齿形

二、整形

整形一般安排在拉深、弯曲或其他成形工序之后,用整形的方法可以提高拉深件或弯曲件的尺寸和形状精度,减小圆角半径。整形模与相应工序件的成形模相似,只是工作部分的精度要求更高,表面粗糙度值要求更低,圆角半径和凸、凹模间隙取得更小,模具的强度和刚度要求也高。

根据冲压件的几何形状及精度要求不同,所采用的整形方法也有所不同。

图 7-42 带自动弹出器的通用校平模
1—上模板 2—工件滑道 3—自动弹出器

1. 弯曲件的整形

弯曲件的整形方法有压校和镦校两种。

(1) 压校 图 7-43 所示为弯曲件的压校,因在压校中坯料沿长度方向无约束,整形区的变形特点与该区弯曲时相似,毛坯内部应力状态的性质变化不大,因而整形效果一般。

(2) 镦校 图 7-44 所示为弯曲件的镦校,采用这种方法整形时,弯曲件除了在表面的垂直方向上受压应力外,在其长度方向上也承受压应力,使整个弯曲件处于三向受压的应力状态,因而整形效果好。但这种方法不适于带孔及宽度不等的弯曲件的整形。

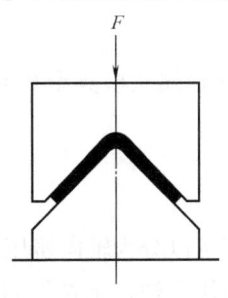

图 7-43 弯曲件的压校

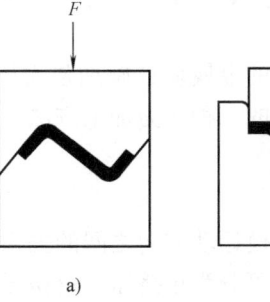
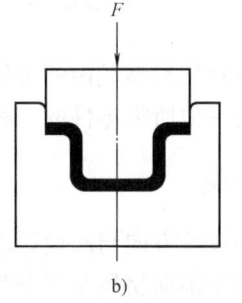
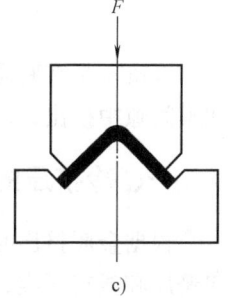

图 7-44 弯曲件的镦校

2. 拉深件的整形

根据拉深件的形状及整形部位的不同，拉深件的整形一般有以下两种方法。

（1）无凸缘拉深件的整形　无凸缘拉深件一般采用小间隙拉深整形法，如图7-45所示。整形凸、凹模的间隙 Z 可取 $(0.9\sim0.95)t$，整形时筒壁稍有变薄。这种整形也可与最后一道拉深工序合并，但应取稍大一些的拉深系数。

（2）带凸缘拉深件的整形　带凸缘拉深件的整形如图7-46所示，整形部位可以是凸缘平面、底部平面、筒壁及圆角。其中凸缘平面和底部平面的整形主要是利用模具的校平作用，模具闭合时推件块与上模座、顶件板（压料圈）与固定板均应相互贴合，以传递并承受校平力；筒壁的整形与无凸缘拉深件的整形方法相同，主要采用负间隙拉深整形法；而圆角整形时由于圆角半径变小，要求从邻近区域补充材料，如果邻近材料不能流动过来（如凸缘直径大于筒壁直径的2.5倍时，凸缘的外径已不可能产生收缩变形），则只有靠变形区本身的材料变薄来实现。这时，变形部位的材料伸长变形以不超过2%~5%左右为宜，否则变形过大会产生拉裂。这种整形方法一般要经过反复试验后，才能决定整形模各工作部分零件的形状和尺寸。

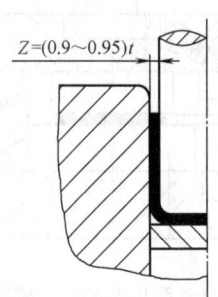

图7-45　无凸缘拉深件的整形

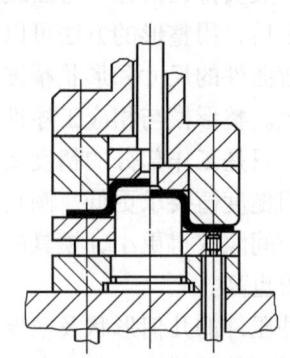

图7-46　带凸缘拉深件的整形

整形力 F 可用下式估算：

$$F = pA \tag{7-36}$$

式中　p——单位面积上的整形力（MPa），可查表7-10；
　　　A——整形面的投影面积（mm^2）。

第五节　冷 挤 压

冷挤压是在常温下对模具型腔内的金属坯料施加强大压力，迫使金属从模具型孔或凸、凹模间隙中挤出，从而获得所需零件的一种压力加工方法。

一、冷挤压的分类

根据金属挤出时的流动方向与凸模运动方向之间的关系，冷挤压可以分为轴向挤压、径向挤压和镦挤三类，其中轴向挤压又可分为正挤压、反挤压、复合挤压三种，见表7-11。

表 7-11 冷挤压的分类

名称		定义	变形简图	挤压件示例
轴向挤压	正挤压	挤压时，金属流动的方向与凸模运动方向一致	实心件　空心件　杯形件	
	反挤压	挤压时，金属流动的方向与凸模运动方向相反	杯形件　杆形件	
轴向挤压	复合挤压	挤压时，金属朝凸模运动方向和其相反方向同时流动	杯—杯件　杯—杯件　杯—杯件	
径向挤压		挤压时，金属流动的方向与凸模运动方向垂直		
镦挤		轴向挤压和径向挤压联合的加工方法		

二、冷挤压的特点及应用

1. 冷挤压的特点

1）挤压件质量高。冷挤压可以直接获得尺寸精确、表面粗糙度值小的零件。目前冷挤压件尺寸公差一般可以达到 IT7，表面粗糙度值可达 $Ra0.2 \sim Ra1.6\mu m$。冷挤压过程中金属处于三向压应力状态，使材料内部组织致密、具有沿零件轮廓分布的连续纤维流向，因而零件的强度、刚度较好，提高了疲劳强度。此外，挤压后金属材料产生冷作硬化，零件表面硬度较高，耐磨性、耐蚀性、抗疲劳性较好。因此，制造冷挤压件可以用一般钢材代替贵重钢材。

2）生产率高。冷挤压是利用挤压模具在压力机上进行，一次冲压行程即可完成一道工序甚至一个工件。一般，合理产量，大件为每月 1 万~5 万件，小件为每月 10 万件左右，与切削加工相比，生产率提高了几十倍甚至几百倍。

3）节约原材料。冷挤压属于少切削或无切削加工，材料利用率可达 70%~95%。

4）降低了成本费用。与传统机械加工工艺相比，由于节省原材料，减少了零件的加工工序，提高了生产效率，使制件成本大为降低。

5）可挤压形状复杂的零件。因冷挤压时坯料处于很强的静水压力作用，有利于金属的塑性变形，可产生较大的变形程度，因此可以挤压出其他加工方法难以制造的复杂形状零件。

6）冷挤压毛坯变形区变形抗力大，需要塑性变形力大，对模具强度、刚度要求高。

2. 冷挤压的应用

冷挤压加工具有"高产、优质、低消耗、可挤压复杂零件"的优点，在技术上和经济上都有很高的应用价值。例如，我国过去采用切削加工方法制造汽车活塞销（图 7-47a），原材料为 20Cr，现改用冷挤压法加工，原材料改为 20 钢，材料利用率由 40% 提高到 80%，生产效率提高两倍，成本降低 37%，经试验测定，采用冷挤压法加工零件的各项力学性能指

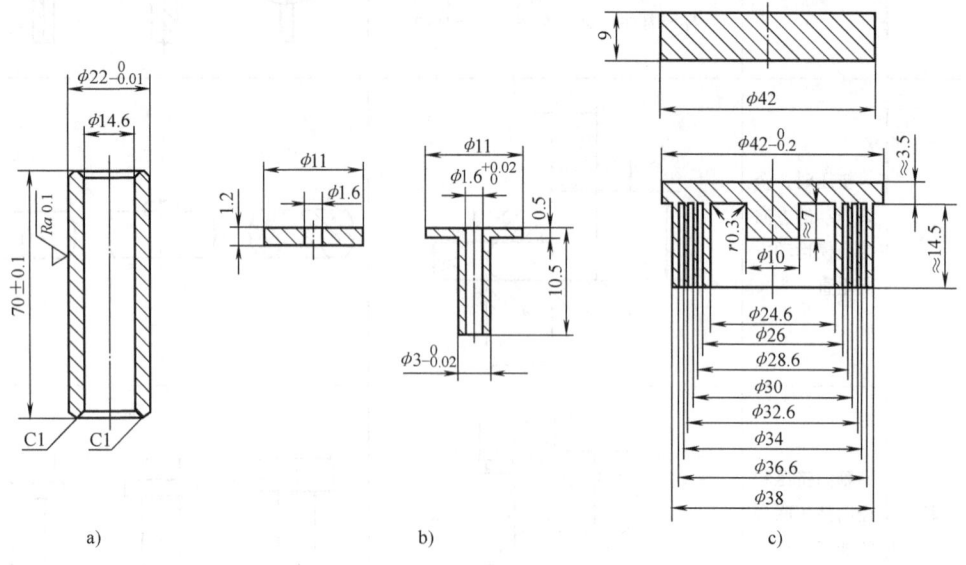

图 7-47 冷挤压件

a）汽车活塞销 b）纯铁底座 c）纯铝电容器

标均高于切削加工法。又如图 7-47b 所示纯铁底座，用挤压的方法代替切削加工后材料利用率提高 10 倍，生产率提高了 30 倍。再如图 7-47c 所示的纯铝电容器，其形状复杂，尺寸小，要求高，用切削的方法无法达到要求，采用冷挤压的方法就比较容易实现。

目前，冷挤压已在机械、电子、电器、仪表、轻工、宇航、船舶、军工等工业部门中得到越来越广泛的应用，由于挤压技术的迅速发展，新的挤压方法相继出现，用于冷挤压的金属已由非铁材料发展到钢铁材料并正在不断扩大，制件的种类也不断增加。

三、冷挤压变形程度及极限变形程度

冷挤压变形程度可以用以下几种形式表示。

（1）断面变化率　金属挤压前后横截面面积差与挤压前毛坯横截面面积之比的百分数。

$$\psi = \frac{A_0 - A}{A_0} \times 100\% \tag{7-37}$$

（2）挤压比　毛坯的横截面面积与挤压后横截面面积之比。

$$R = \frac{A_0}{A} \tag{7-38}$$

（3）对数挤压比　又称之为对数塑性变形，挤压比用对数来表示。

$$\varphi = \ln \frac{A_0}{A} \tag{7-39}$$

式中　A_0——坯料横截面面积（mm^2）；
　　　A——挤压件横截面面积（mm^2）。

冷挤压的极限变形程度是指在模具强度允许的条件下，能够保持模具有一定使用寿命的一次挤压可达到的最大变形程度。

影响极限变形程度的因素很多，主要有两个方面：一是模具本身的许用单位压力（承载能力），目前，模具钢的单位压力一般不宜超过 2500~3000MPa；另一方面是挤压金属产生塑性变形所需的单位挤压力，这取决于金属的性质、挤压方式、变形程度、模具工作部分的几何形状、毛坯表面处理与润滑等。所以，提高变形程度可以通过设计和制造耐压强度高的模具结构及正确选用模具材料与热处理方法，以提高模具本身的承载能力；还可以通过正确设计挤压工艺，以减少所需要的单位挤压力，使之在相同的模具承载能力下提高挤压变形程度。

表 7-12 为部分非铁材料的极限变形程度。钢铁材料的极限变形程度可查阅有关设计手册。

表 7-12　非铁材料一次挤压的极限变形程度

金属名称	断面变化率 ψ（%）		备注
铅、锌、铝、防锈铝、无氧铜等	正挤压	95~99	低强度的金属取上限；高强度金属取下限
	反挤压	90~99	
硬铝、纯铜、黄铜、镁	正挤压	90~95	
	反挤压	75~90	

四、冷挤压材料与毛坯准备

1. 冷挤压材料

为了减少不均匀变形，获得优质的挤压件，延长模具的使用寿命，获得良好的挤压工艺

性，对冷挤压材料的要求是：强度、硬度低，硬化模数小，有一定的塑性；化学成分要求严格，钢中硫、磷含量少，金相组织均匀；表面质量好，冷挤压工艺性好。

目前，可用于冷挤压的金属较多，主要是非铁材料及其合金、纯铁、碳钢、低合金钢、不锈钢等。

此外，对于钛和某些钛合金等也可以进行冷挤压。甚至轴承钢（GCr9、GCr15）和高速钢（W6Mo5Cr4V2）也可以进行一定程度的冷挤压加工。随着冷挤压技术的发展和新模具材料的应用，可用于冷挤压的金属必将进一步扩大。

2. 冷挤压毛坯形状与尺寸的确定

冷挤压毛坯形状要根据挤压件的横截面形状和挤压方式来确定。毛坯横截面轮廓形状尽量与挤压件的轮廓形状相同，并与挤压模型腔吻合，便于毛坯的定位。毛坯的几何形状应保持对称、规则、两端面平行；坯料表面应光滑，不能有裂纹、折叠等缺陷。

常用的冷挤压毛坯如图 7-48 所示。其中，图 7-48a、b 采用切削加工或冲裁方法制成，图 7-48c、d 可由实心毛坯经反挤压制成。对于正挤压和径向挤压，这几种毛坯都可以用，实心毛坯用于正挤压实心件，空心毛坯用于正挤压空心件。反挤压常用图 7-48a 和图 7-48b 两种毛坯。

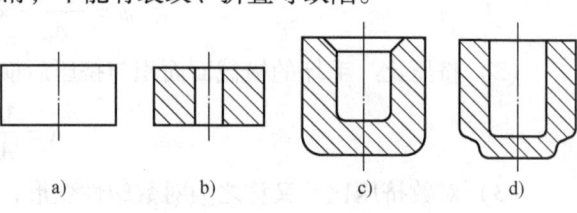

图 7-48 冷挤压用毛坯形状
a) 实心毛坯 b)、c)、d) 空心毛坯

毛坯的体积按挤压前后体积不变的原则进行计算。如果冷挤压后还要进行修边或切削加工（需要时），则计算毛坯体积时还应加上修边余量体积或切削量体积，即

$$V_0 = V_P + V_S \tag{7-40}$$

式中　V_0——毛坯体积（mm^3）；

　　　V_P——挤压件体积（mm^3）；

　　　V_S——修边余量体积（mm^3）。

挤压件的修边余量 Δh 可参照表 7-13 选取。

表 7-13　旋转体冷挤压件高度修边量　　　　　　　　（单位：mm）

挤压件高度 h	10	10~20	20~30	30~40	40~60	60~80	80~100
修边余量 Δh	2	2.5	3	3.5	4	4.5	5

注：1. 当挤压件高度大于100mm时，修边余量为高度的5%。
　　2. 复合挤压件的修边余量应适当加大。
　　3. 矩形挤压件的修边余量按表列数据加倍。

毛坯的外径（d_0）根据凹模型腔尺寸决定，一般比凹模型腔直径小 0.1~0.2mm，以便放入凹模。空心毛坯内径（d_2）根据挤压件内孔或凸模芯轴直径而定，一般比挤压件内孔或凸模芯轴相应直径大 0.05~0.1mm，以便于将凸模芯轴伸入毛坯内孔。若挤压件的内孔尺寸精度要求不高，则该值可取 0.1~0.2mm。

毛坯径向尺寸确定以后，就可算出横截面面积。于是毛坯高度就可由体积和横截面面积算得，即

$$h_0 = \frac{V_0}{A_0} \tag{7-41}$$

式中　h_0——毛坯高度（mm）；
　　　V_0——毛坯体积（mm³）；
　　　A_0——毛坯横截面面积（mm²）。

3. 冷挤压毛坯的软化处理

为了降低毛坯的硬度和变形抗力，提高其塑性，消除内应力并得到良好的金相组织（晶粒度大小适中的球状组织最好），以降低单位挤压力和提高模具使用寿命，通常在冷挤压前或多道冷挤压工序中间必须进行软化处理。软化处理时，一般要将材料处理到其塑性达到最高、硬度最低，使金属在较小的冷挤压力下成形。中间工序的软化处理是为了消除冷作硬化和内应力，以恢复材料的塑性。对于黄铜和不锈钢经冷挤压后务必及时进行去应力退火，否则会开裂。

根据加热温度和冷却速度的不同，软化处理方法主要有完全退火、不完全退火、球化退火和等温退火等四种。

4. 冷挤压毛坯的表面处理与润滑

对冷挤压毛坯进行表面处理与润滑的目的是减少模具表面与金属毛坯之间的摩擦力。

冷挤压时单位挤压力很大，特别是钢的冷挤压单位挤压力高达2000MPa以上，使用一般的涂刷润滑剂极易被挤掉，不能起到润滑作用，毛坯表面也易被拉毛。因此，为了确保润滑剂起到良好的润滑效果，在润滑处理前，必须对毛坯进行表面处理。

（1）碳钢和合金结构钢坯料的表面处理与润滑　目前，碳钢和合金结构钢毛坯冷挤压前的表面处理和润滑方法仍以磷化后皂化的效果为最佳。其工艺流程如下。

1）清除表面缺陷。用软轴砂轮或抛光轮清除个别毛坯表面微小裂纹、折叠等缺陷。

2）化学脱脂。采用氢氧化钠、碳酸钠、磷酸三钠、水玻璃等碱性水溶液，并加入少量去垢剂、表面活性剂等，以加强去垢能力。

3）流动冷水、热水清洗。目的是防止碱性去油液带入下道酸洗液中影响去锈能力。

4）酸洗。一般采用盐酸或硫酸液除去表面氧化皮。

5）流动冷水、热水清洗。该流程是防止将吸附在毛坯表面的酸洗液带入到下一流程的磷化液中，影响磷化效果。

6）磷化处理。磷化处理是将毛坯浸在磷酸盐溶液中，使其表面生成一层不溶性磷酸盐薄膜覆盖层的处理方法。经磷化处理后可以获得与毛坯表面牢固结合的润滑覆盖层，该覆盖层可以吸附润滑剂，并能随挤压金属一起塑性变形，以保证挤压过程中的有效润滑。

7）流动冷水清洗。

8）中和处理。采用氢氧化钠溶液，将磷化时附着的酸性物质中和，以延长润滑液的使用寿命，得到良好的润滑层。

9）润滑处理。磷化后的润滑处理方法很多，皂化是一种最常用的方法。皂化处理是在60~70℃的硬脂酸钠溶液中浸泡15min，使坯料表面牢固地附上一层皂化层作润滑剂。此外，采用润滑油添加适量的二硫化钼作润滑剂，其润滑效果也较好。

（2）不锈钢的表面处理与润滑　奥氏体不锈钢（1Cr18Ni9Ti）和碳钢不一样，它与磷酸盐溶液基本上不发生作用，因此，不锈钢不能采用磷化处理，而应采用草酸盐进行表面处理，处理后的毛坯表面呈绿黑色。

不锈钢毛坯经草酸盐表面处理后，还应进行润滑处理，才可以进行冷挤压。润滑处理常用氯化石蜡油（85%）加二硫化钼（15%）混合液为润滑剂。

(3) 非铁材料坯料的表面处理和润滑　由于非铁材料（硬铝除外）的单位挤压力不太大，一般可不经过磷化等处理，而在表面清理之后直接进行润滑处理即可。润滑处理方法见有关手册。

硬铝毛坯因硬而脆，塑性较差，在冷挤压过程中，往往因金属与模壁之间所产生的剧烈摩擦而引起较大的附加拉应力，使挤压件产生环状裂纹，因此，硬铝坯料的表面处理和润滑处理要求较高，一般工艺流程如下：

1) 汽油清洗，以去除油污。
2) 热水（60~100℃）清洗。
3) 流动冷水清洗。
4) 工业硝酸清洗，以除去氧化皮。
5) 流动冷水清洗两遍。
6) 表面处理。硬铝坯料的表面处理方法有三种，即氧化处理、磷化处理和氟硅化处理。这三种表面处理与碳钢的磷化处理的作用相同，均可形成一层吸附性薄膜，起到储存润滑剂以减小摩擦的作用。
7) 润滑处理。一般经氧化处理后的硬铝毛坯以工业菜油为润滑剂。

五、冷挤压模具的典型结构

冷挤压模的结构形式很多，按冷挤压方式有正挤压模、反挤压模、复合挤压模及其他冷挤压模；按通用性有专用冷挤压模和通用冷挤压模；按调整的可能性有可调式冷挤压模和不可调冷挤压模。为适用冷挤压金属成形的需要和降低模具制造成本，往往采用可调式和通用式冷挤压模。

图 7-49 所示为挤压带凸缘的纯铝零件的正挤压模，该模具主要特点是如下。

1) 采用通用模架，通过更换凸、凹模可挤压不同的冷挤压件。凸模 6 通过弹性夹头 4、凸模固定圈 5 和紧固圈 7 固定；凹模通过凹模固定圈 10 和紧固圈 8 固定，凹模固定圈与紧固圈以 H6/h5 配合。
2) 以导柱导套导向，为了增加导柱的长度，特将导柱固定于上模。当然也可以根据需要将导柱固定在下模。导柱导套以 H6/h5 配合。
3) 挤压件留在凹模中，采用拉杆式顶出装置通过顶杆 13 将挤压件顶出，卸件工作可靠。
4) 上、下模座用中碳钢制造，凸、凹模分别用较厚的淬硬垫板支承。

图 7-50 所示为挤压钢铁材料空心件的反挤压模，该模具的主要特点如下。

1) 采用通用模架，通过更换凸模、组合凹模等零件，可挤压不同的冷挤压件。还可以进行正挤压、复合挤压。
2) 凸、凹模同轴度可以调整，即通过螺钉和月牙形板 9 调整凹模的位置，以保证凸、凹模的同轴度。同时可以依靠月牙形板和压板 1 压紧定位，以防止挤压过程凹模位移。
3) 凹模为预应力组合凹模结构，可承受较大的单位挤压力。
4) 对于钢铁材料反挤压，其挤压件可能箍在凸模上，因而设置了卸件装置，卸件板做成碟形是为了减少凸模长度。但挤压件更容易留在凹模内，故设置了顶件装置。
5) 因钢铁材料挤压力很大，所以凸模 5 上端和顶件器 10 下端做成锥形，以扩大支承面积，并加以厚垫板。

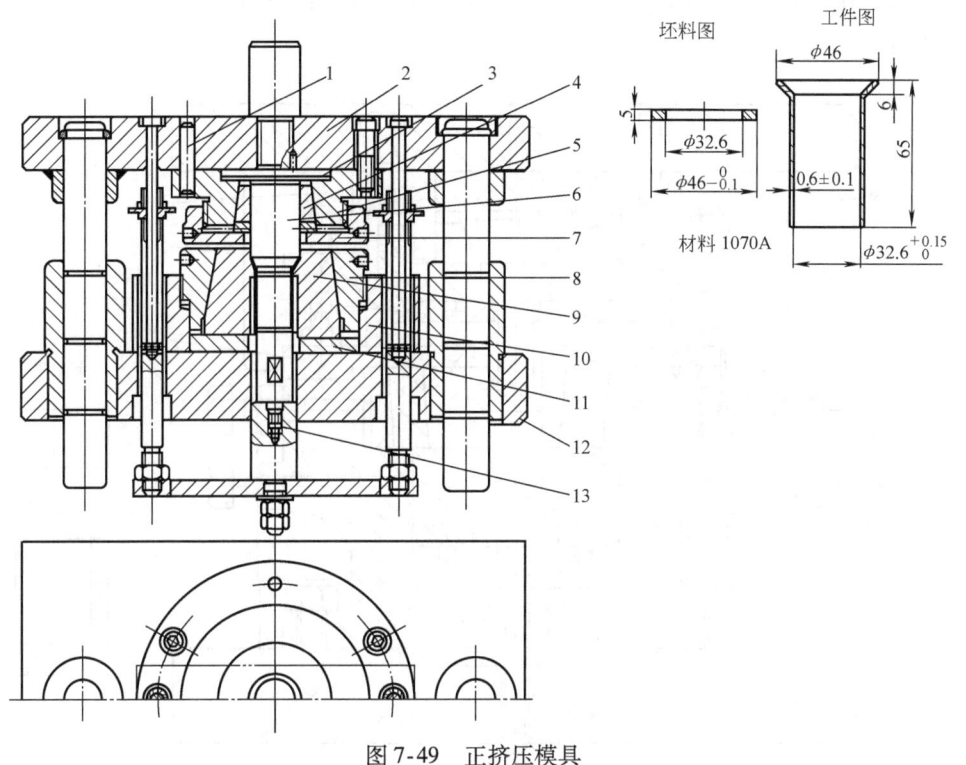

图 7-49 正挤压模具
1—定位销 2—上模座 3—垫板 4—弹性夹头 5—凸模固定圈 6—凸模
7、8—紧固圈 9—凹模 10—凹模固定圈 11—垫板 12—下模座 13—顶杆

图 7-51 为螺塞径向挤压（冷镦）模，该模具的主要特点是：

1）该模具是以导向套 1 与下模外圈 3 导向，模具在工作时处于封闭状态，下设限位套 4。导向套还有安全防护作用。

2）上、下模均为预应力组合结构。上模的六角型腔底部开有出气孔，确保六角头部轮廓清晰。

3）为了保证六角头部成型良好和提高模具使用寿命，毛坯体积大于零件体积，多余金属形成飞边，冷镦后切除。

六、冷挤压凸、凹模的设计

1. 冷挤压凸模

（1）正挤压凸模 正挤压实心件的凸模结构如图 7-52a 所示，其结构较简单。正挤压空心件的凸模如图 7-52b、c、d、e 所示，其中图 7-52b 是整体式凸模，适用于挤压纯铝等软金属或心轴与凸模直径相差不大、心轴长度不长的场合；图 7-52c 是固定组合式凸模，凸模孔与心轴之间采用 H7/k6 的过渡配合，适用于较硬金属的正挤压；图 7-52d、e 是浮动式组合凸模，凸模孔与心轴采用 H7/h6 间隙配合，用于钢铁材料的正挤压，挤压过程中心轴可随变形金属同时向下滑动，减小了心轴被拉断的可能，提高了心轴的使用寿命。

正挤压凸模的主要几何参数如图 7-52d 所示。凸模工作部分直径 d_p 等于挤压件头部尺寸并与凹模保持最小间隙等于零的间隙配合。心轴直径 d 等于空心件内孔直径。心轴伸出凸模端面的长度 l_1，对于正挤压杯形件，为毛坯内孔深度；对于正挤压无底空心件，为毛坯高度加上凹模工作带高度。凸模工作部分长度 l 等于毛坯变形高度加上凸模接触毛坯时已导入凹模的深度。

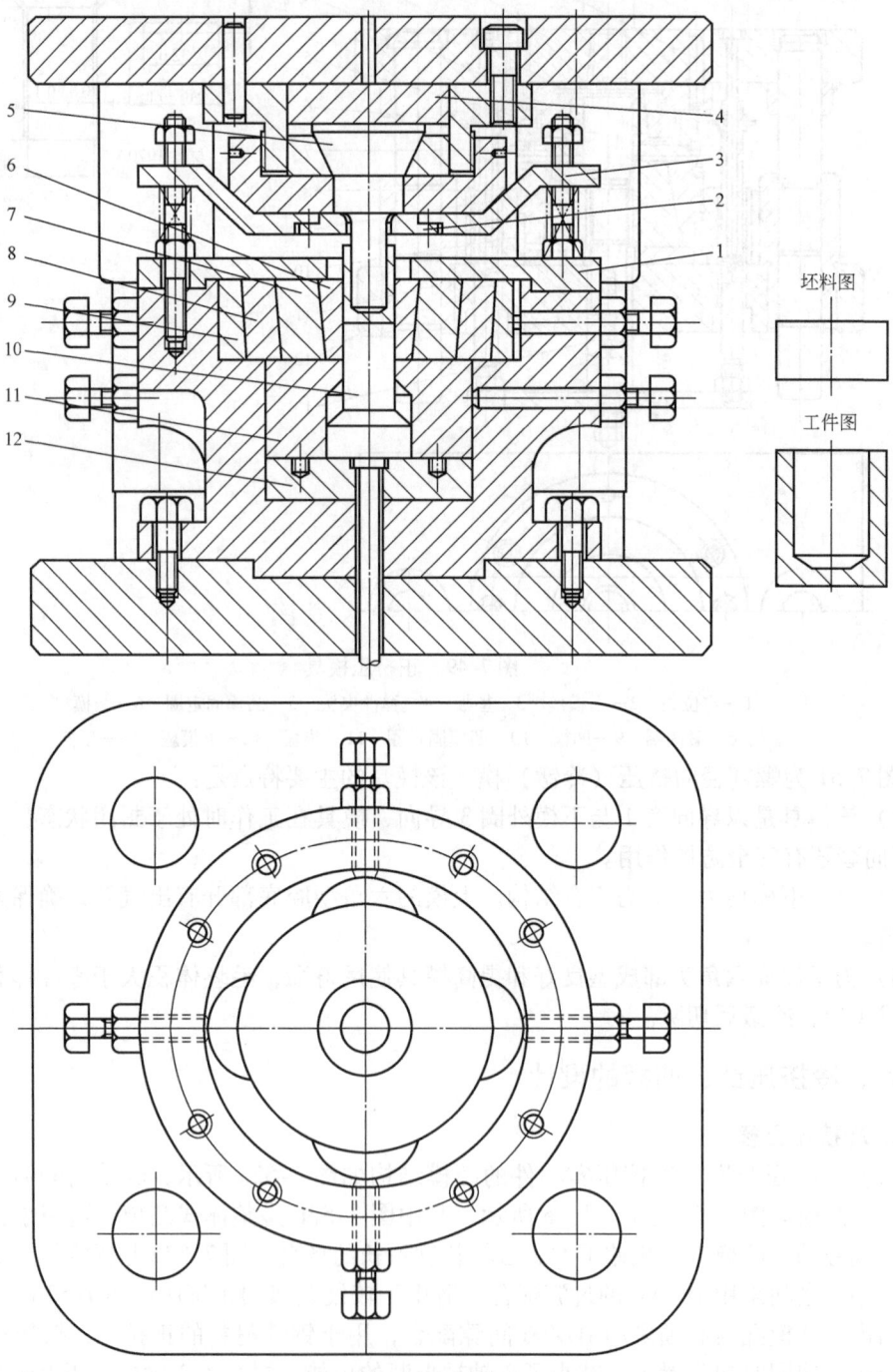

图 7-50 反挤压模具
1—压板 2—卸件器 3—卸件板 4、12—垫板 5—凸模 6—凹模 7—组合凹模中圈
8—组合凹模外圈 9—月牙形板 10—顶件器 11—垫块

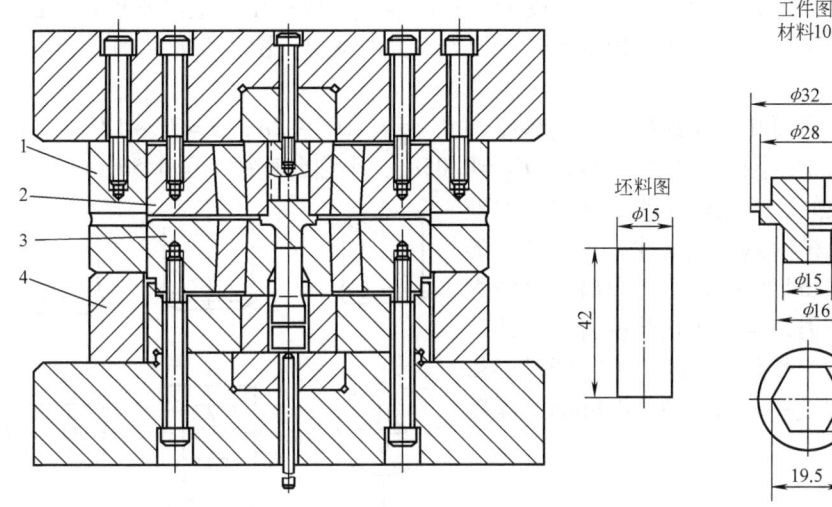

图 7-51 径向挤压（冷镦）模具
1—导向套 2—组合上模外圈 3—组合下模外圈 4—限位套

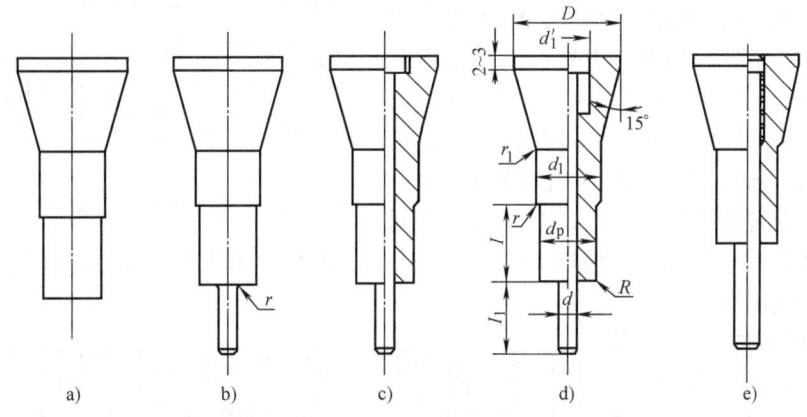

图 7-52 正挤压凸模

（2）反挤压凸模　反挤压凸模结构形式如图 7-53 所示，其中，图 7-53a 应用较普遍；

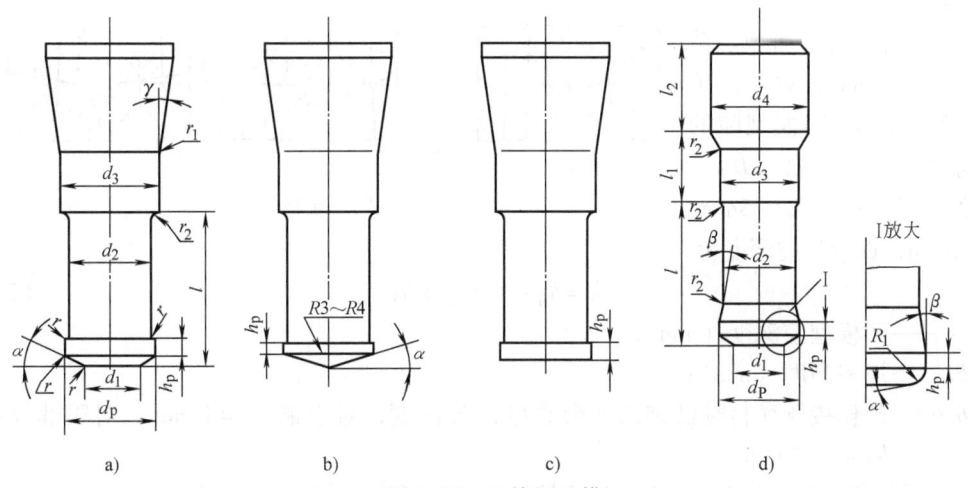

图 7-53 反挤压凸模

图 7-53b 挤压力小，但容易受到毛坯不平度的不良影响，造成挤压件壁厚不均匀；图 7-53c 挤压力较大，用于挤压件为平底结构或单位挤压力不大的情况；图 7-53d 结构有利于金属流动，但制造较麻烦。

反挤压凸模的主要几何参数如下：凸模锥顶角 $\alpha_p = 180° - 2\alpha$，$\alpha = 7° \sim 12°$；工作带高度 $h_p = 2 \sim 3mm$；圆角半径 $r = 0.5 \sim 4mm$，$R_1 = 0.05d_p$；小圆台直径 $d_1 = 0.5d_p$。

反挤压塑性较好、长度较大的非铁材料薄壁件时，为了增加凸模的纵向稳定性，可在凸模的端面加工出如图 7-54 所示的工艺凹槽，以增大端面与金属的摩擦力，从而防止凸模滑向一侧造成挤压件壁厚不均匀和凸模折断。工艺凹槽必须对称、同轴，其宽度一般取 $0.3 \sim 0.8mm$，深度取 $0.3 \sim 0.6mm$。

2. 冷挤压凹模

（1）正挤压凹模　正挤压凹模一般采用预应力组合结构，其结构形式如图 7-55 所示。其中图 7-55a 凹模内层是整体式结构，应用较为广泛，但型腔内转角处容易因应力集中而产生横向开裂；图 7-55b、c 凹模内层为纵向分割式结构，最内层小凹模与挤压筒之间以过盈配合，过盈量一般应大于 0.02mm；图 7-55d~f 凹模为横向分割式结构，制造时需严格保证上、下两部分的同轴度，且拼合面不宜过宽，一般取 $1 \sim 3mm$，并要求抛光。图 7-55f 结构能有效防止金属流入拼合面，但使用寿命不高。

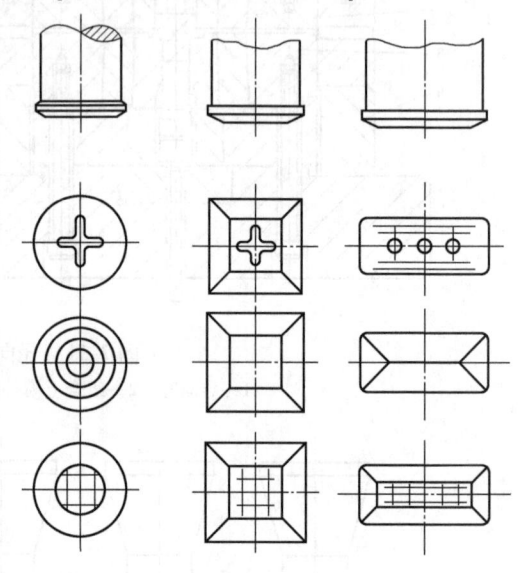

图 7-54　反挤压凸模工作端面的工艺槽形状

正挤压凹模的主要几何参数如图 7-56 所示。凹模中心锥角 α_d 一般取 $90° \sim 126°$，挤压材料塑性好时可以增大；凹模工作带高度对于纯铝取 $h_d = 1 \sim 2mm$，对于硬铝、纯铜、黄铜取 $h_d = 1 \sim 3mm$，对于低碳钢 $h_d = 2 \sim 4mm$；凹模型腔的过渡圆角 r_1 最好取 $(D_d - d_d)/2$，但不小于 $2 \sim 3mm$，$R = 3 \sim 5mm$；凹模型腔深度为

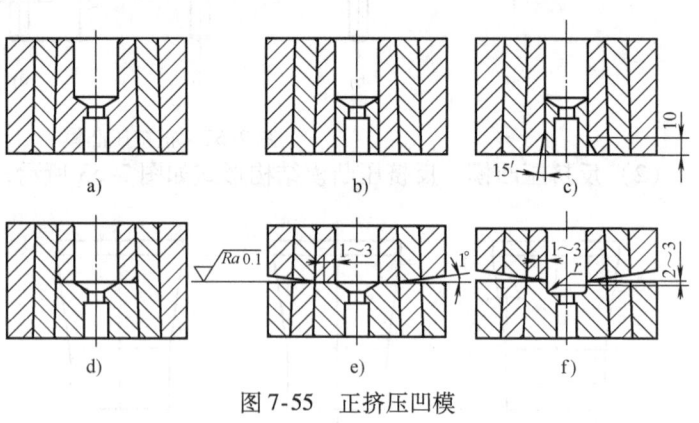

图 7-55　正挤压凹模

$$h = h_0 + R + r_1 + h_3 \tag{7-42}$$

式中　h——凹模型腔深度（mm）；

h_0——坯料高度（mm）；

h_3——凸模接触坯料时已进入凹模直壁部分深度，对于铜 $h_3 = 10mm$，对于非铁材料 $h_3 = 3 \sim 5mm$。

（2）反挤压凹模　图 7-57 所示是反挤压凹模的几种结构形式。其中图 7-57a 为整体式凹模，因其型腔底部转角处容易产生横向裂纹而使模具使用寿命缩短，故只适用于批量小或挤压力较小的场合；图 7-57b 也是整体式凹模，由于底部有 25°斜角，有利于金属流动，可挤压壁厚为 0.07mm 以上的薄壁铝制圆筒形件；图 7-57c 为穿通式组合凹模；图 7-57d 为上、下组合式凹模，为了避免金属的被挤入拼合夹缝，拼合面的宽度应小于 3mm，其余部分留出 0.2mm 空隙；图 7-57e、f 设有顶出装置，适用于反挤压后工件留在凹模的情况，其中图 7-57e 适用于工件底部外形呈直角的反挤压，图 7-57f 适用于工件底部外形成圆角的反挤压。

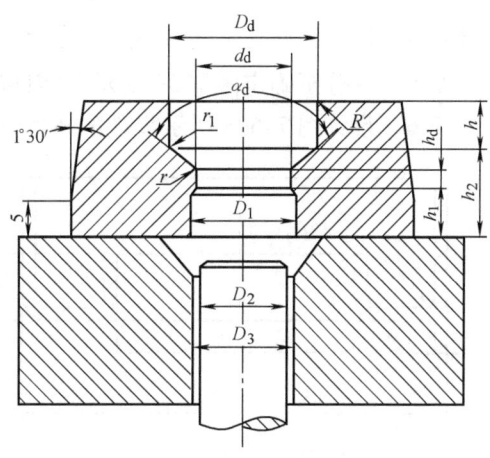

图 7-56　正挤压凹模的几何参数

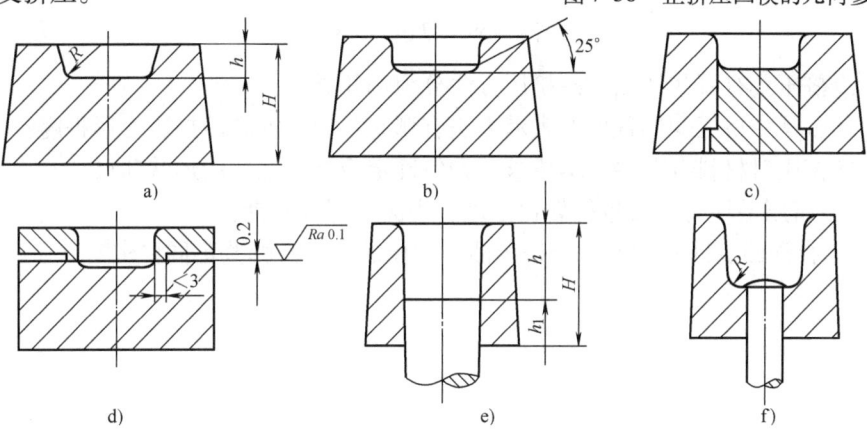

图 7-57　反挤压凹模

反挤压凹模的主要几何参数如下：型腔内壁作成一定斜度，以利于金属的流动；凹模底部圆角根据挤压件要求而定，r 可取 $(0.1 \sim 0.2) D_d$，但应大于 0.5mm；$R = 2 \sim 3$mm；型腔深度为

$$h = h_0 + r + R + (2 \sim 3) \text{mm} \tag{7-43}$$

思考练习题

7-1　各成形工序在变形过程中的共同点是什么？又有哪些不同点？

7-2　试分别各例举 2~3 种胀形件、翻边件、翻孔件和缩口件实例。

7-3　工件在什么情况下需要整形？整形工序一般安排在工件冲压过程中的什么位置？

7-4　要压制如图 7-58 所示的凸包，判断能否一次胀形成形？并计算用刚性模具成形的冲压力。工件

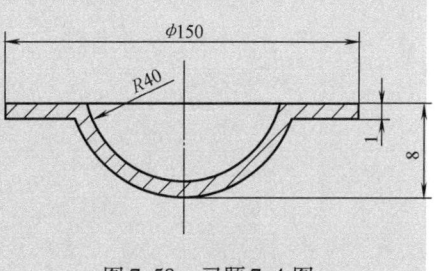

图 7-58　习题 7-4 图

材料为 08 钢，料厚为 1mm，断后伸长率 $A=32\%$，抗拉强度 $R_m=430\mathrm{MPa}$。

7-5　试分析确定图 7-59 所示各零件的冲压工艺方案，并进行工艺计算。

7-6　设计图 7-59a 所示零件的 $\phi 45\mathrm{mm}$ 圆孔翻孔模结构。

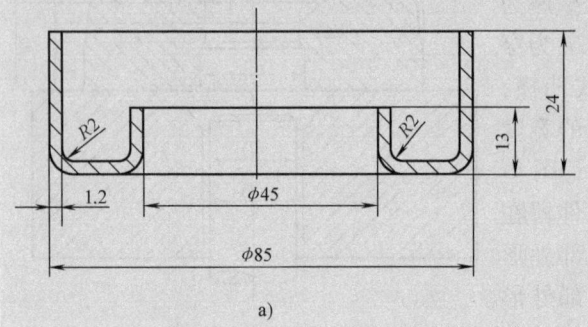
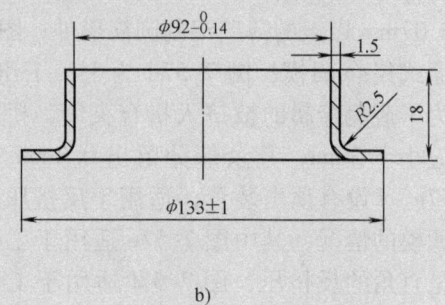

图 7-59　习题 7-5 图

7-7　冷挤压具有哪些特点？冷挤压方法分为哪几类？

7-8　什么是冷挤压变形程度？表示方法有哪些？如何提高冷挤压变形程度？

7-9　冷挤压对材料有哪些基本要求？如何确定冷挤压毛坯的形状和尺寸？

7-10　冷挤压毛坯为何要进行软化处理、表面处理和润滑？

7-11　与拉深凸、凹模相比，冷挤压凸、凹模的设计有哪些不同要求？

第八章 冲压模具的使用寿命、材料及安全措施

学习目的

了解冲模的工作条件及失效形式，掌握影响冲模使用寿命的因素及提高冲模寿命的方法，掌握冲模材料的种类、特性及选用，了解冲压生产发生事故的原因，熟悉冲模结构上常用的安全措施。

学习重点

影响冲模使用寿命的因素及提高冲模使用寿命的方法，冲模常用材料的种类、特性及选用，冲模结构上常用的安全措施。

第一节　冲压模具的使用寿命

模具因为磨损或其他形式失效，终至不可修复而报废之前所加工的冲压件数，称为模具的使用寿命。冲压模具的使用寿命有两重含义：模具一次修复后到下一次修复前所加工的最大冲压件数称为修磨寿命；模具从开始使用到不能修复时所加工冲压件的总数称为模具的总寿命。

模具的使用寿命与模具类型和结构有关，它是一定时期内模具材料性能、模具设计与制造水平、模具热处理以及使用与维护等方面的综合反映。模具的使用寿命受各种失效形式的限制。

一、冲模工作条件及失效形式

1. 冲模的工作条件

冲压模具在工作过程中承受拉伸、弯曲、压缩、冲击、摩擦等引起的不同交变应力作用，而用于冷挤压、拉深的模具，还要承受 200～300℃ 的交变温度作用。各种冲模的工作零件一般都是整个模具中受力最大、工作条件最差的零件。其中，凸模在工作行程时承受着压力，在回程时承受着脱模所产生的拉力，这就构成了拉—压循环应力。如果毛坯偏斜或由于送料误差的原因，则凸模还承受偏心载荷。凸模在以上受力条件下可能发生折断或疲劳断裂。凹模在工作时一般都承受径向压应力和切向拉应力，而且也都是周期性变化的循环应力，凹模在这样的受力条件下可能导致疲劳破坏。

2. 冲模的失效形式

模具经过使用，由于种种原因不能再冲出合格的零件，也不能再修复，这种情况称为模

具失效。冲模失效形式主要有以下几种。

(1) 磨损失效　冲裁模刃口的磨损过程大体分为三个阶段（图8-1）：初期磨损、正常磨损和急剧磨损。使用时应控制在正常磨损阶段内，出现急剧磨损时应立即修磨。修磨多次，模具无法恢复原有精度，不能冲出合格冲件，这就是模具磨损失效。其他类型模具大体上也是这种情况。

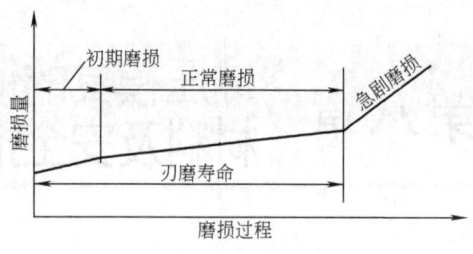

图 8-1　冲裁模刃口磨损曲线

模具磨损可以分为摩擦磨损和黏着磨损两种。在冲压加工中，黏着磨损必须引起注意。所谓黏着磨损是指模具工作零件黏着上了被加工材料的微粒和碎屑，使模具工作零件表面变得很粗糙，导致摩擦力增大，磨损加剧。其结果使模具工作零件表面与材料间的局部压力和温度升高，进一步促进了黏着现象的产生，从而又进一步加剧了模具的磨损，形成恶性循环，致使模具的使用寿命很快下降。

当产生黏着磨损后，冲件表面就会出现拉痕，此时应对模具进行修整、研磨。

不同冲压工序的模具，其工作零件的磨损形式和磨损严重程度不同。对于拉深、弯曲，特别是冷挤压工序，磨损较严重，摩擦磨损和黏着磨损都存在；对于冲裁模，摩擦磨损较突出。有些金属材料，如奥氏体不锈钢、镍基合金、精密合金等，对模具表面有较强烈的黏着作用，更容易产生黏着磨损。

模具在使用过程中因磨损而失效，通常认为是一种正常的失效方式。在薄板冲压中，模具的磨损失效一般是模具失效的主要形式。

(2) 变形失效　由于模具工作零件内的应力超过了本身材料的屈服强度，因而产生塑性变形，过量的变形使模具工作零件的形状和尺寸超过许可范围，称为变形失效，如凸模的镦粗和弯曲，凸、凹模工作表面的压蹋和皱纹等。

(3) 断裂失效　模具在使用过程中突然出现裂纹而失效称为断裂失效。按损坏的范围不同可分为局部破损，如剥落、崩刃等（图8-2a、b）；整体破损，如断裂、胀裂等（图8-2c、d）。按断裂过程特征可分为疲劳断裂和早期断裂。疲劳断裂一般是在承受周期性变化重载荷模具上冲压一定数量工件之后发生，如冷挤压模。早期断裂是由于模具材料存在冶金、热加工、切削加工的缺陷或操作不当等原因造成的。早期断裂一般发生比较突然，模具的使用寿命很短。发生早期断裂不但使模具失效，还可能发生事故，必须引起注意。

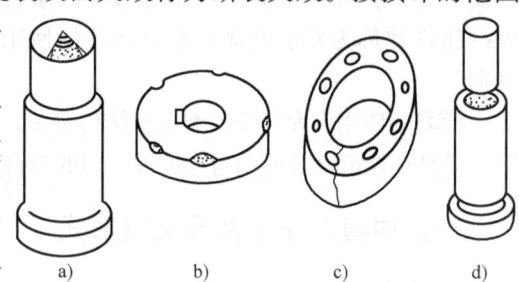

图 8-2　冲模的局部损坏和整体损坏

(4) 啃伤失效　由于模具装配质量差、压力机导向精度低、模具安装调整不当、送料误差等原因，使凸、凹模相碰造成刃口崩裂，冲压件毛刺突然增大。一旦发生啃伤，模具修磨量会很大甚至不可能修复。

二、影响冲模使用寿命的因素及提高冲模使用寿命的措施

1. 影响冲模使用寿命的主要因素

(1) 冲压工艺及冲模设计对模具使用寿命的影响

1)冲压用原材料对模具使用寿命的影响。在实际生产中,由于冲压用原材料的厚度公差不符合要求、材料性能波动、表面质量较差和不干净等而造成模具工作零件磨损加剧、崩刃的情况时有发生。对于冲裁模,由于被冲板料的厚度对模具冲压载荷的影响较大,故常把冲裁模分为薄板冲裁模($t \leq 1.5mm$)和厚板冲裁模($t > 1.5mm$)。薄板冲裁模受力较小,其失效的主要形式是磨损。厚板冲裁模受力较大,其失效形式除了磨损外,还可能发生局部断裂(崩刃)。对于拉深模,被拉深板材的成形性能、厚度、表面状况等,均影响模具冲压载荷的轻重和黏着倾向的大小。

2)排样与搭边对模具使用寿命的影响。不必要的往复送料排样法和过小的搭边值是造成模具急剧磨损和凸、凹模啃伤的重要原因。

3)模具的结构形式对模具使用寿命的影响。整体式模具不可避免地存在凹凸转角,很容易造成应力集中,并出现开裂。

4)模具的几何参数对模具使用寿命的影响。凸、凹模的形状、间隙和圆角半径的大小不仅对冲件成形影响极大,而且对模具的磨损影响也很大。如拉深模过小的凸、凹模圆角半径在拉深过程中会增大坯料流动阻力,从而增大摩擦力和成形力,使模具磨损加剧或使冲件拉裂。图8-3所示是冷挤凹模的金属入口处的形状和圆角半径对模具使用寿命的影响。

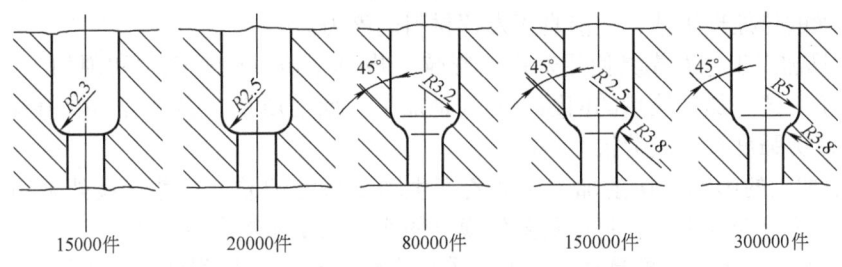

图8-3　冷挤压凹模口形状及圆角半径对模具使用寿命的影响

(2)模具材料对模具使用寿命的影响　模具材料对模具使用寿命的影响是模具材料种类、化学成分、组织结构、硬度和冶金质量等的综合反映。模具材料的种类对模具使用寿命的影响是很大的,如拉深镍基合金板料时极易发生咬合,若采用Cr12MoV钢制作拉深模,拉深时就会很快出现咬合、拉毛现象,使用寿命极低;若采用GT35型钢结硬质合金制作拉深凹模,热处理硬度为65~67HRC,则可大大减弱咬合倾向,使用寿命大为提高。

模具的工作硬度对模具使用寿命影响也较大,随着硬度的提高,模具钢的抗压强度、耐磨性和抗咬合能力等指标也升高,而其韧性、冷热疲劳抗力及可磨削性等指标下降。经验表明,模具的早期失效,多数是由于硬度过高而断裂造成的,少数是由于硬度过低而变形、磨损造成的。例如,采用T10钢制造硅钢片的小孔冲模,硬度为56~58HRC时,只冲几千次,冲件的毛刺就很大,如果将硬度提高到60~62HRC,则刃磨寿命可达2万~3万次,但如果继续提高硬度,则会出现早期断裂。有的冲模则硬度不宜过高。例如,采用Cr12MoV制造六角冷镦冲头,其硬度为57~59HRC时,一般使用寿命为2万~3万件,失效形式是崩裂;如将硬度降低到52~54HRC时,使用寿命将提高到6万~8万件。

模具材料的冶金质量问题,主要出现在大、中型模具以及碳和合金元素含量高的模具钢,其具体表现形式有非金属夹杂、碳化物偏析、中心疏松等。尤其是高碳高合金钢,冶金缺陷较多,往往是模具淬火开裂和模具早期破坏的根源。

(3)模具零件毛坯的锻造和预处理对模具使用寿命的影响　锻造是模具工作零件制造

过程中的重要环节。锻件常见的表面缺陷为裂纹、鳞皮、凹坑、折叠等；常见的内部缺陷有过热、过烧、疏松、组织偏析、流线分布不良等。尤其是高碳高合金模具钢锻件，因其具有塑性低、塑变抗力大、导热性差、锻造温度区间窄、组织缺陷严重、淬透性高、内应力大等特点，很容易产生锻造缺陷。这些缺陷或可成为模具裂纹的根源，或影响模具热处理工艺性及热处理后的强韧度，增加模具早期失效的倾向。对模具使用寿命影响较大的除了锻造的一般缺陷外，主要还有碳化物形态和分布不均匀性，流线走向和分布不合理等。

锻造后的模具零件毛坯一般需进行预处理（如退火、正火、调质等），以消除毛坯中的残余内应力和锻造组织的某些缺陷，改善加工工艺性，并为以后的淬火作好组织准备。模具钢经过适当的预处理可使碳化物球化和细化，并提高碳化物分布均匀性，这样的组织经淬火、回火后质量高，可大大提高模具使用寿命。

（4）模具的热处理工艺对模具使用寿命的影响　模具的热处理包括预备热处理、粗加工后的去应力退火、淬火与回火、磨削后或电加工后去应力退火等。模具的热处理质量对模具的性能与使用寿命影响很大。实践证明，模具工作零件的淬火变形与开裂，使用过程中的早期断裂，虽然与材料的冶金质量、模具结构与加工有关，但与模具的热处理工艺关系甚大。根据模具失效原因的分析统计，热处理不当引起的失效占50%以上。高级的模具材料必须配以正确的热处理工艺，才能真正发挥材料的潜力。

（5）模具加工工艺对模具使用寿命的影响　模具制造一般要经过切削加工、磨削加工和电火花加工。这些加工质量的问题，尤其是加工表面的质量，会显著影响模具的耐磨性、断裂抗力、疲劳强度及热疲劳抗力等。

1）切削加工的影响。切削加工中如若产生加工尺寸超差、尺寸过渡处未用圆角连接、表面粗糙度值不符合要求等，将严重降低模具的疲劳强度和热疲劳抗力。

2）磨削加工的影响。模具精加工通常采用磨削。在磨削过程中，最常见也最严重的缺陷是磨削烧伤和磨削裂纹，这些将大大降低模具的疲劳强度和断裂抗力。

3）电加工的影响。电火花加工中会产生电火花烧伤层，烧伤层中存在较大的拉应力，当其厚度较大时会出现显微裂纹，从而降低模具的韧性和断裂抗力。

（6）冲压设备的刚度和精度对模具使用寿命的影响　在开式压力机上进行冲裁加工时，由于压力机刚度较差，在冲裁力的作用下，床身易发生弹性变形，从而使凸模和凹模的中心线相对倾斜和偏移。其结果，轻者会造成间隙不均匀，加剧模具磨损；重者会造成凸模和凹模侧壁咬死，导致崩刃或刮刃。同时在冲裁过程结束的瞬时，由于载荷骤减，弹性变形突然恢复，致使凸、凹模之间的相对滑动瞬时加剧，也将急剧磨损。

2. 提高模具使用寿命的主要措施

（1）制订合理的冲压工艺　合理安排冲压工序，以简化模具设计与制造，并便于冲件成形。选用冲压成形性能好、厚度均匀、表面质量较高的冲压材料。安排必要的润滑和热处理等辅助工序。

（2）改善模具结构

1）合理选择模具间隙。特别是对冲裁模，为获得高质量冲裁断面的最佳间隙值与为保证模具较高使用寿命的最佳间隙值往往并不一致，设计时应全面考虑具体要求，作出合理选择。

2）保证结构刚度。模具结构必须具有足够的刚度和可靠的导向，才能保证凸、凹模间的动态间隙和工作精度，避免凸、凹模相互卡死和啃伤，从而保证其正常工作并延长使用寿命。

① 合理设计凸模的截面形状和尺寸，尽量减小其长径比，使之具有足够的强度、刚度

和抗压稳定性。

② 适当加大凸模柄部的承载面积和固定长度，如使固定长度由占总长度的 1/5~1/4 增加到 1/3~1/2，以提高其刚度。

③ 加大凸模垫板厚度或采用多层淬硬垫板，避免由于垫板面积小、厚度薄或硬度不足而出现变形、凹坑等损伤，以致使凸模产生附加弯曲应力。

④ 对细长凸模可设置导向板等辅助支承。导向板的位置应尽量减少凸模悬臂部分的长度，且使凸模始终不脱离导向板，同时应保证导向精度。

3）减轻工作载荷。通过合理制订冲压工艺、合理设计模具结构来减轻模具的工作载荷。

4）采用组合式凸、凹模。采用组合式凸模和凹模，可有效地减少应力集中，还可根据工作状况，对不同镶块选用不同材料，以便于加工、更换，提高模具的整体寿命。

(3) 优选模具材料　在满足模具零件使用性、工艺性和经济性的条件下，结合模具的使用特点，考虑被冲压零件的批量，根据各种材料的硬度、强度、韧性、耐磨性、耐疲劳强度等性能特点，优选出合适的模具材料，可大大提高模具使用寿命，且降低成本。

(4) 合理制订热加工工艺　良好的锻造和预处理有利于减小淬火变形；对模具冷、热加工工序作适当的调整，或根据热处理变形规律调整淬火前的预留加工余量，可有效地减小或消除变形；合理制订热处理的加热速度、加热温度、保温时间、冷却方法、冷却介质、淬火操作、回火温度、回火时间等，可实现对变形的有效控制。

(5) 模具的正确使用与维护　正确的操作、使用、维护与模具的使用寿命也有很大的关系。它包括模具正确安装与调整；注意保持模具的清洁和合理的润滑；防止误送料、冲叠片；严格控制凸模进入凹模深度，控制校正弯曲、整形等工序上模的下止点位置；及时修复、研光；设置安装块和行程限制器，以便安装、使用和储存等。

此外，在整个模具设计、制造、使用过程中实行全面质量管理是提高模具使用寿命的总体方面的措施。

第二节　冲压模具材料

一、对冲模材料的要求

1. 对材料使用性能的要求

对冲模模具钢使用性能的基本要求是具有高硬度（58~64HRC）和强度，具有高耐磨性，有足够的韧性，热处理变形小，有一定的热硬性、热稳定性、热疲劳抗力和抗黏着性。

不同的冲模对模具钢的性能要求是有区别的。冲裁模要求高硬度、高耐磨性和一定的韧性；拉深等成形模要求高耐磨、抗黏着能力；冷挤压模要求高的耐磨性、抗疲劳强度和较高的韧性。

2. 对材料工艺性能的要求

由于冲模工作零件一般要经过较复杂的制造过程，因而必须具有对各种加工工艺的适应性。对冲模材料的工艺性要求包括可锻性、加工工艺性、脱碳与氧化的敏感性、淬硬性、淬透性、过热敏感性、淬火裂纹敏感性和磨削加工性等。

二、冲模材料的种类与特性

冲模材料主要是指工作零件所用的材料。目前用于冲模工作零件的材料有各种工具钢、硬质合金与钢结硬质合金、铸铁、铸钢、锌基合金、低熔点合金、铝青铜、聚氨酯、合成树脂等。其中各种工具钢是模具工作零件的主要材料；硬质合金一般用于高使用寿命大批量生产的模具；其他材料主要用于制造大型冲件的成形模或简易冲模。

1. 冲模用钢的分类及特性

冲模用钢（常称为冷作模具钢）按工艺性能和使用性能特点可分为六组，见表8-1。在同一组中，具有共同的特性，在一定条件下可以互相代用。

表 8-1 冷作模具钢分类表

组别	名称	钢号
Ⅰ	低淬透性冷作模具钢	T7A、T8A、T10A、T12A、8MnSi、Cr2、9Cr2、CrW5
Ⅱ	低变形冷作模具钢	9Mn2V、9Mn2、CrWMn、MnCrWV、9CrWMn、SiMnMo、9SiCr
Ⅲ	微变形冷作模具钢	Cr6WV、Cr12MoV、Cr12、Cr4W2MoV、Cr2Mn2SiWMoV
Ⅳ	高强度冷作模具钢	W6Mo5Cr4V2、W12Mo3Cr4V3N、W18Cr4V
Ⅴ	高强韧冷作模具钢	6W6Mo5Cr4V、CG2、65Nb、LD
Ⅵ	抗冲击冷作模具钢	4CrW2Si、5CrW2Si、6CrW2Si、60Si2Mn、5CrNiMo、5CrMnMo、5SiMnMoV

（1）低淬透性冷作模具钢　这组钢包括碳素工具钢和部分低合金工具钢。其特点是经退火后可加工性好，具有一定的韧性和疲劳抗力，价格较便宜。但淬透性、耐回火性和耐磨性均低，承载能力亦较低，热处理变形较大。这组钢主要用于制造中小批量生产的冲模和要求一定抗冲击载荷的冲模。

T10A 和 Cr2 是这组钢的典型代表。T10A 是碳素工具钢中制造冲模的通用钢材，Cr2 钢相当于在 T10A 钢中加入质量分数为 1.5% 的铬，使淬透性大为提高。小型模具用分级淬火或等温淬火可获得硬度和韧性良好配合的性能；大、中型模具淬火后形成表面硬化层，有良好的耐疲劳能力。Cr2 钢用作轴承行业中的冲模和冶金行业中的冷拔模均有良好效果。

（2）低变形冷作模具钢　这组钢是低合金工具钢。其特性是淬硬性（61~64HRC）和淬透性较好，淬火开裂、变形倾向较小。但耐回火性、韧性和耐磨性仍较低。这组钢主要用于制造中小批量生产的形状比较复杂的冲模。

MnCrWV 钢是这组钢中综合性能优良的代表。CrWMn 钢目前在我国应用较广，但由于存在碳化物偏析的缺陷，致使在使用时容易断裂，所以必须严格控制热加工工艺。9Mn2V 应用较广，实践证明，它不仅可代替碳素工具钢，而且可代替 CrWMn、9SiCr 等用以制造板料厚度小于 4mm 的冲裁模、弯曲模等。

（3）微变形冷作模具钢　这组钢大部分是高合金钢。其特性是具有高淬透性、高淬硬性、高耐磨性、微变形、中等耐回火性、高的抗压强度（比高速钢低）。淬后体积变化可控制到微小，但变形抗力及抗冲击能力有限。这组钢是冲模的主要材料，主要用于制造生产批量大、载荷较大、要求耐磨性高、热处理变形小的形状较复杂的冲模。

Cr12 和 Cr12MoV 是高碳高铬钢的代表性钢号，其优点如上所述，缺点是碳化物偏析倾向严重。Cr4W2MoV 是针对高碳高铬钢的缺点而研制的高碳中铬钢，是一种性能良好的冲模用钢，其碳化物颗粒较小，分布较均匀，具有较高的淬硬性、淬透性、耐磨性和尺寸稳定性，韧性好，可代替 Cr12 等高碳高铬钢。Cr2Mn2SiWMoV 钢在轻载精密冲模上可代替 Cr12MoV 钢，其特性是可锻性较好，耐磨性与 Cr12MoV 相近，在较低温度（860~920℃）加热后可空冷淬硬，变形小，属于低温空淬微变形钢，耐回火性亦较好。这种钢主要用于制造各种轻载的复杂形状的冲模、高精度多孔冲模、电动机硅钢片冲裁模等。

(4) 高强度冷作模具钢　这组钢是通用高速钢，其特性是具有高抗压强度、高硬度、高淬透性、高耐磨性和高的热硬性。承载能力比其他冲模用钢大，但价格贵，冷、热加工工艺性较差，热处理工艺复杂。高速钢是各种重载冲模的基本材料，适用于制造中、厚钢板冲孔凸模，小直径凸模，冲裁奥氏体钢、弹簧钢、高强度钢板的中、小型凸模以及各种高使用寿命冷冲、冷剪工具。

(5) 高强韧冷作模具钢　过去，承受重载的冷挤压模，一般采用高速钢或高碳高铬钢制造，由于这些钢韧度不理想，模具在重载作用下早期断裂较严重，使用寿命不够高。针对这种情况，国内外研制了许多高强韧的冲模用钢，其强度、韧性、耐冲击疲劳能力均优于高速钢或高碳高铬钢，但耐磨性稍差。在重载冲模中，其使用寿命比高速钢和高碳高铬钢高得多。

6W6Mo5Cr4V 是降碳减钒型的高速钢，与 W6Mo5Cr4V2 比较，其含碳量减少，改善了碳化物分布的均匀性，提高了抗弯强度和冲击韧度，且仍保持了良好的耐回火性。这种钢主要用于代替高速钢或高碳高铬钢制造易于崩刃、脆断的冷挤压凸模，寿命可成倍提高。

65Nb（6Cr4W3Mo2VNb）、CG2（6Cr4Mo3Ni2WV）、LD（7Cr7Mo2V2Si）是我国研制的一些使用性能优良的新型冷作模具钢。65Nb、CG2 钢属于基体钢，其化学成分相当于高速钢淬火后的基体组织的化学成分。由于含碳量和合金元素都比相应的高速钢低，因此过剩碳化物极少，碳化物颗粒小且分布均匀，所以在保持了一定的耐磨性和热硬性的情况下，冲击韧度和耐疲劳强度比相应的高速钢高得多。抗压强度比 Cr12MoV 钢高，几乎达到高速钢的水平。LD 钢是一种不含钨的基体钢，其含碳量和铬、钼、钒的含量都高于高速钢基体，所以钢的淬透性和二次硬化能力有了提高，在保持较高韧度的情况下它的抗压强度、抗弯强度及耐磨性均比 65Nb 钢和 CG2 钢高，是一种综合性能更好的基体钢。用基体钢制造要求高强韧和耐磨的冲模工作零件，其使用寿命可比高铬钢和高速钢提高几倍到几十倍。

(6) 抗冲击冷作模具钢　这组钢属于中碳低合金工具钢，具有高韧度、高耐冲击疲劳能力，但抗压和耐磨性不高。它主要用于冲、剪工具和大中型冷挤压模、精压模等。

60Si2Mn 属于弹簧钢，可用于制造硬质合金凹模预应力圈、小型冲孔凸模等。5CrW2Si 是性能良好的冷、热模具通用钢号，适用于制造各种大、中型重载圆剪刃、长剪刃及中、厚板料的冲孔凸模，有高级剪刃钢之称。5CrNiMo 属于热作模具钢，可用于制造重载冲压模具、精压模等。

2. 硬质合金和钢结硬质合金

硬质合金比模具钢具有更高的硬度、热硬性、耐磨性和抗压强度，但冲击韧度、抗弯强度和可加工性差。用硬质合金制造的冲模的使用寿命比合金工具钢的使用寿命高得多，目前，用硬质合金制造冲模工作零件，总冲压次数可达亿次。

用于制造冲模的硬质合金是钨钴类。对于冲击力小的和要求耐磨的冲模，可选用代号 YG6、YG8 等；对于冲击力较大的冲模应选 YG15、YG20、YG25 等。

因为一般的硬质合金的基体是硬质的碳化钨、碳化钛，所以不能进行切削加工，而钢结硬质合金是以合金钢粉末（铬钼钢或高速钢，其质量分数为 50%～65%）作为粘结剂，以碳化钛、碳化钨粉末为硬质相，经压制成形和烧结制成，因其基体是钢，所以可以锻造、切削加工、热处理、焊接。钢结硬质合金具有与硬质合金相近的高硬度（淬火回火后硬度达 70HRC）、高耐磨性，冲击韧度比硬质合金好，是一种很好的模具材料。与模具钢相比，可提高模具使用寿命几十倍甚至百倍以上。当然，钢结硬质合金毕竟是碳化物硬质相较多的粉末冶金材料，可锻性和可加工性比较差，因而对锻造温度和锻造方法以及切削加工规范都有严格要求。

用于制造冲模的钢结硬质合金的牌号、成分及性能见表8-2。

表8-2 钢结硬质合金的成分和性能

牌 号	硬质相及质量分数	硬度 HRC 加工态	硬度 HRC 工作态	抗弯强度 R_{bb}/MPa	冲击韧度 α_K/(J/cm^2)	密度 ρ/(g/cm^3)
TLM（W50）	$w_{WC}=50\%$	35~42	66~68	2000	8~10	10.2
DT	$w_{WC}=40\%$	32~38	61~64	2500~3600	18~25	9.8
GW50	$w_{WC}=50\%$	35~42	66~68	1800	12	10.2
GT40	$w_{WC}=40\%$	34~40	63~64	2600	9	9.8
GT33	$w_{TiC}=33\%$	38~45	67~69	1400	4	6.5
GT35	$w_{TiC}=35\%$	39~46	67~69	1400~1800	6	6.5

硬质合金和钢结硬质合金材料属于粉末冶金材料。用粉末冶金材料制模，不存在模具钢那种由于碳化物粗大和偏析给模具工作零件的热加工工艺带来的麻烦，而且碳化物颗粒细微，组织均一，没有方向性。鉴于粉末冶金方法可以获得具有特殊性能的模具材料，所以目前已采用粉末冶金方法制造粉末高速钢。粉末高速钢具有高耐磨性和高韧性，长期使用尺寸较稳定，对于形状复杂的冲模工作零件和高速冲压用模具，应用这种材料尤其合适。

三、冲模材料的选用及热处理要求

冲模材料种类很多，同时，冲压工序和被冲材料种类也很多，实际生产条件又不尽相同，因此，要做到合理选择模具材料，提出恰当的热处理要求，必须根据模具的工作条件、生产量、模具材料市场供应情况及各种模具材料的可加工性，进行认真的分析比较。表8-3和表8-4分别列出冲模工作零件和一般零件材料及热处理要求，可供设计者选用时参考。

表8-3 冲模工作零件的材料选用及热处理要求

类别	模具名称	使用条件	推荐使用钢号	代用钢号	工作硬度/HRC
冲裁模	轻载冲裁模（料厚$t<2$mm）	$t<0.3$mm 软料箔带	T10A	T8A	56~60（凸模） 37~40（凹模）
		硬料箔带	MnCrWV	CrWMn	62~64（凹模）
		小批量简单形状	T10A	Cr2	48~52（凸模）
		中小批量	MnCrWV	9Mn2V	58~62
		复杂形状	Cr2	CrWMn 9CrWMn	58~62 （易碎断件 56~58）
		高精度要求	MnCrWV	CrWMn 9CrWMn	58~62
		大批量生产	Cr12MoV Cr6WV	Cr4W2MoV	58~62
		高硅钢片（小型） （中型）	Cr12 Cr12MoV	Cr12MoV	58~62
		各种易损小冲头	W6Mo5Cr4V2	W18Cr4V	59~61
	重载冲裁模	中厚钢板及高强度薄板（易损小尺寸凸模）	Cr12MoV Cr4W2MoV W6Mo5Cr4V2	Cr6WV W18CrV	54~56（复杂） 56~58（简单） 58~61
	精密冲裁模		Cr12MoV Cr4W2MoV	Cr12 W6Mo5Cr4V2	61~63（凹模） 60~62（凹模）

(续)

类别	模具名称	使用条件	推荐使用钢号	代用钢号	工作硬度/HRC
拉深模 弯曲模 成形模	轻载拉深模	简单圆筒浅拉深	T10A	Cr2	60~62
		成形浅拉深	MnCrWV	9Mn2V CrWMn	60~62
		大批量用落料拉深复合模（普通材料薄板）	Cr12MoV	Cr6WV	58~60
	重载拉深模	大批量小型拉深模	SiMnMo	Cr12	60~62
		大批量大、中型拉深模	Ni-Cr合金铸铁	球墨铸铁	45~50
		耐热钢、不锈钢拉深模	Cr12MoV（大型）CrW5（小型）	YE65	65~67（渗氮）64~66
	弯曲、翻边模	轻型、简单	T10A		57~60
		简单易裂	T7A		54~56
		轻型复杂	MnCrWV	9CrWMn	57~60
		大量生产用	Cr12MoV		57~60
		高强度钢板及奥氏体不锈钢板	Cr12MoV	—	65~67（渗氮）
冷挤压模	轻载冷挤压模	铝合金（单位压力≤1500MPa）	Cr2（小型）Cr6WV（中型）	MnCrWV Cr12MoV	60~62 56~58
	重载冷挤压模	钢件（单位压力1500~2000MPa）	6W6Mo5Cr4V（凸模）	W6Mo5Cr4V2	61~62
		钢件（单位压力2000~2500MPa）	Cr12MoV（凹模）W6Mo5Cr4V2（凹模）	65Nb、CrWMn W18Cr4V	58~60 61~63
	模具型腔冷挤压凸模	一般中小型	9SiCr	Cr12、T10A	59~61
		大型复杂件	5CrW2Si		59~61（渗碳）
		复杂精密件	Cr12MoV	Cr6WV	59~61
		成批压制用	65Nb	6W6Mo5Cr4V	59~61
		高单位压力（>2500MPa）	W6Mo5Cr4V2	W18Cr4V、Cr12	61~63

表8-4 冲模一般零件的材料选用及热处理要求

零件名称	选用材料牌号	热处理	硬度/HRC
上、下模座	HT200、HT250、ZG320—580、厚钢板刨制的Q235、Q275	—	
模柄	Q275	—	
导柱	20、T10A	20钢渗碳深0.5~0.8mm淬火回火	60~62
导套	20、T10A	20钢渗碳深0.5~0.8mm淬火回火	57~60
凸、凹模固定板	Q235、Q275	—	
承料板	Q235	—	
卸料板	Q275	—	
导料板	Q275、45	淬火 回火	43~48（45钢）
挡料销	45、T7A	淬火 回火	43~48（45钢）52~56（T7A）
导正销、定位销	T7、T8	淬火 回火	52~56
垫板	45、T8A	淬火 回火	43~48（45钢）54~58（T8A）

(续)

零件名称	选用材料牌号	热处理	硬度/HRC
螺钉	45	头部淬火 回火	43~48
销钉	45、T7	淬火 回火	43~48（45钢） 52~54（T7）
推杆、顶杆	45	淬火 回火	43~48
顶板	45、Q275	—	
拉深模压料圈	T8A	淬火 回火	54~58
螺母、垫圈、螺塞	Q235	—	
定距侧刃、废料切刀	T8A	淬火 回火	58~62
侧刃挡板	T8A	淬火 回火	54~58
定位板	45、T8	淬火 回火	43~48（45钢） 52~56（T8）
楔块、滑块	T8A、T10A	淬火 回火	60~62
弹簧	65Mn、60SiMnA	淬火 回火	40~45

第三节 冲模的安全措施

一、冲压生产发生事故的原因

冲压生产发生事故的原因很多，客观上是因为冲压使用的设备多为曲柄压力机，其离合器、制动器及安全装置容易发生故障。但是，根据事故发生原因的统计，主观原因还是主要的。综合起来看，主要原因有以下几个方面。

1）操作者疏忽大意，在压力机滑块下降时将手、臂、头等伸入模具危险区。
2）模具结构不合理，模具给手指进入危险区造成方便，在冲压过程中工件或废料回升而没有预防的结构措施，单个毛坯或工序件在模具上定位不准确而需用手校正位置等。
3）模具零件强度不够，在冲压过程中突然断裂飞出，模具本身具有尖锐的边角。
4）模具的安装、调整、搬运不当，尤其是手工起重模具。
5）压力机的安全装置发生故障或损坏。
6）操作者没有按设备安全操作工艺规程操作。

上述各原因所引发的事故比例一般有所不同，据不完全统计，因送料、取件所发生的事故约占38%；因工件定位不准所发生的事故约占20%；因调整、安装模具所发生的事故约占21%；因清除模具工作区废料和其他异物所发生的事故约占14%；因机械故障所发生的事故为7%。

二、冲模的安全措施

冲模的安全措施主要从冲模本身结构和设置冲模安全装置两方面考虑。

1. 冲模结构的安全措施

冲模结构的安全措施包括从冲模各零件的结构和冲模装配后有关空间尺寸以及冲模运动

零件的可靠性等方面考虑的安全措施。具体应考虑如下几点。

1）凡与模具工作无关的转角或棱边都应倒角或作出铸造圆角，以防止搬运和使用模具时刮伤手指，如图8-4a所示。

2）当用手工放置或取出工序件时，最好在定位板和凹模相应部位加工出工具让位槽，以方便工序件的取放，如图8-4b所示。

3）当上模处于上止点位置时，应使凸模（或弹性卸料板）与下模上平面之间的空隙小于8mm，以免手指伸入，如图8-4c所示；当上模处于下止点位置时，凸模固定板与固定卸料板之间的空隙一般应大于15～20mm，以防压伤手指，如图8-4d所示。

4）当凹模与弹性卸料板（或压料板）轮廓尺寸较大时，最好在其接合面上距刃口或型孔适当位置作出斜面，以扩大安全区域，如图8-4e所示。

5）单面冲裁或弯曲时，应设置平衡挡块，以防止凸模因受偏载折断而影响操作者安全。同时，还应尽量将平衡挡块设置在模具的后面或侧面，以方便操作，如图8-4f所示。

6）薄板冲裁时，通常应在凸模上设置顶料销，以防冲件或废料黏附在凸模端面上，再次冲裁时可能损坏模具刃口，甚至造成碎块伤人事故，如图8-4g所示。

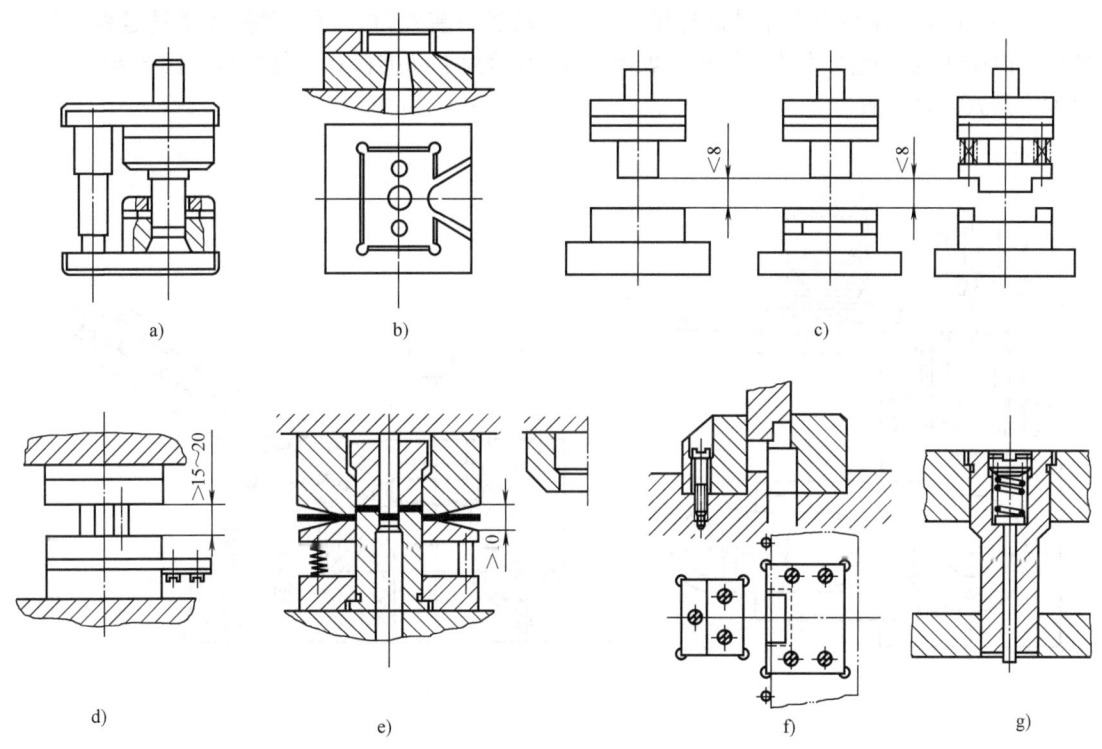

图8-4 冲模结构的安全措施

2. 冲模的安全装置

1）在经济性和工艺性许可的条件下，尽量将冲模设计成具有自动送料、自动出件和自动检测装置的自动模或半自动模，这样可避免或减少人工操作，从而降低了事故发生的可能性。

2）设置防护板或防护罩，把模具的工作区或易造成事故的运动部位保护起来，以免操作者接触危险区。如图8-5a所示为带槽形窗口的冲模工作区防护板。图8-5b所示为保护冲模运动部分的防护罩。

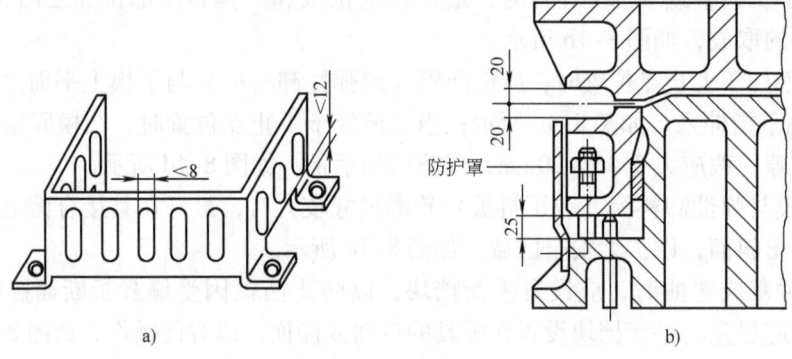

图8-5 防护板和防护罩

3）对于单个坯料或工序件的冲压，当无自动送料装置时，可设置模外手动送料的辅助装置，以避免人工进入冲模工作区。如图8-6a所示为手动推板式上件装置。图8-6b所示为手动滑槽式上件装置。

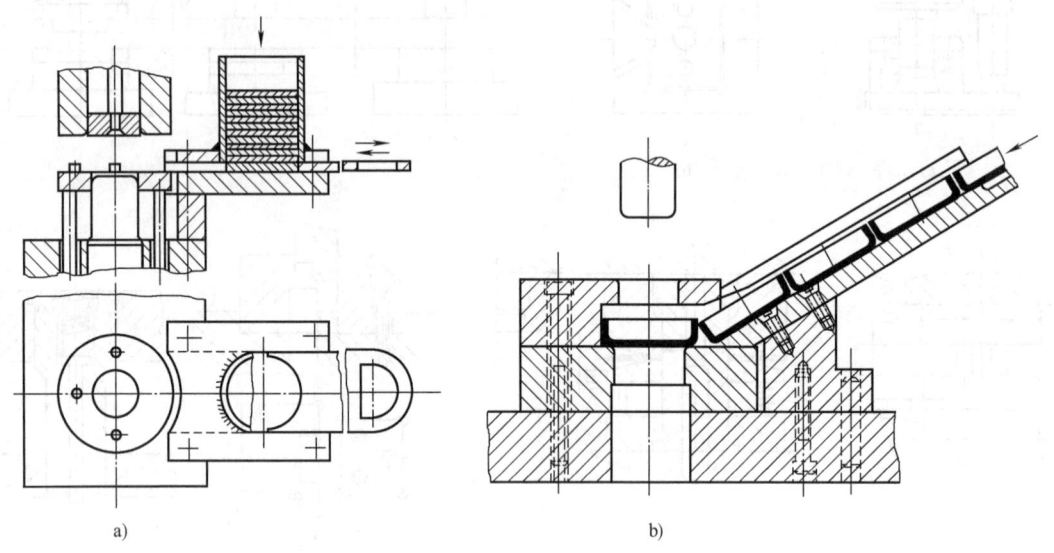

图8-6 模外手动上件装置

4）对于大型模具，可设置如图8-7所示的安装块和限位支承装置。其中，安装块不仅给模具的安装、调整带来方便、安全，而且在模具存放期间能使工作零件保持一定距离，以防止上模倾斜或碰伤刃口，并可防止橡胶老化或弹簧失效。而限位支承装置则可限制冲压工作行程的最低位置，避免凸模进入凹模太深而加快模具的磨损。

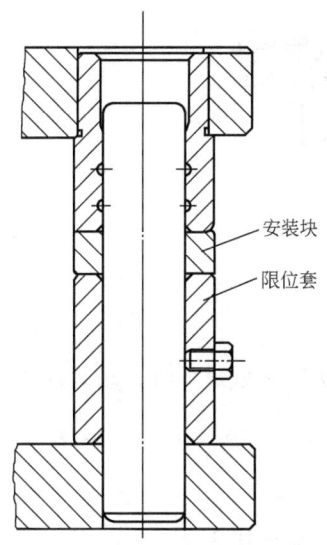

图 8-7 安装块和限位支承装置

思考练习题

8-1 冲压模具的失效形式主要有哪几种？

8-2 影响冲模使用寿命的主要因素是什么？如何提高冲模的使用寿命？

8-3 对冲压模具的材料有哪些要求？用作冲模工作零件的材料主要有哪几类？具体如何选用？

8-4 比较 Cr12MoV、CrWMn、65Nb 三种模具材料的性能特点及应用。

8-5 冲压模具的安全措施有哪些？

第九章 冲压工艺过程的制订

了解制订冲压工艺过程的原始资料,通过实例掌握冲压工艺过程制订的步骤及方法。

冲压工艺过程制订的步骤及方法。

冲压件的生产过程通常包括原材料的准备、各种冲压工序的加工和其他必要的辅助工序(如退火、酸洗、表面处理等)。对于某些组合件或精度要求较高的冲压件,还需经过切削加工、焊接或铆接等才能最后完成制造的全过程。

制订冲压工艺过程就是针对某一具体的冲压件恰当地选择各工序的性质,正确确定毛坯尺寸、工序数量和工序件尺寸,合理安排各冲压工序及辅助工序的先后顺序及组合方式,以确保产品质量,实现高生产率和低成本生产。

同一冲压件的工艺方案可以有多种,设计者必须考虑多方面的因素和要求,通过分析比较,从中选择出技术上可行、经济上合理的最佳方案。

第一节 冲压工艺过程制订的步骤及方法

一、制订冲压工艺过程的原始资料

制订冲压工艺过程应在收集、调查、研究并掌握有关原始资料的基础上进行。原始资料主要包括以下内容。

1. 冲压件的零件图及使用要求

冲压件的零件图对冲压件的结构形状、尺寸大小、精度要求及有关技术条件作出了明确的规定,它是制订冲压工艺过程的主要依据。而了解冲压件的使用要求及在机器中的装配关系,可以进一步明确冲压件的设计要求,并且在冲压件工艺性较差时向产品设计部门提出修改意见,以改善零件的冲压工艺性。当冲压件只有样件而无图样时,一般应对样件测绘后绘出图样,作为分析与设计的依据。

2. 冲压件的生产批量及定型程度

冲压件的生产批量及定型程度也是制订冲压工艺过程中必须考虑的重要内容,它直接影响加工方法及模具类型的确定。

3. 冲压件原材料的尺寸规格、性能及供应状况

冲压件原材料的尺寸规格是确定毛坯形式和下料方式的依据,材料的性能及供应状态对确定冲压件变形程度与工序数量、计算冲压力、要否安排热处理辅助工序等都有重要影响。

4. 冲压设备条件

工厂现有冲压设备的类型、规格、自动化程度等是确定工序组合程度、选择各工序压力机型号、确定模具类型的主要依据。

5. 模具制造条件及技术水平

冲压工艺与模具设计要考虑模具的加工。模具制造条件及技术水平决定了制模能力，从而影响工序组合程度、模具结构与精度的确定。

6. 有关的技术标准、设计资料与手册

制订冲压工艺过程和设计模具时，要充分利用与冲压有关的技术标准、设计资料与手册，这有助于设计者进行分析与设计计算、确定材料与尺寸精度、选用相应标准和典型结构，从而简化设计过程、缩短设计周期、提高工作效率。

二、制订冲压工艺过程的步骤及方法

1. 冲压件的分析

（1）冲压件的功用与经济性分析　了解冲压件的使用要求及在机器中的装配关系与装配要求；根据冲压件的结构形状特点、尺寸大小、精度要求、生产批量及所用原材料，分析是否利于材料的充分利用，是否利于简化模具设计与制造，产量与冲压加工特点是否相适应，从而确定采用冲压加工是否经济。

（2）冲压件的工艺性分析　根据冲压件图样或样件，分析冲压件的形状、尺寸、精度及所用材料是否符合冲压工艺性要求。良好的冲压工艺性表现在材料消耗少、工序数目少、占用设备数量少、模具结构简单而且使用寿命长、冲压件质量稳定、操作方便等。如果发现冲压件工艺性很差时，则应会同设计人员，在不影响使用要求的前提下，对冲压件的形状、尺寸、精度要求乃至原材料的选用作必要的修改。图 9-1a 所示的原设计左边 $R3$mm 和右边封闭的铰链弯曲，在板厚为 4mm 情况下都很难实现，修改后的零件就比较容易冲压加工；图 9-1b 的原设计为两个弯曲件焊接而成，若在不影响使用条件下改成一个整体零件，则可减少一个零件，工艺过程变得简单，还节约了原材料；图 9-1c 为某汽车消声器后盖，在满足使用要求的条件下，修改后的形状比原设计的形状简单，冲压工序由原来的 8 道减至 2 道。

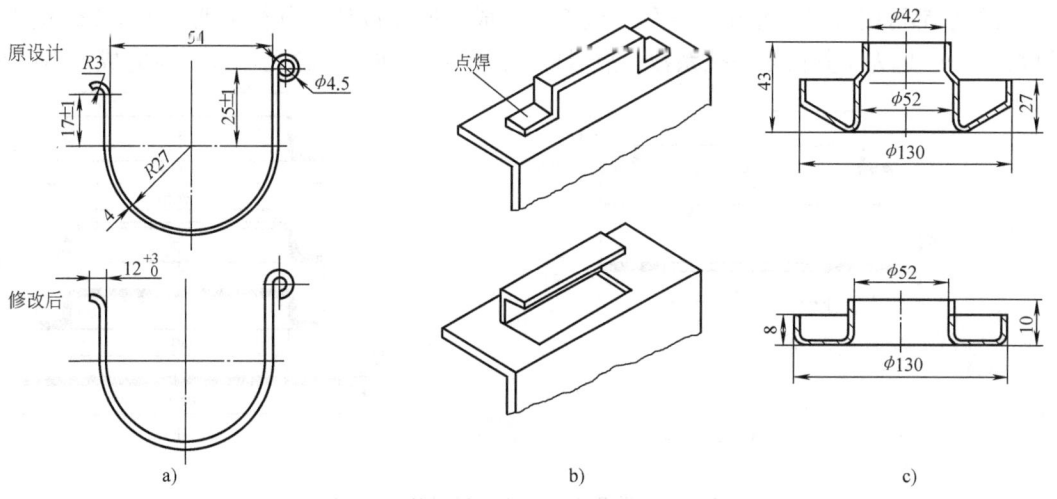

图 9-1　修改冲压件以改善工艺性的实例

分析冲压件工艺性的另一个目的在于明确冲压该零件的难点所在，因而要特别注意冲压件图样上的极限尺寸、设计基准以及变薄量、翘曲、回弹、毛刺大小和方向要求等，因为这些要求对确定所需工序的性质、数量和顺序，对选择工件的定位方法、模具结构与精度等都有较大的影响。

2. 冲压工艺方案的分析与确定

在对冲压件进行工艺分析的基础上，便可着手确定冲压工艺方案。确定冲压工艺方案主要是确定各次冲压加工的工序性质、工序数量、工序顺序和工序的组合方式。

冲压工艺方案的确定是制定冲压工艺过程的主要内容，需要综合考虑各方面的因素，有的还需要进行必要的工艺计算，因此，实际确定时通常先提出几种可能的方案，再在此基础上进行分析、比较和择优。

（1）冲压工序性质的确定　冲压工序性质是指成形冲压件所需要的冲压工序种类，如落料、冲孔、切边、弯曲、拉深、翻孔、翻边、胀形、整形等都是冲压加工中常见的工序。不同的冲压工序各有其不同的变形性质、特点和用途，实际确定时要根据冲压件的形状、尺寸、精度、成形规律及其他具体要求等综合考虑。

1）从零件图上直观地确定工序性质。有些冲压件可以从图样上直观地确定其冲压工序性质。如带孔和不带孔的各类平板件，当产量小、形状规则、尺寸要求不高时采用剪裁工序，当产量大、有一定精度要求时采用落料、冲孔、切口等工序，当平整度要求较高时还需增加校平工序；弯曲件一般均采用冲裁工序制出坯料后用弯曲模进行弯曲，相对弯曲半径较小时要增加整形工序，产量不大、形状较规则时可采用弯曲机弯曲；各类开口空心件一般采用落料、拉深、切边工序，带孔的拉深件需增加冲孔工序，径向尺寸精度要求较高或圆角半径小于允许值时需增加整形工序；对于胀形件、翻边（翻孔）件、缩口件如能一次成形，都是用冲裁或拉深工序制出坯料后直接采用相应的胀形、翻边（翻孔）、缩口工序成形。

2）通过有关工艺计算或分析确定工序性质。有些冲压件由于一次成形的变形程度较大，或对零件的精度、变薄量、表面质量等方面要求较高时，需要进行有关工艺计算或综合考虑变形规律、冲件质量、冲压工艺性要求等因素后才能确定性质。

如图9-2所示的两个形状相同而尺寸不同的带凸缘无底空心件，材料均为08钢。从表面上看似乎都可用落料、冲孔、翻孔三道工序完成，但经过计算分析表明，图9-2a的翻孔系数为0.8，远大于其极限翻孔系数，故可以通过落料、冲孔、翻孔三道工序完成；而图9-

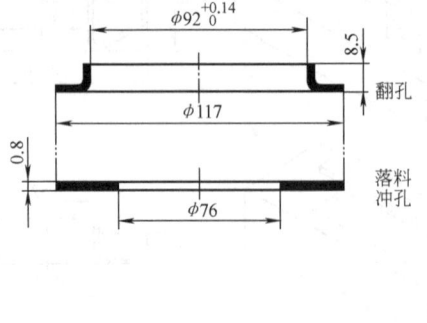
a)

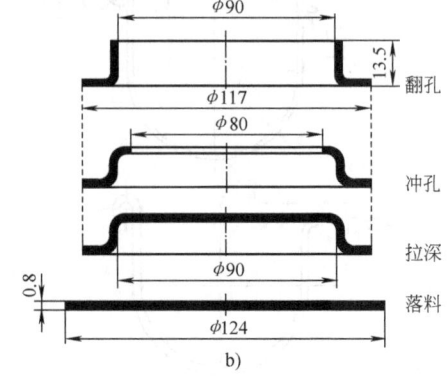
b)

图9-2　带凸缘无底空心件的工艺过程

2b 的翻孔系数为 0.68，接近其极限翻孔系数，这时若直接冲孔后翻孔，由于翻孔力较大，在翻孔的同时也可能产生毛坯外径缩小的拉深变形，达不到零件要求的尺寸，因而需采用落料、拉深、冲孔和翻孔四道工序成形。若零件直边部分变薄量要求不高，也可采用拉深（一般需多次拉深）后切底。

又如图 9-3 所示零件，由于四个凸包的高度太大，一次胀形容易胀裂，为此在不影响零件使用的条件下，可在坯料成形部位增加冲 4 个预孔的工序，使凸包的底部和周围都成为可以产生一定变形量的弱区，在成形凸包时孔径扩大，补充了周围材料的不足，从而避免了产生胀裂的可能。这里预冲孔工序是一个附加工序，所冲孔不是零件结构所需要的，而是起转移变形区的作用，所以又称变形减轻孔。这种变形减轻孔在成形复杂形状零件时能使不易成形或不能成形的部位的变形成为可能，适当采用还可以减少有些零件的成形次数。

对于图 9-4 所示非对称形零件，由于冲压工艺性较差，在成形时坯料会产生偏移，很难达到预期的变形效果，为此可采用成对冲压的方法，增加一道剖切工序，这对改善毛坯的变形均匀性、简化模具结构和方便操作等都有很大好处。有时不宜成对冲压时，也应在毛坯上的适当位置冲出工艺孔，利用工艺孔进行定位，防止坯料发生偏移。

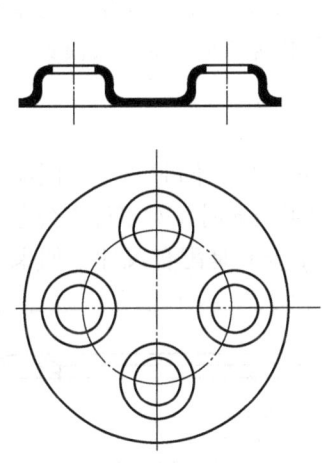

图 9-3　增加冲变形减轻孔工序

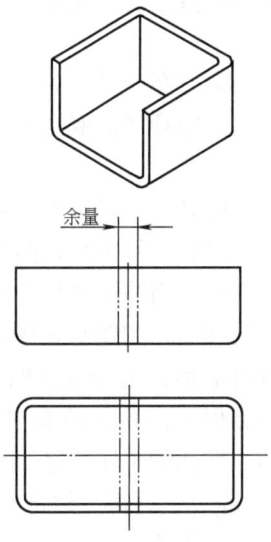

图 9-4　非对称形零件的冲压

（2）工序数量的确定　工序数量是指同一性质的工序重复进行的次数。工序数量的确定主要取决于零件几何形状复杂程度、尺寸大小与精度、材料冲压成形性能、模具强度等，并与冲压工序性质有关。对于冲裁件，形状简单时一般内、外形只需一次冲孔和落料工序，而形状复杂或孔边距较小时，常常需将内、外轮廓分成几部分依次冲出，其工序次数取决于模具强度与制模条件；对于拉深件，其拉深次数主要根据零件的形状、尺寸及极限变形程度通过计算得出；弯曲件的弯曲次数一般根据弯曲角数量、相对弯曲半径及弯曲方向等情况而定；至于其他成形件，也主要是根据具体形状和尺寸以及极限变形程度来决定。

保证冲压工艺稳定性也是确定工序数量时不可忽视的问题。工艺稳定性差时，冲压加工中的废品率会显著提高，而且对原材料、设备性能、模具精度、操作水平等的要求也会相应苛刻些。为此，在保证冲压工艺过程合理的前提下，应适当增加冲压成形工序的工序次数，以降低变形程度，避免在接近极限变形程度的情况下成形。

另外，对于拉深、胀形等成形工序，有时适当利用变形减轻孔也可减少工序次数。如图9-5所示拉深件，经计算拉深前的毛坯直径为$\phi 81$mm，其拉深系数$m = 33/81 = 0.4$，小于极限拉深系数，不能一次拉深成形。但若采用图中所示预先在毛坯上冲出$\phi 10.8$mm的变形减轻孔，由于该孔在拉深时对外部坯料（大于$\phi 33$mm的部分）的变形有减轻作用，从而一次拉深便可得到直径为33mm、高度为9mm的拉深件。因拉深时$\phi 10.8$mm孔有所变大，所以再进行一次切边冲孔即得到$\phi 23$mm底孔，且坯料直径也只需76mm。同样，图9-3所示零件采用变形减轻孔以后，也使胀形次数变为一次，否则需采用两次或多次胀形。

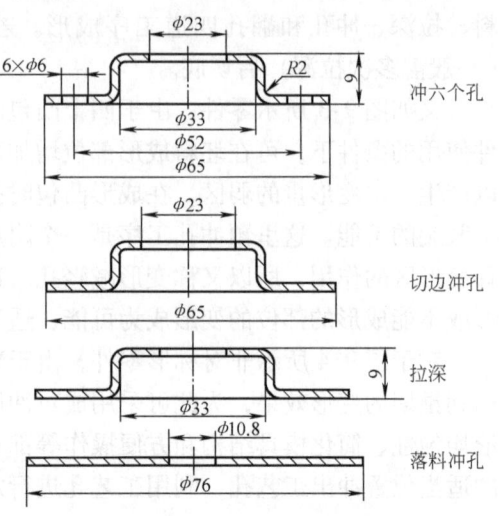

图9-5 利用变形减轻孔减少拉深次数

（3）工序顺序的确定 冲压件各工序的先后顺序，主要取决于冲压变形规律和零件质量要求，如果工序顺序的变更并不影响零件质量，则应当根据操作、定位及模具结构等因素确定。

工序顺序的确定一般可按下列原则进行。

1) 各工序的先后顺序应保证每道工序的变形区为相对弱区，同时非变形区应为相对强区而不参与变形。当冲压过程中坯料上的强区与弱区对比不明显时，对零件有公差要求的部位应在成形后冲出。如图9-6所示的锁圈，其内径$\phi 22_{-0.1}^{\ 0}$mm是配合尺寸，如果采用先落料、冲孔后再成形，由于成形时整个毛坯都是变形区，很难保证内孔公差要求，因而应采用落料、成形、冲孔的工序顺序。

2) 前工序成形后得到的符合零件图样要求的部分，在以后各道工序中不得再发生变形。

3) 工件上所有的孔，只要其形状和尺寸不受后续工序的影响，都应在平面毛坯上先冲出。先冲出的孔可以作为后续工序的定位用，而且可使模具结构简单，生产效率高。

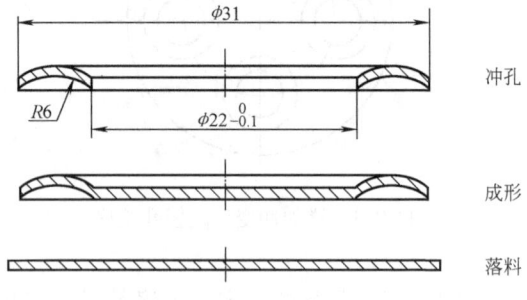

图9-6 锁圈的冲压工序顺序

4) 对于带孔的或有缺口的冲裁件，如果选用单工序模冲裁，一般先落料、再冲孔或切口；使用级进模冲裁时，则应先冲孔或切口，后落料。若工件上同时存在两个直径不同的孔，且其位置又较近时，应先冲大孔再冲小孔，这样可避免冲大孔时变形大而引起小孔变形。

5) 对于带孔的弯曲件，孔边与弯曲变形区的间距较大时，可以先冲孔，后弯曲。如果孔边在弯曲变形区附近或以内，必须在弯曲后再冲孔。孔间距受弯曲回弹影响时，也应先弯曲后冲孔。如图9-8所示的托架弯曲件，$\phi 10$mm孔位于弯曲变形区之外，可以在弯曲前冲出。而4个φ5mm孔及其中心距36mm会受到弯曲工序的影响，应在弯曲后冲出。

6) 对于带孔的拉深件，一般来说，都是先拉深，后冲孔，但当孔的位置在零件的底部，且孔径尺寸相对筒体直径较小并要求不高时，也可先在坯料上冲孔，再拉深。

7) 对于多角弯曲件，应从弯曲时材料的变形和运动两方面考虑安排弯曲的先后顺序，一般是先弯外角，再弯内角，详见第五章第六节。

8) 工件需整形或校平等工序时，均应安排在工件基本成形以后进行。

（4）工序的组合方式　一个冲压件往往需要经过多道工序才能完成，因此，制订工艺方案时，必须考虑是采用单工序模分散冲压，还是将工序组合起来采用复合模或级进模冲压。一般来说，工序组合的必要性主要取决于冲压件的生产批量。生产批量大时，冲压工序应尽可能地组合在一起，采用复合模或级进模冲压，以提高生产效率，降低成本；生产批量小时，则以单工序模分散冲压为宜。但有时为了操作方便、保障安全，或为了减少冲压件在生产过程中的占地面积和传递工作量，虽然生产批量不大，也把冲压工序相对集中，采用复合模或级进模冲压。另外，对于尺寸过小或过大的冲压件，考虑到多套单工序模制造费用比复合模还高，生产批量不大时也可考虑将工序组合起来，采用复合模冲压。对于精度要求较高的零件，为了避免多次冲压的定位误差，也应采用复合模冲压。

但是，工序集中组合必然使模具结构复杂化。工序组合的程度受到模具结构、模具强度、模具制造与维修以及设备能力的限制。例如，孔边距较小的冲孔落料复合和浅拉深件的落料拉深复合，受到凸凹模壁厚的限制；落料、冲孔和翻孔复合，受到凸凹模强度限制；较大零件的多工位级进冲压，模具轮廓尺寸受到压力机台面尺寸的限制，冲压力过大时又受到压力机许用压力的限制；工序集中后，如果冲模工作零件的工作面不在同一平面上，就会给修磨带来一定困难等。但尽管如此，随着冲压技术和模具制造技术的发展，在大批量生产中工序组合程度还是越来越高。

3. 有关工艺计算

（1）排样与裁板方案的确定　根据冲压工艺方案，确定冲压件或毛坯的排样方案，计算条料宽度与进距，选择板料规格并确定裁板方式，计算材料利用率。

（2）确定各次冲压工序件形状，并计算工序件尺寸　冲压工序件是坯料与成品零件的过渡件。对于冲裁件或成形工序少的冲压件（如一次拉深成形的拉深件、简单弯曲件等），工艺过程确定后，工序件形状及尺寸就已确定。而对于形状复杂、需要多次成形工序的冲压件，其工序件形状与尺寸的确定需要注意以下几点。

1) 根据极限变形参数确定工序件尺寸。受极限变形参数限制的工序件尺寸在成形工序中是很多的，除拉深以外，还有胀形、翻孔、翻边、缩口等。除直径、高度等轮廓尺寸外，圆角半径等也是直接或间接地受极限变形程度的限制，如最小弯曲半径、拉深件的圆角半径等，这些尺寸都应根据需要（如工艺性要求）和变形程度的可能加以确定，有的需要逐步成形达到要求。

2) 工序件的形状和尺寸应有利于下一道工序的成形。如盒形件的过渡形状与尺寸，包括圆角和锥角等，前后两工序件均应有正确的关系。

3) 工序件各部位的形状和尺寸必须按等面积原则确定。如图9-7所示出气阀罩盖的冲压工艺过程，第二次拉深所得工序件中，φ16.5mm的圆筒形部分与成品零件相同，在以后的各工序中不再变形，其余部分属于过渡部分。被圆筒形部分隔开的内外部分的表面积，应足够满足以后各工序中形成零件相应部分的需要，不能从其他部分来补充材料，但也不能过剩。因此，该零件的两次拉深所得工序件的底部不是平底而是球面形状，这是为了储备材料以满足压出 $\phi 5.8mm$ 凹坑的需要。如果做成平底的形状，压凹坑时只能产生局部胀形。

4）工序件形状和尺寸必须考虑成形以后零件表面的质量。有时工序件的尺寸会直接影响到成品零件的表面质量。例如，多次拉深的工序件底部或凸缘处的圆角半径过小，会在成品零件表面留下圆角处的弯曲与变薄的痕迹。如果零件表面质量要求较高，则圆角半径就不应取得太小。板料冲压成形的零件，产生表面质量问题的原因是多方面的，其中工序件过渡尺寸不合适是一个重要原因，尤其对复杂形状的零件更是如此。

(3) 计算各工序冲压力 根据冲压工艺方案，初步确定各冲压工序所用冲压模具的结构方案（如卸料与压料方式、推件与顶件方式等），计算各冲压工序的变形力（冲裁力、弯曲力、拉深力、胀形力、翻边力等）、卸料力、压料力、推件力、顶件力等。对于非对称形状件冲压和级进冲压，还需计算压力中心。

4. 冲压设备的选择

根据工厂现有设备情况、生产批量、冲压工序性质、冲压件尺寸与精度、冲压加工所需的冲压力、变形功以及估算的模具闭合高度和轮廓尺寸等主要因素，合理选定冲压设备的类型和规格。

5. 编写冲压工艺文件

在上述各项工作进行完成以后，根据需要再安排适当的非冲压辅助工序（如机械加工、焊接、铆合、热处理、表面处理、清理和去毛刺等），这样，冲压工艺过程的制订基本完成。为了将制订的冲压工艺过程实施于生产，需要用工艺文件的形式确定下来，以作为生产准备（如下料、设计与制造模具等）、经济核算和指导生产的依据。

冲压工艺文件主要是冲压工艺过程卡和工序卡。其中，冲压工艺过程卡表示了零件整个冲压工艺过程的有关内容，而工序卡是具体表示每一工序的有关内容。在大批量生产中，需要制定每个零件的工艺过程卡和工序卡；在成批和小批量生产中，一般只需制订工艺过程卡。

在冲压生产中，冲压工艺卡尚无统一的格式，各单位可根据既简单又有利于生产管理的原则进行确定。一般冲压工艺卡的主要内容应包括工序号、工序名称、工序内容、工序草图（加工简图）、工艺装备、设备型号、材料牌号与规格等。表9-1 和表9-2 分别是托架和玻璃升降器外壳的冲压工艺过程卡，可供参考。

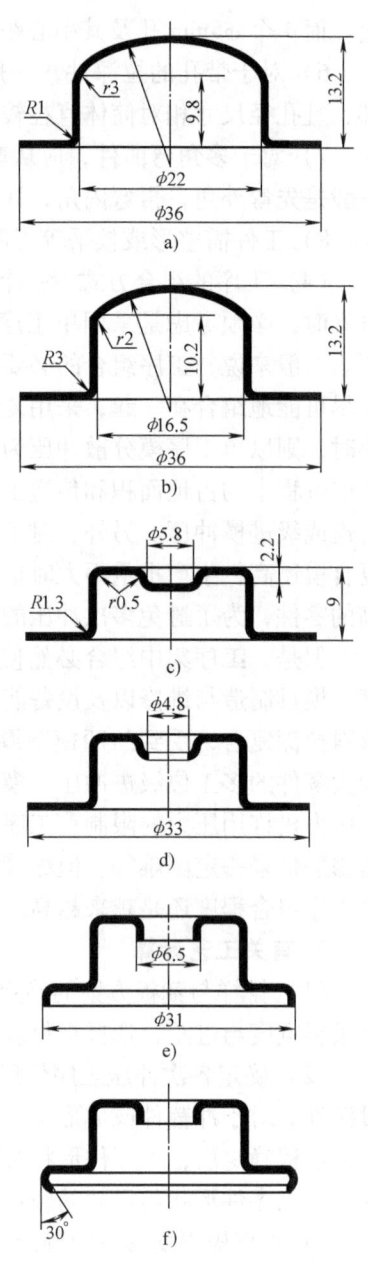

图 9-7 出气阀罩盖的冲压工艺过程

表9-1 托架冲压工艺过程卡

(厂名)	冲压工艺过程卡	产品型号		零(部)件名称		托 架		共 页
		产品名称		零(部)件型号				第 页

材料牌号及规格/mm	材料技术要求	毛坯尺寸/mm	每个毛坯可制件数	毛坯重量	辅助材料
08F钢1.5±0.11×1800×900		条料1.5×108×1800	57件		

工序号	工序名称	工序内容	加工简图	设备	工艺装备	工时
0	下料	剪床上裁板108×1800				
1	冲孔落料	冲φ10孔与落料复合		J23—25	冲孔落料复合模	
2	弯曲	弯两外角并使两内角预弯45°		J23—16	弯曲模	
3	弯曲	弯两内角		J23—16	弯曲模	
4	冲孔	冲4×φ5孔		J23—16	冲孔模	
5	检验	按零件图样检验				

				编制(日期)	审核(日期)	会签(日期)	
标记	处数	更改文件号	签字	日期	标记	处数	更改文件号	签字	日期

表 9-2 玻璃升降器外壳冲压工艺过程卡

(厂名)		冲压工艺过程卡	产品型号		零(部)件名称		玻璃升降器外壳	共 页
			产品名称		零(部)件型号			第 页
材料牌号及规格/mm			材料技术要求	毛坯尺寸/mm		每个毛坯可制件数	毛坯重量	辅助材料
08 钢 1.5±0.11×1800×900				条料 1.5×69×1800		27 件		
工序号	工序名称	工 序 内 容		加 工 简 图		设 备	工艺装备	工时
0	下料	剪床上裁板 69×1800						
1	落料拉深	落料与首次拉深复合				J23—35	落料拉深复合模	
2	拉深	二次拉深				J23—25	拉深模	
3	拉深	三次拉深(兼整形)				J23—35	拉深模	
4	冲孔	冲 $\phi11$ 底孔				J23—25	冲孔模	
5	翻孔	翻底孔(兼整形)				J23—25	翻孔模	
6	冲孔	冲三个 $\phi3.2$ 孔				J23—25	冲孔模	
7	切边	切凸缘边达尺寸要求				J23—25	切边模	
8	检验	按零件图样检验						
					编制(日期)	审核(日期)	会签(日期)	
标记	处数	更改文件号	签字	日期	标记 处数	更改文件号	签字	日期

第二节 冲压工艺过程制订实例

一、托架的冲压工艺过程制订

托架零件如图9-8所示，材料为08F，料厚$t=1.5$mm，年产量为2万件，要求表面无严重划痕，孔不允许变形，试制订其冲压工艺过程。

1. 零件的分析

（1）零件的功用与经济性分析 该零件是某机械产品上的一个支撑托架，托架的$\phi 10$mm孔内装有芯轴，并通过四个$\phi 5$mm孔与机身连接。零件工作时受力不大，对其强度和刚度的要求不太高。该零件的生产批量为2万件/年，属于中批量生产，外形简单对称，材料为一般冲压用钢，采用冲压加工经济性良好。

（2）零件的工艺性分析 托架为有5个孔的四角弯曲件。其中5个孔的公差均为IT9级，其余尺寸为自由公差。各孔的尺寸精度在冲裁允许的精度范围以内，且孔径均大于允许的最小孔径，故可以冲裁。但$4\times\phi 5$mm孔的孔边距圆角变形区太近，易使孔变形，且弯曲后的回弹也影响孔距尺寸36mm，故$4\times\phi 5$mm孔应在弯曲后冲出。而$\phi 10$mm孔距圆角变形区较远，为简化模具结构和便于弯曲时毛坯的定位，宜在弯曲前与毛坯

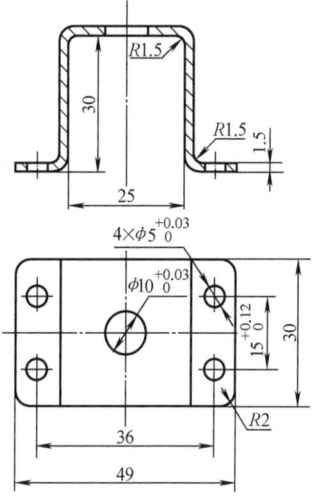

图9-8 托架

一起冲出。弯曲部分的相对圆角半径r/t均等于1，大于表5-2所列的最小相对弯曲半径r_{min}/t，可以弯曲。零件的材料为08F钢，其冲压成形性能较好。由此可知，该托架零件的冲压工艺性良好，便于冲压成形。但应注意适当控制弯曲时的回弹，并避免弯曲时划伤零件表面。

2. 冲压工艺方案的分析与确定

从零件的结构形状可知，所需基本工序为落料、冲孔、弯曲三种，其中弯曲成形的方式有图9-9所示三种。因此，可能的冲压工艺方案有以下六种。

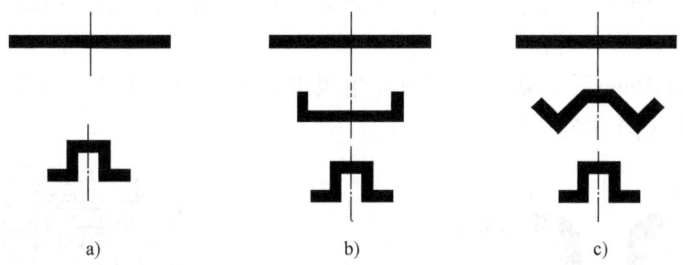

图9-9 托架弯曲成形方式

方案一：冲$\phi 10$mm孔与落料复合（图9-10a）→弯两外角并使两内角预弯45°（图9-10b）→弯两内角（图9-10c）→冲$4\times\phi 5$mm孔（图9-10d）。

方案二：冲$\phi 10$mm孔与落料复合（同方案一）→弯两外角（图9-11a）→弯两内角

（图9-11b）→冲4×φ5mm孔（同方案一）。

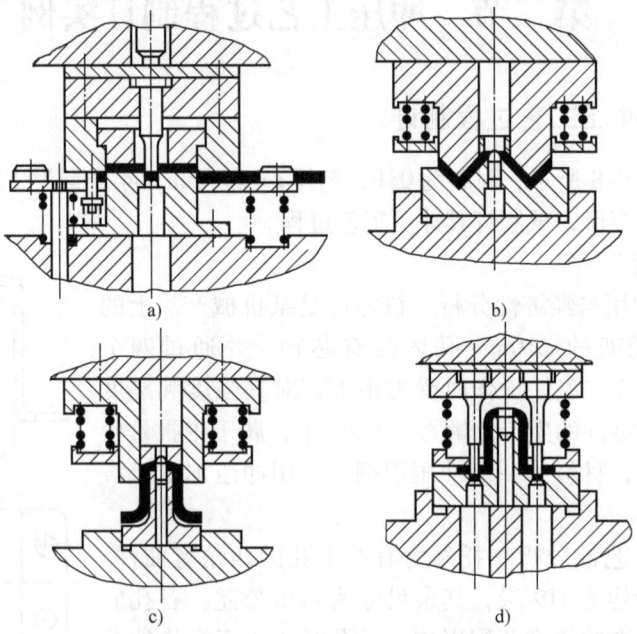

图9-10　方案一各工序模具结构简图
a）冲φ10mm孔与落料　b）弯外角与预弯内角
c）弯曲内角　d）冲4×φ5mm孔

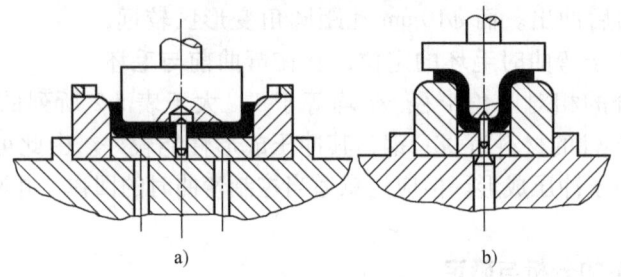

图9-11　方案二第2、3道工序模具结构简图
a）弯两外角　b）弯两内角

方案三：冲φ10mm孔与落料复合（同方案一）→弯四角（图9-12）→冲4×φ5mm孔（同方案一）。

方案四：冲φ10mm孔、切断与弯两外角级进冲压（图9-13）→弯两内角（图9-11b）→冲4×φ5mm孔（同方案一）。

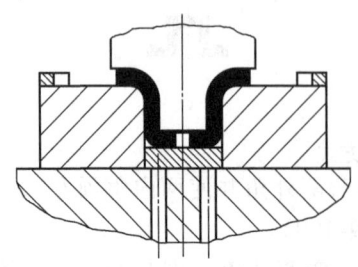

图9-12　方案三第2道工序模具结构简图

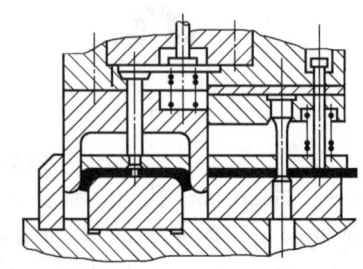

图9-13　方案四第1道工序模具结构简图

方案五：冲φ10mm孔、切断与弯四角级进冲压（图9-14）→冲4×φ5mm孔（同方案一）

方案六：全部工序合并，采用带料级进冲压（图9-15）。

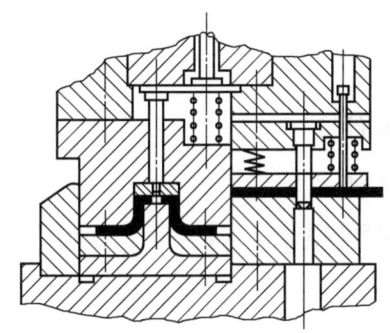

图9-14 方案五第1道工序模具结构简图

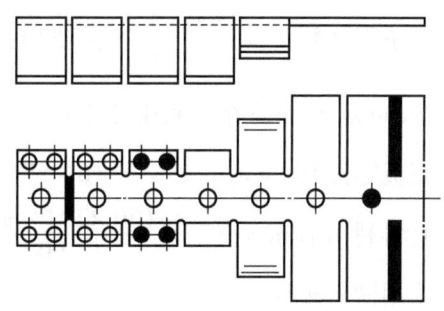

图9-15 方案六级进冲压排样图

分析比较上述六种工艺方案，可以看出：

方案一的优点是模具结构简单，使用寿命长，制造周期短，投产快；零件能实现校正弯曲，故回弹容易控制，尺寸和形状准确，且毛坯受凸、凹模的摩擦力小，因而表面质量也高；除工序1以外，各工序定位基准一致且与设计基准重合；操作也比较方便。缺点是工序分散，需用模具、设备和操作人员较多，劳动量较大。

方案二的模具虽然也具有方案一的优点，但零件回弹不易控制，故形状和尺寸不太准确，同时也具有方案一的缺点。

方案三的工序比较集中，占用设备和人员少，但弯曲摩擦大，模具使用寿命低，零件表面有划伤，厚度有变薄，同时回弹不易控制，尺寸和形状不准确。

方案四与方案二从零件成形的角度看没有本质上的区别，虽工序较集中，但模具结构也复杂些。

方案五本质上也与方案三相同，只是采用了结构较复杂的级进复合模。

方案六采用了工序高度集中的级进冲压方式，生产效率最高，但模具结构复杂，安装、调试、维修比较困难，制造周期长，适用于大量生产。

综上所述，考虑到零件批量不大，而质量要求较高，故选择方案一较为合适。

3. 主要工艺参数的计算

（1）计算毛坯展开长度　毛坯展开长度 L_z 按图9-8分段计算：

$$\sum L_\text{直} = 2 \times 9\text{mm} + 2 \times 25.5\text{mm} + 22\text{mm} = 91\text{mm}$$

$$\sum L_\text{弯} = 4 \times \frac{\pi\alpha}{180}(r + xt) = 4 \times \frac{3.14 \times 90}{180} \times (1.5 + 0.32 \times 1.5)\text{mm}$$

$$\approx 13\text{mm}$$

$$L_z = \sum L_\text{直} + \sum L_\text{弯} = 91\text{mm} + 13\text{mm} = 104\text{mm}$$

（2）确定排样与裁板方案　毛坯形状为矩形，采用单排最为适宜。取搭边 $a = 2\text{mm}$，$a_1 = 1.5\text{mm}$，则

条料宽度 $B = 104\text{mm} + 2 \times 2\text{mm} = 108\text{mm}$

进距 $s = 30\text{mm} + 1.5\text{mm} = 31.5\text{mm}$

板料规格选用 $1.5\text{mm} \times 900\text{mm} \times 1800\text{mm}$。

采用纵裁法时：

每板条料数 $n_1 = 900/108$ 条 ≈ 8 条，余 36mm

每条零件数 $n_2 = \dfrac{1800 - 1.5}{31.5}$ 件 ≈ 57 件

$36\text{mm} \times 1800\text{mm}$ 余料利用件数 $n_3 = \dfrac{1800 - 2}{108}$ 件 ≈ 16 件

每板零件数 $n = n_1 n_2 + n_3 = (8 \times 57 + 16)$ 件 $= 472$ 件

材料利用率 $\eta_1 = \dfrac{472 \times (30 \times 104 - \pi \times 10^2/4 - 4 \times 5^2/4)}{900 \times 1800} = 87.9\%$

采用横裁法时：

每板条料数 $n_1 = (1800 \div 108)$ 条 ≈ 16 条，余 72mm

每条零件数 $n_2 = \dfrac{900 - 1.5}{31.5}$ 件 ≈ 28 件

$72\text{mm} \times 900\text{mm}$ 余料利用件数 $n_3 = 2 \times \dfrac{900 - 2}{108}$ 件 ≈ 16 件

每板零件数 $n = n_1 n_2 + n_3 = (16 \times 28 + 16)$ 件 $= 464$ 件

材料利用率 $\eta_2 = \dfrac{464 \times (30 \times 104 - \pi \times 10^2/4 - 4 \times 5^2/4)}{900 \times 1800} = 86.4\%$

由以上计算可知，纵裁法的材料利用率高。从弯曲线与纤维方向之间的关系看，横裁法较好。但由于材料 08F 钢的塑性较好，不会出现弯裂现象，故采用纵裁法排样，以降低成本，提高经济性。

(3) 计算各工序冲压力

1) 工序 1（落料冲孔复合）。采用图 9-10a 所示模具结构形式，则

冲裁力　　$F_{落} = L_1 t \sigma_b = (2 \times 30 + 2 \times 104) \times 1.5 \times 360\text{N} = 144720\text{N}$

$F_{孔} = L_2 t \sigma_b = 10\pi \times 1.5 \times 360\text{N} = 16956\text{N}$

$F = F_{落} + F_{孔} = 144720\text{N} + 16956\text{N} = 161676\text{N}$

卸料力　　$F_X = K_X F_{落} = 0.05 \times 144720\text{N} = 7236\text{N}$

推件力　　$F_T = n K_T F_{孔} = 5 \times 0.055 \times 7236\text{N} = 1990\text{N}$

冲压总力　$F_\Sigma = F + F_X + F_T = 161676\text{N} + 7236\text{N} + 1990\text{N} = 170902\text{N} \approx 171\text{kN}$

2) 工序 2（弯两外角并使两内角预弯 45°）。采用图 9-10b 所示模具结构形式，按校正弯曲计算，则

$$F_{校} = Aq = 85 \times 30 \times 50\text{N} = 127500\text{N}$$

3) 工序 3（弯两内角）。采用图 9-10c 所示模具结构形式，按 U 形件自由弯曲计算，则

弯曲力　　$F_{自} = \dfrac{0.7 K B t^2 \sigma_b}{r + t} = \dfrac{0.7 \times 1.3 \times 30 \times 1.5^2 \times 360}{1.5 + 1.5}\text{N} = 7371\text{N}$

压料力　　$F_Y = (0.3 \sim 0.8) F_{自} = 0.6 \times 7371\text{N} = 4422\text{N}$

冲压总力　$F_\Sigma = F_{自} + F_Y = 7371\text{N} + 4422\text{N} = 11793\text{N}$

4) 工序 4（冲 $4 \times \phi 5\text{mm}$ 孔）。采用图 9-10d 所示模具结构形式，则

冲裁力　　　$F = Lt\sigma_b = 4 \times 5\pi \times 1.5 \times 360\text{N} = 33912\text{N}$
卸料力　　　$F_X = K_X F_落 = 0.05 \times 33912\text{N} = 1696\text{N}$
推件力　　　$F_T = nK_T F_孔 = 5 \times 0.055 \times 33912\text{N} = 9326\text{N}$
冲压总力　　$F_\Sigma = F + F_X + F_T = 33912\text{N} + 1696\text{N} + 9329\text{N} = 44937\text{N}$

4. 选择冲压设备

本零件各工序中只有冲裁和弯曲两种冲压工艺方法，且冲压力均不太大，故均选用开式可倾式压力机。根据所计算的各工序冲压力大小，并考虑零件尺寸和可能的模具闭合高度，工序1（落料冲孔复合工序）选用J23—25压力机，其余各工序均选用J23—16压力机。

5. 填写冲压工艺过程卡

该零件的冲压工艺过程卡见表9-1。

二、汽车玻璃升降器外壳的冲压工艺过程制订

图9-16所示为汽车玻璃升降器外壳。该零件的材料为08钢，厚度$t = 1.5\text{mm}$，年产量10万件，试制订其冲压工艺过程。

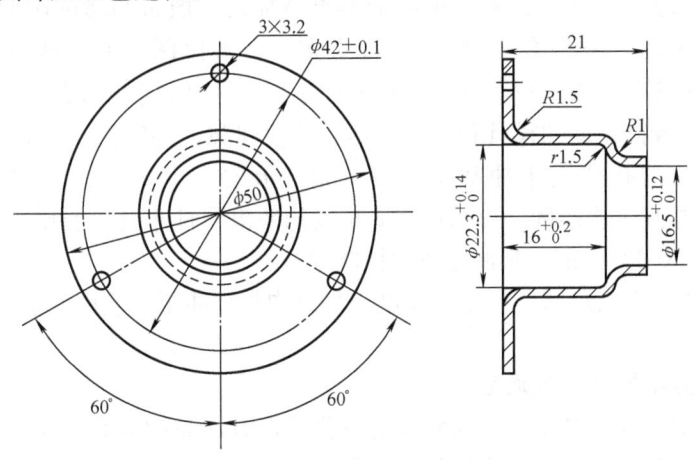

图9-16　汽车玻璃升降器外壳

1. 零件的分析

（1）零件的功用与经济性分析　该零件是汽车车门玻璃升降器的外壳，玻璃升降器的装配图如图9-17所示。从装配图可以看出，升降器的传动机构装于外壳5的内腔，并通过外壳凸缘上均布的三个小孔$\phi3.2\text{mm}$以铆钉铆接在车门的座板2上，传动轴6与外壳承托部位$\phi16.5\text{mm}$的配合为间隙配合，公差等级为IT11级，传动轴通过制动弹簧3、联动片9、心轴4与小齿轮11连接，摇动手柄7时，传动轴将动力传至小齿轮，再带动大齿轮12，推动车门的玻璃升降。

外壳采用材料08钢及1.5mm厚度保证了足够的强度和刚度。外壳内腔主要配合尺寸$\phi22.3^{+0.14}_{0}\text{mm}$、$\phi16.5^{+0.12}_{0}\text{mm}$及$16^{+0.2}_{0}\text{mm}$为IT11～IT12级精度。为使外壳与座板铆接后保证外壳承托部位$\phi16.5^{+0.12}_{0}\text{mm}$与轴套同轴，三个小孔$\phi3.2\text{mm}$与$\phi16.5^{+0.12}_{0}\text{mm}$的相互位置要准确，小孔中心圆直径$(\phi42\pm0.1)\text{mm}$为IT10级精度。

该零件的年产量属于中批量，零件外形简单对称，材料为一般用钢，采用冲压加工经济性良好。

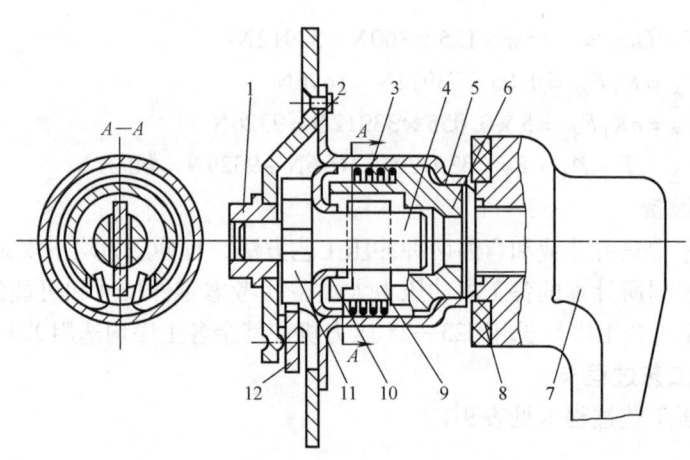

图 9-17 汽车玻璃升降器装配图
1—轴套 2—座板 3—制动扭簧 4—心轴 5—外壳 6—传动轴
7—手柄 8—油毛毡 9—联动片 10—挡圈 11—小齿轮 12—大齿轮

(2) 零件的工艺性分析 该零件形状的基本特征是一般带凸缘的圆筒形件，故主要成形方法是冲裁和拉深。零件的 d_t/d、h/d 都不太大，其拉深工艺性较好，只是圆角半径 $R1$mm 及 $R1.5$mm 偏小，$\phi 22.3^{+0.14}_{~~0}$mm、$\phi 16.5^{+0.12}_{~~0}$mm 及 $16^{+0.2}_{~~0}$mm 的精度有点偏高，这可在末次拉深时采用较高精度的模具和较小的凸、凹模间隙，并安排一次整形工序最后达到。三个小孔 $\phi 3.2$mm 的孔径大于冲裁所允许的最小孔径，但中心距要求较高，并要求与 $\phi 16.5^{+0.12}_{~~0}$mm 的相互位置准确，可采用较高精度的冲模同时冲出三个孔，并以 $\phi 22.3$mm 内孔定位。零件的材料为 08 钢，其冲压成形性能较好。

综上所述，该零件的形状、尺寸、精度、材料均符合冲压工艺性要求，故可以采用冲压方法加工。

2. 冲压工艺方案的分析与确定

(1) 工序性质与数量的确定 该零件的主要成形方法是冲裁和拉深。但底部 $\phi 16.5$mm 的成形可有三种方法：一种是拉深成阶梯形后用车削方法切去底部；另一种是拉深成阶梯形后用冲孔法冲去底部；再一种是拉深后冲底孔，再翻孔，如图 9-18 所示。此三种方法中，第一种车底的方法口部质量较高，但生产效率低，且废料，该零件底部要求不高，不宜采用；第二种冲底的方法其效率比车底要高，但要求底部圆角半径接近零，这需要增加整形工序，即使这样，口部还是有锋利的锐角；第三种翻孔的方法生产效率高，且节省原材料，翻孔质量虽不如以上的好，但该零件高度尺寸 21mm 未标注公差，翻孔完全可以保证要求。所以，比较起来，采用第三种方法较为合理。

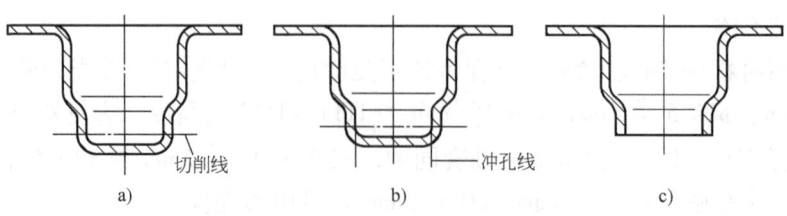

图 9-18 外壳底部成形方法

翻孔次数确定如下。

由式（7-15）求得翻孔系数计算式为

$$K = 1 - \frac{2}{D}(H - 0.43r - 0.72t)$$

将 $H = 21\text{mm} - 16\text{mm} = 5\text{mm}$，$t = 1.5\text{mm}$，$r = 1\text{mm}$，$D = 16.5\text{mm} + 1.5\text{mm} = 18\text{mm}$ 代入上式得

$$K = 1 - \frac{2}{18}(5 - 0.43 \times 1 - 0.72 \times 1.5) = 0.61$$

预冲孔直径 $d = KD = 0.61 \times 18\text{mm} = 11\text{mm}$

由 $d/t = 11/1.5 = 7.3$ 查表7-5，当采用圆柱形凸模翻孔并用冲孔模冲预孔时，其极限翻孔系数 $[K] = 0.5$。因 $K > [K]$，故可一次翻孔成形。冲孔翻孔前工序件形状和尺寸如图9-19a所示，图中凸缘直径 $\phi 54\text{mm}$ 是由零件凸缘直径 $\phi 50\text{mm}$ 加上拉深后切边的余量（取 $\Delta R = 2\text{mm}$）确定的。

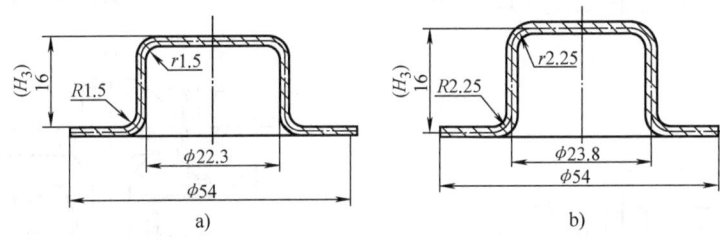

图9-19　冲孔翻孔前工序件形状和尺寸

拉深次数确定如下。

零件的坯料直径 D 按图9-19b所示中线尺寸计算，由表6-6得

$$\begin{aligned} D &= \sqrt{d_4^2 + 4d_2H - 3.44rd_2} \\ &= \sqrt{54^2 + 4 \times 23.8 \times 16 - 3.44 \times 2.25 \times 23.8}\text{mm} \approx 65\text{mm} \end{aligned}$$

根据 $d_t/d = \frac{54}{23.8} = 2.26$、$t/D = \frac{1.5}{65} \times 100\% = 2.3\%$ 查表6-17，得 $[H_1/d_1] = 0.35 \sim 0.45$，而 $H/d = \frac{16}{23.8} = 0.67 > [H_1/d_1]$，所以不能一次拉深成形，需多次拉深。

若取 $m_1 = 0.50$，有 $d_1 = m_1 D = 0.50 \times 65\text{mm} = 32.5\text{mm}$，则 $m_2 = d_2/d_1 = \frac{23.8}{32.5} = 0.73$。查表6-18，得 $[m_2] = 0.73 = m_2$，故用两次拉深可以成形。但考虑到两次拉深时均接近极限拉深系数，为了提高工艺稳定性，保证零件质量，采用三次拉深，并在第三次拉深时兼整形工序。这样，既不需增加模具数量，又可减少前两次拉深的变形程度，以保证能稳定地生产。于是，三次拉深系数可调整为

$$m_1 = 0.56, m_2 = 0.805, m_3 = 0.81$$

$$m_1 m_2 m_3 = 0.56 \times 0.805 \times 0.81 = 0.366 = m = \frac{23.8}{65}$$

根据以上的分析和计算，该零件的冲压加工需要以下基本工序：落料，首次拉深，二次拉深，三次拉深兼整形，冲 $\phi 11\text{mm}$ 孔，翻孔，冲三个 $\phi 3.2\text{mm}$ 孔，切边。

(2) 冲压工艺方案的确定 根据以上基本工序,可拟订出以下五种冲压工艺方案。

方案一:落料与首次拉深复合,其余按基本工序,如图9-20所示。

方案二:落料与首次拉深复合→二次拉深→三次拉深兼整形→冲 $\phi 11mm$ 底孔与翻孔复合(见图9-21a)→冲三个 $\phi 3.2mm$ 孔与切边复合(图9-21b)。

方案三:落料与首次拉深复合→二次拉深→三次拉深兼整形→冲 $\phi 11mm$ 底孔与冲三个 $\phi 3.2mm$ 孔复合(见图9-22a)→翻孔与切边复合(图9-22b)。

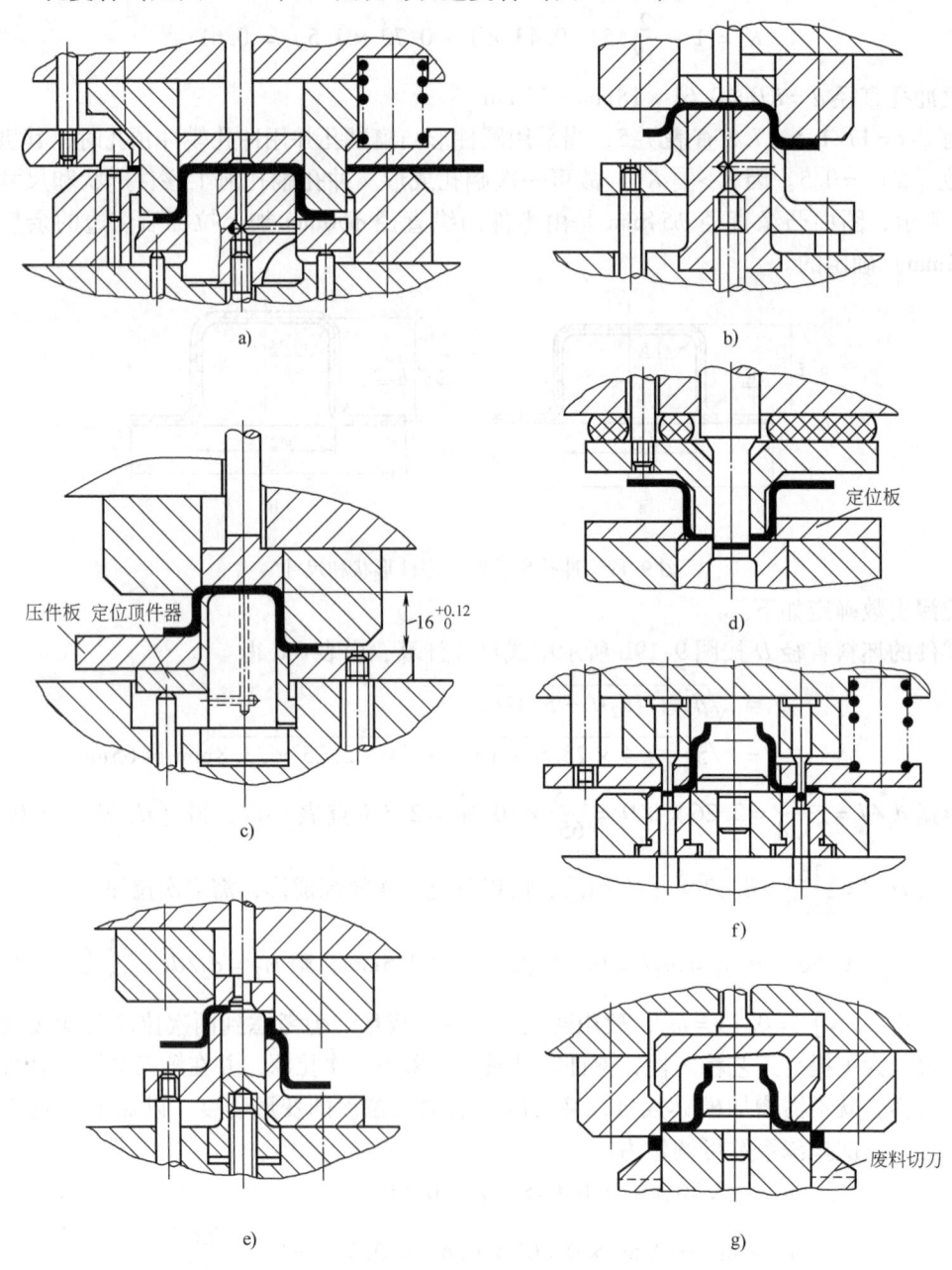

图9-20 方案一各工序模具结构简图

a)落料拉深复合 b)二次拉深 c)三次拉深兼整形 d)冲底孔 e)翻孔 f)冲小孔 g)切边

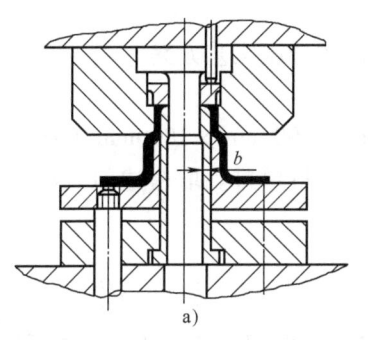 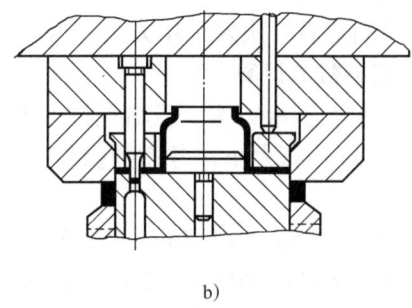

图 9-21 方案二部分模具结构简图
a)冲孔与翻孔复合　b)冲小孔与切边复合

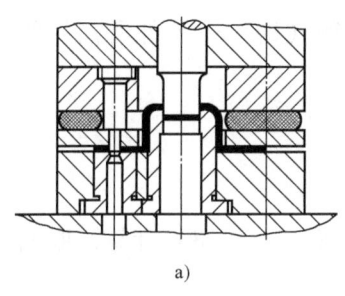 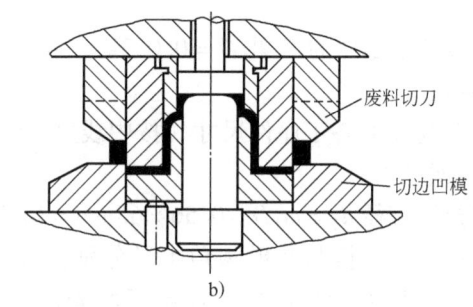

图 9-22 方案三部分模具结构简图
a)冲底孔与冲小孔复合　b)翻孔与切边复合

方案四：落料、首次拉深与冲 $\phi 11$mm 底孔复合（图9-23）→二次拉深→三次拉深兼整形→翻孔→冲三个 $\phi 3.2$mm 孔→切边。

方案五：采用带料级进拉深或在多工位自动压力机上冲压。

分析比较上述五种工艺方案，可以看出：

方案二符合冲压成形规律，但冲孔与翻孔复合和冲孔与切边复合都存在凸凹模壁厚太薄（分别为2.75mm和2.4mm）的问题，模具容易损坏，故不宜采用。

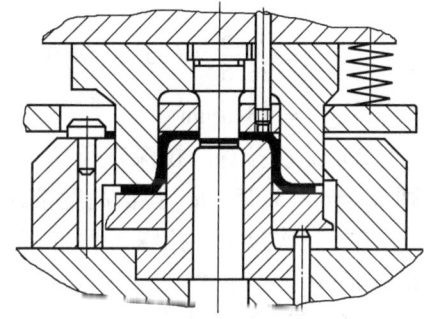

图 9-23 方案四第 1 道工序模具结构简图

方案三也符合冲压成形规律，并且也解决了上述模壁太薄的问题，但冲 $\phi 11$mm 底孔与冲 $\phi 3.2$mm 小孔复合及翻边与切边复合时，它们的工作零件都是不在同一平面上，磨损快慢也不一样，这会给修磨带来不便，修磨后要保持相对位置也有困难。

方案四不仅存在工作零件修磨不方便的问题，而且预冲的底孔在第二次和第三次拉深时可能会变形，将会影响翻孔高度和口部质量。

方案五采用带料级进拉深或多工位自动压力机冲压，可获得高的生产效率，而且操作安全，也避免了上述方案的缺点，但这一方案需要专用压力机或自动送料装置，而且模具结构复杂，制造周期长，生产成本高。因此，只有在大量生产中才较适宜。

方案一没有上述各方案的缺点，但其工序组合程度较低，生产率较低。不过各工序模具结构简单，制造费用低，对中小批量生产是合适的。

根据以上分析比较，决定采用方案一为本外壳零件的冲压工艺方案。

3. 主要工艺参数的计算

（1）确定排样与裁板方案 板料规格拟选用 $1.5\text{mm} \times 900\text{mm} \times 1800\text{mm}$（08 钢板）。因坯料直径为 $\phi 65\text{mm}$ 不算太小，考虑到操作方便，采用条料单排。取搭边值 $a = 2\text{mm}$，$a_1 = 1.5\text{mm}$，则

进距 $s = D + a_1 = 65\text{mm} + 1.5\text{mm} = 66.5\text{mm}$

条料宽度 $B = D + 2a = 65\text{mm} + 2 \times 2\text{mm} = 69\text{mm}$

经计算，采用纵裁法时，材料利用率为 $\eta = 69.5\%$，采用横裁法时，材料利用率 $\eta = 66.5\%$。由此可见，纵裁有较高的材料利用率，且该零件没有纤维方向性的考虑，故决定采用纵裁法。

经计算单个零件的净重 $G = 0.033\text{kg}$，材料消耗定额（即单个零件所消耗的原材料）$G_0 = 0.054\text{kg}$。

（2）确定中间各工序件尺寸（按中线尺寸计算）

1）首次拉深。

首次拉深直径 $d_1 = m_1 D = 0.56 \times 65\text{mm} = 36.5\text{mm}$

首次拉深时凹模与凸模圆角半径分别按式（6-35）和式（6-38）计算，取 $r_{d1} = 5\text{mm}$，$r_{p1} = 4\text{mm}$。则首次圆角半径为 $R_1 = 5.75\text{mm}$，$r_1 = 4.75\text{mm}$。

首次拉深高度按式（6-16）计算，得

$$H_1 = \frac{0.25}{d_1}(D^2 - d_1^2) + 0.43(r_1 + R_1) + \frac{0.14}{d_1}(r_1^2 - R_1^2)$$

$$= \frac{0.25}{36.5} \times (65^2 - 54^2)\text{mm} + 0.43 \times (4.75 + 5.75)\text{mm} + \frac{0.14}{36.5}(4.75^2 - 5.75^2)\text{mm}$$

$$= 13.5\text{mm}$$

2）二次拉深。拉深直径 $d_2 = m_2 d_1 = 0.805 \times 36.5\text{mm} = 29.5\text{mm}$。取 $r_{d2} = r_{p2} = 2.5\text{mm}$，则 $R_2 = r_2 = 3.25\text{mm}$。拉深高度按式（6-16）算得 $H_2 = 13.9\text{mm}$。

3）三次拉深。拉深工序件尺寸与图 9-19 相同，即 $d_3 = 23.8\text{mm}$，$R_3 = r_3 = 2.25\text{mm}$，$H_3 = 16\text{mm}$。本工序中 $r_{d3} = r_{p3} = 1.5\text{mm}$，达到零件要求的圆角半径，此值虽然偏小，但因第三次拉深兼有整形作用，故可以达到。

其余中间工序件的尺寸均按零件尺寸而定。各工序的工序件形状及尺寸如图 9-24 所示。

（3）计算各工序冲压力，选择冲压设备

1）工序 1（落料拉深复合，模具结构按图 9-20a）。

落料力 $F_1 = Lt R_m = 65\pi \times 1.5 \times 400\text{N} = 122460\text{N}$

卸料力 $F_X = K_X F_1 = 0.05 \times 122460\text{N} = 6123\text{N}$

拉深力 $F_2 = K_1 \pi d_1 t R_m = 1 \times 3.14 \times 36.5 \times 1.5 \times 400\text{N} = 68766\text{N}$

压料力 $F_Y = \pi[D^2 - (d_1 + 2r_{d1})^2]p/4$

$\qquad\qquad = 3.14 \times [65^2 - (36.5 + 2 \times 5)^2] \times 2.5/4\text{N} = 4048\text{N}$

因 $F_1 > F_2$，故这一工序的最大冲压力在距下止点 13.5mm 左右达到，其值为

$$F_\Sigma = F_1 + F_X + F_Y = 122246\text{N} + 6123\text{N} + 4048\text{N} = 132417\text{N} \approx 133\text{kN}$$

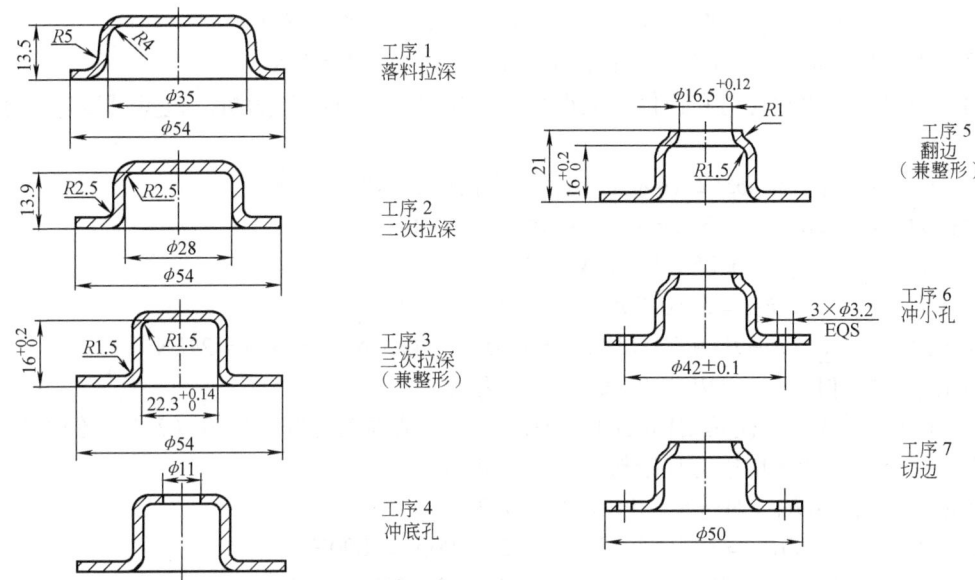

图 9-24 外壳冲压工序件图

因本工序是落料拉深复合，因此确定压力机标称压力时应考虑压力机的许用压力曲线，根据工厂现有设备选择合适的压力机。本工序可以选用 J23—35 压力机。

2）工序 2（第二次拉深，模具结构按图 9-20b）。

拉深力　$F = K_2\pi d_2 tR_m = 0.8 \times 3.14 \times 29.5 \times 1.5 \times 400\text{N} = 44462\text{N}$

压料力　$F_Y = \pi(d_1^2 - d_2^2)p/4 = 3.14 \times (36.5^2 - 29.5^2) \times 2.5/4\text{N} = 907\text{N}$

冲压总力　$F_\Sigma = F + F_Y = 44462\text{N} + 907\text{N} = 45369\text{N} \approx 45\text{kN}$

压力机的公称压力同样应考虑压力机的许用压力曲线。本工序可以选用 J23—25 压力机。本工序拉深系数较大（$m_2 = 0.805$），坯料相对厚度也较大（$t/d_1 = 1.5/36.5 \times 100\% = 4.1\%$），可以不用压料，这里的压料圈实际上是作为定位和顶件之用。

3）工序 3（第三次拉深兼整形，模具结构按图 9-20c）

拉深力　$F_1 = K_2\pi d_3 tR_m = 0.7 \times 3.14 \times 23.8 \times 1.5 \times 400\text{N} = 31387\text{N}$

压料力可取拉深力的 10%，即 $F_Y = 0.1F_1 = 0.1 \times 31387\text{N} = 3139\text{N}$

整形力　$F_2 = pA = 100 \times 3.14 \times [(54^2 - 25.3^2) + (22.3 - 2 \times 1.5)^2]/4\text{N} = 207899\text{N}$

由于整形力比拉深力大得多，且整形力是在临近下止点位置时发生，符合压力机的工作压力特性，故可按整形力大小选择压力机。本工序可选 J23—35 压力机。

4）工序 4（冲 $\phi 11\text{mm}$ 孔，模具结构按图 9-20d）。

冲孔力　$F = LtR_m = 11\pi \times 1.5 \times 400\text{N} = 20724\text{N}$

卸料力　$F_X = K_X F = 0.05 \times 20724\text{N} = 1036\text{N}$

推件力　$F_T = nK_T F_孔 = 5 \times 0.055 \times 20724\text{N} = 5699\text{N}$

冲压总力　$F_\Sigma = F + F_X + F_T = 20724\text{N} + 1036\text{N} + 5699\text{N} = 27459\text{N} \approx 28\text{kN}$

显然，只要选 63kN 压力机即可，但考虑冲件尺寸及行程要求，选用 J23—25 压力机。

5）工序 5（翻孔，模具结构按图 9-20e）。本工序在翻孔变形结束时有整形作用，因而应分别计算翻孔力、整形力和顶件力。

翻孔力　$F_1 = 1.1\pi(D-d)tR_e = 1.1 \times 3.14 \times (18-11) \times 1.5 \times 196\text{N} = 7108\text{N}$

顶件力可取翻孔力的 10%，即 $F_D = 0.1F_1 = 0.1 \times 7108\text{N} = 711\text{N}$

整形力　$F_2 = pA = 100 \times 3.14 \times (22.3^2 - 16.5^2)/4\text{N} = 17665\text{N}$

同样因整形力比翻孔力和顶件力大得多，故按整形力选择压力机。这里可以选用 J23—25 压力机。

6）工序 6（冲三个 $\phi 3.2$mm 孔，模具结构按图 9-20f）

冲孔力　$F = LtR_m = 3 \times 3.2\pi \times 1.5 \times 400\text{N} = 18086\text{N}$

卸料力　$F_X = K_X F = 0.05 \times 18086\text{N} = 904\text{N}$

推件力　$F_T = nK_T F_{孔} = 5 \times 0.055 \times 18086\text{N} = 4974\text{N}$

冲压总力　$F_\Sigma = F + F_X + F_T = 18086\text{N} + 904\text{N} + 4974\text{N} = 23964\text{N} \approx 24\text{kN}$

与工序 4 同样原因，可以选用 J23—25 压力机。

7）工序 7（切边，模具结构按图 9-20g）。模具结构采用废料切刀（2 个）卸料和刚性推件方式，故只需计算切边力和废料切刀的切断力。

切边力　$F_1 = LtR_m = 50\pi \times 1.5 \times 400\text{N} = 94200\text{N}$

切断力　$F_2 = 2L'tR_m = 2 \times (54 - 50) \times 1.5 \times 400\text{N} = 4800\text{N}$

冲压总力　$F_\Sigma = F_1 + F_2 = 94200\text{N} + 4800\text{N} = 99000\text{N} = 99\text{kN}$

也选用 J23—25 压力机。

4. 填写冲压工艺过程卡

该零件的冲压工艺过程卡见表 9-2。

思考练习题

9-1　制订冲压工艺过程时应分析研究哪些原始资料？

9-2　简述冲压工艺过程制订的主要内容及步骤。

9-3　冲压工序顺序的确定一般应考虑哪些原则？

9-4　怎样理解工序组合的必要性和可能性？

9-5　分别制订图 9-25a、b 所示零件的冲压工艺过程，生产批量为中批量生产。

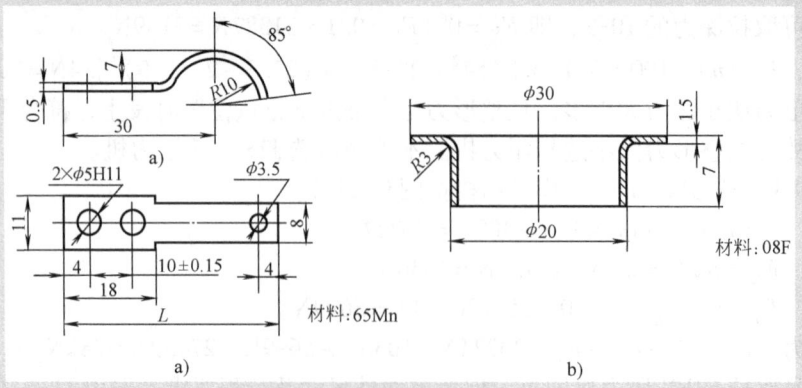

图 9-25　习题 9-5 图

参考文献

[1] 翁其金. 冷冲压技术 [M]. 北京：机械工业出版社，2001.
[2] 模具实用技术丛书编委会. 冲模设计应用实例 [M]. 北京：机械工业出版社，2000.
[3] 徐政坤. 冲压模具设计与制造 [M]. 北京：化学工业出版社，2003.
[4] 涂光祺. 冲模技术 [M]. 北京：机械工业出版社，2002.
[5] 杜东福. 冷冲压工艺及模具设计 [M]. 长沙：湖南科学技术出版社，1996.
[6] 夏巨谌. 塑性成形工艺及设备 [M]. 北京：机械工业出版社，2001.
[7] 卢险峰. 冲压工艺模具学 [M]. 北京：机械工业出版社，2000.
[8] 成虹. 冲压工艺与模具设计 [M]. 成都：电子科技大学出版社，2000.
[9] 钟毓斌. 冲压工艺与模具设计 [M]. 北京：机械工业出版社，2000.
[10] 丁聚松. 冷冲模设计 [M]. 北京：机械工业出版社，2002.
[11] 范有发. 冷冲压与塑料成型机械 [M]. 北京：机械工业出版社，2001.
[12] 孙凤勤. 冲压与塑压设备 [M]. 北京：机械工业出版社，1997.
[13] 欧圣雅. 冷冲压与塑料成型机械 [M]. 北京：机械工业出版社，2002.
[14] 刘建超. 冷冲压与塑料成形加工原理 [M]. 西安：西北工业大学出版社，1996.
[15] 陈剑鹤. 冷冲压工艺与模具设计 [M]. 北京：机械工业出版社，2001.
[16] 刘心治. 冷冲压工艺及模具设计 [M]. 重庆：重庆大学出版社，1998.
[17] 模具实用技术丛书编委会. 模具材料与使用寿命 [M]. 北京：机械工业出版社，2003.
[18] 程培源. 模具寿命与材料 [M]. 北京：机械工业出版社，1999.
[19] 张鲁阳. 模具失效与防护 [M]. 北京：机械工业出版社，1998.
[20] 吴兆祥. 模具材料及表面热处理 [M]. 北京：机械工业出版社，2002.
[21] 洪深泽. 挤压工艺及模具设计 [M]. 北京：机械工业出版社，1996.
[22] 杨长顺. 冷挤压模具设计 [M]. 北京：国防工业出版社，1994.
[23] 湖南省机械工程学会锻压分会. 冲压工艺 [M]. 长沙：湖南科学技术出版社，1984.
[24] 张铮. 模具设计与制造实训指导 [M]. 北京：电子工业出版社．2000.
[25] 王芳. 冲压模具设计指导 [M]. 北京：机械工业出版社．1998.